MARIE-ANTOINETTE

CORRESPONDANCE SECRÈTE

ENTRE

MARIE-THÉRÈSE ET LE Cᵀᴱ DE MERCY-ARGENTEAU

MARIE-ANTOINETTE

CORRESPONDANCE SECRÈTE

ENTRE

MARIE-THÉRÈSE ET LE Cte DE MERCY-ARGENTEAU

AVEC LES LETTRES DE MARIE-THÉRÈSE ET DE MARIE-ANTOINETTE

Publiée avec une introduction et des notes

PAR

M. LE CHEVALIER ALFRED D'ARNETH

DIRECTEUR DES ARCHIVES DE LA MAISON IMPÉRIALE ET DE L'ÉTAT D'AUTRICHE

ET

M. A. GEFFROY

PROFESSEUR A LA FACULTÉ DES LETTRES DE PARIS

TOME DEUXIÈME

PARIS
LIBRAIRIE DE FIRMIN DIDOT FRÈRES, FILS ET Cie
IMPRIMEURS DE L'INSTITUT, RUE JACOB, 56

1874

Tous droits réservés

MARIE-ANTOINETTE.

CORRESPONDANCE SECRÈTE

ENTRE

MARIE-THÉRÈSE ET LE Cᵀᴱ DE MERCY-ARGENTEAU.

ANNÉE 1773 (SUITE).

XXX. — MARIE-THÉRÈSE A MERCY.

Schönbrunn, le juillet (1). — Comte de Mercy, J'ai reçu votre lettre du 16 du passé par le courrier Kleiner, arrivé ici le 26 du même mois.

Le succès de l'entrée de ma fille à Paris m'a comblée de joie. [J'en avais d'autant plus besoin que le voyage de l'empereur en Pologne me fait beaucoup de peine (2).] Je m'aperçois de plus en plus du bon effet des conseils que vous lui donnez; comme sa réussite est votre ouvrage, je vous en rends plus que personne justice. Vous avez agi avec votre prudence ordinaire, en tâchant de faire tomber le projet de faire intervenir ma fille aux petits voyages du roi. Je souhaite que ma fille soit toujours sur ses gardes vis-à-vis du comte de Provence. Ce prince me paraît être faux et peut-être espion du parti dominant.

Pour les affaires de Parme, je suis résolue de les abandonner, convaincue comme je suis de l'inutilité de tous les efforts que je ferais pour ramener ma fille l'infante à son devoir. [Si j'y avais un Mercy

---

(1) *Sic* sur l'original conservé à Vienne. Il est évident que cette lettre est des premiers jours de juillet. Elle répond à une lettre de Mercy arrivée le 26 juin, et Mercy y répond lui-même par une lettre (pièce XXXI) datée du 17 juillet.

(2) L'impératrice désapprouvait ce voyage dans un moment où ces provinces étaient si troublées par leur récente annexion. En général elle cherchait à modérer l'inquiète activité de son fils. Voir sa lettre du 20 juin 1773. *Correspondance de Marie-Thérèse et Joseph II*, publiée par A. d'Arneth, tome II, page 9.

là, j'espérerais encore, mais comme les choses sont, il n'y a rien à faire.

Il ne faut plus compter sur le changement de la conduite du prince de Rohan. C'est un homme tout à fait incorrigible, et ses domestiques, très-mauvais sujets, ressemblent parfaitement à leur vilain maître; ils gâtent mon peuple, de même que leur maître la noblesse. Leur insolence va jusqu'au dernier excès et révolte mes sujets, qui reprennent déjà les anciennes animosités contre la nation française, et pourraient bien se porter à la fin à des voies de fait. [A un feu d'artifice au Prater, ayant fait aller grand train entre le peuple qui s'y trouvait, ils ont pris des pierres (1) et jeté sur la suite; on a eu toutes les peines à les réprimer.] Voilà un rapport sur les excès de ses gens. Rohan a fait remettre aux arrêts ses domestiques, qui ont maltraité le secrétaire Gapp, mais leurs confrères devaient leur faire des visites pour les amuser dans leur prison. De plus, un des arrêtés étant tombé malade, Rohan a demandé de le reprendre chez lui, en le faisant remplacer par deux autres qui devraient rester aux arrêts au lieu du coupable. [Tout cela est accompagné de persiflage, d'ironie, d'impertinences intolérables.] Mais on lui a fait répondre que ce n'était pas la coutume d'ici de faire subir aux innocents le châtiment du coupable, et qu'au reste le malade serait encore bien soigné aux arrêts. Tout le monde se moque d'une conduite aussi extravagante; il importe même à la cour de France de rappeler un ambassadeur qui la déshonore, et pour ne pas compromettre Aiguillon, je pense, si vous le trouviez à propos, écrire moi-même à ma fille de chercher quelque bonne occasion de parler au roi sur le rappel de Rohan. Il m'est indifférent quel serait son successeur, pourvu que ce soit un homme bien intentionné, raisonnable et capable de contenir ses gens à l'exemple de Choiseul, du Châtelet, Durfort, etc. (2). En même temps, je voudrais être débarrassée de l'abbé Georgel et de toute la suite de Rohan [et ne pas garder un homme de cette vilaine honteuse ambassade].

Vous me ferez plaisir d'entrer en correspondance avec Wilczek, en lui faisant parvenir vos lettres par les canaux que vous trouverez les plus sûrs. Je ferai avertir le prince de Starhemberg de l'expédient que vous proposez pour l'expédition des exprès à Madrid; mais je

---

(1) Le peuple a pris des pierres et les a jetées, etc.
(2) Voir plus haut la note de la page 271.

ne sais pas si l'on peut se fier assez aux courriers espagnols, par lesquels vous pensez encore faire partir vos paquets.

L'évêque d'Adras (1), ex-jésuite, qui s'est trouvé du temps de Durfort ici, où est-il à présent et dans quelle situation? [Je crains ses intrigues, surtout avec Mesdames et la Marsan.

XXXI. — MERCY A MARIE-THÉRÈSE.

A Compiègne, le 17 juillet. — Depuis la date de mon dernier et très-humble rapport, du 16 du mois passé, M. le dauphin et Mme la dauphine sont venus toutes les semaines à Paris pour y voir successivement les spectacles de l'Opéra, de la Comédie française et de la Comédie italienne (2). Le roi a voulu que dans ces premières occasions Leurs Altesses Royales parussent avec toute la cérémonie qui se serait observée si le monarque lui-même avait été présent. En conséquence, à chaque voyage on a tiré le canon à l'hôtel des Invalides et à la Bastille. Deux compagnies, l'une des gardes françaises et l'autre des gardes suisses, avec leurs drapeaux, se sont trouvées en parade aux salles de spectacle où Leurs Altesses Royales arrivaient. Deux gardes du corps étaient en faction sur l'avant-scène du théâtre, et un détachement des cent-suisses formait un carré sous la loge où étaient M. le dauphin et Mme la dauphine. Tout cet appareil, qui, en inspirant du respect, aurait pu gêner la joie du public, n'a cependant pas produit cet effet, et il est impossible d'ajouter aux démonstrations de contentement, de bonne volonté et d'enthousiasme que ce même public a marqué avec la vivacité naturelle à cette nation. C'était toujours à Mme la dauphine que tout cela s'adressait, et il y aurait des volumes à écrire de tous les propos attendrissants qui

---

(1) François Marie-Collet, évêque d'Adras *in partibus*, mort le 11 septembre 1772, âgé de quarante-deux ans. *Mercure de France*, octobre 1772.

(2) Les Mémoires secrets de Bachaumont (tome VII) nous donnent les titres des pièces qui furent jouées en ces diverses occasions : A l'Opéra *Théonis et Zélindor*, opéra suivi de danses. « Monsieur le dauphin et madame la dauphine n'y ont pas témoigné une grande satisfaction ; on sait qu'en général cette princesse, accoutumée aux spectacles de Vienne, n'aime pas notre musique ». Au Théâtre français on donna le *Siége de Calais*, de Dubelloy, et le *Legs* de Marivaux. Les vers suivants du *Siége de Calais* furent applaudis avec transports :

> Le Français dans son prince aime à trouver un frère
> Qui, né fils de l'État, en devienne le père.

A la Comédie italienne on joua le *Déserteur* (voir pièce XXIII).

se tenaient, des remarques qui se faisaient sur la figure, sur les grâces, sur l'air d'affabilité et de bonté de Mme l'archiduchesse. Il est vrai que S. A. R. n'a pas laissé échapper la moindre circonstance où elle pouvait donner quelques preuves de ces qualités, et le peuple a été surtout infiniment touché des ordres qu'elle réitérait souvent de ne repousser personne de ceux qui se présentaient sur son passage. Dans le grand nombre de vers et chansons qui se sont faites à l'honneur de Mme l'archiduchesse, j'ai cru devoir me borner à mettre sous les yeux de V. M. celles qui me paraissaient composées avec le plus d'esprit et de goût. J'avais observé qu'au spectacle de l'Opéra il avait été défendu d'applaudir les acteurs, et que cette petite gêne avait fait quelque peine au public. Je proposai à Mme la dauphine de demander au roi s'il trouvait bon qu'elle ne s'en tînt pas à cette rigueur de l'étiquette. M. le dauphin, qui était présent, approuva ma remarque et se chargea d'en parler au roi, qui donna d'abord sur cet article pleine liberté; de façon que le jour où Leurs Altesses Royales vinrent à la Comédie française Mme la dauphine applaudit d'elle-même à un endroit de la pièce. Cela fut interprété par le public comme une grande marque de bonté, et il parut enchanté qu'on lui permît de suivre un usage auquel il est fort attaché. Enfin, jusque dans les moindres circonstances, Mme la dauphine a eu un succès dont il n'y a presque ni exemple ni mémoire. D'un autre côté, Mme l'archiduchesse et le prince son époux ont paru très-touchés de ces démonstrations d'amour et d'attachement de la part du public; cela m'a donné lieu de leur exposer quelques réflexions sur le génie et le caractère de cette nation, et sur la facilité des moyens propres à se concilier son affection et son zèle.

Cet hommage universel rendu aux qualités charmantes de Mme la dauphine, le penchant du public pour elle a produit le double effet de plaire au roi et d'embarrasser la cabale de Versailles. M. le dauphin et Mme la dauphine ont acquis par ce moyen une consistance qui se fonde sur l'opinion publique, et c'est ce qui m'avait toujours tant porté à désirer leur entrée dans la capitale.

Depuis que le duc d'Aiguillon a formé le projet de se concilier l'appui de Mme Adélaïde par l'entremise de la dame d'atours, la comtesse de Narbonne, il est survenu plusieurs incidents que je n'ai pas eu de peine à éclaircir, et dont j'ai rendu compte à Mme l'archiduchesse, afin qu'elle ne soit dans aucun cas exposée aux surprises des intri-

gues. Le marché du duc d'Aiguillon avec la comtesse de Narbonne
consiste à procurer la mairie de Bordeaux au fils de cette dernière,
et pour elle-même un intérêt dans le prochain renouvellement du
bail des fermes générales ; mais ces deux avantages n'e doivent avoir
leur effet qu'autant que la comtesse de Narbonne réussira à obtenir
que la comtesse du Barry soit bien traitée par Mme Adélaïde, et que
cette princesse persuade Mme la dauphine à agir de même vis-à-vis
de la favorite. Cet arrangement prouve autant de maladresse que
d'ignorance de la part du duc d'Aiguillon, et il paraît inconcevable
qu'il soit si peu instruit de la position intérieure de la famille royale,
ainsi que du peu de crédit que Mme Adélaïde a actuellement sur
l'esprit de Mme l'archiduchesse. Cependant la comtesse de Narbonne,
pour ne point laisser échapper les avantages qu'elle espère, s'est
déjà mise en devoir de travailler en conséquence. Elle se fait valoir
auprès du ministre par des commencements de succès prétendus, et
elle a débité à cet égard plusieurs mensonges dont je n'ai pas tardé
à être informé. Il est bien certain que le caractère faible, inconséquent et léger de Mme Adélaïde ne lui permettra jamais de résister
aux impulsions de sa dame d'atours, qui la gouverne avec l'empire le
plus décidé. Je viens même d'en avoir une preuve récente et très-
marquée en ce que, d'après les conseils de la comtesse de Narbonne,
Mme Adélaïde s'est ménagée avec M. le dauphin et Mme la dauphine
une conversation, dans laquelle elle a cherché à leur insinuer plusieurs
réflexions qui se rapprocheraient assez des vues que paraît avoir le
duc d'Aiguillon. Mme la dauphine a tout écouté sans s'expliquer sur
ce qu'elle en pensait. M. le dauphin, d'un ton franc mais un peu brusque, a répondu : « Ma tante, je vous conseille de ne point vous mê-
« ler dans les intrigues de M. d'Aiguillon, car c'est un mauvais su-
« jet. » Cette façon énergique de s'exprimer a coupé la parole à
Mme Adélaïde, et je doute fort qu'après cela elle se hasarde encore
à servir d'organe aux insinuations de sa dame d'atours. Au reste, je
ne suis nullement en peine sur l'effet des tentatives que pourra former cette dernière, et d'autant moins encore que, le séjour à Compiègne me mettant à portée d'être instruit sur l'heure de ce qui se
passe, j'aurai toute facilité à remédier aux petits inconvénients qui
pourraient survenir. Je prévois bien que le voyage ne se passera pas
sans donner matière à un nombre de tracasseries ; il y sera plus fortement question que jamais de forcer la main à la famille royale et

de la réduire à bien traiter la favorite. On a conseillé à cette dernière de présenter elle-même à la famille royale la femme que va épouser son neveu (1). On prétendra ensuite que cette nouvelle épouse jouisse de l'agrément qu'ont toutes les femmes présentées d'être invitées une fois ou deux à suivre les princesses à la chasse. Je crois savoir aussi positivement que l'on a déterminé le roi à proposer à Mme la dauphine, à Mme la comtesse de Provence et à Mesdames d'aller souper au petit château, où le roi n'a jamais soupé ci-devant qu'avec la favorite et le très-petit nombre de femmes qui forment sa société journalière. Toutes ces occasions deviendront assez délicates; Mme l'archiduchesse est déjà très-prévenue sur tout ce qui pourrait y survenir. S. A. R. se propose d'éviter les affectations, de prendre un air d'aisance, de n'écouter aucun propos, aucune remarque critique, et je suis assuré qu'au moyen de cette contenance il ne surviendra rien d'embarrassant, ni qui puisse tirer à des conséquences désagréables.

Dans le courant du mois, M. le dauphin a fait donner dans son appartement des petits spectacles joués par les comédiens français et italiens; ce sont des parodies et autres pièces en ce genre, qui remplissent deux ou trois heures de la soirée. Les apprêts en sont fort simples et peu coûteux; on établit un petit théâtre dans une antichambre, la famille royale s'y rassemble après le souper; il n'y a d'autres spectateurs que les personnes du service. Ces sortes d'amusements paraissent d'autant plus utiles qu'ils éloignent les conversations sur tout ce qui se passe à la cour, et que, plus il y a de distraction sur cet objet dangereux, il y a d'autant moins d'occasions à se compromettre. J'ai rendu compte à V. M. des raisons que croyait avoir Mme la dauphine d'être sur ses gardes vis-à-vis de M. le comte de Provence. Du depuis, les sujets de soupçons n'ont fait qu'augmenter; j'ai découvert qu'un des gentilshommes du jeune prince, nommé le comte de Modène, était un des principaux instruments qu'employait la comtesse de Marsan pour insinuer ses intrigues. Ce comte de Modène, ci-devant ministre de France à Hambourg (2), ensuite à Stockholm, avec des qualités très-médiocres possède cependant une petite rou-

---

(1) Mademoiselle de Tournon, qui allait épouser le vicomte du Barry, neveu du mari de la favorite.

(2) Il fut ministre plénipotentiaire à Hambourg en 1762, et passa de là en Suède en 1768, d'où il fut rappelé deux ans après.

tine de courtisan au moyen de laquelle il est parvenu à gagner la confiance de M. le comte de Provence, et même à réussir assez auprès de Mme la dauphine. Je m'y suis pris de façon à ne laisser à S. A. R. aucun doute sur la valeur intrinsèque du sujet dont il s'agit. Elle est convenue de bonne foi qu'elle en avait eu une opinion trop avantageuse et peu juste. Depuis ce moment le comte de Modène a été remis à sa place ; les visites de M. le comte de Provence sont devenues beaucoup moins fréquentes, et il n'y a plus le moindre danger qu'il survienne des abus de ce côté-là. Il en est de même par rapport à la comtesse de Marsan : tous les efforts de cette dernière pour acquérir de l'ascendant sur l'esprit de Mme l'archiduchesse n'ont abouti qu'à porter S. A. R. à traiter la comtesse de Marsan avec bonté dans les occasions indifférentes, ce qui est parfaitement en règle. Il en est résulté aussi que Mme la dauphine s'est trouvée plus liée avec Madame (1), sœur de M. le dauphin, et cela était également convenable, d'autant plus que cette jeune princesse est très-douce, très-aimable et parfaitement bien élevée. Elle vient de faire son entrée publique à Paris ; c'est Mme la dauphine qui a déterminé le roi à consentir que cette cérémonie se fît le 14 de ce mois (2). Les occupations sérieuses de Mme l'archiduchesse n'ont été ni interrompues ni négligées jusqu'au moment du départ de Versailles. Il y a eu journellement quelques heures employées à la lecture et aux conversations utiles avec l'abbé de Vermond. Je n'ose espérer la même assiduité pendant le séjour qui se fera ici ; mais peut-être que cela pourra être compensé d'une autre manière, et comme les idées de S. A. R. se développent de plus en plus, et qu'elle veut bien m'accorder journellement les occasions de lui parler, je mettrai ces moments à profit pour lui exposer sur les objets essentiels en tous genres les notions qui me paraîtront pouvoir lui être de quelque utilité.

Le courrier mensuel m'ayant remis le 14 les ordres de V. M. dont il était porteur, je me rendis chez Mme la dauphine à son retour de la chasse, et lui présentai les lettres qui lui étaient adressées. Je trouvai S. A. R. un peu en peine des occasions prochaines de tracas-

---

(1) Madame Marie Clotilde, née le 23 septembre 1659, mariée le 21 août 1775 au prince de Piémont, depuis roi de Sardaigne sous le nom de Charles Emmanuel Ferdinand IV morte le 7 mars 1802.

(2) Le cérémonial fut à peu près le même que pour la dauphine. Voir la note de la page 458.

series qui semblent se préparer ; son inquiétude à cet égard me parut fondée sur l'incertitude de l'état où en sont les choses ; il y règne en effet beaucoup d'obscurité et de manéges.

J'ai cru devoir faire mention, dans mon rapport ministériel d'aujourd'hui, d'une lettre de soumission que Mme Adélaïde doit avoir écrite au roi ; mais cette circonstance ainsi que toutes celles qui y ont rapport ne sont point suffisamment éclaircies, et ce ne sera que par le courrier prochain que je me trouverai en état de rendre un compte bien exact à V. M. de toute l'organisation de cette intrigue, où je prévois que l'on fera jouer à Mme Adélaïde un rôle fort indécent et suspect du côté du caractère. J'ai supplié Mme la dauphine de rester passive et dans le silence jusqu'à ce que j'aie eu le temps de débrouiller ce mystère, et, en attendant, de vouloir bien s'en tenir au système que j'ai mis sous ses yeux, et au moyen duquel il est impossible qu'elle soit mise dans l'embarras.

XXXII. — Marie-Antoinette a Marie-Thérèse.

Ce 17 juillet. — Madame ma très-chère mère, Votre satisfaction est tout ce qui pouvait ajouter à la joie et au sentiment que j'aurai toute ma vie pour l'accueil que j'ai reçu à Paris. J'avouerai à ma chère maman qu'en partant pour Compiègne j'ai eu quelque regret de m'éloigner de cette bonne ville ; il est bien vrai que j'y ai été attendrie jusqu'aux larmes, surtout à la Comédie italienne, lorsque, le parterre ne faisant qu'une voix avec les acteurs, tout s'est écrié : « Vive le roi ! » Clerval, un des acteurs, ajoute : « et ses chers enfants ! » à quoi il a été fort applaudi (1). Je ne peux comparer cette grande journée qu'à celle où ma chère maman est venue au spectacle après la naissance de mon neveu de Florence (2). Quoique je fusse fort enfant, j'ai bien senti comme tous les cœurs étaient émus par la présence de ma tendre mère. M. le dauphin a été à merveille toutes les fois qu'il a été à Paris, et, si je l'ose dire, il a gagné dans l'esprit du peuple par l'air de bonne amitié qui était entre nous ; c'est peut-être ce qui a fait dire

---

(1) On jouait le *Déserteur* de Sedaine et Monsigny ; le refrain d'un couplet amenait le cri de *Vive le roi !* Clairval jouait le rôle de Monte-au-ciel.

(2) Lorsque Marie-Thérèse apprit la naissance de son premier petit-fils, qui fut l'empereur François II, elle se rendit aussitôt au théâtre à Vienne, et, de sa loge, cria au parterre : *Der Leopold hat ein Buben!* (*Léopold a un garçon !*)

qu'il m'a embrassé publiquement, quoique cela ne soit pas vrai ; mais ma chère maman est bien trompée en croyant qu'il ne l'a pas fait depuis mon arrivée ; au contraire depuis longtemps tout le monde remarque son empressement auprès de moi.

Je suis fâchée de la Weinrottre ; sa résignation est la plus grande grâce que Dieu puisse lui accorder ; je suis aussi bien fâchée de la de Peste (1).

Nous avons appris ici les couches de l'infante ; l'infant, qui ne m'avait pas écrit depuis son mariage, m'a écrit cette fois-ci. Il est vrai qu'il a oublié que j'étais sa belle-sœur ; il m'appelle sa cousine : c'est encore assez de parenté pour la conduite qu'il tient. Je souhaite qu'il en change : le roi n'a pas voulu que je lui réponde. Un des premiers officiers des mousquetaires revient de Naples, et ne cesse de chanter les louanges de la reine. Vous ne sauriez croire, ma chère maman, quel plaisir cela me fait ; j'espère que vous vous êtes trompée dans le temps de ses couches, vu la grosseur dont elle est ; je désire fort que que mes deux belles-sœurs accouchent heureusement.

Il me tarde fort que l'empereur revient ; j'aimerais mieux qu'il ne vit pas le roi de Prusse. L'abbé se met à vos pieds ; il a été également transporté et pour moi et pour ses compatriotes (2). Vous avez bien de la bonté, ma chère maman, de m'envoyer la liste de Laxenbourg ; n'espérant plus de revoir ma patrie, c'est une grande consolation pour moi de savoir ce qui s'y passe.

On a voulu depuis quelque temps nous faire des tracasseries ; grâce à Dieu, le plus fort est passé, et nous n'avons plus de crainte. Le parti de M. le dauphin et le mien sont assez bien pris pour ne jamais manquer au roi et à nous. J'espère sur toute chose que ma chère maman sera toujours contente de moi, et me conservera toujours ses bontés et son amitié, qui me sont plus plus précieuses que tout.

XXXIII. — MERCY A MARIE-THÉRÈSE.

Compiègne, 17 juillet. — Quoiqu'il subsiste entre M. le dauphin et Mme la dauphine la plus parfaite harmonie, cependant S. A. R.

---

(1) Mesdames de Weyrother et de Pest avaient été au service de Marie-Antoinette avant son mariage.

(2) Marie-Antoinette fait évidemment allusion au succès de son entrée à Paris.

a quelquefois des petits sujets de déplaisir dont elle me fait la grâce de me parler. Tout l'ascendant qu'elle a sur M. le dauphin n'a pu encore détourner ce jeune prince de son goût extraordinaire pour tout ce qui est ouvrage de bâtiments, comme maçonnerie, menuiserie et autres de ce genre. Il a toujours quelque chose de nouveau à faire arranger dans l'intérieur de ses appartements; il travaille lui-même avec les ouvriers à remuer des matériaux, des poutres, des pavés, et se livrant des heures entières à ce pénible exercice, il en revient quelquefois plus fatigué que ne le serait un manœuvre obligé à remplir ce travail. J'ai vu en dernier lieu Mme la dauphine excessivement impatientée et chagrinée de cette conduite; je pus en juger par la vivacité des plaintes qu'elle m'en fit, et par les conséquences qu'elle en tirait sur les effets qu'un travail si outré peut produire sur le physique du prince son époux. J'ai tâché de calmer Mme l'archiduchesse à cet égard, en lui présentant les seuls moyens qu'elle peut employer pour retirer peu à peu M. le dauphin de ces sortes d'occupations. Il serait dangereux d'y mettre une contradiction ouverte; ce n'est que par l'appât d'autres amusements plus agréables et convenables que l'on doit écarter celui-ci. Je suppliai S. A. R. de ne jamais mettre de vivacité ni d'aigreur à ses remontrances sur les choses qui lui déplaisent; une persuasion douce et suivie remplira bien mieux ses vues. Je représentai le changement très-considérable et avantageux qui depuis quelque temps s'est opéré dans M. le dauphin; il ne s'agit maintenant que de continuer à suivre le même plan par lequel Mme l'archiduchesse a obtenu ces bons effets, et je la persuadai qu'elle réussirait avec toute facilité et certitude.

Lundi 2, le ministre de Parme, comte d'Argental, envoya ici les lettres qu'il venait de recevoir par un courrier, et par lesquelles l'infant annonçait au roi les couches heureuses de Mme l'infante qui venait de mettre au monde un prince (1). Le roi parut être très-sensible à cette nouvelle, et je crus devoir m'en prévaloir pour ramener le duc d'Aiguillon à l'objet du raccommodement des brouilleries de Parme. Le ministre, qui depuis longtemps n'avait voulu entrer en matière sur ce chapitre, s'expliqua pour cette fois assez positivement. Il me dit que

---

(1) L'infant don Louis, né le 5 juillet, roi d'Etrurie en 1801 sous le nom de Louis I, mort en 1803, à Florence.

le ministère de Madrid avait proposé de s'adresser au Saint-Père pour l'engager à interposer sa médiation pour le raccommodement de l'infant avec le roi Très-Chrétien et le roi Catholique, que lui d'Aiguillon avait rejeté cette idée comme inadmissible et peu convenable ; qu'on s'en était en effet départi à Madrid, et que le marquis de Grimaldi venait de lui écrire que le roi Catholique priait le roi Très-Chrétien de se charger de ce raccommodement, auquel on imposait pour seule condition le rappel de don Llano à Parme ; que d'ailleurs le roi Catholique ne l'y laisserait que peu de temps, et se tiendrait satisfait de cette marque de soumission de la part de l'infant ; qu'en conséquence le duc d'Aiguillon avait écrit à ce prince, qui lui avait répondu qu'il consentait à la proposition, qu'il rappellerait don Llano, pourvu que le roi d'Espagne s'engageât à ne le laisser à Parme que quelques jours, sur quoi le duc d'Aiguillon m'ajouta que cette soumission conditionnelle de l'infant ne pouvait contenter le roi d'Espagne, et qu'il allait tâcher de persuader le jeune prince de ne point mettre de restriction à son obéissance. On croit qu'un certain Père Ferrari retient l'infant dans son obstination. Il serait bien à désirer que ce prince ne laissât pas échapper l'occasion de se tirer d'embarras, parce que dans la suite les moyens deviendraient toujours et plus rares et plus difficiles.

Je vais reprendre ici les articles de la très-gracieuse lettre de V. M., et je dois commencer d'abord par lui exposer combien je suis pénétré jusqu'au fond de l'âme des grâces et de la clémence avec lesquelles V. M. daigne s'expliquer sur les effets qu'elle attribue à mon zèle pour Mme la dauphine. Quoique vivement occupé à me rendre utile au service de S. A. R., je ne puis méconnaître qu'elle doit ses succès uniquement aux qualités vraiment rares dont le ciel l'a douée, à son bon esprit, à son jugement, et à son grand empressement à saisir tout ce qu'on lui propose comme pouvant plaire à V. M.

Je ne suis pas moins respectueusement touché de la trop gracieuse remarque que, de main propre, V. M. a daigné écrire à mon sujet sur l'article de Parme. Je viens encore d'avoir à ce sujet un entretien avec le duc d'Aiguillon. Il m'a dit que le roi répondait à l'infant ; que sa lettre portait en substance un avertissement sévère et une dernière sommation faite à ce prince de rentrer dans les bornes du devoir, de satisfaire le roi d'Espagne par le rappel de don Llano ; que le roi finissait par dire à l'infant que s'il ne se prêtait point à ce dernier avertissement, il serait abandonné sans retour par les deux rois. Le duc d'Aiguillon m'a ajouté que le roi son maître désirerait qu'il plût à V. M. d'écrire dans le même sens à Mme l'infante, afin qu'il conste mieux que V. M. est parfaitement instruite et d'accord sur la façon de penser des deux rois de France et d'Espagne. Si de si puissants efforts réunis ne produisaient pas l'effet désiré, il ne resterait plus de ressource, et je prévois avec douleur qu'on finirait ici pas oublier totalement la cour de Parme.

Il est vraiment affreux que V. M. ait à supporter une conduite aussi révoltante que l'est celle du prince de Rohan, et, dans toute autre conjoncture, j'aurais osé hasarder quelque démarche décisive pour tâcher de délivrer V. M. d'un embarras aussi fâcheux; mais je dois mettre sous ses yeux les raisons qui m'ont arrêté pour le moment. Toutes les nouvelles manœuvres du duc d'Aiguillon ont une cause et un but : il est brouillé avec les parents de la favorite, et cette dernière s'était fort refroidie à son égard; le ministre, ne sachant plus quel moyen employer pour se rendre nécessaire, a imaginé de présenter à la comtesse du Barry un appât, qui est celui de la faire rentrer en grâce auprès de toute la famille royale. La favorite a saisi ce projet avec chaleur, et elle en est comme enivrée. Si le duc réussit, il se trouvera en plus grande faveur que jamais; s'il échoue, il se pourrait très-bien que ce ministre perdît entièrement l'appui de la comtesse du Barry, et, dans ce cas il ne resterait sûrement pas en place; cela sera sans doute éclairci avant la fin du séjour à Compiègne. En supposant la chute du duc d'Aiguillon, alors le prince de Soubise et les Rohan acquerraient un crédit très-décidé, et je crois qu'il conviendrait au bien du service de les ménager, au moins jusqu'à ce que la crise présente soit développée. Si le duc d'Aiguillon l'emporte, la crainte des Rohan ses ennemis ne l'arrêtera plus, et le coadjuteur de Strasbourg sera rappelé. Si les parents de ce dernier ont le dessus, en s'adressant directement à eux et ne paraissant pas vouloir les forcer, il y aura également moyen de les engager à retirer leur parent d'un poste auquel il est si peu propre. Au reste l'intention de V. M. d'en écrire à Mme la dauphine me paraît un moyen très-efficace; j'ai cru même devoir en prévenir S. A. R.; mais je persiste encore à croire qu'il serait utile de suspendre toute démarche jusqu'à la fin du voyage de Compiègne. Le grand malheur est qu'avec un homme aussi faux que l'est le duc d'Aiguillon il n'y a pas de possibilité de s'expliquer. Si je lui portais des plaintes formelles contre le prince de Rohan, il ne manquerait pas de se faire valoir auprès du prince de Soubise et auprès de la comtesse de Marsan en leur disant qu'il tâche de soutenir leur parent, mais que j'ai eu ordre de demander son rappel, et par là le bien du service de V. M. se trouverait compromis.

Je remplirai les ordres de V. M. relativement à la correspondance à entretenir avec le comte de Wilczek et avec le prince de Lobkowitz. J'enverrai des exprès à Madrid, ainsi que V. M. daigne m'y autoriser, dans les circonstances qui pourraient l'exiger ; mais, comme il serait impossible que de pareilles expéditions arrivassent souvent, il ne me reste pour le courant aucune voie plus sûre que celle des courriers espagnols ; je ne leur confie d'ailleurs aucune dépêche qui ne soit chiffrée, et peut-être qu'à Madrid ils n'ont pas autant qu'ici l'art de savoir déchiffrer, surtout les chiffres dont on fait usage avec précaution.

L'ex-jésuite évêque d'Adras est mort passé quelques mois, dans une province de France ; cet intrigant ecclésiastique était fort protégé par la famille des Rohan.

XXXIV. — MARIE-THÉRÈSE A MERCY.

Sans date (fin juillet) (1). — Neny (2) viendra en octobre à Paris ; je vous le recommande. Je l'estime, il m'est extrêmement attaché ; il est sans prétention, encore moins intéressé, grand travailleur avec beaucoup de clarté et de promptitude, honnête, chrétien et charitable. Comme il a le cœur franc, il juge les autres après lui, et il s'est déjà souvent trompé. Il parle facilement, et c'est la raison pourquoi il n'a jamais vu aucune dépêche ou relation de vous, ni ostensible même. D'abord qu'il s'agit du secret d'un troisième, je suis très-circonspecte. Je dois bien connaître mon monde. Le prince Kaunitz voit vos lettres à moi, hors celles pour moi seule ; personne ne les a vues que moi et Pichler, et Starhemberg quelques-unes. L'empereur sait que vous m'écrivez, mais n'ayant pas voulu les voir au

---

(1) Copie de la main de Mercy, avec cette indication : Billet de l'impératrice écrit de main propre et renvoyé à S. M. par le courrier Caironi, le 14 août 1773 de Compiègne.

(2) Voir note de la page 8.

commencement, trouvant même mauvais que je tins pour ma consolation cette correspondance, je n'ai plus insisté. Il ne m'a jamais plus demandé depuis si cela continue ou non, voulant me faire croire (car cela n'est pas) que dès l'instant que quelqu'un de la famille part, ou lui-même, qu'il ne pense plus à eux et ne souhaite avoir de leurs nouvelles que par les gazettes ; je ne lui touche plus un mot de la famille, hors qu'il commence lui-même. Vous pouvez bien juger que cela ne me fait nul plaisir, mais voilà ma triste situation avec un fils le plus aimable et capable. C'est moi seule qui n'en tire aucune consolation et suis souvent contrariée. Vous brûlerez ce billet et jugerez de ma confiance en vous. Vous ne mettrez donc nullement Neny dans le secret de ma fille. Il portera un petit présent à ma fille, un œillet en diamants, et vous portera aussi une tabatière avec nos deux chiffres, de l'empereur et le mien, tout fait ici. Je suis curieuse si on les trouvera bien ou quel défaut on leur trouvera. L'abbé de Vermond en recevra aussi; si vous croyez devoir y ajouter quelque chose de plus, vous le pouvez faire ; ses services sont impayables, les vôtres tout de même ; mais ma reconnaissance vous est entièrement due : vous soutenez souvent mes plus tristes jours par vos lettres, mais encore plus par vos conseils et prudente conduite dans les affaires. Sauvez-moi de ce vilain Rohan, et croyez-moi toujours votre bien affectionnée.

XXXV. — Marie-Thérèse a Mercy (1).

Ce 29 juillet. — Comte Mercy, Vous ne recevrez celle-ci qu'après deux mois, mais je n'ai pu laisser partir mon fidèle Neny sans l'accompagner de ces lignes. Je sais qu'il n'a pas besoin de vous être recommandé; mais tout ce que vous ferez pour lui me sera agréable, et j'espère qu'il pourra parler avec ma fille et m'en porter des nouvelles consolantes ; je voudrais de même du dauphin ; mais je ne l'exige pas, et attends avec impatience son retour pour qu'il puisse me rassurer sur l'état de votre santé, qui m'intéresse tant. Il est chargé en même temps de vous assurer de toute ma reconnaissance pour le bien-être de ma fille, qui me donne tant de consolation, et croyez-moi toujours votre bien affectionnée.

---

(1) Pièce entièrement autographe.

XXXVI. — Marie-Thérèse a Mercy.

Laxenbourg, 2 août. — Comte de Mercy, J'ai reçu votre lettre du 16 du passé par le courrier Riedel, arrivé ici le 26. Je suis toujours plus contente des succès de ma fille et du changement qu'on aperçoit dans la conduite du dauphin. J'y reconnais le bon effet de vos conseils, et plus j'y suis intéressée, plus j'ai de satisfaction de vous en faire mes compliments.

Les démarches du duc d'Aiguillon sont aussi déplacées que ses lumières sont bornées. Je suis plus tranquille à présent pour ce qui pourrait en rejaillir sur ma fille, après que je la vois de plus en plus affermie par vos avertissements dans le bon chemin.

Vu même la situation présente des affaires, je crois qu'il est plutôt avantageux que contraire à nos intérêts que le duc d'Aiguillon reste dans son poste, du moins jusqu'au rétablissement de la paix entre la Russie et la Porte, et jusqu'à l'arrangement final des affaires de Pologne. Doué de peu de génie et de talents, sans crédit et harcelé sans cesse par des factions, il se trouve peu en mesure de nous susciter des embarras. Notre besogne serait bien plus difficile si le duc de Choiseul, tout bien intentionné qu'il était, se trouvait encore en place, et elle pourrait le devenir de même si Broglie venait à remplacer Aiguillon, ce qui serait peut-être un grand contre-temps.

Je suis bien aise que les tentatives de Mme Adélaïde en faveur de la comtesse du Barry ont d'abord été repoussées par le ton ferme et décidé du dauphin, sans que ma fille y fût mêlée en aucune façon. Au reste, je conçois bien qu'elle ne saurait se refuser d'intervenir aux soupers du roi au petit château avec la favorite, si le dauphin en est d'accord ; mais, comme il ne paraissait pas jusqu'ici y incliner, je souhaite qu'il reste ferme dans ce sentiment, et ne pas avoir à craindre qu'il se gâte par la mauvaise compagnie ; ce qui est à la longue presque inévitable.

Je crois, de même que vous, que les petits spectacles que le dauphin donne dans ses appartements peuvent produire le bon effet d'écarter d'autres amusements moins indifférents. Il n'en est pas de même de son goût pour les ouvrages de bâtiment ; ce goût pourrait l'entraîner dans l'habitude de trop traiter avec des gens du plus bas ordre ; mais vous observez très-bien que ce n'est pas ma fille qui doit lui en faire des remontrances, mêlées d'aigreur et de vivacité. Il faut plutôt qu'elle tâche de l'en détourner insensiblement, en substituant quelque autre occupation, plus propre pour l'amuser agréablement et sans inconvénient.

Le caractère du comte de Provence me paraît de plus en plus suspect par son penchant pour l'intrigue. La cabale pourrait devenir plus forte après l'arrivée de l'épouse du comte d'Artois, en augmentant le parti piémontais.

L'infant m'ayant notifié la naissance de son fils, je lui ai fait réponse, et j'ai de même écrit à l'infante, après que l'empereur m'a envoyé sa lettre pour elle sur cet événement; mais je me suis restreinte dans l'une et l'autre lettre à des expressions générales [et de peu de lignes] et seulement relatives à son accouchement; à présent notre correspondance a cessé de nouveau. Je ne saurais me prêter au désir du roi d'écrire à ma fille dans le même sens qu'il l'a fait. Convaincue par l'expérience du passé et par le peu d'attention qu'elle a eu pour mes conseils de l'inutilité de tous mes efforts, je suis bien résolue de n'en faire plus et de m'attacher seulement à me conformer à ce que les cours bourbonnes voudront faire. Peut-être l'unique moyen de la ramener à son devoir serait-il de mettre auprès d'elle une personne capable de gagner sa confiance et de la diriger, mais où trouver cette personne? Je vois avec douleur qu'à la fin on sera obligé à prendre le parti d'oublier tout à fait Parme.

Rohan devient toujours plus insupportable. Il ne cache pas même qu'étant soutenu par le prince de Soubise, par la comtesse de Marsan et par ceux de leur faction, il s'inquiète peu de l'humeur qu'on pourrait avoir ici contre lui. Je voudrais donc qu'on songeât sérieusement à le faire rappeler. Sans faire des plaintes formelles contre sa conduite, vous pourriez faire sentir, avec votre circonspection ordinaire, à Aiguillon, que je serais sûrement contente de voir remplacer Rohan par quelqu'un en qui je pourrais mettre plus de confiance, en proportion de celle, ainsi que de la considération, dont il jouirait de la part de sa propre cour. Si le marquis de Noailles est tel qu'on le suppose, je serais contente de l'avoir ici; mais, si même le choix tombait sur quelque autre, il me suffirait que ce fût sur un homme de bonne conduite, raisonnable et bien intentionné.

[Sur le point de Rohan je touche un mot à ma fille, en lui commettant de n'en parler qu'à vous. Sans porter des plaintes formelles, je souhaiterais et compte que le roi voudrait me complaire en me délivrant de cet indigne représentant et de son abbé Georgel.]

XXXVII. — Marie-Antoinette a Marie-Thérèse.

Ce 13 *août*. — Madame ma très-chère mère, La présentation de la jeune Mme du Barry s'est très-bien passée. Un moment avant qu'elle vînt chez moi, on m'a dit que le roi n'avait dit mot ni à la tante ni à la nièce : j'en ai fait autant. Mais au reste je puis bien assurer à ma chère maman que je les ai reçues très-poliment : tout le monde qui était chez moi est convenu que je n'avais ni embarras ni empressement à les voir sortir; le roi sûrement n'a pas été mécontent, car il a été de très-bonne humeur toute la soirée avec nous. Le voyage finira beaucoup mieux qu'il paraissait d'abord, nous n'entendons plus parler de mouvement ni d'intrigue; entre nous il y a une parfaite union.

Nous avons eu trois petites fêtes chez la marquise Durfort; nous en avons encore une la semaine prochaine; je désire fort qu'il fasse moins chaud, surtout s'agissant de danse, car il fait aujourd'hui une chaleur excessive.

Je suis ravie que l'empereur n'ait pas son entrevue (1), mais je ne serai entièrement rassurée que lorsqu'il sera revenu de ses courses; je lui écris un mot par ce courrier.

Mercy m'a déjà parlé du prince Louis; sa mauvaise conduite me fait peine de toutes manières. C'est un point encore plus fâcheux dans ce pays-ci, qu'il déshonore, que pour Vienne, qu'il scandalise; quand Mercy croira qu'il est temps, je ferai ce qu'il me dira, mais j'imagine qu'il voudra des ménagements; tant à cause de Mme Marsan que du crédit de M. de Soubise.

J'attends Neny avec impatience. On me peint actuellement; il est bien vrai que les peintres n'ont pas encore attrapé ma ressemblance : je donnerais de bon cœur tout mon bien à celui qui pourrait exprimer dans mon portrait la joie que j'aurais à revoir ma chère maman; il est bien dur de ne pouvoir l'embrasser que par lettre.

Mon mari est touché de vos bontés; j'espère qu'il les méritera davantage.

---

(1) Avec le roi de Prusse; on a vu dans la lettre du 17 juillet que Marie-Antoinette redoutait cette entrevue.

XXXVIII. — Mercy a Marie-Thérèse.

Compiègne, 14 *août.* — La multiplicité et la variété des circonstances survenues depuis la date de mon très-humble rapport du 17 juillet m'obligent à donner à celui-ci la forme d'un journal, dans lequel je vais tâcher de mettre sous les yeux de V. M., et avec toute l'exactitude possible, les faits dans l'ordre où ils ont eu lieu.

Le 17 Mme la dauphine m'envoya ses lettres à trois heures après-midi, et S. A. R. alla se promener à cheval dans la forêt ; Mme Adélaïde voulut l'y accompagner. Depuis quelque temps, cette princesse paraît fort occupée de tous les moyens propres à se rapprocher de Mme l'archiduchesse, et elle tâche d'y réussir par les complaisances les plus empressées et les plus suivies. Après le départ du courrier, je ne perdis point de temps à recueillir les informations que je n'avais pu me procurer encore, et qui devaient m'éclaircir le ténébreux mystère des intrigues que je voyais se préparer. Je me rendis d'abord chez le duc d'Aiguillon, auquel je trouvai une réserve et une sorte d'embarras qui me donnèrent beaucoup à penser. Je fus ensuite chez la comtesse du Barry, de laquelle je ne tirai pas grand'chose ; mais, en revanche, Mlle du Barry, sa belle-sœur et sa confidente, m'informa amplement de tout ce que je voulais savoir. Cette dernière, devenue ennemie du duc d'Aiguillon, me peignit sous la forme la plus satirique son projet de ramener à ses vues la famille royale par l'entremise de la comtesse de Narbonne. Mlle du Barry m'ajouta qu'elle ne cessait de répéter à sa belle-sœur qu'elle serait la dupe de ce ridicule projet, que M. le dauphin et Mme la dauphine n'en seraient que plus révoltés, et qu'enfin tout cet objet était très-mal vu. Sur ces entrefaites, la comtesse du Barry, qui venait d'achever sa toilette, arriva et se mêla de la conversation. Sa belle-sœur lui dit que, comme il ne devait rien y avoir de caché pour moi, elle m'avait mis au fait de ce qui se passait, et elle répéta encore ce qu'elle venait de me dire. Je répondis que quand il s'agissait d'engager la famille royale à se prêter aux choses qui peuvent plaire au roi, il ne fallait sans doute négliger aucun moyen, mais que j'avouais avoir peu de confiance dans celui qu'on employait aujourd'hui pour parvenir à ce but. J'observai que depuis deux ans la favorite et le duc d'Aiguillon m'avaient fait toutes sortes d'instances pour que je me chargeasse de remplir une tâche, laquelle consistait à intercepter tout le crédit de Mme Adélaïde sur Mme la dauphine, et particulièrement d'inspirer à Mme l'archiduchesse tout l'éloignement et la défiance possible de la comtesse de Narbonne ; que l'on n'ignorait pas que j'avais complétement rempli ces deux objets, et que, par conséquent, il paraissait un peu étrange que l'on songeât aujourd'hui à remplir un objet par des voies que l'on avait pris tant de soins à détruire. La surprise de la comtesse du Barry me fit croire que ma remarque était neuve pour elle ; après quelques moments de silence, elle me pria de coopérer autant que je le pourrais à écarter les embarras. Je répondis que je m'en étais toujours occupé comme d'une chose qui intéresse le service de Mme la dauphine, la satisfaction du roi, et la tranquillité de l'intérieur de la cour. J'appris à la suite de cette conversation que Mme Adélaïde avait été déterminée par la comtesse de Narbonne à écrire au roi. Elle mandait qu'ayant appris que ce monarque avait quelque mécontentement sur la conduite de ses enfants, elle s'était d'abord proposé de le prier verbalement de vouloir bien manifester ses intentions, mais qu'elle préférait de lui écrire pour lui demander cette grâce, que le roi ne pouvait douter de la soumission de Mme Adélaïde ni de son désir de lui plaire en tout, qu'elle souhaitait infiniment les occasions de se trouver auprès du roi, et que s'il voulait les multiplier, elle en jouirait avec autant d'empressement que de plaisir. La réponse du roi à cette lettre portait qu'il savait un gré infini à Mme Adélaïde des marques de sa tendresse et de sa soumission, et « surtout de lui avoir épargné une explication verbale » ; qu'il voyait avec peine que M. le dauphin ne prenait aucun goût pour la société et « qu'il marquait un éloignement décidé pour le beau sexe » ; que lui, roi, désirait que Mme Adélaïde tâchât de ramener M. le dauphin à une conduite plus sociable, et l'engageât à traiter avec politesse les femmes que le roi voyait habituellement ; qu'enfin il comptait que Madame emploierait à la réussite de cet objet « l'influence « qu'elle pourrait avoir sur toute la famille ».

Le 18, je me procurai une audience de Mme la dauphine, et je lui rendis compte de tout ce que j'avais appris la veille ; S. A. R., quoique informée d'une partie de ces circonstances, les savait peu exactement. Je la trouvai fort irritée contre Mme Adélaïde, bien plus encore contre la comtesse de Narbonne. Je la suppliai d'abord de ne point se brouiller avec Mme sa tante ; je simplifiai l'état de la question : elle se réduisait à complaire au roi en tout ce qu'il marquerait désirer. J'ajoutai que j'en avais souvent représenté l'importance et la nécessité, que Mme la dauphine avait très-bien senties, mais qu'il fallait en même temps que Mme la dauphine et M. le dauphin eussent eux-mêmes tout le mérite de leur complaisance et obéissance envers le roi, sans que l'on pût croire qu'ils y aient été persuadés ou induits par l'ascendant d'un tiers ; que, par conséquent, si Mme Adélaïde parlait à Mme l'archiduchesse, je croyais qu'il convenait de l'écouter tranquillement et de lui répondre que lorsque le roi désirera quelque chose de Mme la dauphine elle doit supposer qu'il s'en expliquera directement vis-à-vis d'elle ; qu'au moins S. A. R. se réservait de prier le roi de lui confirmer lui-même ses intentions dans tous les cas où il s'agira de les remplir. Mme l'archiduchesse approuva mon idée, et elle la fit agréer à M. le dauphin.

Le 19, depuis la veille, les circonstances que je viens d'exposer avaient occasionné beaucoup de fermentation. M. le dauphin en marquait de l'humeur ; Mme Victoire s'était révoltée contre la négociation de la comtesse de Narbonne. Mme la comtesse de Provence, quoique habituellement fort réservée, s'en était expliquée sur le même ton ; enfin toute la famille déclara à Mme Adélaïde qu'il était choquant d'imaginer qu'on voulût que sa conduite devînt le prix d'un marché particulier ; que, le roi voyant tous les jours ses enfants, il n'avait pas besoin d'intermédiaires entre lui et eux ; qu'il n'avait qu'à leur faire connaître lui-même ses volontés, et que, par toute autre voie, on en tiendrait cause d'ignorance. Cette union de sentiment et de langage apprit à Mme Adélaïde qu'elle était au moment de se brouiller sérieusement avec toute la famille, que d'ailleurs personne ne se laisserait conduire par elle. L'évidence de cette situation l'effraya ; elle convint qu'on avait cherché et même réussi à l'induire en erreur, que personne n'était plus éloigné qu'elle de tout ce qui avait trait à la favorite ou à son parti, qu'elle ne se chargerait d'aucune commission de parler sur ce sujet, et qu'elle interdirait à la comtesse de Narbonne de lui en faire mention.

Le 20 Mme la dauphine devait aller à la chasse ; mais elle en fut empêchée parce que, dans la nuit précédente, M. le dauphin avait eu une indigestion. Cette indisposition était très-légère ; cependant le jeune prince garda le lit, contre l'avis même des médecins, qui se récrient beaucoup sur l'espèce d'appréhension et d'abattement auxquels se livre M. le dauphin à la plus petite apparence d'incommodité. Mme l'archiduchesse ne le quitta pas de la journée ; je trouvai cependant un moment à pouvoir parler à S. A. R. Elle me dit que Mme Adélaïde paraissait revenir de très-bonne foi de son erreur, et qu'elle avait signifié à la comtesse de Narbonne que, quoiqu'elle l'aimât beaucoup, « elle serait obligée de se brouiller avec elle » si cette dame d'atours lui reparlait jamais d'idées suggérées par la favorite ou par le duc d'Aiguillon. Je représentai à Mme la dauphine que, sans vouloir répandre des doutes sur la bonne foi ou sur la fermeté de Mme sa tante, il était toujours certain que pareilles explications de sa part devenaient fort inutiles, et ne faisaient qu'induire à parler d'une matière sur laquelle il n'y avait rien à dire dont on ne pût abuser, et que je ne pouvais assez supplier S. A. R. de s'en tenir constamment à ses réponses de vouloir apprendre par le roi les intentions qu'il peut avoir, et d'être disposée à les remplir quand il les aura fait connaître.

Le 21, le duc d'Aiguillon, informé sans doute de la mauvaise tournure que prenait sa négociation, alla trouver la comtesse de Narbonne, et la somma de remplir les objets auxquels elle s'était engagée. Le lendemain était le jour où le roi soupait au petit château. La famille royale devait y être appelée ; mais il fallait avant tout une assurance qu'elle s'y comporterait d'une façon qui n'embarrassât pas le roi et la favorite, et le duc venait demander cette assurance. La comtesse de Narbonne ne put, dans cette occasion, prendre d'autre parti que celui d'avouer qu'elle avait trop présumé de son crédit sur Mme Adélaïde et de l'influence de cette dernière sur la famille royale ; qu'enfin, malgré tous les soins et la meilleure volonté, elle, Narbonne, avait échoué et s'était même vue rebutée, et qu'il ne lui restait aucun expédient à faire valoir. Le duc d'Aiguillon fut si mortifié de cette déclaration qu'il répondit à la comtesse de Narbonne qu'il avait en son nom promis au roi qu'elle réussirait dans sa commission, qu'ainsi c'était à elle à se tirer d'embarras comme elle le pourrait. Cette conversation devint très-vive de part et d'autre, et on se sépara avec aigreur. Le duc d'Aiguillon, arriva tout enflammé de colère chez la comtesse du Barry ; il lui dit qu'on le trahissait de tous côtés ; il s'exhala beaucoup en plaintes et en justifications sur la conduite qu'il avait tenue, et tous ces détails me revinrent par la voie de Mlle du Barry. Ce qu'il y avait en tout cela de plus dangereux et de plus mortifiant pour le ministre, c'était la publicité que l'on avait mise à son intrigue; tout Paris en savait l'objet et les moyens qu'on employait pour la faire réussir (1), de façon qu'en échouant le duc d'Aiguillon donnait une furieuse prise à ses ennemis et matière de dérision au public.

Le 22 M. le dauphin suivit le roi à la chasse; Mme la dauphine et Mme la comtesse de Provence prirent le même divertissement en calèche. Le roi alla souper au petit château; mais il ne fut point question d'y appeler la famille royale. Ce dénoûment fut écrit sur-le-champ aux curieux à Paris, et il y eut dans tout le public de la cour une effervescence de propos vraiment étonnante, surtout s'agissant d'un objet aussi frivole. Ce qu'il y a au moins de bien certain, c'est que l'on ne pourra pas imputer à Mme la dauphine d'avoir pris la moindre part à ces mêmes propos, et je fus très-attentif à détourner tout ce qui aurait pu en occasionner le moindre soupçon.

Le 23, les circonstances si avantageuses à M. le dauphin et à Mme la dauphine, le succès brillant de leur entrée à Paris, tout cela leur donnant dans l'opinion de la nation et dans l'esprit du roi une consistance qui avait été interceptée jusqu'à ce moment, je ne doutai pas que la favorite, ses partisans et surtout le duc d'Aiguillon, ne combinassent des réflexions qui pourraient leur donner de l'ombrage sur le crédit naissant que le jeune prince et la princesse son épouse seraient facilement dans le cas de se procurer. Cette matière fit le le sujet d'une longue audience que me donna Mme l'archiduchesse, et dans laquelle je lui exposai des principes et des maximes qui me parurent appropriés au caractère du roi et convenables à opposer aux manœuvres jalouses de la vilaine cabale, laquelle malheureusement a eu tant de prépondérance jusqu'à cette heure. La déduction de cet objet était susceptible de plusieurs considérations politiques que Mme la dauphine me parut saisir très-bien. J'insistai beaucoup sur la circonspection qui est nécessaire dans le choix de ceux que l'on veut protéger ou attacher à son service, sur la nature des demandes que l'on se propose de faire au roi ou à ses ministres, sur la défiance où l'on doit être de toutes les sollicitations faites par les entours, et qui aboutissent presque toujours à des injustices ou à favoriser des sujets

---

(1) On trouve en effet le récit à peu près exact de cette intrigue dans l'*Espion anglais*, tome I, page 37, édition de Londres, 1779, in-12.

médiocres. Une seule faute en ce genre peut suffire pour détruire le crédit le mieux établi. J'avais un motif particulier d'appuyer fortement mes raisons sur ce chapitre, à la suite d'une circonstance qui venait d'arriver.

Le sieur de Château-Giron (1), président à mortier au Parlement de Paris, était pourvu de la charge de surintendant de la maison et finances de Mme la dauphine. Cette place très-honorable a toujours été remplie par des gens de robe distingués par quelque dignité, comme celle de conseiller d'État, ou par des services remarquables rendus à l'État. Cette place n'étant pas trop compatible avec l'assiduité qu'exige celle de président à mortier, le sieur Château-Giron demanda à traiter de sa charge de surintendant; c'était à Mme la dauphine à choisir un sujet. La comtesse de Noailles, la duchesse de Chaulnes et d'autres femmes extorquèrent le consentement de S. A. R. en faveur d'un jeune maître de requêtes, très-mince personnage, nommé de Gyac (2), et comme l'on craignait sans doute que je ne fusse informé de ce mauvais choix assez à temps pour en détourner Mme l'archiduchesse, on prit le moment où elle allait chez le roi, et on la pressa si vivement, sous prétexte qu'il n'y avait pas un instant à perdre pour soustraire cette charge à la nomination de la favorite, que Mme la dauphine se détermina à la demander au roi, qui la lui accorda pour le dit de Gyac. Cette opération fut consommée en deux heures de temps, sans que l'abbé de Vermond ni moi en eussions eu la moindre connaissance. Quand on en fut instruit, il s'éleva des clameurs parmi ceux des conseillers d'État qui étaient en droit d'aspirer à cette charge; les ministres s'en mêlèrent, et le duc de la Vrillière fit des difficultés d'expédier le brevet avant d'avoir fait des représentations au roi à ce sujet. Enfin, je vis le moment où Mme l'archiduchesse pouvait éprouver à cette occasion une mortification très-désagréable. Je commençai d'abord par lui bien exposer la surprise qu'on avait employée vis-à-vis d'elle; j'ajoutai que, comme le mal était fait, il fallait que Mme la dauphine évitât le désagrément d'un désaveu; je proposai de faire venir le duc de la Vrillière, de lui parler d'un ton très-ferme. Le con-

---

(1) Voir l'*Almanach royal* de 1773, page 150.
(2) On verra plus loin les causes de l'intérêt que portait la duchesse de Chaulnes à ce jeune maître des requêtes.

sentiment du roi avait été formel ; ainsi il n'y avait plus à en revenir : S. A. R. s'en expliqua ainsi vis-à-vis du ministre ; elle menaça d'aller sur l'heure porter ses plaintes au roi ; le duc de la Vrillière n'osa pas résister, et le brevet du sieur de Gyac fut expédié. Mme la dauphine sentit bien les conséquences de l'embarras où elle s'était trouvée, et j'espère que cet exemple la rendra moins facile à l'avenir dans de pareilles occasions.

Le 24. V. M. daignera se rappeler qu'une comtesse de Gramont (1), dame du palais de Mme la dauphine, fut exilée, il y a environ deux ans, pour avoir été accusée d'une impolitesse très-marquée envers la favorite à un spectacle qui se donnait à Choisy. Mes très-humbles rapports ont exposé dans le temps toutes les circonstances de cette particularité, où il était très-douteux que la comtesse de Gramont fût aussi coupable qu'on le prétendait. La comtesse de Noailles et quelques autres dames du palais sollicitaient depuis longtemps Mme la dauphine de demander au roi le retour de la comtesse de Gramont, s'agissant d'une faute mal avérée et assez légère, d'ailleurs punie assez longtemps. Il semblait qu'une grâce de cette nature ne pouvait pas être refusée à Mme la dauphine, et sûrement elle l'aurait obtenue si elle avait bien voulu insister, au moment même de la demande, sur une réponse positive, sans laisser au roi le temps de consulter ceux qui pouvaient s'y opposer ; mais Mme la dauphine fit sa demande avec une sorte d'embarras que, jusqu'à présent, elle n'a pu encore surmonter en pareilles occasions. Le roi lui répondit : « Nous verrons ; » S. A. R. ne répliqua rien, et, le lendemain, 25, elle reçut du roi une lettre conçue en ces termes : « Vous êtes bien « mal conseillée, ma chère fille, de demander le retour de Mme de « Gramont ; cela ne peut vous être suggéré que par le parti des « Choiseul, dont vous êtes entourée. L'accès que vous leur don- « nez ne s'accorde pas avec les sages conseils que vous recevez de « l'impératrice ; ainsi ce que je crois avoir de mieux à faire pour « vous, relativement à votre demande, c'est de n'en parler à per- « sonne. »

Cette lettre, très-certainement dictée chez la favorite, avait été remise par le roi à Mme Adélaïde sans autre explication que celle de la donner à Mme la dauphine. Mme Adélaïde la lui envoya avec un

---

(1) Voir le rapport du 4 août 1770, pièce XII, tome Ier, page 29.

billet où elle exprimait toute sa peur, en priant Mme l'archiduchesse de vouloir bien la rassurer sur cette frayeur, dont elle ignorait l'objet. Le premier mouvement de Mme la dauphine fut aussi une peur bien décidée, et elle voulait aller consulter Mmes ses tantes. L'abbé de Vermond, qui se trouvait présent, persuada S. A. R. de répondre sur-le-champ au roi sans demander de conseils, et elle s'en acquitta à peu près dans ces termes : « La demande que je vous ai faite, mon « cher papa, n'a aucun rapport aux Choiseul, et, en tout ce qui est « esprit de parti, on me connaît assez pour ne jamais m'en parler. « J'ai cru qu'il était de mon honneur de vous demander le rappel « d'une dame de ma maison ; je n'ai eu aucun autre motif. Si j'avais « le bonheur d'être mieux connue de vous, mon cher papa, vous « verriez que mon éducation est très d'accord avec mon cœur quand « il s'agit de vous marquer ma vive et respectueuse tendresse. »

Je fis l'impossible pour engager Mme la dauphine à se procurer une petite explication avec le roi ; il y aurait eu de quoi dire plusieurs choses, très-compatibles avec le respect, la soumission, et qui cependant auraient pu rendre le roi plus difficile à écrire, dans l'occasion, les lettres qu'on veut lui dicter. Je représentai à Mme l'archiduchesse que si, dans le premier moment, elle avait voulu insister sur une réponse positive et verbale, elle l'aurait sans doute obtenue. S. A. R. convint de plusieurs raisonnements que je lui exposai sur cette matière ; mais rien ne put lui faire surmonter la peur de parler au roi, qui ne cessa pas un instant de traiter Mme l'archiduchesse avec un air aussi caressant qu'avant d'avoir écrit sa lettre.

Le 26. La comtesse du Barry avait dû présenter la veille la vicomtesse sa nièce ; mais cette présentation n'eut point lieu, par une suite du mauvais succès des négociations du duc d'Aiguillon avec la comtesse de Narbonne. On imagina de remettre cette cérémonie au dimanche suivant, dans l'espoir de trouver quelque moyen à obtenir une réception favorable à la présentante et à la présentée. Mme la dauphine me parla de cette dernière, qui est d'une très-jolie figure et, à ce que l'on assure, assez aimable. Je représentai d'avance à Mme l'archiduchesse qu'il ne pouvait rien y avoir d'embarrassant pour elle à l'occasion de cette présentation, qu'en adressant un propos quelconque à la nouvelle mariée, personne n'aurait à se plaindre, au lieu que la moindre affectation donnerait matière à toutes sortes de commentaires, qu'il était essentiel de prévenir.

Le 27 Mme la dauphine se rendit à la chasse du cerf en calèche, accompagnée de Mme la comtesse de Provence. Le même soir, toute la famille royale descendit dans l'appartement de la marquise de Durfort, à laquelle ses enfants donnaient une petite fête à l'occasion du jour de son nom. Les princes et princesses y vinrent sans suite, et s'y amusèrent pendant une couple d'heures. Dans ces sortes de circonstances, il est impossible de déployer plus de grâces et de bonté que n'en marque Mme l'archiduchesse, et M. le dauphin, de son côté, y est on ne peut pas mieux. Ses conversations deviennent plus suivies, moins stériles dans leur objet; il s'est accoutumé à me parler des nouvelles publiques, et, autant que la matière et les circonstances le comportent, je cherche toujours de mêler à nos réponses quelques remarques qui puissent lui donner des idées plus étendues que ne le sont celles que lui présentent les gazettes dont il aime à faire lecture.

Le 28, les occupations sérieuses de Mme la dauphine étant journellement les mêmes, j'ai cru, pour éviter les répétitions, devoir n'en faire mention que dans ce seul article. S. A. R., depuis le surlendemain de son arrivée à Compiègne, donne tous les matins une heure à la lecture instructive, et un quart-d'heure environ à des lectures spirituelles après ses prières. La promenade, les chasses et autres dissipations n'ont point admis plus d'assiduité, et je n'en espère pas beaucoup davantage dans le reste du voyage; mais, en revanche, les petites conversations particulières et inutiles avec M. le comte de Provence et avec Mesdames ont cessé entièrement. Mme la dauphine va presque tous les jours chez la comtesse de Noailles; il s'y trouve du monde, on y parle de choses aussi intéressantes que peut le comporter la conversation générale, et l'emploi de ces moments-là n'est point perdu. Ce même soir du 28, il y eut une seconde petite fête chez la marquise de Durfort, où se trouva Mme la dauphine et toute la famille royale.

Le 29 Mme l'archiduchesse prit le divertissement de la chasse du cerf en calèche; j'eus occasion de parler à S. A. R. le soir; il fut question de quelques détails relatifs à son service intérieur. J'observai le changement avantageux qui y régnait, par une suite de la résolution que Mme l'archiduchesse avait prise et maintenue de tenir un chacun à sa place, et surtout le service en sous-ordre. Je remarquai que la première femme de chambre ne s'aviserait plus aujourd'hui de donner des bals dans son appartement, comme cela était arrivé il y a deux ans, et qu'elle n'oserait plus chercher à y attirer Mme la dauphine; sur quoi S. A. R. me répondit, avec sa bonne foi ordinaire : « Ne me parlez plus de cela, car j'en suis honteuse. » Je ne cite cette particularité que pour que V. M. daigne voir combien sur pareils objets les idées de Mme l'archiduchesse ont pris la tournure convenable qu'elles doivent avoir.

Le 30 S. A. R. devait se promener à cheval; le mauvais temps y mit obstacle: il y fut suppléé par la musique.

Le 31 Mme la dauphine donna un bal chez elle; il dura jusqu'à neuf heures du soir; il avait commencé à cinq. Cette petite fête, qui était sans apprêts et uniquement pour l'intérieur de la famille royale, se passa avec beaucoup de gaieté. Je saisis un moment pour parler à Mme la dauphine de la présentation qui devait avoir lieu le lendemain; je trouvai S. A. R. moins disposée que de coutume à entendre mes représentations. Elle m'objecta qu'elle ne pouvait se résoudre à favoriser « les vilenies de la comtesse de Narbonne et du « duc d'Aiguillon ». Je répondis que ces deux derniers ne devaient entrer pour rien dans la conduite que tiendrait Mme l'archiduchesse, et qui devait se régler d'après des considérations supérieures aux intrigues des particuliers. Je suggérai quelques propos à tenir à la dame présentée, et je suppliai pour le moins d'éviter toute affectation.

Le 1er août la matinée se passa comme celles de tous les dimanches, à assister au service divin et à la représentation ordinaire de la cour. Après midi, à la suite du salut, la comtesse du Barry, accompagnée de la duchesse de Laval, d'une comtesse de Montmorency, présenta sa nièce au roi, qui ne dit pas un mot à aucune de ces dames; ensuite la présentation se fit chez M. le dauphin, qui tint une pareille contenance. Il y avait un cortége si nombreux partout où cette présentation arrivait, que l'on pouvait à peine traverser les antichambres. Mme la dauphine reçut les femmes susdites sans la moindre apparence d'embarras. Elle rendit le salut à la favorite, à la jeune mariée et à ses compagnes; mais elle n'adressa la parole à aucune, et cela se passa de même chez Mesdames; il n'y eut que M. le comte et Mme la comtesse de Provence qui parlèrent à la présentée et à la présentante. Le même soir, ainsi que le comporte l'étiquette, les mêmes femmes se trouvèrent au jeu de Mme la dauphine, qui ne parla encore à aucune d'elles.

Le 2 au matin, suivant l'usage ordinaire, la présentation de la veille alla faire sa cour à Mme la dauphine, laquelle ne dit pas une parole ni à la favorite ni à sa nièce, ne leur marquant cependant ni contrainte ni dégoût, et conservant un air d'aisance qui n'indiquait aucune mauvaise volonté.

Le 3. Je m'attendais à essuyer des plaintes sur ce qui s'était passé dans les deux journées précédentes; mais, par un effet des circonstances, il en arriva tout autrement. La réception peu favorable que venait d'éprouver la comtesse du Barry ne pouvant être attribuée qu'au mauvais effet des démarches du duc d'Aiguillon auprès de la comtesse de Narbonne, le ministre était personnellement intéressé à assoupir toute remarque à cet égard, et il s'y prit de façon à persuader à la favorite qu'elle n'avait point du tout été mal reçue, ce qu'il parvint à lui faire croire très-réellement. Ce singulier hasard me mit fort à mon aise de ce côté-là; Mme la dauphine me demanda s'il y avait eu des plaintes. Je me bornai à lui répondre que j'avais évité les occasions de m'en éclaircir, parce que, du moment que Mme l'archiduchesse prenait un parti décidé sur une chose, toutes représentations de ma part devaient cesser, ainsi que mes recherches sur les suites de ces mêmes objets.

Le 4 Mme la dauphine et Mme la comtesse de Provence allèrent à la chasse du cerf; il ne survint d'ailleurs dans cette journée rien de remarquable, non plus que dans la suivante.

Le 5 on observa uniquement que le roi était vis-à-vis de Mme l'archiduchesse d'un air de gaieté et d'amitié qui ne laissait soupçonner aucun mauvais gré sur l'accueil très-froid que la favorite et sa nièce avaient éprouvé trois jours auparavant.

Le 6. Mme la dauphine était au sixième jour d'un temps critique. Malgré cela elle voulut aller se promener à cheval; son médecin s'y opposa d'abord, mais il ne fut point écouté. Cependant Mme l'archiduchesse y mit assez de modération pour ne se promener qu'au pas et peu de temps.

Le 7 S. A. R. prit le divertissement de la chasse du cerf, accompagnée de Mme la comtesse de Provence. Le même soir, je me procurai une occasion de parler au premier médecin Lassone, et je lui reprochai la faiblesse avec laquelle il avait cédé la veille sur l'article de la promenade à cheval. Il pouvait employer un moyen d'opposition qui aurait sûrement fait effet sur l'esprit de S. A. R.: c'était de la prier qu'au moins elle ne trouvât pas mauvais que Lassone se mît à couvert de tout reproche, en disant au roi que c'est contre son avis que les promenades à cheval ont lieu dans des temps où elles peuvent occasionner des inconvénients très-graves. Je pris la liberté d'en parler ensuite à Mme l'archiduchesse; je lui représentai qu'il fallait absolument plus de précautions dans son régime, et que si malheureusement il arrivait quelque accident, indépendamment des reproches que S. A. R. aurait à se faire, il arriverait qu'il faudrait par la suite s'assujettir à des gênes qu'on ne manquerait d'augmenter en raison des inconvénients qui seraient survenus précédemment. Mme la dauphine parut assez frappée de ces vérités; mais s'il plaisait à V. M. d'ajouter quelque avertissement sur un objet de si grande conséquence, je suis persuadé que ce serait le plus sûr moyen d'astreindre Mme l'archiduchesse à s'observer sur ce qu'exige sa situation du côté de la santé.

Le 8 Mme la dauphine, accompagnée de Mme la comtesse de Provence et de Mesdames, assista le matin au service divin à la paroisse, ce qu'elle pratique ici tous les dimanches. Après midi S. A. R. alla au salut, à la promenade en voiture; le soir il y eut jeu et le grand concert du roi et de la famille royale.

Le 9, après les occupations ordinaires de la matinée, Mme l'archiduchesse écrivit à la reine de Naples pour la féliciter sur ses heureuses couches, dont la nouvelle avait été participée la veille par l'ambassadeur de Naples. Après midi, S. A. R. alla se promener à la forêt en voiture. La marquise de Trans, fille du maréchal général des logis marquis de la Suze, donnait une petite fête à un des rendez-vous de la forêt; Mme la dauphine et Mesdames s'y trouvèrent et y restèrent jusqu'à huit heures du soir. Au retour, un garçon d'attelage fit une chute et se blessa très-grièvement; Mme l'archiduchesse ne voulut point partir de la place avant que le blessé eût reçu tous les secours qu'exigeait son état. S. A. R. a toujours donné de pareilles marques de compassion et de bonté dans les cas semblables, ce qui a fait sur tout le monde une impression d'autant plus vive qu'on n'est point accoutumé à ces actes de charité et de clémence.

Le 10 Mme la dauphine ne sortit que vers le soir, pour se promener en voiture. J'eus occasion de lui faire ma cour chez la comtesse de Noailles; je lui rendis compte des nouvelles que je venais de recevoir relativement aux opérations des armées russes et turques; j'ai toujours soin de joindre à ces sortes de détails quelques remarques sur les affaires générales, et souvent il en résulte des occasions à dire des choses utiles que Mme l'archiduchesse saisit très-bien, et dont elle fait usage dans ses conversations avec M. le dauphin, quand il lui parle du contenu des gazettes, qu'il lit fort assidûment.

Le 11 le courrier mensuel arriva vers trois heures après-midi, et me remit les dépêches dont il était chargé. Je me rendis peu de moments après à la cour, et y présentai à Mme la dauphine les lettres qui lui étaient adressées. S. A. R. parut vraiment transportée de joie à la lecture de celle de V. M.; Mme l'archiduchesse ne me retint que peu de moments, parce qu'elle attendait Mme la comtesse de Provence, avec laquelle elle allait faire une promenade dans la forêt.

XXXIX. — Mercy a Marie-Thérèse.

Compiègne, 14 août. — Il n'y a point d'expressions qui puissent rendre les mouvements qui se sont élevés dans mon âme à la lecture du très-gracieux billet que V. M. a daigné m'écrire de main propre (1). J'y trouve à mon égard des marques d'une clémence, d'une bonté que je sens trop bien ne pouvoir mériter dans le cours de ma vie; il ne me reste qu'à prier la providence divine pour que la portion de bonheur qu'elle peut m'avoir destinée consiste toute à rendre mon zèle de quelque utilité au service et au soulagement des peines de ma grande et auguste souveraine, pour laquelle je donnerais mon sang. Il est bien certain (et j'en ai mis en quelques occasions la preuve sous les yeux de V. M.) que S. M. l'empereur ne s'exprime pas sérieusement lorsqu'il parle avec une sorte d'indifférence de son auguste famille absente. Jusqu'au moment du voyage de ce monarque il n'a jamais cessé d'écrire à Mme la dauphine des lettres remplies de conseils très-sages et d'avertissements, quelquefois un peu secs, mais qui marquaient bien le très-vif intérêt que S. M. prend à Mme l'archiduchesse. Cette remarque pourrait conduire à des combinaisons satisfaisantes sur bien d'autres objets. Il est certain que S. M. l'empereur déploie aux yeux de l'Europe des talents et des vertus dont la base ne peut et ne doit consister que dans l'amour et

---

(1) Voir la pièce XXXIV.

le respect pour son auguste mère, et dans le soin le plus exact à suivre autant que possible ses glorieuses traces. Il est également certain que V. M. ne tardera pas à jouir d'une façon bien consolante du fruit de ses soins et de sa tendresse pour Mme la dauphine. Je vois de plus en plus s'approcher les temps où se rempliront les grandes destinées de cette princesse. Le roi vieillit, et il paraît de temps en temps avoir des retours sur lui-même. Il se trouve isolé, sans secours, sans consolation de la part de ses enfants, sans zèle, sans attachement, sans fidélité de la part du bizarre assemblage qui forme son ministère, sa société, ses entours ; il n'a de ressource à attendre dans sa vieillesse que de la part de Mme la dauphine, qui réunit les qualités du caractère à celles de l'esprit. J'observe avec certitude que ce calcul est fait dans l'esprit du roi, et il est bien facile d'en juger par la façon dont il traite Mme l'archiduchesse. Mais il est un article sur lequel je ne puis cesser d'insister, et qui me paraît mériter toute l'attention de V. M. : Mme la dauphine comprend les affaires avec une facilité extrême, et elle les craint à l'excès ; elle ne se permet pas de penser qu'elle puisse un jour avoir du pouvoir et de l'autorité ; il résulte de là que son caractère incline à prendre une tournure passive et dépendante ; de là s'ensuit une habitude de timidité et de peur dans les moindres occasions. S. A. R. craint de parler au roi ; elle craint les ministres ; les personnes même de son service lui en imposent. Cependant il est de la dernière importance que Mme l'archiduchesse apprenne à mieux connaître et à évaluer ses forces. Je répondrais sur ma vie que si elle pouvait prendre sur elle de se prévaloir de son ascendant sur le roi, il n'y aurait ni favorite ni ministre qui pût résister au poids, à l'influence et au crédit que se procurerait dès à présent Mme la dauphine ; d'ailleurs M. le dauphin, avec un sens juste et de bonnes qualités dans le caractère, n'aura probablement jamais ni la force ni la volonté de régner par lui-même. Si Mme l'archiduchesse ne le gouverne pas, il sera gouverné par d'autres ; de si fâcheuses conséquences ne sauraient être prévenues de trop loin. Toutes mes remarques, mes représentations, enfin tous mes discours à Mme la dauphine portent sur ce grand objet. L'abbé de Vermond, que j'ai parfaitement amené à mon sentiment, me seconde avec un zèle qui est au-dessus de tout éloge ; mais, dans un point aussi majeur, tous nos soins ne seraient que d'une efficacité bien lente et incertaine s'ils ne se trouvent appuyés par la voix de V. M., à laquelle seule est réservé le pouvoir de faire de profondes impressions dans l'âme de son auguste fille.

Quant à ce qui concerne le baron de Neny, j'observerai bien exactement les ordres qu'il plaît à V. M. de me donner à son sujet. Je l'informerai autant que je croirai être nécessaire pour qu'à son retour il puisse rendre un compte bien fidèle à V. M. de l'ensemble de la position de Mme la dauphine, et d'une infinité de petites circonstances qu'il serait presque impossible d'exposer par écrit dans tous leurs détails ; je ferai cependant abstraction de toutes choses secrètes et je m'en tiendrai dans les bornes que V. M. daigne me prescrire.

J'ai demandé à Mme la dauphine trois ou quatre jours de temps pour bien combiner la démarche que S. A. R. aura à faire vis-à-vis du roi pour tâcher de délivrer V. M. le plus promptement possible du prince de Rohan. Après le départ du courrier, j'aurai à ce sujet une audience de Mme l'archiduchesse, et je lui exposerai quelques moyens qu'elle pourra employer. Le moment est un peu critique pour l'exécution de cette tentative ; depuis quatre à cinq jours, la position du duc d'Aiguillon a considérablement empiré ; il perd à vue d'œil auprès de la favorite ; tous les ennemis du duc ont repris accès auprès d'elle. Le chancelier et une partie des ministres se joignent au maréchal de Soubise, et le duc d'Aiguillon est infailliblement perdu s'il ne trouve pas quelque ressource dans ses manœuvres pour rétablir son crédit expirant auprès de la comtesse du Barry. Cette circonstance me donne beaucoup d'inquiétude par rapport au choix que l'on pourrait faire d'un nouveau ministre. Je craindrais fort qu'il ne tombât sur le comte de Broglie, qui remue avec assez de succès, et qui, au moyen de son raccommodement avec la comtesse de Marsan, pourrait bien fléchir l'inimitié du prince de Soubise. J'ai toujours eu grande attention de me tenir en bonne mesure vis-à-vis du comte de Broglie, qui me marque une sorte de confiance ; malgré cela, sa tête bouillante ne pourrait guère s'adapter au temps présent, et, tout bien calculé, je crois qu'il importerait au bien du service de V. M. qu'il n'arrivât pas encore de changement dans le ministère d'ici.

Le cardinal de la Roche-Aymon est presque mourant ; le chancelier m'a assuré que le maréchal de Soubise avait obtenu du roi la promesse formelle de la charge de grand-aumônier pour le prince de Rohan. En ce cas, la mort du cardinal, qui ne peut pas être bien éloignée, déciderait le rappel du coadjuteur ; mais, dans le risque de ce qui peut en arriver, il faut que je m'occupe d'autres moyens pour que V. M. soit obéie. Ma dépêche d'office renferme l'exposition d'une démarche que j'ai faite auprès du marquis de Noailles, et je vais mettre en avant cette puissante famille pour qu'elle coopère à mon objet.

Le roi Très-Chrétien n'a point encore reçu de réponse à la lettre qu'il a écrite à l'infant pour le ramener à une réconciliation avec les cours, et le duc d'Aiguillon ne m'a plus rien dit d'essentiel sur cet objet.

Le précieux témoignage de la confiance que V. M. a daigné me marquer, ce gracieux billet dont le souvenir sera à jamais la plus grande et la plus flatteuse récompense que pouvait espérer mon zèle, ce billet (1), dis-je, ne peut et ne doit avoir d'autre sort que celui de retourner dans les augustes mains qui ont daigné l'écrire. Je le rejoins ici, en mettant aux pieds de V. M. mes très-humbles actions de grâces.

XL. — Marie-Thérèse a Marie-Antoinette.

Schönbrunn, 29 *août*. — Madame ma chère fille, Je préviens le premier de l'autre mois, puisque je vais à Esterhazy chez le prince de ce nom (2). J'avoue qu'il me coûte beaucoup d'entreprendre cette partie de plaisir, qui ne sont plus faites pour moi. Le temps s'est mis au froid les matins et soirs, et la poussière était terrible; depuis une heure il pleut. J'espère que nous reviendrons tous bien; car toute la famille d'ici, qui consiste dans le prince Albert et elle (3), et votre frère (4) et deux sœurs (5), y restera. Votre frère, qui est fort laconique, laissera à la Marianne de vous informer de notre séjour, ou se corrigera dans la relation de notre séjour. Je n'ai jamais vu de couche plus heureuse que celle de la reine; elle est en-

---

(1) Pièce XXXIV.

(2) Le magnifique château d'Esterhazy (Esterhaz) est situé en Hongrie, un peu au sud de Vienne. Il appartenait alors au prince Nicolas-Joseph Esterhazy, grand amateur des lettres et des arts, et particulièrement de musique, qui y réunissait des artistes et y donnait des fêtes célèbres.

(3) C'est-à-dire la femme du prince Albert, duc de Saxe Teschen, l'archiduchesse Marie-Christine.

(4) L'archiduc Maximilien.

(5) Les archiduchesses Marie-Anne et Élisabeth.

chantée de sa petite Louise; elle la trouve belle et plus approchante de notre famille que l'aînée. Elle est bien plus raisonnable que nous deux sur ce chapitre; mais ce qui m'en fait encore plus de peine, c'est la troisième qu'elle doit encore avoir. Pour vous, mes chers enfants, il n'y a rien de perdu; vous commencez, vous pouvez l'attendre; mais moi je finis ma carrière et c'est la différence, et ce rien de nouveau dans votre situation ne m'a pas contentée non plus.

Je ne saurais être d'avis avec vous sur la réception de la jeune Barry. Ce que vous me dites de la bonne humeur du roi ne me décide ni me rassure, et, je vous avoue, la différence entre vous et la comtesse de Provence dans cette occasion m'a fait de la peine, et je ne voudrais pas que le roi trouvât cette différence comme moi. On vous laissera toute seule un jour dans cette fausse démarche; vous avez déjà éprouvé le changement de votre tante; ainsi point de fausse honte de revenir aussi d'un faux pas; les bontés du roi méritent bien cette très-petite complaisance et attention de votre part.

J'ai reçu ce matin des lettres de l'empereur du 23; il se porte, grâce à Dieu, bien, mais il ne dit mot de son retour. Pour l'entrevue, il n'y en a eu jamais question, mais j'ai eu garde de l'en faire souvenir. Pour Rohan, vous ferez très-bien de ne rien faire semblant, si Mercy ne vous en prie; c'est pour l'influence que ce vilain évêque pourrait avoir sur vous que je dissimule encore; mais si l'occasion s'en présente, ce serait nous délivrer d'un grand fardeau. Je vous prie de vouloir bien permettre à Neny de vous faire sa cour plus souvent le peu de jours qu'il se trouvera à Paris; mais je vous prie d'en parler à Mercy, jusqu'où vous pouvez vous expliquer. J'espère que le raccommodement de Parme se fait; Llano est rappelé, l'infant me l'a marqué, mais elle pas un mot; pourvu que cela s'achève tout de bon et que votre sœur ne mette encore du sien ou s'absente, ce que j'ai craint (1). J'ai offert mes dix enfants et mes dix petit-enfants ce matin aux Minimes aux SS. Anges, pour les tenir sous leur sainte garde; en vous embrassant.

---

(1) C'était de fort mauvaise grâce que cédaient l'infant et sa femme, contraints à ce parti par l'épuisement de leurs finances et le retrait des subsides que leur payaient la France et l'Espagne. Don Llano ne put résister aux difficultés et aux dégoûts que lui suscitèrent la haine de don Ferdinand et de l'archiduchesse; il demanda à se retirer et fut remplacé par le comte de Sacco.

XLI. — MARIE-THÉRÈSE A MERCY.

Schönbrunn, *31 août*. — Comte de Mercy, J'ai reçu votre lettre du 14 de ce mois. Il faut sûrement avoir autant de zèle et d'application que vous pour entrer dans le détail de toutes les minuties qui accablent à présent la cour de Versailles, sans lui laisser le temps de s'occuper d'objets essentiels. Il n'y a que votre attachement à ma fille qui peut vous rendre supportable un travail aussi ennuyant, et la reconnaissance que je vous en ai n'en saurait être que plus sensible.

Je vous avoue franchement que je ne souhaite pas que ma fille gagne une influence décidée dans les affaires. Je n'ai que trop appris, par ma propre expérience, quel fardeau accablant est le gouvernement d'une vaste monarchie. De plus, je connais la jeunesse et légèreté de ma fille, jointe à son peu de goût pour l'application [et qu'elle ne sait rien], ce qui me ferait d'autant plus craindre pour la réussite dans le gouvernement d'une monarchie aussi délabrée que l'est à présent celle de France ; et si ma fille ne pouvait la relever, ou que l'état de cette monarchie venait encore empirer de plus en plus, j'aimerais mieux qu'on en inculpât quelque ministre que ma fille [et qu'un autre eût la faute]. Je ne saurais donc me résoudre à lui parler politique et affaires d'État, à moins que vous ne le trouviez à propos et que vous ne me marquiez même *nommément* ce que je devrais lui en écrire.

Ma fille ferait sans doute mieux de traiter la favorite comme toute autre femme la plus indifférente, qui vient lui faire sa cour, et je trouve étrange cette affectation de ne jamais lui dire un seul mot ; mais comme je vous l'ai dit plusieurs fois, soit caprice ou nonchalance, elle n'aime pas à faire des efforts pour vaincre sa répugnance pour des objets qui ne lui sont pas agréables [elle serait même têtue].

Le reproche que le roi lui a fait dans son billet [que j'ai trouvé bien aigre], d'être entourée des gens du parti des Choiseul, me fait craindre que cette expression ne tire sur l'abbé Vermond, et qu'on ne songe à l'éloigner de la cour, ce qui serait une vraie perte pour ma fille. J'ai déjà eu ici des exemples de sa facilité à se laisser engager dans des recommandations déplacées par l'importunité de ses gens, et j'ai eu sur ce sujet quelquefois des explications avec elle les derniers mois de son séjour ici. Je souhaite qu'elle revienne de ce défaut, qui pourrait avoir des conséquences. Au reste, je suis enchantée des marques de bonté que ma fille a données au garçon d'attelage qui s'est blessé par une chute. [Ce sentiment doit se continuer dans toutes les occasions.] C'est l'effet de son bon cœur, et il importe que le public en soit convaincu.

Je sens la délicatesse des démarches que vous faites pour effectuer le rappel de Rohan; aussi n'exigè-je pas que vous brusquiez cette affaire, en passant par-dessus la circonspection à observer dans la marche de cette affaire, quelque bien-aise que je serais de me voir débarrassée de ce vilain ambassadeur, en me contentant même de tout autre homme raisonnable, si le marquis de Noailles allait être destiné à l'ambassade d'Angleterre. Au reste, dans les circonstances présentes, le duc d'Aiguillon, tout mauvais sujet qu'il est, nous convient sûrement plus qu'un autre, et nommément le comte de Broglie; mais, dans la confusion et fermentation où se trouve la cour de Versailles, il faut s'attendre à tout événement et prendre en conséquence ses mesures de loin pour ne pas être pris au dépourvu.

Pour Neny, je me rapporte à ce que je vous ai mandé sur son compte. Sans mauvais dessein, il lui coûte trop de se modérer dans ses discours, et par conséquent il faut lui parler avec réserve; aussi ne voit-il jamais vos rapports, qui passent par son canal, ni les réponses que je vous fais.

[Votre discrétion a été poussée trop loin à ne pas garder la moitié du billet que je vous renvoie et m'en fais gloire.]

XLII. — Marie-Antoinette a Marie-Thérèse.

Ce 14 septembre. — Madame ma très-chère mère, Je suis tout à fait ravie que vous vous soyez déterminée à aller à Esterhazy; il serait bien à désirer que vous preniez plus souvent de ces petites distractions.

J'ai suivi le conseil de Mercy, j'ai parlé à Mme de Marsan pour le coadjuteur; elle est bien affligée de la conduite de son parent; elle a eu depuis une explication avec Mercy, qui vous mandera ce dont ils sont convenus; du reste Mme de Marsan paraît contente de la manière dont je lui ai parlé, quoique je ne sois entrée en aucun détail.

Quoique cela soit bien raisonnable à la reine, je regarde comme un vrai bonheur l'enchantement dont elle est de sa petite Louise.

Il est vrai que le courrier m'a vue à cheval ; mais ce n'était point à la chasse, où je n'ai été qu'une fois à cheval, encore était-ce à une chasse à vue, qui fait faire moins de chemin que les autres.

Pour la jeune du Barry, je suis bien fâchée que ma chère maman ne soit pas contente de moi ; si elle pouvait voir tout ce qui se passe ici, elle jugerait que la bonne mine du roi était sincère, et qu'il ne désire jamais qu'on ait des attentions pour eux que dans le moment où toute cette cabale le tourmente. Pour ma sœur de Provence, je n'ai jamais blâmé sa conduite ; mais ma chère maman me permettra de lui dire avec confiance quelque petite différence d'elle à moi : 1° le caractère italien lui donne des ressources que je n'ai pas ; 2° lorsqu'elle est arrivée ici, le comte de Provence était mêlé dans les intrigues, et désirait la tournure que sa femme a prise ; pour moi, au contraire, je suis bien sûre que M. le dauphin l'aurait trouvé mauvais. Pour ma tante, sa conduite ne peut pas me régler ; mais il n'est pas vrai qu'elle ait changé, et il n'y a que les intrigues de Mme de Narbonne qui ont donné lieu aux mauvais propos.

En revenant de Compiègne j'avais grand désir de retourner à Paris ; j'avais bien raison, car nous avons été parfaitement bien reçus ; je compte y retourner pour voir les tableaux ; j'ai prêté celui de ma chère maman, qu'on voit avec beaucoup d'empressement (1).

La réconciliation de Parme est entièrement faite ; c'est un grand bonheur si elle peut être durable ; je suis bien fâchée que ma sœur ne le sente pas assez pour vous en avoir écrit tout de suite ; cela ne peut venir que de la honte et de l'embarras de ses torts. Neny n'est pas encore arrivé ; il me tarde bien de le voir ; ce sera sûrement le

---

(1) Cette exposition, comme on sait, se faisait au Louvre. Le livret en a été publié, sous ce titre : *Explication des peintures, sculptures et gravures de MM. de l'Académie royale*, etc. On peut y voir, page 57, quels objets étaient dûs à la manufacture royale des Gobelins. C'étaient : « Le portrait en buste de Mgr le dauphin, exécuté en tapisserie sous la conduite du sieur Cozette. Ce portrait appartient à M. de Beaujon, banquier de la cour. — Le portrait en buste de l'empereur. Le portrait en buste de l'impératrice, reine de Hongrie et de Bohême. Ces deux portraits, exécutés en tapisserie sous la conduite du sieur Cozette par son fils, appartiennent à Mme la dauphine. » C'est évidemment de cette dernière œuvre que Marie-Antoinette parle dans sa lettre. — On voyait à la même exposition plusieurs autres portraits, peints ou sculptés, des membres de la famille royale, des ministres et de diverses personnes de la cour.

plus que je pourrai ; comme c'est un bon serviteur de ma chère maman, il partagera bien la joie que j'ai en parlant de la plus tendre et respectable mère.

XLIII. — Mercy a Marie-Thérèse.

Paris, 16 septembre. — J'ai exposé dans mon très-humble et dernier rapport ce qui s'était passé depuis l'arrivée de la cour à Compiègne jusqu'au 11 d'août. Je vais reprendre de cette date, et mettre sous les yeux de V. M. les circonstances qui ont eu lieu jusqu'au temps du départ du roi et de la famille royale pour Versailles.

Le 12 d'août, après l'emploi ordinaire de la matinée, Mme la dauphine fit après-midi une promenade dans la forêt, et elle s'y donna l'amusement nouveau de conduire elle-même une petite voiture à deux roues et à brancards que l'on nomme ici cabriolet. Cette façon de se promener ne serait pas sans inconvénient, si le nombre de gens à cheval dont Mme l'archiduchesse est entourée n'excluait tout danger.

Le 13 S. A. R. passa une partie de la matinée à écrire ; après-midi elle monta à cheval. Le soir, j'eus occasion de lui représenter que V. M. prendrait certainement de l'inquiétude si elle apprenait que Mme la dauphine continuait l'exercice du cheval avec la même fréquence et sans ménagement. S. A. R. me répondit qu'au premier soupçon que cet exercice pût lui devenir nuisible, elle l'abandonnerait. J'insistai sur la difficulté de déterminer le moment du danger, et sur la nécessité de le prévenir par un peu de modération et de prudence.

Le 14, ayant à finir mes dépêches et à expédier le courrier, je ne sortis de chez moi que pour aller dîner dans un endroit où j'étais invité. En rentrant après midi, j'appris par le secrétaire d'ambassade que l'abbé de Vermond lui avait remis les lettres de Mme la dauphine, et qu'immédiatement après il était parti pour Paris. J'en fus d'autant moins surpris que j'étais prévenu par l'abbé qu'il avait obtenu de Mme l'archiduchesse la permission de s'absenter avant la fin du voyage, pour aller arranger quelques affaires qui exigeaient sa présence dans la capitale. En ouvrant le paquet qui contenait les lettres, j'en trouvai une à mon adresse ; elle était de l'abbé de Vermond, et je crois devoir la joindre ici pour que V. M. daigne juger de son contenu (1). J'écrivis sur-le-champ à l'abbé qu'il fallut absolument que nous eussions un entretien ensemble, et je lui donnai rendez-vous chez moi à Paris pour le lendemain.

Le 15 je ne crus point devoir prévenir Mme la dauphine de ce qui venait de m'arriver. S. A. R. fut occupée à remplir les devoirs pieux que prescrivait la solennité du jour; toute la cour assista le matin au service divin à la paroisse, et après midi il y eut la grande procession qui se pratique tous les ans à cette grande fête. Le soir Mme l'archiduchesse tint cercle et jeu, qui fût suivi du grand couvert du roi et de la famille royale; deux jours auparavant, Mme Adélaïde était tombée malade, et aussi longtemps que dura son indisposition, Mme la dauphine n'omit aucune des attentions et des soins qu'il convenait qu'elle marquât à Mme sa tante.

Le 16, je partis pour Paris ; ma lettre n'y était point arrivée à temps, et l'abbé de Vermond était allé passer la journée à une campagne.

Le 17 il revint en ville, et j'eus avec lui une explication, dans laquelle je commençai d'abord par me plaindre de la forme qu'il avait choisie pour me faire connaître des idées et un projet que mon amitié pour lui aurait dû le porter à me communiquer de vive voix. Je lui fis voir ensuite qu'à aucun égard son projet ne pouvait avoir lieu sans manquer à ce qu'il devait à Mme la dauphine et à ce qu'il se devait à lui-même. Je déduisis tous les grands motifs qui venaient à l'appui de cette assertion. L'abbé, de son côté, chercha à faire valoir les raisons énoncées dans la lettre, et je dois avouer qu'il s'en trouve plusieurs auxquelles il n'était pas facile de répondre, surtout à celle qui se fonde sur la contenance que tient M. le dauphin vis-à-vis de cet ecclésiastique, auquel il n'a encore jamais adressé la parole. Cette circonstance seule serait très-frappante, et exigerait toutes sortes de réflexions s'il n'était pas bien prouvé que la façon

---

(1) On trouvera cette longue lettre citée en entier dans l'Appendice du volume intitulé : *Maria-Theresia und Marie-Antoinette*, par A. d'Arneth. L'abbé de Vermond y sollicite sa retraite ; il croit voir qu'il déplaît au dauphin, qui ne lui a jamais adressé la parole ; d'autre part la dauphine semble fatiguée de sa présence, et ne faire aucune attention aux observations qu'il pense être de son devoir de lui adresser. Quant à ses fonctions de lecteur, une femme de chambre ou une lectrice peut le remplacer ; il demanderait seulement de la dauphine, comme récompense de ses services, trois faveurs : la permission de revenir de temps en temps lui faire sa cour ; son portrait ; et enfin une abbaye meilleure que celle qui lui a été déjà donnée, laquelle ne vaut pas deux mille livres, à cause des pensions dont elle est chargée.

d'agir de M. le dauphin ne part d'aucun préjugé ni d'aucune mauvaise volonté, mais uniquement d'embarras et de timidité envers un homme qui passe avec raison pour avoir de l'esprit, des connaissances, et qui à ce titre en impose au jeune prince. Je croyais de bonne foi que depuis fort longtemps il s'était accoutumé à voir et même à parler à l'abbé, et dans cette persuasion je ne m'étais point assez informé de ce qui en était.

Après de longues discussions, j'amenai enfin l'abbé de Vermond à renoncer à ses idées de retraite, et je reçus sa parole qu'au retour de la cour à Versailles il y reprendrait son service ordinaire, sauf à demander à Mme la dauphine la permission de s'absenter un jour ou deux dans la semaine, quand ses affaires exigeraient sa présence à Paris.

Le 18 je revins à Compiègne; Mme la dauphine avait fait ses dévotions et passé la journée en retraite, ce qu'elle n'a jamais manqué d'observer à pareil jour de l'année. Le soir, je me rendis au souper de S. A. R.; au moment où elle rentrait dans sa chambre, je lui présentai la lettre que m'avait écrite l'abbé de Vermond, en lui disant que je la suppliais de lire ce papier et de me donner une audience le lendemain.

Le 19 au matin Mme l'archiduchesse envoya me chercher; je la trouvai inquiète et fort affectée du contenu de la lettre de l'abbé de Vermond. Elle me parla de lui d'une façon qui me fit bien connaître qu'elle sait apprécier le zèle de cet honnête et fidèle serviteur. Elle ajouta que pour rien au monde elle ne consentirait à sa retraite, et parmi les motifs de S. A. R. je vis que celui qui l'occupait le plus était la crainte que V. M. ne prît de l'inquiétude si l'ecclésiastique dont il s'agit cessait d'être à portée de remplir auprès de Mme la dauphine le service assidu et si utile auquel il est voué jusqu'à présent. Je répondis à Mme l'archiduchesse que j'avais prévu ses intentions et ses ordres, que je m'étais conduit en conséquence; je lui rendis compte de mon voyage à Paris et de l'entretien que j'y avais eu avec l'abbé; mais comme la lettre de ce dernier était susceptible d'un commentaire fort intéressant, je ne manquai pas d'en exposer la matière avec toute l'énergie qui me fut possible. L'abbé de Vermond ne s'est jamais permis de former des liaisons à la cour avec qui que ce soit, pas même avec les personnes attachées au service de Mme la dauphine; jamais il n'a mis les pieds chez aucun ministre du roi, malgré les avances qui lui ont été faites pour l'y attirer. Le temps où il n'est pas dans les antichambres ou dans les cabinets de Mme la dauphine, il le passe chez lui et fort isolé ; un genre de vie aussi peu assorti à celui de tous les intrigants de cette cour ne pouvait manquer de leur déplaire, ils doivent naturellement regarder cet abbé comme un obstacle à leurs vues sur Mme la dauphine. Si dans la conduite de cette princesse il survient le moindre incident susceptible de critiques, on s'empresse à en rejeter le blâme sur l'abbé de Vermond et sur moi, comme étant les seuls que S. A. R. daigne honorer de sa confiance. Ce chapitre me conduisit à faire l'énumération de tous les petits inconvénients qui ont eu lieu ; je tâchai de n'en omettre aucun et d'en faire sentir les conséquences. La morale que j'en tirai tendait à persuader Mme l'archiduchesse de vouloir bien avoir des égards plus constants et plus suivis aux représentations que l'abbé et moi lui exposions dans les différentes conjonctures, que c'était le seul moyen de donner de l'activité et quelque utilité à notre zèle, et qu'à cette considération il se joignait un bien plus puissant motif, celui de remplir les intentions de V. M., de la tranquilliser, de lui plaire et de répondre par là aux marques si touchantes de sa tendresse. Mme la dauphine me parut très-frappée de cette dernière réflexion ; elle s'expliqua avec sa bonne foi ordinaire sur quelques petites erreurs passées ; ce ne fut pas sans se proposer fermement de les éviter par la suite ; mais S. A. R. m'ajouta avec une ingénuité charmante : « Je ferai le moins de fautes que je pourrai ; quand il « m'arrivera d'en commettre, j'en conviendrai toujours. »

Le 20 je fus encore dans le cas de demander une audience à Mme la dauphine ; elle avait fait confidence à Mme la comtesse de Provence de sa demande pour le rappel de la comtesse de Gramont, de la lettre que lui avait écrite le roi, et du soupçon que cette lettre avait été dictée par la comtesse du Barry ou par son conseil. Mme la comtesse de Provence s'était pressée de communiquer toutes ces circonstances à sa dame d'honneur, la comtesse de Valentinois, laquelle n'avait pas manqué d'en informer sur-le-champ la favorite. Cette dernière chargea la comtesse de Valentinois d'engager Mme de Provence à justifier auprès de Mme la dauphine la vérité de ce fait ; elle protesta n'avoir eu aucune connaissance de la demande du rappel de la comtesse de Gramont, et, en preuve de cette assertion, elle offrait de s'employer de tout son pouvoir auprès du roi pour le déterminer à accorder le retour de la comtesse de Gramont, s'il plaisait à Mme la dauphine de lui faire savoir, à elle favorite, que S. A. R. lui saurait gré d'effectuer cet objet. A cet article la comtesse du Barry en joignit un autre : c'était celui de trouver des expédients pour engager Mme l'archiduchesse à admettre la nouvelle mariée, vicomtesse du Barry, au nombre des dames qui ont à tour de rôle l'honneur de suivre S. A. R. à la chasse dans les calèches de la cour. Cette négociation devait être dirigée par la comtesse de Valentinois, exécutée par Mme la comtesse de Provence, et de là il s'en serait suivi une chaîne de fausses démarches qui auraient entraîné nombre de tracasseries nouvelles. Je fus instruit du plan en question presque au même moment où il fut formé, et il devint le sujet de mon audience. Je ne cachai pas à Mme l'archiduchesse mes regrets de ce que, malgré mes représentations réitérées et appuyées de bonnes preuves, S. A. R. ne pouvait se retenir sur ses confidences à Mme la comtesse de Provence. Je fis voir l'abus que cette princesse en faisait. Je persuadai facilement à Mme l'archiduchesse qu'il était impossible qu'elle s'adressât à personne pour obtenir du roi une chose sur laquelle il lui avait fait un refus formel et direct. J'en conclus que la proposition officieuse de la favorite, de s'intéresser au rappel de la comtesse de Gramont, était déplacée et devait être rejetée. Quant au désir de cette même favorite que sa parente fût admise à suivre Mme la dauphine à la chasse, j'observai que, la vicomtesse du Barry étant parente du maréchal de Soubise, et ayant été présentée, il y aurait de l'affectation à l'exclure des agréments qui sont accordés à toutes les femmes de qualité qui fréquentent assidûment la cour ; mais que Mme l'archiduchesse avait un moyen très-simple d'éviter tout embarras à cet égard en s'en remettant à la comtesse de Noailles du soin de faire les invitations pour les chasses, ce qui dans le fond est une chose d'étiquette, et a toujours été du département de la dame d'honneur. S. A. R. n'approuva point mon idée ; elle me parla de ses répugnances pour tout ce qui tient de près ou de loin à la favorite ; ce chapitre me fit revenir sur tout ce que j'ai été si souvent dans le cas de représenter à cet égard. Mme l'archiduchesse me répondit qu'elle n'avait rien à opposer à mes raisons, si ce n'est que « quand on a adopté un système de conduite, il était difficile d'en changer ». Je me récriai fort contre un pareil préjugé, que le bon esprit et le caractère de Mme la dauphine ne peuvent ni ne doivent admettre ; cependant mes remontrances ne firent pas toute l'impression que j'aurais désirée, et je crois qu'il serait très-utile s'il plaisait à V. M. de réitérer ses avertissements sur cette matière, qui est la seule que je ne puisse parvenir à rectifier complétement. Voyant au reste que le moment n'était pas favorable, je proposai pour dernier expédient celui de ne plus aller à la chasse en calèche pendant le peu de jours que la cour avait encore à rester à Compiègne. Mme l'archiduchesse s'y détermina d'abord, et par là cet objet d'embarras se trouve au moins suspendu jusqu'au temps du voyage à Fontainebleau.

Le 21. Quoiqu'il y ait toujours quelques moments dans la matinée destinés aux occupations sérieuses et à la lecture, la dissipation que comporte la saison et le séjour de Compiègne ne permettent pas de grands progrès du côté de l'instruction, et tout ce que l'on peut obtenir, c'est que dans des temps pareils Mme la dauphine ne sorte pas entièrement de l'habitude d'employer quelques instants à l'application. Par le passé elle y avait de la répugnance; maintenant elle s'y livre sans dégoût, même avec plaisir, pourvu qu'il ne soit point question de retrancher sur les amusements qui se présentent. Le soir du 21 la marquise de Durfort avait chez elle un petit spectacle auquel la famille royale assista; le divertissement finit par le bal, qui fut prolongé assez tard. M. le dauphin y parut fort gai, parlant à tout le monde, et Mme la dauphine y déploya les grâces qui causent toujours un nouvel enchantement à tous ceux qui ont l'honneur de l'approcher en semblables occasions.

Le 22 se passa ainsi que tous les dimanches, en partie à assister au service divin le matin et l'après-midi. Mme la dauphine alla se promener en voiture; elle passa la soirée chez Mme Adélaïde, qui était en convalescence, et il n'y eut point de grand couvert chez le roi, parce que ce repas en public fut remis au mercredi suivant, jour de la fête de Saint-Louis.

Le 23, me trouvant chez la comtesse du Barry, elle me confia ce que j'avais déjà appris par d'autres voies sur ses projets concertés avec la comtesse de Valentinois. Je fis comprendre à la favorite qu'il était impossible d'engager Mme la dauphine à faire solliciter par un autre le rappel de la comtesse de Gramont, après que le roi l'avait refusé à S. A. R. elle-même. Je m'engageai cependant à faire valoir auprès de Mme l'archiduchesse la bonne volonté que la comtesse du Barry marquait dans cette occasion; cette dernière me témoigna aussi son désir que sa nièce fût admise à suivre Mme la dauphine à la chasse. Je répondis que probablement S. A. R. n'irait plus à la chasse en calèche dans le reste du voyage, ainsi que cet objet devait être remis au voyage à Fontainebleau. Je remarquai qu'on avait laissé ignorer au duc d'Aiguillon la négociation concertée sur les deux objets susdits entre la comtesse de Valentinois et la favorite. Cette dernière me parla, d'ailleurs, fort raisonnablement et sans aucune plainte sur sa position vis-à-vis de Mme l'archiduchesse, et de mon côté je ne manquai pas de tenir mon langage ordinaire, qui a pour but de tranquilliser les esprits. Le même jour, j'eus occasion de rendre compte à Mme la dauphine de ma conversation avec la comtesse du Barry, et je répétai encore les réflexions que j'avais été dans le cas d'exposer trois jours auparavant.

Le 24 je fus prendre les ordres de Mme l'archiduchesse pour Paris; je la suppliai de vouloir bien réfléchir sur les représentations que j'avais été dans le cas de lui faire pendant ce séjour à Compiègne, afin qu'au voyage très-prochain de Fontainebleau il ne survienne ni tracasseries ni embarras. Le même jour Mme la dauphine alla se promener en voiture près d'une rivière où le hasard amena la chasse, qui se termina par la prise du cerf dans l'eau.

Le 25, jour de Saint-Louis, Mme la dauphine se rendit à dix heures chez le roi pour le complimenter à l'occasion de sa fête; toute la journée se passa en grande représentation. Je partis le soir pour Paris, ainsi que tous les autres ministres étrangers, qui précèdent la cour de quelques jours pour éviter les embarras de transport occasionnés par la multitude du service qui suit le roi dans ses voyages, et qui ressemble à la marche d'une armée.

Le roi et la famille royale partirent de Compiègne le 30 d'août, et depuis le retour de la cour à Versailles il ne s'y est rien passé d'essentiel relativement à Mme la dauphine. Elle a parlé de nouveau à M. le dauphin au sujet de l'abbé de Vermond; le jeune prince s'est expliqué de la manière la plus satisfaisante à l'égard de cet ecclésiastique, lequel, moyennant cela, se trouve tranquillisé sur sa position, et en état de continuer le service très-utile qu'il remplit auprès de Mme l'archiduchesse. Dans ce mois, S. A. R. est venue deux fois à Paris, la première pour y voir une foire (1) qui s'y tient annuelle-

---

(1) La *Gazette de France* dit que le dauphin et la dauphine vinrent se promener à Paris le

ment en automne, et la seconde pour voir les ouvrages en peinture et sculpture qui sont exposés tous les deux ans dans un salon au Louvre. S. A. R., accompagnée de M. le dauphin et des deux petites Mesdames, a aussi été se promener dans le parc de Saint-Cloud, très-fréquenté par le public de Paris, qui dans ces trois différentes occasions a renouvelé les marques les plus vives de sa joie et de son empressement à voir Mme la dauphine, qui est adorée avec une prédilection dont on vient de remarquer la preuve manifeste, par la différence de la contenance que le public a tenue au jour de l'entrée de M. le comte et de Mme la comtesse de Provence (1). De ce côté-là il ne reste rien à désirer aux succès de Mme l'archiduchesse, ni aux soins et à l'attention qu'elle a de les maintenir et de les augmenter de plus en plus. S. A. R. a fait ses dévotions le 8, jour de la Nativité de Notre-Dame.

Le courrier mensuel étant arrivé le 10 au matin, Mme la dauphine reçut le lendemain les lettres qui lui étaient adressées, et quant au contenu des ordres très-gracieux que V. M. daigne me donner, j'observerai qu'en commençant à présenter à l'esprit de Mme la dauphine des idées sérieuses et qui ont trait aux affaires générales, j'ai cru saisir le meilleur moyen à fixer un peu la vivacité naturelle à l'âge de cette princesse ; mais en même temps j'ai senti que ce moyen devait être employé avec de grandes précautions, et suivant les circonstances plus ou moins propres à lui donner une activité utile.

Relativement au reproche énoncé dans le billet du roi à Mme la dauphine « d'être entourée de gens du parti des Choiseul », je puis affirmer avec certitude que cette phrase n'a nullement trait à l'abbé de Vermond, et qu'elle ne porte que sur la duchesse de Chaulnes et sur la princesse de Chimay, deux dames du palais de Mme la dauphine, amies particulières du duc de Choiseul, et auxquelles on a attribué un ascendant sur Mme l'archiduchesse ; quoique dans le fond cette conjecture soit très-gratuite et mal fondée.

---

2 septembre ; au retour ils traversèrent la foire Saint-Ovide, que les syndics de la foire avaient fait illuminer. La foire Saint-Ovide, qui se tenait primitivement place Vendôme et commençait le 14 août, devait son origine à la fête de Saint-Ovide, qui se célébrait à l'église du couvent des Capucines de la place Vendôme. En 1771 cette foire fut transférée place Louis XV, aujourd'hui de la Concorde. Elle était déjà tombée en désuétude à l'époque de la Révolution.

(1) Le 10 septembre le comte et la comtesse de Provence avaient fait leur entrée solennelle à Paris.

XLIV. — Mercy a Marie-Thérèse.

A Paris, le 16 septembre. — Après avoir bien réfléchi sur les démarches les plus convenables à remplir les intentions de V. M. relativement au prince de Rohan, j'ai proposé un moyen qui me paraissait propre à sauver tous les inconvénients, et Mme la dauphine vient de l'employer avec le succès que je m'en étais promis. S. A. R., à son retour à Versailles, fit venir chez elle la comtesse de Marsan et lui dit qu'elle croyait lui donner une marque de bonté en lui confiant que V. M. avait des sujets très-graves de mécontentement sur la conduite du prince de Rohan, particulièrement sur la légèreté avec laquelle il semblait oublier l'exemple de bonnes mœurs qu'il devait en sa qualité d'évêque; que par égard pour elle, comtesse de Marsan, et pour le prince de Soubise (1), V. M. avait bien voulu dissimuler jusqu'à présent la peine que lui causait la contenance peu décente du coadjuteur, mais qu'il deviendrait peut-être impossible à V. M. de se contraindre plus longtemps sur un article qui était de nature à intéresser sa conscience, et qu'alors V. M. se déterminerait, quoiqu'à regret, à confier ses peines au roi; que Mme la dauphine, prévoyant le tort irréparable qui en résulterait pour le prince de Rohan, n'avait pas hésité à avertir la comtesse de Marsan pour qu'elle prenne les seules mesures qui puissent sauver le coadjuteur, et qui consistent à accélérer le plus que possible le moment de son rappel. La comtesse de Marsan parut fort alarmée de ce qu'elle venait d'entendre; elle supplia Mme la dauphine de lui donner quelques éclaircissements sur les motifs de plaintes contre le coadjuteur; mais j'avais prévenu S. A. R. de vouloir bien n'entrer en aucun détail sur cet article, et de me renvoyer cette explication. Dès le lendemain, le prince de Soubise m'écrivit pour me demander un rendez-vous à Paris; étant convenus d'une heure dans la journée suivante, nous eûmes un entretien dans lequel je fis sentir au maréchal qu'il était de sa convenance personnelle de ne point laisser plus longtemps son parent dans une ambassade où il courrait risque de ruiner sa fortune, sa réputation, et de compromettre son état et sa famille. Tout ce que j'avais à dire à ce sujet, je l'assaisonnai d'as-

---

(1) Le prince de Soubise, oncle du prince de Rohan, était frère de Mme de Marsan.

surances de bonté de la part de V. M. pour lui, prince de Soubise, ainsi que pour tout ce qui lui appartenait ; enfin je parvins à persuader et à tranquilliser le maréchal, qui d'abord m'avait paru très-effarouché et inquiet. Nous convînmes ensuite qu'il demandera incessamment un congé au moyen duquel le prince de Rohan puisse revenir ici, et qu'y étant une fois de retour, on prendra des prétextes pour ne plus le renvoyer à Vienne. Le prince de Soubise, en me disant les choses les plus fortes sur son attachement très-respectueux pour V. M., s'est borné à implorer de sa clémence qu'elle veuille bien se prêter aux ménagements nécessaires à éviter un éclat, qui pourrait détruire le prince de Rohan dans l'esprit du roi et dans l'opinion de la nation, que cela était conciliable avec les moyens de remplir, sans trop de retards, les intentions de V. M., et qu'il me priait de solliciter cette grâce en faveur du zèle qu'il a toujours marqué en tout ce qui regardait le bien du système actuel. Il ajouta à cela quelques ouvertures confidentielles, sur la mauvaise volonté du duc d'Aiguillon envers la famille de Rohan, sur l'usage dangereux que ce ministre ne manquerait pas de faire d'une marque authentique de mécontentement de V. M. à l'égard du coadjuteur, et de l'extrême désagrément qui en résulterait pour toute la parenté de cet ambassadeur. Je fis espérer au maréchal que V. M. daignerait ne pas se refuser à sa très-humble prière, mais j'insistai en même temps sur le plus prompt retour possible du coadjuteur. Le prince de Soubise m'assura qu'il allait s'en occuper ; je compte que cet arrangement s'effectuera avant la fin de l'automne, et j'aurai d'ailleurs grand soin de veiller à ce qu'il n'y survienne point de délais trop étendus. Étant allé à Versailles le mardi, 7 de ce mois, j'y ai eu sur le même objet un entretien très-long avec la comtesse de Marsan, laquelle, prenant le ton le plus respectueux et le plus soumis aux volontés de V. M., ne laissa pas que de me marquer avec une extrême énergie le chagrin que lui faisait éprouver la disgrâce du coadjuteur. La comtesse de Marsan me dit, en versant des larmes, que son frère et elle devenant vieux, ils avaient jeté les yeux sur le prince de Rohan pour en faire l'appui de leur famille ; qu'elle, comtesse de Marsan, avait sacrifié vingt années de service pour pouvoir faire parvenir le coadjuteur à un certain degré de consistance et lui obtenir la place de grand aumônier, qu'elle avait demandée au roi pour toute récompense et dont en effet elle avait obtenu la promesse ; mais que des marques de mécontentement de V. M. venant traverser toute la fortune du coadjuteur, il serait perdu sans ressource dans l'esprit du roi et de M. le dauphin, si V. M. ne daignait user d'indulgence et se prêter à ce que le rappel du coadjuteur s'effectue au moins sans éclat, et d'une manière qui ne puisse pas lui nuire; qu'enfin c'était la grâce qu'elle implorait de V. M., qu'elle osait réclamer sa clémence au titre d'avoir élevé M. le dauphin, et en considération du très-respectueux attachement que son frère le prince de Soubise se ferait toujours un devoir de marquer à V. M. J'assurai la comtesse de Marsan que je rendrais compte de ce qu'elle venait de me dire; j'ajoutai quelques propos d'adoucissement, autant que la matière le comportait; mais je fis toujours voir la nécessité de ne point laisser plus longtemps le coadjuteur dans son poste actuel, et la comtesse de Marsan me répéta ce que m'avait dit son frère sur les moyens de faire revenir promptement l'ambassadeur dont il s'agit. J'ai supplié entretemps M{ᵐᵉ} la dauphine de garder un profond secret sur tout ce qui s'est passé; S. A. R. n'a rien risqué et ne s'est point compromise en remplissant une démarche qui est regardée par les Rohan comme une marque de bonté et d'intérêt que leur donne M{ᵐᵉ} l'archiduchesse.

V. M. a certainement été informée directement du parti raisonnable qu'a pris l'infant de céder aux volontés du roi d'Espagne en rappelant auprès de lui Don Llano; cet acte de soumission mettant fin à toute brouillerie, les deux cours de Bourbon vont laisser rentrer l'infant dans la jouissance de ses pensions, et il lui sera tenu compte des arrérages séquestrés, ainsi que m'en a assuré le duc d'Aiguillon, lorsque je lui ai fait mention de cet article, qu'il était nécessaire de statuer.

V. M. daigne réunir à mon égard tout ce que peut dicter la bonté et la clémence, en me renvoyant le précieux billet écrit de sa main, qui est pour moi bien inestimable et une récompense trop au-dessus de mes soins et de mon zèle. C'est bien du fond de l'âme que je mets tout le bonheur de ma vie à tâcher de me rendre de quelque utilité au service de V. M., et je remplirais sans doute un si glorieux objet si mes soins pouvaient avoir la plus petite influence utile dans les grandes destinées qui sont préparées et réservées à M{ᵐᵉ} la dauphine.

XLV. — Marie-Antoinette a Marie-Thérèse.

Ce 21 septembre. — Madame ma très-chère mère, Il m'est impossible d'exprimer tout ce que je sens de vos bontés; j'avais, au moment où Neny est arrivé, l'audience de l'ambassadrice de Sardaigne et tout le corps diplomatique. Quelle joie et quelle gloire pour moi de montrer une aussi charmante marque de la tendresse maternelle (1)! Autre grande joie pour moi, c'est que M. le dauphin a bien montré à Neny son respect pour ma tendre mère. Neny vous dira ce qu'il a vu ici et à Paris; je ne veux pas retarder son courrier; jamais respect et tendresse n'ont rempli l'âme comme à moi.

L'abbé est transporté d'admiration et de reconnaissance; je suis bien touchée de ce que vous faites pour un homme qui m'est attaché.

XLVI. — Mercy a Marie-Thérèse.

Paris, 30 septembre. — Il serait impossible d'exposer par écrit avec assez de précision tout ce qu'il y a à dire de satisfaisant et de charmant sur ce qui s'est passé de relatif à Mme la dauphine depuis le moment de l'arrivée du baron de Neny jusqu'à celui de son départ, et je dois m'en remettre au très-humble rapport verbal qu'il en fera à V. M. J'ai tâché de lui procurer les moyens de bien voir à fond tous les objets, et, pour autant que le comportait un séjour aussi court que l'a été le sien, je me flatte qu'il ne lui est rien échappé de ce qui était remarquable et intéressant. Je ne dois me permettre aucun détail sur la prudence, la sagesse et la bonne méthode dont le baron de Neny a fait preuve pendant les journées où il s'est trouvé au milieu du tourbillon de Versailles, et au milieu de tant de différents personnages que je l'ai mis à portée d'examiner de près. Les grâces et la confiance que V. M. daigne accorder à ce digne et zélé serviteur le mettent trop au-dessus de tous les témoignages pour que j'osasse en rendre un sur la conduite qu'il est dans le cas de tenir quand il s'agit de remplir les ordres que V. M. lui donne.

---

(1) Marie-Antoinette fait ici allusion à l'œillet en diamants, cadeau de Marie-Thérèse, dont il est parlé dans la pièce XXXIV, page 14.

XLVII. — Marie-Thérèse a Mercy.

Schönbrunn, 3 octobre. — Comte de Mercy, j'ai reçu par le courrier Morenheim, arrivé ici le 27 du passé, votre lettre du 16. Quoique contente du retour de l'abbé Vermond de son idée de retraite, je ne crois pas me tromper en supposant qu'après cette démarche, et surtout après que sa lettre a été lue par ma fille, à qui je me serais doutée de la communiquer, il n'aura guère de pouvoir sur son esprit. Je suis d'autant plus confirmée dans cette opinion que je reconnais combien ma fille aime à suivre ses volontés, et combien elle sait se tourner et retourner pour arriver à son but. N'étant souple qu'autant qu'il s'agit des objets qui ne l'affectent pas beaucoup, elle ne s'en est pas cachée vis-à-vis de vous-même, en vous disant dernièrement [déjà à deux reprises] que « quand on a adopté un système de conduite, il était difficile et dur d'en changer ». Sa conduite vis-à-vis de la favorite, ses courses à cheval, et, ce qui serait bien plus dangereux encore, ses promenades en cabriolet, ses confidences vis-à-vis du comte et de la comtesse de Provence, même récemment dans l'affaire de Mme de Gramont, etc., fournissent assez de preuves de son caractère peu réfléchi et trop attaché à ses propres idées. Malgré donc ses belles qualités et son esprit, je crains toujours les effets de sa légèreté et de son entêtement. Je suis seulement bien aise de voir l'abbé Vermond rester dans son poste, pour avoir du moins auprès de ma fille un homme sûr, capable de vous informer de tout, si même il n'aura plus assez d'influence pour rectifier ses sentiments et démarches. Pour le reste, je me repose sur votre dextérité et vigilance, dont les effets ont été jusqu'ici tant heureux. Vous pouvez compter que je ne ferai pas semblant vis-à-vis de ma fille d'être informée de ce qui s'est passé avec l'abbé Vermond.

Je trouve au mieux ce que vous avez concerté avec Mme de Marsan et le prince de Soubise par rapport au rappel de Rohan, et ce que vous avez mandé sur ce sujet à la chancellerie d'État. Je me tiendrai à ce plan, sous condition cependant que Rohan parte d'ici au plus tard dans le mois de décembre, et que ses parents ou amis ne prétendent pas vouloir m'engager à m'intéresser en sa faveur auprès du roi son maître [pour des grâces particulières]. Je crois lui faire assez de bien en ne portant pas des plaintes contre sa conduite, qui est toujours très-irrégulière, de même que celle de ses gens.

En voilà trois nouveaux traits. Quelques-uns de ceux-ci, ayant maltraité des paysans dans le voisinage de Vienne, ont été bien rossés, y compris même un ecclésiastique, qui s'est trouvé dans leur compagnie. Les pages, accompagnant à cheval l'ambassadeur allant à Schönbrunn, passèrent sur le ventre de la sentinelle, qui était en faction, et la blessèrent. Telle est l'insolence de ces gens qu'il est à craindre que le public, déjà trop révolté de tant d'excès, ne se porte à la fin à quelque extrémité fâcheuse. L'ambassadeur lui-même, se trouvant à présent chez le prince de Kaunitz à Austerlitz, a conçu l'idée singulière d'aller à Cracovie, et qui sait s'il ne pousse pas jusqu'à Varsovie (1)! Il m'importe donc beaucoup d'être bientôt débarrassée de bonne façon d'un homme aussi extravagant qu'incorrigible. Je crois que Noailles pourrait me convenir préférablement, mais je me contenterai encore de tout autre homme raisonnable et bien intentionné. Un des points principaux serait que le successeur de Rohan réussît de s'insinuer dans l'esprit de l'empereur; il lui coûtera moins de s'assurer de mon approbation, pourvu que sa conduite soit tout différente de celle de son prédécesseur. [Du Châtelet (2) a tenu là-dessus une conduite parfaite; il n'y aurait qu'à le suivre.]

Je suis bien aise de voir finir les brouilleries de Parme; je souhaite seulement que le calme soit durable, mais l'expérience du passé ne me rassure pas trop sur l'avenir.

XLVIII. — MARIE-THÉRÈSE A MARIE-ANTOINETTE.

Schönbrunn, 3 octobre. — Vos lettres du 15 et du 21 ne me sont parvenues que de douze heures de différence. J'étais bien contente que vous l'êtes de ma fleur, et j'espère que vous vous reconnaîtrez au pot (3); elle est justement arrivée pour vous en servir, recevant le corps diplomatique. Je veux bien que toute l'Europe sache combien je vous aime, et que mon bonheur consiste dans celui de mes enfants. J'avoue que les affaires de Parme me font grand plaisir; j'en souhaite

---

(1) Rohan fit ce voyage incognito, sous le nom de baron de Gundel.
(2) Ambassadeur à Vienne de 1761 à 1767.
(3) La fleur en diamants qu'avait apportée le baron Neny; sur le vase qui lui servait de support étaient représentées des vues du château impérial.

seulement la continuation. Je ne sais si vous osiez une fois parler au roi et lui en marquer de ma part toute la reconnaissance, dont je vous ai chargée, de ma part, sachant qu'il a rendu les plus grands services en Espagne par ses bontés. Il est bien bon père ; c'est la raison pourquoi j'exige toutes les attentions et soumissions de vous autres, et nonobstant tout ce que vous me dites sur ce chapitre, je gagnerais ma cause à toutes les universités ; mais je me flatte que vous ne me pousserez pas à bout : sans plaider nous nous accorderons, mais je ne puis attendre longtemps:

L'autre sujet de plainte n'est non plus bien éclairci : il est sûr que j'ai vos promesses en main, sans les avoir exigées, et vous les avez éludées : c'est de monter tant à cheval, surtout à la chasse. Je vous ai cité l'exemple de la reine de Portugal d'à cette heure, qui a fait sept ou huit fausses couches.

L'exemple de la reine de Naples doit vous toucher et vous servir d'exemple, et le bon Dieu a béni son sacrifice, qui pour elle était bien plus grand que pour vous, n'ayant guère des ressources dans ce pays, et vous êtes au milieu du beau monde et des amusements. Je suis toujours contente en vous voyant si contente des courses à Paris ; jamais la reine, feu la dauphine, vos tantes n'y ont été, et le roi veut bien condescendre à tout cela, puisque cela plaît à sa petite dauphine ; quelle obligation lui en devez-vous ! Il va au-devant de vos souhaits : faites-en de même.

L'empereur vous écrira lui-même ; grâce à Dieu ! il se porte bien, mais il est bien maigri. J'étais fort contente des soins et attentions que vous aviez pour votre tante, qui a été incommodée ; cela est à sa place et ressemble à votre bon cœur. Comme vous avez parlé à Mme Marsan (1), cela est très-bien, et je vous en suis obligée ; j'espère que les effets répondront. Je me prête à ce qu'ils ont exigé ; journellement il y a de nouvelles incartades, et je crains effectivement pour lui Rohan, le peuple étant irrité à l'excès : ses pages en ont déjà ressenti les effets. Il ne convenait nullement que vous entriez en détail, car il nie dans une heure ce qu'il a avoué dans une autre ; cela ne ferait que des tracasseries et explications, qui ne conviennent pas à nous.

---

(1) Relativement au rappel du prince de Rohan.

L'abbé, indépendamment de vous être si attaché et utile, est si honorable qu'il mérite toutes mes attentions.

XLIX. — Mercy a Marie-Thérèse.

Fontainebleau, 17 octobre. — Avant que ce très-humble rapport soit parvenu aux pieds de V. M., le baron de Neny lui aura rendu compte de vive voix de tout ce qu'il a été en même d'observer ici depuis le 15 jusqu'au 30 du mois dernier. Ces sortes de détails exposés verbalement acquièrent bien plus de précision et d'énergie qu'on ne peut leur en donner quand il s'agit de les transmettre par écrit. D'après cette réflexion j'ai fort insisté pour que le baron de Neny fît un petit séjour de suite à Versailles; je n'aurais pu y rester avec lui sans risquer de donner lieu à des conjectures, des soupçons et de l'ombrage de la part du duc d'Aiguillon, ce qui, dans les circonstances actuelles, devait être soigneusement évité. J'ai vu la vraie joie de Mme la dauphine de garder pendant quelques journées auprès d'elle un homme qui a le bonheur d'approcher si habituellement son auguste mère, et, dans cette occasion, tous les mouvements de Mme l'archiduchesse ont marqué son amour, son respect pour V. M., ainsi que son vif désir de lui plaire. Il est à observer cependant que ce désir n'a pas empêché Mme la dauphine d'être de la meilleure foi dans l'aveu des petites fautes passées, et de quelques opinions auxquelles S. A. R. a peine à renoncer; mais en cela, son âme n'a fait que donner une preuve de candeur et de vérité. Son jugement joint à un peu d'expérience opéreront le reste de ce qu'il y a encore à désirer dans la position actuelle de Mme l'archiduchesse, et, d'après ce que le baron de Neny est maintenant dans le cas de confirmer comme témoin oculaire, j'ose répéter avec plus d'assurance que jamais qu'à la très-grande satisfaction de V. M., Mme la dauphine remplira avec éclat ses grandes destinées, et qu'aucun inconvénient majeur ne les troublera jamais.

Mme la dauphine est venue toutes les semaines à Paris; elle y a vu le salon des peintures, la galerie des plans (1), quelques magasins marchands, la foire de Saint-Ovide, le jardin du maréchal duc de Bi-

---

(1) Ces plans en relief des places fortes de France, exécutés par les ordres de Louis XIV, se voyaient alors au Louvre, et furent depuis transportés à l'hôtel des Invalides.

ron (1). Elle est retournée aux trois spectacles de l'Opéra, de la Comédie française et de la Comédie italienne, après avoir obtenu du roi d'y aller sans cérémonie, en petite robe et avec une suite peu nombreuse. Ces différentes apparitions en ville ont eu un succès prodigieux, et il règne dans Paris un enchantement de Mme l'archiduchesse que rien ne peut exprimer. Il est vrai que dans ces occasions S. A. R. se montre de la façon la plus avantageuse possible; tout ce qui en elle part d'un premier mouvement est toujours parfait; c'est une imitation qui approche de la clémence, des attentions, des grâces de son auguste mère, et M. le dauphin s'adapte à ce genre infiniment au delà de ce que sa tournure physique et morale ne permettait de l'espérer. Ce qu'il y a en cela de plus heureux, c'est que la mauvaise volonté des différents partis n'a pu réussir à donner de l'ombrage au roi sur les succès si éclatants de Mme la dauphine, et il paraît même les voir avec grand plaisir. Il n'en est pas de même de la part de Mesdames de France et des jeunes princes et princesses de la famille royale. La distance qu'il y a de leur rang à celui de M. le dauphin et de Mme la dauphine aurait dû les préparer aux effets de cette différence; mais ils n'ont pu se garantir d'une jalousie qui perce de tous côtés, et qui est fomentée par un nombre d'intrigants qui croient avoir intérêt à l'exciter. Cet inconvénient a donné à plusieurs petites manœuvres déplacées, qui ne montraient qu'une affectation puérile. Entre autres, contre l'ordre naturel des choses, on a trouvé moyen d'obtenir du roi qu'il fît rendre à M. le comte et à Mme la comtesse de Provence, lors de leur entrée à Paris, les mêmes honneurs qui avaient été rendus à M. le dauphin et à Mme la dauphine. Cette parité s'est observée en tout; aux trois spectacles, les gardes du corps de M. le comte de Provence se sont emparés du théâtre et ont posé deux sentinelles sur l'avant-scène, tandis que

---

(1) Le goût des jardins anglais fut une des grandes modes du dix-huitième siècle; il est vrai que les jardins français, quand ce n'était pas Versailles, pouvaient mériter bien des critiques. « Des déserts sans ombre ni verdure, des arbres taillés en forme de pelle et fichés dans des piédestaux de craie; rien de vert que les treillages et les persiennes. » Ainsi les décrit Horace Walpole dans ses lettres (Voir l'excellente traduction de M. le comte de Baillon, Didier 1873). Dès lors commençait le luxe des jardins anglais; il y fallait des gazons verts, des arbres non taillés, une rivière, une ou deux montagnes, une grotte sombre, des chaumières, des ruines; on appelait cela se rapprocher de la nature. Le jardin du maréchal de Biron, dessiné sur ce modèle, resta longtemps une des curiosités de Paris : il avait quatorze arpents d'étendue; une partie en est occupée aujourd'hui par le couvent du Sacré-Cœur.

les compagnies des gardes françaises et suisses étaient avec leurs drapeaux en parade dans les avenues des salles de spectacle, cérémonial qui ne se pratique ici que pour le souverain et tout au plus pour l'héritier présomptif de la couronne. Mesdames, de leur côté, sont venues fréquemment à Paris, aux promenades, dans différentes boutiques ; tout cela n'a produit aucun effet sur le public ; la famille entière a été constamment et totalement éclipsée par Mme la dauphine : ce n'est que d'elle que l'on parle, ce n'est qu'elle que l'on désire de voir, et c'est à elle que l'on attribue tout ce que l'on a pu remarquer de bien dans la contenance de M. le dauphin. J'ai eu occasion d'exposer à Mme l'archiduchesse plusieurs remarques essentielles sur les avantages bien précieux d'un hommage si généralement rendu à ses qualités supérieures et charmantes. J'ai fait sentir en même temps l'importance de maintenir cette opinion publique, et les facilités que S. A. R. trouvera à se la conserver pour jamais. Revenant ensuite du général au particulier, j'aurais fort désiré de persuader Mme la dauphine qu'il lui était également facile de contenter tout le monde à la cour, particulièrement les entours du roi ; mais quand il s'agit de traiter ce chapitre, dans lequel la favorite entre pour beaucoup, j'ai toujours à combattre des petits préjugés que je ne puis vaincre tout à fait. Je n'obtiens que des complaisances momentanées, je tâche d'en tirer le meilleur parti possible. Tout ce que j'ai dit plus haut des mouvements de jalousie de la famille royale n'a fait aucune impression sur Mme la dauphine ; son caractère de franchise et de bonté ne lui a pas même permis de remarquer de pareilles faiblesses, et elle les aurait pardonnées si elle s'en était aperçue.

Pendant le séjour du baron de Neny à Versailles, et dans une matinée où il a été accompagné à tous les dîners de la famille royale par l'abbé de Vermond, M. le dauphin prit occasion d'adresser la parole à cet ecclésiastique, et cela avec aisance et bonne grâce, quoique ce fût pour la première fois. Cette circonstance favorable a calmé les doutes et les inquiétudes de l'abbé ; je l'ai vu d'ailleurs si touché et pénétré des marques de grâce que V. M. a daigné lui faire éprouver que je ne puis douter du surcroît de zèle qu'il apportera à remplir les devoirs et son service auprès de Mme l'archiduchesse.

La cour se trouve établie ici depuis le 6 de ce mois ; par les raisons d'arrangements domestiques, je n'ai pu (ainsi que les autres ministres étrangers) y arriver que le 11. Le lendemain j'ai eu occasion de parler à Mme la dauphine, et de lui rappeler les petites observations qui m'ont paru propres aux circonstances qui peuvent avoir lieu dans le courant du voyage. Un beau-frère de la favorite vient de se marier tout récemment à une demoiselle de condition et fort riche (1); cette nouvelle mariée a été présentée à la cour avant le départ de Versailles. Il en a été dans cette occasion, de même qu'à celle de la présentation de la vicomtesse du Barry, c'est-à-dire que de la part de Mme la dauphine et de Mesdames la présentante et la présentée ont éprouvé un accueil très-froid et silencieux; cependant il n'en est point résulté de plaintes. J'ai appris par une voie indirecte, mais sûre, que le duc d'Aiguillon doit avoir formé et fait agréer à la favorite un nouveau projet au moyen duquel elle pourrait se procurer un accès plus favorable auprès de Mme l'archiduchesse et de la famille royale. Ce projet paraît être un de ces moyens si souvent employés par le ministre pour amuser la comtesse du Barry et pour se faire valoir auprès d'elle. J'ignore encore de quoi il s'agit; mais je sais que l'on se propose de m'en parler, et, dans ce cas-là, il ne me sera pas difficile de me régler sur ce que dicteront les convenances de Mme la dauphine.

Les très-gracieux ordres de V. M. en date du 3 octobre m'ont été remis dans la nuit du 13 au 14 de ce mois. Dans la matinée du jeudi j'ai présenté à Mme la dauphine les lettres qui lui étaient adressées; elle les a lues en ma présence, et elle daigna me communiquer l'article de la lettre de V. M. où il est fait mention des promenades à cheval. Je saisis l'occasion d'insister fortement sur tout ce qu'il y avait à dire relativement à ce point important, et il y a apparence que S. A. R. prendra la résolution de s'abstenir tout à fait, ou au moins d'user très-modérément d'un exercice toujours trop dangereux dans la position où elle se trouve. La très-gracieuse lettre de V. M. ne donne lieu qu'à une seule observation de ma part relativement à l'abbé de Vermond, et je puis affirmer avec certitude, et d'après les effets que j'ai journellement sous les yeux, que depuis qu'il s'est agi de la retraite de cet abbé Mme la dauphine a fait de très-sérieuses réflexions sur l'utilité dont lui est un homme aussi honnête et aussi

---

(1) Il épousait Mlle de Fumel, et prit le nom de comte d'Argicourt.

affidé. S. A. R. lui marque infiniment plus de confiance et de déférence, et, me parlant de lui en dernier lieu ; elle me dit encore qu'il était impossible qu'elle se passât de cet ecclésiastique, parce qu'elle sentait bien que personne ne pourrait le remplacer, et que S. A. R. regardait comme un hasard des plus heureux d'avoir pu acquérir et conserver auprès de sa personne un serviteur dont le zèle, les sentiments et la conduite forment un contraste si singulier avec tous les personnages qui sont attachés au service de cette cour. Il est bien vrai que Mme l'archiduchesse tient un peu à ses volontés, surtout quand elles ont rapport à des objets de dissipation et d'amusement ; mais je puis également assurer avec toute vérité que depuis un certain temps elle écoute avec une attention qu'elle n'apportait pas ci-devant aux choses sérieuses, et qu'elle ne résiste point à convenir d'une bonne raison quand elle lui est présentée avec un peu de clarté et d'énergie. Cependant il n'est que trop vrai encore que Mme l'archiduchesse n'agit pas toujours d'après ce que lui dicte sa propre conviction ; mais je vois alors avec la dernière évidence que les motifs de cette inconséquence partent toujours d'un petit mouvement d'embarras ou de peur. Il n'y a que le temps et l'expérience qui puissent remédier entièrement à cet inconvénient ; l'essentiel est que du côté des principes, du caractère et du jugement, Mme la dauphine est douée d'une façon si heureuse qu'il est moralement impossible qu'elle tombe jamais dans des erreurs de quelque conséquence, soit pour le présent, soit pour l'avenir.

L. — Mercy a Marie-Thérèse.

Fontainebleau, 17 *octobre.* — Il n'a pas été possible de retenir bien exactement Mme la dauphine dans les bornes que V. M. avait prescrites sur le degré de confiance à marquer au baron de Neny. S. A. R. s'est laissé un peu entraîner aux mouvements de sa franchise naturelle, mais bien plus encore à la vraie joie qu'elle avait de parler à un homme qui a journellement le bonheur de se trouver aux pieds de V. M. ; d'ailleurs il n'est résulté ici aucun inconvénient des fréquentes et très-longues audiences que Mme l'archiduchesse a données au baron de Neny, lequel de son côté a mis beaucoup de circonspection et de prudence dans les propos qu'il a été dans le cas de tenir à Versailles et à Paris. Il n'a vu le duc d'Aiguillon qu'en ma présence, et je lui avais suggéré un langage qui a produit un bon effet vis-à-vis de ce ministre.

Quoique l'intimité de Mme l'archiduchesse avec M. le dauphin continue à subsister, il n'y a cependant encore aucun indice de grossesse ; mais, comme l'on peut avec raison se flatter journellement de l'expectative de cet événement si désirable, je ne cesse de représenter jusqu'à l'importunité à Mme la dauphine combien il est nécessaire qu'elle se modère sur l'exercice à cheval. Il est vrai que S. A. R. en use avec plus de précautions, et j'espère d'ailleurs que l'approche de la mauvaise saison apportera encore plus d'obstacles à ce dangereux amusement.

Depuis le raccommodement de l'infant avec le roi Catholique, le ministre de Parme a reparu ici à la cour, et les ordres ont été donnés pour le payement des pensions et de leurs arrérages, de façon que cet article essentiel est remis en règle. Tout ce qu'il y a à désirer maintenant, c'est que l'ordre se maintienne solidement à la cour de Parme ; mais je ne vois pas que ni de la part du roi d'Espagne ni du roi Très-Chrétien on prenne des mesures telles qu'elles paraissent nécessaires pour prévenir les inconvénients à venir. Lorsque j'en parle au duc d'Aiguillon, il s'en rapporte toujours aux soins de la cour de Madrid, et il insiste sur l'utilité dont il pourrait être que V. M. voulût établir à Parme une personne de confiance, qui soutînt auprès de Mme l'archiduchesse infante les opérations des ministres de France et d'Espagne en ce qui peut convenir au bien de la cour de Parme.

Le maréchal de Soubise est parti jeudi pour Paris, et il n'en sera de retour que ce soir pour assister au conseil. J'aurai demain un entretien avec lui, et je le presserai vivement pour qu'il effectue le retour du prince de Rohan au terme que V. M. a daigné fixer. Je sais que le prince de Soubise et la comtesse de Marsan ont déjà fait la démarche de demander un congé pour le coadjuteur, et que le duc d'Aiguillon n'a donné à cet égard qu'une réponse vague. En cela le ministre peut avoir eu deux motifs : le premier est que, sachant que le prince de Rohan s'est rendu très-désagréable dans sa mission, le duc d'Aiguillon désirerait que V. M. se décidât à demander avec éclat le rappel de cet ambassadeur, qui par là serait perdu sans ressource et sans que sa parenté pût en faire des reproches au duc. Le second motif que peut avoir ce ministre est que, le prince de Rohan paraissant impliqué dans l'affaire du comte de Broglie, le duc d'Aiguillon pourrait croire la présence du coadjuteur nuisible aux mesures qui restent à prendre pour détruire solidement le parti redoutable qui s'était élevé contre le ministre des affaires étrangères; mais, quoi qu'il en soit, je prévois que d'une façon ou d'autre V. M. sera infailliblement débarrassée du prince de Rohan vers la fin de l'année, et j'ai toujours lieu de croire que le marquis de Noailles le remplacera. Ce dernier, par son maintien modeste et sage, pourrait faire une bonne réussite vis-à-vis de S. M. l'empereur, et cela s'accorderait avec les vues dont V. M. daigne me faire mention.

Les détails de la singulière aventure du comte de Broglie (1) et les mouvements continuels que je suis obligé de me donner pour tâcher d'éclaircir et vérifier des faits si mystérieux et presque incroyables, me laissent aujourd'hui moins de loisir au travail de mes dépêches, et, me mettant aux pieds de V. M., je suis avec la plus profonde soumission...

LI. — Marie-Thérèse a Mercy.

Vienne, 6 novembre. — Comte de Mercy, Le lendemain du départ du dernier courrier j'ai reçu la vôtre du 17 du passé. Neny m'a fait un rapport bien détaillé sur tout ce qui regarde ma fille, et j'ai tout lieu d'en être contente. Je le suis également de ce qu'il m'a dit sur votre situation, que vous êtes aussi bien vu à la cour que dans le public, qu'on rend justice à votre mérite, et qu'il est persuadé qu'encore dans votre particulier vous vous trouviez à votre aise dans le poste que vous occupez. Indépendamment de la satisfaction que j'é-

---

(1) Il s'agit de la demi-découverte qu'avait faite le duc d'Aiguillon de la correspondance secrète. Louis XV, pour la dissimuler, avait été réduit à disgracier en apparence le comte de Broglie, et à l'exiler dans sa terre de Ruffec; mais de là, par ordre du roi, celui-ci continuait à correspondre avec les agents particuliers. Favier, Dumouriez, Ségur, qui avaient été chargés de missions secrètes, furent mis à la Bastille; on parla d'un grand complot découvert. Assurés de la protection du roi, les accusés refusaient toute révélation. Le marquis de Monteynard, que d'Aiguillon espérait renverser par le prétexte du prétendu complot, restait au ministère, quoiqu'on annonçât chaque jour son renvoi. On conçoit quel était l'étonnement du public et de ceux des ministres étrangers qui n'avaient pas, comme Mercy, la clé de cette mystérieuse affaire. — Voir la *Correspondance secrète inédite de Louis XV*, publiée par M. Boutaric, 2 vol. in-8°, 1866. — Cf. A. Geffroy: *Gustave III et la cour de France*, tome 1, pages 195-203.

prouve de vos succès dans votre ministère, je m'intéresse encore à celle qui vous est personnelle. Si ma fille s'est un peu trop avancée dans ses discours avec Neny, je suis du moins bien aise qu'il n'en est résulté aucun inconvénient. Au reste, Neny ne peut assez se louer de la façon dont vous l'avez traité et assisté pendant son séjour à Paris, et je vous en sais bien du gré.

Je vous ai déjà informé des plaintes que le prince de Rohan a faites au prince de Kaunitz sur la prétendue négociation de Neny (1) pour effectuer son rappel. Ce n'était apparemment que dans la vue de donner de l'humeur à Kaunitz. Pour le désabuser, j'ai trouvé dans votre dernier rapport, du 17 du passé, que je lui ai communiqué, heureusement un passage bien propre, où vous dites que Neny a mis beaucoup de circonspection et de prudence dans les propos qu'il a été dans le cas de tenir à Versailles et à Paris, et qu'il n'a vu le duc d'Aiguillon qu'en votre présence. De plus, pour ôter à Kaunitz toute sorte de défiance, j'ai trouvé à propos de lui communiquer encore votre rapport antérieur, du 16 septembre, par lequel vous me rendez compte du concert pris avec le prince de Soubise et la comtesse de Marsan relativement à ce rappel. J'ai cependant ôté de ce rapport les deux dernières pages 5 et 6, où vous dites de vous être borné dans votre dépêche à la chancellerie d'État à faire mention de la possibilité du prochain rappel de Rohan comme d'une conjecture, ce qui pouvait se faire aussi, le paragraphe finissant au bout de la quatrième page, sans faire naître du soupçon. Au reste, d'abord après l'explication avec Kaunitz, Rohan s'est laissé aller à ses étourderies et presque puérilités, en annonçant à tout le monde, et nommément au ministre de Modène, Marchisio, son prochain départ, et en donnant ses ordres pour faire en conséquence des arrangements. Il ne doit donc que se prendre à lui-même si le secret de son rappel est éventé, et s'il ne s'exécute pas de la meilleure façon.

---

(1) La mission du baron de Neny fut interprétée de même à Paris. Mme Campan dit expressément dans ses Mémoires qu'il fut envoyé par l'impératrice, inquiète des bruits défavorables à Marie-Antoinette que Rohan faisait courir à Vienne; il avait, assure-t-elle, la mission d'apprécier la situation de la dauphine à la cour, de demander et de négocier le rappel de Rohan. — On peut remarquer en cette circonstance combien il fallut que restât entière la discrétion de Mercy pour que le rôle de confiance unique qu'il avait entre Marie-Thérèse et sa fille demeurât si complètement ignoré des contemporains, même de ceux qui étaient le plus voisins de l'intimité de Marie-Antoinette; la discrétion de Vermond, seul confident de Mercy, n'est pas moins remarquable.

Malgré tout le bien que vous me mandez sur le caractère de ma fille, je vois qu'elle reste toujours attachée à ses volontés. Comme elle me marque qu'ayant prévenu le roi sur la conduite à tenir à la présentation de la nouvelle mariée d'un beau-frère de la favorite, il lui avait témoigné d'être fort indifférent sur ce chapitre, et qu'en conséquence elle lui avait fait l'accueil à son ordinaire, je ne trouve non plus rien à redire.

Je ne saurais qu'être bien sensible aux marques que le public donne de sa prédilection pour ma fille, lorsqu'elle se rend à Paris; mais qui sait si à la longue on n'en prend pas motif d'inspirer de la jalousie au roi; surtout le bruit s'étant déjà répandu à l'occasion des réparations qu'on fait au Louvre et de l'abandon de différentes maisons royales de campagne, que les souverains pourraient bien se fixer un jour à Paris et abandonner Versailles. Après l'arrivée de l'épouse du comte d'Artois, le parti piémontais se trouvera augmenté, et ayant deux princesses de Savoie à sa tête, la cabale pourrait prendre plus de force. Je serais bien aise d'avoir quelques notions précises sur le caractère, l'esprit et l'extérieur de cette princesse, comment elle se conduit vis-à-vis de ma fille, et comment elle est accueillie par la famille et par le public.

Je suis bien aise que le dauphin commence à distinguer l'abbé de Vermond, et que celui-ci y trouve des motifs de se tranquilliser. Le soutien de cet ecclésiastique influe trop sur le bonheur de ma fille pour ne pas s'y intéresser.

J'ai chargé ma fille de faire, si elle croyait pouvoir l'oser, un compliment au roi sur l'accommodement des affaires de Parme. Le conseil d'Aiguillon d'établir à Parme une personne de confiance de ma part serait sans doute bon; mais la difficulté est de trouver cette personne, et si même on la trouvait, l'expérience du passé rendrait fort douteuse sa réussite.

LII. — Marie-Thérèse a Mercy.

6 novembre. — Je viens de recevoir cette nuit l'agréable nouvelle de l'heureuse délivrance de ma belle-fille à Milan (1) d'une princesse.

---

(1) Marie-Béatrix d'Este, princesse de Modène, femme de l'archiduc Maximilien, qui était gouverneur de la Lombardie autrichienne.

Mère et enfant sont bien, et sa délivrance a été le 1ᵉʳ à onze heures du matin. Voilà trois petits enfants cette année, et le quatrième que j'attends en décembre. Dieu en soit loué! mais la dauphine manque, et j'avoue, je brûle d'envie à cette heure de la voir enceinte, car je ne saurais me persuader que c'est de sa part que cela manque, mais bien du dauphin; cela traîne trop pour oser se flatter d'un changement. J'ai cru devoir user de cette attention, comme chef de la famille, de donner part à toutes les cours de cet heureux événement, mais surtout en droiture par ce courrier aux rois de France et d'Espagne. Vous ferez sonner cela, et à Lobkowitz, et pour vingt-quatre heures plus tôt ou plus tard ce retard ne veut rien dire. Vous pouvez donc garder le courrier un couple de jours, pour informer Lobkowitz de ce que vous croirez convenir pour le service; mais je dois vous prévenir que ma fille à Parme remue de nouveau ciel et terre pour venir ici. Les ministres d'Espagne et de France le souhaiteraient, pour pouvoir arranger le pays et faire voyager l'infant en France et Espagne sans elle. Cela ne me convient nullement, et si elle ne pouvait suivre son mari, on n'a qu'à la laisser avec ses enfants à Parme. C'est là son poste, et nous venons de la refuser net sur la proposition qu'elle nous a faite. Cela n'est que pour prévenir vous deux s'il y avait question de cela, mais nullement d'en parler les premiers, ne voulant lui attirer des chagrins. Elle me fait pitié avec ce sot mari, mais je ne peux approuver ces courses ici; cela augmenterait de nouveau mes déboires, dont je n'en ai que faire.

Voilà d'une autre. Je crois, Pichler pourra par ce courrier vous informer combien mal s'est conduit Rohan, et pauvre Neny en a eu tout le chagrin innocemment (1). Mais dont vous serez encore plus étonné, que ce même Rohan ayant été à la Saint-Hubert avec l'empereur, celui-ci l'a fait mettre à table auprès de lui et a jasé deux heures de suite, je ne sais de quoi, mais il en est résulté une envie très-marquée (2) d'aller à Paris d'abord après Pâques. La tournée, les visites, la vie à mener, tout a été concerté, on a donné des avertissements pour les gens, et Dieu sait encore de plus. Je ne doute

---

(1) Pichler écrivait à Mercy le 29 octobre : « Le prince de Rohan devient de plus en plus insolent; il peste publiquement contre son rappel, et comme il suppose que le baron de Neny a été chargé de quelque négociation relative à cet objet, il s'en est plaint même au prince de Kaunitz. »

(2) De la part de l'empereur.

nullement, vu l'empressement sur ce voyage depuis ce jour, qu'on vous en écrira par ce courrier. Vous direz la vérité en tout ce que vous trouverez, et vous direz même si le voyage ne vous paraît convenable, mais il faudrait dire pour cela des raisons. Si vous ne trouvez pas d'inconvénients, je veux bien passer sur tout ce qui me paraît peu convenable ou agréable. Vous voyez par cet échantillon ce qu'un homme hardi et qui s'énonce bien peut sur l'empereur; malheureusement un ministre, un homme en place n'aurait jamais cet avantage, et voilà ce qui rend ma situation si désagréable et intolérable : un misérable peut renverser avec un mot tout ce que des travaux continuels ont produit. Il méprise Rohan, il parle même trop haut contre lui, mais il l'amuse et lui conte des choses que personne au monde ne dirait, et il peut tout dans un moment pareil. J'ai cru devoir vous prévenir, mais ne rien marquer à la dauphine et m'accuser seulement la réception de celle-ci. Je suis toujours votre bien affectionnée.

LIII. — Mercy a Marie-Thérèse.

Paris, 12 *novembre.* — Pendant les deux journées qui ont précédé l'expédition du courrier d'octobre, j'étais resté chez moi, occupé à y écrire mes dépêches, et par conséquent hors de portée de savoir ce qui se passait au dehors. Cette raison m'oblige aujourd'hui à commencer de la date du 16 mon très-humble rapport en forme de journal.

Le 16 octobre, Mme la dauphine étant dans une calèche et accompagnant le roi à la chasse, il y survint un accident très-fâcheux. Le cerf, vivement poursuivi par les chiens, sauta dans un enclos que le propriétaire était occupé à cultiver. L'animal ne voyant point d'issue, devenu furieux, courut sur le paysan, l'atteignit de deux coups de ses bois, l'un dans la cuisse, l'autre dans le corps, et le renversa ainsi mortellement blessé sur la place. Personne ne se trouvait auprès des chiens, tous les veneurs étaient près d'un quart de lieue; la femme du malheureux blessé avec deux de ses compagnes était arrivée au bruit, et, voyant le désastre survenu, cette femme saisie de désespoir courut vers une troupe de chasseurs qu'elle vit au loin; c'était le roi et sa suite. Elle cria au secours, annonçant l'infortune de son mari, et au moment elle tomba évanouie. Le roi ayant ordonné qu'on eût tours du duc d'Aiguillon et à l'usage dangereux qu'il ne manque pas de faire de ce qu'on lui dit, j'arrangeai mes réponses avec toutes les précautions nécessaires. J'en exposai les motifs à Mme l'archiduchesse, et la suppliai de vouloir bien user de ménagements vis-à-vis du ministre et de son épouse. S. A. R. me répondit qu'ils n'avaient ni l'un ni l'autre aucun sujet de se plaindre, et cela est en effet très-vrai. J'eus lieu ensuite de parler de l'état actuel des intrigues qui fermentent parmi les ministres, et auxquelles l'affaire du comte de Broglie a donné lieu. Mme l'archiduchesse fit à ce sujet quelques remarques qui me parurent d'une grande justesse ; elle supposa que le roi pouvait avoir une connaissance antérieure de la manœuvre en question, et qu'une défiance de ses ministres en place l'avait engagé à tolérer que le comte de Broglie entretînt des correspondances d'affaires, sans trop prévoir l'abus qu'il en ferait. S. A. R. supposa encore que le comte de Broglie et ses émissaires étaient les seuls coupables, que le ministre de la guerre s'était laissé entraîner dans cette intrigue sans en connaître ni le fond ni les conséquences, que le duc d'Aiguillon n'inculpait si grièvement le marquis de Monteynard que parce qu'il convoitait le ministère de la guerre, et que le roi, qui apercevait les vues personnelles de toute cette querelle, n'en était que plus indécis sur la façon de la terminer. Je ne crois pas que, relativement à cet objet, on puisse porter un jugement plus lumineux que l'a été celui de Mme la dauphine.

S. A. R. passa la soirée au spectacle de la cour.

Le 24, jour du dimanche, la matinée fut employée à assister au service divin ; le soir il y eut cercle et grand couvert chez le roi.

Le même jour, les membres du conseil d'État présentèrent au roi une requête, par laquelle ils demandaient que le sieur de Gyac fût rayé du tableau des maîtres des requêtes, par conséquent exclu du conseil. V. M. sait que ce tribunal, improprement nommé « conseil d'État », est celui qui prononce sur les affaires contentieuses par appel des parlements. Le grief allégué contre le sieur de Gyac consistait en ce que ce maître des requêtes, prêt à épouser la duchesse de Chaulnes, avait contracté cette liaison dans le temps où il était rapporteur d'un procès de la dite duchesse contre son fils, lequel avait perdu ce procès, d'où il résultait que, le sieur de Gyac s'étant ainsi exposé aux soupçons de séduction et de connivence, l'ordre de la justice exigeait qu'il fût privé de sa charge dans la magistrature. Le quel cependant il échappera, au moyen des soins que les chirurgiens de la cour ont eu ordre d'apporter à cette guérison. Dans tout le courant de cette conjoncture, la bonté et la charité de Mme la dauphine ne s'étant point démenties un seul instant, tout le public en a été de plus en plus enchanté et touché. Ce fait a été même inséré dans la *Gazette de Paris,* mais d'une façon peu exacte (1). On a voulu faire partager Mme la comtesse de Provence au mérite de la belle action de Mme l'archiduchesse; mais ce partage est fort injuste, et il est certain que dans cette occasion il n'y avait à parler que de Mme la dauphine.

Le 22 S. A. R. passa la journée à différents petits amusements et dans l'intérieur de ses appartements. Depuis le commencement du voyage les occupations sérieuses n'ont point été fort suivies, particulièrement la lecture, et je crains bien qu'il n'y ait pas beaucoup à espérer de ce côté-là jusqu'à la fin de toutes les fêtes qui se préparent pour le mariage de M. le comte d'Artois; elles dureront près d'un mois. Alors, vers la moitié de décembre, le séjour de Versailles rentrera dans l'ordre ordinaire, et l'hiver empêchant une partie des dissipations que présente une meilleure saison, Mme la dauphine sera plus en même de s'appliquer et de récupérer une partie du temps perdu. Elle n'abandonne point ses lectures, mais elle y donne trop peu de moments : la danse et la musique en prennent beaucoup.

Le 23 Mme l'archiduchesse ne sortit que pour faire une promenade en voiture; au retour, j'allai lui rendre compte d'une conversation que j'avais eue avec le duc d'Aiguillon. Ce ministre s'était plaint que, depuis quelque temps, Mme la dauphine ne parlait plus à la duchesse d'Aiguillon quand cette dernière se présentait à la cour. A la suite de ce propos, le ministre m'avait fait plusieurs insinuations captieuses, qui tendaient à découvrir la façon de penser de Mme l'archiduchesse sur plusieurs personnes de ses entours. Il s'était fort élevé contre la conduite du sieur de Gyac, de façon même que je prévis quelque nouvel orage contre ce surintendant. Le duc d'Aiguillon avait fini par me suggérer quelques conseils à donner à Mme la dauphine sur ce qui concerne la favorite. Accoutumé aux dé-

---

(1) C'est la *Gazette de France* que Mercy désigne. On y trouvera l'épisode du village d'Achères raconté, quoi qu'il en dise, avec peu de variantes, dans le n° 85, du 22 octobre 1773, page 785.

dans mes très-humbles rapports précédents. Ce Gyac, très-mince personnage par son extraction et ses qualités personnelles, n'ayant que de la petite industrie, d'ailleurs sans fortune et sans ressources, imagina de s'en procurer en captivant les bonnes grâces de la duchesse douairière de Chaulnes, au point que cette femme s'est déterminée à l'épouser, et avait écrit à Mme la dauphine pour en obtenir son consentement. La première nouvelle de ce projet de mariage excita beaucoup de risées à la cour; l'objet y prêtait de toute façon; la duchesse de Chaulnes, célèbre par son esprit, plus encore par les écarts d'une conduite extravagante et illicite, est âgée de soixante ans; elle possède cinquante mille écus de rente et un titre qui la place dans les premiers rangs à cette cour (1). Le sieur de Gyac a trente ans; il est d'une extraction roturière de Gascogne, et ce n'est qu'en sa qualité d'homme de robe et de maître des requêtes qu'il a pu être admis à se mêler avec la noblesse. Je trouvai Mme la dauphine un peu peinée de ce qu'un homme qu'elle avait consenti qui fût attaché à son service par une charge honorable, y débutât en donnant une scène ridicule à la cour. Je me bornai à supplier Mme l'archiduchesse de ne point répondre à la lettre de la duchesse de Chaulnes, l'usage étant ici que les personnes titrées ne peuvent prendre des engagements qui dérogent à leur titre sans en avoir obtenu l'aveu du roi, qui s'est réservé à lui seul la décision de ces sortes de cas. La matière me conduisit à rappeler quelques observations que j'avais exposées en d'autres temps sur l'importance de connaître les gens avant que Mme l'archiduchesse se décide à les attacher à son service. Elle convint de très-bonne foi que le choix du sieur Gyac avait été mauvais, et qu'elle s'était laissé surprendre à son sujet. S. A. R. me fit quelques plaintes sur la fâcheuse habitude de sa dame d'honneur d'épargner la vérité presqu'en toute occasion, ce qui devient sujet à des mésentendus et des tracasseries.

---

(1) Les Mémoires du temps parlent beaucoup de cette duchesse de Chaulnes (Anne-Bonnier de la Mousson, mariée en 1734 au duc de Pecquigny, qui devint en 1744 duc de Chaulnes). Son imagination extravagante l'entraîna dans tous les écarts. Son esprit vif et séduisant les lui faisait pardonner par une société peu scrupuleuse. L'âge, comme on le voit ici, ne la rendit pas sage : c'est elle qui disait qu'une duchesse n'a jamais plus de trente ans pour un bourgeois. Après son ridicule mariage, on ne l'appelait plus dans sa société que *la femme à Giac*. Elle était la première à en rire. Ce qui surprend, c'est qu'une femme d'une telle réputation eût été choisie pour être dame du palais de la jeune dauphine.

Le 20. Il était arrivé deux jours auparavant une petite aventure relative à un garçon de garde-robe de Mme la dauphine. Cet homme, voulant entrer au spectacle de la cour, présenta son billet de théâtre; la sentinelle lui dit qu'il arrivait trop tard et qu'il n'y avait plus de place. L'homme répondit que son service l'empêchait de venir de meilleure heure, qu'il trouverait bien à se placer, et il se mit en devoir d'entrer. Le maréchal des logis des gardes du corps le prit par le collet, le traita rudement et voulut le retenir aux arrêts, quoiqu'il déclarât qu'il appartenait au service de Mme la dauphine. S. A. R., instruite de ce fait, en fut fort choquée; elle fit venir le prince de Tingry, capitaine des gardes en quartier, et elle lui reprocha assez vivement le peu d'égards que l'on marquait à sa personne en rudoyant ainsi un des gens de son service. Le prince de Tingry chercha à justifier ses gardes en ce que l'homme, selon lui, avait voulu forcer la sentinelle; mais comme ce fait n'était point prouvé, et que le mauvais traitement était bien avéré, Mme l'archiduchesse n'admit pas d'excuses, et elle renvoya le prince de Tingry fort sèchement. Enfin le duc de Noailles, au nom des autres capitaines des gardes, s'adressa à moi, et me pria d'éloigner de Mme la dauphine toute mauvaise impression contre eux, et de faire valoir auprès de S. A. R. leur profond respect et le désir qu'ils avaient de lui plaire. Je promis de m'acquitter de la commission, je m'en acquittai en effet et tout fut pacifié à cet égard; mais je ne perdis pas l'occasion de rappeler au duc de Noailles quelques circonstances plus anciennes, où Mme la dauphine aurait pu se plaindre des capitaines des gardes du corps quand ils obtinrent à son insu que les gardes entreraient au dîner de S. A. R.

Ce même jour Mme l'archiduchesse donna un bal dans ses appartements; on n'y observa aucune cérémonie, il n'y eut pas même de places marquées pour la famille royale, laquelle dans l'intervalle des contredanses s'asseyait pêle-mêle à côté des dames de la cour. Cette forme donnait à Mme la dauphine plus de facilité à parler à un chacun, à déployer sa bonté, ses grâces. Le bal fut plus gai que ceux des autres années, et tout le monde n'en fut que plus enchanté.

Le 21 Mme l'archiduchesse prit le divertissement de la chasse du cerf dans ses calèches. Depuis l'accident arrivé le 16, S. A. R. n'avait point oublié le pauvre paysan blessé, et s'était souvent fait informer de son état, qui avait d'abord été jugé sans ressources, et duroi acquiesça à cette demande, et donna ordre au chancelier de faire signifier au sieur de Gyac son expulsion du conseil.

Le 25 je me rendis le matin chez Mme la dauphine; je la trouvai peinée et fort irritée de ce qui était arrivé la veille au surintendant de sa maison; l'événement était fâcheux parce qu'il constatait manifestement un mauvais choix. Dans le premier mouvement, S. A. R. voulait aller se plaindre au roi; je lui représentai les raisons qui devaient l'en empêcher : la faute du sieur de Gyac n'admettait aucune excuse, sa conduite absurde en tous points ajoutait encore à ses torts ; le roi ne pouvant revenir d'une décision portée d'après l'avis du conseil d'État, Mme la dauphine allait se compromettre à pure perte, et dans cette occasion désagréable il ne lui restait d'autre parti à prendre que celui de rester dans l'inaction à l'égard d'un sujet qui avait surpris sa protection et s'en était rendu si peu digne. Mme l'archiduchesse voulut bien agréer mes raisons et y déférer. L'expérience venait à l'appui de mes réflexions sur l'importance des bons choix; il est douteux qu'après une expulsion du conseil le sieur de Gyac puisse garder sa charge de surintendant (1). Son aventure fait le plus grand éclat, et il serait peut-être utile si, d'ici à quelque temps, il plaisait à V. M. de paraître informée par la voix publique d'un fait qui doit rendre Mme la dauphine bien circonspecte sur l'article des gens qu'on lui propose pour remplir des places distinguées à son service.

Le même soir il y eut bal chez Mme l'archiduchesse depuis cinq jusqu'à dix heures du soir; cette petite fête a été charmante ainsi que la précédente.

Le 26 Mme la dauphine a employé près de deux heures de la matinée à la lecture; cela n'était point arrivé du voyage. S. A. R. s'est promenée après-midi en voiture, et le soir elle a paru au spectacle de la cour.

Le 27 j'eus avec la comtesse du Barry un entretien fort long et fort intéressant. Il fut d'abord question d'affaires d'État et de toutes les particularités rapportées dans ma dépêche ministérielle d'aujourd'hui. A la suite de la conversation, la favorite me parla de Mme la dauphine; je m'attendis à quelques propositions nouvelles, mais cela se réduisit à me demander un conseil. La comtesse du Barry, après

---

(1) Il ne perdit sa place qu'en 1775; il fut remplacé par le sieur Berthier, intendant de la généralité de Paris. Giac conserva le titre de surintendant honoraire.

m'avoir tenu des propos très-respectueux sur Mme l'archiduchesse, et après en avoir fait les plus grands éloges, me dit que, sans avoir à se plaindre d'aucune circonstance en particulier, elle voyait cependant bien que l'on parvenait toujours à éloigner de plus en plus toute espèce de retour de bonté qu'elle désirerait tant d'obtenir de S. A. R.; qu'elle, du Barry, avait imaginé qu'une lettre du roi sur cet objet pourrait faire impression à Mme la dauphine et peut-être la décider favorablement, et que c'était sur cela qu'elle me demandait mon avis. Je fis comprendre à la favorite qu'il n'y avait aucun bon effet à attendre d'une pareille démarche, que je regardais comme très-déplacée et propre à nuire. Je retraçai le tableau de la conduite que Mme la dauphine tient depuis assez longtemps; je parlai de son caractère, de ses intentions éloignées de toute mauvaise volonté, de tout sentiment de haine; j'appuyai cette vérité sur les exemples de ce qui se passe journellement; je fis sentir ce que la position de Mme la dauphine relativement au reste de la famille royale exigeait de sa part dans le traitement qu'elle était dans le cas de faire à un chacun. Aux raisons que je déduisis à cet égard, j'y joignis tout ce que la matière pouvait fournir de tournures satisfaisantes pour la comtesse du Barry; ma conclusion fut qu'il fallait laisser les choses dans l'état où elles étaient, et attendre du temps et des circonstances les moyens de les améliorer encore. La favorite me parut assez contente et persuadée de ce que je lui disais, et si (comme je l'espère) je la retiens de toute tentative nouvelle, le voyage se passera sans tracasserie et tout ira bien pendant longtemps. Au moment où ma conversation avec la comtesse du Barry finissait, le roi entra, et ayant aperçu Mme la dauphine à une fenêtre du château, il ne fit que parler de S. A. R. de la façon la plus satisfaisante. La favorite, de son côté, parut fort occupée à ajouter aux hommages qui sont dûs à si juste titre à Mme l'archiduchesse.

Le 28 je rendis compte à S. A. R. de ce qui s'était passé la veille; je l'informai de l'état où se trouvaient les tracasseries entre les ministres; je la suppliai de s'abstenir de toutes remarques, de tout propos, dans le cas où le marquis de Monteynard serait renvoyé, et Mme l'archiduchesse voulut bien me le promettre formellement. Cette matière me conduisit à quelques observations sérieuses sur la façon de penser du roi relativement aux affaires, et sur sa manière d'agir envers ses ministres. Je suggérai quelques réflexions utiles à présenter à M. le dauphin dans de ces certains moments de conversation familière et confidentielle. Mme l'archiduchesse me dit que M. le dauphin lui parlait quelquefois des intrigues actuelles, qu'il n'en disait jamais son avis bien clairement, qu'il lui avait demandé ce que j'en pensais; que, de crainte d'en dire trop ou trop peu, elle lui avait répondu qu'il n'avait qu'à me questionner là-dessus. J'observai que, quoique M. le dauphin paraisse me marquer de la bonté, il entrerait difficilement en matière vis-à-vis de moi sur des objets si délicats, mais qu'il n'y avait aucun risque si Mme l'archiduchesse faisait usage, dans l'occasion, des idées que je lui expose, et qui aboutissent toutes à prouver que dans des circonstances aussi extraordinaires que le sont celles où l'on se trouve ici, la famille royale, mais plus essentiellement encore M. le dauphin et Mme la dauphine, n'ont d'autre conduite raisonnable à tenir que celle de voir tout en silence, de ne se prévenir ni pour ni contre personne, de n'adopter les idées d'aucun parti, et de traiter indistinctement tous les personnages qui les composent, sans prédilection, sans apparence de dégoût et proportionnellement au rang qu'ils occupent à la cour.

Le 29 Mme la dauphine se rendit à la chasse du cerf et la suivit en calèche; depuis le 15 S. A. R. a suspendu ses promenades à cheval, et il y a apparence que les avertissements de V. M. ont produit un effet décisif à cet égard.

La société de Mme l'archiduchesse conserve sa nouvelle forme; Mesdames y ont beaucoup moins de part que par le passé, tous les petits amusements ont lieu entre M. le dauphin, Mme la dauphine, M. le comte et Mme la comtesse de Provence, il règne entre eux toute l'harmonie convenable, et de la part de Mme la dauphine cela ne s'étend pas au delà de ce que prescrit une juste réserve. Cet arrangement s'est formé peu à peu, et quoique Mesdames y aient mis un peu d'humeur et beaucoup de jalousie, cependant il n'en résulte rien d'embarrassant ni qui donne matière à brouillerie.

Le 30 S. A. R. a fait ses dévotions. Son confesseur vient d'essuyer une maladie assez grave, mais de laquelle il est rétabli. J'ai été en peine de cet ecclésiastique, qui est un excellent sujet pour la place qu'il remplit; il est confesseur du roi en titre; sa simplicité, sa modestie et son honnêteté le rendent très-remarquable et précieux à cette cour-ci, où les autres confesseurs n'imitent point, à beaucoup près, un si bon exemple. Entre autres l'abbé Soldini, confesseur de

M. le dauphin, ne s'est point acquis la même réputation de capacité, de droiture et d'éloignement pour l'intrigue; heureusement que hors du confessionnal le jeune prince donne peu d'accès à cet ecclésiastique, que Mme la dauphine connaît pour ce qu'il vaut.

Le 31, après le service divin, l'ambassadrice de Portugal (1) fut présentée au roi et à la famille royale. Comme l'essentiel de cette cérémonie se passe chez Mme la dauphine, S. A. R. tint sa cour avec la dignité, l'air de bonté et les grâces qu'elle sait toujours employer merveilleusement en pareilles occasions.

Le premier novembre une partie de la matinée et de l'après-dîner fut employée aux offices d'église, ainsi que l'exigeait la solennité de la fête; le soir il y eut cercle chez Mme la dauphine, et le grand couvert, qui ordinairement a lieu le dimanche, s'est tenu ce soir chez le roi.

Le 2 Mme la dauphine monta à cheval après midi, mais sa promenade fut moins longue que de coutume et d'une allure très-modérée. Vers le soir, je reçus le très-gracieux billet de V. M., avec la lettre incluse pour Mme l'archiduchesse à l'occasion de son jour de naissance. J'allai sur-le-champ remettre cette lettre; S. A. R. en parut comblée de joie; elle me dit « que rien n'échappait à V. M. quand il « s'agissait de marquer sa bonté et son tendre souvenir à ses en- « fants ». Je répondis que, parmi le nombre de ses augustes enfants, V. M. marquait assez la place de prédilection qu'elle accordait dans son cœur à Mme la dauphine, et en continuant sur ce chapitre, je rappelai quelques points de satisfaction que S. A. R. ne pouvait pas refuser à une si bonne et si auguste mère. Je citai nommément l'exercice du cheval; Mme l'archiduchesse me répondit avec vivacité : « Je suis montée à cheval aujourd'hui, mais bien sagement; mon « médecin l'approuve, parce que je m'y suis accoutumée. Vendredi « je monterai encore à cheval, pour voir le rendez-vous de la petite « Saint-Hubert, mais j'irai au pas et après ce jour-là je me désac- « coutumerai de cet exercice. »

Le 3 Mme la dauphine se rendit à la grande chasse de la Saint-Hubert et la suivit en calèche; le soir, il y eut bal après souper chez Mme la comtesse de Provence, parce que Mme l'archiduchesse ne voulut pas que l'on dansât dans son appartement, qui est au-dessus

---

(1) L'ambassadeur de Portugal était le comte de Souza de Coutinho.

de celui de Mesdames et à côté de celui du roi. Le bal fut prolongé fort avant dans la nuit, et il se passa avec tout l'agrément et toute la gaieté accoutumée.

Le 4 Mme la dauphine ne se leva qu'à deux heures après midi ; elle avait entendu la messe après le bal à six heures du matin. S. A. R. ne sortit de ses appartements que pour aller au spectacle et ensuite souper dans les cabinets avec le roi et la famille royale.

Le 5 il y eut la seconde chasse de Saint-Hubert. Mme l'archiduchesse (ainsi qu'elle se l'était proposé) y monta à cheval et prolongea sa promenade avec un peu moins de modération qu'il n'aurait été à désirer. S. A. R. me répéta que c'était la clôture de cet exercice ; je le souhaite beaucoup plus que je ne l'ose espérer, parce qu'il est très-vrai que le roi et M. le dauphin applaudissent visiblement, l'un et l'autre, au goût de Mme l'archiduchesse pour ce dangereux amusement.

Le 6 S. A. R. ne sortit point, et passa la soirée au spectacle de la cour. Je dois observer que pendant ces cinq dernières journées, quoiqu'elles aient été entremêlées de bien des amusements, Mme l'archiduchesse s'est cependant appliquée plus longtemps et plus sérieusement à ses lectures, au point d'y employer au delà de deux heures par jour.

Le 7, jour du dimanche, la matinée fut employée à assister au service divin et à la représentation ordinaire. Au retour de la cour je trouvai chez moi le courrier mensuel ; après midi je présentai à Mme l'archiduchesse les lettres qui lui étaient adressées ; celle de V. M. fut lue d'abord avec l'empressement accoutumé, et elle me parut causer à Mme la dauphine quelques petits remords sur ses deux dernières promenades à cheval ; S. A. R. confirma la résolution de s'abstenir de cet exercice « au moins pour longtemps ». La prochaine arrivée de Mme la comtesse d'Artois occasionnant à Fontainebleau une grande affluence de gens du service et des équipages, on avait assigné ce même jour 7 aux ministres étrangers pour leur départ et pour l'usage des chevaux de poste distribués sur la route. Cet arrangement m'ayant obligé de revenir à Paris, Mme la dauphine me dit qu'elle m'y enverrait ses lettres par l'abbé de Vermond.

LIV. — Mercy a Marie-Thérèse.

Paris, 12 *novembre.* — Je ne doute pas que Mme la dauphine s'expliquera vis-à-vis de V. M. sur tout ce qui pourrait avoir trait à des espérances de grossesse, mais il paraît que cet heureux événement n'est pas encore aussi prochain qu'il serait à désirer.

V. M. daignera voir dans ma dépêche d'aujourd'hui ce qui s'est passé relativement au prince de Rohan. Il est maintenant très-clair que le duc d'Aiguillon craint le retour de cet ambassadeur, et qu'il voudrait ne le voir revenir que sous l'empreinte de la disgrâce de V. M., et par conséquent perdu aux yeux du roi son maître. Le maréchal de Soubise, qui aperçoit très-bien ce projet, ne manquera pas, de façon ou d'autre, de moyens pour l'éluder, et cela doit m'assurer de plus en plus le prochain rappel du coadjuteur. Je m'aperçois que la favorite m'a gardé le secret sur l'ouverture que lui ai faite à ce sujet, et qu'elle n'en a rien dit au duc d'Aiguillon; j'irai moyennant cela en avant à mesure que les occasions s'en présenteront.

A ma dernière audience de Mme la dauphine, elle daigna me confier un entretien très-intéressant qu'elle avait eu avec M. le dauphin. Il s'était agi de la prochaine arrivée de Mme la comtesse d'Artois, et de la sensation que cela ferait à la cour et dans le public si cette princesse devenait enceinte avant Mme l'archiduchesse. M. le dauphin fut le premier à faire quelques réflexions là-dessus, et embrassant Mme la dauphine, il lui dit : « Mais m'aimez-vous bien ? » S. A. R. lui répondit : « Oui, et vous ne pouvez pas en douter ; je vous aime « sincèrement, et je vous estime encore davantage. » Le jeune prince parut très-touché de ce propos ; il fit les caresses les plus tendres à Mme l'archiduchesse, et lui dit qu'au retour à Versailles il reprendrait son régime et qu'il « espérait que tout irait bien ».

Conformément aux très-gracieux ordres de V. M. en date du 21 octobre, je viens de dépêcher un exprès qui remettra au comte de Lacy la lettre qui lui est adressée. Le prince de Starhemberg ne m'ayant envoyé personne pour remplir cette commission, j'ai choisi celui de mes gens qui m'a paru le plus intelligent et le plus propre à bien observer tout ce que V. M. veut savoir sur l'état de santé et sur tout ce qui regarde l'établissement du maréchal dans le séjour qu'il habite actuellement (1); mon prochain et très-humble rapport contiendra tout ce que j'aurai pu recueillir à cet égard. Le voyage du maréchal de Lacy a fait ici beaucoup de sensation; on a paru voir avec plaisir qu'il fût éloigné de Vienne, parce qu'on lui supposait des principes contraires au système de l'alliance, du penchant pour la cour de Berlin, et assez de crédit pour insinuer de pareilles idées à S. M. l'empereur. Le duc d'Aiguillon m'en a parlé plusieurs fois dans ce sens, et j'ai tâché de détruire un pareil préjugé autant qu'il m'a été possible.

LV. — Marie-Thérèse a Mercy.

Vienne, 1er *décembre.* — Comte de Mercy, J'ai reçu votre lettre du 12 du passé par le courrier Riedel, arrivé ici le 21 du même mois.

Par la situation de ma fille vis-à-vis du dauphin je vois avec regret le retard de l'accomplissement de mes vœux. Ce n'est que l'espérance de quelque changement heureux qui me fait supporter ce délai avec moins d'impatience [je n'y compte plus du tout].

Je vois encore par la répugnance de ma fille de quitter tout de bon l'exercice à cheval combien elle tient à ses volontés, et cherche à éluder les remontrances qui se trouvent en opposition avec son goût. [Dans les circonstances, je ne saurais m'opposer à cet exercice, qui est innocent et ne peut rien gâter.] Elle le fait de même voir dans sa conduite vis-à-vis de la favorite. Ces sentiments pourraient encore influer dans les affaires les plus essentielles, surtout au milieu des intrigues d'une cour aussi tracassière que l'est à présent

---

(1) Le maréchal comte de Lacy s'était illustré dans la guerre de Sept ans, et Frédéric II, qu'il battit plusieurs fois, professait une grande estime pour ses talents militaires. Il fut comblé de bienfaits et d'honneurs par Marie-Thérèse, devint président du conseil de guerre et tout-puissant pour ce qui regardait l'organisation de l'armée; il se décida cependant à quitter Vienne pour aller passer plusieurs années dans le midi de la France à cause de l'état de sa santé. Bien que cette raison fût sérieuse et qu'il fût réellement malade, elle n'était pas la seule; le peu d'entente qu'il y avait dans la conduite des affaires entre Marie-Thérèse et Joseph II rendait pénible et difficile la situation de leurs ministres, et nous verrons cette cause provoquer aussi chez le prince de Kaunitz des idées de retraite. Le maréchal de Lacy était, semble-t-il, particulièrement dévoué à Joseph II, et l'impératrice nous paraîtra préoccupée de la correspondance qui s'engage entre eux pendant le séjour du maréchal à Montpellier. Sous le règne de Joseph II, Lacy retrouva toute son activité: il travailla à la nouvelle organisation que l'empereur voulait donner à son armée, et commanda en chef dans la guerre de 1788-90 contre les Turcs; il mourut en 1801.

[et de tout temps] celle de France. Rien n'était donc plus à sa place que le conseil que vous avez donné à ma fille, de voir, elle aussi bien que le dauphin, tout en silence, et traiter chacun selon son rang sans prédilection. Vous avez très-bien fait de détourner ma fille de se mêler dans l'affaire de Gyac, et j'aurais encore souhaité qu'elle eût mis moins de vivacité dans celle de son garçon de garde-robe. Je vois par tout ce qui arrive combien j'ai de motifs de compter sur votre zèle et sur vos lumières, pour dissiper mes craintes sur tous les événements personnels ou politiques qui peuvent avoir rapport à la situation de ma fille.

Vous recevrez par le canal ordinaire les directions ultérieures sur l'affaire de Broglie. Par le déchiffrement de sa correspondance avec Durand et Vergennes, nous venons d'acquérir une nouvelle preuve de celle qu'il a toujours continuée en secret par ordre du roi avec ses ministres dans les cours étrangères. Il mande même à Durand et Vergennes qu'encore après son renvoi à Ruffec, cette correspondance doit toujours avoir cours, sans qu'ils aient rien à craindre en exécutant les ordres du roi. Il communique de plus à Vergennes la lettre qu'il avait écrite à Aiguillon, et qui a donné lieu à sa disgrâce prétendue, avec les ordres que le roi lui a donnés de se retirer à Ruffec. Les dernières lettres de ces deux correspondances sont de la date toute fraîche du mois d'octobre [et 9 de novembre].

S'il y aura des dépêches à adresser au maréchal de Lacy, le prince de Starhemberg se concertera de temps en temps avec vous sur la façon de les lui faire parvenir avec sûreté, sans que je trouve nécessaire de faire à cet effet quelque arrangement permanent. Au reste, la supposition qui fonde le départ du maréchal sur son éloignement du système politique actuel et sur son penchant pour le parti opposé, ne combine pas trop avec le sentiment du roi de Prusse, qui suppose dans une de ses lettres interceptées à son ministre ici, que la France pourrait bien chercher à engager le maréchal dans son service, si elle croyait pouvoir le faire sans se compromettre avec nous.

Je viens d'apprendre que le prince de Rohan pourrait partir d'ici pour Paris en peu de jours, dans la vue de se disculper de ce qu'on met à sa charge, et de retourner ensuite ici pour être alors rappelé d'une façon qui mît à couvert sa réputation. Comme ses parents en France sont nombreux et assez puissants, il y en a qui craignent qu'ils ne vengent sur ma fille les torts qu'ils prétendent lui avoir été faits par mes démarches. Ils le craignent d'autant plus parce qu'ils supposent que ma fille ne garde pas toute la réserve sur les lettres que je lui écris et qui concernent encore la personne de Rohan. Vous saurez au mieux juger de la valeur de ces suppositions; je vous répète seulement que Rohan est toujours plus inconséquent et insolent; je serais fâchée si on voulait retarder ou éluder tout à fait son rappel pour m'obliger à une démarche plus forte, pour être à la fin délivrée d'un homme aussi insupportable.

[La perte de la princesse Charlotte (1) est pour moi une terrible. Des deux maisons illustres de Lorraine et Autriche il ne reste plus rien que mon beau-frère (2) et moi.]

LVI. — MERCY A MARIE-THÉRÈSE.

18 décembre. — Sacrée Majesté, Peu de jours après le départ du courrier de novembre, celui qui avait été dépêché en Espagne me remit, à son passage par Paris, les très-gracieux ordres de V. M. en date du 6 de novembre. Je ne retins ce courrier que le temps qui m'était nécessaire à écrire au prince de Lobkowitz, et je me rendis à Versailles le 15. Mme la dauphine y était arrivée le même jour de Choisy; je lui présentai les lettres qui se trouvaient à son adresse, et, dans une longue audience, S. A. R. daigna m'apprendre des particularités que je crois devoir exposer ici, suivant l'ordre des temps où elles ont eu lieu.

Le 14 novembre le roi et la famille royale avaient été au-devant de Mme la comtesse d'Artois à deux lieues de Fontainebleau. Cette première entrevue s'était passée selon les formes d'usage, et n'avait eu de remarquable que le vif empressement de M. le comte d'Artois, et la satisfaction qu'il témoigna d'abord sur la tournure de sa nouvelle épouse. Il ne paraît cependant pas que ce soit l'article le plus avantageux à cette jeune princesse; elle est fort petite, médiocrement prise dans sa taille, sans que l'on y remarque des dé-

---

(1) V. plus haut la note de la page 221. La princesse Charlotte de Lorraine mourut le 7 novembre 1773, à l'abbaye de Saint-Vandru, dont elle était abbesse, ainsi que de Remiremont; elle était âgée de cinquante-sept ans.

(2) Le prince Charles de Lorraine, gouverneur des Pays-Bas.

fectuosités trop choquantes; elle a le teint assez blanc, le visage maigre, le nez fort allongé et désagréablement terminé, les yeux mal tournés, la bouche grande, ce qui forme en tout une physionomie irrégulière, sans agréments, et des plus communes. Mais ce qui est bien plus fâcheux encore pour cette princesse, c'est la disgrâce de son maintien, sa timidité et son air embarrassé; elle ne sait prononcer une parole, quelque soin que prenne sa dame d'honneur à lui suggérer ce qu'il y aurait à dire dans les occasions. Elle danse très-mal et n'a rien qui n'annonce en elle ou le défaut de dispositions naturelles, ou une éducation excessivement négligée. Tout le public en a jugé ainsi, et son premier coup d'œil a été très-défavorable à Mme la comtesse d'Artois. Quoique rien de tout cela n'eût échappé à Mme la dauphine, elle me fit la grâce de m'en parler avec un ton d'indulgence et de bonté pour la jeune princesse. Mme la comtesse de Provence ne paraît pas jusqu'à présent fort occupée de Mme sa sœur; on assure que, dans leur enfance, elles n'ont jamais été liées d'une amitié bien intime, et qu'un motif de rivalité, lors du mariage de M. le comte de Provence, avait encore ajouté à leur tiédeur réciproque. Au reste, quelle que puisse devenir leur union par la suite, elles n'auront jamais d'autre parti utile et raisonnable à prendre que celui de tâcher de trouver un appui dans l'amitié et la bienveillance de Mme la dauphine, dont les avantages immenses s'accroissent de plus en plus par la supériorité de son rang, par ses qualités personnelles, qui éclipsent tout à cette cour, et par le peu de sensation qu'ont produit les mariages des deux princes frères de M. le dauphin. Je vois clairement qu'un chacun calcule ici d'après ces vérités, et que, de préférence à tout, on s'occupe fort à se concilier les grâces et la protection de Mme l'archiduchesse. La favorite elle-même a manifestement adopté ce système. Le langage qu'elle m'a tenu à Fontainebleau, qu'elle me répète ici en toutes occasions, joint à plusieurs autres circonstances, ne me laissent pas le moindre doute à cet égard. Quand il s'agissait de nommer les dames de la maison de Mme la comtesse d'Artois, Mme la dauphine demanda avec chaleur une place pour la marquise de Trans, dont les parents sont très-mal avec la favorite et son parti. Toutes les places étaient d'ailleurs promises aux créatures de ce même parti; malgré cela, dans un petit conseil tenu à cet effet chez la comtesse du Barry, le duc d'Aiguillon opina qu'il fallait avant tout que la demande de Mme la dauphine eût son effet, et, deux jours après, la marquise de Trans fut nommée à une des places en question. Le contrôleur général n'est pas moins attentif à remplir dans son département tout ce que Mme l'archiduchesse lui témoigne désirer, et il y a déjà eu un très-grand nombre de grâces pécuniaires accordées uniquement à la demande de S. A. R. Dans une conversation que j'ai eue à ce sujet avec le contrôleur général, il m'assura qu'il obéirait toujours aux ordres de Mme la dauphine, mais il me pria en même temps de tâcher de détourner cette princesse de toute protection ou manifestement injuste ou trop onéreuse aux finances. Je me suis très-volontiers engagé à faire dans l'occasion toutes les représentations convenables à Mme l'archiduchesse, et de veiller à ce qu'elle ne soit point surprise par des demandes dont on pourrait lui masquer les conséquences. J'ai en effet obtenu de S. A. R. toute espèce de réflexion et d'attention en pareils cas, et depuis longtemps il n'est arrivé aucun inconvénient en ce genre.

Quoique les autres ministres, par la nature de leurs départements, n'aient pas d'aussi fréquentes occasions d'obéir à Mme l'archiduchesse, je ne les vois pas moins empressés à chercher les moyens de lui plaire, et cette circonstance est fort remarquable par le contraste de la position des autres princes et princesses de la famille royale. A l'exception de M. le dauphin, qui n'a jamais rien exigé des ministres, les princes ses frères, mais plus encore Mesdames, soit de leur propre mouvement, soit par l'impulsion de leurs alentours, ne cessent de protéger journellement des demandes les plus déraisonnables, qui sont constamment refusées, et qui n'aboutissent qu'à établir et manifester le discrédit total de ces princes et princesses. Par une conduite entièrement différente, Mme la dauphine attire de plus en plus à elle toute la considération publique, et force le parti dominant à changer son ancien système. Ce parti avait d'abord cherché à procurer de la consistance à M. le comte de Provence pour s'en former un appui; on a eu ensuite des vues à peu près pareilles sur M. le comte d'Artois; mais tout cela a manqué dans l'exécution, et il a fallu en revenir aux moyens de se rapprocher le plus que possible de M. le dauphin et de Mme la dauphine. Cette matière a fait l'objet de plusieurs audiences que m'a données S. A. R. pendant mon séjour à Versailles, et j'ai tâché de mettre bien à profit ces occasions pour confirmer Mme l'archiduchesse dans le plan très-sage qu'elle a adopté, et dont les effets répondent à tout ce que V. M. peut désirer à l'avantage de son auguste fille.

Le jour de mariage de M. le comte d'Artois, il y eut le soir un grand appartement ; le roi y joua au lansquenet avec la famille royale ; un nombre des principaux personnages de la cour et la comtesse du Barry étaient de cette partie. Mme la dauphine fut la troisième à tenir les cartes, et elle gagna sur la main au delà de douze cents louis ; elle parut aussi embarrassée que fâchée de ce gain, et elle fit l'impossible pour le reperdre sans pouvoir y réussir, de façon qu'à la fin du jeu il resta à S. A. R. sept cents louis de gain. Le lendemain, de son propre mouvement, elle envoya à chacune des deux paroisses de Versailles cinquante louis pour les pauvres ; elle daigna me consulter ensuite sur la distribution du restant de la somme, dont elle déclara ne rien vouloir garder. Je proposai d'en former des gratifications proportionnées au mérite et à l'indigence d'un nombre de gens du service de Mme la dauphine, auxquels il est redû dix-huit mois de leurs gages ; S. A. R. adopta ce projet, et il fut rempli sur-le-champ. Cette générosité si bien placée m'a fait d'autant plus de plaisir que jusqu'à ce moment Mme l'archiduchesse n'avait donné que bien rarement des marques de dispositions aux largesses, et que parmi les gens de la cour il s'était élevé à cet égard des doutes et des propos dont j'ai cru de mon devoir de rendre compte à V. M. dans le temps.

Les cérémonies fatigantes de la première journée des noces et surtout la chaleur que l'on éprouvait dans les appartements occasionnèrent à Mme la dauphine un peu de rhume ; elle garda le lit le surlendemain, et j'en informai sur-le-champ le secrétaire du cabinet, baron de Pichler. Trois jours après, Mme l'archiduchesse écrivit elle-même à V. M. que cette légère indisposition n'avait point eu de suites. En effet S. A. R. n'a manqué aucune des fêtes et spectacles qui se succèdent encore presque journellement, et qui ont rendu le séjour de Versailles plus nombreux et plus brillant que je ne l'avais vu dans aucune autre occasion. Tant d'objets de dissipation n'ont point empêché Mme la dauphine de se réserver dans la plupart des journées une heure de recueillement, qui a été employée à la lecture et à des conversations utiles avec l'abbé de Vermond.

Je vois que Mme la dauphine ne s'est point expliquée avec précision lorsqu'elle a mandé à V. M. « qu'ayant prévenu le roi sur la
« conduite à tenir à la présentation de la nouvelle mariée d'un beau-

« frère de la favorite, le monarque lui avait témoigné d'être fort
« indifférent sur ce chapitre. » Mme l'archiduchesse n'a pu que présumer cette indifférence par le fait suivant. Dans le moment de la présentation dont il s'agit, le roi ne parla pas à l'épouse présentée ; on vint avertir Mme l'archiduchesse de cette circonstance, et dès lors elle supposa que puisque le roi n'avait point adressé la parole à la nouvelle présentée cela autorisait la famille royale à en agir de même, ce qui n'était pas une interprétation bien exacte du désir du roi.

2° Il n'est pas douteux que dans le principe on n'ait cherché à exciter des impressions dangereuses à la suite des marques éclatantes de prédilection que le public de Paris donne à Mme la dauphine ; mais je puis affirmer en toute certitude que le roi n'en a conçu aucune jalousie, et que Mesdames seules en ont témoigné un peu d'humeur. D'ailleurs on ne fait aucunes réparations au Louvre, et l'idée d'abandonner quelques maisons royales de campagne est un projet du contrôleur général qui vraisemblablement ne sera pas rempli, par l'opposition des gens de la cour qui ont les gouvernements des dites maisons, depuis longtemps inhabitées par la cour.

3° L'ancien ambassadeur de Sardaigne, comte de la Marmora, avait d'abord paru songer à former ici un parti piémontais et l'étayer par l'appui de Mme la comtesse de Provence ; mais ces petites manœuvres n'ont abouti à rien, et l'ambassadeur de Sardaigne actuel, le comte de Viry, n'annonce rien dans sa conduite qui tienne à un pareil projet, auquel Mme la comtesse d'Artois serait d'ailleurs d'un faible secours. Il est vrai que le roi a toujours eu un penchant décidé pour la maison de Savoie, à laquelle il tient de si près par le sang ; mais il trouve les deux princesses piémontaises ses petites-filles si peu aimables du côté de la figure et du maintien, et il est si agréablement frappé de la différence qu'il voit à cet égard dans Mme la dauphine, qu'il ne peut résister aux effets d'une comparaison si victorieusement pour S. A. R., et il est aussi aisé d'apercevoir le goût qu'il a pour elle que de remarquer la tiédeur qu'il témoigne aux deux autres princesses.

J'ai exposé plus haut ce qu'indique la tournure de Mme la comtesse d'Artois. Il est impossible de juger encore de son caractère ; son extérieur annonce infiniment peu d'esprit. On est généralement mécontent de la manière taciturne et disgracieuse avec laquelle elle reçoit un chacun ; sa réussite vis-à-vis du public est complétement manquée ; d'ailleurs elle marque les plus grandes assiduités à Mme la dauphine. D'après les intentions de V. M., Mme la dauphine s'était proposé depuis longtemps d'aller voir à Paris la religieuse de Beauvau (1) ; les voyages de Fontainebleau et les noces de M. le comte d'Artois avaient retardé ce projet, qui a été rempli le 2 de ce mois. Je dois m'en remettre au compte que Mme l'archiduchesse rendra à V. M. de la sensation que sa présence a produite au couvent de Sainte-Marie. Quoique ce petit voyage n'eût été ni annoncé ni précédé d'aucun apprêt, le public a cependant d'abord été informé de la présence de M. le dauphin et de Mme la dauphine, qui ont été reçus par le peuple avec les marques de joie accoutumée.

Après vingt-six jours de séjour à Versailles, je suis revenu ici le 11 au soir, et dans la matinée du 13 j'ai reçu par le courrier mensuel les ordres de V. M. en date du 1er de ce mois. Les lettres adressées à Mme la dauphine lui ont été présentées le 13 au soir.

LVII. — Mercy a Marie-Thérèse.

Paris, le 18 décembre. — Je vais commencer ce très-humble rapport séparé et secret par des observations sur le contenu de la très-gracieuse lettre de main propre de V. M. en date du 6 novembre, et de laquelle je reprendrai ici chaque article.

J'ai eu grand soin de faire valoir l'attention de V. M. à donner directement part à cette cour-ci de l'heureux événement des couches de Mme l'archiduchesse Marie Béatrix. Le roi Très-Chrétien me fournit de lui-même une occasion très-favorable à ce sujet, m'ayant demandé par quelle voie la nouvelle m'était parvenue. Je répondis que je l'avais reçue par un courrier dépêché uniquement à cet effet, V. M., par une suite de sa vraie amitié pour le roi, étant toujours pressée de lui annoncer les événements qui la concernent. Sur la remarque que V. M. fait à cette occasion relativement à Mme la dauphine, je dois avouer qu'un retard de grossesse aussi prolongé devient d'autant plus

---

(1) Henriette-Augustine de Beauvau, religieuse de la Visitation et abbesse de l'abbaye de Saint-Antoine à Paris, au faubourg Saint-Antoine (voir la note de la page 49). On a pu remarquer que ce nom est revenu souvent dans notre correspondance pour des aumônes que Marie-Thérèse faisait passer par ses mains à divers couvents de la Visitation, ordre auquel l'impératrice était particulièrement attachée.

affligeant que c'est la seule et unique circonstance qui manque à affermir la position si favorable et si brillante où se trouve maintenant Mme l'archiduchesse. Par un malheur inconcevable, les espérances à cet égard, au lieu d'augmenter, semblent s'éloigner encore davantage.

Les plaintes impudentes faites contre le baron de Neny par le prince de Rohan ont été désavouées et blâmées par sa famille, laquelle s'occupe de bonne foi de tous les moyens nécessaires à faire revenir le plus tôt possible l'ambassadeur en question. La veille de mon départ de Versailles, j'ai encore eu à ce sujet une conférence avec le prince de Soubise; il m'a dit que si le duc d'Aiguillon persistait à se refuser, il demanderait directement au roi le rappel du coadjuteur, et qu'à tout événement il ne serait plus à Vienne au carême prochain.

Ainsi que V. M. l'avait prévu, il est arrivé que S. M. l'empereur a daigné me parler du projet de son voyage en France (1). Si je dois en juger par la sagesse du plan, il me paraîtrait impossible que les avis du prince de Rohan eussent pu y influer en rien. Les motifs que S. M. annonce portent tous sur des vues de convenance et d'utilité : voir Mme la dauphine; faire la connaissance personnelle du roi; juger de la situation de cette cour pour le présent et pour l'avenir; observer tout ce qu'une grande monarchie peut présenter d'intéressant en matière de ressources, d'administration, d'agriculture, de finances, de commerce, de police, de marine et de militaire; voilà les objets uniques que S. M. semble se proposer. Elle déclare en même temps ne vouloir prendre part à aucun des objets de frivolité et d'amusement qui attirent tant de voyageurs dans ce pays-ci; nulle fréquentation des sociétés de Paris, aucun dîner, aucun souper, moins encore de fêtes en quel genre que ce soit. S. M. paraît vouloir fixer au terme le plus court possible son séjour à Paris et à Versailles; elle veut se montrer partout avec la plus grande simplicité et plus rigide incognito. V. M. daignera se rappeler que dès l'année du mariage de Mme la dauphine, et lors de mon sé-

---

(1) Ce voyage n'eut lieu qu'en 1777; c'est par une lettre du 30 septembre, qui se trouve en copie aux Archives de Vienne, que Joseph II consulta pour la première fois Mercy sur le projet d'un voyage en France. Nous ne la donnons point, puisque Mercy en fait ici une analyse fidèle. Ce plan est très-conforme au voyage que l'empereur exécuta plus tard.

jour à Vienne, S. M. l'empereur avait déjà conçu le projet d'un voyage en France, et je crois même que dans ce temps-là il avait été mis sous les yeux de V. M. des notes relatives au projet en question. Au reste, en ne consultant que ma fidélité, mon devoir et mon zèle, seuls et uniques motifs qui régleront mes pensées quand V. M. m'ordonnera de les lui exposer, je crois qu'un voyage en France exécuté sur le plan que S. M. l'empereur semble s'être proposé ne peut avoir que des effets utiles, soit en le considérant sous l'aspect de la politique, soit en l'envisageant du côté des avantages qui peuvent en résulter pour Mme la dauphine. L'ensemble de cette cour et de cette monarchie offre un tableau très-varié en bien et en mal, mais fort intéressant à examiner, toutes fois et quantes cet examen se fera sans préventions, sans préjugés et d'un œil éclairé ; c'est ce que l'on doit se promettre de S. M. l'empereur.

A la suite des ordres contenus dans la très-gracieuse lettre de V. M. en date du 1er de ce mois, il me reste encore à joindre ici les observations suivantes :

Dans toute l'affaire du comte de Broglie, je n'ai jamais perdu de vue la possibilité de quelques variations extraordinaires, et dès lors j'ai cru devoir me conduire avec tant de circonspection que dans tous les cas à venir il ne sera jamais possible à la famille de Broglie de m'accuser ou soupçonner d'avoir pris part directement ou indirectement aux circonstances critiques qu'elle éprouve maintenant ; et l'avis important que V. M. daigne me faire parvenir sur la continuation des correspondances du comte de Broglie rend mon système de conduite encore plus nécessaire.

2° Le présent courrier m'avait apporté deux caisses de papiers très-volumineuses, deux lettres et un paquet d'argent à l'adresse du maréchal comte de Lacy. Le comte Caramelli me mande de faire parvenir ces objets au maréchal par une bonne occasion ; quoique cette expression soit fort vague, il m'a paru que l'envoi de papiers sans doute importants exigeait toutes sortes de précautions, et j'ai eu recours au prince de Starhemberg pour qu'il m'envoyât un homme de confiance muni d'une voiture et de ce qui est nécessaire à pareille commission. Je ne m'étais pas trouvé dans le même embarras lorsqu'il fut question de dépêcher au maréchal une lettre de V. M., qui fut portée par un homme à cheval. J'ai adressé en son temps au baron de Pichler la réponse que cet exprès m'avait rapportée ; je n'en ai d'ailleurs retiré d'autres détails si ce n'est que le comte de Lacy avait mené jusqu'alors à Montpellier une vie très-retirée, qu'il n'avait voulu voir personne et refusé la visite des officiers de la garnison, qui l'étaient venus voir en corps, que la physionomie du maréchal annonçait un grand dérangement de santé, que sa suite était peu nombreuse et son état de maison fort modeste. Je sais que les ministres du roi ont ordonné qu'on eût pour le maréchal les plus grands égards partout où il se trouvera dans le royaume; mais je ne saurais supposer que l'on eût ici des vues de l'attirer au service de France, ce qui serait en effet un projet indécent et absurde.

J'avais bien prévu l'impression douloureuse que ferait sur V. M. la perte de Mme la princesse de Lorraine. Le roi Très-Chrétien, avec toutes sortes d'égards pour le sentiment de V. M., a consenti qu'il fût rendu en Lorraine aux mânes de la princesse défunte tous les honneurs qui n'ont ordinairement lieu que pour les souverains du pays, et je viens d'obtenir l'expédition des ordres relatifs à ce triste objet.

LVIII. — Marie-Thérèse a Mercy (1).

20 *décembre*. — Comte Mercy, Je vous envoie par ce canal sûr ce billet, qui vous fera de la peine comme il m'en a fait. C'est dans le plus grand secret que je vous le communique, et vous le brûlerez tout de suite avec cette lettre. Malheureusement les mêmes raisons influent en Kaunitz qui ont chassé Lacy, et qui ont fait venir à Bruxelles Starhemberg. Jugez de ma situation; elle est telle qu'elle ne peut durer, et c'est mon espérance. Jamais il peut avoir question pour cette place pour Starhemberg. L'empereur n'en a ni opinion ni affection; il serait donc malheureux, ce qu'il ne mérite; mais on penserait à vous. Non à votre souveraine, mais à votre amie, dites-moi sincèrement si je peux y compter et qui, dans ce cas, pourrait vous remplacer. J'avoue, ma pauvre fille entre beaucoup en tout ceci, mais le bien de l'État doit faire taire ce sentiment. J'ai rapiéceté de nouveau ou plutôt plâtré les choses, qu'avant la paix je ne permettrai jamais de changement; mais elle peut venir à chaque

---

(1) « Copie d'une lettre de S. M. en date du 20 décembre 1773. Dunckel en a été le porteur; l'original a été renvoyé à l'impératrice par le courrier de janvier 1774. » (Note de Mercy.)

instant, et Kaunitz, qui effectivement baisse, pourrait manquer, et je ne peux donc rester dans l'incertitude.

Rohan reste, et dans le moment qu'on savait que je demandais son rappel, on l'a cajolé à l'excès. J'espère que vous tâcherez de m'en débarrasser au plus vite; Pichler vous en écrit plus au long. Cette lettre pour Lacy ne contient rien de pressant, mais je ne voudrais l'exposer à la poste ordinaire. Croyez-moi toujours votre bien affectionnée.

Copie du billet du prince de Kaunitz du 7 décembre 1773 à l'impératrice, et cité dans la lettre de Sa Majesté (1):

Je ne puis m'empêcher de témoigner à Votre Sacrée Majesté que le temps que mon dépérissement m'oblige d'employer à faire encore peu de chose, ne prouvant que trop que, de jour en jour, je suis moins en état de pouvoir vaquer aux fonctions de ma place avec l'activité désirable. Je croirais manquer à ce que je lui dois si je lui dissimulais qu'il pourrait être de son meilleur service qu'elle eût la bonté de me donner un successeur le plus tôt que possible. Je la supplie d'envisager avec sa bonté ordinaire cet épanchement de cœur, et je me recommande à la haute bienveillance dont j'espère ne m'être pas rendu moins digne que tout autre de ses serviteurs depuis près de trente-trois ans que je la sers, et que j'ose dire d'avoir été attaché à son auguste personne tout autrement très-certainement qu'aucun de mes compagnons.   KAUNITZ-RIETBERG.

---

(1) Le prince de Kaunitz avait alors soixante-deux ans. Il conserva le ministère jusqu'en 1792, c'est-à-dire pendant dix-neuf ans encore. On ne peut donc voir qu'un prétexte dans la raison des fatigues de l'âge qu'il invoque ici. La véritable raison était dans les difficultés qui naissaient pour tous les serviteurs de l'État des différences de caractère et de vues entre l'impératrice et son fils Joseph II, que, depuis la mort de l'empereur François I, elle avait associé à l'empire avec le titre de co-régent. La *Correspondance de Marie-Thérèse et Joseph II*, publiée par A. d'Arneth (Vienne, 1867-68, 3 vol. in-8°), permet de suivre dans le détail cette lutte pénible, sans cesse renaissante, et dont l'impératrice semble souffrir cruellement. On y trouvera deux lettres d'explications (toutes deux du 9 décembre) entre Marie-Thérèse et Joseph II, qui font comprendre une situation dont on arrivait à pallier quelques inconvénients, mais qui devait rester hérissée de difficultés et de chagrins pour Marie-Thérèse jusqu'à sa mort.

ANNÉE 1774.

I. — Marie-Thérèse a Mercy.

Vienne, 3 janvier. — Comte de Mercy, J'ai reçu votre lettre du 18 du passé par le courrier Gergowitz, arrivé ici le 28 du même mois.

La froideur du dauphin, jeune époux de vingt ans, vis-à-vis d'une jolie femme m'est inconcevable. Malgré toutes les assertions de la faculté, mes soupçons augmentent sur la constitution corporelle de ce prince, et je ne compte presque plus que sur l'entremise de l'empereur, qui, à son arrivée à Versailles, trouvera peut-être le moyen d'engager cet indolent mari à s'acquitter mieux de son devoir.

L'empereur s'occupe à présent avec chaleur de ce voyage en France. Le projet n'en est pas nouveau; mais Rohan en a réveillé l'idée en conseillant à l'empereur de s'arrêter peu à Versailles, dont le séjour était triste et ennuyant, mais de profiter d'autant plus des agréments de Paris, en se trouvant partout aux spectacles, promenades et autres divertissements dans le plus parfait incognito. Comme, pendant le séjour que l'empereur fera en France, on lui expédiera plusieurs courriers, je compte que vous m'informerez par leur canal régulièrement de tout ce qui pourrait avoir rapport à mon fils et que vous l'accompagnerez encore s'il pensait, comme il dit, parcourir les parties méridionales de la France [ce que je trouve un peu hasardé vis-à-vis de la France].

Pour le rappel de Rohan, je n'ai qu'à me rapporter à ce que je vous ai marqué tant de fois sur ce sujet. Les Soubise et les Marsan se flatteraient en vain s'ils croyaient pouvoir m'endormir sur son rappel. Au reste ce qui nous revient de l'extérieur et du caractère de la comtesse d'Artois ne s'accorde guère avec la description que Rohan en a faite, en relevant beaucoup son mérite et en l'approchant bien près de ma fille. J'approuve que ma fille ait de l'indulgence pour elle et la traite avec amitié.

J'ai chargé le prince de Starhemberg de vous envoyer un homme propre toutes les fois qu'il s'agira d'expédier un exprès au maréchal de Lacy.

Par la réponse que ma fille m'a faite sur l'article de la présentation de la parente de la favorite, je vois que je ne me suis pas trompée dans le jugement que j'en ai d'abord porté. Je connais mieux que personne mes enfants; ils tiennent à leurs volontés et ne manquent pas de ressources pour en venir à bout.

[Au reste l'empereur est très-content de votre réponse à tous ces points que je n'avais pas vus avant. J'avoue, ce voyage, hors pour ma fille, me déplaît beaucoup, et je n'en augure aucun profit. Le mépris s'augmentera toujours plus en voyant la légèreté, la ridiculité et les intrigues de cette nation. La suite consistera dans le général Nostitz (1) et Joseph Colloredo (2), fils du prince, tous deux ennemis jurés des Français, et Cobenzl; personne d'autre. Lacy (3) y viendra bien aussi; il n'aime pas plus les Français. L'empereur compte partir la semaine de Pâques par Fribourg et Nancy, et il compte d'être de retour ici à la mi-juillet, pour tous les camps, auxquels il veut assister. Il y a même une idée de retourner par la Suisse voir Voltaire, Tissot, Haller et tous ces extravagants; j'avoue, tout cela me fait de la peine; il y a un peu trop de vanité et légèreté. Kaunitz reste, et l'empereur le traite un peu mieux, mais cela ne sera pas de durée: les esprits sont trop aigris; j'attends sur ce point important vos conseils.]

II. — MERCY A MARIE-THÉRÈSE.

Paris, 9 janvier. — La très-gracieuse lettre que V. M. a daigné m'écrire le 20 de décembre, en me donnant une très-grande preuve de son auguste bienveillance, m'a pénétré de la reconnaissance la plus

---

(1) Le comte Nostitz, plus tard feld-maréchal.

(2) La famille de Colloredo, originaire du Frioul, est une des plus importantes de la noblesse autrichienne. Le comte Rodolphe Joseph, vice-chancelier de l'Empire, père de celui qui est ici nommé, fut élevé au rang de prince de l'Empire en 1763. Le comte Joseph Colloredo, né en 1735, grand-prieur de l'ordre de Malte, feld-maréchal et directeur général de l'artillerie, mourut le 26 novembre 1819.

(3) Voir la note de la page 76.

vive. J'ai pesé tous les points de cette lettre avec une grande attention, et je crois devoir y répondre séparément de tout autre objet.

V. M. daigne me demander si elle pourra compter sur moi dans le cas où le prince de Kaunitz, pour cause de santé, se trouverait obligé de quitter sa place. Elle me permet en même temps, elle m'ordonne même avec une grâce infinie de parler sincèrement et avec franchise. Je vais donc m'expliquer avec cette candeur que m'inspire ma profonde vénération pour les ordres de V. M. et mon zèle pour son service.

J'ai toujours été persuadé que le plus difficile de tous les emplois était celui de se trouver chargé de l'administration politique d'une grande monarchie; elle exige un esprit vaste et juste qui saisisse et combine tous les rapports. Elle exige beaucoup de connaissances acquises sur le fond des choses et sur la forme à leur donner. Elle exige un travail continuel pour se tenir au courant des affaires, en suivre le fil, en combiner les circonstances, établir les mesures à prendre, et diriger ceux qui travaillent en sous-ordre.

Je ne me parerai pas d'une fausse modestie en disant à V. M. que je n'ai très-certainement pas la trempe d'esprit nécessaire pour embrasser tant de différents rapports à la fois. Renfermé jusqu'à présent dans le cercle borné des intérêts de V. M. vis-à-vis d'une seule cour, et dirigé par des instructions dans la marche à suivre, je sens que mon esprit s'égarerait dans les combinaisons générales, et je ne dois pas en même temps dissimuler à V. M. qu'il s'en faut bien que je réunisse en moi une partie des connaissances acquises qui sont nécessaires dans l'exercice de cet important emploi. Je doute même qu'à mon âge je pusse les acquérir par le plus long travail; ce travail, joint à celui du courant des affaires, ne tarderait pas à me détruire en peu de temps, et je succomberais sous le poids, sans réussir à me rendre utile.

Depuis le dérangement qu'a souffert ma santé de mon séjour en Russie et en Pologne (1), je ne suis parvenu à la rétablir faiblement que par un régime artificiel, qui m'est devenu indispensablement nécessaire. Ce régime consiste dans de fréquents délassements d'esprit, et dans beaucoup d'exercice du corps. Dès que je m'en écarte

---

(1) Le comte de Mercy fut ambassadeur à Saint-Pétersbourg de juin 1761 à janvier 1764, et à Varsovie de février 1764 à juillet de la même année.

tant soit peu (ce qui m'arrive entre autres lorsqu'il s'agit d'expédier les courriers mensuels), je sens le retour de mes anciennes infirmités, qui disparaissent de nouveau à mesure que je puis me livrer à mon genre de vie ordinaire.

J'ai donc absolument besoin d'avoir des intervalles de dissipation ; mais ces intervalles, qui se trouvent naturellement dans les fonctions d'une ambassade, ne peuvent se concilier avec une place quelconque où les occupations et la représentation seraient continuelles.

Sans ces considérations, rien ne pourrait être plus heureux et plus flatteur pour moi que d'être rappelé auprès de l'auguste personne de V. M., et d'être mis à portée de lui rendre des services plus importants ; mais, malheureusement pour moi, ces considérations me priveront toujours de l'avantage de pouvoir être propre aux vues sur lesquelles elle a daigné me pressentir.

En garde contre moi-même, je me suis scrupuleusement examiné, si quelque raison ou affection accidentelle n'influait pas chez moi dans cette façon d'envisager les choses ; je me suis demandé si je n'aurais pas regret à quitter Paris, et je me suis assuré que ce regret n'irait pas à beaucoup près au point de me décider sur une chose aussi importante ; mais je dois avouer que la peine de m'éloigner de Mme la dauphine serait en moi inexprimable. Cette princesse, qui m'a trouvé ici dans ces premiers moments où tout était nouveau pour elle et devait à bien des égards lui être suspect, m'a honoré de sa confiance, qu'elle me continue par habitude et par la connaissance qu'elle a de ma droiture, de mon vrai zèle et de mon respectueux attachement pour elle. M. le dauphin, par les mêmes motifs, me témoigne une bonté que peu de gens ont éprouvée de sa part. Enfin j'ose dire que je sers utilement Mme l'archiduchesse, et que je suis également bien ici pour le service de V. M. Le roi, contre son ordinaire, s'est accoutumé à me parler familièrement ; je ne dirai pas que cela peut contribuer à contenir les ministres ; mais il est certain que dans des cas urgents cela me mettrait à portée de m'adresser directement à lui. Mon successeur, quel qu'il fût, aurait longtemps de la peine à me succéder dans ces sortes d'avantages.

Ainsi, en embrassant les vues que mon ambition, encouragée par les bontés de V. M., pourrait me suggérer, je quitterais un poste où j'ai le bonheur d'être réellement utile à son service pour en prendre un autre où je serais certain d'échouer.

Je supplie V. M. de recevoir ces réflexions avec sa clémence ordinaire ; je les ai exposées en parfaite connaissance de cause, avec la candeur qu'elle a daigné me prescrire, que je dois à mon auguste souveraine, et qui sera toujours inséparable de mon caractère.

V. M. daignant me faire mention du prince de Starhemberg, il est de mon devoir de répondre également à cet article. D'après la connaissance que je crois avoir des talents, des lumières du prince de Starhemberg, de l'honnêteté, de la droiture de son caractère, et surtout de son grand zèle et attachement pour l'auguste personne de V. M., je regarderais comme très-affligeant que des difficultés s'opposassent à l'emploi utile que V. M. ferait sans doute d'un sujet si distingué, et qui, après le prince de Kaunitz, semble réunir évidemment plus qu'aucun autre toutes les qualités requises aux postes les plus importants. De savoir si et comment les difficultés en question pourraient être aplanies, c'est une matière sur laquelle il ne m'est pas permis de porter mes réflexions, à moins qu'il ne plût à V. M. d'étendre les bornes que je dois leur imposer.

La très-gracieuse lettre de V. M. et le billet qui y est joint sont des pièces d'une trop grande conséquence pour que je puisse me dispenser de remettre l'un et l'autre à ses pieds.

Je joins pareillement ici la copie d'une lettre écrite par le prince de Rohan à une de ses confidentes intimes (1). Il semble par le contenu

---

(1) Cette lettre s'est retrouvée aux Archives de Vienne, annexée à la correspondance de Mercy avec le baron Neny. Elle est datée du 19 décembre 1773 ; elle est longue et diffuse : nous en prenons les passages les plus curieux : « On m'a cherché toutes les chicanes, dit Rohan, qui fait allusion évidemment au duc d'Aiguillon, jusqu'à vouloir éplucher ma comptabilité. Pour cet objet j'ai été intraitable ; j'ai prouvé la fausseté ; j'ai écrit une lettre terrible aux bureaux, avec toute la hauteur que devaient m'inspirer de pareils détails et tout le mépris que méritent de pareilles chicanes........ Ces diables ont ensuite attaqué ma réputation sous le rapport de ma conduite de prêtraille. Ceci avait réussi, mais je me suis réveillé ; j'ai écrit au roi que je devais m'attendre à des désagréments ici, qu'on avait cherché à inquiéter les scrupules de l'impératrice, etc. Le roi me répondit qu'il était très-content de moi, et qu'il me demandait le sacrifice des petits désagréments que je pourrais éprouver, qu'il me regardait comme essentiel à son service. D'après cela je suis tranquille ; je n'attends point de grâce ; je défendrai les personnes qui me sont attachées et qu'on attaque à toute outrance parce qu'on m'a trouvé trop cuirassé ; mais je leur prêterai mon bouclier, et l'abbé Georgel, qui me sert bien, n'a rien à craindre. Oh les vilains ! comme je les méprise ! comme ils ont mal fait de me persécuter !........ En attendant on cherche à me ruiner dans l'esprit de l'empereur ; mais je crois n'avoir rien à craindre. Du reste, le prince de Kaunitz me dédommage de tout : il n'est pas mon ami, il est plus encore s'il est possible. J'ai bien lieu de me louer aussi du comte de Mercy. Je vous prie, rendez-moi le service de lui faire connaître combien

de cette lettre que ses parents ne l'ont point mis entièrement au fait de l'état des choses, et surtout des motifs qui portent le duc d'Aiguillon à retarder son retour. Il est certain que le prince de Soubise et la comtesse de Marsan agissent de bonne foi pour effectuer ce retour; j'espère que leur dernière démarche directe vis-à-vis du roi décidera enfin cet objet embarrassant, que je ne perds pas un instant de vue, et sur lequel j'aurai peut-être quelque chose de positif à exposer à V. M. par le prochain courrier mensuel, ou au plus tard par celui du mois de février.

Je profite du retour du courrier dépêché à Madrid pour adresser le présent et très-humble rapport à V. M. Tout ce qui concerne Mme la dauphine suivra par le courrier mensuel ordinaire; quoique depuis le jour de l'an je n'aie point eu occasion d'aller à Versailles, je n'en suis pas moins journellement informé de tout ce qui s'y passe de relatif à S. A. R., qui jouit de la plus parfaite santé.

Je suis à la recherche d'une occasion sûre à pouvoir faire parvenir la lettre de V. M. adressée au comte de Lacy, et j'espère d'en avoir les moyens sous peu de jours.

Le prince de Lobkowitz m'a écrit une longue dépêche en chiffre qui n'a pu encore être déchiffrée; je rendrai compte incessamment des observations auxquelles cette dépêche aura pu me donner matière.

III. — MERCY A MARIE-THÉRÈSE.

19 *janvier*. — Sacrée Majesté, Après le départ du courrier de décembre, j'ai été à Versailles du 18 au 23, et j'y suis encore retourné du 27 au 30, jour de la clôture des spectacles et fêtes données à l'occasion du mariage de M. le comte d'Artois. Pendant mes deux derniers séjours à la cour, je me suis trouvé en même de parler journellement à Mme la dauphine, d'examiner de plus près l'état des circonstances présentes, et d'exposer à S. A. R. les remarques que j'étais à portée de faire. Elles ont porté sur plusieurs points.

Relativement au premier point, qui regarde M. le comte et Mme la comtesse d'Artois, j'ai peu de chose à ajouter au contenu de mon

---

je suis reconnaissant vis-à-vis de lui, et combien je suis ami et me loue du prince de Kaunitz. »

précédent et très-humble rapport. Le jeune prince dont il s'agit se trouvant maintenant affranchi de la très-petite gêne que lui imposaient ses gouverneurs, déploie de plus en plus un caractère ardent, hautain et inconsidéré. Il s'est déjà attiré des réprimandes sévères de la part de M. le dauphin pour avoir oublié vis-à-vis de lui dans quelques occasions les égards qu'il lui doit. En pareils cas Mme la dauphine s'interpose toujours pour réconcilier les deux frères, et elle a pris à l'égard de M. le comte d'Artois le meilleur parti, qui est celui de tourner en plaisanterie tout ce que ce jeune prince peut dire ou commettre de déraisonnable. Cette méthode le mortifie et lui en impose beaucoup plus que ne feraient les leçons les plus sérieuses; aussi ne craint-il que Mme l'archiduchesse, n'ayant d'ailleurs de ménagement pour personne; il n'en observe non plus aucun à l'égard de la favorite et de tout le parti dominant. Il a exigé de la princesse son épouse qu'elle ne parlât ni à la comtesse du Barry ni à aucune femme de sa société. Il dit hautement qu'on a composé sa maison d'un assemblage d'espèces dont il se délivrera au premier moment où il en aura le pouvoir. De pareils propos, que l'on n'a pas manqué de rapporter au roi, l'ont fort indisposé contre le jeune prince, qui est traité en conséquence avec froideur. Quant à Mme la comtesse d'Artois, tout semble confirmer en elle un défaut absolu de qualités agréables; elle ne parle pas, elle paraît ne prendre intérêt à rien, et cet air de timidité et d'indifférence déplaît ici à l'excès. Mme la dauphine lui marque toutes sortes de bonté et voudrait la tirer de son état d'apathie; mais, à moins d'un changement qui n'est guère à prévoir, la princesse dont il est question jouera toujours ici un rôle bien mince et d'une grande nullité.

Relativement à l'état de la société intérieure de la famille royale, on s'aperçoit que Mesdames, mais particulièrement Mme Adélaïde, commencent à sentir vivement le déchet de leur considération, depuis que, par une conduite un peu trop despotique, elles ont occasionné elles-mêmes une grande diminution de liaison entre elles et la jeune famille royale. A cet égard j'ai fait observer à Mme la dauphine que, comme il importe de maintenir autant que possible une parfaite union dans la famille, il serait peut-être dangereux de se tenir trop à l'écart de Mesdames, dont la société n'a plus d'inconvénient dès lors que ces princesses ont renoncé à leurs prétentions d'exercer un despotisme qui ne leur appartenait pas. Elles sont en effet entièrement revenues de leurs premières idées, qui m'avaient causé ci-devant tant d'embarras. Leur circonspection, leur complaisance envers Mme l'archiduchesse en donnent la preuve en chaque occasion, et il n'est plus à craindre que ces princesses retournent à leur ancien système, qui leur a si mal réussi. M. le comte et Mme la comtesse de Provence se conduisent maintenant très-bien vis-à-vis de Mme la dauphine : on voit qu'ils se font une étude de lui plaire ; de son côté Mme l'archiduchesse les traite à merveille, sans qu'il existe dans cette liaison des épanchements de confiance dont il aurait pu résulter des abus, et c'est particulièrement sur cet article essentiel que Mme l'archiduchesse s'est depuis quelque temps prescrit des bornes dont elle ne s'est plus écartée.

Relativement au troisième point, j'ai mis sous les yeux de Mme la dauphine une suite de faits qui prouvent combien les ministres et le parti dominant désirent de se concilier les bonnes grâces de S. A. R. Je dois à ce sujet rapporter ici une démarche assez singulière de la favorite. Un joaillier de Paris possède des pendants d'oreille formés de quatre brillants d'une grosseur et d'une beauté extraordinaires ; ils sont estimés sept cent mille livres. La comtesse du Barry, sachant que Mme la dauphine aime les pierreries, persuada le comte de Noailles de lui faire voir les diamants en question, et d'ajouter que si S. A. R. les trouvait à son gré et voulait les garder, elle ne devait point être embarrassée ni du prix ni du payement, parce que l'on trouverait moyen de lui en faire faire un cadeau par le roi. Mme l'archiduchesse répondit simplement qu'elle avait assez de diamants et qu'elle ne se proposait point d'en augmenter le nombre. Quoique cette démarche soit à bien des égards déplacée, peu convenable et maladroite de la part de la favorite, il n'en résulte pas moins une preuve de son grand désir de s'insinuer dans les grâces de Mme la dauphine. J'observerai encore que cette tentative doit être partie du propre mouvement de la comtesse du Barry, parce que si la démarche avait été plus réfléchie ou dictée par des conseils, il est certain que j'aurais été un des premiers consultés. J'observerai de plus que cette conduite de prévenance et de respect de la part de la favorite n'est encouragée par aucun changement dans la façon dont la traite Mme la dauphine. Il est vrai que depuis très-longtemps S. A. R. s'est abstenue de tout propos mortifiant, et même de toute démonstration qui pût indiquer de l'aversion ou de la haine, et, ce meilleur traitement n'étant que négatif, il faut que j'aie une attention continuelle à trouver des moyens à le faire valoir et à l'interpréter dans un sens dont il n'est pas toujours fort susceptible. Quoique toutes les femmes présentées et dansantes soient admises aux bals de Mme la dauphine, elle n'a cependant jamais voulu consentir à ce que sa dame d'honneur y appelât la vicomtesse du Barry; cette mortification a beaucoup chagriné tout le parti, et j'ai eu assez de peine à le tranquilliser là-dessus.

Ce que je viens d'exposer relativement à la favorite, je pourrais le dire de même pour ce qui regarde les ministres du roi, nommément le duc d'Aiguillon, le duc de la Vrillière et le contrôleur général. Comme Mme l'archiduchesse a assez mauvaise opinion d'eux, sans les traiter absolument mal, la franchise et la sincérité de son caractère l'empêchent de marquer à ces ministres une sorte de bonté qu'il serait prudent de ne point leur refuser. Je ne cesse de représenter à Mme la dauphine que, sans se départir jamais de la contenance et du ton de dignité auquel son rang l'autorise, il conviendrait cependant de faire éprouver un traitement un peu plus favorable aux gens en place, dès lors qu'ils marquent un si grand désir d'être aux pieds de S. A. R. et de lui plaire en remplissant ses ordres et les demandes qu'elle a continuellement à leur faire. Cet article, qui est fort important pour le présent, et qui peut le devenir encore beaucoup plus dans l'avenir, est maintenant l'objet qui m'occupe de préférence et qui pourrait peut-être mériter que V. M. daignât l'appuyer par quelques avis à Mme la dauphine.

Touchant le quatrième point, j'ai fait voir à Mme l'archiduchesse qu'en gagnant plus de crédit et de pouvoir, il faut que l'un et l'autre soient étayés par des connaissances acquises qui leur sont indispensables pour opérer le bien. Il faut en connaître la nature ainsi que les moyens de l'effectuer. Si le roi ou M. le dauphin parlent à Mme l'archiduchesse d'une affaire sérieuse, il faut qu'elle se trouve en état de donner une réponse juste et éclairée. Son jugement, son esprit naturel lui donneront toutes sortes de facilités à cet égard ; il ne s'agit que d'un peu d'instruction sur le fond des choses. C'est aussi ce que je tâche de mettre sous les yeux de S. A. R., soit en matières politiques, soit en objets de gouvernement ou sur le personnel des gens de ce pays-ci.

Le cinquième article est sans contredit le plus intéressant de tous.

Mme l'archiduchesse possède toute l'estime et l'amitié de M. le dauphin ; il y joint autant de tendresse que son caractère le comporte, et par-dessus cela une complaisance vraiment sans bornes. Mme la dauphine a vivement à cœur de faire valoir le prince son époux ; elle croit n'y pas réussir assez, et quelquefois elle en prend de l'humeur. Dans ces occasions je lui représente, et je le prouve, que c'est à tort qu'elle se plaint de la lenteur de ses succès. M. le dauphin est beaucoup changé et change encore journellement en mieux ; mais ce qui reste à désirer, ce n'est que par la douceur, un langage raisonnable, et avec de la patience que l'on peut l'obtenir ; des mouvements d'humeur gâteraient tout et deviendraient à la longue d'une dangereuse conséquence. Le peuple d'intrigants dont cette cour-ci est infectée n'a déjà pris que trop d'ombrage du grand ascendant de Mme la dauphine sur le prince son époux, et en différents temps j'ai eu des indices certains du désir que l'on aurait de diminuer cet ascendant. Je n'ai jamais été alarmé de ce détestable projet, parce que, comme j'en connais les ressorts, il m'est facile de les dévoiler à Mme l'archiduchesse, laquelle est parfaitement attentive et sur ses gardes dans ce point délicat.

Le sixième objet que, dans ces derniers temps, j'ai eu occasion de traiter à fond vis-à-vis de Mme la dauphine concerne le bon ordre à maintenir parmi les personnes de son service, et ce n'est pas l'article qui mérite le moins d'attention, ni qui soit le plus facile à manier. La maison de Mme l'archiduchesse est sans contredit la moins mal composée de toute la cour. Ceux et celles qui la servent lui sont attachés ; mais chacun, avec plus ou moins de bonnes qualités, met aussi dans sa conduite plus ou moins de cet esprit d'envie, de jalousie et d'intrigue qui anime tout dans ce pays-ci. La comtesse de Noailles, sans talents, sans esprit et sans de grands inconvénients, a celui d'être inquiète, jalouse et peu exacte dans ses propos. La duchesse de Cossé, avec de l'agrément, de l'élévation dans le caractère, de la gaieté et de l'honnêteté, a le défaut de parler trop et trop légèrement ; elle est cependant faite pour plaire beaucoup plus à Mme la dauphine que non pas la comtesse de Noailles. J'ai vu que le goût de S. A. R., prêt à se décider par des préférences marquées, allait établir une dissension très-vive entre la dame d'honneur et la dame d'atours, et la désunion entre ces deux personnes en chef n'aurait pas manqué d'entraîner une guerre entre tout le service. J'ai cru devoir faire des représentations là-dessus à Mme l'archiduchesse; elle a daigné les écouter, et les tracasseries se sont apaisées.

Depuis le 20 de décembre, les bals de Mme la dauphine ont recommencé; ils ont lieu tous les lundis dans l'appartement de S. A. R., et on n'y observe, comme les autres années, aucun cérémonial. La comtesse de Noailles recommence cette semaine à donner un bal chez elle les mercredis; ces petites fêtes se passent avec toute sorte de gaieté et d'agréments; Mme l'archiduchesse y est toujours remplie de grâces, de bonté, et enchante tous ceux qui sont admis à lui faire leur cour. M. le dauphin est aussi très-bien dans ces occasions, et elles lui ont été très-utiles pour l'accoutumer à voir du monde et à parler. Pendant le peu de jours où la neige est restée sur terre, Mme l'archiduchesse en a profité pour faire deux courses en traîneau dans le parc de Versailles. A ces amusements se joignent deux spectacles par semaine, celui de la Comédie française les mardis, et celui de la Comédie italienne les vendredis.

Au milieu de toutes ces dissipations S. A. R. emploie assez régulièrement chaque jour une heure et demie, quelquefois même deux heures à des lectures sérieuses, et que l'abbé de Vermond sait rendre très-utiles par de petits commentaires et des points d'instruction sur les différentes matières dont les lectures traitent. Mme l'archiduchesse donne à peu près autant de temps à la musique et à la danse; elle a fait tant de progrès dans ce dernier exercice qu'il lui reste bien peu de chose à acquérir. Au moyen de tout cela, depuis le commencement de l'année, les journées se trouvent assez bien remplies, et je crois que V. M. a tout sujet d'en être satisfaite.

Le courrier mensuel n'est arrivé ici que le 15 à midi, et il m'a remis les ordres de V. M. en date du 3 de ce mois. Dans la même journée, les lettres qui se trouvaient à l'adresse de Mme la dauphine lui ont été présentées par l'abbé de Vermond.

IV. — MERCY A MARIE-THÉRÈSE.

Paris, 19 janvier. — Je crois ne devoir rendre compte que dans ce très-humble rapport séparé d'une circonstance fort grave, et qui dans le premier moment m'a donné quelques inquiétude. La position du marquis de Monteynard (1) occasionnant ici une fermentation très-

---

(1) Le marquis de Monteynard était le ministre de la guerre; d'Aiguillon aspirait à le ren-

vive, le parti opposé au duc d'Aiguillon crut devoir en venir à des démarches extrêmes, et, par des voies que j'ignore encore, trouva moyen d'échauffer l'esprit de Mesdames et de les engager à s'adresser à Mme la dauphine pour qu'elle voulût, au nom de toute la famille, parler au roi sur les intrigues présentes, et lui exposer que dans la résolution qu'il avait si souvent fait connaître, de ne pas vouloir avoir de premier ministre, il était temps qu'il fît des réflexions sur les vues ambitieuses du duc d'Aiguillon, que ce dernier cherchait manifestement à réunir le département de la guerre au sien, et qu'une fois parvenu à ce but ses artifices lui faciliteraient le peu de chemin qui lui resterait à faire pour être premier ministre, au moins par le fait, s'il ne réussissait pas à en obtenir le titre.

Telle était l'ouverture que Mme Adélaïde se chargea de faire à Mme la dauphine. J'en fus immédiatement averti, et ne tardai pas à me rendre à Versailles sous prétexte d'y porter des lettres. J'en avais en effet une de S. A. R. le prince Charles (1) à Mme la dauphine. Mme Adélaïde lui avait déjà parlé. Mme l'archiduchesse, un peu surprise d'une pareille proposition, que son aversion pour le duc d'Aiguillon ne lui rendait cependant pas trop désagréable, n'avait fait que des réponses vagues, en demandant du temps pour penser à un objet si sérieux. Dans une audience que j'eus de S. A. R., je parvins sans peine à lui faire envisager le danger certain et les conséquences effrayantes d'une telle démarche. Il serait trop long de déduire ici tous les raisonnements que cette matière me donna lieu d'exposer; ils firent tant d'impression sur Mme l'archiduchesse que j'eus peine ensuite à la retenir sur le ressentiment qu'elle se proposait de marquer à Mme Adélaïde de lui avoir fait une proposition aussi pernicieuse et absurde. Cependant cela se borna à déclarer dès le même jour et bien nettement à Madame que Mme la dauphine ne se prêterait ni directement ni indirectement à une pareille démarche ni à aucune qui eût trait aux intrigues du ministère. Je suis bien assuré que S. A. R. tiendra exactement parole à cet égard, mais, en suite d'une tournure si critique, je vais veiller de plus près à ce que, par quelque surprise, Mme l'archiduchesse ne se trouve pas à son insu enveloppée dans des

---

verser, et à réunir le ministère de la guerre à celui des affaires étrangères, ce à quoi il parvint en effet. Voir plus haut la note de la page 59.

(1) Charles de Lorraine, beau-frère de l'impératrice.

propos ou des complots où on pourrait compromettre son nom, et si je m'apercevais de la moindre chose semblable, je supplierais S. A. R. de ne pas hésiter à en donner le désaveu le plus éclatant.

La semaine dernière, M. le dauphin a fait une chute à la chasse, mais sans se faire aucun mal, et il remonta même sur-le-champ à cheval. C'est un vrai malheur qu'il n'y ait pas moyen de retenir ce jeune prince sur un exercice aussi immodéré, qui le fatigue, qui l'énerve. Au reste, sur ce chapitre si délicat et si intéressant, la quiétude d'esprit de Mme l'archiduchesse, sa prudence, sa conduite sont au-dessus de tous les éloges et remplissent tout ce qu'on peut attendre de son âme vraiment vertueuse et de son bon esprit.

Je viens d'apprendre, quoique indirectement, que le prince de Soubise a fait une démarche auprès du roi pour obtenir le rappel du prince de Rohan. Il me revient d'une autre part que le duc d'Aiguillon a dit à quelqu'un de sa confiance qu'avant le mois de mars il nommerait de nouveaux ambassadeurs à différentes cours. Je sais d'ailleurs que l'ambassade d'Angleterre a été proposée au marquis de Noailles, que le duc son père l'a refusée, et a obtenu une sorte d'assurance que son fils aurait celle de Vienne.

J'avais toujours dû supposer qu'avant que les ordres de S. M. l'empereur me fussent parvenus, V. M. était entièrement informée des points sur lesquels il m'a été enjoint de donner quelques éclaircissements (1). Ces derniers n'ont fait qu'ébaucher la matière ; mais dès à présent je vais m'occuper d'un travail plus méthodique et plus solide. Il importe au service de V. M. et à celui de S. M. l'empereur qu'il envisage ce pays-ci dans son vrai sens, qu'il distingue bien les apparences des réalités, et les causes accidentelles de celles qui tiennent à la nature de la monarchie et de la nation. Il ne s'agit pas de voir ce qu'elles sont maintenant, mais il est important de bien envisager ce qu'elles peuvent et doivent être, et ce qu'elles seront toutes fois et quantes les circonstances l'admettront.

Il faut s'attendre d'abord que l'empereur verra avec une sorte de pitié et de mépris les individus qui forment une partie du gouvernement actuel de la France, et ce premier aspect le frappera certainement. Un de mes grands objets sera de bien préparer S. M. sur

---

(1) Tout ceci a rapport au voyage que Joseph II projetait en France.

ce premier coup d'œil, et de la porter à suspendre son opinion. Douée, comme elle est, de tant d'esprit, de lumières et de connaissances, je ne suis point embarrassé de lui faire bien remarquer et de lui prouver même qu'à travers une infinité d'inconvénients et de misères, il y a dans le moral de cette nation de grandes et bonnes qualités, que le physique de cette monarchie a d'étonnantes ressources, et qu'elle mérite beaucoup d'attention de la part de toute puissance qui se trouvera dans le cas de faire entrer la France dans ses combinaisons politiques. La quantité des choses que j'aurai à dire sur ce vaste sujet et l'impression qu'elles pourront faire dépendront du plus ou moins de patience et de bonté avec laquelle S. M. daignera m'entendre; mais, comme je sais qu'elle aime la vérité, et qu'elle a toute la force d'esprit nécessaire pour permettre qu'on la lui dise, je parlerai à l'empereur en toute occasion et sur tous les points avec cette franchise très-respectueuse que me dictera mon vrai zèle pour sa gloire et pour le bien de son service. Au reste j'espère, et j'ose même prévoir avec une sorte de certitude que ce voyage n'entraînera rien de déplaisant, et qu'au contraire il pourra en résulter des effets qui, soit par rapport à Mme la dauphine, soit relativement au bien politique donneront toute satisfaction et contentement à V. M. Mes très-humbles rapports contiendront d'ailleurs les détails les plus amples et les plus exacts sur un objet qui intéresse si fort la tranquillité de V. M. Elle aura daigné observer dans mes notes ce que j'y ai dit sur le projet d'une tournée dans les provinces, et si je suis jugé utile à ce voyage, il serait peut-être nécessaire que V. M. daignât disposer S. M. l'empereur à m'ordonner de me mettre à sa suite, parce qu'au défaut d'un pareil ordre, ou dans le cas où l'empereur marquerait des intentions contraires, je me trouverais dans un embarras auquel je ne verrais point de ressource.

Quant au projet d'aller voir Voltaire, Tissot et Haller, je crois qu'il tombera de lui-même; premièrement parce qu'il détournerait trop S. M. de sa route, en second lieu parce qu'il y aura des raisons à dire contre Voltaire qui pourraient dissiper l'envie de le connaître. Tissot est un médecin, Haller un poëte, ni l'un ni l'autre assez supérieurement célèbres pour mériter l'attention de l'empereur. J'aurai d'ailleurs à faire voir ici à S. M. un échantillon par lequel elle pourra juger de la valeur de ces savants et philosophes modernes, qui, dans leur vie privée, leurs ouvrages et leurs détestables principes, ne donnent que des exemples propres à bouleverser la société et y faire naître le trouble et le désordre.

Pour ce qui est des occasions où S. M. pourra se trouver à Versailles au milieu de la famille royale ou avec les ministres de roi, ainsi que sur la forme de l'incognito, je ne suis point en peine des différents petits incidents qui pourront survenir, parce qu'il n'en est aucun qu'il n'y ait bon moyen d'aplanir. Le seul article de la favorite est un peu plus délicat; elle a donné à souper au roi de Suède (1), et en a été fort bien traitée. Quoique la distance qu'il y a de l'empereur au roi de Suède n'admette ni de près ni de loin la moindre comparaison, la favorite fondera cependant des demandes et des espérances d'être traitée avec bonté par S. M., qui se propose de paraître ici sans l'éclat de la grandeur et de la dignité. Il ne serait peut-être pas inutile que je fusse informé à temps du plan que S. M. se formera à cet égard, pour que je puisse préparer de longue main les choses dans le sens où ses intentions les fixeront.

Il ne me reste qu'une remarque à faire, et c'est que S. M. l'empereur, soit en qualité de fils d'une auguste souveraine qui est véritablement aimée et admirée dans ce pays-ci, soit comme frère d'une dauphine qui y est adorée, soit par une suite de la juste opinion que l'on a de ses grandes qualités personnelles, sera accueilli par le public de Paris avec des marques extraordinaires de respect, de vénération et d'empressement; je craindrais même qu'elles n'aillent au point que S. M. pourrait s'en trouver importunée.

Relativement à l'article important du prince de Kaunitz, j'ose espérer que son zèle, mais particulièrement son extrême attachement pour la personne sacrée de V. M. prévaudront à toutes considérations, et qu'il rendra encore de longs et utiles services. D'après les ordres de V. M., j'ai mis à ses pieds mes faibles idées sur cet objet dans mon très-humble rapport du 9 de ce mois, et je pourrai les déduire plus amplement encore si les circonstances l'exigent, et si les hautes volontés de V. M. daignent me le prescrire.

La lettre de V. M. au comte de Lacy lui parviendra par une voie très-sûre que le hasard m'a fait trouver, et dont je viens de profiter.

---

(1) Le roi Gustave III; voir tome I, note de la page 156.

V. — Marie-Thérèse a Mercy.

Vienne, 3 février. — Comte de Mercy, J'ai reçu votre lettre du 19 du passé par le courrier Vœth, arrivé ici le 29 du même mois. Je ne saurais qu'approuver le parti que ma fille prend d'étouffer les différends qui naissent entre son époux et le comte d'Artois en tournant en plaisanterie ce que le dernier pourrait dire ou commettre de déraisonnable. Malgré les façons gauches de la comtesse d'Artois, il reste à voir si, dans la suite, elle ne déploiera pas un caractère mieux formé. [Vous voyez que sa sœur se déploie seulement à cette heure tout différemment; ce parti sera toujours fort grand.] En attendant, ma fille fait bien de la traiter avec bonté et indulgence, et elle ferait encore bien de ne pas se tenir trop à l'écart de Mesdames. Je suis bien aise qu'elle se trouve de même sur un pied convenable vis-à-vis du comte et de la comtesse de Provence, sans leur accorder une confiance déplacée.

Le refus de ma fille d'accepter un présent en bijoux par l'entremise de la favorite est bien à sa place; c'est un point sur lequel je suis délicate, et je ne saurais pardonner à l'impératrice de Russie la complaisance qu'elle a eue d'agréer le présent que son sujet, Orloff, lui a fait d'un superbe diamant [et d'en avoir fait parade]. Au reste la persévérance de ma fille dans sa conduite vis-à-vis de la favorite fait connaître son attachement à ses volontés; et les doutes qu'elle a laissés d'abord transpirer sur le projet de Mesdames de rendre suspectes au roi les vues ambitieuses du duc d'Aiguillon prouvent la nécessité de veiller sans cesse sur ses démarches. Je ne cesse d'inculquer à ma fille de bien traiter les ministres et autres personnes distinguées, et de se conduire surtout avec beaucoup de douceur et de patience vis-à-vis du dauphin. Son indolence pour remplir ses devoirs de mari me frappe de plus en plus, et mon inquiétude ne saurait qu'augmenter si ses frères le devançaient.

Vous avez très-bien fait de mettre ma fille sur ses gardes de ne pas allumer le feu de dissensions dans sa maison par la préférence qu'elle semblait donner à la duchesse de Cossé sur la comtesse de Noailles [mais on la dit bien plus aimable].

Pour ce qui regarde le prince de Rohan, je ne suis pas sans inquiétude sur tous les inconvénients qui pourraient naître du délai de son rappel. On suppose même que ce délai pourrait contribuer à faire substituer le baron de Breteuil au comte de Noailles dans l'ambassade de Vienne, et que nous ne gagnerions pas par ce troc. Voilà un nouveau trait de l'impertinence et indiscrétion de Rohan : il a débité ici que j'avais écrit une lettre à ma fille, la reine de Naples, et que cette lettre était tombée entre les mains du marquis Tanucci, qui l'avait d'abord communiquée au ministre de France à Naples; un mémoire imprimé sur les affaires de Pologne, qui s'en énonçait dans le ton de Versailles, doit avoir été le sujet de ma lettre, dans laquelle Rohan prétend que je m'étais plainte de l'empereur dans des termes peu ménagés. [Jugez de mon étonnement; voilà la seconde fois : il cita déjà une de mes lettres à la dauphine, et à cette heure il ose encore une seconde fois me citer. Jamais je n'ai rien envoyé à ma fille, sur la Pologne; mais le plus méchant est la citation de l'empereur, avec lequel, je vous ai déjà marqué, il est trop faufilé; il (1) s'en amuse, mais il (2) est méchant et fait bien du mal.]

Je trouve très-solides vos réflexions sur le voyage de l'empereur en France. Je souhaite bien de cœur qu'il entre dans vos raisonnements, parce qu'on ne cesse de le prévenir contre la nation française, presque tout le monde ici étant à présent Anglais, en adoptant même leurs sentiments, façons, modes et langue; mais je n'en vois d'autres avantages pour la plupart de nos cavaliers que de se laisser dégénérer en rustres. Le général comte de Nostitz, qui se trouvera à la suite de l'empereur, est anti-français juré; les sentiments du maréchal de Lacy n'en diffèrent guère, et il pourrait bien tâcher de les inspirer encore à l'empereur, surtout s'il arrivait à Paris dans le même temps que l'empereur y soit [il lui en a déjà écrit]. Aussi pense-t-il l'y appeler, si sa santé n'y met obstacle. Comme l'empereur ne sait pas que je vous ai prévenu de son voyage en France, vous le dissimulerez encore vis-à-vis de lui, et vous observerez le même vis-à-vis du comte de Rosenberg et tous les autres, qui, quoique informés du voyage de l'empereur, ignorent cependant que je vous en ai mis au fait. Au reste, je ferai sentir à l'empereur comme une chose indispensable que vous l'accompagniez dans sa tournée dans les pro-

---

(1) L'empereur.
(2) Rohan.

vinces; mais s'il s'y oppose, par une suite de son aversion pour tout ce qu'il croit pouvoir lui causer quelque gêne, vous ne sauriez non plus y insister, après lui en avoir fait la proposition. Il faut seulement examiner si votre absence de Paris ne ferait pas tort aux affaires. Je compte que l'idée peu convenable de voir Voltaire, Tissot, Haller, etc., tombera. Il est vrai qu'on ne laisse pas que d'admirer encore ici ces malheureux, comme de grands hommes et génies supérieurs, mais j'espère que vous réussirez à faire comprendre à l'empereur tout ce qu'il y a de vil, inconséquent et méprisable dans leur caractère et conduite.

Je ne doute pas qu'il sera question de faire intervenir l'empereur aux conversations et soupers de la favorite, en faisant valoir à cet effet le rigide incognito sous lequel il voyage en France [je n'ai rien de contraire, et, je crois, l'empereur par curiosité s'y prêtera; mais cela dépendra uniquement de ce que vous concerterez ensemble]. Je ne veux rien décider sur ce point, en vous remettant d'examiner sur les lieux avec l'empereur ce qui pourrait convenir; mais, si mon fils Maximilien arrivait à Paris, je ne trouve pas à propos que, jeune comme il est, il prenne part aux parties de plaisir de la favorite [hors que vous le trouvez absolument nécessaire. Il ne viendra à Paris qu'à la nouvelle année; il ne brillera pas après son frère].

Quelque éloignement que l'empereur marque pour toute cérémonie et étiquette, il n'est point insensible aux marques d'empressement et de respect, et les Français, j'espère, ne gâteront rien en faisant éclater leurs sentiments par ces démonstrations.

J'ai encore réussi de tout raccommoder cette fois avec le prince de Kaunitz (1), mais je n'ose en garantir la durée, surtout si la paix entre la Russie et la Porte vient rétablir la tranquillité. Si l'empereur vous parle sur ce sujet, vous pourriez lui dire avec franchise ce que vous en pensez, sans laisser cependant transpirer ce que je vous en ai marqué. Il en est de même à l'égard de Rosenberg, qui, comme tout autre, quoique sachant l'idée de retraite de Kaunitz, ignore toutefois que je vous en ai informé [et de votre réponse, qui a été comme je me la suis imaginée. J'approuve votre façon de penser; votre conservation, votre bonheur m'intéresse, et le mien propre cède

---

(1) Voir plus haut la pièce LVII, page 87.

à celui de mes amis, auxquels je dois tant de reconnaissance comme je vous dois].

VI. — Mercy a Marie-Thérèse.

19 *février*. — Sacrée Majesté, Pendant le courant du mois de janvier, et jusqu'à la date de ce jour, les voyages que le roi a faits chaque semaine à Marly ou à Bellevue ont mis les ministres étrangers rarement dans le cas de se rendre à Versailles, et, dans cet intervalle, j'ai été privé plus que de coutume des occasions de faire ma cour à Mme la dauphine. Instruit d'ailleurs des détails journaliers qui la concernent, il n'en est survenu aucun qui eût pu rendre ma présence utile à son service, de façon que, depuis le départ du dernier courrier, je n'ai eu que deux audiences de S. A. R. Dans la première, il fut question d'un petit incident où Mme l'archiduchesse avait été compromise très-mal à propos. Il s'était agi des grandes entrées dont la comtesse de Blot (1), dame d'honneur de la duchesse de Chartres, avait voulu s'arroger le droit. La comtesse de Noailles s'y étant opposée, la duchesse de Chartres imagina d'en porter plainte à Mme la dauphine, qui répondit que son intention n'était pas de priver chez elle les princesses du sang ni leurs suites des prérogatives qui leur sont accordées, mais que, n'ayant pas sur ce point les informations nécessaires, il s'agissait de savoir ce que l'étiquette et l'usage prescrivaient, avant de pouvoir décider la question. Cette réponse juste et prudente ne tarda pas à être traduite chez le duc d'Orléans comme un désaveu de Mme la dauphine de la conduite tenue par sa dame d'honneur. Les propos s'étant multipliés à ce sujet, la comtesse de Noailles, en ayant été instruite, s'adressa à moi pour éclaircir ce prétendu désaveu, qui se trouva imaginaire et très-faussement annoncé par la comtesse de Blot. Mme l'archiduchesse en fut très-choquée, et voulait en marquer du ressentiment; mais je représentai qu'il me paraissait suffire que S. A. R. voulût bien, à la première occasion et sans marquer d'humeur, avertir la

---

(1) Madame de Blot était de la société intime du Palais-Royal, et, à en croire la chronique du temps, le duc de Chartres prenait vivement ses intérêts. On peut se demander si le ressentiment d'une circonstance si peu importante ne contribua pas à développer cette guerre sourde qui déjà se tramait au Palais-Royal contre Marie-Antoinette.

duchesse de Chartres de dire à sa dame d'honneur d'être plus circonspecte à l'avenir dans des assertions où le nom de Mme la dauphine doit être prononcé. Ce petit avis a été en effet donné à la duchesse, et toute la tracasserie est tombée sans bruit.

Cette matière m'a mis dans le cas de rappeler à Mme la dauphine quelques observations relatives aux princes et princesses du sang, qui jouissent dans l'opinion de la nation d'une sorte de crédit et d'influence qu'il n'est point inutile de ménager; mais, comme les princes en question sont en même temps fort portés à étendre trop loin leurs prétentions, et que la cour est dans le système de les réprimer, il en résulte quelques mesures nécessaires dans le traitement à faire à ces princes, et ils n'ont certainement pas à se plaindre de celui que leur accorde Mme l'archiduchesse.

Mme la princesse Christine de Saxe (1) était venue il y a deux ans à Paris, et s'y était établie dans un hôtel garni. Par une sorte d'inconséquence difficile à expliquer, personne n'avait songé à l'espèce d'indécence qu'il y avait de laisser loger dans une auberge la tante de M. le dauphin et de toute la jeune famille royale. Mme la princesse Christine, ayant à solliciter ici le payement de ses pensions, y est revenue en dernier lieu, et Mme la dauphine a fait connaître à cette occasion que, si on ne trouvait pas dans le château de Versailles un logement à donner à la tante de M. le dauphin, Mme l'archiduchesse la logerait elle-même dans une partie de ses appartements. Cet avertissement a produit son effet; Mme la princesse de Saxe a eu un logement très-convenable au château, et c'est à Mme la dauphine seule qu'est dû le mérite de cet arrangement de décence.

La duchesse de Bouillon, née princesse de Lorraine, étant séparée de son mari et fort mal partagée du côté de la fortune, Mme l'archiduchesse a demandé et obtenu une pension de dix mille livres pour cette duchesse, laquelle, eu égard au nom qu'elle porte, paraissait pouvoir être exceptée de la règle générale que s'est formée Mme la dauphine de n'accorder sa protection pour des grâces pécuniaires qu'aux personnes de son service ou de celui de M. le dauphin.

Les amusements du carnaval, sans être moins fréquents que les années précédentes, ont cependant paru occuper moins Mme la dau-

---

(1) La princesse Marie-Christine de Saxe, coadjutrice de l'abbaye de Remiremont, sœur de la dauphine Josèphe de Saxe, mère de Louis XVI.

phine; elle n'a plus tout à fait le même goût pour la danse; sans que cet exercice cesse de lui plaire, il lui en coûte plus de contrainte pour en user avec modération. Mme l'archiduchesse aime maintenant le bal plus pour y voir du monde que pour y danser. Les trois princes et princesses sont venus le 30 janvier au bal masqué de l'Opéra de Paris; les mesures avaient été si bien prises qu'ils sont restés longtemps sans être reconnus de personne. M. le dauphin s'y comporta à merveille; il parcourut le bal, parlant indistinctement à tous ceux qu'il rencontrait sur son passage, et leur tenant un langage fort gai et honnête, où entrait le genre de plaisanterie qu'admettait le local. Le public a été enchanté de cette conduite de M. le dauphin; cela a fait grande sensation dans Paris, et on n'a pas manqué, comme cela arrive toujours en pareils cas, d'attribuer à Mme la dauphine le mieux que l'on remarquait dans la façon de se montrer du prince son époux. Mme la comtesse d'Artois a paru dans cette occasion, comme dans toutes les autres, fort indifférente, taciturne et d'un air d'ennui. Cette tournure déplaît ici à un tel excès que l'on se permet d'en faire une critique beaucoup trop libre, s'agissant d'une princesse de la famille royale.

Les princes et princesses sont revenus une seconde fois au bal de l'Opéra le dimanche 6 de ce mois; mais, pour cette fois, leur marche a été moins cachée et, par conséquent, l'affluence de monde beaucoup plus considérable au théâtre. Il n'en est cependant pas résulté d'embarras ou d'inconvénients, et Mme la dauphine, qui ne s'est point démasquée, soit par le choix des personnes auxquelles elle parlait, soit par les propos qu'elle leur tenait, s'est attiré tous les applaudissements et l'admiration dont le public s'empresse toujours à lui faire hommage. Les bals chez S. A. R. et chez la comtesse de Noailles se sont également bien passés, et n'ont donné lieu à aucunes tracasseries.

Une des deux nièces de la favorite, c'est-à-dire la marquise du Barry (1), quoique attachée au service de Mme la comtesse d'Artois en qualité de dame de compagnie, a toujours été traitée avec les mêmes rigueurs qu'éprouvent tous ceux qui portent le nom de du Barry. Personne de la famille royale ne lui parle, et cette femme, quoique née de condition et placée à la cour, n'en est que plus malheureuse.

---

(1) Mlle de Fumel. Le marquis du Barry prit plus tard le nom de comte d'Argicourt.

Mme la dauphine a très-bien senti les motifs de justice que je lui ai représentés à ce sujet, et, malgré l'opposition de Mesdames, S. A. R. a bien voulu en quelques occasions marquer moins de froideur et de dédain à la marquise du Barry, ce dont je n'ai pas manqué de faire un bon usage vis-à-vis de la favorite. Ce n'est que par des petits moyens semblables que j'ai réussi jusqu'à présent à calmer les dégoûts et les plaintes. En cela je ne puis qu'éloigner le mal, sans produire le bien qu'il serait possible d'effectuer si j'obtenais un peu plus de condescendance et de facilité ; mais, vu la totalité des circonstances et des contrastes dangereux qui existent, c'est encore un très-grand bonheur que, relativement à la famille royale, les esprits puissent être maintenus dans l'état de tranquillité où ils se trouvent dans le moment présent.

Le courrier mensuel m'a remis le 14 à midi les ordres de V. M. en date du 3. Je me rendis le lendemain à Versailles pour y présenter à Mme la dauphine les lettres qui lui étaient adressées. Je n'eus que quelques moments d'audience, parce que l'emploi d'une dernière journée de carnaval n'admettait pas un entretien fort long ni bien sérieux. S. A. R. lut d'abord la lettre de V. M. avec l'empressement et l'attention ordinaires ; elle me fit la grâce de me dire ensuite qu'elle voulait me parler à loisir après le renvoi du courrier, qui n'a pu être expédié qu'aujourd'hui, parce que le bal du mardi et le service d'église du lendemain avaient empêché Mme l'archiduchesse de commencer à écrire ses lettres avant la journée du jeudi.

Il me reste encore à éclaicir un article de la très-gracieuse lettre de V. M. relativement à Mme la comtesse de Provence. Il est vrai que depuis quelque temps cette princesse commence à se déployer d'une façon plus avantageuse que ne paraissait le comporter son premier début ; mais, si elle obtient maintenant quelques succès vis-à-vis du public, il est très-certain qu'elle ne les doit qu'à l'attachement qu'on lui voit pour Mme la dauphine, et aux soins qu'elle prend de lui plaire. Il paraît bien difficile que Mme la comtesse d'Artois puisse de longtemps se montrer sous une forme agréable aux yeux de ce pays-ci ; il semble que toutes les raisons physiques et morales s'opposent à un pareil changement. Cependant, quoi qu'il puisse en arriver, les deux princesses de Savoie n'auront jamais de relief que celui que Mme la dauphine voudra bien leur procurer, et cette vérité est tellement fondée dans la nature de la chose et dans l'opinion générale qu'il n'existe rien que je pusse affirmer avec autant de certitude. Tous les intrigants de ce pays-ci en sont tellement convaincus qu'on leur a vu abandonner successivement les idées d'un parti à former sous les auspices des deux princesses en question, et de fait ces idées chimériques n'étaient absolument pas praticables.

VII. — Mercy a Marie-Thérèse.

Paris, le 19 février. — Il s'est agi dans ces derniers temps d'un objet majeur et si délicat que je crois devoir en exposer les circonstances à V. M. dans ce très-humble rapport séparé et secret.

Quoique la comtesse du Barry vienne de donner des preuves d'un crédit très-affermi, et malgré que le roi paraisse plongé à son égard dans un aveuglement aussi décidé que déplorable, il règne cependant dans tout le parti de la favorite des craintes et des doutes sur le moment où ce monarque pourrait rentrer en lui-même. Aussitôt que je me suis aperçu des plus légers indices de ces craintes, j'ai senti de quelle importance il était de redoubler d'attention pour tâcher d'en pénétrer les motifs. A force de soins, j'ai découvert qu'ils étaient fondés en partie sur des propos que le roi commence à tenir de temps en temps sur son âge, sur l'état de sa santé, et sur le compte effrayant qu'il s'agira de rendre un jour à l'Être suprême de l'emploi de la vie qu'il nous a accordée dans ce monde. Ces réflexions, occasionnées par le trépas de quelques personnes de l'âge du roi, et mortes presque sous ses yeux (1), ont fort alarmé les gens qui retiennent ce monarque dans ses erreurs actuelles, et, dès ce moment, un chacun a cru devoir songer aux moyens de trouver un abri selon les événements possibles. C'est d'après ce calcul que l'on a commencé d'abord par chercher à se rapprocher de M. le dauphin et de Mme la dauphine. Mes précédents et très-humbles rapports ont rendu compte des premières avances de cette marche; mais on a été bien plus loin, et, dans la prévoyance que le roi, revenant à des sentiments de piété,

---

(1) Le roi avait vu récemment plusieurs de ses courtisans succomber de mort subite. Le marquis de Chauvelin, compagnon de ses plaisirs, était tombé mort en jouant aux cartes avec lui le 23 novembre 1773 (voir au tome 1er la note de la page 181). Le maréchal d'Armentières avait été subitement atteint. L'abbé de la Ville, directeur aux affaires étrangères, avait été frappé d'apoplexie au lever du roi (*Mémoires du duc de Richelieu*, édition Didot in-12, tome II, page 276).

pourrait se livrer à un confesseur, et celui qui remplit ce poste étant d'une vertu trop reconnue pour se prêter à l'intrigue, toutes les vues se sont tournées vers les moyens de l'écarter, et de lui substituer un personnage plus facile à manier. Comme ce confesseur du roi est en même temps celui de Mme la dauphine, on a senti qu'il serait impossible de l'éloigner de la cour, à moins qu'on ne commençât par le priver de sa place auprès de S. A. R. En conséquence, on insinua de loin au roi que l'abbé Maudoux (c'est le nom de ce confesseur) songeait à se retirer, que sa vue, très-affaiblie, n'admettait guère qu'il pût rester à la cour, et que Mme la dauphine n'était d'ailleurs pas trop favorablement disposée à avoir confiance en cet ecclésiastique. Aussitôt que je fus instruit de cette particularité, je n'hésitai pas à en aller rendre compte à Mme la dauphine, à laquelle j'exposai tout le détail de cette intrigue. S. A. R. en parut en peine, et témoigna quelque crainte qu'on ne parvînt à la priver d'un confesseur duquel, à juste titre, elle fait le plus grand cas. Je proposai à Mme l'archiduchesse un moyen sûr de parer à cet inconvénient : c'était de dire au roi, à la première occasion, qu'elle savait que l'on avait supposé à ce monarque que Mme la dauphine n'était pas fort attachée à son confesseur, qu'en conséquence S. A. R. croyait devoir désabuser le roi, et ne pas lui laisser ignorer l'estime et la confiance qu'elle a pour son confesseur actuel, lequel est généralement reconnu pour un ecclésiastique des plus vertueux et des plus éclairés.

Mme la dauphine suivit cet avis, et il était grand temps d'en faire usage, parce que cette manœuvre était suivie avec grande chaleur, et que l'on avait même trouvé moyen d'y mêler Mme Louise la carmélite. Tout ce parti ayant formé en dernier lieu une nouvelle tentative, le roi déclara que jamais il n'ôterait à Mme la dauphine un confesseur dont il savait qu'elle était satisfaite, que d'ailleurs il était lui-même persuadé qu'on ne pourrait trouver personne plus apte que ne l'est l'abbé Maudoux à remplir les fonctions du confessionnal. Cette réponse décisive a dérouté toute l'intrigue, et il ne paraît pas même possible que l'on puisse y revenir.

J'ai exposé dans ma dépêche ministérielle d'aujourd'hui tout ce qui s'est passé relativement à la charge de grand maître de l'artillerie que le prince de Condé désirait tant d'obtenir (1); mais j'ai cru devoir

---

(1) Le prince de Condé, qui, avec tous les princes du sang, avait pris parti pour l'ancien

omettre dans cette même dépêche que c'est Mme l'archiduchesse qui, dans toute cette affaire, a conduit les démarches et les propos de M. le dauphin vis-à-vis du roi. Il est bien certain que la demande du prince de Condé était abusive, absolument contraire au bien de la chose, et que, par conséquent, M. le dauphin avait toute raison de tâcher d'y apporter des obstacles ; cependant l'objet étant par sa nature un peu délicat, il ne pouvait convenir à Mme la dauphine de paraître s'en être mêlée ouvertement. J'ai eu grand soin d'en éloigner le soupçon, et S. A. R., sur mes représentations, a bien voulu se prêter à sauver toutes les apparences à cet égard.

Je reprends maintenant les articles de la très-gracieuse lettre de V. M., et commence d'abord par celui qui concerne le prince de Rohan. Les assertions audacieuses de cet ambassadeur sur des prétendues lettres de V. M. mériteraient à tous égards une sévère punition, et il est inconcevable qu'un homme puisse s'oublier jusqu'à ce point-là. Il aurait été possible de l'en rendre responsable vis-à-vis de sa propre famille ; mais, comme il en aurait pu résulter des propos et des mauvaises justifications, et que d'ailleurs une pareille folie ne mérite que du mépris, je n'ai fait aucune mention de ce nouveau sujet de mécontentement donné à V. M. D'ailleurs le retour du prince de Rohan est enfin décidé ; le duc d'Aiguillon m'en a parlé lui-même, en me disant qu'il ne différait à expédier ce congé que jusqu'à ce qu'il fût informé si le prince de Kaunitz agréerait que l'abbé Georgel restât pour suivre les affaires, ou s'il désirait qu'on lui envoyât un autre sujet, ce dont j'ai rendu compte à la chancellerie d'État passé quinze jours, et par la poste ordinaire. Le duc d'Aiguillon m'a dit en même temps que le prince de Soubise lui avait déclaré que, pour raison d'affaires domestiques, le prince de Rohan ne serait plus dans le cas de pouvoir retourner à Vienne, à quoi le ministre n'avait rien objecté. De cette façon, V. M. va se trouver entièrement débarrassée du mauvais sujet dont il s'agit, et je n'attends que la réponse du prince de Kaunitz sur l'abbé Georgel pour presser définitivement l'exécution de cet arrangement. La famille de Noailles se tient très-assurée que l'ambassade de Vienne n'échappera pas au marquis de Noailles ; il en a la promesse presque formelle, et je ne vois pas

---

parlement et était en disgrâce, demandait la charge de grand-maître de l'artillerie ; à ce prix il consentait à cesser toute opposition et à se réconcilier avec d'Aiguillon.

la moindre possibilité que le baron de Breteuil pût parvenir à ce poste; quoique ce dernier ait quelques inconvénients, je lui connais de bonnes qualités essentielles, de l'honnêteté, de la droiture, et un grand attachement au système actuel, mais je crois pouvoir répéter avec toute apparence de certitude qu'il ne sera pas dans le cas de succéder au prince de Rohan.

Relativement au projet du voyage de S. M. l'empereur, tout ce que V. M. m'ordonne sera rempli avec la dernière exactitude, et les remarques qu'elle daigne me communiquer à ce sujet me sont d'une très-grande utilité pour pouvoir méditer et me préparer sur ce que j'aurai à observer et à dire, afin de prévenir toutes les impressions contraires à la vérité et au bien de la chose. J'avoue que ma confiance dans les hautes lumières de S. M. l'empereur me rassure infiniment contre les préjugés que ses entours pourraient chercher à lui inspirer: au moins il faudra dire des raisons; j'en aurai de mon côté de très-bonnes à exposer, et je les ferai valoir avec tout le zèle que je dois à mon auguste souveraine.

Par le retour d'un officier revenu de Marseille, le comte de Lacy m'a fait prévenir qu'il se proposait d'être ici dans le courant du mois d'avril; ce projet est sans doute combiné sur celui de S. M. l'empereur.

Quant à ce qui regarde la façon d'agir de S. M. envers la favorite, d'après les intentions que V. M. daigne me faire connaître je prévois qu'il ne surviendra ni difficultés ni embarras, et qu'il sera facile d'observer un juste milieu entre ce qu'exige la dignité, la décence et ce que peut admettre une certaine condescendance et complaisance pour le roi. Il en est tout différemment par rapport à Mgr l'archiduc Maximilien; eu égard à l'âge de ce prince, il se trouvera ici en quelque façon comme sous la tutelle de Mme la dauphine, et il ne peut ni de près ni de loin être question de laisser approcher de lui la favorite. Je ne prévois pas même qu'on pût s'aviser d'y songer, et, à tout événement, je ne serais pas fort embarrassé sur les moyens d'éloigner de pareilles idées.

S'il arrivait que S. M. l'empereur me parlât de ce qui a trait au prince de Kaunitz ou au prince de Starhemberg, en gardant un parfait silence sur ce qu'il a plu à V. M. de me confier à ce sujet, je mettrai dans mes réponses la très-respectueuse franchise et la vérité dont je ne m'écarterai de ma vie quand il s'agira du bien du service.

Quant à ce que V. M. daigne me marquer de son auguste main sur le jugement qu'elle a porté de mon très-humble rapport du 9 de janvier, comme aucune expression ne peut rendre ce que je sens et ce que je dois à la suite d'une pareille marque de clémence, il ne me reste qu'à me prosterner aux pieds de V. M. et y déposer mon cœur et ma vie, qui sont pour jamais consacrés à la plus grande et à la meilleure des souveraines. J'ai encore dans ce moment à ajouter mes très-humbles actions de grâce pour l'extrême bonté avec laquelle V. M. a voulu que j'eusse part à l'envoi du vin de Tokay destiné au roi, et qui est arrivé dans la semaine dernière. Mme la dauphine a offert ce présent, et s'est réservé de rendre compte des sentiments du roi Très-Chrétien à cette nouvelle marque de l'amitié et de l'attention de V. M. à son égard.

VIII. — Marie-Thérèse a Mercy.

Vienne, le 8 mars. — Comte de Mercy, J'ai reçu par le courrier Caironi, arrivé ici le 2 de ce mois, votre lettre du 19 du passé. Vous avez agi avec votre prudence ordinaire pour arrêter les tracasseries qui auraient pu naître de la demande de la comtesse de Blot. Je suis de même contente du parti que ma fille a pris de procurer un logement à la cour à la princesse Christine de Saxe et une pension à la duchesse de Bouillon, née princesse de Lorraine, en faisant à cet effet ses démarches d'une façon qui fait honneur à son caractère, sans les pousser trop loin. Je suis bien aise du succès du dernier carnaval. Je pardonne à ma fille de prendre moins de goût à la danse, pourvu que l'air dont elle paraît dans ces parties de plaisir contente le public. [Cela ne se perd que trop tôt ; je souhaite que les réflexions sérieuses viennent chez elle le plus tard que cela se peut.] Je suis convaincue qu'on ne saurait guère espérer quelque changement à l'égard des Barry, dès que la famille royale, d'accord, a pris le système de les traiter avec froideur, et que vous ne sauriez prendre meilleur parti que d'en diminuer les sinistres impressions et d'éloigner toute démonstration plus forte d'aversion et d'aigreur.

Je ne regrette point les succès que la comtesse de Provence obtient maintenant vis-à-vis du public, lorsqu'elle les doit à son attachement à ma fille ; j'en suis même très-satisfaite, parce que je crois que c'est le meilleur moyen d'entretenir l'union dans la famille.

L'intrigue tramée contre le confesseur du roi et de ma fille fait horreur. Que je plains ce bon prince, enchaîné par les cabales de ses indignes favoris! Il n'y a que la confiance dans la miséricorde de Dieu, qui, par pitié pour les bons [mais faibles] sentiments de ce souverain malheureux, voudra peut-être à la fin lui ouvrir les yeux sur le danger où il va être entraîné de se perdre sans ressource.

La direction que vous avez donnée à ma fille sur la conduite à tenir à l'égard de la prétention formée par le prince de Condé à la charge de grand maître de l'artillerie est une nouvelle marque de vos lumières et de votre zèle pour le bien de ma fille.

Vous ne sauriez bien imaginer combien je suis bien aise de pouvoir compter sur le prochain rappel du prince de Rohan. Autant que je suis informée du caractère du marquis de Noailles et du baron de Breteuil, je crois que le premier conviendrait ici plus que le dernier; je ne suis cependant pas prévenue contre le baron de Breteuil, mais je me doute si l'empereur et le prince de Kaunitz s'accommoderont de son caractère *à la longue,* qu'on suppose être vif. Je n'ai rien de nouveau à vous mander sur le voyage de l'empereur; comme ce projet transpire de plus en plus, je tâcherai de l'engager à en écrire par ce courrier à la dauphine. Au reste, je me bornerai toujours à vous marquer simplement les faits qui sont relatifs à cet objet, sûre comme je suis que vous saurez arranger en conséquence au mieux le langage à tenir à l'empereur, aussi bien sur les affaires dont il sera question que sur le personnel des princes de Kaunitz et Starhemberg ou autres ministres.

[Tout a été inutile, il exige le plus grand secret; je ne lui ai donc rien touché; rien de nouveau à vous communiquer sur cet important objet. On m'a même caché ce que vous avez écrit à ce sujet. Pour vous seul : ma fille a mandé à l'empereur qu'elle avait envie de demander au roi d'aller à Bruxelles voir le prince Charles et son frère. Je n'ai pas vu la lettre, mais l'empereur l'a conté; ce n'est que pour vous seul et vous ne ferez aucun usage vis-à-vis d'elle, vous verrez si elle vous en parlera. Je ne trouverais nullement convenable des voyages ou courses sans le dauphin, et avec lui ce serait très-embarrassant. Je crois presque que c'est une petite malice de ma fille pour faire parler l'empereur sur ses voyages.]

IX. — Mercy a Marie-Thérèse.

22 mars. — Sacrée Majesté, Depuis le commencement de ce carême, tout est rentré à Versailles dans un ordre plus régulier, plus tranquille et plus propre à suivre les occupations sérieuses et utiles desquelles Mme la dauphine avait été distraite par les amusements du carnaval. Le mauvais temps, qui n'a d'ailleurs admis que peu de chasses et de promenades, donnait lieu à un genre de vie plus recueilli, de manière qu'en exceptant les trois spectacles qui se donnent par semaine sur le petit théâtre de la cour, Mme l'archiduchesse n'a presque point eu d'objets de dissipation, et s'est livrée avec plus de suite à ses lectures, à la musique et à l'exercice de la danse. Dans l'intérieur tout a été assez tranquille, quoique l'on y aperçoive toujours de nouvelles traces d'une petite jalousie sourde qui se manifeste sur tout ce qui concerne Mme la dauphine. Il semble que Mesdames ses tantes se fassent une étude d'écarter les occasions où S. A. R. serait en même d'effectuer quelque bonne action, et de s'attirer davantage l'admiration et les hommages du public ; on tâche d'éloigner les idées de bonté, de bienfaisance, tantôt par des petites critiques déplacées, tantôt en faisant naître des embarras d'étiquette et nombre d'obstacles de cette nature dont il m'est fort aisé d'apercevoir le but. J'ai eu grand soin de n'en rien laisser échapper à Mme l'archiduchesse, qui a très-bien senti et reconnu le piége qu'elle est en même temps fort résolue à éviter. Cette matière délicate a été celle de plusieurs audiences que m'a données S. A. R., particulièrement à la suite d'un petit incident dont voici l'objet.

Mme la dauphine a dans le nombre de ses dames une comtesse de Mailly dont elle fait avec raison beaucoup de cas ; c'est une jeune femme douce, sage, d'un caractère honnête, tranquille et éloigné de toute intrigue (1). Cette femme avait un fils unique dont la perte vient

---

(1) Madame de Mailly, née Périgord, était belle-fille du duc de Castrie. « Elle a la réputation de beaucoup d'honnêteté, et ne s'est jamais mêlée à aucune intrigue ; elle est attachée à son mari et à ses devoirs, et n'a jamais eu d'histoire sur son compte », tel est le jugement qu'en porte Mercy dans une Note séparée sur les dames du service de Marie-Antoinette, note très librement rédigée, et sans doute écrite pour Joseph II, lorsqu'il vint en France en 1777. Mme de Mailly, dont le caractère justifiait si bien l'affection et les égards que lui témoigne Marie-Antoinette, succéda comme dame d'atours à Mme de Cossé.

de la jeter dans la plus vive affliction. Mme l'archiduchesse, touchée de ce malheur, témoigna qu'elle voulait aller voir la comtesse de Mailly, qui était à Paris, et tâcher de lui donner quelque consolation. Tout le monde fut enchanté de ce premier mouvement de bonté ; mais Mesdames songèrent d'abord à en intercepter l'effet ; elles représentèrent à Mme l'archiduchesse qu'il n'était point d'usage que les princes ou princesses de la famille royale allassent chez des particuliers absents de la cour, que cette démarche tirerait à trop de conséquences, et cette objection fut étayée de toutes les mauvaises raisons possibles. Mme la dauphine, un peu choquée de ces sortes de représentations, sans s'expliquer sur ce qu'elle en pensait, prit le parti d'en écrire au roi qui était à Marly. Elle lui manda qu'ayant appris la veille le malheur arrivé à la comtesse de Mailly, et s'agissant d'une femme qu'elle estime particulièrement, sa première idée avait été d'abord de l'aller consoler, mais que cependant, avant de remplir ce projet, elle avait cru devoir s'assurer que le roi ne le désapprouverait pas. Le monarque, en disant à Mme la dauphine beaucoup de choses tendres, répondit à sa demande dans les termes suivants : « Quoique « nous ne soyons accoutumés à faire des visites au loin, ma chère « fille, vous êtes bien la maîtresse de faire tout ce que vous dictera « votre bon cœur pour cette pauvre femme. » Cette façon de s'exprimer du roi laissant à Mme l'archiduchesse toute liberté et s'étant assurée d'avance de l'approbation de M. le dauphin, elle n'hésita plus à suivre sa première idée, et vint voir la comtesse de Mailly. Cet acte de bonté eut tout le succès qu'il devait avoir vis-à-vis du public de Paris, qui est peu accoutumé à des démarches de bienveillance de la part des princes et princesses de la famille royale.

Le département de la guerre étant ici celui qui a le plus de grâces et d'emplois à distribuer, le duc d'Aiguillon cherche à se prévaloir de son nouveau ministère pour saisir des occasions de plaire à Mme la dauphine. S. A. R. ayant demandé un régiment pour le frère d'un de ses aumôniers, cette demande fut remplie dans les vingt-quatre heures. Le duc d'Aiguillon me pria ensuite de dire à Mme l'archiduchesse qu'il se ferait une loi de lui obéir en tout, mais qu'il la suppliait uniquement de vouloir bien lui indiquer les objets auxquels elle prendrait un intérêt réel, et de les différencier avec ceux que S. A. R. ne recommanderait qu'en cédant aux importunités de ses entours, afin que, par cette distinction, le ministre fût dans le cas de toujours satisfaire aux volontés de M*me* l'archiduchesse sans porter trop d'atteintes à la justice et au bien du service. Je rendis compte de cette proposition raisonnable et honnête; S. A. R. en fut très-satisfaite et promit de s'y prêter. Je fis quelques remarques sur l'utilité des ménagements à garder dans les recommandations; l'excès de cet abus est ici sans contredit la source des plus grands désordres, et il importe à la gloire de M*me* la dauphine, à la consistance de son crédit et au maintien de l'opinion publique, qui lui est si favorable, qu'on ne puisse jamais attribuer à cette princesse d'avoir protégé des sujets médiocres ou des demandes injustes. J'ajoutai à cela d'autres observations politiques sur les dispositions présentes du duc d'Aiguillon, et sur le parti qu'il y a à en tirer. M*me* l'archiduchesse m'écouta avec attention, et il serait sans doute très-utile si V. M. daignait appuyer par ses avis sur cet article essentiel les représentations qu'il m'a donné lieu d'exposer.

Le courrier mensuel n'étant arrivé ici que dans la journée du 19, et me trouvant très-pressé de l'expédier, pour que la correspondance reste autant que possible dans les époques que V. M. a daigné fixer, je crois devoir pour cette fois abréger ce présent et très-humble rapport.

X. — Mercy a Marie-Thérèse.

A Paris, le 22 mars. — J'ai cru ne pouvoir traiter que superficiellement dans mon très-humble rapport ostensible quelques articles dont les détails me paraissent devoir être exposés à V. M. seule. Cela regarde particulièrement les effets de la jalousie qui s'élève dans l'intérieur de la famille royale contre M*me* la dauphine, et, quoique je n'aie cité à cet égard que Mesdames, je ne suis que trop dans le cas de devoir également faire mention des autres princes et princesses. Il suffira de déduire quelques particularités, desquelles V. M. daignera tirer les conséquences qui en résultent relativement à la totalité de l'objet.

Quoique M*me* la dauphine n'ait cessé de combler de prévenances et de bontés M*me* la comtesse d'Artois, cependant cette princesse, dont le caractère s'annonce aussi mal que sa figure, au lieu de marquer de la sensibilité et de la reconnaissance aux procédés de M*me* l'archiduchesse, a paru les éprouver d'un air d'indifférence que j'attribua d'abord à un défaut d'esprit ; mais d'autres petites circonstances viennent de faire connaître qu'il y entre de la mauvaise volonté. Un soir de ce carême, la jeune famille royale soupait chez Mme d'Artois. Cette princesse fait gras ; son souper n'était point encore monté, mais le souper en maigre se trouvait déjà dans l'antichambre. Mme la dauphine proposa à sa belle-sœur de faire mettre en attendant sur table le service maigre ; Mme d'Artois s'y refusa avec un ton de mauvaise grâce qui surprit ceux qui étaient présents. La dame d'atours voulut faire sentir à Mme d'Artois qu'elle manquait d'égards à Mme la dauphine ; mais la petite princesse répondit en particulier qu'elle trouvait que c'était Mme la dauphine qui lui avait manqué en proposant de faire servir le souper maigre avant que celui de Mme d'Artois ne fût arrivé. Cette petite piquanterie, à tous égards très-misérable et déplacée, n'échappa point à Mme la dauphine, qui, avec sa grâce ordinaire, la tourna en plaisanterie, et en marqua si peu de ressentiment que le lendemain elle tint dans la soirée le jeu chez Mme d'Artois, qui était indisposée d'une fluxion.

D'un autre côté, Mme la comtesse de Provence, sous le dehors de la complaisance et de l'amitié, cherche à se masquer vis-à-vis de Mme la dauphine, qui n'est point facile à détromper sur de semblables apparences, parce que sa candeur, sa franchise et son excellent caractère l'éloignent de tout soupçon envers les autres. Cependant un heureux hasard vient de lui faire découvrir une insigne fausseté de la part de Mme de Provence, et j'en ai tiré bon parti pour convaincre Mme l'archiduchesse de la réalité de mes observations sur Mme sa belle-sœur.

Mme la dauphine avait un grand désir de venir le jeudi gras au bal masqué de l'Opéra ; mais, sachant que M. le dauphin n'aime pas ces sortes de bals, et craignant de mettre sa complaisance à une trop forte épreuve, elle pria Mme la comtesse de Provence de parler à M. le dauphin, de lui témoigner beaucoup d'envie d'aller à ce bal, et surtout de ne point laisser apercevoir au jeune prince que Mme l'archiduchesse eût part à cette demande. Mme de Provence promit de s'acquitter de la commission ; elle rapporta ensuite que M. le dauphin n'avait pas voulu se prêter à la proposition, et qu'il fallait renoncer à le persuader.

Il ne fut plus question de cet objet ; mais, à quelques jours de là, M. le dauphin et Mme la dauphine ayant eu ensemble une conversation très-tendre et amicale, où ils firent une récapitulation de toutes leurs idées réciproques, il fut, entre autres, question de ce certain bal du jeudi gras, et M. le dauphin découvrit à Mme l'archiduchesse que lorsque Mme la comtesse de Provence lui avait parlé de ce bal, elle lui avait dit sous le secret que c'était Mme la dauphine qui la chargeait de faire cette tentative; qu'elle, comtesse de Provence, ne se plaisait point à ces sortes d'amusements, qu'elle ne demandait pas mieux que de s'en voir dispensée, et qu'elle n'agissait en cela que par pure complaisance pour Mme l'archiduchesse, qui ne paraissait se plaire que dans ces divertissements frivoles. Le venin d'une méchanceté aussi maladroite avait fort choqué M. le dauphin, et il dit de la meilleure grâce à Mme l'archiduchesse que, pour ne plus l'exposer à de pareilles duplicités, il lui déclarait une fois pour toutes qu'il approuverait toujours et verrait avec grand plaisir qu'elle exécutât les petits arrangements qui pouvaient contribuer à ses amusements, et qu'il ne la gênerait jamais en rien. Cet entretien amical avait été précédé de circonstances bien plus intéressantes, plus intimes, et desquelles Mme l'archiduchesse fera à coup sûr mention à V. M. Ces circonstances ont été à peu près les mêmes que celles qui avaient eu lieu l'été dernier à Compiègne, et il en résulte un surcroît d'espérances, même une sorte de sécurité que bientôt l'événement si désirable d'une grossesse achèverait de mettre le comble à tous les avantages de la position de Mme la dauphine. Entretemps, son union de tendresse, de confiance et de vraie amitié avec le prince son époux est parfaite; j'ai obtenu que rien ne transpire jamais de ce qui se passe ou de ce qui se dit entre eux, et Mme l'archiduchesse est maintenant de la plus grande réserve à cet égard. Je lui ai exposé de sérieuses réflexions sur le caractère de Mesdames ses belles-sœurs, sur les précautions à prendre vis-à-vis d'elles; j'ai supplié en même temps qu'il n'y eût point d'explication sur les petites trahisons passées; la mauvaise foi qui se voit démasquée n'en devient que plus dangereuse; il est plus utile de ne pas laisser paraître qu'on la connaît, et de se borner à être sur ses gardes. Dans le fond, Mesdames de Provence et d'Artois, en cherchant à nuire à Mme la dauphine, ne feraient que se perdre elles-mêmes, sans pouvoir jamais remplir cet objet, et je n'ai pas la plus petite inquiétude à cet égard.

Dans ces derniers temps, j'ai eu occasion de voir combien Mme l'archiduchesse conserve de sentiments d'intérêt pour tout ce qui tient à sa patrie, et pour ceux qui ont le bonheur d'être sujets de V. M. — S. A. R. a donné une preuve de cet intérêt dans la fâcheuse affaire qu'a eue ici le comte d'Esterhazy; elle a fait venir ce jeune homme, et a daigné lui dire tout ce qui pouvait convenir à sa conduite. Mme l'archiduchesse s'est réservé d'écrire elle-même à V. M. sur cet objet, et, de mon côté, je dois me référer au contenu de ma dépêche d'office du 10 de ce mois (1).

S. A. R. se plaint de ne pas recevoir des lettres de Mgr l'archiduc Maximilien, et croit que ce prince lui doit plusieurs réponses. Comme Mme l'archiduchesse paraît sensible à tout ce qui tient aux preuves de souvenir et d'amitié de son auguste frère, j'ai cru devoir faire mention de cette circonstance, dans le doute que Mme l'archiduchesse ne s'en expliquât pas elle-même.

Le projet du voyage de S. M. l'empereur commence à s'éventer; le duc d'Aiguillon m'en a parlé, en me confiant sous le plus grand secret qu'il en avait connaissance par la voie de Marseille, où le comte de Lacy a dû tenir quelques propos qui ont dévoilé ce mystère. Je croirais bien plutôt que ces notions viennent de quelques lettres interceptées et déchiffrées. En tout cas, si quelques ordres de S. M. l'empereur me mettent en même de devoir lui faire un rapport, je passerai sous silence la particularité en question, afin de ne point exposer le maréchal Lacy au mauvais gré d'une indiscrétion qu'il n'a vraisemblablement pas commise.

Le congé à accorder au prince de Rohan a encore souffert de grandes difficultés, malgré mes soins à presser les démarches de la comtesse de Marsan et du prince de Soubise. La répugnance et les détours du

---

(1) Dans cette dépêche d'office, datée du 9 mars 1774, Mercy dit que le comte Esterhazy avait mérité par sa conduite la bienveillance de la famille royale et particulièrement de la dauphine, qu'une querelle violente avec le prince de Nassau avait amené une provocation en duel, qu'après deux tentatives d'accommodement, l'affaire avait été portée devant le tribunal des maréchaux, chargé, comme on sait, d'arranger les affaires d'honneur; que tout ce qu'on avait pu obtenir des deux adversaires était la promesse de ne point se battre sur le sol de France. Mercy déclare que tous les torts sont du côté du prince; mais il ne fait pas connaître le sujet de la querelle, que Marie-Thérèse, comme nous le verrons plus loin, juge très-sévèrement, reprochant à sa fille l'intérêt qu'elle témoigne pour Esterhazy. — Il faut remarquer que le comte Esterhazy compromis ici dans cette affaire de duel n'est point le comte Valentin Esterhazy, colonel au service de France, que nous verrons plus tard en grande faveur auprès de Marie-Antoinette. Dans un rapport suivant, Mercy annonce que les deux adversaires se sont donné rendez-vous au delà de la frontière. Nous voyons par la lettre de Marie-Thérèse du 3 avril que le duel eut lieu.

duc d'Aiguillon ont été tels qu'il a fallu enfin que je prisse le parti de lui en parler moi-même. Dans cette démarche délicate, j'ai arrangé mes propos de façon à ce que le ministre ne puisse en faire un usage dangereux, et je l'ai amené à me dire positivement, dans la conférence du mardi 8 de ce mois, qu'il allait expédier le congé au coadjuteur. Cette affaire m'a causé beaucoup d'inquiétude et de peine, parce que, dans un point où V. M. marque une intention personnelle, j'aurais voulu que ses hautes volontés fussent remplies sans délai.

J'ai abrégé mon très-humble rapport ostensible pour pouvoir m'étendre un peu davantage dans ce présent rapport secret, où je vais reprendre les articles de la très-gracieuse lettre de V. M. qui exigent quelques éclaircissements de ma part.

Un des plus essentiels de ces articles est celui qui a pour objet l'intrigue tramée ici pour éloigner le confesseur actuel du roi, et lui substituer un sujet plus propre à se plier aux vues de cabales qui règnent à cette cour. J'ai des preuves certaines qu'on vient de reprendre des manœuvres tendantes à effectuer le projet en question, et je suis d'autant plus occupé et attentif sur cette matière qu'il n'y a que Mme la dauphine seule qui puisse mettre obstacle aux vues pernicieuses qu'on se propose.

Dans une longue audience que j'ai eue de S. A. R., il a été décidé qu'elle déclarera à son confesseur que sous aucun prétexte ni raison elle ne consentira à sa retraite, et qu'elle exige de ce pieux et honnête ecclésiastique que, par devoir et par conscience, il ne se prête pas aux insinuations qu'on pourrait lui faire pour l'éloigner de la cour. J'ai mis également là-dessus en action l'abbé de Vermond, qui a de l'ascendant sur l'esprit de l'abbé Maudoux, et je tiens pour presque infaillible qu'aussi longtemps que ce dernier restera confesseur de Mme l'archiduchesse, le roi ne se déterminera jamais à en prendre un autre, et que l'on sauvera par là l'excessif inconvénient de voir occuper ce poste si important par quelque sujet suspect.

Dans ces derniers temps, j'ai eu des lueurs de quelques manœuvres sourdes contre la favorite ; mais je ne puis encore débrouiller cet objet ni en juger les ressorts. Le duc d'Aiguillon doit toute son existence à la comtesse du Barry ; mais il n'est pas content d'elle dans les détails de sa conduite. Il trouve sans cesse dans l'ineptie de cette femme des difficultés à la diriger et à la faire agir. Elle est d'ailleurs exigeante, inconsidérée, et tout cela pourrait donner lieu à des combinaisons et des événements nouveaux, bien essentiels à prévoir, soit pour le bien général, soit pour autant qu'ils pourraient influer sur la position de M. le dauphin et de Mme la dauphine.

S. M. l'empereur daigne m'écrire qu'il croit que son voyage en France aura lieu, mais qu'il « ne peut encore en parler d'une façon « positive, et que je ne serai définitivement informé de ce qui en « sera que par le courrier du mois d'avril, qui, en cas du voyage de « S. M., pourrait bien ne la précéder que de peu de jours ».

Il serait cependant presque indispensable que je reçusse des ordres quelque temps en avance pour prendre bien des petites mesures de détail, sans lesquelles les premiers moments de l'arrivée de S. M. pourraient être assujettis à différents embarras. C'est ce que j'ose exposer à S. M. dans ma très-humble lettre d'aujourd'hui ; celle que je lui avais adressée par le dernier courrier, et de laquelle V. M. n'a pas eu connaissance, n'était qu'une réponse aux ordres que me donnait S. M. l'empereur de faire passer des papiers au comte de Lacy.

Après le départ du dernier courrier, Mme la dauphine m'avait confié son projet de voyage à Bruxelles. Je fis d'abord les deux objections que V. M. daigne citer ; je ne prévois pas trop d'ailleurs que le roi consentît facilement à ce projet ; mais il m'a paru voir clairement que Mme l'archiduchesse l'avait formé de bonne foi et sans autre vue seconde.

XI. — Marie-Thérèse a Marie-Antoinette.

Vienne, le 3 avril. — Vous aurez actuellement Lacy, si sa santé le permet, pour vous faire sa cour ; il ne vient à Paris que pour vous voir, n'aimant nullement d'être courtisan, encore moins les vivacités françaises. Il mérite que vous le traitiez bien ; il m'est extrêmement attaché, et je ne me ressens que trop du vide que son absence me cause de toute façon. Je serais charmée qu'il fût mieux ; je crains bien que sa santé est confisquée à force de blessures et de travailler.

M. de Esterhazy s'est bien mal comporté de toutes façons, je ne veux pas dire pour s'être battu contre les ordres divins et de son souverain, mais la cause est encore plus horrible : lui marié, entretenir la femme d'un autre, dépenser à ce sujet cent mille florins, cela n'est pas excusable. Il y a déjà quinze jours que le chancelier son oncle lui a envoyé les ordres de revenir tout de suite ; aux Pays-Bas les mêmes occasions se trouveraient ; il est temps qu'il vienne se rendre à son devoir. Je sais les bontés que vous avez eues pour lui, cela caractérise votre bon cœur ; mais malheureusement, étant souveraine, on ne peut se laisser aller à son penchant ; il faut la plupart du temps agir contre. Voilà ma situation assez pénible et désagréable, qui, à la longue, rend notre métier insupportable et même dangereux.

J'ai appris par les gazettes votre visite à Mme Mailly. Cela fait une sensation bien différente ; mais tous les sensés doivent l'approuver, d'autant plus qu'on dit que cette dame mérite vos bontés et attention et vous fait honneur que vous l'estimez et distinguez. J'espère donc à la fin d'être quitte de notre Rohan, et bientôt après de Georgel. M. d'Aiguillon étant ministre de la guerre a commencé de vouloir gagner vos bonnes grâces ; c'est en règle, il faut que vous ayez de même de bons procédés tant qu'il les mérite. Je ne souhaite jamais de bassesse de vous, mais non plus aucun esprit de parti.

Pour ceux que le roi élève et estime, vous n'en devez pas aller chercher plus loin, et en faire de même. Sur ce point écoutez et suivez les conseils de Mercy ; il n'est occupé par son attachement que de votre bien et ne vous conseillera jamais rien dont vous aurez à rougir. Votre situation est trop brillante pour ne pas faire des envieux ; ceux-ci ne négligeront aucune occasion pour la troubler, il faut donc aller avec bien de la circonspection. N'étant occupée, ma chère fille, que de votre bonheur, je voudrais vous le procurer aux dépens de mes jours.

XII. — Marie-Thérèse a Mercy.

Vienne, le 5 avril. — Comte de Mercy, J'ai reçu votre lettre du 22 du passé par le courrier Wolf, arrivé ici le 2 de ce mois. Je vois bien que je ne me suis pas trompé sur l'effet que les applaudissements que le public donne à la conduite de ma fille devront produire sur l'esprit de Mesdames, et les manigances des comtesses de Provence et d'Artois ne sentent que trop le caractère piémontais. Je vois justifiés les soupçons [et encore plus les inquiétudes] que j'en avais d'abord conçus et dont je vous ai fait part ; mais je suis rassurée par les nouvelles que vous me mandez sur la conduite de ma fille au milieu de ces intrigues et cabales, et, soutenue par vos conseils, j'espère qu'elle évitera les piéges dans lesquels elle risquerait d'ailleurs de tomber. Il importe infiniment de conserver à la cour le confesseur du roi, qui est encore celui de ma fille, et de la tenir éloignée de toute cabale qui pourrait se former contre la favorite, quoique je compte peu sur le succès d'une telle manœuvre, vu le caractère connu du roi.

Ce qui me fait le plus de plaisir est la façon cordiale dont le dauphin s'est expliqué avec ma fille sur la conduite de la comtesse de Provence. Apparemment il ne sera plus question du voyage de ma fille à Bruxelles, et je souhaite qu'on laisse tomber tout à fait cette idée.

Quoique je suis bien aise de l'empressement d'Aiguillon à se prêter aux recommandations de ma fille, vous ne sauriez cependant trop lui inculquer de se conduire à ce sujet avec beaucoup de discernement et modération [elle n'a été ici que trop légère sur ce point]. Je ne saurais être que très-contente du succès de vos démarches pour assurer le rappel prochain de Rohan ; si le marquis de Noailles venait à être nommé son successeur, j'en serais également d'accord.

Comme l'empereur écrit au maréchal de Lacy plusieurs fois par la poste, je suis de votre avis que, par l'interception de ses lettres [qui passaient la plupart du temps par Fries (1)], Aiguillon aura découvert son projet de voyage en France. Il en a différé l'exécution pour quinze jours, et huit jours avant son départ d'ici il pense vous expédier un courrier. Comme il pourrait encore s'arrêter une dizaine de jours dans l'Autriche antérieure, vous gagnerez, je crois, assez de temps pour faire toutes les dispositions nécessaires avant son arrivée à Paris.

XIII. — Marie-Thérèse a Mercy (2).

Vienne, le 5 avril. — Vous serez étonné que, par ma lettre écrite ce matin, je vous ai dit le voyage de l'empereur différé pour quinze jours. Je le croyais alors ; mais, depuis quelques heures, l'empereur

---

(1) Jean Fries, né à Mulhouse, le 19 mai 1719, mort à Vienne, le 19 juin 1785. Après avoir fondé à Vienne une maison de commerce qui, sous sa direction, parvint à une grande prospérité, il rendit au gouvernement autrichien comme fournisseur de l'armée pendant la guerre de Sept ans d'importants services, pour lesquels l'impératrice le créa baron en 1762. En 1783 l'empereur Joseph II le fit comte.

(2) Pièce entièrement autographe.

venant me dire que je devais absolument décider s'il devait faire ce voyage ou non, je m'en suis excusée, lui répondant que je n'étais pas consultée sur le projet et que je ne pouvais non plus décider sur la réussite, qu'en général je n'étais pas pour tous les voyages qui éloignaient l'empereur d'ici et des affaires ; s'il veut donc se décider sur cette maxime générale, il était le maître, mais que je trouvais la chose un peu trop publique pour en revenir sans que cela fît une sensation trop forte. Il trouva cette réflexion nullement de valeur et ajouta : « Justement pour cette raison, ayant été si publique, je ne l'entreprendrai pas, pour retenir une autre fois le public de ces décisions prématurées. » Vous vous souviendrez que cette partie s'est faite à la Saint-Hubert avec Rohan ; je vous l'ai marqué alors, et, à cette heure, ce même Rohan dit d'avoir reçu un congé de deux mois, mais qu'il reviendra sûrement. Je ne doute pas du contraire ; mais, ce qui est le pis, voyant que le voyage de l'empereur pourrait n'avoir pas lieu, il a assuré qu'il ne compte profiter de ce congé qu'après l'arrivée de l'envoyé turc, qui ne sera qu'à la mi-juin ou même juillet. Cela ne me convient nullement. Je ne saurais vous exprimer combien ma situation est triste de toute façon. L'empereur m'a dit qu'il vous marquera lui-même que son voyage est différé après les camps, qui ne finissent que le 20 octobre. Vous me direz sincèrement ce que vous en pensez. Je suis bien aise de n'avoir jamais rien marqué d'approchant seulement à ma fille. La vraie raison de ce changement si subit me paraît le roi de Prusse, qui marquait toujours de ne pouvoir croire que l'empereur aille en France sans avoir d'autres objets, comme les Pays-Bas ou autres. Il tournait même assez en ridicule cette course, et, comme malheureusement l'approbation de ce monstre nous importe, j'ai vu l'impression que cela faisait. Je ne touche qu'un mot au maréchal Lacy, en le priant de ne faire semblant de rien que vis-à-vis de vous seul. Vous me direz sincèrement quelle sensation tout cela a faite ; ici le public m'adosse le projet de ce voyage ; on me taxe Française entièrement ; je le suis autant qu'ils le méritent.

XIV. — MERCY A MARIE-THÉRÈSE.

Paris, 19 *avril.* — Sacrée Majesté, Les derniers temps du carême se sont passés sans que relativement à M^{mo} la dauphine il soit survenu d'événements de quelque conséquence, et je n'ai aujourd'hui à mettre sous les yeux de V. M. que la marche et le développement de certaines particularités desquelles il a déjà été fait mention dans mes précédents et très-humbles rapports. Cela regarde essentiellement la position intérieure de la famille royale, et les différents mouvements qui s'y succèdent. J'ai exposé ceux qu'ont occasionnés les petites jalousies de Mesdames; mais l'effet de ces jalousies ne pouvait rien produire de bien embarrassant. Je me suis toujours borné à supplier Mme l'archiduchesse de paraître ne pas s'apercevoir de semblables misères, de ne jamais entrer en explication sur les motifs qui peuvent les faire naître, et de ne rien varier dans son maintien, dans son langage ni dans les démarches qu'elle juge être convenables et bonnes. S. A. R. a bien voulu adopter ce plan d'une conduite uniforme, et j'en vois journellement les bons effets en ce que Mesdames commencent à s'abstenir de toute critique déplacée, de tout conseil, et qu'elles se réduisent au seul parti raisonnable, c'est-à-dire celui de marquer des égards, des prévenances à Mme la dauphine, et de ne plus songer à la contrarier mal à propos dans des choses qui doivent dépendre de sa volonté.

M. le comte et Mme la comtesse de Provence, dès l'origine, ont toujours eu à l'égard de Mme l'archiduchesse une conduite très-égale et suivie dans le genre de complaisance, d'attentions et de moyens de chercher à plaire à Mme la dauphine. Le caractère un peu suspect de M. le comte de Provence, et sa façon d'agir recherchée et méthodique, m'avaient toujours paru cacher des projets contre lesquels il pouvait être nécessaire que Mme l'archiduchesse se tînt en garde, et c'est ce que S. A. R. a très-bien compris, à la suite de quelques petits incidents qui ont fait voir que le jeune prince mettait dans sa façon d'être plus de politique que son âge n'aurait pu l'en faire soupçonner, et qu'il était en cela très-bien initié par la princesse son épouse. Mme la dauphine sachant à quoi s'en tenir, elle est maintenant parfaitement à l'abri de tout danger vis-à-vis de M. et de Mme de Provence; lesquels, ayant d'ailleurs des manières plus polies et plus aimables, peuvent, dans les objets journaliers et indifférents, contribuer d'une façon utile aux agréments de la société de Mme l'archiduchesse. Il n'en est pas de même par rapport à M. le comte et Mme la comtesse d'Artois, lesquels prennent de plus en plus une tournure si désagréable et peu convenable que toute la cour en est rebutée. Le jeune prince traite mal les ministres, auxquels il annonce ses ordres d'un ton absolu et violent; il n'a d'égards pour personne. Il règne dans l'arrangement de son service intérieur un désordre qui s'étend sur tout; il brusque ceux qui lui sont attachés, et qui, par conséquent, le servent avec dégoût et sans le moindre zèle. Dans quelques occasions, on a remarqué qu'il était enclin à l'intempérance dans la boisson, qu'il aimait les jeux de hasard, et que, tout récemment, il avait permis et même provoqué un très-gros jeu chez lui. Ce dernier inconvénient tirerait ici à de fâcheuses conséquences, et j'ai cru devoir supplier Mme la dauphine de vouloir bien ne jamais se prêter à rien de ce qui pourrait faciliter l'établissement de pareils désordres. S. A. R. en connaît très-bien le danger; elle les désapprouve. Jusqu'à présent, elle avait réussi à en imposer à M. le comte d'Artois par des petites plaisanteries faites à propos et de la meilleure grâce; mais il semble que ce frein a perdu de sa force vis-à-vis du jeune prince, et qu'il sera d'autant plus difficile de le contenir ou de le ramener, que le roi n'use envers lui d'aucune autorité, non plus que vis-à-vis d'aucun de ses enfants. Mme la comtesse d'Artois, de son côté, n'a rien qui puisse suppléer aux défauts de son époux. On ne peut démêler si son maintien dédaigneux et rebutant provient d'un principe de hauteur ou d'un défaut d'esprit; mais, quelle qu'en soit la cause, l'effet en est le même et tourne au plus grand désavantage de cette princesse, qui perd de plus en plus dans l'opinion publique.

Ce que je viens d'exposer ici relativement à MM. les comtes de Provence et d'Artois produit des motifs de comparaison très-favorables à M. le dauphin. Sous un extérieur un peu rude, il annonce de la franchise, du caractère, de la régularité dans ses mœurs, et du penchant à faire le bien qui est à sa portée. On a généralement cette idée de lui, et j'ai lieu de la croire très-bien fondée, soit par les notions que Mme la dauphine a souvent la bonté de me donner à cet égard, soit par les observations que je suis dans le cas de faire dans les différentes occasions. S. A. R. apporte une extrême attention à tout ce qui concerne le prince son époux; elle ne cesse de lui suggérer tout ce qu'elle croit pouvoir contribuer à le faire valoir. De mon côté, j'ai grand soin d'exposer à Mme l'archiduchesse les choses qui me paraissent tendre à ce but, et M. le dauphin, qui ne l'ignore pas, a toujours marqué qu'il m'en savait bon gré. Sa déférence pour Mme l'archiduchesse prouve le cas qu'il fait de ses avis, et on voit qu'il en a une reconnaissance qui l'attache de plus en plus à son auguste épouse.

Depuis que le duc d'Aiguillon occupe le ministère de la guerre, il ne s'est pas démenti dans les témoignages de son désir de plaire à Mme la dauphine; mais S. A. R. a un peu embarrassé le ministre par le nombre et la qualité des demandes qu'elle lui a faites ; elles ont cependant été presque toutes remplies. Il n'y a eu qu'un régiment d'infanterie que Mme l'archiduchesse voulait qui fût donné à un exempt des gardes du corps, lequel, quoique très-bon sujet et apparenté à des premiers personnages de la cour, n'est cependant point en passe d'obtenir une grâce que plusieurs autres ont droit de prétendre, soit à titre d'ancienneté, soit à raison des promesses qui leur en ont été faites. Malgré cela, Mme la dauphine a mis beaucoup de chaleur à cet objet ; le duc d'Aiguillon y a apporté un peu de résistance, et a fini par proposer de laisser décider le roi. J'ai vu le moment où Mme l'archiduchesse allait prendre de l'humeur ; je lui ai représenté que, dans le cas dont il s'agit, il serait injuste de gêner le ministre dans des dispositions qui paraissent n'être point arbitraires, et dépendre uniquement des règles de l'ancienneté ou d'engagements contractés antérieurement, et qu'il est alors impossible de rompre. D'ailleurs le sujet auquel s'intéresse Mme la dauphine ne tient en aucune façon au service personnel de S. A. R., et ne peut prétendre à une protection dont l'effet deviendrait préjudiciable à d'autres et les mettrait dans le cas de se plaindre avec raison. Mme l'archiduchesse n'a pu disconvenir de ce que je lui exposais ; cependant elle n'a pas abandonné totalement sa demande, et jusqu'à ce jour le duc d'Aiguillon n'a point encore osé disposer du régiment.

Il devait y avoir ce printemps un séjour de la cour à Marly. La favorite, qui décide de ces sortes d'arrangements, s'était flattée qu'il en résulterait pour elle un traitement plus favorable de la part de la famille royale, et, sur cet espoir, le voyage avait été fixé et annoncé pour le mois de mai; mais il vient d'être résolu de nouveau que ce voyage n'aura point lieu, et j'en suis d'autant plus aise que ces séjours à Marly ont toujours été des occasions de tracasseries presque inévitables, parce que, la famille royale y passant les soirées avec la société particulière du roi, il survenait sans cesse des remarques et des dégoûts qui n'aboutissaient qu'à aigrir les esprits. Depuis fort longtemps, la comtesse du Barry n'a point formé de plaintes sur le traitement qu'elle éprouve de la part de Mme la dauphine.

Je n'ai que des remarques avantageuses à faire sur les occupations journalières de Mme l'archiduchesse. Elle continue ses lectures avec plus de suite et d'application, ainsi que l'exercice de la danse et de la musique. S. A. R. a assisté très-assidûment aux offices du carême, et s'y est montrée, comme de coutume, avec une décence et une piété exemplaire ; elle a fait ses pâques le lundi saint.

A l'arrivée du comte de Lacy, Mme la dauphine m'écrivit sur-le-champ un billet (1) par lequel elle m'ordonnait que, dans le cas où ce maréchal allât à Versailles le mardi 5, j'eusse à le conduire d'abord chez S. A. R., avant qu'il fût présenté au roi. Je répondis que le comte de Lacy, se trouvant encore en convalescence, avait besoin de quelques jours de repos, et ne pourrait se rendre à Versailles que le mardi suivant, 12 du mois. Ce délai m'était nécessaire pour convenir avec le duc d'Aiguillon sur la façon de présenter le maréchal, et pour lui procurer les distinctions qui sont dues au rang qu'il occupe. Je dois m'en remettre au très-humble rapport qu'il fera lui-même à V. M. de ce qui s'est passé à cet égard, mais particulièrement des circonstances charmantes d'une audience de trois quarts d'heure que lui a donnée Mme la dauphine, avant qu'il n'eût été présenté au roi et à la famille royale.

Le courrier mensuel m'a remis le 15 les très-gracieux ordres de V. M. en date du 5 de ce mois. Elle daignera observer, dans le contenu de ce présent et très-humble rapport, que les inconvénients que V. M. paraît craindre pour Mme la dauphine sont en partie dissipés ou au moins considérablement diminués.

XV. — Mercy a Marie-Thérèse.

Paris, 19 avril. — Depuis l'arrivée du comte de Lacy, je me suis fort occupé des moyens de lui donner des idées justes et raisonnables sur tout ce qu'il voit dans ce pays-ci, afin que le langage qu'il pourrait tenir à S. M. l'empereur se trouve conforme aux intentions de V. M. J'ose me flatter qu'à cet égard mes soins n'ont pas été tout à

---

(1) Voici ce billet : « Mme la dauphine a appris que M. de Lacy est à Paris. S'il doit venir à Versailles mardi, elle prie M. de Mercy de l'amener de bonne heure, pour qu'elle puisse le voir avant le lever du roi. — Ce 3 du mois. » Archives de Vienne.

fait sans succès. Le maréchal semble envisager ici les choses en homme de jugement, sans partialité ni prévention, c'est-à-dire qu'il paraît distinguer les ressources et le bien réel de ce pays-ci d'avec les inconvénients accidentels, qui tiennent à la constitution du gouvernement présent. D'ailleurs il est assez content de la tournure nationale, et très-satisfait de l'accueil qu'on lui a fait dans les provinces, ainsi que de celui qu'il éprouve dans la capitale. Il m'a été fort facile de lui ménager une bonne réception à la cour, et je puis dire de n'y avoir jamais vu d'étranger traité avec autant de distinction et d'égards, soit par le roi personnellement, soit par la famille royale ainsi que par la favorite, les ministres et tout ce qu'il y a de personnages considérables à Versailles. Le maréchal ne paraît pas non plus insensible aux objets de dissipation et d'amusement que lui offrent le local et le matériel de Paris (1), de façon que, toutes ces circonstances réunies, je suis presque assuré que dans les propos qu'il pourra tenir à S. M. l'empereur il n'entrera rien de défavorable à la France.

Je désire que le comte de Lacy puisse exposer bien exactement tout ce qu'il a vu et entendu dans son audience chez Mme la dauphine. Jamais cette princesse n'a déployé plus de charmes et de grâce. Elle parla d'abord de la façon la plus touchante de son amour, de son respect pour V. M., et les larmes lui vinrent aux yeux en disant qu'il manquait à son bonheur l'espoir de pouvoir revoir encore un jour son auguste mère. Elle se fit apporter l'œillet de diamants que V. M. lui a envoyé; elle le montra au maréchal, et lui fit observer les vues de Schönbrunn et de Laxenbourg dessinées sur le vase de porcelaine. S. A. R. parla ensuite de son tendre attachement pour S. M. l'empereur et pour toute l'auguste famille; elle s'expliqua sur sa position présente, sur son union avec M. le dauphin, et à cette occasion elle nous montra un présent que ce prince lui avait fait la veille, et qui consistait en un très-beau diamant couleur de rose en forme

---

(1) Parmi les plaisirs qu'offrait alors Paris, il s'en trouvait un qui devait toucher particulièrement des Allemands. Mercy écrivait par ce même courrier du 19 avril au baron Neny : « Notre célèbre maître de chapelle, le sieur Gluck, donne aujourd'hui la première représentation de son opéra d'*Iphigénie en Aulide*, à laquelle Mme la dauphine assistera. Cette musique a eu le plus grand succès aux répétitions qui ont été faites, et on prévoit qu'elle fera une époque pour la réformation de l'harmonie française, qui est, comme vous le savez, très-insipide et monotone. » Archives de Vienne.

de cœur, surmonté d'un autre gros diamant vert, le tout formant un bijou à porter au col et que je jugeai de la valeur de cinquante à soixante mille francs. Mme l'archiduchesse dit ensuite des choses remplies de bonté personnellement pour le maréchal, et après trois quarts d'heure il sortit de chez S. A. R. pénétré d'un enchantement qu'il ne pouvait exprimer.

Le surlendemain, Mme la dauphine vint se promener à cheval au bois de Boulogne; j'y conduisis le maréchal, nous nous mîmes à la suite de S. A. R., qui combla encore dans cette occasion le maréchal de marques de bonté.

Maintenant je dois en revenir aux articles des deux très-gracieuses lettres de V. M., et je commence d'abord par l'objet qui regarde le confesseur du roi. Cette intrigue en est encore dans les mêmes termes indiqués par mon précédent et très-humble rapport; Mme l'archiduchesse a signifié à ce confesseur qu'elle ne consentirait point à son éloignement; mais celui-ci, qui ne désire que sa retraite, n'a pas pris d'engagement de rester à la longue ou d'agir d'une façon contraire au désir que l'on marque de le déplacer. Il y a cependant beaucoup de ressources à cet incident; cela dépendra du degré de fermeté et de suite que voudra mettre Mme l'archiduchesse à faire valoir ses intentions, et je tâcherai de la porter à ne point s'en désister. Je n'ai pu encore éclaircir assez les vrais motifs de cette intrigue, qui paraît cacher des vues fort compliquées et étendues. J'ose me flatter qu'il ne m'en échappera rien d'essentiel, et que je serai dans le cas de pouvoir rendre compte à Mme l'archiduchesse de toutes les notions qui seront à cet égard utiles à la direction des démarches qu'elle jugera à propos de faire.

La cordialité, la tendresse et la confiance de M. le dauphin pour son auguste épouse paraissent s'accroître de jour en jour; il n'y a rien désirer à cet égard.

Le projet de Mme la dauphine d'aller à Bruxelles n'a jamais été qu'une idée passagère et qui est entièrement évanouie.

J'avais commencé ce présent et très-humble rapport secret avant l'arrivée du courrier, et dans un temps où je croyais celle de S. M. l'empereur très-prochaine. La très-gracieuse lettre de main propre de V. M. m'apprend le changement survenu à cet égard, et l'empereur daigne m'en écrire lui-même. S. M. me mande « qu'elle doute « de pouvoir dans ce moment s'éloigner de Vienne; que cependant,

« pour peu qu'elle tarde, le temps serait trop court pour son voyage ;
« que, sans révoquer son projet, elle ne le compte que différé. Sur
« cela, elle m'ordonne de lui dire si je crois les mois octobre, no-
« vembre et décembre propres à un pareil voyage. »

Je commence ma réponse à S. M. par lui exposer la sensation qu'a faite ici la certitude où l'on croyait être de son arrivée, le grand empressement que le roi Très-Chrétien, bien plus encore Mme la dauphine, et généralement tout le public marquaient à cet égard. J'ajoute que si S. M. arrivait ici en automne, elle verrait la cour de France à Fontainebleau, que l'empereur y serait moins importuné par l'affluence que sa présence aurait attirée à Versailles ; que, la saison étant presque toujours belle au mois d'octobre, elle serait également propre à l'inspection du matériel de Paris et de ses environs ; que S. M. passant au mois de novembre dans les provinces méridionales, elle y retrouverait un printemps qui n'est que rarement altéré par des frimas ; que le seul inconvénient était d'avoir des journées moins longues ; que d'ailleurs, pour le retour depuis Lyon, S. M. pourrait trouver un temps trop rude et des chemins peu praticables pour repasser par la Suisse, et qu'il me semblait que cette partie de son voyage devrait en pareil cas rester supprimée.

Cette réponse de ma part a été dictée par les réflexions suivantes : 1° En supposant que S. M. l'empereur soit bien décidé à venir en France, il paraît qu'il est préférable que ce projet s'exécute plus tôt que plus tard, pour obvier aux sensations que V. M. a prévues et dont je crois les conséquences très-fondées. 2° Si le voyage en question doit avoir lieu, il est assez indifférent qu'il s'exécute ou au printemps ou en automne. Cette dernière saison et l'approche de l'hiver rendraient même peut-être ce voyage moins long. 3° La tournée en Suisse et le désir de voir Tissot, Haller, Voltaire, ne pourrait pas se remplir au mois de décembre, et cette circonstance serait très-analogue aux intentions de V. M. 4° On a déjà eu connaissance ici du déplaisir que le roi de Prusse a eu de ce projet de voyage de S. M. l'empereur, et, si ce voyage ne doit point avoir lieu, il sera au moins nécessaire de prendre quelques mesures pour ne pas laisser le soupçon que le sentiment du roi de Prusse y ait influé.

Voilà, pour le moment, les seules remarques que je sois en état d'exposer à V. M. ; mais, dans le courant du mois, je serai en même de distinguer avec plus de précision les différents effets que produira le changement survenu dans la marche de S. M. l'empereur, qui était attendu par le roi et généralement par tout le public avec un empressement et un désir extraordinaires.

Tous les parents du prince de Rohan l'attendent incessamment de retour, et, s'il avait l'imprudence de différer à faire usage du congé qu'il a obtenu, j'espère de porter le prince de Soubise, ainsi que la comtesse de Marsan, à user d'autorité envers leur parent, lequel, une fois de retour à Paris, ne sera plus dans la possibilité de penser à reprendre son ambassade.

Le comte de Lacy m'a communiqué ce que S. M. lui a fait la grâce de lui mander. Ce maréchal paraît bien disposé à se raccommoder parfaitement avec le prince de Starhemberg. J'ai tâché de lui tenir à cet égard les propos qui m'ont paru les plus conciliants et les plus convenables au bien du service de V. M.

XVI. — Mercy a Marie-Thérèse.

Paris, 1er mai. — Sacrée Majesté, Dans ces premiers moments si graves et si critiques (1), il s'est agi de savoir s'il convenait à Mme l'archiduchesse de demander à rester auprès du roi, ou s'il était préférable que S. A. R. restât avec M. le dauphin. L'alternative de cette question a ses avantages et ses inconvénients. J'ai proposé de faire prononcer là-dessus M. le dauphin; au moment où j'écris, je ne sais pas encore ce qui aura été résolu. Mme la dauphine le mandera sans doute à V. M., mais entretemps il sera toujours constaté que Mme l'archiduchesse a offert de s'enfermer avec le roi, et qu'il lui restera au moins le mérite de cet acte de bonne volonté.

J'ai prévu le cas où la favorite, dans la transe où elle se trouve, pourrait prendre le parti de s'adresser à M. le dauphin et à Mme la dauphine pour savoir leurs intentions, c'est-à-dire si elle doit rester à la cour ou s'en éloigner. En supposant que cette demande se fasse, j'ai persuadé Mme la dauphine de ne faire aucune réponse, et de se borner à dire que ni elle ni le prince son époux n'ont rien à disposer sur ce qui forme les entours du roi. Cette circonspection m'a paru

---

(1) Le roi s'était trouvé mal le 28 avril à Trianon ; Mercy écrivait à Neny par le même courrier : « La petite vérole s'est déclarée dans la nuit du 29 au 30, elle est confluente et paraît d'une qualité dangereuse, quoiqu'on cherche à persuader le contraire. »

nécessaire, parce que si le roi se confesse, c'est aux ecclésiastiques à écarter la favorite, et si le monarque revient de sa maladie, il pourrait être très-dangereux que l'on pût imputer à M. le dauphin d'avoir songé dans ce moment à expulser la comtesse du Barry.

Immédiatement après le départ de cet exprès, j'irai dès ce soir même m'établir à Versailles à demeure, et quels que soient les événements, V. M. a tout sujet d'être tranquille sur la conduite que tiendra Mme l'archiduchesse. Elle s'est montrée de la façon la plus touchante dans ces premiers instants, et M. le dauphin a eu de même une contenance parfaitement bonne et convenable.

Je me prépare, selon tous les incidents possibles, à être en état d'exposer à Mme l'archiduchesse tout ce qui me paraîtra de plus utile à son service. Le moment pourrait être très-décisif et donner quelque carrière à mon zèle. J'espère que rien ne lui échappera.

XVII. — Marie-Thérèse a Mercy.

Vienne, le 2 mai. — Comte de Mercy, J'ai reçu votre lettre du 19 par le courrier Morenheim, arrivé ici le 28 du même mois. Par ce que vous me marquez sur l'intérieur de la famille royale et sur le caractère des comtes de Provence et d'Artois, de même que sur celui de leurs épouses, je vois justifiés mes soupçons sur cet article, et le besoin que ma fille a de vos conseils au milieu d'une cour si mal montée. Je souhaite qu'elle les suive de même, en retranchant les recommandations. C'était déjà son défaut ici de s'intéresser de but en blanc pour toutes sortes de personnes, sans examiner leur mérite.

Je suis bien aise, par les raisons que vous venez de m'annoncer, que le voyage de Marly soit rompu. Rien n'est plus sage que de maintenir les choses par rapport à la favorite dans l'état de tranquillité où elles se trouvent, dès qu'on ne peut engager ma famille à un changement de conduite vis-à-vis de cette personne.

Rohan traîne son départ d'ici, par l'envie vraiment puérile de voir encore ici l'envoyé turc, vis-à-vis duquel il ne laissera sûrement pas de jouer un rôle ridicule ; mais je ne prendrai pas le change, et si Rohan ne quitte pas Vienne à la fin de juin, je prendrai des mesures plus sérieuses. L'empereur en est informé et d'accord.

Je me suis aperçu par la lettre du maréchal de Lacy de l'effet de vos raisonnements sur la nation française ; mais vous serez autant surpris que j'étais affectée de la nouvelle arrivée par le dernier courrier de la démission demandée par Lacy de la présidence de guerre. Deux fois vingt-quatre heures après l'arrivée de ce courrier, la demande lui a été accordée, et Hadik (1) choisi pour son successeur. Je suis fâchée de cet événement, qui fera sans doute du bruit et donnera lieu à beaucoup de raisonnements. Je regrette la perte de Lacy, qui, malgré quelques défauts, a des qualités peu communes. Je serais curieuse de savoir quelle conduite et contenance il tiendra s'il est encore à Paris après ce changement, et quel raisonnement on en fera en France.

L'empereur pense à présent exécuter son projet de voyage en France dans le mois de septembre; mais il pourrait encore être traversé par tant d'événements qui pourraient arriver d'ici jusqu'à ce temps-là.

XVIII. — Mercy a Marie-Thérèse.

Paris, ce 8 mai, à midi. — Sacrée Majesté, Mme la dauphine m'ordonne de dépêcher un exprès pour porter à Bruxelles la lettre ci-jointe (2), et comme S. A. R. rend compte à V. M. de l'état actuel du roi, de la réception des sacrements, du discours prononcé par le grand aumônier à cette occasion, et du renvoi, ou pour mieux dire du départ concerté de la favorite, je me bornerai sur ces objets à quelques remarques brièves, et telles que me le permet le peu de temps que j'ai à les écrire.

Je ne suis venu à Paris que pour dépêcher cet exprès, et après

---

(1) Le comte André de Hadik, feld-maréchal, d'origine hongroise, s'était distingué particulièrement dans la guerre de Sept ans, et contribua à la victoire de Goerlitz remportée en 1757 sur les Prussiens. Il succédait au maréchal de Lacy dans la charge de président du Conseil aulique pour les affaires militaires. Il mourut en 1790.

(2) Cette lettre de Marie-Antoinette, datée du 7, comme nous le verrons par les pièces suivantes, et dont Mercy donne ici l'analyse, ne s'est point retrouvée. Elle fut la seule lettre que Marie-Antoinette adressa à sa mère pendant la maladie de Louis XV et jusqu'à la date du 14 mai : nous verrons Marie-Thérèse lui reprocher vivement ce long silence en de telles circonstances, et Mercy l'expliquer et l'excuser. D'autres preuves nous avaient suffi naguères pour démontrer que les cinq lettres de Marie-Antoinette à Marie-Thérèse que l'on trouve dans le recueil de M. d'Hunolstein aux dates des 30 avril, 5 mai, 8 mai, 10 mai, 11 mai (celle du 10 est aussi dans le 1er volume de M. Feuillet de Conches) n'étaient point authentiques. On voit avec quelle clarté absolue nos nouveaux documents confirment ces premières appréciations.

son départ je retournerai à Versailles. J'en attends des nouvelles de la nuit dernière, qui a dû être un moment critique; l'issue s'en trouvera à la suite de ce très-humble rapport. Jusqu'à ce moment, il n'était point arrivé d'accident dans la maladie du roi; elle avait eu un cours assez ordinaire, et ce qui en constitue le plus grand danger, c'est l'énorme quantité de petite vérole dont le roi est couvert.

Il paraît certain que c'est le roi qui, de son propre mouvement et sans qu'on s'y attendît, a demandé son confesseur à deux heures et demie du matin. Les princes avaient la montre en main, et ont compté seize minutes pendant lesquelles le confesseur a été seul avec le roi qui, depuis ce moment jusqu'aux sacrements, l'a fait rappeler trois fois.

Après la confession, à cinq heures du matin, le roi a fait venir le duc d'Aiguillon et lui a parlé bas. On a dit que c'étaient des ordres pour éloigner davantage la comtesse du Barry; mais dans ces derniers temps on a pu voir que le roi tenait à cette favorite beaucoup plus qu'on ne l'aurait imaginé, et si le monarque revient de sa maladie, il est à présumer et encore plus à craindre que cette femme ne soit rappelée à la cour.

Dans une conjoncture si critique et si délicate, Mme la dauphine a tenu la conduite d'un ange, et je ne puis exprimer mon admiration de sa piété, de sa prudence, de sa raison; tout le public en est enchanté et certainement à juste titre. S. A. R. s'est tenue dans la plus parfaite retraite, même pour les personnes de son service; hors la famille royale, elle n'a vu que l'abbé de Vermond et moi, c'est-à-dire pour s'entretenir et parler de suite. J'ai exposé à Mme l'archiduchesse tout ce que mon imagination a pu me fournir, soit sur les circonstances du moment, soit sur un avenir possible. Je crois Mme la dauphine bien prévenue et préparée à tout ce qui pourra arriver.

Si le roi perd la vie, il serait très-utile au bien du service que V. M. daignât écrire à Mme la dauphine qu'elle « veuille bien m'écouter sur « les grands objets qui peuvent intéresser l'union et le système des « deux cours ». Cet avertissement de V. M., donnant toute la force nécessaire à ce que j'aurai à dire, fixerait davantage l'attention de Mme l'archiduchesse, qui a toujours été un peu trop éloignée des affaires sérieuses. Il faut cependant que, pour la sûreté de son bonheur, elle commence à s'emparer de l'autorité que M. le dauphin n'exercera jamais que d'une façon précaire, et vu la tournure des gens qui composent cette cour, vu l'esprit qui les anime et les guide, il serait du dernier danger et pour l'État et pour le système général que qui que ce soit s'emparât de M. le dauphin, et qu'il fût conduit par autre que par Mme la dauphine.

A ce moment je reçois les nouvelles de Versailles. La nuit s'était assez bien passée ; mais à cinq heures du matin le roi a eu des vomissements et un délire complet ; les médecins craignent qu'il n'y ait une filtration d'humeur dans la tête, auquel cas le danger serait presque sans ressource. Il y en aura si le mal ne provient que des entrailles ; mais, dans tous les cas, la vie du roi est dans un danger imminent, qui paraît devoir subsister jusqu'au dix-septième jour.

XIX. — MERCY A MARIE-THÉRÈSE.

Versailles, 10 *mai, à cinq heures du soir.* — Le roi était à l'agonie depuis hier ; il reçut le soir l'extrême-onction, il vient d'expirer cette après-midi entre trois et quatre heures. Il a toujours eu l'esprit présent et a donné jusqu'au dernier moment des marques d'une pénitence et d'une piété vraiment chrétiennes.

Tout est ici dans une extrême confusion. La famille royale va se rendre à Choisy, Mesdames y seront dans une maison séparée. J'ai pris les ordres de la reine, qui se porte très-bien ; mais son trouble et l'impossibilité de quitter un instant le roi son époux l'empêchent d'écrire à V. M. dans ce premier instant ; c'était une grande peine de plus pour elle, et elle m'a bien enjoint de le témoigner à V. M.

Hier, dans le temps où la catastrophe était déjà certaine, j'ai eu une longue audience de la reine ; je lui ai répété tout ce que mon imagination a pu me fournir d'utile aux circonstances. S. M. m'a très-bien compris, et j'ose me flatter de l'avoir persuadée.

Il faut voir avant tout si et jusqu'où la reine sera consultée par le roi. Il serait dangereux qu'elle parût vouloir s'ingérer dans les affaires avant d'en être requise. J'ai analysé cette importante remarque dans tous les sens dont elle est susceptible.

Si la reine est consultée, j'ai conseillé qu'elle engage le roi à ne rien changer dans le ministère avant de se reconnaître et se donner le temps d'examiner.

J'ai conseillé aussi de prendre des mesures pour que dans deux fois vingt-quatre heures le prix du pain soit diminué à Paris ; le peuple disait hautement qu'il attendait cette faveur de la part de la reine, qui est adorée.

La prompte expédition de cet exprès m'oblige à réserver tout détail pour le prochain courrier ; mais j'ose assurer à V. M. qu'elle a sujet d'être tranquille sur tout ce qui concerne la reine.

XX. — Marie-Antoinette a Marie-Thérèse.

Choisy, 14 *mai*. — Madame ma très-chère mère, Mercy vous aura mandé les circonstances de notre malheur ; heureusement cette cruelle maladie a laissé au roi la tête présente jusqu'au dernier moment, et sa fin a été fort édifiante. Le nouveau roi paraît avoir le cœur de ses peuples ; deux jours avant la mort du grand-père il a fait distribuer deux cent mille francs aux pauvres, ce qui a fait le plus grand effet. Depuis la mort, il ne cesse de travailler et de répondre de sa main aux ministres qu'il ne peut pas encore voir, et à beaucoup d'autres lettres. Ce qu'il y a de sûr, c'est qu'il a le goût de l'économie et le plus grand désir de rendre ses peuples heureux. En tout il a autant d'envie que de besoin de s'instruire ; j'espère que Dieu bénira sa bonne volonté.

Le public s'attendait à beaucoup de changements dans le moment ; le roi s'est borné à envoyer la créature (1) au couvent et à chasser de la cour tout ce qui porte ce nom de scandale. Le roi même devait cet exemple au peuple de Versailles, qui, au moment même de l'accident, a accablé Mme de Mazarin (2), l'une des plus humbles servantes de la favorite. On m'exhorte beaucoup à prêcher la clémence au roi pour un nombre d'âmes corrompues, qui ont fait bien du mal depuis quelques années. J'y suis fort portée ; mais, au milieu de ces idées, je ne puis m'empêcher de songer au sort d'Esterhazy. Je crois qu'on a indisposé V. M. par des rapports faux sur quelques points et exagérés sur d'autres. Il est vrai qu'il a eu bien des torts ; mais, au milieu de tout

---

(1) Mme du Barry fut, aussitôt après la mort de Louis XV, exilée à l'abbaye de Pont-aux-Dames, près de Meaux.

(2) La duchesse de Mazarin, Jeanne de Durfort-Duras, avait apporté à son mari, déjà duc de Villequier, le duché de Mazarin ; belle, avec de l'esprit et une fortune immense, elle se déshonora par son empressement à faire partie de la société de Mme du Barry. « On ne peut, écrit Mme du Deffand (3 mars 1772), pousser l'héroïsme de la bassesse et du ridicule à un plus haut degré. »

cela, il n'y a qu'une voix sur son honneur et sa probité, et il y a tout lieu d'espérer qu'éloigné des occasions de ce dangereux pays et vivant au sein de sa famille, il peut devenir un bon sujet. Au contraire je crains que, si on le traitait avec toute la sévérité qu'il mérite, sa tête ne soit pas encore assez remise pour qu'il ne fasse quelque nouvelle sottise. J'espère que ma chère maman ne me jugera pas assez insensée pour vouloir lui donner des conseils. Je sens qu'étant chargée du gouvernement, elle est obligée à la justice ; je désire seulement pour qu'elle ne tourne pas tout entière contre Esterhazy.

On arrive dans ce moment pour me défendre d'aller chez ma tante Adélaïde, qui a beaucoup de fièvre et maux de reins : on craint la petite vérole. Je frémis et n'ose pas penser aux suites ; il est déjà bien affreux pour elle de payer si vite le sacrifice qu'elle a fait. Je suis charmée que le maréchal Lacy a été content de moi. J'avoue à ma chère maman que j'ai été bien affectée lorsqu'il a pris congé de moi, en pensant combien il m'arrive rarement de voir des personnes de mon pays, surtout de celles qui ont le plus le bonheur de vous approcher. J'ai vu il y a quelque temps Mme de Marmier ; j'en ai été ravie, sachant les bontés que ma chère maman a toujours eues pour elle.

Le roi me laisse la liberté de choisir pour les nouvelles places dans ma maison en qualité de reine. J'ai eu plaisir de donner aux Lorrains une marque d'attention, en prenant pour premier aumônier l'abbé de Sabran, homme de bonne conduite, de grande naissance et nommé à l'évêché qu'on va faire à Nancy (1). Quoique Dieu m'a fait naître dans le rang que j'occupe aujourd'hui, je ne puis m'empêcher d'admirer l'arrangement de la Providence, qui m'a choisie, moi la dernière de vos enfants, pour le plus beau royaume de l'Europe. Je sens plus que jamais ce que je dois à la tendresse de mon auguste mère, qui s'est donné tant de soins et de travail pour me procurer ce bel établissement. Je n'ai jamais tant désiré de pouvoir me mettre à ses pieds, l'embrasser, lui montrer mon âme tout entière et lui faire voir comme elle est pénétrée de respect, de tendresse et de reconnaissance.

P. S. L'abbé se met à vos pieds ; il a autant de respect et de reconnaissance pour vos bontés que d'attachement pour moi.

---

(1) L'érection de l'évêché de Nancy fut approuvée par une bulle du pape Pie VI du 19 novembre 1774 ; l'abbé de Sabran l'occupa jusqu'en 1777.

De la main du roi : Je suis fort aise de trouver une occasion, ma chère maman, de vous prouver ma tendresse et mon attachement. Je désirerais bien avoir de vos conseils dans ces moments-ci, qui sont si embarrassants. Je serais bien enchanté de pouvoir vous contenter et de vous marquer par là tout mon attachement et la reconnaissance que j'ai que vous avez bien voulu m'accorder votre fille, dont je suis on ne saurait plus content.

La reine reprend : Le roi n'a pas voulu laisser partir ma lettre sans y écrire son petit mot. Je sens bien qu'il n'aurait pas trop fait en écrivant une lettre exprès ; je supplie ma chère maman de l'excuser, vu le grand nombre d'affaires, dont il s'occupe beaucoup, et aussi un peu sa timidité et embarras naturel. Vous voyez, ma chère maman, par la fin de son compliment, que, quoiqu'il ait beaucoup de tendresse pour moi, il ne me gâte pas par ses fadeurs.

XXI. — Mercy a Marie-Thérèse.

Paris, le 17 *mai.* — Sacrée Majesté, Peu de jours après le départ du courrier d'avril, je me rendis à Versailles, et, dans une audience que m'y donna Mme la dauphine, j'eus occasion de lui réitérer quelques remarques relatives aux points essentiels contenus dans la très-gracieuse lettre de V. M. en date du 5 du mois dernier. J'ose bien me flatter que le plus grand danger est entièrement passé ; je dois en juger ainsi par la nouvelle tournure que toute la famille royale a prise vis-à-vis de Mme la dauphine, et c'est aux effets du bon caractère de S. A. R., à sa patience, à sa modération que doit être attribué un changement si avantageux et si nécessaire. Je fis observer à Mme l'archiduchesse qu'en suite des marques continuelles du plus tendre intérêt qu'elle éprouve de la part de V. M., il était de son devoir de saisir toutes les occasions de tranquilliser une si bonne et si auguste mère, et de lui procurer tous les sujets possibles de satisfaction. J'ajoutai que la présence du comte de Lacy me paraissait en offrir un moyen, que ce maréchal, bientôt de retour à Vienne, serait à coup sûr beaucoup interrogé sur le chapitre de Mme la dauphine, et que V. M. éprouverait certainement beaucoup de plaisir si un homme de poids, et qu'elle daigne honorer de sa confiance, se trouvait en état de lui rendre verbalement un compte exact et détaillé de tout ce qui concerne son auguste fille, si tendrement aimée. Je suppliai en conséquence que, lorsque le maréchal prendrait congé de Mme l'archiduchesse, elle voulût bien lui parler ouvertement et d'une façon circonstanciée sur sa façon de penser, et sur la position actuelle où S. A. R. se trouve. Cette idée fut saisie avec empressement, et Mme la dauphine s'y prêta d'une façon charmante dans l'audience de plus d'une heure qu'elle donna au comte de Lacy et à moi le mardi 26 du mois dernier. S. A. R. finit par nous proposer de rester à un spectacle qui devait se donner après souper chez M. le dauphin. Nous y assistâmes en effet; c'étaient deux petites pièces qui furent jouées par les comédiens du roi sur un théâtre établi à cet effet dans l'intérieur de l'appartement de M. le dauphin. Il n'y avait de spectateurs que la jeune famille royale, un petit nombre de personnes de leur service, et le maréchal éprouva à cette occasion de nouvelles marques d'égards et de bonté de la part de Mme l'archiduchesse, du prince son époux et des autres princes et princesses. Le goût de Mme la dauphine pour les spectacles a fait imaginer à M. le dauphin de lui donner de temps en temps de ces sortes de petites fêtes. Il porte en cela l'attention jusqu'à la galanterie, et on le voit sérieusement occupé de tout ce qui peut plaire et amuser son auguste épouse. Sa confiance en elle augmente de jour en jour, et il est toujours le premier à admirer et à se vanter de tout ce que Mme l'archiduchesse lui dit de convenable et d'utile. La circonstance suivante en est une preuve.

Passé quelques jours, M. le dauphin entra le matin dans le cabinet de Mme la dauphine, pour lui dire avec une sorte d'empressement qu'il venait d'hériter de deux mille écus par la mort d'un pensionnaire qui jouissait de cette somme sur la cassette du jeune prince. Mme l'archiduchesse lui répondit : « Mais vous êtes-vous in-
« formé si le défunt n'a pas laissé une veuve, des enfants ou des
« parents dans le besoin? » A ce propos, M. le dauphin resta un moment interdit, et il dit ensuite : « Pour cela, il faut avouer que
« vous m'avertissez toujours bien à propos. » Il alla sur-le-champ prendre les informations et les arrangements analogues au conseil qu'il venait de recevoir, et il ne manqua pas d'attribuer hautement à Mme la dauphine le mérite de ses dispositions de bienfaisance.

Mes très-humbles rapports ayant jusqu'à présent formé une sorte de registre général des actions journalières de Mme l'archiduchesse, je n'ai pas cru devoir interrompre le fil des détails; c'est par ce motif que je viens d'exposer ceux qui se trouvent ci-dessus énoncés et qui ont précédé la maladie du roi. A cette époque frappante, la vie privée de Mme la dauphine changea de face; toutes ses occupations, ses actions, ses idées durent se concentrer en un seul et unique point, c'est-à-dire la personne et l'état du roi.

Après avoir dépêché l'exprès porteur de mon très-humble rapport du 1er de ce mois, je me rendis sur-le-champ à Versailles. J'y trouvai Mme la dauphine si accablée de l'agitation des deux journées précédentes que j'en conçus de l'inquiétude pour sa santé. Les sentiments de sa belle âme étaient peints sur sa physionomie; elle avait édifié toute la cour par sa contenance, par ses propos, par ses soins pour la jeune famille royale, et par la façon bien franche et visible avec laquelle elle marquait sa piété filiale et sa sensibilité pour le roi. S. A. R. m'ordonna de lui dire successivement et selon les occasions tout ce qui pourrait me paraître convenable et utile à la conduite qu'elle avait à tenir dans une conjoncture si délicate. Je répondis qu'ayant été décidé que Mme l'archiduchesse ne verrait point le roi et resterait avec le prince son époux, je n'imaginais dans le moment actuel que trois points essentiels à observer et à remplir : 1° de persuader à M. le dauphin de ne voir ni ne parler à aucun ministre du roi, de le laisser le moins que possible seul avec les personnes de son service ou avec qui que ce soit; 2° de tenir la jeune famille réunie et, si faire se pouvait, toujours sous les yeux de M. le dauphin et de Mme la dauphine, afin de couper tout accès aux intrigants; 3° de dîner, souper tous ensemble, de ne voir personne, pas même aux heures de cour accoutumées, et de renvoyer sans aucune réponse toute demande quelconque que l'on pourrait tenter de faire sur des dispositions, quelles qu'elles puissent être, soit relativement à la personne du roi, soit concernant tout objet de cour, puisque, quant à la personne du roi, Mesdames s'étaient chargées de veiller à son service, et que, sur toute autre matière, il serait dangereux à M. le dauphin et à Mme la dauphine de prendre sur eux de donner des ordres, de quelle nature qu'ils pussent être.

L'ensemble de ce qui compose Versailles, la fermentation que j'y voyais et les suites de tous les mouvements qu'elle devait produire, me déterminèrent à donner les trois avis susdits. Mme l'archiduchesse les agréa, et ils ont été suivis à la lettre, M. le dauphin s'y étant prêté sans hésiter.

Lundi 2, le duc d'Aiguillon alla demander les ordres de M. le dauphin et de Mme la dauphine, pour savoir s'ils verraient les ministres étrangers le lendemain mardi, jour ordinaire de cour. M. le dauphin s'avança près de la porte de la chambre, et dit simplement au ministre, qui était dans l'antichambre, que la famille royale ne verrait personne.

Quoique le comte de Lacy eût déjà pris congé, je lui proposai de venir à Versailles le mardi, et je lui procurai encore une audience de trois quarts d'heure de Mme l'archiduchesse, qui nous fit venir dans son cabinet. Elle parla au maréchal de sa position du moment; elle s'expliqua avec une sensibilité touchante sur l'état du roi. Elle fit ensuite beaucoup de questions au maréchal sur un nombre de personnes dont S. A. R. se ressouvenait. Après beaucoup de marques de bonté et de grâce, Mme la dauphine nous congédia; elle avait un peu de migraine occasionnée par le tracas des journées précédentes. Le roi était cependant mieux; il fut de même jusque dans la matinée du lendemain, temps où quelques symptômes devinrent plus alarmants. Il avait cependant été décidé la veille que l'on apprendrait au roi la nature de la maladie, qu'il avait ignorée jusqu'alors, et qu'on lui disait être un érésipèle boutonné. Le départ de la favorite fut également résolu et s'effectua mercredi, à quatre heures après midi. La duchesse d'Aiguillon la prit dans sa voiture, et la conduisit à une maison de campagne à trois lieues de Versailles, nommée Ruel et appartenante au duc d'Aiguillon. Immédiatement après le départ de la favorite, le confesseur entra dans la chambre du roi pour commencer à y remplir les fonctions spirituelles; alors la fermentation devint plus forte que jamais dans l'intérieur du château. Je me rendis un moment chez Mme la dauphine; je la trouvai fort inquiète. Je lui rendis compte de plusieurs particularités qui venaient d'avoir lieu, et je la suppliai d'être plus réservée qu'en aucun autre moment sur tout ce qui se passait.

A compter du jeudi 5 jusqu'au mardi 10, jour de la catastrophe, l'état du roi alla toujours en empirant. Il survenait de moment à autres des petites crises et des lueurs d'espérance, mais elles s'évanouissaient incontinent. J'étais journellement instruit de la vérité des faits par le premier médecin de Mme la dauphine, le sieur Lassone. Les bruits, les manœuvres, les intrigues redoublaient de partout; les différents partis cherchaient les moyens d'aborder le confesseur, qui a toujours été inaccessible. On s'efforçait de pénétrer auprès de la jeune famille royale, tandis que, de mon côté, je ne cessais de veiller et de mettre tout en œuvre pour écarter au moins de Mme la dauphine les insinuations qu'on aurait voulu lui faire parvenir. Nous nous relevions, l'abbé de Vermond et moi, et nous tâchions que rien n'échappât à notre vigilance. Comme les entretiens journaliers que j'ai eus avec Mme l'archiduchesse, dans un temps si critique, sont, par l'importance de l'objet, à considérer comme matière d'État, j'ai cru devoir en rendre compte dans ma dépêche ministérielle d'aujourd'hui. V. M. daignera y voir les motifs de la conduite que j'ai tenue depuis l'instant de la mort du roi, et je ne crois pouvoir rien ajouter ici qui ne fût une répétition de ce que contient ladite dépêche.

Le lundi 9, jour de grande détresse, M. le dauphin manda au contrôleur général d'envoyer sur-le-champ deux cent mille livres pour être distribuées aux pauvres à Paris, enjoignant de prendre cette somme sur la pension du dauphin et sur celle de Mme la dauphine. Cela fut exécuté sur l'heure et produisit la plus grande sensation dans le public. En tout et partout, il est impossible d'imaginer une conduite meilleure ni plus touchante que ne l'a été celle de M. le dauphin et de Mme la dauphine, et c'est sous ces précieux auspices qu'ils viennent de commencer leur règne (1).

Quoique le courrier mensuel m'eût remis le 11 au soir les ordres de V. M. en date du 2 de ce mois, je ne pus cependant me rendre à Choisy que le 13 pour y présenter à la reine les lettres qui lui étaient adressées.

XXII. — MERCY A MARIE-THÉRÈSE.

Paris, 17 *mai.* — Sacrée Majesté, L'attention de V. M. ne pourrait être que désagréablement occupée du détail des cruelles journées que j'ai passées à Versailles du 1er au 10 de ce mois. Ce détail ne porterait d'ailleurs que sur des manœuvres et des intrigues qui viennent de perdre tout leur effet et ne méritent qu'un parfait oubli.

---

(1) Les récits sur la mort de Louis XV ne manquent pas. Voir en particulier l'intéressante lettre écrite le lendemain par Mme de Boufflers : *Gustave III et la cour de France*, tome Ier, page 269.

Je vais donc ne m'occuper que des objets présents; ils sont d'une si grande importance que mon devoir, ma conscience et mon zèle me prescrivent d'exposer mes idées avec une franchise que je supplie V. M. de daigner me pardonner en faveur de l'intention qui me les dicte. Jamais d'ailleurs je ne puis me rendre coupable du crime d'oser empiéter sur les hautes lumières de mon auguste souveraine en mettant à ses pieds mes faibles conjectures avec candeur et ingénuité.

Voici un temps décisif pour le bonheur de la reine. Jamais elle n'a eu ni n'aura autant de besoin des avis de son auguste mère; mais V. M. saura la forme convenable à donner à ces avis. Il en est qui peut-être n'exigent qu'une tournure de bonté et d'amitié; il en est d'autres qui sont susceptibles de porter l'empreinte de l'autorité maternelle. La reine craignait ci-devant d'être grondée (c'était son expression) sur les petits objets de ses occupations et de ses amusements. V. M. daignera juger si maintenant le ton d'indulgence et de douceur ne serait pas convenable à employer sur pareils objets. Quant à ceux où des avis plus positifs et plus imposants me paraissent nécessaires, voici les points qui se présentent dans le moment actuel et qui semblent être de la dernière conséquence.

1° La reine connaît Mmes ses tantes, leur incapacité, le pouvoir et le danger de leurs entours; elle sait parfaitement les évaluer; cependant, par les suites d'un caractère doux, sensible et un peu facile, la reine, dans des moments d'attendrissement, peut aisément se laisser aller vis-à-vis de Mesdames à des complaisances outrées, à des promesses, à des engagements dont on peut abuser de la manière la plus pernicieuse. C'est ainsi qu'à mon très-grand chagrin et au dernier moment, Mesdames ont réussi de persuader à la reine de les laisser aller à Choisy après la mort du feu roi, tandis que, sur mes représentations, il avait d'abord été décidé que Mesdames iraient à Trianon et resteraient séparées quelque temps du roi et de la reine. De là il est arrivé ce que j'avais bien prévu; le premier soin de Mesdames a été de se mêler de matières de gouvernement, de donner des conseils, de proposer qu'on fît venir le comte de Maurepas (1), et la reine, de complaisance en complaisance, a servi elle-

---

(1) Louis XVI avait d'abord pensé à mettre à la tête du cabinet le comte de Machault; on raconta que la lettre même avait été écrite à cette intention, et qu'au dernier moment

même d'organe pour faire parvenir au roi les idées de Mesdames, ou pour mieux dire, celles des intrigantes qui les dirigent. Si, dans ces premiers temps, le roi se laisse gouverner, et que le public s'aperçoive que Mesdames jouissent de cet avantage, le crédit de la reine en recevra un choc mortel. Je l'ai suppliée d'être très-circonspecte à se mêler d'affaires ; mais il ne faut pas qu'elle souffre que personne de la famille s'ingère en pareilles matières. Ceci est applicable à M. et Mme de Provence, à M. et Mme d'Artois autant qu'à Mesdames, et c'est le premier point sur lequel je crois très-nécessaire que V. M. daigne donner un avertissement positif.

2° Le métier d'un premier ministre en France a toujours été d'intercepter et de détruire le crédit des reines. L'histoire est remplie de ces exemples frappants ; la reine connaît cette vérité ; et si elle veut prendre les mesures nécessaires, il lui sera très-facile d'écarter l'idée d'établir un premier ministre, qui par la suite deviendrait un personnage trop incommode.

3° Le roi, auquel je suppose réellement des qualités solides, n'en a que bien peu d'aimables. Son extérieur est rude ; les affaires pourraient même lui donner des moments d'humeur. Il faut que la reine apprenne à les supporter : son bonheur en dépend. Elle est aimée par son époux ; avec de la modération, de la complaisance et des caresses, elle acquerra un pouvoir absolu sur le roi ; mais il faut qu'elle le gouverne sans paraître vouloir le gouverner.

4° Un article de la dernière importance est que la reine prenne ses mesures de façon à ne jamais faire lit à part avec le roi. Je crois qu'il serait indispensable que V. M. daignât faire mention de cette remarque dans ses lettres, et de déclarer qu'elle prendrait de l'inquiétude si elle apprenait qu'il en arrivât autrement.

Je me suis expliqué dans ma dépêche ministérielle sur les motifs graves qui me forcent, dans ces premiers temps, à me tenir un peu à l'écart de la cour. Cette précaution est nécessaire pour ne pas effaroucher les esprits et pour éviter les plus dangereuses impressions (1).

---

l'adresse fut changée pour celle du comte de Maurepas, par l'influence de Madame Adélaïde.

(1) Mercy écrivait au baron Neny : « Des propos très-déplacés et encore plus dangereux sur les vues de notre cour de gouverner celle-ci m'ont obligé à beaucoup de circonspection dans mes démarches, et pour peu que, par des envois d'exprès, j'eusse donné matière à des jaseries, cela aurait pu produire un très-mauvais effet ; je crains encore que l'arrivée ici de

La reine est convenue que cette conduite de ma part était indispensable ; d'ailleurs je sais par l'abbé de Vermond tout ce qui se passe. Je puis, par son canal, faire parvenir à la reine tout ce que je crois utile à son service, et dans cinq ou six semaines, quand les esprits seront calmés, quand on se sera persuadé que je ne cherche pas à gagner trop d'influence, je reparaîtrai alors dans une position solide, et qui me mettra à portée de bien remplir mes devoirs envers V. M. et son auguste fille.

Il me reste à répondre à trois articles de la très-gracieuse lettre de V. M. Le premier concerne le prince de Rohan. Dans l'état actuel des choses, cet ambassadeur va recevoir des ordres tels que V. M. les voudra. La reine me l'a assuré dans la longue audience qu'elle m'a donnée vendredi dernier à Choisy, et dont il m'a paru indispensable d'insérer les détails dans ma dépêche d'office. Le second article a trait au comte de Lacy ; comme il était parti lors de l'arrivée du courrier, je n'ai rien à ajouter relativement à ce maréchal. Le troisième point a rapport au projet de voyage de l'empereur. S. M. me donne à cet égard l'ordre de lui mander si je crois qu'en retardant son arrivée à Paris jusqu'en novembre, et employant les mois de décembre, janvier et février pour voyager dans les provinces, S. M. pourrait faire cette tournée sans inconvénients. Je réponds qu'il me paraît qu'il y en aurait beaucoup à faire ce voyage précisément dans le cœur de l'hiver, que S. M. perdrait presque tout l'agrément et l'utilité d'un pareil voyage, auquel on ne manquerait pas d'attribuer d'autres causes que celles d'une simple curiosité.

A la suite de mon audience de vendredi passé, la reine, après avoir fait lecture de la lettre de V. M., me dit que V. M. paraissait fort indisposée contre le comte d'Esterhazy, sur quoi, indépendamment de ce qu'elle se propose d'écrire elle-même, la reine m'enjoignit d'ajouter à mon très-humble rapport le témoignage du désir qu'elle a que V. M. daigne, par bonté et égard à son intercession, oublier entièrement ce qui peut lui avoir déplu dans la conduite du comte d'Esterhazy, lequel n'a différé son départ jusqu'à ce moment que parce que la reine lui avait ordonné de rester encore quelques jours

---

deux de nos courriers par mois ne donne matière à la malignité et aux fausses conjectures. ».
Archives de Vienne.

pour porter des lettres que la maladie du feu roi n'a pas donné le temps à la reine d'écrire.

XXIII. — Marie-Thérèse a Mercy (1).

Ce 18 *mai*. — Comte Mercy, Hier à neuf heures du soir le courrier nous a porté la cruelle perte de notre roi et ami. J'en suis très-affligée et plus encore occupée du sort de ma fille, qui ne peut être qu'entièrement grand ou bien malheureux. La situation du roi, des ministres, de l'État même n'a rien qui me calme; elle-même est jeune, n'a jamais eu d'application et n'en aura jamais ou fort difficilement. Je compte ses beaux jours finis; c'est encore plus tôt que les miens ne l'étaient. Voilà la lettre que je lui ai écrite; j'ai voulu écrire au roi, j'ai pensé que cela le gênerait : elle peut montrer la mienne. Je me dirigerai à l'avenir sur ce que vous me dicterez. Je crains votre peu de santé; n'épargnez ni courriers ni estafettes : tous les détails les plus petits me sont d'un grand soulagement et servent à ma conduite.

J'ai cru devoir mettre quelque chose de la pauvre Barry; elle m'en a écrit dans sa lettre du 7 avec véhémence, la traitant de créature. Cette malheureuse est plus à plaindre que nous tous; elle a tout perdu et n'a aucune consolation ni ressource dans la religion, qui, dans ces sortes d'occasions, est le seul efficace remède.

Je ne vous recommande pas ma fille; je rends trop de justice à votre attachement et services que vous m'avez rendus et rendez continuellement; tout dépend à qui ils donneront leur confiance, et vous avez très-bien fait de leur avoir conseillé de ne rien changer; pourvu qu'ils l'exécutent.

Je suis toujours, mais bien accablée de tristesse, votre bien affectionnée.

XXIV. — Marie-Thérèse a Marie-Antoinette.

Laxenburg, le 18 *mai*. — Hier à huit heures du soir il nous est arrivé le triste courrier que nous attendions du 10. Je regretterai toute ma vie ce prince et cet ami, et votre bon et tendre beau-père.

---

(1) Pièce entièrement autographe.

J'admire en même temps la grâce de Dieu d'avoir donné le moment au roi de recourir à sa divine miséricorde, et les paroles du grand aumônier, prononcées de la part du roi, ne peuvent se lire sans fondre en larmes et espérer son salut. Nous avons d'abord interdit tout spectacle ici, et que nous ne verrons personne avant le 24, où on mettra le grand deuil, et je le porterai tout le reste de mes jours. Je ne vous fais point de compliments sur votre dignité, qui est achetée bien chèrement, mais qui le deviendra encore plus si vous ne pouvez mener la même vie tranquille et innocente que vous avez menée pendant ces trois années par les bontés et complaisance de ce bon père, et qui vous a attiré l'approbation et l'amour de vos peuples : grand avantage pour votre situation présente, mais il faut la savoir conserver et l'employer au bien du roi et de l'État. Vous êtes tous deux bien jeunes, le fardeau est grand ; j'en suis en peine et vraiment en peine. Sans que votre adorable père, dans le cas pareil, m'aurait soutenue, jamais je n'aurais pu en sortir, et j'étais plus âgée que vous deux. Tout ce que je puis vous dire et souhaiter, c'est que vous tous deux ne précipitiez rien : voyez par vos propres yeux, ne changez rien, laissez tout continuer de même ; le chaos et les intrigues deviendraient insurmontables, et vous seriez, mes chers enfants, si troublés que vous ne pourriez vous en tirer. Je puis vous en parler d'expérience ; quel autre intérêt pourrais-je avoir de vous conseiller d'écouter surtout les conseils de Mercy ? Il connaît la cour et la ville, il est prudent et vous est entièrement attaché. Dans ce moment-ci, regardez-le autant comme un ministre de vous que le mien, quoique cela combine très bien. L'intérêt de nos deux États exige que nous nous tenions aussi étroitement liés d'intérêt comme de famille. Votre gloire, votre bien-être m'est autant à cœur que le nôtre. Ces malheureux temps de jalousie n'existent plus entre nos États et intérêts ; mais notre sainte religion, le bien de nos États, exigent que nous restions intimement liés de cœur et d'intérêt, et que le monde soit convaincu de la solidité de ce lien. Je ne négligerai rien de ma part, et mes vieux jours ne peuvent couler tranquillement que vous voir tous deux, mes chers enfants, heureux. J'en prie et ferai prier instamment à ce sujet ; en vous donnant ma bénédiction, je suis toujours...

P. S. J'espère qu'il n'y aura plus question de la malheureuse Barry, pour laquelle je n'ai jamais été portée qu'autant que votre respect pour votre père et son souverain l'exigeait. J'espère de n'entendre plus son nom qu'en apprenant que le roi l'ait traitée avec générosité, en la confinant avec son mari loin de la cour, lui adoucissant, autant que cela convient et l'humanité l'exige, son sort.

XXV. — Marie-Thérèse a Mercy.

Schönbrunn, le 25 *mai.* — Comte de Mercy-Argenteau, Je vous expédie un courrier extraordinaire et j'en ferai expédier tous les quinze jours dans ces premiers moments critiques d'un nouveau règne, du moins pendant cet été [ils partiront d'ici le premier du mois et le 16], pour vous faire parvenir plus promptement les résolutions d'ici, et pour recevoir plus souvent de vos nouvelles, qui ne sauraient qu'être bien intéressantes à présent.

[Depuis votre courrier du 10 je n'ai rien de vous, et de ma fille rien depuis le 7 ; le courrier à Rohan du 14 aurait dû me porter un mot d'elle ; j'avoue, j'en suis sensible de ce manque.]

Vous saurez bien imaginer combien je suis occupée des suites de l'événement de la mort du roi. Ce qui augmente mes peines est que Kaunitz ne s'est pas approché de moi depuis l'arrivée de cette nouvelle, de crainte qu'il ne soit obligé d'en entendre parler : le seul nom de petite vérole est capable de le remplir de terreur ; aussi, pendant deux jours après l'arrivée du courrier porteur de cette fatale nouvelle, personne n'a osé la lui annoncer, et ce n'était qu'avec une précaution outrée qu'à la fin on lui en a fait part pour diminuer au possible sa sensation sur la mort du roi, à qui il était personnellement attaché, qui était de son âge, et qui a succombé à une maladie tant redoutée par lui. Binder devait donc se charger seul de toute la besogne pour suppléer à l'inaction de Kaunitz. Il m'a remis une note sur les mesures à prendre dans les circonstances présentes ; sans vouloir en faire l'examen, je crois ne pouvoir faire rien de mieux de m'en remettre à vos lumières et à votre expérience.

Je vous communique les nouvelles ci-jointes [qui sont les seules que nous ayons], ne pouvant vous dissimuler que j'aurais souhaité que, dans le premier début, on eût procédé avec moins d'éclat et de rigueur contre la Barry, en se contentant de l'éloigner de la cour dans un lieu écarté et solitaire. On dit qu'il y a quatre partis qui vont se former : le premier est celui d'Aiguillon, qui doit être bien faible, le deuxième celui des Choiseul, qu'on suppose être plus nombreux, le troisième celui des Broglie, plus fort que les deux précédents, et le quatrième celui des princes du sang et de l'ancien Parlement. Si les Broglie l'emportaient, je me doute que nous y trouverons notre compte. On dit encore qu'à sa mort feu le dauphin avait confié une espèce d'instruction secrète à M. de Maurepas, avec ordre de ne la remettre à son fils, le roi d'aujourd'hui, que lorsqu'il sera monté sur le trône. Vous sauriez juger au mieux de la valeur de ces nouvelles vraies ou supposées; mais, en tout combinant, je regrette de plus en plus la mort du roi, mon bon ami et allié, sur le caractère duquel je croyais pouvoir compter; je ne me fie pas encore trop au système qui va s'établir en France. Je serais bien aise d'être informée au juste de la façon de la mort du roi. Quelques-uns prétendent que, dans le moment qu'il a fait la confession, terminée dans l'espace de seules seize minutes, et qu'il a fait publier par son aumônier la déclaration connue [dont il doit avoir ignoré le contenu], il avait eu la tête peu libre. Je voudrais encore savoir si, comme on suppose, on a trouvé dans sa chatouille (1) quarante millions de livres ou florins (2). Rohan a reçu en secret un courrier de la part des Soubise, quoiqu'il le dissimule. Il m'a fait insinuer que la reine ferait bien de s'attacher à Mme de Marsan, dame aussi vertueuse qu'éclairée, et qu'il espérait que je ne m'opposerais pas à son plus long séjour ici, après s'être corrigé de ses défauts. Kaunitz et même l'empereur ne paraissent pas éloignés d'entrer dans ses vues, parce qu'il fait servilement sa cour au premier, et parce qu'il a amusé l'autre par ses inepties et discours légers; mais vu même cette légèreté de Rohan, qui d'ailleurs ne m'a pas donné depuis quelque temps des sujets particuliers de mécontentement, je ne saurais changer de sentiment par rapport à son rappel,

---

(1) C'est le mot allemand *die Schatulle*, la cassette.
(2) La crédulité fut générale à l'égard de ce trésor. Le comte de Creutz, ministre de Suède, écrivait à sa cour : « Une personne très-bien instruite m'a assuré qu'on a trouvé dans le trésor particulier du feu roi trois cent soixante millions; qu'on en fait un secret pour ne pas rendre sa mémoire trop odieuse; que Louis XVI a mis à part cent millions pour ressource en cas de guerre, et qu'il disposera du reste pour les besoins pressants de l'État. Si cela est ainsi, la puissance de la France va devenir effrayante pour tous ses ennemis. » Dépêche du 3 juillet 1774. On verra plus loin que ce prodigieux trésor se réduisit à deux cent mille francs; mais les esprits ne furent pas facilement détrompés; beaucoup sans doute ne le furent jamais. Le comte de Creutz écrivait le 4 septembre : « On ne sait point ce qu'est devenu le trésor particulier du feu roi; les uns disent que l'abbé Terray s'en est emparé pour éteindre des rescriptions, les autres que le roi le conserve comme ressource en cas de guerre. » Archives de Stockholm.

souhaitant seulement qu'il s'effectue d'aussi bonne façon que possible et sans lui faire de tort. [Au contraire je voudrais lui procurer quelques grâces ; vous pourriez même vous servir de mon nom.]

Pour vous faire voir combien il est toujours inconséquent et léger, je vous dirai qu'il se plaint de nouveau de la lettre qu'il me suppose d'avoir écrite à ma fille sur son rappel, et que ma fille aurait montrée à Mme de Marsan. Il soutient encore le bruit qui s'est répandu dans le passé, et qui vient de se renouveler, que Choiseul doit avoir fait empoisonner feu le dauphin et son épouse ; Rohan ajoute même qu'il l'avait appris par le médecin Tronchin (1). Vous me feriez plaisir de me dire votre sentiment sur ces deux faits [mais qui m'ont été confiés par un de ses intimes. Je ne voudrais pas qu'on sût que cela vient de lui, ne voulant lui nuire ; il est trop léger pour ne commettre des incartades pareilles à tout instant, sans en avoir la volonté. Il convient lui-même souvent de ses défauts, mais ne s'en corrige pas plus. Ainsi l'anecdote de Tronchin, vous la retiendrez pour vous uniquement, et ce n'est que pour ma curiosité seule que je souhaite d'en être informée, n'ajoutant au reste aucune foi aux contes d'empoisonnement, encore moins de Choiseul, qui, j'espère, sera rappelé de son exil sans être mis en place ; j'avoue, je le craindrais. Je n'écris à ma fille qu'en général, surtout en lui marquant combien son silence m'affecte, en lui conseillant toujours de vous écouter, de suivre vos conseils et de se garder à se mêler des affaires ; qu'elle soit la confidente et amie du roi, mais ne paraisse point vouloir gouverner avec lui ; qu'elle évite qu'à force d'applaudissements on n'excite l'envie et la jalousie contre elle. Sa situation est bien délicate, et à 19 ans ! mon espérance n'est qu'en vous. Je ne dois pas oublier l'abbé Vermond. On a déjà voulu le noircir ici et lui adosser maints conseils mauvais donnés à ma fille ; cela ne reste aussi que pour vous].

[Dans l'instant Kaunitz m'envoie un billet pour me demander s'il osait vous écrire qu'on serait bien aise de garder ici Rohan. Je l'ai prévu. Je lui ai répondu que je n'osais me fier à son changement, connaissant sa légèreté (2), qu'il fallait attendre le courrier mensuel,

---

(1) On trouvera la réponse à ce bruit infâme plus bas, à la fin de la pièce XXIX. Soulavie a enregistré et développé cette calomnie, avec bien d'autres, dans ses *Mémoires sur le règne de Louis XVI*, tome I, page 42, édition de Paris, 1801.

(2) On a vu dans les lettres précédentes que Marie-Thérèse désirait fort le rappel de Rohan,

qui doit revenir à tout instant, pour voir comme les partis se trouvent à Paris, et qu'en attendant on laisse aller les choses.]

[Je voudrais avoir un portrait de ma fille en grand deuil, habillée comme elle l'est, on dit même sans poudre. Si le portrait même n'était pas si ressemblant, je voudrais voir l'habillement et le tableau au plus tôt. On débite ici que le roi a passé sur toutes les formalités et a fait enterrer son aïeul sans toutes les cérémonies usitées.]

[Les Ex-Jésuites commencent à se glorifier; le roi de Prusse même espère un favorable changement; tout cela mérite les plus grandes attentions et informations, et c'est la raison pourquoi je compte vous envoyer tous les quinze jours un courrier par la voie de Bruxelles.]

XXVI. — Marie-Thérèse a Marie-Antoinette.

Schönbrunn, le 30 mai. — Vous aurez vu par le courrier expédié le 26 nos inquiétudes, n'ayant plus de nouvelles depuis le malheureux jour du 10. L'ambassadeur du roi nous ayant remis sa notification, nous n'avions rien de plus pressé que d'expédier le lendemain le courrier avec nos réponses, et nous continuerons ainsi tous les premiers et tous les 16 à en expédier; il m'importe trop de savoir de vos nouvelles justes, et des bruits alarmants causent souvent des inquiétudes insoutenables. On disait le roi malade, Mesdames Adélaïde et Sophie attaquées de la même maladie. Rien ne serait plus naturel pour ces deux princesses, ayant assisté le roi; mais rien ne serait plus effrayant que d'en savoir le roi attaqué. Dieu nous en préserve! Il fait la consolation et espérance de son peuple, de ses alliés, de sa famille. Je ne saurais vous exprimer combien j'étais touchée des lignes que le roi a voulu mettre à la fin de votre lettre; cette cordialité, je la préfère à tout, et cette attention pour moi de me dire qu'il est content de ma chère fille et qu'il a pensé les premiers moments de sa pénible situation à moi, m'ont touchée aux larmes. Il s'exprime même qu'il voudrait avoir des conseils; que cela est respectable à son âge! Il en trouvera s'il ne précipite rien; qu'il fasse voir qu'il ne souhaite que le bien public, d'être le père de ses peuples, et que ceux qui auront à lui suggérer des moyens à y parvenir

---

mais que Joseph II et Kaunitz souhaitaient de le conserver, le trouvant très-souple, peu gênant, et très-amusant.

seront écoutés et récompensés ; qu'il veut s'instruire lui-même ; s'il n'a de confiance dans ceux qui sont actuellement à la tête des départements, après mûre considération, qu'il prenne ceux qu'il croit les plus habiles et qui soient chrétiens et aient des vertus morales même. Point de gens fougueux, violents, ambitieux ; point de premier ministre ; cela fait trop souffrir le reste de ses égaux et le peuple. Que le roi soit lui-même son premier ministre à bien choisir ceux pour les départements (1), les écouter et prendre après son parti. Nous sommes heureusement en paix, rien ne presse ; la France a des ressources immenses. Il y a des abus énormes ; mais ceux-ci augmentent pour ce moment les ressources (2), en les abolissant et s'attirant par là la bénédiction de ses peuples. La perspective est grande et belle ; il ne s'agit que de ne rien précipiter et faire un bon choix des ministres et même des alentours. Il y a en France autant de ressources en sujets qu'en effets ; et avec la grâce de Dieu, en suivant la voie de la vertu, en distinguant ceux qui en ont et en éloignant ceux qui n'en ont point, je me flatte de voir le règne de Louis Auguste heureux et glorieux. La clémence et la générosité sont deux points, employés à temps, qui surmontent tout ; mais tout a ses bornes : employer ces deux moyens indifféremment à tout, cela ôte entièrement leur mérite.

Je me suis étendue sur ce point un peu trop, animée par la demande du roi, par ma tendresse à vous voir tous deux heureux et grands. Je parle à l'amie, à la confidente du roi, qui ne doit être occupée que de son bonheur et mériter sa confiance en plein. J'espère que les exilés, à une époque si glorieuse, auront tous leur grâce, et que Choiseul et sa sœur seront du nombre ; mais je ne saurais m'empêcher de vous recommander une seule personne : c'est Durfort, qui a représenté la personne du roi ici à cette grande époque de votre mariage. Je vous l'ai toujours recommandé particulièrement, de même à Mercy : il n'a reçu aucune grâce, c'est un honnête homme, qui est vertueux et attaché, comme il le faut, à son maître, et qui a très-bien réussi ici. Je crois que vous lui devez cette reconnaissance, en priant le roi de vouloir lui faire quelque grâce et distinction. J'en écris aussi à Mercy de vous en faire souvenir, qu'une bonne fois il soit consolé ; votre propre gloire l'exige. Vous savez que je ne suis pas au reste portée aux

---

(1) C'est-à-dire pour les divers départements ministériels.
(2) C'est-à-dire les moyens de se rendre populaire.

recommandations, mais je n'ai pu passer celle-ci en oubli. Pour Mercy, je puis vous le donner comme un homme non-seulement tout à vous, mais un homme bien éclairé sur les sujets et intrigues, et vous pouvez lui donner votre confiance entière : il est autant votre ministre que le mien. Heureusement nos intérêts, non-seulement de cœur, mais de nos États, sont liés si intimement que, pour les bien faire, il faut les faire avec une intimité, comme feu le roi a bien voulu y mettre la première base, et la continuer, nonobstant les divers changements arrivés, toujours de même.

De mes chers enfants j'espère bien autant; une diminution me donnerait la mort. Il ne faut à nos deux monarchies que du repos pour ranger nos affaires. Si nous agissons bien étroitement liés ensemble, personne ne troublera nos travaux, et l'Europe jouira du bonheur de la tranquillité. Non-seulement nos peuples seront heureux, mais même tous les autres qui ne cherchent qu'à troubler par leurs intérêts particuliers. Les premiers vingt ans de mon règne en font preuve, et depuis notre heureuse alliance, qui est cimentée par tant de liens les plus tendres, ce repos commence à s'établir qui est à souhaiter pour longues années. Mercy pourra vous informer de tout ce qui peut avoir connexion aux affaires générales : je ne lui laisserai rien ignorer. Mon style et mon caractère n'étant pas des meilleurs, mes bras et mes yeux me faisant faire souvent faux bond, je suis obligée de me servir d'une autre main à l'avenir. Vous excuserez les pâtés et les corrections dans celle-ci; je l'ai dû écrire à trois reprises, et le vent l'a jetée deux fois à terre. Vous connaissez les vents qui règnent dans mes chambres. Toutes les lettres, toutes les gazettes même que je me fais lire à cette heure dans l'article de France, ne sont remplies que d'éloges et de belles actions du roi; celle des deux cent mille francs lui fera toujours un honneur ineffaçable.

Le choix que le roi vous a permis de faire dans votre maison n'a pas moins réussi : je vous en fais mon compliment; surtout ce que vous dites des Lorrains est touchant et à sa place. *Il n'y a que le choix de Maurepas qui étonne, mais qu'on attribue à Mesdames.* Je ne puis vous marquer mon étonnement qu'on les a prises sans les moindres précautions à Choisy : si elles prennent la petite vérole, j'espère bien que vous ne resterez pas vingt-quatre heures là. Mon Dieu ! ce serait horrible ! Je vous conjure (Dieu nous préserve, mais si le cas arrivait) d'employer toute votre tendresse et même autorité à faire partir tout de suite le roi : le reste peut le suivre, *mais point de tantes.*

Vous me sollicitez encore pour Esterhazy ; plus il tarde à se rendre à mes ordres et plus ses affaires s'empirent. Avant tout, il faut se soumettre, et la punition ne sera pas si forte ; mais il faut de la correction. Je ne puis m'empêcher de vous relever cette grande protection pour ce jeune homme, qui a triplement manqué et grièvement, et votre rigueur vis-à-vis de la famille ou adhérents de cette malheureuse (1) ; c'est la dernière fois que nous nous occuperons de ces deux sujets, et cela n'était dit qu'en passant. Celle-ci n'est que trop longue ; je ne vous marque rien des nouvelles d'ici ; vos sœurs ou la Brandis vous en informent exactement. Votre frère (2) sera à cette heure à Bruxelles. Je n'ai eu de ses nouvelles que du 21 de Mayence ; il se porte bien et s'approche de vous ; que je lui porte envie ! En vous embrassant tendrement je suis toujours.....

XXVII. — MARIE-THÉRÈSE A MERCY.

Schönbrunn, le 1er de juin. — Comte de Mercy, J'ai reçu par le courrier la Montagne, arrivé ici le 27 du passé, votre lettre du 17 du même mois.

Je sens bien toute la délicatesse de votre situation actuelle ; mais, ayant tant de preuves de votre dextérité, je suis persuadée que vous rendrez et à moi et à ma fille, dans ces moments critiques, des services aussi essentiels que ceux que vous m'avez rendus depuis votre séjour à la cour de France [et surtout dans ce moment-ci vous l'avez conseillée au mieux].

J'étais également enchantée de l'avertissement que ma fille a donné à son époux sur l'usage à faire d'une pension de 2,000 écus, vacante par la mort du pensionnaire, mais encore plus de la façon dont il s'y est prêté. La distribution de 200,000 livres, faite par ordre du roi actuel parmi les pauvres, a fait le meilleur effet : ces traits font beaucoup d'honneur à un nouveau règne.

Je ne prétends pas de savoir les horreurs qui se sont passées dans les derniers jours de la vie du feu roi ; mais je souhaiterais fort d'être

---

(1) Madame du Barry.
(2) L'archiduc Maximilien.

informée de ses dernières actions et des particularités qui se sont passées dans les derniers moments de sa vie et à sa mort. Je voudrais encore savoir le nom du confesseur qui l'a assisté, et si c'est le même qui est encore confesseur de ma fille. Tout ce qui est relatif à un événement tant important m'intéresse infiniment par une suite de l'amitié que j'avais toujours pour ce bon prince et allié.

L'empereur paraît à présent moins s'occuper de son voyage en France que dans le passé : il n'en sera apparemment pas question pour cette année, et l'année future l'empereur pense retourner en Italie ; il est donc fort incertain quand le voyage en France aura lieu.

La démission de Lacy n'étant plus un secret, je voudrais savoir quels raisonnements on en fait en France.

Pour le rappel de Rohan, je vous ai fait connaître mes intentions par le courrier précédent et j'y persiste toujours.

Ma fille aurait sûrement bien fait d'éloigner Mesdames de Choisy sous le prétexte, rien moins que supposé, du danger d'infection. Je vous communique la dernière lettre de ma fille, qui, quoiqu'affectueuse, ne dit pas beaucoup d'essentiel, mais j'étais bien sensible à l'attention du roi d'ajouter quelques mots dans la lettre de son épouse. Je lui réponds de même dans ma lettre à ma fille, dont je vous fais de même part. Au reste, je ne trouve pas à propos de prendre tout à l'instant un ton trop pliant vis-à-vis d'elle, pour ne pas lui faire naître l'idée de vouloir exiger d'elle des complaisances en faveur de mes intérêts. J'ai de même cru devoir lui faire entrevoir ma surprise de l'intérêt qu'elle témoigne [tant] pour Esterhazy [Et j'ai fait exprès la comparaison] (1).

[Vous trouvez ci-joint les copies de mes lettres ; celle « A la reine » vous devez la lui remettre vous-même, en la priant de vous la remettre, crainte qu'elle ne s'égare ; c'est comme un *tibi soli*, et même, à l'avenir, celles qui auront cette adresse seront de la même catégorie et vous en agirez de même.]

Sur une feuille détachée : [Comte Mercy, Le prince Kaunitz m'a envoyé plus tard cette lettre et note ; je n'ai pas cru devoir changer mon billet (2) au roi pour cette lettre ; mais si vous trouvez convenable

---

(1) Comparaison avec la sévérité de Marie-Antoinette à l'égard des du Barry.
(2) Nous n'avons point retrouvé la minute de ce billet de Marie-Thérèse à Louis XVI, mais on peut présumer qu'il n'était que d'affectueux compliment. C'est tout ce que contient

de donner le mémoire, j'y ai ajouté quelques lignes à ma fille. Vous pouvez même supprimer le tout si vous le trouvez plus convenable.]

[Je crois que vous devez vous concerter et entendre, au moins faire semblant d'aller de concert en tout avec le ministre d'Espagne. Je connais la difficulté avec Aranda (1); mais je le crois indispensable pour le service.]

XXVIII. — Mercy a Marie-Thérèse.

Paris, 7 juin. — Sacrée Majesté, Jusqu'à l'époque de la fin du dernier règne, je n'ai eu à exposer à V. M. que les détails de la vie privée d'une dauphine. Maintenant que l'existence de cette princesse a changé de face, et qu'elle doit être considérée sous différents rapports, il s'en suit que le compte que j'aurai à en rendre semble exiger une nouvelle forme. Conséquemment tout ce qui tient uniquement au personnel de la reine deviendra la matière de mes très-humbles rapports. Ils seront moins diffus que par le passé, parce qu'une quantité de circonstances qui pouvaient influer dans l'essentiel des choses disparaissent maintenant et perdent leur effet.

La conduite de la reine, en tant qu'elle pourra influer dans les objets majeurs, étant du ressort de la politique, et pouvant devenir utile aux combinaisons qu'elle exige, il paraît convenir au bien du service que cette partie se trouve déduite dans mes dépêches d'office, et je me propose de suivre cette méthode dans le cas où il plaise à V. M. de l'approuver.

---

le projet de lettre dressé par le prince de Kaunitz, projet retrouvé, avec un mémoire annexe, dans les papiers de Mercy. Ce mémoire, comme nous le verrons par le rapport de Mercy du 15 juin (pièce XXXI) fut remis à Marie-Antoinette pour qu'elle en fît usage auprès de Louis XVI; il ne contient que des conseils assez vagues et généraux, sur la nécessité de conserver la paix et les bons rapports avec les puissances étrangères, sur le choix d'un ministre des affaires étrangères au caractère sage et prudent, et enfin il se termine par la pressante recommandation de s'appuyer sur les deux alliances principales de la France : celle d'Espagne et celle d'Autriche. « Aucun moyen, y est-il dit, n'est plus propre à contribuer réellement à la prospérité de la France, parce qu'en assurant la durée de sa tranquillité, le roi s'assurera en même temps par là du temps qu'il lui faudra pour pouvoir travailler au dedans au redressement de tout ce qu'il trouvera qu'il peut y avoir à désirer dans les différentes branches de l'administration ».

(1) Le comte d'Aranda, si célèbre par son grand rôle de ministre réformateur en Espagne. Cédant à l'opposition qu'il soulevait, Charles III l'avait à regret éloigné du ministère en 1773, et lui avait donné l'ambassade de France.

Après l'audience que la reine m'avait donnée le 13 à Choisy, je revins travailler à l'expédition du courrier, et j'allai ensuite passer cinq ou six journées à la campagne chez des personnes de ma connaissance. Cette marche produisit un effet beaucoup plus prompt que je n'aurais osé l'espérer, et, de retour en ville, je trouvai qu'avec la même légèreté qui se rencontre ici en tout, on y tenait des propos en sens contraire sur ma prétendue incurie, sur mon désœuvrement dans un moment où l'on s'était attendu à me voir jouer ce rôle important qui avait effarouché tant de monde. Voyant les esprits si tranquillisés, je crus pouvoir aller deux jours de suite à la Muette pour y porter les lettres du 9 et du 18. J'eus à cette occasion deux audiences assez étendues chez la reine. Indépendamment de plusieurs circonstances rapportées dans ma dépêche, S. M. eut la bonté de me dire toutes les petites particularités de ses entretiens avec le roi. J'y observai de sa part (1) beaucoup de confiance, de l'empressement à dire ses idées, ses projets, ses embarras à la reine. Je vis que, de son côté, cette princesse avait très-bien suivi son plan de circonspection dans ses réponses, qu'elle n'avait marqué aucun désir de savoir les affaires qu'autant que le roi trouvait plaisir à lui en parler ; je m'aperçus que, sur ce point important, les choses étaient dans la meilleure situation, et j'exposai tous les petits raisonnements qui pouvaient tendre à les maintenir dans cet état.

J'avais prévenu la reine que le prince de Conti (2) lui écrirait ; cela arriva, la lettre du prince était remplie d'hommages. On y lisait : « Une princesse chérie que tout le monde admire et dont tout le « monde espère. » La réponse de la reine fut douce et honnête, mais avec une réserve qu'elle exprimait ainsi : « Quoique je ne me mêle « d'aucune affaire, je ne puis que partager les désirs et intentions « du roi. »

Mme Louise la Carmélite ayant fait prier la reine de l'aller voir, S. M. se rendit le 20 à Saint-Denis, accompagnée de Mme la comtesse de Provence, laquelle, suivant l'étiquette de cette cour, est maintenant nommée *Madame* sans autre titre, et Mme la comtesse d'Ar-

---

(1) De la part du roi.

(2) Le prince de Conti, en disgrâce depuis l'affaire du parlement, demandait à reparaître à la cour ; le roi répondit que, le prince de Conti ayant négligé l'occasion de rentrer en grâce près du feu roi, il croirait manquer au respect dû à la mémoire de son grand-père en recevant sa visite.

tois. D'ailleurs, dans ces premiers temps, l'emploi des journées de la reine a consisté en quelques promenades dans le bois de Boulogne.

S. M. voit peu de monde, parce qu'il n'y a que ceux qui ont les entrées de la chambre qui puissent aller faire leur cour à la Muette (1). La reine a fait ses dévotions le jour de la Pentecôte, et, pendant les trois fêtes, toute la cour a assisté matin et soir au service divin à une église de religieux située à Passy (2). A l'exception du temps où le roi travaille dans son cabinet seul ou avec ses ministres, il va presqu'à toutes les heures chez la reine. La famille royale dîne et soupe ensemble dans l'appartement de la reine, et le roi met beaucoup de simplicité, d'amitié et d'aisance dans la façon d'être vis-à-vis de ses frères et de ses belles-sœurs; il leur a ordonné de supprimer le titre de Majesté lorsqu'ils lui parlent.

La reine voit les princes et princesses quelques moments le matin avant et après la promenade, et pendant toute la soirée depuis l'heure du souper; le reste du temps la reine le passe seule dans son appartement; elle y fait venir l'abbé de Vermond, et s'entretient avec lui; cet ecclésiastique n'a plus quitté la cour, ainsi que j'avais supplié la reine de le lui ordonner. S. M. voit souvent dans ses cabinets la princesse de Lamballe, née princesse de Carignan; elle joint à beaucoup de douceur et d'agrément un caractère fort honnête, éloigné de l'intrigue et de tout inconvénient. La reine a conçu depuis assez longtemps une vraie amitié pour cette jeune princesse, et ce choix est excellent, parce que Mme de Lamballe, quoique Piémontaise, n'est aucunement liée avec Madame ni avec madame d'Artois. J'ai cependant pris la précaution de faire observer à la reine que son

---

(1) La Muette, maison royale dans le bois de Boulogne, sur le territoire de Passy; primitivement simple rendez-vous de chasse, et destinée à l'élève des *mues* de cerfs, embellie, transformée par le régent et habitée par sa fille la duchesse de Berry, elle devint sous Louis XV ce qu'on appelait le *Parc aux Cerfs* d'infâme mémoire. Elle vit les premiers jours du règne de Louis XVI; sa proximité de Paris lui valut ensuite de fréquentes visites de la famille royale, particulièrement de Marie-Antoinette, qui y dînait souvent, et y couchait quelquefois quand des chasses, des courses, ou quelque autre circonstance l'attiraient de Versailles au bois de Boulogne ou à Paris. La Muette, rangée dès 1787 au nombre des maisons royales destinées à être vendues, ne le fut qu'en 1791. Elle existe encore et appartient à Mme Erard.

(2) La *Gazette de France* nous apprend que c'est à l'église des religieux minimes de Chaillot que le roi et la reine assistèrent aux offices des fêtes de la Pentecôte. Chaillot et Passy étant contigus, Mercy a bien pu s'y tromper.

penchant et ses bontés pour Mme de Lamballe exigeaient quelque mesure, afin de prévenir tout abus de ce côté-là.

Depuis longtemps, et lorsque Mme l'archiduchesse était encore dauphine, elle désirait beaucoup d'avoir une maison de campagne à elle en propre, et elle s'était formé plusieurs petits projets à cet égard. A la mort du roi, le comte et la comtesse de Noailles suggérèrent le petit Trianon ; mais le comte de Noailles voulut se charger de négocier et de sonder les dispositions du roi à cet égard. Je trouvai que toutes ces démarches officieuses étaient fort déplacées, qu'elles ne convenaient pas à la dignité de la reine. Je représentai à S. M. que dans aucune occasion elle ne devait admettre l'usage des moyens intermédiaires entre elle et le roi, et je la suppliai de faire elle-même cette demande sans autres mesures préparatoires et sans le concours de personne. S. M. daigna agréer mon idée, et au premier mot qu'elle prononça au roi du petit Trianon, il répondit avec un vrai empressement que cette maison de plaisance était à la reine, et qu'il était charmé de lui en faire don. Cette maison est à un quart de lieue du château de Versailles ; elle est très-agréablement bâtie, fort ornée avec de jolis jardins, et un jardin séparément destiné à la culture des plantes et arbustes étrangers (1).

Les dames qui sont dans le cas d'aller faire leur cour à la Muette y sont traitées par la reine avec grâce et bonté. Tout le monde est content, à l'exception de la duchesse d'Aiguillon, qui a été reçue fort froidement, ainsi que son mari. Il y a toujours une foule de peuple aux portes du château, et une infinité de monde répandu dans le bois de Boulogne aux heures où on suppose que la reine peut s'y promener. Dans ces occasions, S. M. ne manque jamais de donner au public des marques de la bonté la plus touchante, et il en résulte un enchantement général.

Bien des gens qui ne s'étaient pas toujours comportés d'une façon trop convenable vis-à-vis de Madame la ci-devant dauphine, et qui

---

(1) Louis XIV avait créé près du grand Trianon un jardin botanique qui s'appelait dès lors le petit Trianon, et dont il existe encore un parterre qui fait communication entre les jardins des deux Trianons. En 1766 Louis XV y fit construire le château par l'architecte Gabriel. L'aménagement intérieur fut seul changé par la reine Marie-Antoinette ; mais c'est elle qui créa le jardin anglais, avec son village, sa laiterie, toutes ces fabriques à la mode alors, et qui convenaient si bien au goût qu'avait la reine d'échapper aux contraintes et à l'apparat de la royauté.

craignaient son ressentiment, n'éprouvent de la part de la reine que générosité et clémence. Elle a oublié tout ce qui avait pu lui déplaire ; il n'y a que le duc et la duchesse d'Aiguillon (1) qui soient un peu exceptés de cette règle de bonté.

Le courrier dépêché de Vienne le 25 de mai m'a remis les ordres de V. M. de même date, le premier de ce mois. Le lendemain, jour de la Fête-Dieu, je me rendis de grand matin à la Muette, et j'y présentai à la reine les lettres qui lui étaient adressées. S. M. les lut en ma présence, et parut affectée de ce que V. M. marquait du mécontentement de n'avoir point reçu de lettre depuis la date du 7 de mai. La reine me dit que dans les premiers jours du séjour à Choisy on s'y était trouvé dans une si grande confusion qu'elle avait absolument ignoré le départ du courrier expédié au prince de Rohan le 14. Le courrier mensuel était arrivé le 11 de mai, et je l'aurais certainement renvoyé bien plus promptement ; mais je ne pus avoir audience de la reine que le 13, et il me fut également impossible d'obtenir les lettres de S. M. avant le 17 à deux heures après-midi. V. M. aura daigné voir les fortes raisons qui ont empêché de dépêcher des exprès intermédiaires. Mon rapport d'office d'aujourd'hui donne de nouvelles preuves de la circonspection nécessaire à observer de ma part dans ces premiers temps.

XXIX. — MERCY A MARIE-THÉRÈSE.

Paris, 7 juin. — Dans ce très-humble rapport secret, je vais rendre compte à V. M. de quelques particularités intéressantes, et ensuite je répondrai au contenu de ses deux très-gracieuses lettres du 18 et 25 de mai.

---

(1) Mercy avait insisté dès les premiers jours du règne en faveur du duc d'Aiguillon, trouvant même qu'il eût été préférable de ne point presser autant son renvoi. Rappelant que la reine ne devait pas venger les injures de la dauphine, il insistait pour qu'il n'y eût point d'exil ; il disait que cette forme barbare de renvoyer un ministre n'existait plus qu'en France et en Turquie. La reine, de son côté, semblait peu portée à l'indulgence. (Dépêche d'office du 17 mai.) D'Aiguillon ne fut point alors exilé ; mais il en fut de cette mesure de clémence comme de tant d'autres par lesquelles les nouveaux souverains inauguraient leur règne : elle tourna contre eux. D'Aiguillon devint un des meneurs les plus redoutables de cette cabale acharnée contre la reine, relevant toutes ses imprudences, calomniant tous ses motifs, jetant dans l'opinion les semences de soupçon et de haine qui devaient porter de si terribles fruits. Le court exil qu'il subit en 1775 ne fit qu'accroître ses ressentiments sans lui ôter les moyens de nuire.

Lors du départ du courrier de mai, ce fut la reine qui proposa au roi d'écrire quelques lignes dans sa lettre à V. M., et ce fut aussi la reine qui les dicta. Il n'y eut que les dernières lignes qui furent du style du roi. Il dit ensuite à son auguste épouse que depuis bien longtemps il avait eu grand désir d'écrire à V. M., que nommément il y avait pensé lorsque le baron de Neny est parti d'ici, mais que l'embarras l'avait retenu. Je dois soumettre aux hautes lumières de V. M. la tournure et la fréquence des lettres qu'elle jugera à propos d'écrire au roi ; mais je crois que de temps à autre quelques marques directes d'amitié données à ce prince produiraient un excellent effet.

Le roi a confié à la reine que toutes les lettres qui lui étaient parvenues par la poste du vivant du feu roi avaient été ouvertes, mais qu'il venait de donner ordre au sieur d'Ogny (1), qui a le département de l'interception, de ne plus ouvrir à l'avenir aucune lettre ni paquet qui serait à l'adresse de la reine.

Jusqu'à présent l'étiquette de cette cour a toujours interdit aux reines et aux princesses royales de manger avec des hommes. Cela a causé de grands maux ; de là sont venus ces soupers de chasseurs qui ont tant contribué à plonger le feu roi dans le désordre dans lequel il a vécu. Le roi d'aujourd'hui aime la chasse ; il voudra certainement souper quelquefois avec ceux qui le suivent. Je n'ai pas hésité de proposer à la reine de tâcher de faire abolir une étiquette qui n'aboutit qu'à la séparer du roi, et connaissant à fond ce pays-ci, je regarde ce point comme un objet de la dernière importance. Si la reine est de tous les soupers du roi, elle sera en même de se trouver à tous les petits voyages. Madame et Mme d'Artois pourront en être de temps en temps ; il faudrait que ce ne fût point habituellement, et que cet avantage restât à la reine seule ; sa présence écarterait toute société licencieuse, et tous les dangers qui en dérivent. Je suis bien assuré qu'il y aura une grande opposition à ce projet de la part de Mesdames ; mais pendant leur maladie la reine peut profiter du moment. C'est un grand bonheur que cette absence de Mesdames. Il est incroyable comme, dans les premiers instants, Mme Adélaïde avait débuté à vouloir s'ingérer en tout, et à prendre le ton le plus absolu. J'ai représenté à la reine tout ce qu'il est possible de dire à

---

(1) Voir la 2e note au rapport du 23 janvier 1771, tome I, page 124.

cet égard; mais je ne puis cacher à V. M. qu'un peu de faiblesse et de peur de la part de la reine me donne bien de la peine à la persuader sur les choses même que, de son propre mouvement, elle reconnaît pour utiles et nécessaires.

Je reprends la très-gracieuse lettre de V. M. du 18 mai; elle me donne lieu à deux observations. La première est que, malgré tous les petits incidents qui peuvent survenir, je dois protester, avec cette fidélité et vérité que je dois à mon auguste souveraine, que je n'aperçois ni danger ni « obstacle étranger » de quelque conséquence qui puisse s'opposer à la longue à ce que la reine arrive dans cette position convenable et heureuse où V. M. la désire, et où son auguste fille s'achemine d'un pas certain. Je parle des « obstacles étrangers », car je ne peux rien dire de ceux qu'un défaut de volonté personnel de la reine ou un peu de négligence de sa part pourrait produire; c'est le sujet de ma seconde remarque.

La reine n'est, par caractère, que trop éloignée de se mêler de toute affaire sérieuse, et je crois qu'il serait bon que V. M. daignât ne point trop lui recommander de s'en abstenir. Le penchant de la reine la conduirait à une incurie totale, et cette extrémité serait fâcheuse. Personne ne connaît mieux la reine que le digne et vertueux ecclésiastique qui est son lecteur. Cet homme, qui est un exemple unique de probité, de zèle et de lumières, ne respire que pour le service et la gloire de son auguste maîtresse, et comme il importe que V. M. reçoive tous les apaisements possibles sur ce qui concerne sa fille chérie, j'ai prié cet abbé de Vermond de me donner quelques réflexions par écrit. Il me les a promises, et si je les reçois, elles se trouveront jointes à ce très-humble rapport. L'abbé y a mis pour condition que ces remarques resteraient pour V. M. seule, et j'ai cru pouvoir le lui promettre.

Je vais maintenant rendre compte à V. M. des objets dont elle daigne me parler dans sa très-gracieuse lettre du 25, et sur lesquels elle m'ordonne de donner des éclaircissements.

1° Depuis le moment où le feu roi fit entrer son confesseur (1), il est certain que ce prince a donné constamment beaucoup de marques de repentance et de résignation. Sa confession se fit en plusieurs reprises; la première fut de seize minutes, mais il y en eut

---

(1) Ce confesseur était l'abbé Maudoux, aussi confesseur de Marie-Antoinette.

trois autres de différentes durées. Le roi a presque toujours eu sa tête libre, et nommément quand son grand-aumônier prononça l'amende honorable. Dans ses derniers moments, il ne prenait d'aliments ou de remèdes qu'autant que son confesseur l'exigeait; le roi lui marquait une déférence absolue, il l'appelait « son bon ami », et cet ecclésiastique ne l'a pas quitté un instant.

2° Le scel apposé aux cabinets du feu roi n'étant point encore levé, on ignore jusqu'où peuvent se monter les sommes d'argent et les effets précieux contenus dans la cassette du monarque défunt; mais on a d'avance des indices presque certains que ces effets ne sont pas, à beaucoup près, aussi considérables que la voix publique les avait supposés, et les gens les mieux instruits prétendent qu'il ne se trouvera pas en papiers et en comptant pour plus de huit à dix millions de livres de France dans la caisse du feu roi.

3° Je ne suis point surpris de la démarche qu'ont faite les Soubise de dépêcher en secret un courrier à leur parent; la comtesse de Marsan est capable d'employer tous les moyens quand il s'agit d'intriguer. Je doute que dans aucun pays du monde il existe une femme plus dangereuse. La reine a eu des occasions de la connaître, et j'ai bien fait tout ce qu'il fallait pour la mettre en garde contre les piéges de la comtesse de Marsan. Au reste, d'après ce que V. M. daigne m'ordonner, je suis toujours la même marche pour hâter le rappel du prince de Rohan. Il en a été encore question dans ma dernière audience chez la reine, et S. M. m'a dit qu'elle en allait parler au roi de nouveau.

4° Tout le monde sait ici que c'est de concert avec le feu duc de la Vauguyon que la comtesse de Marsan, pour servir sa haine implacable, voulut répandre le bruit que le duc de Choiseul avait empoisonné le feu dauphin. Le public en général fut indigné d'une calomnie aussi atroce; on savait d'ailleurs que depuis sa petite vérole le feu dauphin n'avait jamais joui d'un moment de santé, qu'il était resté attaqué de la poitrine, et que cette maladie l'avait miné peu à peu; que la dauphine avait contracté cette même maladie, de laquelle elle est morte. Jamais il n'a été dit ici que Tronchin eût tenu un propos pareil à celui que lui attribue le coadjuteur. Ce qu'il y a en cela de déplorable, c'est que cette soif de vengeance de la comtesse de Marsan et du prince de Rohan contre le duc de Choiseul prend sa source dans des motifs qui ne peuvent pas être exposés à V. M., et qui roulent sur des objets de galanterie.

5° J'ai dit à la reine que V. M. voulait son portrait en habit de deuil. J'observerai ici que cet habit n'a rien de particulier; la reine a toujours eu les cheveux poudrés, parce que cela est d'usage ici dans les plus grands deuils. Je presserai autant que possible pour que le portrait soit exécuté sans délai.

6° Il est vrai que la première inhumation du feu roi s'est faite sans les cérémonies accoutumées. La raison en est qu'au moment de la mort du monarque son corps tomba dans une telle putréfaction qu'il n'y eut pas possibilité d'en faire l'ouverture. Un ouvrier qui mit la soudure au cercueil de plomb mourut dans les vingt-quatre heures, et à Saint-Denis même on fut obligé de faire murer le cercueil, parce que, malgré toutes les précautions prises, il exhalait une infection que personne ne pouvait soutenir. D'ailleurs, après les quarante jours, les obsèques se feront suivant la coutume avec la plus grande pompe.

7° Il n'y a pas le moindre indice que le nouveau règne apporte du changement au sort des ex-Jésuites; ils ont presque perdu ici tous leurs protecteurs, et on ne parle plus d'eux.

XXX. — Mercy a Marie-Thérèse.

Paris, 7 juin. — Sacrée Majesté, Je joins ici les notes que m'a remises l'abbé de Vermond, et auxquelles il a donné la forme d'une lettre. Quoi que dise cet honnête ecclésiastique, il est cependant certain qu'il y a eu de temps à autre des demandes et des recommandations faites par la reine, et hors du genre de celles que l'abbé regarde avec raison indispensables dans ce pays-ci; mais il est également constant que la reine a moins de reproches à se faire sur ce chapitre que qui que ce soit de la famille royale.

Si V. M. daigne m'autoriser à dire à l'abbé de Vermond qu'elle daigne agréer son zèle, il sera sûrement comblé et encouragé par cette grâce. Cet homme est réellement inestimable par ses vertus et par l'utilité dont il est à la reine.

Note de l'abbé de Vermond :

Monsieur l'ambassadeur, Depuis la mort du roi je n'ai pu voir V. E. que des moments, et jamais je n'ai eu tant de besoin de ses lumières et de sa sage direction. La reine me paraît peinée et affligée des craintes qu'ont l'impératrice et l'empereur ; elle m'a confié que les derniers courriers lui ont apporté des grandes exhortations. Elles roulent principalement sur deux points : le danger de se mêler des affaires et l'inconvénient des demandes et recommandations. La reine s'examine de la meilleure foi sur ces deux articles, ne se trouve aucun tort, et est fort tentée de croire qu'on a débité à Vienne des contes aussi ridicules que ceux qu'on a faits à Paris depuis trois semaines. Je cherche à la rassurer en lui représentant le néant et le décri où tombent tous les jours ces pitoyables anecdotes. Elle me répond que sur les lieux les faux bruits sont bientôt éclaircis, qu'il n'en est pas de même à trois cents lieues, surtout lorsqu'on ne mande pas les faits qui ont dû être imaginés pour donner tant d'inquiétude. Quoique cette réflexion soit juste, les contes qui ont pu aller d'ici jusques à Vienne m'inquiètent médiocrement : le temps suffira pour les éclaircir ; mais je me trouve fort embarrassé dans les petites conversations que la bonté et la confiance de la reine m'accordent. Je n'ai sûrement pas changé de principes depuis la mort du roi ; mais depuis cet événement l'application me paraît devoir être plus étendue et différente à plusieurs égards ; si je me suis trompé, je me rectifierai ou au moins me condamnerai au silence.

On a grande raison de s'élever contre l'abus des recommandations ; elles ont produit jusques ici les plus grands inconvénients, et souvent une guerre intestine aussi dommageable qu'une guerre ouverte. Faut-il pour cela interdire tout usage de protection et recommandation ? Cela est impossible en France, à moins que de refondre la constitution de la monarchie, peut-être même le caractère national. V. E. sait mieux que moi que d'usage immémorial les trois quarts des places, des honneurs, des pensions sont accordés non aux services, mais à la faveur et au crédit. Cette faveur est ordinairement motivée par la naissance, les alliances, la fortune ; presque toujours elle n'a de véritable fondement que dans la protection ou l'intrigue. Cette marche est si fort établie qu'elle est respectée comme une sorte de justice par ceux même qui en souffrent le plus. Un bon gentilhomme, qui ne peut éblouir ni par des alliances à la cour ni par une dépense d'éclat, n'oserait prétendre à un régiment, quelque anciens et distingués que puissent être et ses services et sa naissance. Il y a vingt ans, les fils des ducs, des ministres, des gens attachés à la cour, les parents et protégés des maîtresses devenaient colonels à seize ans. M. de Choiseul a fait jeter les hauts cris en reculant cette époque à vingt-trois ; mais, pour dédommager la faveur et l'arbitraire, il a remis à la pure grâce du roi, ou plutôt du ministre, la nomination des lieutenances colonelles et des majorités qui, jusquelà, allaient de droit à l'ancienneté du service, les gouvernements, commandements de provinces et de villes. Vous savez, monsieur l'ambassadeur, qu'on a fort multiplié ces places et qu'elles se donnent par crédit et faveur comme les régiments. Le cordon bleu, le cordon rouge sont dans le même cas, quelquefois même la croix de Saint-Louis. Les évêchés et abbayes sont encore plus constamment au régime du crédit ; les places de finance, je n'ose pas en parler ; les charges de judicature sont les plus assujetties aux talents et aux services rendus ; cependant combien le crédit et la recommandation n'influent-ils pas sur la nomination des intendants, premiers présidents, etc.? Une fois établi que la moitié des places et grâces continuent à se donner par recommandation, quelle règle, quelle mesure doit prendre la reine?

Il faut d'abord convenir qu'il y a un nombre de personnes pour qui elle est obligée à titre de justice de demander différentes grâces. Selon l'usage constant, les places de chevalier d'honneur, de premier écuyer, de grand aumônier, même de premier maître-d'hôtel dans la maison de la reine doivent mener au cordon bleu. La reine est si bien obligée de le demander que, quelques titres qu'aient d'ailleurs ces officiers, on ne peut leur accorder que sur la demande de la reine. Il n'y a eu d'exception pour les reines et dauphines que par la protection très-marquée des maîtresses, encore a-t-on masqué ces indécences en demandant aux princes leur attache et leur approbation ; j'en dis autant des dames du palais, qui ne doivent obtenir que par la reine, pour leurs maris et enfants, les grâces dont ils sont susceptibles. Le droit et l'obligation de recommander, de la part d'une reine qui jouit du respect et de la considération qu'elle doit avoir, est fondé sur deux motifs. Le premier, c'est que ces différentes personnes ne devant être récompensées qu'à raison de leurs places et du bon service qu'elles y rendent, il est naturel qu'elles aient la recommandation et le suffrage de la princesse qu'elles servent. Le second motif vient de la modicité des places ; les appointements des dames, des femmes de chambre et d'un assez grand nombre d'officiers de la maison de la reine suffisent à peine pour les dépenses d'habillement et de voyages. On ne les prend que par l'assurance d'obtenir des grâces. Par exemple, dans la chapelle de la reine, les aumôniers sont toujours gens de condition ; ils n'ont pas quarante florins par an, les chapelains encore moins ; mais les uns sont récompensés par des abbayes, les autres par des pensions ou canonicats.

La nécessité des recommandations établie, Mme la dauphine a-t-elle excédé jusques ici? Est-il à craindre pour l'avenir que la reine n'excède dans le nombre ou la qualité des grâces qu'elle demande?

Pour le passé, je puis prouver que jamais en quatre ans ni la feue dauphine, ni aucune des dames de France n'a moins demandé et obtenu pour les différents grades de sa maison. La reine n'a jamais prêté son nom et sa recommandation à des demandes d'ambassade comme Mme Victoire pour M. de Durfort, à des demandes d'évêché et d'abbayes comme Mme Adélaïde pour les beaux-frères de Mme de Narbonne, à des demandes de régiments pour de simples écuyers, comme Mme Sophie. Je ne parle pas de Mme Louise, qui, même depuis son entrée aux Carmélites, ne cesse de fatiguer les ministres. La reine a, par caractère et par principes, aversion et embarras pour recommander ; si elle s'est quelquefois laissé aller à l'importunité, les occasions ont été rares et pour choses peu importantes. Quoique j'aie l'air de plaider dans ce moment pour les recommandations, V. E. sait que je n'en ai jamais proposé ni appuyé ; j'ai même profité de la confiance de la reine pour arrêter des recommandations qui me paraissaient raisonnables ; c'était mon principe toutes les fois que je prévoyais qu'elle serait compromise et n'obtiendrait pas, malgré la justice de sa demande. Il a été des moments où on croyait faire sa cour à la favorite en refusant à la reine des choses non-seulement justes, mais qu'il lui était absolument impossible de ne pas demander. Pour finir cette longue discussion, je crois inutile de prêcher la reine contre toute espèce de recommandation ; ce qui se passe tous les jours sous les yeux et la constitution de ce pays contredisent trop ce genre d'exhortations. Mon projet est de ne jamais parler à la reine contre les recommandations en général, mais seulement dans les occasions, et pour lors de la rappeler autant que je pourrai au principe qu'elle a bien dans la tête, de restreindre habituellement sa protection aux gens de sa maison, et, pour les gens qui la composent, de ne pas céder aux prétentions et demandes de l'avidité. Il n'y a pas huit jours, Mme la duchesse de Villeroi voulait engager la reine à demander une abbaye pour M. l'abbé de Bethisy ; S. M. lui ferma la bouche en déclarant nettement qu'elle s'était fait la loi de ne demander d'abbayes que pour sa chapelle. Indépendamment de sa maison, je pense que la reine peut, mais rarement, accorder sa recommandation à des gens distingués par leur naissance et par leur place. C'est ainsi qu'elle a demandé le régiment du fils de M. Destissac pour M. de Roncy, son parent, et une place chez Mme d'Artois pour Mme de Trans, fille de M. de la Suze. Si la reine se refusait absolument et constamment à ce genre de recommandations, les places n'en seraient sûrement pas mieux remplies ; ses frères, sœurs et tantes ne s'y oublieraient pas, s'en feraient des amis et créatures, et, malgré les grâces et le rang de la reine, en peu d'années sa cour se réduirait à sa seule maison. Les Français font cas du bon accueil, mais ils n'oublient pas tout à fait leur intérêt ; ils diraient bientôt que toute la bonté de la reine se borne aux mines et aux révérences.

J'ai vu la reine un peu piquée des craintes qu'on a à Vienne qu'elle ne se mêle des affaires ; elle en est et en a toujours été si éloignée par principes et par goût qu'elle ne comprend pas cette inquiétude. Pour moi, je désire plus que je n'espère que la reine entende et s'occupe assez d'affaires pour entretenir et augmenter la confiance de son auguste époux. Depuis qu'il est monté sur le trône, il s'en occupe réellement beaucoup ; il est impossible qu'il ait grande confiance dans la reine sans lui en parler, et il ne continuera pas, à moins qu'elle ne s'accoutume à les comprendre et à en raisonner. La reine me faisait elle-même une observation précieuse ; elle sent qu'elle serait malheureuse si jamais il arrivait brouillerie entre les deux cours. « Comment l'empêcherais-je, me disait-elle, si je ne « dois jamais me mêler d'affaires ? » Je sais bien qu'elle ne doit jamais entrer dans les intrigues des particuliers, mais je crois qu'il est bon qu'elle en connaisse les principaux ressorts. Je sais encore qu'il serait fort dangereux pour elle de vouloir influer journellement sur le détail ; mais, pour l'amener à ce point, il faudrait la changer des pieds à la tête, et qui en viendrait à bout ? V. E. sait et il est public qu'aucune de ses dames n'a d'ascendant sur elle ; sa dame d'honneur n'a positivement que les droits de sa place et le poids de sa masse personnelle.

Je suis honteux, monsieur l'ambassadeur, de la longueur assommante de mes réflexions ; je les ai écrites à mi-marge, afin que V. E. puisse en peu de lignes me corriger ou me rectifier. Le but qui m'anime et la confiance que j'ai vouée à V. E., voilà toute mon apologie. — La Muette, 5 juin.

XXXI. — MERCY A MARIE-THÉRÈSE.

Paris, 15 juin. — Sacrée Majesté, Un courrier de Bruxelles, arrivé ici le 8 au soir, m'a remis les ordres de V. M. en date du premier de ce mois. Le lendemain 9, je me suis rendu à la Muette et y ai présenté à la reine les lettres qui lui étaient adressées. Je priai S. M. de vouloir bien faire une attention particulière à celle qui contenait les notes rédigées par le prince de Kaunitz, et destinées pour le roi (1).

Ce fut la seule remarque que j'eus le temps de faire à la reine ; elle revenait de la promenade avec la jeune famille royale ; on allait se mettre à souper, et le moment ne comportait pas une audience plus longue. La reine me dit assez rapidement sa conversation avec le roi sur le rappel du duc de Choiseul ; mais cette particularité ainsi que toutes celles qui sont dans la classe des objets politiques se trouvant déduites dans ma dépêche d'office (2), je m'abstiendrai d'en répéter ici les détails.

Le court espace de temps qui s'est écoulé depuis mon très-humble rapport du 7 de ce mois ne m'a fourni aucune matière remarquable sur les actions de la vie privée de la reine. Depuis le 7 jusqu'au 9 la noblesse des deux sexes et les différents dicastères de l'État ont été admis à aller faire leurs révérences à la cour. Il n'est personne qui n'en soit revenu enchanté de la reine ; elle a répondu aux ha-

---

(1) Voir plus haut, la page 158.
(2) Dans cette dépêche Mercy dit : que la reine fit au roi la demande de rappeler le duc de Choiseul à la cour ; le roi était porté à retarder son retour, mais la reine insista, disant qu'il était humiliant pour elle de ne pouvoir obtenir la grâce de l'homme qui avait négocié son mariage ; le roi répondit alors que si elle invoquait cette raison, il n'avait rien à refuser. Il fut convenu cependant que le duc de Choiseul ne ferait que paraître à la cour et retournerait chez lui à Chanteloup jusqu'à l'automne. Marie-Antoinette voulait aussitôt écrire au prince de Beauvau pour le charger d'annoncer cette nouvelle à Choiseul ; mais le roi fit remarquer que cette forme serait irrégulière, et qu'elle ne devait écrire qu'après qu'au conseil, qui devait se tenir le jour même, il aurait fait part de sa résolution à ses ministres. — Archives de Vienne.

rangues avec une bonté et une grâce infinies. Aux heures où S. M. sort pour la promenade, une grande partie du public de Paris se trouve sur son passage, et ce sont toujours des acclamations de joie qui prouvent l'extrême empressement que l'on a de rendre hommage à la reine.

L'expédition de ce courrier et différents arrangements d'équipage et de maison ont nécessairement retardé de quelques jours mon établissement à Compiègne. Je vais m'y rendre le plus tôt possible, et ce séjour pourra devenir précieux par les occasions plus fréquentes que j'y aurai de veiller de près au service de la reine. L'inoculation des jeunes princes va séparer pour quelque temps la famille royale, et cette circonstance peut devenir très-utile : elle diminuera les intrigues et procurera plus de facilité à tâcher d'établir toutes choses sur un bon pied.

XXXII. — Mercy a Marie-Thérèse.

Paris, 15 juin. — Mon très-humble rapport ostensible ne pouvait contenir que peu de lignes; mais je vais y suppléer par ce rapport secret, où je reprendrai les articles de la très-gracieuse lettre de V. M., en exposant les remarques dont ils sont susceptibles de ma part.

1° La lettre de V. M. au roi est l'expression naturelle et touchante du sentiment, de la tendresse, de la vraie amitié, et je suis déjà informé qu'elle a fait grand effet sur l'esprit et sur le cœur du jeune monarque. Je rejoins ici l'autre projet de lettre, mais quant aux notes qui l'accompagnaient, il m'a paru nécessaire qu'elles fussent entre les mains de la reine, qui pourra même les laisser au roi. Il n'en est point ainsi de la lettre de V. M. que j'ai marquée n° 1 (1). L'usage qu'en fera la reine exige quelques précautions. Elle ne peut pas la laisser entre les mains du roi, ni même la lui lire en entier, à cause des deux passages que j'ai soulignés et dont l'un concerne le comte de Maurepas et l'autre Mesdames tantes. La nécessité de cette circonspection provient d'un motif que V. M. ignorait lorsqu'elle écrivait cette lettre : c'est le bruit malin répandu ici que V. M. voulait le cardinal de Bernis pour ministre.

La reine a gardé la lettre secrète en me disant qu'elle était très-

---

(1) C'est la lettre du 30 mai, 1774, pièce XXVI.

sûre du bureau où elle l'enfermerait après plusieurs lectures ; elle se propose ensuite de la brûler.

2° Dans mon précédent et très-humble repport, j'ai exposé les circonstances des derniers moments de la vie du feu roi. Son confesseur est ce même abbé Maudoux, confesseur actuel de la reine, contre lequel on avait formé cette grande intrigue que j'ai eu bien de la peine à dérouter, et qui tendait à déplacer ce vertueux ecclésiastique. Ma dépêche d'aujourd'hui contient les particularités du testament du roi, par lequel V. M. daignera juger du fond des sentiments de ce monarque.

3° La démission du comte de Lacy avait d'abord donné lieu à plusieurs conjectures, mais je les ai fait cesser sur-le-champ en persuadant que le seul état de la santé du maréchal l'avait mis dans l'impossibilité de continuer le travail attaché au département de la guerre.

4° J'espère que le rappel absolu du prince de Rohan sera décidé à Compiègne, et je ne cesserai mes représentations à la reine sur ce sujet, quelles que puissent être les intrigues de la comtesse de Marsan, laquelle malheureusement sera à Compiègne. Je veillerai de près à ce qu'elle ne me dérobe point sa marche.

5° Quant à l'ordre que V. M. daigne me donner de paraître agir en tout de concert avec l'ambassadeur d'Espagne (1), je n'ai jamais cessé de lui marquer en toute occasion les prévenances les plus suivies. Je lui confie les nouvelles que je sais, je lui témoigne toutes sortes d'attentions ; mais il est à naître que j'aie jamais pu tirer de lui deux phrases sur des matières d'affaires. Il n'est pas différemment avec les ministres du roi, et cet homme, que j'ai grand sujet de soupçonner peu éclairé et assez mal intentionné, est absolument intraitable du côté des procédés confidentiels ; cependant je redoublerai d'efforts pour me lier avec lui. Dans le courant ordinaire nous avons toujours été bien ensemble, quoiqu'il n'y ait jamais rien mis de son côté.

J'en reviens à l'observation essentielle sur ce qui concerne la reine. Tout dépend que cette princesse veuille bien surmonter un peu son extrême répugnance pour tout objet sérieux, qu'elle daigne écouter avec attention, et méditer un peu sur ce qu'on lui expose en ce genre.

---

(1) Le comte d'Aranda.

Son esprit et son discernement naturel la feront toujours agir avec justesse, soit relativement aux choses ou aux circonstances, mais il faut qu'elle s'occupe de cette grande vérité : 1° que le roi est d'un caractère un peu faible ; 2° que par conséquent quelqu'un s'emparera de lui, et 3° que dans ce cas il faut que la reine ne perde jamais un instant de vue tous les moyens quelconques qui lui assureront un ascendant entier et exclusif sur l'esprit de son époux.

XXXIII. — Mercy a Marie-Thérèse.

Paris, 15 juin. — Sacrée Majesté, Mon très-humble rapport était écrit avant que le roi n'eût pris la résolution de se faire inoculer ; maintenant le voyage de Compiègne se trouve supprimé ou pour le moins différé jusque vers la moitié de juillet, ce qui n'est pas décidé encore. Au reste, comme j'aurai accès à Marly, où je me rendrai tous les jours, j'y serai à portée de veiller également au service de la reine.

XXXIV. — Mercy a Marie-Thérèse.

Paris, 15 juin. — Sacrée Majesté, La reine rend compte à V. M. de la façon dont le roi s'est décidé à l'inoculation. J'ai eu grand soin de rendre bien notoire que la reine n'a donné aucun conseil à cet égard, et qu'une résolution si importante est partie du propre mouvement du roi, ce qu'il m'a paru nécessaire d'établir, quoique, avec l'aide de Dieu, il n'y a rien à redouter sur l'événement.

Samedi dernier j'ai parlé fort longtemps à la reine de toutes les petites attentions qu'elle pourra employer pendant l'inoculation du roi. Mesdames ne viendront à Marly que quand la petite vérole se sera bien manifestée. Dans une occasion si intéressante, j'expédierai un courrier le lendemain de l'éruption de la petite vérole ; j'en dépêcherai un second au temps de la suppuration, c'est-à-dire trois ou quatre jours après l'éruption, et un troisième courrier quelques jours après pour porter la nouvelle de la guérison. Je préviens le prince de Starhemberg de cet arrangement, que je crois conforme aux volontés de V. M.

Le roi écrit quelques lignes à V. M. dans la lettre de la reine, et, comme cette princesse l'observe, il aurait été convenable que le roi écrivît une lettre séparée, mais il l'a omis par embarras, car d'ailleurs il marque de plus en plus d'être pénétré d'un vrai respect et attachement pour V..M.

XXXV. — Marie-Thérèse a Mercy.

Schönbrunn, le 16 juin. — Comte de Mercy, J'ai reçu par le courrier Neumann, arrivé ici avant-hier, votre lettre du 7.

Je conviens que la conduite de ma fille dans la situation actuelle peut beaucoup influer dans les affaires politiques, et que cette partie doit par conséquent encore former un des objets de vos dépêches d'office. Aussi l'empereur a-t-il fait connaître depuis l'événement de la mort du roi son désir de voir les lettres que vous m'écrivez à part. Je lui communique donc celles qui sont ostensibles, en me réservant à moi seule les secrètes [pas même Kaunitz les voit]. Au reste je ne trouve rien d'extraordinaire dans l'envoi plus fréquent des courriers, du moins aussi longtemps que les circonstances actuelles critiques subsisteront. La cour de France doit m'intéresser non-seulement par la situation de ma fille, mais encore plus par les rapports que la France a avec les autres monarchies de l'Europe et surtout avec la mienne. Il m'importe donc d'être informée à temps et avec exactitude de ce qui se passe en France dans ces moments décisifs, et d'y faire parvenir de la même façon ce qui convient à mes intérêts. Je crois même qu'en affectant un éloignement déplacé des affaires qui intéressent la France je pourrais faire naître des soupçons de vouloir m'en mêler par des coups fourrés, ce qui répugne tout à fait à ma façon de penser. Et si l'Espagne envoie tous les mois un ou deux courriers, non-seulement à Naples et à Parme, mais encore à Rome, Florence et autres endroits d'Italie, quoique Naples et Parme sont dans sa dépendance, et que dans les autres endroits elle n'a que des objets moins intéressants à traiter, pourrait-on trouver à redire à l'expédition plus fréquente de mes courriers en France, où j'ai à ménager des intérêts les plus essentiels, et de famille et d'État? Je suis d'ailleurs persuadée de votre circonspection, en vous conduisant de façon à ne pas alarmer les esprits par trop d'empressement. [Je les fais passer par Bruxelles pour ne marquer trop d'empressement, y ayant mon beau-frère et fils.]

Je connais parfaitement bien la différence qu'il y a entre la situation actuelle de ma fille et celle du passé; mais je crains sa nonchalance, son peu de goût pour toute occupation sérieuse, et son éloignement de tout ce qui a l'air de quelque gêne, et où il faudrait se donner quelque effort. Cette indolence pourrait bien l'engager quelquefois à céder aux importunités de Mesdames. Je suis d'accord avec vos réflexions et avec les observations de l'abbé Vermond sur cet important objet. Assurez l'abbé de tout le gré que je lui en ai, et du secret que je lui garderai inviolablement, en faisant même déposer son papier dans un lieu bien sûr. J'écrirai encore à ma fille [et vous joindrai ma lettre] sur la part qu'elle doit prendre aux affaires et aux recommandations. D'ailleurs sa seule affabilité ne serait pas capable de lui conserver à la longue l'affection de ses sujets et un degré d'autorité proportionné à son rang. Si j'ai tâché de la retenir de se charger légèrement des recommandations, c'était en suite des avertissements que vous m'en avez donnés, surtout au sujet d'un militaire peu considérable à qui elle voulait procurer un régiment (1) [et sachant d'ici qu'elle se chargeait sans distinction de toutes les recommandations].

Quelque contente que je suis des sentiments que le roi témoigne jusqu'ici à ma fille, je crois ne pas encore assez connaître son caractère pour pouvoir y faire fond. L'ordre qu'il a donné à Broglie de continuer la correspondance secrète, en lui assignant à cet effet dix mille écus, fournit matière à bien des réflexions. [Je crains que le prince de Condé soit le mobile de tout cela (2) par Mesdames; le trait du comte d'Artois est hardi.]

En refusant le titre de Majesté de la part de ses frères et belles-sœurs, le roi a suivi l'exemple de l'empereur. Il est à souhaiter que sa complaisance finisse par ce seul changement d'étiquette.

Malgré toutes les bonnes qualités que la princesse de Lamballe possède, sa naissance piémontaise doit toujours engager ma fille à mettre des bornes à sa confiance pour elle. Je crains que le parti piémontais ne gagne le dessus à la cour de France. Je suis encore surprise de la nouvelle que Mme de Narbonne doit être placée auprès de la comtesse d'Artois; comme cette dame avait beaucoup d'ascendant sur Mme Adélaïde, et qu'elle s'était fort mêlée des intrigues de

---

(1) Voyez plus haut, page 129.
(2) Marie-Thérèse se trompe, comme on le verra par la réponse de Mercy, pièce LX.

la cour; elle pourrait trouver l'occasion, dans son nouvel emploi, d'en faire autant, et même avec plus d'effet, après la résolution que le roi a prise de vivre la plupart (1) avec sa famille.

Vous avez très-bien fait de détourner ma fille de demander au roi une maison de campagne par l'entremise des Noailles. Ces bons offices des sujets ne sauraient que faire du tort au rang des souverains, et occasionner beaucoup d'inconvénients. J'approuve le bon accueil que ma fille fait aux dames qui lui font la cour, et surtout qu'elle ne marque pas de ressentiment aux personnes qui lui ont manqué dans le passé. La rancune ne convient à personne, et moins encore aux souverains. Pour les Aiguillon, ils n'ont qu'à se prendre à eux-mêmes du froid accueil qu'ils éprouvent à cette heure. Je suis bien aise que le roi ne découche plus de chez la reine ; mais il me tarde bien d'en voir quelque bon effet, après l'avoir attendu depuis quatre ans.

Je serais charmée si vous pouviez réussir à faire abolir ces repas de chasseurs, dont les reines et les princesses royales sont exclues ; leur présence éloignerait la mauvaise compagnie ou réprimerait du moins la licence et le désordre.

Ce que vous me mandez sur l'empoisonnement prétendu du feu dauphin et de son épouse répond à l'idée que je m'en suis d'abord formée. Je pense de même sur la nouvelle, qui trouve ici assez de partisans, qu'une de Mesdames avait eu un enfant [et même plusieurs]. Qu'en pensez-vous et quelle de Mesdames doit être la coupable (2)? Si ce bruit est fondé, j'aurai de la compassion pour la faiblesse humaine ; mais, dans le cas contraire, je serai bien aise de faire taire ces calomniateurs effrontés.

Je souhaite toujours également le rappel de Rohan, sans qu'il lui fasse cependant du tort. [Il est ami de Vergennes et il n'a pas un mauvais cœur, mais sa légèreté ne ménage rien et ses propos terribles et peu véridiques.]

---

(1) C'est-à-dire la plupart du temps, expression qui se rencontre souvent dans l'ancienne langue française.

(2) On trouvera la réponse, ainsi que pour ce qui concerne Mme de Narbonne, dans le rapport de Mercy pièce XI.

XXXVI. — Marie-Thérèse a Marie-Antoinette.

Schönbrunn, le 16 juin 1774. — Je ne saurais vous exprimer ma consolation et joie particulière sur tout ce qu'on entend de chez vous ; tout l'univers est en extase. Il y a de quoi : un roi de vingt et une reine de dix-neuf, toutes leurs actions sont comblées d'humanité, générosité, prudence et grand jugement. La religion, les mœurs, si nécessaires pour attirer la bénédiction de Dieu et pour contenir les peuples, ne sont pas oubliées, enfin je suis dans la joie de mon cœur et prie Dieu qu'il vous conserve ainsi pour le bien de vos peuples, pour l'univers, pour votre famille et pour votre vieille maman, que vous faites revivre. Je ne vous dis rien sur le choix des ministres que tout le monde trouve convenable. Je suis bien aise de la retraite d'Aiguillon et de la Vrillière sans lettres de cachet, méthode dure et plus usitée (1) qu'en France jusqu'à cette heure, et j'aime, mes chers enfants, vous voir toujours aimés et estimés et pleins de bonté. Qu'il est doux de rendre les peuples heureux, fût-ce même seulement en passant! Que j'aime dans cet instant les Français! que de ressources dans une nation qui sent si vivement! Il n'y a qu'à leur souhaiter la constance et moins de légèreté ; en rectifiant leurs mœurs cela se changera aussi. La générosité du roi pour Trianon, qu'on dit la plus agréable des maisons, me fait grand plaisir, et ce que vous me marquez du testament du roi me paraît très-bien. On compte beaucoup sur des millions qu'on aura trouvés dans la chatouille (2) du roi, tout cela facilite les généreuses intentions du roi. Le refus du don gratuit et de la ceinture de la reine (3) sont dignes de leurs princes,

---

(1) C'est-à-dire qui n'est plus usitée...

(2) La cassette. Voyez plus haut la note de la page 152, pièce XXV.

(3) C'est le droit dit « de joyeux avénement », auquel le roi renonça. Cet édit, le premier que signa Louis XVI, est précédé d'un exposé de motifs fort beau et qui excita au plus haut degré les espérances au commencement du nouveau règne. Il y est dit que les droits des créanciers de l'État seront désormais scrupuleusement respectés ; que si le roi ne peut immédiatement réaliser toutes les réformes par lesquelles il espère alléger les charges de ses peuples, du moins il peut déjà, par des réformes dans sa cour et dans sa maison, dispenser ses sujets « du droit qui était dû à cause de son avénement ». (Voir la *Gazette de France* de 1774, page 404). Le droit de ceinture de la reine (c'est-à-dire de la bourse de la reine, au temps où la bourse se portait à la ceinture) était un droit fort ancien. Il se levait à Paris de trois ans en trois ans, et fut d'abord de trois deniers sur chaque muid de vin. Il fut ensuite augmenté, et s'étendit à d'autres denrées, comme le charbon, etc.

et le bon mot de la reine, qu'on ne porte plus de ceinture, m'a fait plaisir. Le rétablissement de vos trois tantes intéresse tout l'univers après la belle action de ne pas avoir quitté leur père et s'être exposées, comme effectivement elles ont été infectées; mais dont je ne puis me taire et vous conjure, c'est de ne les laisser pas approcher du roi avant dix semaines. Vous savez les précautions que le grand van Swieten, qui n'était rien moins que trop minutieux, a prises vis-à-vis de vos frères et sœurs pour m'approcher. Il n'y a point de comparaison avec le cas présent : le roi est un objet trop intéressant, trop cher, pour ne pas prendre même des précautions superflues. L'espèce de petite vérole paraît même plus mauvaise en France que chez nous, et la maison de Bourbon n'a que trop de malheurs à compter; ainsi aucune précaution de trop. Joignez mes prières aux vôtres pour me rassurer sur ce point, qui gâte tout le bonheur dont je jouis à cette heure par toutes les belles actions, qui sont innombrables, qu'on mande de tous côtés, et je me les laisse toutes conter; je lis même dans toutes les gazettes l'article de Paris. Employez même votre autorité qu'on ne laissé approcher le roi de qui que ce soit qui ait eu la petite vérole, avant dix semaines.

C'est le premier courrier que je vous envoie; pour moi l'incommodité ne sera pas. J'ai trop de consolation de recevoir de vos nouvelles, mais si cela vous fatiguait, vous n'avez qu'à me marquer un mot, et je le remettrai au mois. Agissez avec moi non-seulement comme votre tendre mère, mais votre intime amie. J'ai manqué par le dernier courrier de vous faire mon compliment pour votre fête; c'est tous les jours, presque toutes les heures que je fais des vœux pour vous, et ce jour particulièrement j'ai fait mes dévotions pour vous. Je ne réponds pas au roi pour ne pas l'incommoder, étant une réponse à la mienne. S'il veut m'écrire plus souvent, sans que cela l'incommode, tâchez qu'il le fasse comme vous sans le moindre cérémonial. J'en ferai autant. Souvenez-vous de ce que je vous ai recommandé par le dernier courrier, de tâcher d'être l'amie et la confidente du roi : tout en dépend, son bonheur et le vôtre. Vous avez su si bien lui concilier l'amour du public et le rendre si affable, il faut continuer de même. Si j'ai tant recommandé de ne vous mêler des recommandations, c'était le danger où je vous voyais par la bonté de votre cœur, et comme vous dites vous-même, que par nonchalance ou paresse vous ne vous laissiez pas surprendre par d'autres : à cette heure que le choix est fait, que le roi a un conseil, je n'en suis plus inquiète et vous feriez très-mal et contre nos intentions si vous vouliez vous en passer entièrement. Vous avez fait un si bon choix, avec la permission du roi, de votre maison, que vous ferez très-bien de continuer de même. En France c'est tout différent d'ici, et vous manqueriez autant en vous abstenant qu'ici en vous mêlant; c'est un point qui me tient extrêmement à cœur, puisqu'il s'agit du bonheur de vos jours, que je voudrais vous procurer par tout ce qui est possible, même aux dépens des miens.

XXXVII. — Marie-Thérèse a Mercy (1).

Schönbrunn, 20 juin. — Comte de Mercy, Le comte d'Esterhazy, colonel au service de France (2), m'avait suppliée de le munir d'une lettre pour la reine de France, ma très-chère fille, qui pût au moins lui faire connaître que, pendant son séjour en ces pays-ci, il s'est conduit à notre satisfaction. Comme je n'aime point d'accorder pareilles lettres, qui ont l'air d'une recommandation, surtout à des

---

(1) De la main d'un autre secrétaire que Pichler.

(2) Le comte Valentin Esterhazy appartenait à une branche de la famille de ce nom qui avait été proscrite sous Joseph Ier pour avoir pris parti avec les révoltés dans les troubles de Hongrie. Il avait été élevé en France, où il était entré au service; il venait de passer quelque temps à Vienne près du chef de sa famille. Marie-Thérèse et Joseph II, oubliant un passé déjà lointain, lui avaient fait bon accueil. Nous verrons qu'à son retour en France il fut bien vite dans les bonnes grâces de Marie-Antoinette. Elle l'admit dans cette société intime dont elle aimait à s'entourer, sans se soucier de tous les ennemis que créait une faveur exclusive accordée à un petit nombre de personnes. Pendant la révolution le comte Esterhazy émigra, et devint l'agent zélé des princes auprès des puissances étrangères. Marie-Antoinette, qui lui écrivait souvent dans les temps heureux, lorsque le comte se trouvait éloigné de la cour (nous verrons l'impératrice fort mécontente de cette correspondance), lui écrivait encore pendant l'émigration (Voir une lettre du comte de Stedingk à Gustave III, 21 octobre 1791, *Gustave III et la cour de France* par A. Geffroy, tome II, page 458). La continuité de cette confiance fait sans doute honneur au caractère du comte Esterhazy, et cette correspondance serait infiniment curieuse à retrouver. M. Feuillet de Conches, dans son IVe volume de *Louis XVI et Marie-Antoinette*, cite un fragment de Mémoires du comte Esterhazy qui lui a été communiqué par la famille, et où se trouvent des détails intéressants. M. Feuillet de Conches fait toutefois confusion entre le comte Esterhazy, qui eut en mars 1774 un duel avec le prince de Nassau, et notre comte Valentin Esterhazy, colonel au service de France, lequel passa précisément cet hiver 1773-74 à Vienne et n'en revint qu'en juin. Le duelliste était son cousin, comme nous le verrons dans la lettre de Marie-Antoinette à sa mère, du 1er juillet 1774, où elle oppose la bonne réputation du comte Valentin, qu'elle vient de recevoir à son arrivée de Vienne, à la mauvaise conduite de son parent.

officiers qui ne sont pas mes sujets ni attachés à mon service, je me suis contentée de la présente, qui pourra lui servir indirectement de témoignage là-dessus. Je vous renouvelle volontiers à cette occasion les assurances de ma bienveillance particulière.

XXXVIII. — Marie-Antoinette a Marie-Thérèse.

Marly, le 27 juin 1774. — Nous sommes ici il y a vendredi huit jours ; le roi, mes frères et la comtesse d'Artois ont été inoculés le samedi ; depuis ce moment ils n'ont pas manqué à se promener au moins deux fois par jour. Le roi a eu de la fièvre assez forte pendant trois jours ; depuis avant-hier au soir l'éruption s'est décidée, et la fièvre a tombé si bien qu'il n'y en a plus à cette heure. Il n'aura pas beaucoup de boutons, il en a au nez de fort remarquables, au poignet et à la poitrine, ils commencent déjà à blanchir. On lui avait fait quatre petites incisions, ces petites plaies suppurent bien, ce qui assure les médecins que l'inoculation a entièrement réussi. Les trois autres sont un peu moins avancés ; l'éruption est pourtant déjà commencée, et ils vont très-bien.

La lettre de ma chère maman a mis la joie dans mon âme ; je ne puis être heureuse qu'en la rendant contente de moi. Tout continue fort bien ici, mes tantes sont arrivées au soir ; comme l'éruption est parfaitement bien établie, les médecins n'y trouvent aucun inconvénient. La cassette du feu roi s'est trouvée beaucoup plus légère qu'on ne la croyait ; il n'y avait guère que 50,000 francs, qui font environ 20,000 florins. J'ai dit au roi la bonté de ma chère maman pour lui ; il en est bien touché et reconnaissant. Rien n'échappe à votre tendresse pour moi ; je suis comblée de joie de votre souvenir pour ma fête. Je compte que Mercy dépêchera encore un courrier cette semaine ; quoique nous n'ayons aucune inquiétude pour le roi, je serai bien aise d'en donner encore des nouvelles et de réitérer à ma chère maman le respect et la tendresse que ses bontés augmenteraient, s'il était possible.

XXXIX. — Mercy a Marie-Thérèse.

Paris, 28 juin. — Sacrée Majesté, Le courrier dépêché de Vienne le 16 est arrivé à Paris le 25 au matin, et m'a envoyé sur-le-champ les ordres dont il était porteur.

Le dérangement de ma santé et l'usage des eaux minérales que j'emploie pour la rétablir m'auraient rendu trop pénible la course journalière de douze lieues à aller et revenir de Paris à Marly, et c'est ce qui m'a déterminé à m'établir à une campagne distante de deux lieues de la cour, où je me trouve bien plus à portée de recevoir les ordres de la reine, d'être momentanément informé de tout ce qui se passe à Marly, et de m'y rendre tous les matins. Malgré ce déplacement, je crois devoir continuer à dater mes très-humbles rapports et mes dépêches de Paris, où j'ai laissé ma secrétairerie.

La promptitude des expéditions, et le défaut de matière qu'occasionne naturellement un temps où l'on n'est occupé que de l'état du roi, m'empêcheront d'exposer à V. M. des détails aussi étendus que de coutume. Je ne serai dans le cas de pouvoir les reprendre qu'après l'entière guérison du roi, et, en attendant, je me bornerai à rendre un compte succinct des objets immédiatement relatifs à la reine.

Dimanche 26 au matin, je me rendis à Marly et y présentai à la reine les lettres qui lui étaient adressées. S. M. était à sa toilette; elle me permit de rester pendant tout le temps que l'on employa à sa frisure. Elle lut ses lettres, et parut bien satisfaite de celle qu'elle recevait de V. M. Elle daigna ensuite me dire toutes les circonstances de l'état du roi et des princes, ainsi que l'expose ma dépêche d'office et que le contiendra sûrement la lettre de la reine à V. M. Ces détails sont si satisfaisants, et on est si assuré du succès de l'inoculation que je ne serai vraisemblablement pas dans le cas d'expédier un troisième courrier, puisque celui que la reine veut faire dépêcher samedi prochain portera à V. M. la nouvelle de l'entière guérison du roi. L'éruption de la petite vérole n'a rien changé au train de vie ordinaire du roi; dimanche il a été à la messe en public, et s'est promené dans les jardins comme de coutume. Pendant tout ce séjour à Marly, les journées sont employées à se promener, à jouer au billard et à des jeux de commerce pendant la soirée ; tout cela avec la plus grande gaieté, de façon que l'on oublie toute idée de petite vérole et de maladie. La famille est toujours ensemble; quoique la suite de la cour ait été restreinte, elle ne laisse pas d'être fort nombreuse. La reine, à son ordinaire, en fait tous les charmes; il n'est personne qui n'éprouve journellement de sa part quelque marque de bonté et de grâces. Le conseil d'État, qui s'était tenu aux jours ordinaires, a été interrompu dimanche. Le roi ne voulait pas se persuader de la nécessité de suspendre son travail aux affaires, mais la reine l'a exigé, à la demande des médecins.

Mesdames sont arrivées dimanche au soir à la cour; elles ont été maltraitées de la petite vérole, et sont encore fort rouges.

XL. — Mercy a Marie-Thérèse.

Paris, 28 juin. — Par les raisons déduites dans mon très-humble rapport ostensible, j'exposerai à V. M. peu de particularités secrètes, et pour y apporter le plus de brièveté possible, je les séparerai en différents points.

1° Parmi le grand nombre des papiers du feu roi, le roi régnant a trouvé des lettres du comte et de la comtesse de Provence, où ce prince et cette princesse mandaient au feu roi des choses totalement opposées aux propos qu'ils tenaient parmi la jeune famille. Cela regardait des demandes pour des gens qui étaient attachés à leur service et voués à la favorite, ainsi que nombre de petits détails de cette nature, mais qui prouvent une conduite de fausseté dont Monsieur et Madame de Provence ne prévoyaient pas qu'on pût trouver la preuve évidente. Le roi en a été fort choqué, ainsi que la reine; je me suis prévalu de cette conjoncture pour confirmer S. M. dans la réserve et la circonspection qu'il lui convient d'observer envers le prince son beau-frère et la princesse son épouse. La reine en est bien convaincue; mais la franchise, la bonté, et, si j'ose le dire, la facilité de son caractère ne lui permettent pas de continuer toujours à prendre les précautions nécessaires, et il en résultera de temps à autre des petits inconvénients. Le roi paraît plus décidé, plus stable et plus conséquent dans ses opinions, et le mauvais gré qu'il sait au prince son frère a paru dans la petite occasion suivante. Ces jours derniers, les princes et princesses étant entre eux, ils imaginèrent de répéter quelques scènes de comédie. On en joua une du *Tartuffe*: M. le comte de Provence faisait ce rôle. Après la scène jouée, le roi dit : « Cela a été rendu à merveille ; les personnages y étaient dans leur naturel. »

2° La reine permet trop de liberté, trop de familiarité aux princes ses beaux-frères. A la vérité cela ne porte sur rien de grave ; mais, vu le génie vif de cette nation, il importe de mettre de la dignité dans le rang suprême d'une reine, vis-à-vis de laquelle toute apparence d'égalité doit disparaître, même dans sa propre famille. Mesdames ont assez fait sentir la nécessité de cette réflexion, et les jeunes princes et princesses feront éprouver de pareils inconvénients si la reine n'y met ordre. C'est un des points sur lequel je prends la liberté d'insister le plus auprès de S. M.

3° Quant à la confiance du roi envers la reine, quant à la facilité qu'elle a de savoir tout ce qu'elle veut, d'insinuer ses idées et de les faire adopter par le roi, il n'y a rien à désirer de ce côté important. La reine avance par une marche sûre vers le plus grand crédit, et elle s'en prévaudra avec succès toutes fois et quantes elle voudra en user. Les ministres commencent à en juger ainsi; je les vois tous, et nommément le comte de Maurepas, fort attentifs à tâcher de s'insinuer dans les grâces de la reine. S. M. a témoigné un peu de déplaisance de l'arrivée de Mesdames; je lui ai remis sous les yeux le petit système de conduite au moyen duquel Mesdames seront facilement tenues dans les bornes où elles doivent être.

4° La reine m'a fait lire la dernière page de la lettre de V. M. Cette lettre lui a fait grande impression; et m'a donné lieu de récapituler brièvement les points de conduite qui indiquent le juste degré de la part qu'il convient à la reine de prendre aux affaires et à la distribution des grâces. Comme V. M. daigne me le marquer dans sa très-gracieuse lettre, la reine n'a et n'aura contre elle que son grand éloignement de tout objet sérieux; mais la force des choses et le temps vaincront cette répugnance.

5° Le prince de Condé est fort mal vu du roi, et il n'y a de longtemps rien à craindre de ses intrigues. Je suis aussi bien persuadé que l'appui de Mesdames lui sera d'un mince secours.

6° Le prince de Rohan mande au prince de Soubise et à la comtesse de Marsan qu'il n'a pas reçu la permission de revenir en France par congé. Le prince de Soubise m'a dit d'avoir vérifié dans les bureaux que cette permission a été expédiée, et il ne conçoit pas qu'elle ne soit point parvenue. Tout cela pourrait être un jeu joué, et, pour qu'une bonne fois cette affaire finisse, je crois que s'il plaisait à V. M. d'en écrire encore une fois bien décidément à la reine, joint à ce que je ne cesse de lui rappeler cet objet, il en résulterait enfin une décision claire et conforme aux volontés de V. M. Sans ce moyen, le prince de Rohan traînera toujours sous différents prétextes et déroutera sans cesse mes démarches.

7° J'ai dit à l'abbé de Vermond que V. M. a daigné agréer ses remarques. Ce digne ecclésiastique se met à ses pieds, et tâchera toujours, par son zèle infatigable, de mériter la clémence de V. M.

8° V. M. aura daigné voir par mes dépêches précédentes que l'affaire du comte de Broglie s'est éclaircie et terminée d'une façon désirable (1). Quoique ce comte revienne de son exil, je suis persuadé qu'on ne se servira plus de lui ; j'observerai de près ce qui en sera.

9° Il n'a jamais été question que la comtesse de Narbonne fût placée chez Mme la comtesse d'Artois, et je crois pouvoir assurer à V. M. que cette femme intrigante et dangereuse a perdu tous les moyens de se faire valoir, quoique toujours favorisée par Mme Adélaïde.

10° Il n'est que trop vrai que, dans un temps, on a tenu des propos fort extraordinaires sur la conduite passée de deux de Mesdames. On a osé dire qu'entre le feu dauphin et Mme Adélaïde avait subsisté une tendresse plus que fraternelle, et qu'ensuite cette princesse avait eu du goût pour l'évêque de Senlis, premier aumônier du roi ; que Mme Victoire avait eu un enfant, et on osait nommer le feu roi coupable de cet inceste. Jamais je n'aurais osé faire la moindre mention de si horribles anecdotes, si V. M. ne m'avait ordonné de lui exposer ce que j'en pense. Parmi une nation aussi légère, il ne m'a pas manqué de moyens d'approfondir de pareils faits, et je puis dire que mes recherches ne m'ont pas procuré d'indices qui donnassent la moindre lueur de probabilité à ces affreux propos. Quoique le caractère des Français ne soit pas porté à la méchanceté, leur légèreté et leur indiscrétion les rendent très-sujets aux plus horribles noirceurs ; j'en vois journellement des exemples qui font frémir, et, si je n'en étais pas le témoin, jamais je ne pourrais me figurer la possibilité des calomnies audacieuses, circonstanciées et atroces que j'entends débiter dans Paris contre un chacun indistinctement. On est inondé de lettres anonymes, des délations les plus absurdes. Il est vrai qu'ici cela ne fait aucun effet, et ce qui a été dit un jour tombe le lendemain dans le plus parfait oubli.

---

(1) Louis XVI mit fin à la correspondance secrète, rappela le comte de Broglie, et fit remettre en liberté ceux qui avaient été emprisonnés pour cette affaire, en laissant connaître qu'ils n'avaient agi que par ordre du feu roi.

XLI. — MARIE-THÉRÈSE A MERCY.

Schönbrunn, 30 juin. — Comte de Mercy, J'ai reçu votre lettre du 15 par le courrier Nienbourg, dépêché de Bruxelles par le prince de Starhemberg. Je me remets toujours à votre discernement sur l'usage que la reine pourra faire de mes lettres vis-à-vis du roi. Pour éviter toute équivoque, j'ai communiqué à Kaunitz les dernières lettres que j'avais écrites à ma fille, et j'en userai de même à l'égard de celles que je lui écrirai dans la suite, autant qu'elles auront rapport aux affaires politiques. Dans des circonstances aussi critiques que celles où nous nous trouvons à présent vis-à-vis de la France, il importe infiniment d'opérer avec ordre et système, surtout dans un moment où je ne saurais me décider encore sur le caractère du jeune roi, et que je crains qu'il ne soit tourné à la dissimulation [et rudesse]. Quelques traits de sa conduite me font aussi douter s'il sera bien souple et facile à se laisser gouverner : la suite du temps le développera de plus en plus, de même que son nouveau ministre, le comte de Vergennes (1). Celui-ci m'a rendu pendant la dernière guerre de bons services à Constantinople en s'opposant aux intrigues du parti prussien, qui a tenté l'impossible pour exciter la Porte contre moi. Je vous charge donc de témoigner au comte de Vergennes la reconnaissance que je lui en conserve toujours. Au reste, dans le temps que Choiseul a engagé la Porte à déclarer la guerre aux Russes, on s'est très-bien aperçu par les rapports de Vergennes qu'il n'approuvait pas trop cette mesure de Choiseul; aussi a-t-on supposé alors que c'était le motif du rappel de Vergennes de Constantinople. Comme dans le moment de la révolution en Suède il s'est trouvé à Stockholm en qualité de ministre, il était naturel qu'il devait exécuter les ordres de sa cour; il s'y est pris cependant de façon à ne pas exciter un embrasement plus violent. Pour les différends de cérémonial qu'il avait eus avec Widmann (2), le caractère de ce dernier étant connu, il est bien douteux duquel côté était le

---

(1) Le comte de Vergennes avait été ambassadeur de France à Constantinople de 1755 à 1768; il passa de là en Suède, où il dirigea habilement la politique de la France lors du coup d'État du jeune roi Gustave III, dont il était le confident. Il était encore à Stockholm quand il fut appelé au ministère.

(2) Envoyé d'Autriche en Suède.

tort. Tout donc considéré, je ne crois pas avoir jusqu'ici motif de me défier du caractère de Vergennes [qui me convient entièrement, n'étant pas entreprenant]. Mais, sans y compter positivement, le meilleur sera d'attendre le moment qu'il sera à la tête des affaires. Au reste le prince de Rohan se flatte d'avoir un grand ascendant sur Vergennes, qu'il dit serviteur de la maison de Rohan, à qui il devait en grande partie sa fortune. Il se fait fort de le rectifier s'il avait des impressions désavantageuses à mes intérêts, et telles qu'il avait eues lui-même à son arrivée ici, mais dont il était revenu depuis avoir examiné et connu de près la situation des affaires et notre façon de penser et d'agir, que par conséquent le langage qu'il tenait dans ses rapports d'aujourd'hui était bien différent de celui du temps passé, et qu'il parlerait sur le même ton à son retour en France. Je connais trop la légèreté de Rohan pour faire fond sur ses assertions, mais je le crois de beaucoup moins dangereux que la comtesse de Marsan, et les marques de bonté et confiance que le roi donne à cette dame, jadis sa gouvernante, qu'il nomme sa chère maman, pourraient bien avoir des suites plus intéressantes que celles d'une simple reconnaissance. [J'avoue, je suis défiante sur le caractère du roi.]

Rohan va tout de bon se disposer à son départ, au regret de l'empereur et de Kaunitz, le premier ayant été diverti par ses légèretés, et l'autre contenté par ses politesses rampantes. [Grâce à Dieu, il prend congé, j'espère pour toujours, aujourd'hui.]

Je trouve à sa place tout ce que vous conseillez à ma fille ; il ne me reste qu'à souhaiter qu'elle se conforme à vos avis ; mais on fait bien du tort à ma fille en mettant [partout et même ici] sur son compte le parti que le roi a pris de se faire inoculer, et qu'elle ignorait même presque jusqu'au moment de son exécution, n'ayant été d'abord question que de l'inoculation des frères du roi. Je ne suis pas trop contente de cette réserve du roi, et je suis même un peu surprise d'avoir appris cet événement par le dernier courrier dans le moment qu'il était déjà annoncé par les gazettes [de Cologne ; je ne voulais le croire, de même le nom du médecin Richard] (1). Au

---

(1) Célèbre médecin de ce temps, né en 1712, mort en 1789 ; d'abord attaché aux armées, inspecteur général des hôpitaux militaires en 1763, il devint médecin consultant de Louis XV et conserva les mêmes fonctions près de Louis XVI. Louis XV avait érigé pour lui en baronie la terre de Haute-Sierck.

reste j'aurais souhaité que l'inoculation ne se fît ni à la fois sur toute la famille, ni pendant la chaleur de cette saison. En attendant vous sauriez bien imaginer avec combien d'impatience j'attends les nouvelles de Paris sur cet intéressant objet [que je ne sais pas même s'il a été effectué].

Je suis contente des nouvelles que vous m'avez mandées de ce qui s'est passé dans les derniers moments de la vie du feu roi. Je serais encore bien aise d'avoir une copie de son testament (si vous trouviez quelque bonne occasion de vous la procurer) pour voir clair dans les différents raisonnements qu'on en fait. L'abbé Maudoux, qui a assisté le roi dans l'article de la mort, est-il encore le confesseur de ma fille?

Je suis bien aise que la démission du maréchal de Lacy ait fait moins d'éclat que je n'avais d'abord supposé. Il n'est que trop vraisemblable qu'il aura le même sort avec tant d'autres hommes en place qu'on a oubliés dès qu'ils n'ont eu plus de part aux affaires, car le caractère de ministre d'État et de Conférence, dont on vient de le revêtir, n'est que *ad honores,* sans qu'il intervienne au conseil d'État ou à la Conférence.

Quelque peu traitable et liant qu'est l'ambassadeur d'Espagne, vous ne sentirez pas moins qu'il est de notre intérêt de convaincre le public de la bonne intelligence qui passe entre vous deux. [Le roi d'Espagne s'y attend.]

Rohan pourrait bien se flatter à son retour en France de l'accueil distingué que je lui ai fait. Vous sauriez apprécier la valeur de ses vanteries ; sûrement ce n'était pas l'homme à avoir quelque part à ma confiance, quoique je l'aie d'ailleurs traité honnêtement ; il sera toujours bon d'observer ses allures, lorsqu'il sera rendu à sa cour [et je serais même bien aise qu'on ait des bontés pour lui. Pour Durfort, c'est ma fille qui en est en défaut, vous le verrez par cet extrait. J'ai la fatalité que Rosenberg a encore repris la goutte ; il ne croit plus être en état de poursuivre les voyages avec mon fils. Cela ferait un changement total dont je serais bien fâchée ; je veux encore espérer le mieux et vous en informerai à temps].

XLII. — MARIE-THÉRÈSE A MERCY.

Schönbrunn, le 30 juin. — Comte de Mercy, Je vous communique la lettre ci-jointe de Panin à Galitzin avec celles que l'impératrice de Russie a écrites à l'empereur et à moi sur l'extension de nos limites en Pologne (1). La façon dont la Russie s'explique sur cet objet ne laissera sûrement pas de vous fournir matière à bien des réflexions.

XLIII. — Marie-Thérèse a Marie-Antoinette.

Schönbrunn, le 1ᵉʳ juillet. — Madame ma chère fille, Vous pouvez vous imaginer mes inquiétudes sur la situation du roi. Autant que je suis pour l'inoculation, qui m'a conservé trois fils et six petits enfants, autant je suis en peine que dans le plus fort des chaleurs et sur les trois frères en même temps on l'entreprend. Dieu en soit loué que vous n'ayez rien contribué à la décision, quoique la plupart des lettres vous l'attribuent; que vous en étiez enchantée, c'est à sa place; mais je crains bien que vos inquiétudes auront été des plus grandes. Autant que cette résolution fait honneur au caractère personnel du roi, autant elle fait trembler pour des jours si précieux, qui promettent à la France, à l'Europe un prince dont on attend le bonheur universel. Vous voilà actuellement dans les jours les plus critiques, je compte tous les moments; ils finissent, s'il n'y a pas d'accident particulier, à la quinzaine; mais je commence presque à douter si elle a été entreprise le 18, puisque nous n'avons aucune nouvelle, même par la poste, elle devait nous venir aujourd'hui. L'attente et l'éloignement sont cruels dans des instants pareils. J'ai

---

(1) Cette lettre de Catherine II à Marie-Thérèse, datée de Czarkœ Selo, 26 mai 1774, a été publiée dans le 3ᵉ volume de l'ouvrage intitulé *Die erste Theilung Polens*, par M. Adolphe Beer, Vienne, 1873, in-8°, page 85. Catherine II y demande à Marie-Thérèse de renoncer en faveur de la partie restée polonaise à la portion de pays située entre le Sered et le Sbrutz; elle ajoute qu'il est à craindre que, si la Pologne n'obtient rien des démarches qu'elle fait actuellement auprès des trois cours, elle ne prenne la résolution suggérée par le désespoir de rompre toute négociation et de protester. Les trois cours contractantes ne seraient-elles pas plus exposées en ce cas aux attaques des cours étrangères et à la désunion entre elles? Tel est le résumé de cette lettre. Celle du comte de Panin au prince Galitzin, publiée dans le même ouvrage (page 166), et qui fut communiquée par Galitzin, ambassadeur de Russie à Vienne, au prince de Kaunitz, développe les mêmes arguments. Celle de Catherine à Joseph II sur le même sujet ainsi que la réponse ont été publiées dans : *Joseph II und Katharina von Russland, ihr briefwechsel*, par M. d'Arneth, Vienne, 1869. Le Sered et le Sbrutz ou Podhorze sont deux affluents du Dniester. Le second forme encore aujourd'hui la frontière entre la Galicie autrichienne et la Podolie russe; son confluent est un peu avant Chotim. Le premier, un peu à l'ouest, vient de Tarnopol et a son confluent près de Grodek. Voir au sujet de ces frontières discutées un mémoire n° XIII, page 57, dans le 3ᵉ volume de M. Ad. Beer.

reconnu votre bon cœur en me priant de ne pas croire à d'autres nouvelles que celles que vous m'enverrez ; mais est-on le maître de son sentiment, quand on aime bien et qu'on a eu tant de revers? La grâce de Choiseul m'a fait un plaisir sensible par rapport au roi, à vous et même pour l'alliance. Je suis flattée que même ceux qui ne pensent pas de même comme vous ont trouvé très-convenable et à sa place ce retour. J'attends à cette heure quelques grâces pour Durfort, quoique je convienne avec ceux qui disent qu'il n'a eu que la représentation (1) ; mais celle-ci seule exige quelques bontés. Vous recevrez par Rohan, qui a pris congé hier, une lettre. Je lui dois cette justice que, depuis quelques mois, il s'est beaucoup changé en bien, mais j'avoue que je ne suis pas fâchée de ce changement, espérant que le roi ne laissera plus longtemps Georgel chargé d'affaires.

Je ne vous dis rien d'ici ; ma tête n'est remplie, autant que mon cœur, que d'inoculation. J'ai recours aux pauvres qui prient Dieu bien instamment chez les bons Capucins et au couvent de la reine (2), où je compte bien tenir un *Te Deum* si le bon Dieu nous accorde le rétablissement *unseres werthen Königs* (3) : quelque peu d'allemand pour que vous ne l'oubliiez. Je vous embrasse.

XLIV. — MARIE-ANTOINETTE A MARIE-THÉRÈSE.

Marly, le 1er juillet. — Madame ma très-chère mère, L'inoculation est entièrement finie ; le roi n'a souffert véritablement que pendant la fièvre, qui l'a fatigué et un peu accablé deux jours. Il sera purgé demain ; je compte que les médecins feront un procès-verbal sur tout ce qui s'est passé. Je l'enverrai à ma chère maman aussitôt qu'il sera fait. Mes frères et ma sœur sont également hors de toute crainte.

J'ai vu M. d'Esterhazy avec grand plaisir ; je souhaiterais bien que son cousin fût aussi raisonnable que lui. Je le trouve inexcusable

---

(1) Ce n'était pas lui qui avait négocié le mariage de Marie-Antoinette, mais il était ambassadeur en Autriche lors de la célébration à Vienne, et il accompagna la dauphine de Vienne à Paris.

(2) L'église des Capucins, à Vienne, contient les tombeaux de la famille impériale. Le couvent des religieuses de Sainte-Claire (*Clarissinnen*), voisin du château impérial à Vienne, avait été fondé en 1582 par la reine Élisabeth, fille de l'empereur Maximilien II, veuve du roi de France Charles IX. Ce couvent fut aboli par Joseph II en 1782.

(3) De notre digne roi.

de n'avoir pas obéi aux ordres de V. M. J'ai bien pensé à mon frère Maximilien depuis quelque temps. On m'a dit qu'il était venu à Dunkerque. Je n'ai pu le savoir si près sans désirer vivement de le voir. Je n'aurais jamais osé ici, étant trop près de Paris ; mais, si nous avions été à Compiègne, je ne sais si j'aurais pu m'empêcher de l'inviter à faire une course de quelques jours. Serait-il impossible qu'il y vînt de Bruxelles sans aller à Paris ? Nous serons à Compiègne depuis les premiers jours d'août jusqu'au commencement de septembre.

Vous voyez, ma chère maman, combien j'use du privilège d'amie, que vous voulez bien m'accorder, en vous parlant aussi franchement de mes rêveries. Je me remets en tout à votre indulgence et bonté, et vous embrasse avec autant de tendresse que de respect.

<small>Suivent quelques lignes de la main du roi :</small>

Je vous assure aussi avec ma femme, ma chère maman, que je suis très-bien rétabli de mon inoculation et que j'ai très-peu souffert. Je vous demanderais la permission de vous embrasser si mon visage était plus propre.

XLV. — Mercy a Marie-Thérèse.

Paris, 2 juillet. — Sacrée Majesté, Je reviens de Marly, et, conformément aux ordres de la reine, j'expédie encore ce soir le présent courrier pour porter à V. M. la nouvelle de l'entière convalescence du roi ainsi que des princes ses frères et de Mme la comtesse d'Artois. On ne peut pas dire presque qu'ils aient été malades pendant vingt-quatre heures ; cependant la petite vérole du roi a été très-bien caractérisée, et quoique les princes aient eu beaucoup moins de boutons, et que Mme d'Artois n'en a eu que trois ou quatre, on ne saurait douter que leur inoculation n'ait produit son effet. Pour ne laisser aucune incertitude à cet égard au public, les médecins se sont décidés à dresser un procès-verbal de leur opération, et l'intention de la reine est d'envoyer à V. M. une copie de cet acte quand il aura été rédigé.

XLVI. — Mercy a Marie-Thérèse.

Paris, 2 juillet. — Le retour de Mesdames à la cour n'y a pas fait jusqu'à présent grande sensation. Elles y ont pris une contenance fort tranquille, et Mme Adélaïde paraît s'être beaucoup modérée dans son penchant à s'ingérer en tout. La reine a reçu Mesdames ses tantes de bonne grâce, avec amitié, mais d'un ton à leur laisser remarquer que le temps de leur domination est passé. J'espère que la reine soutiendra soit vis-à-vis de Mesdames, soit vis-à-vis des jeunes princes et princesses, le système qu'elle paraît avoir fermement adopté, et qui va devenir plus indispensable que jamais; il n'y a que le penchant à la dissipation qui me laisse quelque crainte et quelque doute à cet égard. La reine est maintenant tout occupée d'un jardin à l'anglaise qu'elle veut faire établir à Trianon. Cet amusement serait bien innocent s'il laissait place en même temps aux idées sérieuses. Le trait suivant prouve à mon grand chagrin que la reine ne se dispose pas encore à réfléchir aux choses qui lui sont les plus essentielles dans le moment présent.

Le roi avait communiqué à la reine les sollicitations du prince de Beauvau dont ma dépêche fait mention (1). Comme il s'agissait d'un objet contraire au bon ordre, et que le roi paraissait consulter la reine, elle aurait pu lui insinuer quelques réflexions utiles; elle n'en a rien fait.

C'est par de semblables moyens que la reine assurerait son crédit sur l'esprit du jeune monarque, lequel, souvent embarrassé de ce qu'il a à faire, vient avec empressement chercher du secours dans l'esprit et le jugement de son auguste épouse. Si cette ressource lui manque, à la longue il s'adressera ailleurs, et la reine perdra toute influence. C'est ce que j'ai exposé à S. M. avec mon zèle et ma franchise ordinaires. La reine, avec sa bonne foi accoutumée, est convenue de sa négligence et des suites qui pourraient en résulter; elle a dai-

---

(1) Il s'agissait d'un changement dans le service des gardes du corps. Le prince de Beauvau était capitaine d'une des compagnies des gardes; il y en avait quatre. Le prince de Beauvau, qui, attaché au duc de Choiseul, avait été en disgrâce pendant les dernières années du règne précédent, obtint aussi alors la survivance de sa charge pour son gendre, le prince de Poix.

gué m'assurer qu'elle s'en corrigera ; je ne perdrai aucune occasion de lui en représenter la nécessité.

XLVII. — Mercy a Marie-Thérèse.

Paris, 15 juillet. — Sacrée Majesté, Depuis mon dernier et très-humble rapport du 2 de ce mois, la santé du roi et des princes s'étant raffermie de jour en jour, la cour est rentrée dans son genre de vie accoutumé, soit relativement à l'administration des affaires, soit à l'usage de ses exercices et amusements. La reine a assisté à quelques chasses dans les environs de Marly ; S. M. est montée plusieurs fois à cheval. En joignant à cela quelques promenades à pied, quelques heures de musique dans les après-dinées et une partie de jeu qui termine ordinairement les soirées, j'aurai exposé l'emploi des journées telles qu'elles se sont passées uniformément depuis le commencement de ce mois. Je désirerais bien pouvoir faire mention des lectures de la reine ; mais ce genre d'occupation a été fort négligé depuis un certain temps, et je ne prévois point encore celui où cette omission pourra être réparée.

Quoiqu'il y ait eu bien du mouvement à Marly, les intrigues n'ont cependant rien produit d'essentiel, en tant que cela concerne la reine. S. M. est fort sur ses gardes de ce côté-là, elle y apporte de la circonspection et de la prévoyance ; mais elle croit qu'en s'éloignant de toute notion d'affaire quelconque, en refusant même d'écouter ce qu'on peut lui en dire pour son information, elle évitera par là tous les embarras qui peuvent résulter des circonstances présentes ou à venir. Ce système qui convenait à l'état d'une dauphine n'est aucunement adaptable à celui d'une reine, bien moins encore dans ce pays-ci, et surtout dans la constitution du présent règne. C'est ce que je ne cesse de représenter à S. M. en lui en exposant les raisons démonstratives. La reine peut et doit avoir des connaissances justes et exactes de tout ce qui se passe sous ses yeux, en mettant toute la dignité convenable à son rang suprême. Elle ne doit craindre ni d'être compromise ni d'être embarrassée par des sollicitations ou autres démarches qu'il lui est si facile de réprimer ou au moins de contenir dans les bornes que peut prescrire la nature des choses.

Quant au degré d'intérêt qu'il convient à la reine de prendre aux différents objets qui se présentent, c'est l'intention du roi qui doit en fixer la mesure. Quand ce prince consulte son auguste épouse, il serait aussi dangereux qu'elle refusât de dire son sentiment qu'il serait nuisible de donner des avis qui ne seraient point demandés ou qui auraient une apparence de vouloir s'ingérer. Je me suis un peu étendu sur cet important article parce que mes idées, telles que je les expose à la reine, doivent être soumises à l'examen des hautes lumières de V. M., afin qu'elle daigne rectifier ce qu'elle jugera devoir l'être dans ces mêmes idées.

Depuis le retour de Mesdames à Marly, il ne s'est rien manifesté dans leur conduite qui donne lieu à des observations de quelque importance. Soit que ces princesses n'aient pas encore eu le temps de se reconnaître, soit qu'elles aient fait des réflexions sur le système convenable à leur position (ce qui est plus à espérer qu'à croire), elles se tiennent dans un état de tranquillité qui ne leur est pas trop naturel; elles s'empressent à marquer toutes sortes de déférence à la reine. Les deux jeunes princes et leurs épouses en agissent de même; mais je suis bien éloigné de m'en fier à ces beaux dehors; je m'attends au contraire à tout ce qu'ils peuvent cacher de suspect. Je ne cesse d'exciter l'attention de la reine à cet égard, et le prochain séjour à Compiègne me donnera plus d'occasion et de facilité à voir clair sur ce chapitre délicat.

L'amitié de la reine pour la princesse de Lamballe avait donné lieu au bruit que cette dernière serait créée surintendante de la maison de S. M. Ce soupçon avait d'abord causé de l'alarme à la comtesse de Noailles; après m'en avoir parlé, je me mis à portée de la tranquilliser, après m'être assuré que la reine n'avait pas pensé au projet en question.

Le courrier mensuel, arrivé ici le 10, m'ayant remis les ordres de V. M. en date du 30 juin, je me rendis le lendemain à Marly, et y présentai à la reine les lettres qui lui étaient adressées.

Je puis affirmer que c'est bien à tort qu'on a voulu imputer à la reine d'avoir persuadé au roi de se faire inoculer, et il n'est pas maintenant une personne raisonnable à la cour ou à Paris qui ne soit parfaitement convaincue de la vérité de ce qui en est à cet égard.

Quant à la circonstance que V. M. a appris cette importante résolution par la voie de la *Gazette de Cologne,* il était difficile que la nouvelle parvînt plus promptement par une autre voie quelconque, ce qui peut se prouver par la date des faits. Le roi prit sa résolution le 11 juin ; il la déclara le matin, elle était publiée dans tout Paris à quatre heures après-midi ; par la poste partant le même soir, il est bien certain que les correspondants du gazetier de Cologne n'auront pas manqué de mander ce fait si intéressant et si notoire.

Dans ce même moment j'avais un courrier de cabinet, presque toutes mes dépêches étaient prêtes ; mais il fallait attendre les lettres de la reine, et je ne les reçus que le 15 après-midi. V. M. daignera observer que ces dépêches parties le 15, passant par Bruxelles, ne sont arrivées à Vienne que le 24, c'est-à-dire avec presque aussi peu de diligence qu'en fait la poste ordinaire. Il s'ensuit que le gazetier de Cologne, averti par la poste du 11, a eu cinq jours d'avance sur le courrier, ce qui était absolument inévitable.

XLVIII. — MERCY A MARIE-THÉRÈSE.

Paris, le 15 juillet. — Par une suite des circonstances actuelles, et d'après le plan que j'ai cru devoir former pour en rendre compte, V. M. daignera observer que mes très-humbles rapports ostensibles ne peuvent dorénavant être ni fort étendus ni bien intéressants, mais il n'en sera pas de même de mes très-humbles rapports secrets. Ces derniers renfermeront désormais tout ce que j'aurai à dire d'essentiel, et comme le temps, joint à une infinité de conjonctures nouvelles, me donne sur différents objets des lumières que je n'avais pu acquérir ci-devant, il sera indispensable que, pour l'exacte information de V. M., je tombe quelquefois dans des répétitions qui deviendraient ennuyeuses si elles n'étaient nécessaires ; de plus, je serai peut-être dans le cas d'exposer des choses qui seront dans une sorte de contradiction avec ce que j'aurai mandé précédemment. La raison en est que je pourrais avoir mal vu certains objets ; alors mon zèle doit tout sacrifier au bien du service de mon auguste souveraine, et il ne faut pas même que mon amour-propre soit épargné. Je dirai donc à V. M. quand et en quoi je soupçonnerai de m'être trompé, et ma candeur ne cherchera d'excuse que dans l'indulgence de V. M. et dans la faiblesse de mes lumières.

Depuis plus de deux ans que j'ai prévu la possibilité de ce qui est arrivé, je n'ai cessé de tâcher de bien préparer la reine à se prévaloir de tous les avantages de la position brillante où elle se trouve aujourd'hui. Tout flattait mes vœux ainsi que mes espérances ; je voyais dans la reine de l'esprit, de la pénétration, du caractère, du jugement, et des grâces infinies. En cela je ne me suis point trompé, et je vois encore de même ; mais l'emploi de si grands avantages n'est pas, à beaucoup près, tel que je m'en étais flatté et que je devais m'y attendre. Parvenue à ce rang suprême où toutes les qualités se manifestent plus distinctement par leurs effets, j'ai été frappé de voir que la reine faisait céder des raisons majeures, qu'elle comprend très-bien, à des petits mouvements de haine ou à des idées de dissipation ou d'amusement. Ceci doit s'expliquer par des faits ; V. M. daignera en juger par ceux que je vais exposer.

Lorsque, deux jours après la mort du feu roi, je me rendis à Choisy, j'y représentai à la reine qu'il importait au bien de l'État de ne point précipiter le changement dans le ministère, qu'il fallait se donner le temps de se reconnaître, et que nommément il convenait à l'avantage du système présent, particulièrement au service de V. M., que le duc d'Aiguillon fût encore maintenu en place, vu le risque qu'il y aurait de faire un choix hasardé pour la partie des affaires étrangères. Ce motif devait être d'un très-grand poids auprès de la reine ; je crus l'avoir persuadée, et je restai dans cette erreur jusqu'à ce que, tout récemment, je viens d'être parfaitement convaincu que, faute de pouvoir résister à sa petite animosité, la reine seule a opéré le renvoi du duc d'Aiguillon, qui sans cela serait resté en place, et j'en ai des preuves très-multipliées. Le roi était décidé à garder encore pour longtemps ce ministre ; ce n'a été que sur les instances pressantes et journalières de la reine qu'il a été renvoyé. Il suit de là une grande preuve du crédit de la reine, mais j'ai été affligé de l'usage qu'elle en faisait dans le cas en question, premièrement parce que cet usage était dicté par un esprit de vengeance, et secondement parce que la rancune n'avait pas cédé à des raisons où l'intérêt de V. M. se trouvait impliqué.

Quand, d'après les instructions qui m'étaient venues de la chancellerie de cour (1), j'exposai à la reine l'importance du choix d'un ministre des affaires étrangères, quand je lui parlai du cardinal de Bernis, je la trouvai froide, indifférente ; il lui suffisait que le renvoi du duc d'Aiguillon fût décidé. Elle aurait bien désiré de préférence

---

(1) C'est-à-dire du ministère des affaires étrangères d'Autriche.

que le baron de Breteuil parvînt au ministère ; mais ce mouvement de prédilection joint à l'avantage qu'il y aurait eu pour la reine de créer elle-même un ministre n'étaient pas des motifs assez puissants pour la mettre en action, ainsi qu'avait fait un motif de haine et de rancune. En effet le chevalier de Vergennes fut nommé sans presque que la reine en fût informée, ni sans qu'elle s'en fût occupée le moins du monde.

Ce que je viens d'exposer donne matière à des combinaisons qui ne peuvent échapper aux hautes lumières de V. M. Le résultat en est que la reine ne s'est point encore donné la peine de méditer un plan de conduite systématique, uniforme, qui embrasse un nombre d'idées bien ordonnées et convenable à sa position brillante. Des objets isolés, souvent inutiles, quelquefois nuisibles, la mettent en mouvement, elle y emploie de la force, elle fait usage de son crédit et elle réussit, tandis que des objets plus importants et vraiment utiles ne fixent aucunement son attention.

Il n'est certainement pas douteux que la reine jouit du crédit le plus marqué et le plus décidé sur l'esprit du roi son époux. Le renvoi du duc d'Aiguillon en fait foi, et il s'en présente une autre preuve en sens contraire dans le rappel du duc de Choiseul. Le roi avait une vraie répugnance à lui donner sa liberté (1), il résista à la reine au point de la prier que ce rappel n'eût lieu que dans deux mois ; la reine y mit tant de fermeté que sa réponse fut qu'elle « exigeait » cette complaisance du roi et cela sans retard, sur quoi le roi céda (2).

---

(1) Cette aversion si marquée pour le duc de Choiseul, Louis XVI l'avait puisée dans les instructions écrites que le dauphin avait laissées pour ses fils, et dans les souvenirs pieusement recueillis de ses vues sur le gouvernement. On sait quelle avait été l'opposition entre le dauphin et le duc de Choiseul, ministre tout-puissant, et que Choiseul avait poussé un jour l'insolence jusqu'à dire au prince : « Je pourrai être un jour assez malheureux, monseigneur, pour être votre sujet, mais je ne serai jamais votre serviteur. » Cela suffirait pour motiver la répugnance de Louis XVI, si elle ne s'expliquait mieux encore par l'éloignement que le génie brillant, prompt et aventureux de Choiseul, joint à la légèreté de ses mœurs, devait inspirer à un caractère timide, modéré et honnête, comme celui du jeune roi.

(1) Marie-Thérèse approuva ce rappel de Choiseul à la cour, sans souhaiter aucunement son retour au ministère ; nous en verrons de nombreux témoignages. Le 30 juin 1774, Pichler écrivait à Mercy : « S. M. m'ordonne d'ajouter à sa lettre à V. E. qu'elle est très-contente du succès des démarches faites par la reine pour accélérer le rappel du duc de Choiseul. Ce succès marque aussi bien son influence que la bonté de son naturel par les soins qu'elle a de faire voir sa reconnaissance à un ministre qui a eu beaucoup de part à son établissement. »

Après de pareils exemples en matières graves, il est suffisamment prouvé que, quand la reine voudra fermement une chose quelconque, elle l'obtiendra; mais si, à la longue, l'usage de son crédit ne porte que sur des objets de fantaisie et momentanés, si, au lieu de se rendre utile, même nécessaire au roi en lui donnant de bons avis, en soulageant ses doutes, la reine se borne à exiger simplement choses et autres, sans motiver ses désirs par des raisons justes et valables; si, en conservant sa répugnance pour tout ce qui est sérieux et exige quelque réflexion, elle marque de l'ennui ou de l'inattention quand le roi lui parlera de pareils objets, alors il serait plus que probable que peu à peu le roi s'habituerait à chercher ailleurs du secours, des conseils, le crédit de la reine s'évanouirait, d'autres personnes en acquerraient à ses dépens, et il ne resterait rien de la brillante perspective où elle se trouve. Voilà les réflexions qui ont formé la matière de mes dernières audiences chez la reine. S. M., qui m'écoute toujours avec la même bonté, convient avec une égale bonne foi de la solidité de mes raisons; mais la dissipation vient sans cesse effacer les impressions sérieuses, je n'obtiens que peu de chose, toujours dans des cas particuliers, jamais rien de systématique ni de suivi. Je suis parvenu en dernier lieu à engager la reine à revenir sur ce que lui avait confié le roi touchant les demandes du prince de Beauvau; la reine en a reparlé au roi, elle lui a fait faire les réflexions que comportait cet objet grave; il en est résulté que la décision d'abord favorable au projet du prince de Beauvau a été suspendue dans ses effets, et sera vraisemblablement révoquée tout à fait.

Quand les matières seront un peu plus préparées et avancées, je rendrai compte à V. M. de plusieurs arrangements que j'ai mis sous les yeux de la reine et qui concernent une forme utile, même nécessaire à donner à certains détails de sa maison et de ses finances. Mes idées ont été fort approuvées; il s'agit d'une heure ou deux d'explication sérieuse avec le roi pour faire réussir ces mêmes idées; c'est ce que je tâcherai d'obtenir de la reine pendant le prochain séjour à Compiègne.

Je vais maintenant reprendre les articles de la très-gracieuse lettre de V. M. en tant qu'ils exigeront quelques remarques de ma part.

1° Il est certain (comme V. M. daigne l'observer) qu'on ne peut pas en deux mois de temps connaître et juger un jeune prince, lequel, jusqu'au moment où il est monté sur le trône, avait été presque impénétrable aux yeux les plus attentifs. Cette façon d'être devait provenir d'une grande dissimulation ou d'une grande timidité, et j'ai lieu de croire que cette dernière cause a beaucoup plus influé que la première. Tout semble annoncer que le caractère du roi penche à la faiblesse. Son air rude en apparence pourrait bien ne tenir qu'au physique et nullement au moral; mais ce que je crois voir avec la dernière évidence, c'est qu'il serait très-facile à la reine de le gouverner, si elle voulait s'en donner la peine et employer dans les journées quelques heures de réflexions et de soins à ce grand objet, et je ne saurais assez répéter qu'en négligeant trop dans ces premiers temps de se prévaloir des facilités que la reine a actuellement, il se pourrait très-bien qu'elle y rencontrât plus de difficultés par la suite, si quelqu'un s'emparait du roi.

2° Je remplirai vis-à-vis du comte de Vergennes les ordres que V. M. me donne à son égard. Ce ministre est attendu vers la fin du mois; j'ai eu avec lui en d'autres temps certaines relations, lesquelles, à ce que j'espère, me mettront en bonne position à pouvoir me concilier l'amitié de ce nouveau ministre.

3° Le prince de Rohan est attendu ici d'un jour à l'autre. J'observerai de près son langage, ses projets, sa marche, et j'en rendrai bon compte à V. M., ainsi que de ce que la comtesse de Marsan pourra tenter à l'appui des vues de son parent. Au reste il est certain que le crédit de cette dame est actuellement dans un grand déclin. Il y a fort longtemps que le roi lui a retranché le nom de « sa chère maman », et pendant le séjour à la Muette, toute la cour a bien remarqué que la comtesse de Marsan avait été traitée avec une grande froideur. Peut-être le prince de Rohan espère-t-il de retourner à Vienne; mais il sera bien facile de lui en barrer le chemin, en supposant, comme je m'en tiens assuré, que la reine se prête à ce que je lui exposerai relativement aux intentions de V. M. Il restera à décider du choix d'un successeur à l'ambassade de Vienne, et l'arrivée du baron de Breteuil va causer des embarras au marquis de Noailles. Je déduis cet objet dans ma dépêche d'office; j'ajouterai simplement que le baron de Breteuil est arrivé ici muni des recommandations les plus fortes du roi et de la reine de Naples.

4° Il n'y a eu qu'une seule copie du testament du feu roi, et cette copie a été faite de la main du roi d'aujourd'hui; il serait par conséquent impossible d'en procurer un exemplaire à V. M. C'est de la reine elle-même que j'ai su le contenu de cette pièce, ainsi que je l'ai rapporté dans ma dépêche d'office du 15 juin (1). Par mon très-humble rapport secret de même date V. M. aura daigné voir que l'abbé Maudoux est resté dans sa place de confesseur de la reine.

5° Dans ces derniers temps j'ai mis un soin particulier à marquer au comte d'Aranda les attentions les plus recherchées. Je lui ai communiqué les nouvelles qui me parvenaient; je lui ai confié plusieurs particularités qu'il ignorait, quoiqu'elles se passassent sous ses yeux à Marly : entre autres le rappel du comte de Broglie. Ainsi, pour peu que l'ambassadeur d'Espagne soit exact dans ses rapports, je suis bien assuré qu'il aura à se louer de ma façon d'agir à son égard.

6° Le prince de Starhemberg me mande que la santé du comte de Rosenberg se rétablit, ce qui me fait espérer que V. M. n'éprouvera pas l'embarras qu'elle avait à craindre à cet égard. Je soupçonne que par ce courrier la reine pourrait bien parler à V. M. du grand désir qu'elle aurait que Mgr l'archiduc Maximilien vînt passer trois ou quatre journées à Compiègne. Lorsque la reine m'a fait mention de ce projet, je lui ai exposé mes raisons de douter que V. M. voulût y consentir, parce qu'étant décidé que Mgr l'archiduc fera ici un séjour de quelque durée, il se pourrait qu'une course momentanée dérangerait tout le plan de ses voyages, et de l'objet de son séjour à Bruxelles. J'ai cependant vu que la reine persistait dans son idée, et en cela je lui ai remarqué le même empressement et la même tendresse qu'elle témoigne toujours quand il est question de son auguste famille.

Le duc de Choiseul vient de m'écrire un billet (2) qui m'a paru

---

(1) Ce testament ne resta pas cependant aussi secret que pourraient le faire croire les circonstances rapportées ici, car on en trouve dans la *Correspondance* de Métra, tome I, page 6, une analyse à peu près exacte, quoique moins détaillée que celle que nous donne Mercy dans sa dépêche du 15 juin. On y voit que ce testament fut fait en 1767. Au commencement était une prière par laquelle le roi demandait pardon à Dieu de ses fautes; il ajoutait : « J'ai mal gouverné et administré, ce qui provient de mon peu de talent et de ce que j'ai été mal secondé. » Il léguait aux princes ses petits-fils ses joyaux particuliers; à chacune de Mesdames 2,000 livres de rentes viagères s'ajoutant à l'état de maison et aux revenus déjà constitués. Il recommandait les gens de son service; il n'y avait aucun legs pieux. Mercy ajoute que Mesdames, quoique fort bien pourvues d'ailleurs, se montrèrent fort mécontentes de ce legs plus que modique, particulièrement Mme Adélaïde. Cette princesse aimait à dépenser grandement; et à ce moment même elle venait de distribuer pour 80,000 livres de présents aux personnes qui l'avaient soignée pendant sa maladie, dons qu'elle trouvait tout naturel de faire payer au roi.

(2) Évidemment un billet de remercîment et compliments pour la grâce avec laquelle la reine lui avait fait annoncer qu'il serait reçu à la cour.

devoir être mis en original sous les yeux de V. M. Je le joins ici, et je remets pareillement les lettres de l'impératrice de Russie avec celle du comte de Panin que V. M. a daigné me communiquer (1). Ces lettres donnent matière à de sérieuses réflexions; mais comme le grand objet a toujours été de mettre des bornes à la cupidité du roi de Prusse, et que V. M. n'a cessé de faire connaître qu'elle ne se proposait d'étendre ses nouvelles acquisitions en Pologne qu'autant que les deux autres cours ou l'une des deux songerait à agrandir le partage qui lui est assigné par les traités, il en résulte que ne ce serait qu'à la cour de Berlin que l'on pourrait s'en prendre s'il survenait quelques nouveaux arrangements relatifs au démembrement de la Pologne. Cependant, quoique l'odiosité en pût retomber sur le roi de Prusse, on ne peut disconvenir que l'objet n'en serait pas moins délicat dans les suites qu'il pourrait avoir, vu la sensation qu'a occasionnée dans toute l'Europe ce traité de partage.

A mon dernier voyage à Marly, malgré les difficultés que je prévoyais, j'ai encore tenté quelques démarches pour me procurer une copie du testament du feu roi, mais j'ai appris que l'évêque de Senez, chargé de prononcer l'oraison funèbre du monarque défunt, avait demandé communication d'une sorte de prière qui forme le préambule du testament en question. Le roi a refusé absolument la demande de l'évêque, et a témoigné vouloir qu'on ne parlât plus de ce testament (2).

XLIX. — Marie-Thérèse a Mercy.

Schönbrunn, 16 juillet. — Comte de Mercy, J'ai reçu vos lettres du 28 du passé et du 2 de ce mois.

Vous sauriez bien imaginer quelle était ma sensation en recevant la nouvelle de l'issue heureuse de l'inoculation du roi. Me trouvant

---

(1) Voir plus haut la pièce XLII.
(2) L'abbé de Beauvais, évêque de Senez, prononça l'oraison funèbre de Louis XV le 27 juillet à Saint-Denis. On était encore sous l'impression de son dernier sermon devant le roi, le jour de la Cène. Après avoir stigmatisé hardiment les vices de la cour, il avait, par une sorte d'inspiration, insisté sur ce texte : « Encore quarante jours et Ninive sera détruite. » Le roi, disent les Mémoires du temps, en était resté ému, et tout le monde s'en souvint quand on vit Louis XV mourir avant que ce terme fût écoulé. L'évêque de Senez rappelait ces circonstances dans l'exorde de l'oraison funèbre.

alors à Schlosshof, j'y ai fait d'abord chanter le *Te Deum*, et je l'ai fait encore répéter à mon retour ici dans l'église des religieuses du couvent royal. Je serai bien aise de recevoir le procès-verbal que les médecins vont dresser sur ce qui s'est passé pendant le cours de l'inoculation.

Les traces de la duplicité du comte et de la comtesse de Provence trouvées parmi les papiers du feu roi devraient engager ma fille à mettre des bornes à sa confiance pour l'un et l'autre. Je lui ferai sentir la nécessité de ne pas permettre trop de liberté à ses beaux-frères et à ses belles-sœurs, ni de fournir elle-même à Mesdames les moyens de s'ingérer dans les affaires. Si même elle a marqué un peu de déplaisance sur leur arrivée, la sensation n'en aura été probablement que passagère.

Malgré la confiance que le roi semble témoigner jusqu'ici à ma fille, je me doute qu'elle aura jamais beaucoup de part aux affaires; indépendamment du système politique de la France, son inapplication y mettra toujours un obstacle trop fort. Je crois donc qu'on pourra se contenter si elle conserve assez de crédit pour influer dans le choix des ministres et pour empêcher que les princes et princesses de la famille ne prennent de l'ascendant sur le roi.

Je suis persuadée (et je le ferai même connaître à ma fille) qu'on ne me renverra plus le prince de Rohan, quoique mon fils et le prince de Kaunitz, par les raisons que je vous ai déjà fait connaître, sont du sentiment qu'il nous convient plus qu'un autre; mais je n'en saurais jamais être d'accord. D'ailleurs je souhaite que le roi lui donne quelque marque de sa bonté, vu qu'il a bon cœur et que pourtant sa conduite était meilleure depuis quelque temps. Au reste l'empereur lui ayant dit à son départ les mots : « A revoir », quoiqu'il prétend de ne les avoir dits que dans le ton d'un simple compliment, Rohan n'en a pas moins conçu l'idée de les faire valoir en France; mais j'espère que ce sera sans effet. Je souhaite qu'on ne laisse Georgel longtemps ici; ou Noailles ou Breteuil nous conviendrait.

J'étais d'avance persuadée de la fausseté du bruit désavantageux à la conduite passée de Mesdames; mais je suis bien aise de me trouver, par les éclaircissements que vous me fournissez, en état de faire taire les auteurs de cette noire calomnie.

Wilczck m'a mandé en dernier lieu que l'on débitait à Naples que le roi Catholique pensait faire venir pour quelque temps en Espagne le roi de Naples avec son épouse. Je souhaite que ce bruit ne soit pas fondé, craignant d'ailleurs que le caractère des deux rois, père et fils, ne combine pas trop, et que le séjour à Madrid du roi de Naples, qui pourrait d'ailleurs avoir de la peine à quitter sa famille et ses États, ne donne lieu à des intrigues et tracasseries, même parmi la famille. Je veux vous prévenir de cette idée pour prendre des mesures à la détourner, si jamais elle allait prendre consistance, en conseillant encore au prince de Lobkowitz la conduite qu'il devrait tenir à cet égard.

[C'est le dernier courrier dans la quinzaine que je vous envoie, nous resterons à l'ancien établissement du courrier mensuel qui sera expédié le premier ; mais cela n'empêche pas, si la moindre particularité intéressante arrivait, que vous m'expédiiez des courriers, même plusieurs, par Bruxelles, et ne ménagez les frais ; rien de si humiliant que d'être informé des choses intéressantes par les gazettes. Je crois que vous devez aller à tous ceux de la famille inoculés, et même aux trois tantes, leur faire à tous mon compliment sur leur rétablissement et l'intérêt que j'en prends. Cette lettre au roi (1) vous ne donnerez qu'avec le consentement de la reine.]

L. — MARIE-THÉRÈSE A MARIE-ANTOINETTE.

Schönbrunn, le 16 juillet. — Je vous ai promis de vous communiquer ou avertir de ce qui me revient d'autre part du règne heureux qu'on se promet de Louis XVI et de sa petite reine. Le voilà, reste à évaluer si tout est vrai ; il servira toujours de vous en prévaloir ou non ; cela vient de ma tendresse pour vous, que rien ne me paraît de trop, quand il s'agit de vous. Tout est en extase, tout est fou de vous autres ; on se promet le plus grand bonheur, et vous faites revivre une nation qui était aux abois, et que son attachement seul pour ses princes soutenait. Il faut dire cela à sa louange, mais elle est vive, et plus qu'elle n'en a besoin et espère tout du roi, et plus grande sera la difficulté à la contenter ; à cela il n'y a qu'un seul moyen, de fixer des principes, et ne plus s'en départir. Il vaut mieux passer pour

---

(1) Nous n'avons point cette lettre, qui ne devait être qu'un compliment sur le succès de l'inoculation. La réponse du roi (en note dans *Maria-Theresia und Marie-Antoinette* de M. d'Arneth, page 125) n'est qu'un billet de remercîment et compliment.

exact et économe, pour juste et religieux, comme on a cru que Louis XVI sera, que de croire qu'il sera capable de se laisser entraîner d'être bon ou faible, encore pis, et de ne pas soutenir la première idée que le public en a tirée, et dont vous avez vu les effets merveilleux, même en dehors. La gratification d'Aiguillon de 500,000 livres (1), la pension de Monteynard et d'autres ont fait une grande sensation dans le public, non en admirant la générosité du roi, mais on cherchait les sujets qui ont pu entraîner le roi, et on a conclu tout de suite : il ne sera pas ferme, et aura des favoris qui pourront le mener.

On parle aussi de millions destinés à des bâtiments ; dans ce moment-ci, où des chevaux ont été réformés, on ne pouvait s'attendre à des dépenses pareilles, dix fois plus fortes. On dit qu'on ne connaissait pas la reine des autres princes, que la familiarité est extrême. Dieu me garde que je voudrais vous inspirer de leur faire sentir votre supériorité, où Dieu vous a mise, mais vous vous êtes déjà trouvée souvent attrapée, tant par les tantes que par le comte ou la comtesse de Provence. Le comte d'Artois, on le dit hardi à l'excès ; cela ne convient pas que vous le tolériez, et vous pourriez à la longue vous en trouver le plus mal ; il faut rester à sa place, savoir jouer son rôle ; par là on se met et tout le monde à son aise. Toutes les complaisances et attentions pour tous, mais point de familiarité, ni jouer la commère ; vous éviterez par là les tracasseries et recommandations. A cette heure, c'est le grand point : jusqu'à ce moment la dissipation était grande et même une suite nécessaire du changement. Je crains ce point pour vous plus que tout autre ; il faut absolument vous occuper de choses sérieuses, qui peuvent être utiles, si le roi vous demande votre avis ou vous parle en amie. Ne le menez pas dans des dépenses extraordinaires ; que ce charmant premier don du roi (Trianon) ne serve pas à faire de trop grandes dépenses, et encore moins de dissipations ; tout dépend que cet heureux début, qui passe toute croyance, soit conservé et vous rende tous deux heureux, en rendant vos peuples de même, qui n'attendent leur salut que de vous. Un caractère soutenu de justice, mêlé de bonté et d'une économie conve-

---

(1) Le duc d'Aiguillon avait demandé cette gratification en dédommagement des dépenses extraordinaires faites par lui pendant son ministère ; il l'obtint par la protection du nouveau ministre, le comte de Maurepas, dont il était neveu.

nable feront respecter ce monarque par les amis et ennemis. Moi-même j'ai rougi en mon particulier qu'après trente-trois ans de règne je n'aie pas fait ce que ce cher prince a fait en trente-trois jours ; mais il faut soutenir ce beau et merveilleux commencement, dont je suis très-occupée. Il faut que le roi, en approchant les honnêtes gens, en éloignant les intrigants, ait des amis qui puissent lui dire la vérité pure sans fard. Je ne sais si la réponse du roi est vraie qu'on lit dans la *Gazette de Cologne*, mais elle est admirable et m'a tiré les larmes : « *qu'il souhaitait d'être informé du mal qu'on dirait de lui pour s'en corriger.* » Avec l'aide de Dieu et cette admirable volonté tout est à espérer, tout ira bien ; je crains seulement votre paresse et dissipation : le seul ennemi que vous avez à craindre. Il faut vous rendre capable de servir de conseil au roi, et pour cela il faut orner son esprit de choses analogues à la tâche que vous avez à remplir. Je touche cette matière à Mercy, en l'animant d'y appuyer et de vous en faire souvenir en temps et lieu. Pourquoi serais-je si affectée de ce point, si je ne savais y être attaché tout votre bonheur, qui fait toute mon occupation ? Je vous embrasse tendrement.

LI. — MARIE-ANTOINETTE A MARIE-THÉRÈSE.

Marly, le 30 juillet. — Vos deux dernières lettres m'ont comblée de satisfaction par la bonté avec laquelle ma chère maman pense à tout ce qui m'intéresse, et par ses bons avis qui sont encore plus de la tendresse et amitié que des droits de mère ; si je n'en profite autant que je devrais pour moi, au moins je répondrai à ma tendre mère avec sincérité et confiance. Il est bien vrai que les éloges et l'admiration pour le roi ont retenti partout. Il le mérite bien par la droiture de son âme et l'envie qu'il a de bien faire ; mais je suis inquiète de cet enthousiasme français pour la suite. Le peu que j'entends des affaires me fait voir qu'il y en a de fort difficiles et embarrassantes. On convient bien que le feu roi a laissé les choses en très-mauvais état ; les esprits sont divisés, et il sera impossible de contenter tout le monde dans un pays où la vivacité voudrait que tout fût fait dans un moment. C'est bien vrai ce que dit ma chère maman, fixer des principes et ne s'en plus départir. Le roi n'aura pas la même faiblesse que son grand-père. J'espère aussi qu'il n'aura pas de favori, mais je crains qu'il ne soit trop doux et trop facile, comme quand

M. de Maurepas lui a fait donner les 500,000 francs à M. d'Aiguillon. La pension de M. de Monteynard est bien différente. On ne lui a donné que ce qu'on donne toujours aux ministres retirés ; il s'était conduit en honnête homme, et tout son tort était de déplaire au vilain tripot. Ma chère maman peut compter que je n'entraînerai pas le roi dans de grandes dépenses ; bien au contraire je refuse de moi-même les demandes qu'on me prie de lui faire pour de l'argent. Le roi ne pense pas à dépenser des millions en bâtiments, c'est une exagération comme sur bien des choses, et sur ma familiarité, qui ne pourrait être vue que de bien peu de monde. Ce n'est pas à moi à me juger, mais il me semble qu'il n'y a entre nous que l'air de bonne amitié et de gaieté de notre âge. Il est vrai que le comte d'Artois est bien vif et bien étourdi, mais je sais lui faire sentir ses torts. Pour mes tantes, on ne peut plus dire qu'elles me conduisent ; et quant à Monsieur et à Madame, il s'en faut bien que je me confie entièrement à eux.

Je dois avouer ma dissipation et paresse pour les choses sérieuses. Je désire et espère me corriger peu à peu, et sans jamais me mêler d'intrigues, me mettre en état de répondre à la confiance du roi, qui vit toujours de bien bonne amitié avec moi. Ce que dit la *Gazette de Cologne* est bien dans son cœur, mais je ne crois pas qu'il l'ait dit.

J'envoie à ma chère maman le rapport de l'inoculation : elle en recevra douze exemplaires par Mercy. J'ai pensé que sa tendresse sera bien aise de savoir en détail tout ce qui s'est passé ici.

Le roi a renvoyé M. de Boynes, ministre de la marine ; ce n'est pas pour ses liaisons et bassesses pour la du Barry, mais pour son incapacité reconnue de tout le monde ; son successeur a la réputation d'un très-honnête homme (1). Je suis fâchée de la disgrâce des ducs d'Orléans et de Chartres (2), parce que je voudrais qu'il n'y eût plus de brouilleries. J'espère que celle-ci ne durera pas : ils ne sont exilés

---

(1) Ce successeur était Turgot. Mercy annonçait ainsi cette nomination dans une lettre au baron Neny par le même courrier : « Il est arrivé un nouvel événement dans le ministère par le renvoi de M. de Boynes, à la place duquel le roi a nommé M. Turgot, ci-devant intendant à Limoges. Ce choix a l'approbation générale, non pas que l'on suppose à M. Turgot un grand talent pour la marine, mais on lui connaît un grand fonds de probité et d'honnêteté ; son prédécesseur avait une réputation tout opposée. »

(2) Le duc d'Orléans et son fils étaient en disgrâce pour n'avoir pas voulu assister avec le nouveau parlement (parlement Maupeou) au service pour le roi défunt.

nulle part; seulement défense de venir à la cour. Le roi ne pouvait pas les y laisser dans le moment où ils refusaient d'aller au service de son grand-père.

Je suis transportée de la bonté de ma chère maman pour laisser venir à Compiègne mon frère; s'il venait, je ferais tout de mon mieux pour lui ôter l'air d'embarras; mais la santé de Rosenberg me fait craindre qu'il ne puisse pas venir.

Je suis bien touchée des prières que ma chère maman a fait faire et de l'affection de mes chers compatriotes; je leur rends bien le change par mes sentiments, mais je ne pourrais jamais montrer à ma chère maman combien j'ai de respect, de tendresse et de confiance en elle.

P. S. L'abbé serait bien affligé si j'oubliais de le mettre à vos pieds.

LII. — MERCY A MARIE-THÉRÈSE.

Paris, 31 juillet. — Sacrée Majesté, La continuation du séjour de la cour à Marly fournit peu de matières à mon très-humble rapport sur ce qui concerne la reine.

Quoique depuis le 15 j'aie été moins fréquemment dans le cas de me rendre auprès de S. M., j'ai eu des informations exactes et journalières de ses occupations, qui ont été constamment les mêmes sans aucune variété remarquable. La musique et la promenade ou la chasse remplissent une partie des journées; il y a eu des moments de lecture, mais fort courts et peu fréquents. Indépendamment de l'exercice à cheval, la reine a pris depuis quelque temps beaucoup de goût à se promener en *cabriolet*. Ce sont de petites voitures à deux roues, à brancards, traînées par un seul cheval et que l'on conduit soi-même. Quoique l'on n'omette aucune des précautions nécessaires à éviter tout danger, il est cependant certain que ce genre de voiture a quelques inconvénients, soit du côté de son peu de sûreté, soit par l'apparence trop commune que présente cet équipage. En total il serait à désirer que la reine voulût se priver de ce très-mince amusement, ou qu'elle en usât le moins possible.

Un nouvel objet dont la reine est vivement occupée, c'est celui d'un jardin anglais qu'elle fait arranger à Trianon. Le roi a donné des ordres pour que l'augmentation d'un terrain à entourer de murs, ainsi que tout ce que peut désirer la reine relativement à cet établissement, soit exécuté avec la diligence et le soin possibles. Les plans ont été formés par un comte de Caraman, officier général qui a beaucoup de goût et qui a fait arranger un jardin en ce genre attenant à son hôtel à Paris. La reine a voulu voir ce jardin, et cela a été l'objet d'une promenade que S. M. a faite en ville vendredi 29 (1). Le roi marque un vrai empressement à concourir aux amusements de son auguste épouse, et il en sera certainement de même en matières plus sérieuses, quand la reine témoignera qu'elle s'en occupe et qu'elle s'y intéresse.

Quant à l'intérieur de la société de la famille royale, les choses en sont dans les mêmes termes indiqués par mon très-humble rapport du 15. Mesdames continuent à rester fort tranquilles, et paraissent ne songer à se mêler de rien. M. le comte et Mme la comtesse de Provence en agissent de même; il reste à voir combien ce calme durera. Le roi est mécontent de M. le comte d'Artois, et il s'est proposé de le lui faire connaître. Le jeune prince dont il s'agit est fort inconsidéré dans ses propos; il n'observe ni mesure ni dignité dans sa conduite; il est haut, impérieux, même violent, et quoi que tout cela ne porte encore que sur des enfantillages, il serait dangereux pour les suites si M. le comte d'Artois n'était point retenu dans les bornes où il doit être.

---

(1) Le comte de Caraman, maréchal de camp, possédait une grande fortune. Il était un des propriétaires du canal du Languedoc par héritage de son grand-père Riquet, le célèbre ingénieur. Il avait épousé la sœur du prince de Chimay. Les Caraman étaient parmi les amis de Mme du Deffand; elle écrit à Walpole, au retour d'une visite à leur château de Boissy : « Vous auriez été content là : un père, une mère et huit enfants qui vivent ensemble avec une union, une amitié parfaite : c'est l'âge d'or. » L'hôtel Caraman était situé à Paris, rue Saint-Dominique Saint-Germain. C'est encore Mme du Deffand, dans une lettre du 26 juillet 1774 à la duchesse de Choiseul, qui nous racontera la visite de Marie-Antoinette : « La reine vint samedi tout à côté de Saint-Joseph, chez les Caraman, pour voir leur jardin. Elle avait avec elle Madame, mesdames de Durfort et de Pons. Les princesses Clotilde, Élisabeth et Mademoiselle l'accompagnèrent. Mme de Beauvau, qui lui avait inspiré cette curiosité, l'attendit dans la maison avec son mari pour la recevoir. M. de Caraman, averti dès le matin, vint tout préparer. Comme Mme de Beauvau avait mandé que la reine ne voulait voir personne, Mme de Caraman n'osait se rendre chez elle. Mme de la Vallière jugea qu'elle devait y venir; elle arriva un quart d'heure avant la reine, qui la traita à merveille, ainsi que trois de ses filles, dont la plus jeune, qui n'a que dix ans, était habillée en petite paysanne, comme fille du jardinier, et présenta des bouquets. La reine combla le père, la mère et les enfants de toutes les marques de bonté et de toutes les grâces imaginables. Elle y resta une heure et demie, y fit la collation, et charma tout le monde. »

II.   14

Les très-gracieux ordres de V. M. datés du 16 de ce mois m'ont été remis par un courrier de Bruxelles arrivé ici le 26. Le lendemain je me suis rendu à Marly et y ai présenté à la reine les lettres qui étaient à son adresse. S. M. s'est d'abord occupée à les lire, et, comme le moment d'aller à la messe était très-prochain, je n'eus que quelques instants pour parler à la reine, qui eut la bonté de me dire que j'en serais amplement dédommagé à Compiègne.

J'ai supplié la reine d'avoir grande attention à ne laisser ignorer au roi aucune des marques d'intérêt que V. M. a données en apprenant son entière convalescence, et j'ai eu soin que le public de Paris en fût informé, parce que ces témoignages d'attention et de bonté que V. M. a marqués en différentes occasions semblables ont toujours fait ici la plus grande sensation, et ajoutent sans cesse à la profonde vénération et, j'ose le dire, au très-vrai et très-respectueux attachement que cette nation a voué à V. M.

Le roi, la reine, les jeunes princes et princesses sont venus se promener à Paris sur les boulevards lundi dernier. Le peuple a donné à cette occasion assez de marques de joie et de bonne volonté, beaucoup plus cependant pour la reine que pour le roi, et cela pour cause de l'exil du duc d'Orléans et du duc de Chartres, non pas que le public prenne un grand intérêt à ces deux princes du sang, mais parce que l'on croit que leur disgrâce est un effet du zèle qu'ils ont marqué pour l'ancien parlement, auquel le peuple est plus attaché que jamais.

LIII. — Mercy a Marie-Thérèse.

Paris, 31 juillet. — Sacrée Majesté, J'ai fait mention dans mon dernier et très-humble rapport de quelques idées que j'avais proposées comme utiles, même nécessaires au service de la reine. Je lui en ai encore reparlé en dernier lieu, et je dois maintenant exposer à V. M. en quoi consistent ces objets.

Messieurs les comtes de Provence et d'Artois et les princesses leurs épouses, fort attentifs sur leurs plus petits intérêts, ont saisi sous ce nouveau règne avec grande avidité tous les moyens d'améliorer leur état, et ils ont obtenu entre autres que le trésor royal fût chargé d'acquitter toutes les pensions affectées sur leurs cassettes privées. D'un autre côté Mesdames jouissant en vertu du testament du feu roi d'une somme annuelle de deux cent mille livres (1), il se trouve que de toute la famille royale la reine est la moins bien partagée relativement à la somme qui lui est assignée pour ses menus plaisirs, laquelle somme est encore grevée de différentes pensions pour à peu près trente mille livres. La reine s'était proposé que sa cassette fût déchargée de ces pensions, ainsi qu'il avait été accordé à Messieurs ses beaux-frères et belles-sœurs. J'ai supplié S. M. de prendre tout un autre parti, et voici mes raisons : il ne convient point à la reine de se mettre en parité avec personne de la famille royale, même dans les avantages qui peuvent être accordés aux princes et princesses ; il est de la dignité de la reine que ses pensionnaires continuent à devoir à elle seule ce dont ils jouissent par un effet de ses bontés, et cet article est dans ce pays-ci de quelque conséquence dans l'opinion publique. J'ai donc proposé à la reine de demander simplement une augmentation de pension qui rétablisse la proportion qu'il doit y avoir entre le traitement d'une reine et celui des autres princes et princesses de la famille royale ; cette demande est si juste qu'elle intéresse même la dignité du roi, et je suis bien assuré qu'il sentira cette vérité au premier mot. La reine a eu la bonté d'adopter cette idée, et elle en parlera au roi pendant le prochain séjour à Compiègne.

Depuis plus de deux siècles la somme destinée à l'entretien de la maison d'une reine de France se trouve fixée à la Chambre des comptes à six cent mille livres tournois. Mais, par une suite de la différence dans les valeurs numéraires du temps passé au temps présent, et en conséquence de l'augmentation du luxe, il y a longues années que les six cent mille livres ne sont plus suffisantes à leur objet ; cependant l'ancien état a toujours été suivi, et on y a successivement suppléé par des sommes données sous la dénomination de « dépenses extraordinaires », lesquelles sommes se montent aujourd'hui à près de deux millions de livres. J'ai proposé à la reine d'engager le roi à faire fixer à la Chambre des comptes la somme susdite pour l'entretien de la maison de la reine, et d'abolir toute dénomination de « dépenses extraordinaires ». Il est clair qu'il n'en coûte-

---

(1) On a vu plus haut que Mesdames, outre les 2,000 livres de rente annuelle que le testament de Louis XV leur avait léguées, conservaient leur état de maison et leurs revenus déjà constitués.

rait pas davantage au trésor royal, et cependant ce seul changement de dénomination serait d'une très-grande utilité à la reine. La raison en est que, par une suite des abus énormes qui subsistent ici, toutes les sommes employées sous la dénomination d'extraordinaires sont régies par le grand-maître, par les subordonnés (1), et sont sujettes aux droits dont chaque charge jouit sur lesdites sommes. Il résulte de là que tous les arrangements d'ordre et d'économie que la reine pourrait faire dans la dépense de sa maison ne peuvent porter que sur la somme primitive de six cent mille livres; elle n'a rien à disposer sur le restant, et je serais en état de prouver que, sans aucune diminution ni réforme dans le service, il y aurait cent mille écus à épargner sur les « extraordinaires », laquelle somme retournant à la cassette de la reine lui serait d'un très-grand agrément dans l'emploi qu'elle en ferait, soit à ses menus plaisirs, soit à accorder des grâces pécuniaires et autres usages de cette nature. S. M. a très-bien compris l'utilité de cette idée; mais, pour la mettre à exécution, il s'agirait de s'occuper de quelques objets de détail, de les expliquer au roi; tout cela exige un peu d'application. La reine y répugne; j'espère cependant qu'elle ne s'y refusera pas pendant le séjour de Compiègne.

Le comte de Vergennes ainsi que le nouveau ministre de la marine Turgot ont été traités avec bonté par la reine. J'ai employé quelques moyens indirects pour leur persuader qu'avant leur nomination S. M. avait été informée de leur choix, et qu'elle l'avait fort approuvé.

J'ai dit au comte de Vergennes l'opinion avantageuse de V. M. à son égard, et je lui en ai déduit les motifs. Il m'a fait les protestations les plus fortes de ses sentiments très-respectueux pour V. M. ainsi que de son attachement au système présent. Il faut encore quelque temps avant de pouvoir juger de ce ministre; il marque un grand désir d'obtenir la protection de la reine, et cette circonstance peut devenir utile, si S. M. veut bien écouter ce que j'aurai à lui représenter à cet égard selon les différentes conjonctures.

Il y a quelques jours que la reine dit au roi qu'il était si occupé

---

(1) On trouvera dans les Mémoires de Mme Campan, aux *Éclaircissements historiques*, une note étendue sur la maison de la reine, les diverses attributions des charges, etc. Le grand-maître de la garderobe, dont la charge valait soixante mille francs, fut d'abord le comte de la Morlière, officier général; M. Poujaud, fermier général, lui succéda.

pendant toutes les journées qu'il n'y avait plus moyen de causer avec lui. Le roi répondit que cela était vrai, que cependant il avait tout plein de choses à confier à la reine, et sur lesquelles il désirerait de savoir son avis, et qu'il fallait prendre une demi-journée pour s'entretenir ensemble bien à leur aise. Je ne suis point encore informé si cet entretien a eu lieu.

Le prince de Rohan a été reçu par la reine avec bonté, ainsi qu'elle l'avait promis à V. M. par sa dernière lettre. J'ai été chez cet ambassadeur et il est venu chez moi, mais nous ne nous sommes point trouvés; il a presque toujours été ou à la cour ou chez ses parents à la campagne. Je sais qu'il se vante d'être parti de Vienne avec les bonnes grâces de V. M. J'ai besoin de quelques jours encore pour être bien au fait de ses démarches et de ses projets. Le baron de Breteuil se donne des mouvements incroyables pour le remplacer, et le marquis de Noailles aura beaucoup à faire contre un concurrent aussi actif. Ce ne sera qu'à Compiègne que je verrai jusqu'où, sans rien hasarder, je pourrai me mêler de cet objet. Si V. M. jugeait à propos de faire connaître ses intentions à son auguste fille, il est certain que la reine aurait toute facilité à faire décider le choix sans même qu'il y parût ouvertement. Je persiste à croire que, pour le bien du service de V. M., le marquis de Noailles pourrait mieux convenir à l'ambassade de Vienne que le baron de Breteuil; cependant je ne puis refuser à ce dernier la justice qui est due à son honnêteté et aux bons sentiments que je lui ai toujours connus pour l'alliance et le système présent; il n'a contre lui que sa trop grande activité.

Je reviens maintenant à ceux des articles de la très-gracieuse lettre de V. M. auxquels il me reste quelques observations à faire. Par une suite de ce que je viens d'exposer ainsi que par le contenu de mes rapports précédents, V. M. aura daigné voir que le degré d'influence et de crédit que la reine peut se procurer tient absolument à sa volonté et aux soins qu'elle prendra de s'en occuper. C'est une vérité que je puis affirmer avec la dernière certitude, et toutes mes démarches sont maintenant réunies vers un seul but, c'est celui de persuader à la reine que, pour son bonheur présent et à venir, ainsi que pour le bien de l'État, il faut qu'elle sache se prévaloir de la position brillante où la Providence l'a placée, ce qui suppose de la méditation, de l'occupation aux objets sérieux, et les informations nécessaires pour en bien juger. Tout cela s'effectuera sans doute ; la reine s'y accoutumera peu à peu, l'expérience et plus encore les avertissements de V. M. produiront cet effet. La dernière lettre de V. M. était admirablement conçue et a fait grande impression sur la reine. Elle a voulu remettre elle-même la lettre adressée au roi. J'ai fait observer qu'il convenait que ce monarque répondît à V. M. par des lettres séparées, et point en écrivant quelques lignes dans celles de la reine, méthode qui ne tient qu'à une timidité et un embarras déplacé.

Comme mon dernier voyage à Marly a été le jour même des obsèques du feu roi, et que d'ailleurs, suivant l'usage de cette cour, les princes et princesses de la famille royale ne donnent point d'audiences particulières aux ministres étrangers, j'ai supplié la reine de me procurer un moyen à m'acquitter des ordres de V. M. envers les princes inoculés et auprès de Mesdames. La reine a jugé à propos de se charger de leur dire d'abord cet effet d'attention et de bonté de V. M. à leur égard, en ajoutant que j'avais reçu l'ordre exprès de demander une audience, et, dans les occasions ordinaires où je ferai ma cour à Compiègne, je répéterai aux princes et princesses ce que la reine leur a déjà fait connaître à cet égard.

Je vais prévenir le prince de Lobkowitz sur le bruit du voyage du roi de Naples à Madrid, et, conformément aux volontés de V. M., je m'entendrai avec le prince de Lobkowitz afin de tâcher de coopérer à éloigner ce projet, si tant est qu'il soit fondé.

Si, dans l'intervalle d'un courrier mensuel à l'autre, il survenait la moindre particularité intéressante, j'obéirai avec la dernière exactitude à l'ordre que V. M. daigne me donner de dépêcher des exprès; mais je demande en grâce qu'il plaise à V. M. de n'ajouter aucune foi aux nouvelles indirectes qui pourraient concerner la reine. La vivacité, la pétulance du public de Paris enfante souvent des bruits d'une absurdité incroyable; ces bruits se débitent un jour, ils sont contredits le lendemain, et de tout temps on est accoutumé ici à cette effervescence de nouvelles ridicules. Personne ne peut avoir les moyens que j'ai d'être exactement instruit; je suis bien assuré de n'être jamais dans le cas d'ignorer le moindre fait essentiel, et le plus indispensable de mes devoirs est que V. M. soit informée de tout avec la plus grande précision.

LIV. — Marie-Thérèse a Mercy.

Schönbrunn, le 31 juillet. — Comte de Mercy, J'ai reçu par le courrier Wolf votre lettre du 15. Je conviens de la façon dont vous pensez rédiger à l'avenir vos rapports secrets et ostensibles ; il faudra cependant faire entrer quelquefois dans les derniers des traits plus remarquables pour ne pas donner par leur sècheresse lieu à quelques soupçons.

Je suis de plus en plus convaincue de ne pas m'être trompée dans le caractère entier et porté pour les dissipations que je supposais depuis longtemps à ma fille. J'ai très-bien remarqué que, malgré la déférence qu'elle témoignait avoir pour vos remontrances, elle n'en suivait pas moins sa marche lorsqu'il s'agissait des objets pour lesquels elle était prévenue. Je suis frappée de sa façon d'agir dans l'affaire d'Aiguillon et dans celle de Choiseul, et surtout de l'esprit de vengeance qu'elle a fait paraître contre le premier. [Je crains même quelquefois peu de cordialité et pas entièrement sincère.] Je mets toute ma confiance dans votre zèle et dans vos lumières, mais je ne saurais vous cacher ma crainte qu'à la fin ma fille ne tâche de se défaire de l'abbé de Vermond sous quelque prétexte plausible pour se débarrasser d'un surveillant incommode.

Vergennes a fait vis-à-vis de Starhemberg l'éloge de Rohan en lui attribuant beaucoup d'esprit, une connaissance singulière en fait de politique et un grand zèle pour le maintien de l'heureuse union entre les deux cours. Ces propos s'accordent avec ceux que Rohan a tenus ici sur l'attachement de Vergennes à sa maison. Je serais fâchée si la suite en était le retour de Rohan ici ; quelque contents que l'empereur et Kaunitz pourraient en être, je m'y opposerais sûrement par quelques démarches directes, et si je ne les fais pas dès à présent, ce n'est que pour ne pas attirer quelque désagrément à ma fille. Au reste la reine de Naples m'a écrit elle-même qu'elle aussi bien que son mari avaient donné des lettres de recommandation bien expressives au baron de Breteuil à son départ de Naples.

Je suis bien aise que le caractère réservé du roi est plutôt l'effet d'une grande timidité que dissimulation. Je souhaite que la conduite de la famille vis-à-vis de ma fille, que vous m'annoncez être à présent assez régulière, continue à se soutenir.

Je marque à ma fille de me prêter à son désir de voir passer son frère Maximilien pour quelques jours à Compiègne, nonobstant le dérangement que cette excursion fera dans son plan de voyage [reste à vous concerter avec Rosenberg].

Vous pouvez assurer Choiseul et du Tillot des sentiments que j'ai toujours pour l'un et l'autre ; j'écrirai au sujet du dernier à ma fille.

[Je viens de perdre le dernier de mes petits-fils (1) de la suite de l'inoculation ; jugez combien cela m'inquiète pour le roi. Ce n'est que pour vous, mais je prêche les ménagements sans citer ce cas.]

LV. — Mercy a Marie-Thérèse.

Compiègne, 15 *août*. — Sacrée Majesté, Eu égard au changement des circonstances, je crois devoir épargner à V. M. la lecture d'un journal tel que je le formais les années précédentes pendant les voyages de la cour. Les longueurs inséparables d'un journal pourraient nuire à la précision qu'exigent les objets plus essentiels dont il s'agit maintenant. Depuis l'arrivée de la cour à Compiègne, il ne s'est presque pas passé de journée où je n'aie eu occasion de parler à la reine et de lui exposer quelques remarques sur les différentes circonstances qui se sont présentées et qui pourraient intéresser son service. Une des plus remarquables a d'abord été celle du refus de MM. les comtes de Provence et d'Artois et des princesses leurs épouses d'aller journellement faire leur cour au roi et à la reine le matin aux heures de représentation, ainsi qu'il était d'usage chez le feu roi. Je trouvai la reine fort choquée de ce refus et très-disposée à mettre beaucoup de chaleur dans cette discussion. Je représentai à S. M. qu'une question de cette nature ne pouvait et ne devait être décidée que par le roi seul, et j'en déduisis les raisons telles qu'elles se trouvent dans ma dépêche d'office, où j'ai cru devoir faire mention d'un fait qui pourrait avoir des suites sérieuses et d'un genre à être considérées politiquement.

Quoique le secret ait été assez bien gardé sur l'origine de cette contestation, il y a grande apparence et une sorte de certitude que les insinuations de Mme Adélaïde y ont donné lieu ; cette princesse ainsi que Mmes ses sœurs ayant d'abord fait connaître qu'elles s'as-

---

(1) L'archiduc Albert, fils de Léopold, grand-duc de Toscane.

sociaient aux prétentions des jeunes princes leurs neveux. Depuis le retour de Mme Adélaïde à la cour, elle n'a cessé de donner des marques d'humeur de ne pouvoir réussir à gagner de l'influence et de l'ascendant sur le roi. Le comte de Provence, qui, de son côté, s'était flatté d'entrer au conseil d'État et de jouer un grand rôle, n'a pu voir sans impatience ses espérances déçues ou au moins fort retardées. On a cru que la reine formait obstacle à de semblables projets, et de là la jalousie a repris toute son action. La reine, qui s'en est très-bien aperçue, n'a pu quelquefois résister à des petits mouvements d'impatience, et quoique, par caractère, bien éloignée de toute rancune, elle s'est souvent permis des remarques sur la supériorité de son rang et des comparaisons un peu mortifiantes pour les autres princes et princesses. A bien des égards c'est par leur faute qu'ils se sont attiré ces petits désagréments, et mes très-humbles rapports précédents en font foi. Cela ne m'a pas empêché dans l'occasion présente de supplier la reine de se rappeler une vérité que je n'ai jamais cessé de mettre sous ses yeux; elle consiste en ce que ce n'est pas par des propos qu'il convient de faire valoir sa supériorité et sa grandeur, mais bien par des faits suivis par une conduite de dignité bien raisonnée et soutenue, ainsi que par une fermeté tranquille dénuée de toute vivacité et humeur. Tout cela est très-combinable avec la bonté si naturelle au cœur de la reine, avec son amabilité sociale et dont elle a le meilleur usage à faire dans l'intérieur de sa famille. Il ne s'agit que d'éviter les trop grandes familiarités, car c'est ce dernier inconvénient qui a donné lieu aux petites dissensions présentes; et qui ne manquerait pas d'en occasionner de bien plus sérieuses par la suite. Il faut convenir qu'à cet égard le roi a des reproches à se faire; l'espèce d'égalité qu'il a d'abord établie entre lui et les princes ses frères a induit ces derniers à en abuser même avec indécence. Dans les occasions publiques où la famille royale se trouve réunie, un étranger arrivé du moment ne pourrait pas distinguer lequel des trois princes est le souverain; c'est le comte d'Artois qui en a toute la contenance. Dans un cercle il passera vingt fois devant le roi, le poussant, lui marchant presque sur les pieds, sans la moindre attention et d'une façon vraiment choquante. Ces circonstances et les réflexions dont elles sont susceptibles ont formé le sujet de plusieurs audiences très-longues que m'a données la reine; j'ai eu même le bonheur de faire valoir mes raisons de manière à en apercevoir très-visiblement le succès. S. M. s'est d'abord retirée de cette contestation élevée par les princes et les princesses, elle a repris à cet égard un ton modéré et conciliant, en témoignant qu'elle ne voulait point entrer dans des discussions d'étiquette, desquelles il appartient au roi seul de décider.

Quant à la tenue de la cour et aux marques d'égards et de bonté à témoigner à un chacun selon son rang, il n'y a que les plus justes louanges à faire sur la conduite de la reine à cet égard. Tout le monde est content, à l'exception de ceux qui par des demandes indiscrètes s'attirent des froideurs bien méritées, et qu'ils doivent imputer à leurs importunités.

Il y a une telle uniformité dans la façon dont la reine emploie ici son temps qu'il n'existe presque pas la moindre différence d'une journée à l'autre. La reine se lève entre neuf et dix heures; elle prend son déjeuner et reçoit successivement des visites de la famille royale. La toilette se fait à onze heures, à midi la messe; communément j'ai occasion de parler à la reine avant son dîner, qui est à une heure et un quart après-midi. S. M. fait de la musique et souvent me donne audience jusqu'au moment de la promenade, qui est après cinq heures et qui dure presque jusqu'au temps du souper. Tous les soirs le roi soupe chez la reine, et il n'y a que ceux qui ont les entrées de la chambre qui soient admis à faire leur cour dans ce moment-là. Comme je me trouve dans le cas d'avoir ces entrées, je vais régulièrement aux soupers de Leurs Majestés; le roi m'y traite avec ses anciennes bontés et me fait l'honneur de me parler toujours et souvent assez longtemps. Jusqu'à présent il n'y a point eu de soupers de chasseurs, et il paraît qu'au moins de longtemps il n'en sera pas question, ce qui est très-désirable à tous égards. A ce détail journalier que je viens d'exposer il n'y a des changements que les jours où la reine va à la chasse, ce qui arrive ordinairement deux fois la semaine. S. M. chasse quelquefois à cheval et quelquefois en calèche; les promenades en cabriolet deviennent beaucoup plus rares, mais la reine monte souvent à cheval et se promène à pied. Les jours de dimanche le roi et la reine vont à neuf heures et demie entendre la grand'messe et le prône à l'église de la paroisse; après-midi Leurs Majestés vont au salut; le soir il y a jeu chez la reine, mais seulement le dimanche, et ce même jour le roi soupe en public à son grand couvert chez la reine.

L'abbé de Vermond a dû se tenir dix à douze jours à Paris pour y suivre un procès. Je m'étais arrangé avec lui pour qu'il ne s'absentât que dans les temps où je serais à demeure à la cour et à portée d'y recevoir journellement les ordres de la reine. Cet ecclésiastique étant revenu depuis peu, j'espère que la reine reprendra ses lectures qui ont été considérablement négligées depuis fort longtemps.

Le courrier mensuel m'a remis le 10 au soir les ordres de V. M. en date du 31 juillet. Je n'ai pas tardé à aller présenter à la reine les lettres qui lui étaient adressées; dans cette occasion mon audience fut très-courte, parce que la reine est toujours fort empressée à lire ses lettres, et surtout celles de V. M.

Relativement à l'opinion que V. M. daigne me marquer sur le caractère de la reine, j'observerai qu'il est des occasions où cette auguste princesse tient assez fortement à ses idées pour se refuser à de bonnes raisons qu'on peut y opposer. Je dois dire cependant que ces cas-là ont été fort rares et n'ont existé qu'incidentellement par des petits mouvements de rancune, ou pour des causes de dissipation. Au reste, dans toutes circonstances quelconques, je n'ai jamais eu lieu de remarquer que la reine ait manqué de sincérité dans sa conduite; elle m'a presque toujours prévenu de bonne foi quand elle n'était point disposée à adhérer à mes représentations; il n'y a que sur le chapitre du duc d'Aiguillon où la reine se soit un peu écartée de sa franchise ordinaire, et après coup elle en est même convenue vis-à-vis de moi. Il est encore à remarquer qu'en résistant plus ou moins, la reine finit cependant à céder en total ou en partie aux raisons fondées qu'on lui expose; ce présent rapport et ma dépêche d'office en contiennent des preuves, et si les choses continuent à suivre la tournure que je leur vois prendre depuis quinze jours, j'espère fermement que V. M. n'aura que des détails agréables à apprendre, et que la position de la reine prendra en bien toute la solidité qu'elle doit avoir.

LVI. — Mercy a Marie-Thérèse.

Compiègne, 15 *août*. — Après ce que j'ai exposé dans mon très-humble rapport ostensible ainsi que dans ma dépêche d'office, il me reste encore plusieurs observations qui doivent être mises séparément sous les yeux de V. M.

1° Le roi a marqué beaucoup d'indécision et de faiblesse dans la contestation élevée par les princes ses frères; mais malgré cela j'ai vu bien clairement que si la reine avait voulu insister, elle aurait très-certainement déterminé le roi à prononcer contre les princes. J'ai cru devoir supplier la reine de ne point user dans cette occasion de son ascendant, parce qu'il aurait été trop manifeste que le roi n'avait été décidé que par la reine, et qu'alors il serait resté aux jeunes princes un levain d'aigreur et de mauvaise volonté qu'il est bon d'éviter pour tous les cas possibles dans l'avenir. Cependant après une telle tentation de contester sur les devoirs à rendre au souverain, il devient très-essentiel que la reine s'observe sur tout ce qui regarde sa dignité, et que même elle porte le roi à ne point trop se relâcher sur ce qui intéresse la sienne propre. En même temps la reine doit garder de grands ménagements quand il s'agit de l'intérieur de la famille. Il ne conviendrait pas d'être soupçonnée d'exciter le roi ni contre les princes ses frères ni contre Mmes ses tantes; la reine a d'autres moyens de tenir les uns et les autres à leur place. Ces moyens consistent à mettre dans l'occasion un peu de sérieux dans son maintien, à ne point souffrir un langage trop familier et à savoir le réprimer quand on s'avisera de le soutenir, à faire observer strictement les distinctions matérielles qui sont dues à une reine et dont personne ne doit jouir qu'elle. Par exemple, quand il y a jeu chez la reine, elle est la seule assise dans un fauteuil, S. M. trouvait plus commode de se faire donner une chaise ou même un pliant. J'ai insisté et obtenu qu'en cela et autres pareilles marques de prééminence la reine n'abandonnât rien de ce qui lui est dû. C'est Mme Adélaïde qui est la plus piquée et la plus jalouse de la famille; cependant elle est au même niveau des autres du côté du défaut total d'influence et de crédit. Il n'y a que la reine qui en ait; mais la modération avec laquelle elle en use aurait dû la garantir des atteintes de la jalousie.

2° Depuis mes derniers et très-humbles rapports il y a un grand changement en mieux dans la façon dont la reine envisage les choses sérieuses et qui sont de nature à intéresser sa considération et son crédit. S. M. m'a dit qu'elle avait fait dans sa dernière lettre à V. M. un aveu sincère de son inapplication, mais qu'elle sentait bien maintenant qu'il fallait changer de système. En effet, dans ces derniers temps, non-seulement la reine a très-bien écouté tout ce que le roi a voulu lui dire en matière d'affaires, mais elle a même donné des avis fort judicieux et qui ont fixé l'attention du roi. Pour éviter trop de longueurs, je me bornerai à nommer simplement quelques-uns de ces objets.

La reine a fait voir au roi que le ministre de la guerre avait usé d'une rigueur déplacée envers quelques personnes ; le monarque s'en est fait rendre compte et y a apporté du changement. Le monopole de l'approvisionnement des grains avait porté cette denrée à une cherté excessive et occasionné du tumulte ; cependant ce monopole allait être accordé de nouveau à la compagnie qui en avait joui et qui payait une rétribution assez considérable au trésor royal. Le roi ayant consulté la reine sur cet objet, S. M., en donnant de très-bonnes raisons, a fait évanouir ce renouvellement de monopole, et quand le public saura la source de cette décision (circonstance que j'aurai des moyens de faire connaître), il est certain que cela fera un grand effet et augmentera infiniment l'attachement du public pour la reine (1).

L'article rapporté dans ma dépêche d'office concernant le comte de Guignes (2) est une preuve de l'usage efficace que la reine sait faire de son crédit quand elle le veut, et j'indique dans la même dépêche combien tous les ministres du roi sont persuadés de cette vérité et combien elle leur impose.

3° Depuis le premier jour de l'arrivée à Compiègne, le roi passe

---

(1) Ce monopole des grains établi sous le règne précédent est odieusement connu sous le nom de *Pacte de famine*. On sait que Louis XV avait fini par y avoir un intérêt personnel. Un édit interdisant le commerce et l'exportation des blés, avait autorisé au nom de l'État une compagnie de quelques financiers à les accaparer, leur permettant ainsi d'en faire hausser les prix à leur gré ; le commencement du nouveau règne et l'arrivée de Turgot au ministère devaient être signalés par l'abolition d'une combinaison aussi inique. Mais la liberté de commerce qui succéda causa, par une réaction soudaine, des perturbations qui empêchèrent d'en apprécier le bienfait.

(2) Ce procès du duc de Guines va occuper l'opinion pendant plusieurs années. Nos correspondances en parleront souvent. Ambassadeur en Angleterre après l'avoir été à Berlin, le duc de Guines se trouva tout-à-coup enveloppé dans une accusation de contrebande sous le couvert de l'ambassade, de jeu sur les fonds publics, et de gains illicites par la divulgation du secret des affaires de l'État. Il rejetait ces scandaleuses menées sur son secrétaire Tort de la Sonde ; mais celui-ci prétendait n'avoir agi que de connivence avec l'ambassadeur. Le procès se déroula devant le parlement de Paris, et donna lieu à une longue suite de mémoires et de jugements. Le duc d'Aiguillon, impliqué incidemment dans cette affaire, agissait sourdement contre le duc de Guines que, de son côté, la reine couvrait dès le début de sa protection. Finalement le duc de Guines gagna son procès : nous le retrouverons ultérieurement.

les nuits chez la reine. Je ne sais cependant aucune particularité plus intéressante à ce sujet, mais il est aisé de voir que le roi est de plus en plus tendrement empressé auprès de son auguste épouse, et qu'à cet égard il y a une augmentation de soins, d'attentions et de complaisances.

4° Relativement au soupçon que V. M. marque que la reine pourrait se dégoûter de l'abbé de Vermond, je puis affirmer avec toute certitude qu'il n'y a rien à craindre de ce côté-là. Il y a longtemps que cet honnête ecclésiastique se serait retiré si je n'avais employé des moyens à le forcer de rester, et c'est la reine elle-même qui m'a fourni ces moyens. S. M. sent très-bien de quelle utilité lui est l'abbé de Vermond, et elle est fort pressée à le faire revenir quand il s'absente quelques jours. Elle le consulte sur tout, mais quelquefois il arrive à l'abbé ainsi qu'à moi qu'elle nous déclare franchement n'être pas disposée à suivre nos avis.

5° Le prince de Rohan est ici et j'ai eu avec lui plusieurs conversations dans lesquelles il a mis beaucoup d'emphase et de jactance sur les bontés de S. M. l'empereur à son égard, sur la bonne opinion qu'il croit que le prince de Kaunitz a de lui, et il annonce même qu'il est parvenu à rentrer en grâce auprès de V. M. Quoi qu'il dise ici, personne ne le croit en rien, le roi en a la plus mince idée et le traite en conséquence, la reine le traite aussi fort froidement et ne lui parle plus. Ses créanciers le poursuivent, le clergé veut faire casser un consentement qu'il avait obtenu du feu roi d'emprunter sur ses bénéfices ecclésiastiques. Le prince de Rohan ne désire pas réellement de retourner à Vienne, mais il en fait la demande dans l'espoir d'obtenir quelque forte abbaye en dédommagement. Il est très-apparent qu'il n'aura ni l'un ni l'autre ; il n'a pu depuis huit jours obtenir une audience du roi. Cela joint à ce que la comtesse de Marsan et le prince de Soubise ne jouissent plus du moindre crédit, il en résulte que le coadjuteur de Strasbourg est dans la plus mauvaise position possible. Ni lui ni sa famille ne peuvent plus causer le moindre embarras à la reine, et malgré ce que V. M. lui a écrit par un effet de bonté et de clémence, je prévois qu'il sera presqu'impossible de rendre la reine un peu moins défavorable au prince de Rohan. S. M. incline toujours à protéger le baron de Breteuil pour l'ambassade de Vienne, mais je vois cependant que la reine n'y mettra pas de chaleur, et que par conséquent le marquis de Noailles ne perd pas espérance.

La reine m'avait ordonné la semaine passée de mander au prince de Starhemberg le désir qu'elle avait de voir ici Mgr l'archiduc Maximilien. Quoique je n'aie pas encore reçu réponse à ma lettre, je vois par celle que m'écrit le prince de Starhemberg, par la voie du courrier, que la santé du comte de Rosenberg mettra obstacle à ce petit voyage de M. l'archiduc. S. A. R. le mande de même à la reine, qui est fort contrariée de cet empêchement; elle se faisait la plus grande joie d'embrasser son auguste frère, auquel on avait déjà préparé pour logement le bâtiment qui est nommé ici le *petit château*.

Je ferai savoir au duc de Choiseul que V. M. daigne lui continuer ses grâces. On n'est point encore revenu ici de la frayeur qu'y avait causée l'apparition de cet ex-ministre, et tout le parti qui lui est opposé craint encore son retour dans le ministère. J'ai fait tout ce qu'il fallait pour dissuader sur les intentions qu'on suppose à la reine à cet égard, mais je n'ai pu encore effacer cette opinion.

La perte que V. M. a faite de l'archiduc, son auguste petit-fils, a été un objet de vraie peine et de regret pour la reine. Quoique ce malheur soit attribué à une suite de l'inoculation, V. M. n'a aucun sujet d'en prendre de l'inquiétude par rapport au roi, dont la santé n'a jamais été si bonne ni si raffermie. Le fond de son teint prend maintenant les meilleures couleurs; il est plus fort, plus robuste, il ne ressent plus les faiblesses d'estomac auxquelles il était sujet, et qui, à la moindre intempérance dans le manger, lui causaient des indigestions assez fréquentes. Il n'y a qu'une circonstance qui recommence à donner quelque inquiétude; ce sont les fatigues immodérées à la chasse, et la façon vraiment effrayante avec laquelle le roi court à cheval. Depuis la mort du feu roi il avait paru que le jeune monarque était disposé à modérer son goût pour la chasse, mais il l'a repris plus vivement que jamais, sans cependant s'y livrer au préjudice total du travail des affaires. On voit à cet égard que le roi met beaucoup d'ordre dans la distribution de son temps; il n'en perd pas aux choses inutiles, son lever ne dure qu'un instant ainsi que sa toilette, il travaille trois et quatre heures dans la matinée, et le soir, au retour de la chasse, il passe encore des moments à son bureau ou à parler à ses ministres.

La reine a été voir dimanche dernier la religieuse de Beauvau, qui est maintenant supérieure du couvent de la Visitation à Compiègne.

La reine vient de me dire qu'elle mandait à V. M. « qu'elle comp-

« tait épargner au prince de Rohan la peine de faire le voyage de
« Vienne », et comme je sais que la reine a parlé deux fois au roi
à ce sujet, il me paraît décidé que les intentions de V. M. seront
remplies.

LVII. — Marie-Thérèse a Mercy (1).

28 août. — Vous verrez par ce courrier ce qui vient d'arriver ici, et
je ne saurais vous nier que je n'ai pas cru que la haine invétérée
contre les Autrichiens, contre ma personne et la pauvre innocente
reine était encore si inaltérablement placée dans les cœurs des Français. C'est donc à cela qu'aboutissent toutes ces adulations tant prodiguées! c'est donc cela l'amour qu'on porte à ma fille! Jamais rien
de plus atroce n'a paru et qui met dans mon cœur le plus vil mépris
pour cette nation sans religion, mœurs et sentiments. Je n'entre
nullement dans le fait de l'affaire (2); elle vous est envoyée que

---

(1) Pièce entièrement autographe.

(2) L'aventure qui fait le sujet de cette lettre, et sur laquelle les lettres suivantes apporteront de nouveaux détails, était déjà connue par deux lettres de Beaumarchais, publiées dans ses œuvres, ainsi que par le fragment d'un mémoire de Beaumarchais à Louis XVI publié et commenté par M. de Loménie (*Beaumarchais et son temps*), lorsqu'en 1868 elle fut reprise avec de nouveaux documents tirés des archives de Vienne dans le volume intitulé *Beaumarchais und Sonnenfels* par A. d'Arneth. La lettre si vive et si émue de Marie-Thérèse vient ajouter un nouvel intérêt à ce drame tragi-comique. Voici en quelques mots les éléments du récit. Beaumarchais, envoyé en 1774 par Louis XV à Londres pour acheter et détruire un libelle préparé contre Mme du Barry, réussit dans cette scabreuse mission; mais au retour il trouve un changement de règne, et le nouveau roi peu soucieux de récompenser son succès. Alors il offre ses services pour une nouvelle mission : il s'agit cette fois de poursuivre la destruction d'un pamphlet dirigé contre Marie-Antoinette; il fait agréer ses services par Sartine et Louis XVI, part pour Londres, négocie avec un Juif nommé Angelucci, que les secrets ennemis de la reine ont chargé de la publication du pamphlet, l'achète, fait détruire l'édition de Londres, puis une seconde édition à Amsterdam, et s'apprête à revenir triomphant, lorsqu'il apprend qu'Angelucci s'est sauvé avec un exemplaire soustrait à la destruction. Il repart à sa poursuite, l'atteint près de Nürenberg, se jette seul dans un bois où Angelucci cherche à se dérober, lui prend dans une lutte corps à corps l'exemplaire ; mais alors des voleurs surviennent : nouvelle lutte de Beaumarchais, il est blessé, les voleurs s'enfuient en entendant venir du secours... Il va sans dire que c'est de Beaumarchais seul qu'on a eu le récit de cette romanesque aventure, par lui racontée et sans nul doute arrangée avec sa verve ordinaire. Cependant, au lieu de revenir en France, il se rend à Vienne, où il veut apparemment faire valoir aussi ses services ; son prétexte est de faire poursuivre Angelucci et, par une bizarre idée, de faire réimprimer un exemplaire expurgé et transformé du pamphlet, les assertions et les calomnies grossières qu'il contient pouvant faire une impression trop pénible et même funeste au jeune roi. Dès son arrivée à Vienne, le 20 août, il s'adresse au baron Neny; après

trop diffusément, mais je suis fâchée qu'on ait arrêté cet homme. J'avais cru qu'il fallait le traiter en misérable imposteur, le renvoyer en deux heures hors d'ici et même de mes pays, en lui marquant qu'on n'en est pas sa dupe et que par charité on agissait ainsi, ne voulant le perdre comme il méritait. Je prévois encore bien des déboires à cette affreuse affaire ; il vaut mieux quelquefois rester dans l'obscur que d'être trop éclairé. Le malheureux nom de ce coquin a excité la curiosité et attention du prince Kaunitz, le croyant le même qui a eu un procès fameux avec un certain Goëzman, dont les papiers ont fait les délices cet hiver ici à lire. Je n'en ai rien vu, car ces sortes de choses ne peuvent m'amuser et m'affligent, voyant combien on emploie mal son temps et ses talents, et que toutes les plus respectables choses deviennent le sujet de railleries. C'est assez vous tourmenter avec l'épanchement de ma bile ; j'avoue, j'en suis vraiment outrée et suis très-curieuse comme on prendra tout cela en France. Vous nous renverrez en droiture le courrier ; celui du premier ne partira que le 8 ou le 10 ; je ne marque rien à ma fille et voudrais lui cacher pour toujours en quelles mains elle se trouve, entourée de traîtres et fripons et sans espérance de succession. J'avoue, mon cœur est justement affligé et alarmé, mais ce qui m'importe à cette heure le plus, c'est que Rohan ne soit plus renvoyé ici. J'avoue, si cela se faisait, je ne saurais que le trouver très-mal et exiger qu'il ne reste ici que quinze jours pour prendre congé ; mais si vous pouvez l'empêcher, vous le ferez, et s'il faut trancher le mot, vous me nommerez, l'exigeant comme une due complaisance que le roi doit avoir pour moi, et le demander aux ministres (quoique Rohan lâche qu'ils sont ses créatures et serviteurs de sa maison), et l'exiger de ma part. Depuis son départ maintes affreuses scandaleuses histoires ont paru, tout ce qui a encore un peu de mœurs et décence est recouru à moi pour me conjurer d'empêcher que ce sujet

---

quelques difficultés il obtient d'être présenté à l'impératrice, lui lit son pamphlet et fait ses propositions. A en croire Beaumarchais, Marie-Thérèse le reçut avec une bonté et une grâce infinies (cela ne s'accorde guère avec notre lettre) et lui fit de grands remerciements de son zèle ; cependant le lendemain il était mis aux arrêts, et on le retint un mois prisonnier à Vienne. Beaumarchais, furieux de ce dénoûment, trouve sa détention inexplicable ; le fait est que le prince de Kaunitz le soupçonnait d'être lui-même l'auteur du pamphlet et d'avoir purement inventé le personnage du Juif Angelucci. On trouvera dans le volume *Beaumarchais et Sonnenfels* tous les arguments à l'appui de cette opinion ; nos lettres subséquentes apporteront quelques nouveaux éléments au procès.

dépravé ne revienne ; hommes et femmes, je n'en excepte que Kaunitz qui l'ignore, et les Paar et les Sinzendorf, qui trouvent leur amusement dans la conformité de leurs pensées. Tous nos jeunes gens, hommes et femmes, y sont gâtés ; les exemples en font foi, les dettes qu'il a faites ; autre article, ce scandale que donnent au public les impertinences de ses gens ; aucune représentation ; enfin c'est un homme abominable que j'ai souffert pour l'amour de ma fille. Vous dites que cette vilaine clique des Soubise et Marsan n'est plus à craindre, je n'ai donc rien à ménager.

Ma lettre à ma fille ne roule que sur l'excuse que, selon les désirs même du roi, dont je vous envoie la lettre que vous me renverrez, mon fils n'ait pu venir, et sur Rohan, mais j'ai garde de m'expliquer si fortement avec elle, mais que je m'attends de n'entendre plus parler de lui, étant indifférente pour son successeur, pourvu que c'est un homme estimable et point vicieux. Noailles après vos rapports me paraîtrait plus convenable pour l'empereur et pour Kaunitz, étant moins vif et moins pressant. Sur ce dernier point il faut avoir la plus grande patience ; Kaunitz, avançant en âge, se laisse moins que jamais presser, et sur ce point il est implacable. Pour moi, connaissant Breteuil, étant une créature de Choiseul et ayant marqué tant d'attachement à la reine de Naples, je serais très-prévenue pour lui, mais c'est bien indifférent lequel des deux ou un troisième viendrait, pourvu qu'il ne soit un freluquet et que toute la race de Rohan et sa maison soient bientôt rappelées d'ici.

Une circonstance que j'ai oubliée et qui est de la plus grande importance, c'est que Rohan a parlé avec son indiscrétion ordinaire presque de même que cet infâme libelle de ma fille, surtout les mêmes propos contenus contre Vermond et Choiseul. Il faut qu'il en ait eu connaissance de source, et cela me fait croire que les Marsan y sont. Il a même menacé si on ne veut prendre le bon chemin, que lui indique, que ma fille s'en ressentira.

Par l'envoi de ce courrier je ne marque à ma fille rien d'autre, que c'est pour les excuses que mon fils n'a pu venir à Compiègne. Ce qu'il aurait pu faire et dû pour complaire à ces jeunes princes et à leur empressement, et si vous le trouvez encore convenable pour huit jours à la fin de septembre ou octobre, vous n'avez qu'à le marquer à Starhemberg et Rosenberg ; il viendra en surprise.

Je vous laisse l'arbitre de parler ou non à ma fille ou à Vermond.

de cette vilaine histoire, mais de moi elle ne le saura pas ; je ne veux pas contribuer à empoisonner ses jours encore plus qu'ils ne le sont et doivent l'être toujours de plus. Vous entrez aussi en tout ceci, de vous voir en si mauvaise compagnie et si dangereuse, mais votre zèle et vos talents supportent et surmontent tout. Croyez-moi toujours votre bien affectionnée.

P. S. Vous donnerez la réponse sur cette lettre au courrier à part à mon adresse, et qu'il me la remette lui-même avant tout autre paquet. Je vous écris la nuit ; Pichler n'est pas informé de l'envoi de ce courrier ; non pas par manque de confiance, il mérite entièrement la mienne, mais par le manque du temps.

LVIII. — Marie-Thérèse a Mercy.

Schönbrunn, 31 août. — Comte de Mercy, J'ai reçu vos lettres du 31 du passé et du 15 de ce mois. Quoique j'approuve en plein le conseil que vous avez donné à ma fille, de ne pas prétendre qu'on décharge à l'exemple du reste de la famille sa cassette des pensions qui y sont affectées, je doute que ma fille voudra demander elle-même une augmentation de la somme destinée pour l'entretien de la maison. Je vous avoue aussi que, par un effet de ma délicatesse pour tout ce qui est intérêt pécuniaire, j'aimerais mieux qu'on insinuât de bonne façon au roi d'offrir lui-même l'augmentation en question à ma fille.

Vous n'auriez pu faire rien de mieux que de conseiller à ma fille de se tenir à l'écart du démêlé excité par le refus des jeunes princes de faire journellement leur cour au roi et à la reine ; il ne conviendrait jamais que ma fille fût mêlée d'aucune contestation domestique. Cet événement fait voir combien il importe au roi et à la reine de soutenir leur rang et de mettre des bornes à tout excès de familiarité. Je crains de plus en plus l'humeur tracassière de Mesdames, et je regarderais comme un grand bonheur si le projet de leur retraite en Lorraine, annoncé par les gazettes, pourrait s'effectuer. Au reste vous avez raison de faire sentir à ma fille l'inconvénient des propos vifs qui lui échappent de temps en temps ; mais vous conviendrez encore qu'à l'âge où elle est il est difficile de les réprimer dans des circonstances où on a assez de motifs d'être révolté et impatienté. Je souhaite que les apparences que ma fille donne d'une application plus sérieuse se soutiennent : vous en connaissez au mieux toute l'importance.

Je serai toujours contente de voir moins fondées mes inquiétudes sur l'éloignement de l'abbé Vermond de la cour. Comme les promenades de ma fille en cabriolet sont publiques, je lui en toucherai quelques mots.

Je ne saurais croire que jamais on pensera à renvoyer ici Rohan, quoique nos dames et demoiselles, folles comme elles sont de cet étourdi, soupirent après son retour. Après son départ d'ici j'ai appris plusieurs nouvelles anecdotes sur sa mauvaise conduite. Plutôt que de souffrir qu'on me donne le change sur son rappel, je me déterminerais à parler bien clair à la cour de France.

Pour mon particulier je serais contente d'avoir ici Breteuil, parce que je le connais personnellement, et que ma fille la reine de Naples me marque beaucoup de bien sur son compte, s'étant même flattée que s'il était resté plus longtemps à Naples, il aurait réussi à inspirer à son époux le goût du travail; mais comme je crains que son activité et même sa vivacité n'accommoderait ni l'empereur ni le prince de Kaunitz, je veux rester indifférente pour le choix de Breteuil ou de Noailles.

Vous aurez appris par le prince de Starhemberg les raisons qui ont arrêté le voyage de mon fils Maximilien à Compiègne; mais comme le roi montre lui-même dans la lettre qu'il m'a écrite de l'envie de le voir dans ses États, je mande à Starhemberg d'examiner si mon fils, après son retour d'Hollande, ne pourrait faire une petite excursion de quelques jours à Compiègne ou, si la cour n'y était plus, à Versailles sans se rendre même à Paris et sans s'arrêter ailleurs.

LIX. — Marie-Antoinette a Marie-Thérèse.

Versailles, 7 septembre. — Madame ma très-chère mère, J'ai été vraiment fâchée de ne pas voir mon frère; je m'en faisais un grand plaisir, et le roi m'a paru bien penser comme moi. Je reconnais bien la tendresse de ma chère maman à l'inquiétude qu'elle a pour le temps où il sera ici; je suis sûre que s'il manque quelque chose dans les manières et le langage, il en dédommagera par sa bonne éducation et ses qualités; d'ailleurs nous avions peu de monde à la fin de Compiègne, et c'eût été une bonne occasion pour prendre en peu de jours une première idée de ce pays-ci.

J'espère que ma chère maman sera rassurée dans ce moment-ci sur le coadjuteur, et qu'elle sera contente du baron de Breteuil. Il a beaucoup d'esprit, et l'âge a diminué sa vivacité. Le coadjuteur a eu une petite consolation dont il n'est pas trop content, quoiqu'il se vante beaucoup. On lui a donné une pension de 50,000 francs pour payer ses dettes jusqu'à ce qu'il ait l'évêché de Strasbourg ; j'en fais mon compliment à ses créanciers.

Le peuple a fait des extravagances de joie du renvoi du chancelier et du contrôleur général (1). Je ne me mêle d'aucune affaire, mais je désire bien que celle-ci finisse, car je crains qu'elle ne donne bien de la peine et de la tracasserie au roi. J'ai déjà dit à ma chère maman que M. Turgot (2) était un très-honnête homme; cela est bien essentiel pour les finances. On a mis M. de Sartine pour la marine ; il s'est fait adorer du peuple étant lieutenant de police ; je ne sais pourtant s'il a des talents pour la marine, peut-être par la suite le changera-t-on de place ; c'est toujours un grand bonheur qu'un aussi honnête homme soit auprès du roi ; pour moi j'en suis enchantée. Pour le garde des sceaux (3), je ne le connais point du tout.

---

(1) Le chancelier Maupeou, si détesté depuis qu'il avait conduit le coup d'État par lequel Louis XV avait cassé l'ancien parlement et établi les cours de justice qu'on appela le *parlement Maupeou*; et l'abbé Terray, contrôleur général, non moins détesté pour les charges qu'il avait imposées à la nation. Le peuple tira des pétards toute la nuit : on brûla un mannequin de paille habillé d'une simarre pour représenter le chancelier ; on en pendit un autre, habillé en abbé, pour le contrôleur. En quittant Paris, l'abbé Terray, au passage de la Seine à Choisy, faillit être jeté à l'eau par la populace. La haine et le mépris qu'il inspirait ne s'expliquaient pas seulement par les impôts accablants qu'il avait établis, mais par ses opérations sur les grains, que le peuple nomma le *pacte de famine*, et par le scandale de sa vie privée. On ne peut lui refuser cependant une certaine habileté financière et quelques mesures utiles au rétablissement de l'ordre dans les finances. Depuis la mort de Louis XV il s'attachait au ministère, accablant Louis XVI de mémoires sur la situation, et voulant lui persuader que tout l'odieux des mesures qu'il avait été obligé de prendre retomberait sur le règne passé, qu'en lui laissant achever son œuvre il n'aurait plus qu'à en recueillir les bénéfices. « A la place du roi, disait Choiseul, je l'aurais gardé et j'aurais fait mettre sur son bureau un chapeau de cardinal et une potence ; je suis sûr qu'entre les deux il aurait bien fait. » Archives de Suède. Dépêche inédite du comte de Creutz à Gustave III, 8 août 1774.

(2) Turgot passait de la marine aux finances.

(3) Hue de Miromesnil, grand ami de Maurepas. Il était président du parlement de Rouen lors des réformes de Maupeou ; il les repoussa vivement, et fut exilé avec la cour qu'il présidait. Il conserva les sceaux jusqu'en 1787.

En revenant de Compiègne j'ai eu une petite indisposition fort désagréable en voyage ; la grande chaleur et le mouvement de la voiture où j'étais montée en sortant de la table m'ont porté au cœur, ce qui m'a fait beaucoup vomir, ce qui m'a fait grand honneur dans le public, mais malheureusement ma chère maman voit bien que j'étais bien loin de grossesse. Quatorze heures de repos m'ont entièrement remise et il n'y paraît plus du tout. Ma chère maman ne me parle point de sa santé ; j'espère qu'elle est bonne, mais j'aimerais bien à être rassurée sur la chose du monde qui m'est la plus chère ; permet-elle que je l'embrasse de tout mon cœur ?

L'abbé se met à vos pieds.

LX. — Mercy a Marie-Thérèse.

Paris, 11· septembre. — Sacrée Majesté, Le courrier chargé des ordres de V. M. en date du 28 août me les a remis le 4 de ce mois. Je ne dois m'occuper aujourd'hui que de l'étrange événement qui y a donné lieu, et comme je n'avais rien de prêt pour mon rapport mensuel sur ce qui concerne la reine, je me vois forcé de différer jusqu'au départ du prochain courrier ordinaire l'exposition des particularités purement relatives à cette auguste princesse.

Ma dépêche d'office (1) contenant tous les détails qui ont trait à l'objet dont il s'agit dans ce moment, je me bornerai à déduire ici les réflexions qui peuvent servir à déterminer la juste valeur d'une circonstance dont le plus grand et j'ose dire presque le seul mal consiste à avoir causé des peines et des inquiétudes à V. M. Pour éclaircir cette matière, il faut remonter à la source des choses et en dévoiler les causes.

L'égarement déplorable du feu roi pendant les quatre dernières années de sa vie avait entièrement flétri son règne. L'État se trouvait au pouvoir d'une vile créature dont la parenté et les entours

---

(1) Dans cette dépêche Mercy analyse la conversation qu'il a eue avec Sartine. A la pensée que Beaumarchais pouvait être l'auteur du libelle Sartine répondait que Beaumarchais était léger, inconséquent, mais sans doute incapable d'une action déshonnête. Il penchait à soupçonner le duc d'Aiguillon. Mercy fait remarquer que le ministre cherchait peut-être ainsi à se disculper lui-même d'avoir agi fort légèrement, car il avouait n'avoir eu connaissance du pamphlet que par Beaumarchais, dont il n'avait fait vérifier les assertions par personne.

formaient un assemblage de gens misérables et abjects, sous le joug desquels la France se trouvait asservie. Les personnes honnêtes se tenaient à l'écart et avaient fait place aux fripons en tous genres qui inondèrent la cour; dès lors il n'exista plus que désordre, scandale, injustice, tout fut bouleversé; il n'y eut plus de mœurs, plus de principes, et tout alla au hasard. Le gouvernement n'avait plus de ressort; l'opprobre dans lequel se voyait la nation lui causait une honte et un découragement inexprimables. Alors les méchants restèrent seuls sur la scène, et il s'éleva parmi eux un esprit d'intrigue et de cabale dont la violence était sans exemple. Les devoirs les plus sacrés furent dès ce moment oubliés, rien ne fut respecté ni à l'abri des horreurs les plus noires. V. M. daignera se rappeler que dans le temps j'ai souvent cité dans mes très-humbles rapports, nommément dans celui du 28 de juin, des exemples de cette triste vérité. En évitant alors d'entrer à cet égard dans des détails trop affligeants et inutiles, je me bornai à indiquer le mal, et cela uniquement en vue de prévenir V. M. et de tâcher de lui épargner les impressions douloureuses que pourraient lui causer les bruits calomnieux et infâmes dont on était inondé ici, et que je prévoyais pouvoir un jour parvenir à la connaissance de V. M.; malheureusement je ne me suis point trompé, et je viens d'en recevoir la preuve.

Je viens d'indiquer l'origine des atrocités qui infectent ce pays-ci; je crois avoir prouvé qu'elles ont leur source dans le bouleversement des dernières années années du règne précédent. J'ajouterai que le mal ayant pris des racines si profondes, on en éprouvera encore longtemps les effets, quelques soins, quelques moyens que puisse employer le nouveau gouvernement pour y porter remède. Maintenant il reste deux questions à examiner. La première consiste à déterminer le degré d'attention que méritent en général les atrocités susdites, en appréciant les effets qu'elles peuvent produire. La seconde question est de savoir si ces mêmes atrocités peuvent influer sur la situation de la reine en manière quelconque. La première question est d'abord décidée si V. M. daigne observer que l'on ne peut confondre la nation française en général avec un petit nombre de gens qui n'en forment que l'écume, qui sont reniés, abhorrés par cette même nation, laquelle, quoique indiscrète et légère, n'est point naturellement méchante, et qui est la première à s'indigner des horribles noirceurs qu'on lui présente. D'après cette

vérité, je m'exprimais ainsi dans mon très-humble rapport du 28 juin :
« On est inondé de lettres anonymes, de délations les plus absurdes.
« Il est vrai qu'ici cela ne fait aucun effet, et ce qui a été dit un
« jour tombe le lendemain dans le plus parfait oubli. » Quant à la
seconde question, savoir si des horreurs, de quelle nature qu'elles
soient, peuvent nuire à la reine, je réponds avec la dernière assurance que ces mêmes horreurs ne peuvent produire le moindre
effet fâcheux à cette auguste princesse, et je vais le prouver par
les assertions suivantes, de l'exactitude desquelles je me rendrais
responsable au péril de ma vie. Jusqu'à ce jour et en tant que cela
concerne les mœurs, il n'y a pas eu dans la conduite de la reine la
moindre nuance qui n'ait porté l'empreinte de l'âme la plus vertueuse, la plus droite et la plus rigide sur tous les principes qui tiennent à l'honnêteté du caractère ; mes rapports fourmillent de preuves à cet égard. Personne n'est plus intimement convaincu de cette
vérité que le roi, et cela est également prouvé par des faits journaliers. Les grandes et vraiment rares qualités de la reine ne sont pas
moins connues du public ; elle en est adorée avec un enthousiasme
qui ne s'est jamais démenti ; il vient d'en paraître encore tout à
l'heure une preuve bien frappante. Lorsque le peuple, pour marquer
sa haine contre le chancelier Maupeou, imagina de brûler son effigie
en place publique, le plus grand grief que ce même peuple prononça
contre le chancelier était de crier : « Vengeons notre charmante
« reine, contre laquelle ce misérable a osé dire du mal et écrire des
« libelles ! » J'ai exposé en d'autres temps que le public de Paris, en
manifestant son amour et son attachement pour la reine, y ajoutait
toujours le motif qu'elle était fille de l'auguste Marie-Thérèse, et donnait par là une marque de son très-vrai et très-profond respect pour
la personne sacrée de V. M. ; c'est une vérité que je crois devoir
encore répéter ici. D'après cela, si l'infâme libelle dont il s'agit aujourd'hui était connu dans Paris et que son auteur le fût également, je
réponds bien qu'aucune force ne garantirait ce monstre d'être déchiré
par le peuple, qui ne s'en remettrait qu'à lui-même de cette juste vengeance. Ce Beaumarchais, que je ne connais pas personnellement, mais
qui est généralement connu par ses aventures extravagantes, romanesques, et qui supposent au moins de la légèreté et de la folie, ne s'était cependant jusqu'à présent jamais rendu coupable d'une action
criminelle. D'après l'ensemble des circonstances on pourrait sans

doute le soupçonner d'être l'auteur du libelle (1) ; mais à la suite de mes conversations avec le ministre Sartine, j'avoue à V. M. qu'on ne peut se défendre de porter ses soupçons sur d'autres personnages, et je m'en explique dans ma dépêche.

Au reste, quelles que puissent être ces horreurs, elles ne méritent ainsi que leurs auteurs que le plus parfait mépris, et ce ne sera jamais par de pareilles voies que l'esprit de vengeance ou d'envie ou de jalousie parviendra à nuire à la reine. Les écueils que cette princesse doit craindre sont de tout un autre genre ; ils consistent dans l'inapplication, le trop de vivacité, dans une trop grande indifférence à se prévaloir de la plus grande et de la plus belle position où se soit jamais trouvée une reine de France. Un peu d'expérience et quelques années de plus remédieront à ces inconvénients ; jamais mes espérances n'ont varié et ne varient encore à cet égard. Je re-

---

(1) Un examen du pamphlet, et qu'il est conservé aux Archives de Vienne, paraîtrait devoir être un des meilleurs moyens de juger s'il peut être sorti de la plume de Beaumarchais. Or on peut affirmer que dans cet écrit long et diffus rien ne rappelle l'esprit, l'ardeur d'imagination, la discussion ingénieuse et passionnée des Mémoires du procès Goëzman. Toutefois si Beaumarchais est descendu à cette œuvre de faussaire, ce n'est point là qu'il a dû montrer les qualités vives, sincères et originales de son génie. Il n'est guère d'auteurs au dix-huitième siècle qui ne tombent aisément dans la phraséologie vague, déclamatoire et vide. Beaumarchais, quand il dépouille sa propre originalité, abonde plus que tout autre en ce défaut. S'il est impossible de le reconnaître dans ce mauvais pamphlet, il l'est aussi d'affirmer que cet écrit ne puisse être de lui. L'auteur commence par exposer les droits des nations et des rois, blâme la destruction des anciens parlements, attaque vivement Terray, Maupeou, mais surtout Choiseul : il rappelle les bruits d'empoisonnement du dauphin, signale les dangers qu'il y aurait à ce que Choiseul revînt au pouvoir, et puis arrive aux attaques contre la reine. « L'ambitieux Choiseul, dit-il, sans crédit aujourd'hui, peut en acquérir sur le roi par la reine et par l'abbé de Vermond, sans compter les femmes qui entourent cette princesse et qui toutes sont vendues à Choiseul. Les plus sûrs moyens de garantir cette jeune femme sont de ne la confier qu'à la vigilance des vertueuses princesses ses tantes, de rompre tout commerce secret entre elle et sa mère (ce point est important), de renvoyer l'abbé Vermond, frère d'un très-mauvais accoucheur, et enfin d'éloigner Choiseul, qui relativement à l'objet principal, les mœurs et la sagesse de la reine, est l'homme du monde le plus dangereux. Comptez que le mal contre lequel je cherche à prémunir tous les intéressés est plus près qu'on ne l'imagine. Comptez surtout que l'état est perdu si le roi ne prend pas contre l'ambition et la coquetterie de sa femme toutes les précautions que la prudence, la religion et l'amour de la justice doivent lui inspirer..... Jeune roi, puisse cet avis vous parvenir ! Puissent les princes vos frères en prendre une lecture aussi attentive que ces objets le méritent ! Puissent les princes espagnols, par leurs agents secrets, surveiller une princesse dont la première faute leur coûtera la plus belle succession du monde..... » Le libelle développait ce thème principal que Louis XVI ne pouvait pas avoir d'enfant, et que les héritiers du trône devaient se prémunir contre quelque criminelle et infâme intrigue à laquelle se prêterait la reine.

mets les détails de cette matière à mon prochain et très-humble rapport mensuel.

J'en reviens aux autres articles de la très-gracieuse lettre de V. M. En présentant à la reine la lettre qui lui était adressée, je ne lui ai rien dit de l'objet de l'envoi du courrier; mais suivant que les circonstances tourneront, je serai peut-être dans le cas de parler à la reine de ce qui s'est passé. Il importerait peut-être, aux dépens même de lui causer quelque peine, de tâcher de fixer son attention aux choses graves et frappantes, mais ce sont les conjonctures qui doivent diriger l'usage de pareils moyens. V. M. est informée maintenant du sort du prince de Rohan et de la nomination de son successeur. J'espère que le baron de Breteuil se conduira bien; je m'occupe fort à l'y préparer; il croit devoir son ambassade à la reine : cela est vrai à quelques égards, en ce que cette princesse avait depuis longtemps disposé le roi en sa faveur. Cependant quand il s'est agi du choix entre le marquis de Noailles et le baron de Breteuil, la reine était restée neutre et le roi s'est décidé de lui-même. Le prince de Rohan a obtenu une pension de trente-cinq mille livres sur les économats (1); vu l'étendue de ses prétentions, il est extrêmement mécontent, ainsi que ses parents; mais la décadence de leur crédit rend leur façon de penser et d'agir fort indifférente.

Dans la persuasion qu'une course même de peu de jours pourrait déranger tout le plan du séjour que M. l'archiduc fera dans ce pays-ci, la reine n'a plus insisté pour qu'il vînt avant le temps qui avait été fixé dans l'origine, et je crois qu'elle s'en expliquera ainsi envers V. M.; si cependant il survenait le moindre changement à cet égard, j'en écrirai sur-le-champ au prince de Starhemberg et au comte de Rosenberg.

Je remets ici la lettre du roi et le rapport que V. M. a daigné me communiquer. J'aurais renvoyé le courrier beaucoup plus promptement s'il n'avait fallu attendre la résolution du roi sur Beaumarchais (2) et tous les délais que le ministre Sartine a mis à ce travail.

---

(1) On appelle économats les revenus des bénéfices ecclésiastiques soumis au droit de régale, c'est-à-dire au droit qu'avait la couronne de bénéficier du revenu tant que durait la vacance.

(2) Le roi demandait qu'on remît Beaumarchais en liberté et réclamait l'envoi direct du pamphlet à Paris; il ajoutait de vifs remercîments pour l'intervention énergique de Marie-Thérèse dans une affaire qui le concernait et qui pouvait paraître à bon droit fort suspecte.

Les conférences que j'ai eues avec ce dernier et mes courses à Versailles m'ont d'ailleurs consommé tant de temps que je n'ai pu donner à ce présent et très-humble rapport toute l'étendue de détails que j'aurais désiré.

LXI. — Marie-Thérèse a Mercy (1).

Ce 20 septembre. — Je me remets en tout ce que Kaunitz vous marque sur cette vilaine affaire, qui n'est pas trop claire, et M. Sartine n'a pas soutenu les qualités supérieures et d'honnêteté qu'on lui a attribuées toujours. J'espère que cet intrigant partira tout de suite et recevra le présent non mérité (2). Je n'écris pas à ma fille pour n'exciter sa curiosité. Le bruit est général qu'elle perd tous les jours de son crédit. Je suis bien aise d'être quitte de ce vilain Rohan, mais on le regrette beaucoup ici, ses dettes seront bien grandes. Rien de Russie ni des Turcs ni rien d'arrêté en Pologne. Si on pouvait piquer d'honneur le roi que ce libelle le déclare impuissant ; je ne sais qu'en penser ! Je suis toujours votre bien affectionnée.

LXII. — Mercy a Marie-Thérèse.

Paris, 28 septembre. — Sacrée Majesté, Depuis le 15 du mois dernier jusqu'au temps du départ de Compiègne les occupations et les amusements de la reine ont été journellement les mêmes. S. M. a continué à aller deux fois la semaine à la chasse en calèche ; les autres jours elle s'est promenée ou à cheval ou en voiture. Cette uniformité n'a été interrompue que par trois assemblées que l'ambassadeur d'Espagne a données dans la forêt le 20, le 24 et le 27 d'août.

---

(1) Pièce entièrement autographe.
(2) Le prince de Kaunitz écrivait à Mercy le 8 octobre 1774 : « Je ne vous parlerai plus de cette misérable affaire du sieur Beaumarchais, parce que cela est fini, pour nous au moins, attendu le départ de ce drôle, auquel j'ai fait faire un présent de mille ducats, parce que cela m'a paru digne de l'impératrice, quoique assurément ce personnage ne vaille ni la peine ni l'argent qu'il nous a coûtés. » D'autre part Beaumarchais dit dans son rapport à Sartine : « On m'a présenté mille ducats de la part de l'impératrice, je les ai refusés sans orgueil mais avec fermeté. » Nous voyons cependant Mercy n'avoir point l'air de douter que le don ait été reçu : il paraît que les mille ducats furent transformés en un diamant, et que, sous cette forme honorable, Beaumarchais consentit à les accepter « comme une espèce de dédommagement flatteur de l'erreur où l'on était tombé à son égard ».

Tout l'apprêt de ces petits divertissements consistait à faire établir une grande tente à un des rendez-vous de chasse; il y avait une bande de musiciens, toutes sortes de rafraîchissements et des tables de jeu. La reine, les jeunes princes et princesses ont honoré de leur présence ces assemblées, qui commençaient à quatre heures et finissaient à huit. La reine y a joué des jeux de commerce, elle s'est promenée chaque fois dans les environs de la tente et a comblé de grâces et de bontés toutes les personnes qui étaient présentes à ces divertissements champêtres. Ces occasions sont de vrais triomphes pour la reine par la façon charmante avec laquelle elle daigne traiter un chacun, et il en est toujours de même quand on lui présente des moyens de s'amuser. S. M. s'est rendue trois fois à la Visitation de Sainte-Marie, et la religieuse de Beauvau a tout sujet de se louer des bontés que la reine lui a marquées. Cette communauté étant fort pauvre, S. M. a accordé sa protection pour l'augmentation de la dot de ce couvent, et il y sera pourvu incessamment d'une façon convenable.

Je ne pourrais que répéter ce qui a été exposé dans mon présent et très-humble rapport sur la distribution des heures de représentation à la cour, sur l'exactitude du roi et de la reine à assister tous les dimanches à la paroisse matin et soir aux offices divins, enfin sur tout ce qui a trait aux étiquettes d'usage et qui se sont remplies ici avec l'ordre et la dignité convenables à une grande cour.

La reine a employé journellement quelques heures à la musique, particulièrement à jouer de la harpe, instrument pour lequel elle a un goût très-suivi. Cette occupation d'agrément a été la seule à laquelle S. M. se soit livrée lorsqu'elle restait dans l'intérieur de ses appartements. Malgré toutes les insinuations il n'a pas été possible de rétablir l'habitude des lectures; il ne s'en est pas fait une seule, au moins dans le genre utile, car l'on doit compter pour bien peu de chose la lecture de quelques petits ouvrages de poésie dont la reine s'est amusée dans des moments qui ont été même fort rares. Cet inconvénient étant sans remède, il a fallu tâcher d'y suppléer par quelque moyen, et je n'en ai pas imaginé de meilleur que celui de me concerter tous les soirs avec l'abbé de Vermond sur ce que nous avions à faire le lendemain de plus utile au service de la reine. L'abbé passait régulièrement une heure de la matinée auprès de S. M., il y retournait quelques moments après midi, et elle a eu la bonté de

28 SEPTEMBRE 1774.

m'accorder presque journellement une demi-heure d'audience après la promenade. Soit par la diversité des matières, soit par une suite du détail qui deviendrait nécessaire pour les déduire, il serait impossible d'exposer à V. M. les différents sujets et les différentes nuances des conversations dont il s'agit; elles portaient quelquefois sur les objets du moment, souvent sur les différents individus qui composent le ministère présent et la cour, sur des réflexions analogues à la position de la reine tant pour le présent que pour l'avenir, sur le degré d'influence qu'elle doit prendre, et sur les moyens d'en user d'une façon utile à l'État et convenable à sa gloire. Nous avons tâché, l'abbé et moi, de rendre toujours notre langage conséquent, de le ramener à des principes, et de l'appuyer sur l'exemple des faits arrivés et des effets qu'ils ont produits. Cette méthode est indispensable vis-à-vis de la reine, parce qu'elle trouve un grand plaisir à employer son excellente mémoire et son esprit à embarrasser ceux qui lui parlent si elle s'aperçoit de la moindre inconséquence dans les propos qui lui sont exposés. Voici les points sur lesquels nos représentations n'ont pas été tout à fait sans succès.

Depuis quelque temps la reine met une sorte de curiosité et d'intérêt à être informée du courant des affaires de l'intérieur. Le roi est toujours très-disposé à lui en parler, et maintenant la reine l'écoute sans répugnance et même avec attention. Lors du dernier changement dans le ministère, le roi ne voulut rien décider avant d'avoir prévenu la reine; il vint une après-midi la trouver dans son cabinet, il lui confia toutes les raisons qui existaient pour et contre le chancelier et le contrôleur général. La reine écouta tout, mais elle ne se permit aucune remarque; cependant le lendemain S. M. voulut bien m'en communiquer une, qui était très-juste, sur le choix peu convenable du sieur de Sartine pour le département de la marine. La reine, qui fait cas de ce ministre et le protège ouvertement, voyait avec peine qu'on le mît dans une place aussi étrangère à ses talents, et aurait désiré qu'on le réservât à être le successeur du duc de la Vrillière. Le département de ce dernier est en effet le seul auquel le sieur de Sartine aurait convenu, et le vœu public l'y appelait depuis longtemps. J'aurais fort désiré que la reine consultée sur ce point eût fait usage de ses réflexions judicieuses, mais elle n'en parla point au roi.

L'humeur de Mesdames n'a cessé d'augmenter en raison du peu de crédit et d'influence qu'elles obtiennent ; mais la reine a pris relativement à Mesdames ses tantes un parti bien décidé, et elle ne s'en écarte pas. S. M. leur marque tous les bons procédés que raisonnablement elles ont droit d'attendre, mais la reine ne leur passe aucune de leurs anciennes prétentions mal fondées, et elle réprime très-nettement les petites jactances que l'on hasarde de temps en temps et qui restent toujours sans succès. Il serait à désirer que la reine fût dans les mêmes termes vis-à-vis des princes ses beaux-frères. Monsieur, qui est plus réservé et dissimulé, met assez de ménagements dans sa conduite, mais M. le comte d'Artois n'en garde aucun et tombe sans cesse, soit en actions soit en propos, dans les inconvénients d'une familiarité qu'il se croit permise parce qu'elle a été tolérée jusqu'à présent. Le roi, qui avec un extérieur sévère est réellement doux et faible, ne mettra jamais ordre aux effervescences du prince son frère ; il n'y a que la reine qui pourrait le tenir à sa place, et il serait fort essentiel qu'elle voulût s'en occuper pour prévenir bien des événements désagréables qui pourraient en résulter par la suite.

Quant aux deux princesses, l'une, c'est-à-dire Madame, conserve soigneusement toutes les apparences d'un attachement fort étudié et fort suivi pour la reine : S. M. sait ce qu'elle doit en penser. Mme la comtesse d'Artois n'est jamais sortie de son état de nullité ; elle a la même tournure désagréable en tous points, et ne peut influer ni en bien ni en mal dans ce qui concerne la société intérieure de la famille. En revanche les entours de Monsieur et de Madame sont très-suspects, composés de gens mal famés, assez adroits pour chercher à faire valoir leurs maitres par un retour d'intérêt sur eux-mêmes, et assez méchants pour y employer indistinctement toutes sortes de moyens. Il est très-nécessaire que la reine soit sur ses gardes de ce côté-là, et je ne perds pas d'occasions à le lui représenter.

Quoique la reine conserve pour la princesse de Lamballe une affection très-particulière, ce sentiment est cependant dans des bornes fort justes du côté de la confiance, et il en résulte que la reine prend une sorte de plaisir à gouverner la princesse de Lamballe et à la diriger vers ce qui lui est utile, sans que celle-ci ait cherché à user d'un pareil ascendant sur la reine. Malgré cela la princesse de Lamballe a excité beaucoup de jalousie dans l'intérieur ; mais comme elle va se trouver dans le cas de suivre le duc de Penthièvre, son beau-père, en Bretagne, cette absence de plusieurs mois fera oublier les griefs que l'on avait contre elle.

Le courrier mensuel n'étant arrivé ici que le 23 au matin, je me rendis sur l'heure même à Versailles, et y présentai à la reine les lettres qui lui étaient adressées. S. M. en fit la lecture avec son empressement ordinaire, et elle daigna ensuite me parler quelque temps de différents objets courants et dont le fond se trouve déjà indiqué dans ce présent et très-humble rapport. J'insistai sur la nécessité d'éviter autant que possible les propos vifs, et de ne point tout à fait abandonner les occupations sérieuses, c'est-à-dire les lectures. La reine me parut disposée à reprendre ses anciennes résolutions sur la distribution de son temps; il s'était fait à cet égard les meilleurs projets, mais ils n'ont jamais été remplis que momentanément et sans suite. Nous touchons au voyage de Fontainebleau, je n'ose espérer que ce temps soit bien favorable à ces projets d'application.

LXIII. — Mercy a Marie-Thérèse.

Paris, 28 septembre. — Sacrée majesté, Eu égard à ce qui peut être utile aux combinaisons politiques, je n'ai pas cru pouvoir me dispenser d'insérer dans ma dépêche d'office l'article qui concerne la reine; il ne contredit d'ailleurs en aucune façon ce que j'ai souvent répété sur le caractère de cette auguste princesse. Elle est naturellement portée à la bonté et à la bienfaisance, mais elle s'est crue trop grièvement blessée par le duc d'Aiguillon, et dans ce cas unique la reine n'a pu se garantir d'un mouvement de haine et de vengeance proportionnée à la nature et à la durée de la conduite imprudente et offensante que ce méchant homme a tenue du vivant du feu roi. J'ai marqué dans mon dernier et très-humble rapport que, par bien des motifs, le duc d'Aiguillon était soupçonné d'avoir part aux écrits anonymes qui se sont répandus contre le gouvernement, et particulièrement en vue de nuire à la reine. Il se pourrait qu'à cet égard plusieurs différents partis eussent visé au même but sans s'être concertés. Je vois le comte de Maurepas prendre journellement plus d'ombrage du crédit prépondérant que la reine pourrait se procurer, et si cet ambitieux vieillard ne s'observe pas dans sa conduite vis-à-vis de cette princesse, il est certain qu'elle le prendra dans une aversion aussi décidée que l'était celle qu'elle avait vouée au duc d'Aiguillon.

Je tâche de prévenir cette source de tracasserie, et je me flatterais d'y réussir si je n'étais sans cesse croisé par un nombre de gens qui ne s'occupent qu'à exciter du trouble dans l'espoir d'y trouver leur avantage personnel.

Le mardi 13 de ce mois, au moment où j'arrivais à Versailles chez le ministre des affaires étrangères, la reine me fit appeler; S. M. était dans son cabinet, et me parut fort occupée de ce dont il devait être question. Elle me dit qu'elle savait un secret que j'aurais pu lui apprendre plus tôt, qu'enfin le roi était venu la veille chez elle et lui avait communiqué avec des marques de la plus tendre confiance tout ce qui était arrivé à Vienne relativement à Beaumarchais, que le roi s'était exprimé avec une vraie reconnaissance de l'attention et de l'amitié que V. M. lui avait marquées à cette occasion, qu'il avait parlé du libelle d'une manière à faire croire qu'il ne l'avait point lu, qu'en plaisantant sur la légèreté et l'étourderie de ce Beaumarchais, le roi avait ajouté qu'il n'avait à cela d'autre regret que celui de l'inquiétude qu'une pareille aventure pouvait avoir causée à V. M., sur quoi la reine me dit que son inquiétude à elle était bien plus grande, et qu'elle désirait que je l'informasse à fond de cette étrange particularité. Je fis d'abord observer à la reine que ce n'était que par un tendre ménagement pour elle, et en vue de lui épargner des déplaisirs, que V. M. avait voulu lui cacher le fait en question; j'en déduisis les principales circonstances, j'expliquai sommairement le contenu du libelle, de façon cependant à ne dire que les choses qui pouvaient me donner matière à des réflexions utiles. J'en fis plusieurs qui certainement laisseront de profondes impressions dans l'esprit de la reine; je lui démontrai, entre autres que, dans le rang suprême qu'elle occupe, une conduite irréprochable dans le fait ne remplissait pas encore tout ce qu'elle devait à sa position, et que la France entière ayant les yeux ouverts sur elle et fondant une partie de ses espérances sur les grandes et belles qualités de S. M., il s'ensuivait qu'il ne lui suffisait pas d'éviter le mal, mais qu'il s'agissait de plus d'opérer tout le bien actif qui dépendait d'elle, et que cela devenait un engagement contracté vis-à-vis de la nation. J'entrai dans les plus grands détails dont ce texte était susceptible; jamais je n'avais trouvé la reine si disposée à m'écouter avec attention. Elle revint encore au libelle, et témoigna craindre que s'il en était échappé quelques exemplaires on pourrait peut-être en voir reparaître une nouvelle édition. J'observai que, quand même cela arriverait, il n'y avait pas de quoi s'en inquiéter, et que de pareilles infamies ne pouvaient nuire qu'à leurs méprisables auteurs. Je demandai à la reine si elle ferait mention à V. M. d'avoir connaissance de l'aventure dont il est question. La reine me parut fort indécise là-dessus, et j'ignore même le parti qu'elle aura pris, mais si elle garde le silence dans sa lettre d'aujourd'hui, ce n'est que parce qu'elle avait pensé d'abord que cela ferait peine à V. M. de voir que la reine est instruite d'un fait que V. M. avait voulu lui cacher pour lui éviter cet objet d'inquiétude.

Au sortir de chez la reine je me rendis au lever du roi. Aussitôt qu'il m'aperçut, il vint à moi et me dit à voix basse et en riant que V. M. devait avoir été bien surprise de l'équipée de ce Beaumarchais; qu'il était « un imprudent et un fol », à quoi le roi ajouta quelques expressions sur sa reconnaissance à l'amitié que V. M. lui avait marquée dans cette occasion.

J'ai tâché dans ma dépêche d'office d'aujourd'hui de donner une idée des différents personnages formant le ministère de cette cour (1). Il me reste à ajouter que le contrôleur général lequel, soit du côté du caractère, soit du côté des talents, l'emporte visiblement sur ses collègues, est très-décidé à s'attacher à la reine, et s'empresse à lui marquer du zèle. Ce ministre est l'ami intime de l'abbé de Vermond, et cette liaison peut dans bien des cas devenir utile au bien du service de S. M. Le ministre de la marine, Sartine, étant un protégé de la reine, lui est également dévoué. Le prince de Conti, quoiqu'éloigné de la cour par une suite des affaires parlementaires, se donne tous les mouvements possibles pour se concilier la protection et la bienveillance de la reine, et comme ce prince du sang, avec certains

---

(1) Mercy, par le même courrier, écrivait au baron Neny sur la situation du ministère : « Depuis le grand changement que vous savez être arrivé dans le ministère de cette cour, on a été dans l'attente des réformes utiles que les abus en toutes les branches du gouvernement rendent nécessaires et même urgentes. Le nouveau contrôleur général, qui passe pour un homme vertueux, ferme et éclairé, a déjà employé des moyens d'économie dont cependant les effets ne peuvent pas être aussi prompts qu'il serait à désirer. Le ministre susdit paraît un peu effrayé de l'immensité de sa besogne; il a grande raison; malgré cela on croit qu'il réussira à opérer le bien. L'objet le plus important de tous est celui des parlements, et on ne sait comment s'y prendre pour remettre à cet égard les choses à peu près dans l'état où elles étaient avant que le chancelier Maupeou eût tout bouleversé. Cette opération est également difficile et nécessaire, parce que d'une part il faut rétablir la justice et l'ordre, et que d'un autre côté il s'agit dans ce grand ouvrage de ne point compromettre l'autorité de la cour ».

inconvénients, ne laisse pas d'avoir un grand parti dans le public de ce pays-ci, et qu'il est d'ailleurs fort entreprenant, plein de nerf et de suite dans sa conduite, il est bon qu'un pareil personnage soit attaché à la reine, et j'ai fait observer à S. M. que, sans se mettre en frais, il lui serait facile par des moyens très-simples de se conserver la bonne volonté de ces personnes susdites et de leurs attenances.

Il me reste peu de remarques à faire sur les articles de la très-gracieuse lettre de V. M., mais j'observerai d'abord que ses hautes intentions sont remplies relativement à l'augmentation pécuniaire de la cassette de la reine. Il se trouve dans le fait que cette auguste princesse ne s'est jamais décidée à en parler au roi; cependant il est indispensable que cette augmentation ait lieu, sans quoi la reine se trouverait à pire condition que Mesdames ses tantes. Il ne me reste qu'à m'occuper de quelque autre moyen qui puisse effectuer cet arrangement et qui soit en même temps analogue à la délicatesse et aux volontés de V. M.

Le bruit de la retraite de Mesdames en Lorraine n'a jamais eu de fondement, mais le danger de leur humeur tracassière diminue de jour en jour, et j'ai exposé à cet égard ce qui en est.

V. M. est maintenant informée de la destination du baron de Breteuil. D'après les fréquentes conversations que j'ai avec lui, je ne puis douter qu'il n'arrive à son ambassade bien pénétré de la nécessité et de l'intention de s'y comporter en tous points d'une façon convenable. Il mène avec lui sa fille la marquise de Matignon; on attribue à cette jeune personne des qualités bien au-dessus de son âge. Elle a voulu être la nourrice de son enfant; on assure que, quoique avec des qualités aimables dans la société, elle ne s'occupe que de son attachement pour son père, à tenir un bon ordre dans sa maison, et qu'elle sacrifie à cet objet toute espèce de dissipation et d'amusements. La reine a daigné lui donner une audience particulière, et je suppose qu'elle en fera mention à V. M.

Jusqu'à ce moment la reine n'a plus parlé d'avancer le temps du voyage de Mgr l'archiduc Maximilien dans ce pays-ci, mais le comte de Rosenberg me mande qu'il a mis sous les yeux de V. M. un nouveau plan sur lequel il attend les ordres décisifs. Je me réglerai en conséquence d'après ce que le comte de Rosenberg me fera savoir en son temps à ce sujet.

J'ai exposé dans ma dépêche d'office la difficulté qui existe relativement à la présentation de la comtesse de Vergennes (1), je dois soumettre aux hautes lumières de V. M. l'usage qu'elle jugera à propos de faire de cette circonstance vis-à-vis de la reine. Je vois le comte de Maurepas et tout son parti occupés à faire croire que c'est la reine qui s'oppose à cette présentation. Il n'est pas du bon service de S. M. que cette idée s'établisse, parce que jusqu'à présent le ministre des affaires étrangères s'est conduit d'une façon à marquer son désir d'obtenir les bontés et la protection de la reine, et que si S. M. lui était contraire, elle ne ferait par là qu'appuyer les vues d'un parti duquel elle a quelques motifs de se défier, ce qui serait contraire à toute bonne politique. Je m'attends que le comte de Vergennes m'en parlera, mais je serai très-circonspect dans mes propos et mes démarches, jusqu'à ce que je me trouve instruit des volontés de V. M. dans un point qui peut devenir délicat et donner matière à bien des tracasseries.

LXIV. — Mercy a Marie-Thérèse.

Paris, 28 septembre. — Sacrée Majesté, Mon très-humble rapport était déjà écrit lorsque la reine a été atteinte d'une petite indisposition occasionnée par une transpiration arrêtée. S. M. a eu un mouvement de fièvre, et sur ce que les médecins ont jugé qu'elle devait rester tranquille et le plus que possible en moiteur, la reine n'a pu écrire que quelques lignes à V. M. Hier avant mon départ de Versailles cette indisposition était totalement sur son déclin, je vis la reine levée et de la meilleure humeur; son premier médecin Lassone m'assura que S. M. serait en état de sortir le lendemain.

De retour hier au soir j'ai trouvé ici le courrier chargé des papiers de Beaumarchais, et qui m'a remis la très-gracieuse lettre de V. M. en date du 20. Pour ne pas trop retarder la présente expédition, je me réserve de renvoyer ce même courrier sous huit jours et de répondre par cette voie aux ordres de V. M.

---

(1) Le comte de Vergennes l'avait épousée pendant son ambassade à Constantinople; c'était la veuve d'un marchand et, s'il en faut croire le baron de Besenval dans ses Mémoires, elle avait eu plus d'une aventure avant de devenir ambassadrice de France.

LXV. — Mercy a Marie-Thérèse.

Paris, 7 octobre. — Sacréé Majesté, J'expédie aujourd'hui le courrier qui m'a apporté les papiers du nommé Beaumarchais lequel, après la conduite extravagante qu'il a tenue, ne pouvait certainement pas s'attendre aux marques de munificence que V. M. lui a fait éprouver. Le don qu'il a reçu m'a donné lieu de faire bien sentir ici que toutes les mesures prises à Vienne n'avaient été dictées que par l'amitié et le vrai intérêt que V. M. prend à ce qui concerne le roi, et qu'elle n'avait pas même fait attention à ce qu'il pouvait y avoir eu de choquant et de déplaisant pour elle-même dans les actions et les propos d'un aventurier qui s'était rendu punissable par cela seul qu'il avait osé proposer à V. M. la falsification de ce libelle supposé découvert par lui. Le ministre Sartine mériterait sans doute lui-même quelque reproche, ne fût-ce que celui d'avoir confié une commission délicate à un mauvais sujet. Je dois cependant rendre au ministre susdit la justice que, par une suite de son honnêteté reconnue je l'ai vu très-confus et très-peiné de ce qui était arrivé dans la conjoncture dont il s'agit.

Quoique la reine soit informée de tout ce qui a trait à cette étrange aventure, cependant elle veut ne pas paraître en avoir connaissance par les motifs énoncés dans mon précédent et très-humble rapport ; et, à moins d'un changement subit de résolution, j'ai lieu de croire qu'elle n'en fera aucune mention à V. M.

Vu le peu de temps qui s'est écoulé depuis mon dernier rapport, je n'ai point aujourd'hui de détails nouveaux à mettre sous les yeux de V. M., et je dois me borner à quelques remarques sur un article de sa très-gracieuse lettre du 20 septembre. Rien ne prouve mieux l'inconséquence et la légèreté des bruits de ce pays-ci que ceux que l'on a hasardés sur le crédit de la reine et sur la façon d'évaluer ce même crédit. Dans le nombre de ces gens oisifs et ineptes qui prétendent tout savoir, les uns ont toujours soutenu que la reine n'avait aucune influence dans les affaires, tandis que les autres affirmaient qu'elle gouvernait l'État, et du contraste de ces deux assertions il en est résulté et il en résulte encore journellement des nouvelles, des conjectures les plus absurdes et les plus pitoyables. J'ai souvent indiqué les sources d'où elles partent ; il en est de différente nature, les unes tiennent à la mauvaise volonté et à l'intrigue, les autres proviennent de l'étourderie si naturelle à la nation ; mais rien de tout cela ne peut porter le moindre préjudice à la position de la reine. Il serait impardonnable que je puisse me tromper dans une matière aussi grave et qui forme à tous égards une des parties les plus essentielles de mes devoirs envers V. M. Je répéterai donc avec certitude et assurance qu'il est au pouvoir de la reine d'avoir autant de crédit qu'elle en voudra, et que, dans l'état actuel des choses, ni la jalousie de la famille royale, ni les cabales des ministres ne pourraient de longtemps rien changer ni altérer à la façon de penser du roi envers son auguste épouse. Il en est amoureux dans toute l'étendue du terme, et il joint à ce sentiment celui de l'estime, parce qu'il est en effet impossible de la refuser aux qualités de l'esprit et du caractère dont cette princesse est douée ; mais je dois répéter aussi que la reine n'attache aucune importance à avoir du crédit, que, malgré tout ce que je ne cesse de lui représenter, les idées solides et qui s'étendent sur l'avenir ne prennent que médiocrement sur son attention et n'y produisent que des effets momentanés toujours subordonnés à une dissipation outrée. A la suite de quelques années et d'un peu d'expérience ce fâcheux inconvénient se dissipera sans doute.

Dans une de mes dernières audiences j'ai fait cette remarque à la reine, et elle est convenue que ce changement devait un jour arriver en elle. Je lui représentai qu'ayant le bon esprit de prévoir et sentir cette vérité, il fallait au moins se maintenir en position à pouvoir effectuer ce changement, et ne pas absolument détruire tous les moyens qui doivent y conduire, que pour cela il était nécessaire que S. M. entretînt le roi dans la juste persuasion où il est que la reine a tout le discernement et le jugement convenables aux choses solides, qu'elle veut augmenter ses connaissances et qu'elle ne s'est point vouée pour toujours et par système à une vie dissipée et frivole. J'ai encore plus insisté sur un point qui me paraît de la dernière importance ; c'est que la reine se fasse respecter dans la famille royale. Il ne se passe pas de jour où M. le comte d'Artois ne donne, par une familiarité indécente, le plus grand scandale, et la reine le souffre ; quoiqu'elle en soit choquée au plus juste titre. Je n'ai point caché à S. M. que cette tolérance était une vraie faiblesse et qu'il en résultait des impressions très-fâcheuses dans le public, lequel est fort délicat sur le respect qui est dû à ses maîtres. La reine me répond à cela que la faute en est au roi, trop indulgent envers son frère, mais j'ai supplié S. M. d'observer que, si le roi est trop indulgent, la reine n'en est que plus dans le cas de contrebalancer la licence qui en résulte, et que c'est même le seul moyen de ramener le roi à cet état de dignité précieux et nécessaire à maintenir.

Je ne puis me dispenser d'exposer ici un trait qui caractérise l'humeur hautaine du comte d'Artois. Passé quelques jours ce prince chassait avec le roi, qui tua une poule faisane. Un instant après M. le comte d'Artois en tua une aussi ; le roi lui en ayant fait un reproche en plaisantant, le jeune prince lui répondit : « Mais vous en avez bien tué une vous-même ! » Le monarque, quoiqu'en riant, lui répondit : « Je vous demande pardon, Monsieur le comte, je croyais être chez moi. » Cette petite leçon n'en imposa guère à M. le comte d'Artois, qui a trop peu d'esprit, trop de violence et de suffisance pour pouvoir être ramené à ses devoirs par des voies de douceur.

Dimanche dernier la comtesse douairière de Salm, qui est ici depuis quelques jours, a eu une audience particulière de la reine, qui a traité cette comtesse avec une bonté et une grâce dont elle sera bientôt à portée de rendre compte elle-même à V. M.

La reine est parfaitement rétablie de la petite indisposition qu'elle a eue les jours derniers. Comme la continuation du deuil n'admet ni spectacles ni bals à Fontainebleau, et que dans cette saison les promenades doivent être plus courtes et moins fréquentes, j'espère que j'aurai plus de moments à saisir pour faire ma cour à la reine et lui parler de ce qui peut intéresser son service.

LXVI. — MARIE-THÉRÈSE A MERCY.

Schönbrunn, 13 *octobre*. — Comte de Mercy, J'ai reçu par le courrier Neumann votre lettre du 28 du passé.

La dernière lettre de ma fille était, comme à l'ordinaire, peu intéressante, et ma réponse sera de même. Comme elle n'a mis dans sa lettre que quelques mots de sa main, en employant pour le reste celle de l'abbé de Vermond, j'aurais été inquiète sur l'état de sa santé, sans avoir été rassurée par les nouvelles que vous m'avez mandées sur la nature de sa dernière indisposition. Son goût pour les dissipations et sa nonchalance me font craindre de plus en plus qu'elle ne perde le moment propre à s'assurer quelque influence dans les affaires, sans pouvoir plus le regagner dans la suite ; le caractère ambitieux de Maurepas et peut-être son attachement secret à Mesdames m'étant surtout suspects par plus d'un motif. Le silence de ma fille sur la modicité de son entretien vis-à-vis du roi est une nouvelle marque de son caractère indécis [et volontaire, et que je lui connais bien.]

Je souhaite qu'il ne soit plus question de l'affaire de Beaumarchais. Comme ma fille ne m'en a pas parlé dans sa lettre, je me doute si je dois entrer la première dans cette matière. Je suis convaincue combien il est nécessaire que ma fille soit sur ses gardes vis-à-vis de ses beaux-frères et belles-sœurs, et surtout leurs entours. Le meilleur serait sans doute qu'elle leur imposât par sa contenance, mais son peu de réflexion ne m'en rassure pas.

Je ne doute pas que le baron de Breteuil tiendra une conduite toute différente de son prédécesseur pour mériter mon approbation, et qu'il écartera surtout ces mauvaises ou frivoles compagnies qui ont fait tant de tort à Rohan. J'entends beaucoup de bien sur le compte de Mme de Matignon, et je suis bien aise qu'elle accompagne ici son père.

Le comte de Rosenberg vous aura informé des directions que je pense donner aux voyages de mon fils Maximilien. Je trouve cet arrangement le meilleur.

Il ne conviendrait aucunement que ma fille fût mêlée dans l'affaire de la présentation de Mme de Vergennes ; je m'en remets à votre circonspection ordinaire. [S'il y a des exemples que des femmes pareilles ont eu l'accès, j'avoue, on ne devrait refuser celle-ci. Voilà la lettre de ma fille. J'ai touché en passant à ma fille que j'étais enchantée que le roi lui avait communiqué l'affaire de Beaumarchais. Un bruit court ici que le roi a subi une opération dont on espère tout pour les suites ; je n'en crois rien puisque vous ne marquez rien.]

LXVII. — Marie-Antoinette a Marie-Thérèse.

Fontainebleau, 18 octobre. — Madame ma très-chère mère, Nous sommes à Fontainebleau depuis huit jours ; ma santé est tout à fait remise. Je ne puis pas dire autant de celle de ma tante Adélaïde, qui est restée à Versailles avec mes deux autres tantes à cause de la fièvre double tierce, qui lui a pris la veille de notre départ. Elle s'en croit délivrée à cette heure et compte venir la semaine prochaine.

Avant de venir ici, nous avons passé cinq jours à Choisy; le roi y était à merveille, de la plus grande honnêteté pour tout le monde et surtout pour les dames, pour lesquelles il avait bien plus d'attention qu'on en espérait de son éducation. Nous avons soupé tous les soirs tant avec celles de Choisy qu'avec celles qu'on invitait de Paris; cela a bien réussi dans le monde, et je crois que rien n'est plus propre pour former le roi et le faire aimer. Je voudrais bien l'engager à en faire autant ici. Pour la chasse, il est vrai que quelquefois elles sont bien violentes; j'en suis très-fâchée, mais pourtant je dois convenir qu'il s'est modéré depuis qu'il est roi, et qu'il a beaucoup diminué de ses chasses.

Certainement Mme du Muy (1) s'apercevra de la bonté que ma chère maman a eue de m'en parler; quoiqu'elle soit bien nouvellement ici, on dit beaucoup de bien de son esprit et de son caractère.

C'est bien à moi de me désoler de n'avoir pu encore trouver un peintre qui attrape ma ressemblance; si j'en trouvais un, je lui donnerais tout le temps qu'il voudrait, et quand même il ne pourrait en faire qu'une mauvaise copie, j'aurais un grand plaisir de la consacrer à ma chère maman. Le roi sera bien flatté qu'elle veuille bien son portrait; je souhaite qu'il en envoie un bien ressemblant. J'attends avec bien de l'impatience les cheveux que j'ai pris la liberté de demander à ma chère maman; elle ne peut imaginer combien ils me seront précieux. Permet-elle que je l'embrasse de tout mon cœur?

LXVIII. — MERCY A MARIE-THÉRÈSE.

Fontainebleau, 20 octobre. — Sacrée Majesté, Comme il m'était arrivé successivement deux courriers vers la fin du mois passé, j'étais dans le doute si le courrier mensuel serait dépêché de Vienne au commencement de ce mois-ci; mais il est arrivé le 15 au matin et m'a remis les dépêches dont il était chargé. Le même soir je présen-

---

(1) Le maréchal de Muy avait remplacé au mois de juin précédent le duc d'Aiguillon au ministère de la guerre. C'était un ami du dauphin père de Louis XVI, très-honnête homme, et que la droiture de son caractère avait tenu éloigné de la cour précédente. Il venait alors, à soixante ans, d'épouser Mlle de Blanckarth, chanoinesse de Neuss, qui en avait quarante-deux. Ce mariage, auquel des raisons particulières avaient longtemps fait obstacle, couronnait un amour et une fidélité qui duraient depuis de longues années. Nos correspondances parleront en 1775 de la mort affreuse du maréchal du Muy et du désespoir de sa veuve.

tai à la reine les lettres qui lui étaient adressées ; c'était au moment où S. M. se trouvait à son jeu, de façon que je ne pus avoir d'audience particulière à cette occasion.

La cour était restée à Choisy du 5 au 10 ; je m'étais proposé d'arriver ici le 11 ; mais je fus retenu trois jours de plus à Paris en suite d'une lettre par laquelle le comte de Dietrichstein (1) me chargeait de tâcher de faire emplette de quelques chevaux pour le service de S. M. l'empereur, ce à quoi il m'a été impossible de réussir.

Je ne rapporte ces deux circonstances que pour que V. M. daigne observer les motifs qui me mettent aujourd'hui dans le cas d'avoir bien peu de chose à ajouter au contenu de mes très-humbles rapports du 28 septembre et 7 octobre.

Sur ce qu'il avait plu à V. M. de témoigner de la répugnance à ce que la reine demandât elle-même une augmentation devenue absolument nécessaire à sa cassette, je me suis concerté avec l'abbé de Vermond, et par des démarches combinées nous nous sommes mis en devoir de faire connaître au contrôleur général que, vu le traitement pécuniaire dont jouissent actuellement les frères du roi, les princesses leurs épouses ainsi que Mesdames, il était contre toute décence et raison que la reine fût à cet égard moins bien traitée que le reste de la famille royale.

Je dois rendre au contrôleur général la justice qu'au premier mot il prévint de lui-même les raisonnements qu'on aurait pu ajouter sur cette matière, et qu'avec le plus grand zèle il se chargea de faire sentir au roi, comme de son propre mouvement, la nécessité de l'arrangement en question. En conséquence il fut convenu avec le ministre que la cassette de la reine, qui était de quatre vingt seize mille livres, serait portée à deux cent mille francs annuellement, et au moment où j'écris, j'ai lieu d'être assuré que ceci sera approuvé et décidé dans un travail que le contrôleur général aura dans la journée avec le roi. La reine a parfaitement ignoré cette petite négociation ; elle n'en apprendra l'issue que par le roi, qui le lui annoncera et aura par conséquent vis-à-vis d'elle le mérite d'y avoir pensé de lui-même.

Il restait encore un embarras dont voici le sujet. La reine, à la prière de la princesse de Lamballe, s'était chargée de faire assurer la dot d'une demoiselle de Guébriant, fille de la dame de compagnie de la

---

(1) J. B. Ch. Walter, prince Dietrichstein, grand-écuyer ; né en 1728, mort en 1808.

dite princesse de Lamballe. Ces sortes de grâces étaient très-communes sous le règne précédent et étaient devenues un abus coûteux que le nouveau contrôleur général se hâte de faire réformer par une disposition très-expresse du roi. Cependant il s'ensuivit que la promesse de la reine restait compromise; mais comme le sieur Turgot était de la meilleure volonté et ne se trouvait en peine que sur la forme, je proposai pour expédient celui de donner à l'augmentation de la cassette de la reine un effet rétroactif, de prendre pour date de cette augmentation le mois de juillet passé, et de former de cinquante mille francs échus au mois d'octobre l'assurance de la dot de la demoiselle de Guébriant, ce qui fut d'abord adopté par le ministre, de façon que la parole de la reine se trouvera acquittée sans violer la disposition du roi sur l'abolition des assurances des dots.

Pendant le séjour à Choisy la cour y a été sous une forme jusqu'à présent inconnue dans ce pays-ci, et qui a eu la plus grande réussite. Le roi faisait avertir journellement un nombre de femmes de Paris de venir passer la journée à la cour, et sans préjudice de ce qu'exigeaient la dignité et la décence, il n'y avait ni faste, ni gêne, ni cérémonie. Le roi et la reine faisaient en quelque façon les honneurs de chez eux avec toute la grâce possible; on a remarqué avec une sorte de surprise que le roi était d'une attention et d'une politesse la plus recherchée envers un chacun, faisant très-bien la conversation de société sur les moindres objets et y mettant de la gaieté et de l'agrément. Cette façon de se montrer a produit le plus grand effet, et la reine en a recueilli presque tout le fruit, attendu qu'on lui a attribué à très-juste titre un changement si peu annoncé et si peu attendu dans le maintien du roi.

J'en ai pris occasion, dans une audience que me donna la reine avant-hier, d'insister fortement sur l'établissement des soupers de société. Cet arrangement m'a toujours paru de la dernière importance pour le présent, mais bien plus encore pour l'avenir. C'est en effet le seul moment d'éloigner pour jamais ces parties de chasseurs, ces soupers entre hommes qui ont été ici la source des plus grands inconvénients, au lieu que la présence de la reine et des princesses assure la décence, l'ordre, éloigne toute licence et prévient ces manœuvres dangereuses que bien des courtisans ne sont que trop portés à tenter pour entraîner un jeune prince dans un genre de vie licencieux, duquel les intrigants espèrent toujours de tirer parti. Je rappelai à la reine toutes les réflexions qu'il y avait à faire là-dessus, et j'obtins de S. M. la promesse qu'elle parlerait au roi pour le décider à fixer l'établissement de ces soupers.

LXIX. — Marie-Thérèse a Mercy.

Vienne, 1er novembre. — Comte de Mercy, J'ai reçu votre lettre du 20 du passé par le courrier Dierck, arrivé ici le 30 du même mois. Je trouve bonnes les mesures que vous avez prises pour assurer à ma fille une augmentation de revenus de sa cassette ; ce que je souhaite le plus est qu'elle n'en doit le succès qu'au roi. La générosité de ma fille envers mademoiselle de Guébriant est une nouvelle preuve de son caractère, d'ailleurs assez indolent, mais facile à suivre les impulsions d'autrui. Je suis bien contente du train de vie de la cour à Choisy, surtout si l'abolition de ces mauvaises parties de chasseurs et soupers entre hommes de même que la diminution de l'influence de Mesdames en étaient la suite.

LXX. — Marie-Thérèse a Mercy.

Vienne, 1er novembre. — Comte de Mercy, Je vous communique en original la dernière lettre de ma fille. Je me doute (et c'est même l'empereur qui s'en est aperçu le premier) si elle est écrite de sa main ou de celle de l'abbé Vermond, ce qui ne laisserait pas que de m'étonner (1).

LXXI. — Marie-Thérèse a Mercy.

Vienne, le 11 novembre. — Comte de Mercy, Gluck ayant été reçu dans notre service avec deux mille florins d'appointements, m'a demandé la permission de retourner pour quelque temps à Paris (2), ce que j'ai bien voulu lui accorder, et je l'ai même chargé de cette lettre pour vous, n'en voulant donner [hormis des cas particuliers]

---

(1) On verra la réponse de Mercy, plus haut pièce LXXV.
(2) Gluck avait déjà fait représenter à Paris *Iphigénie en Aulide* et *Orphée*. Cependant il n'abandonnait pas sa patrie et se partageait entre Paris et Vienne, comblé des faveurs des deux cours, car Marie-Antoinette lui avait fait donner cette même année une pension de six mille livres.

à personne pour ma fille, pour ne pas la mettre dans le cas de se mêler de quelque affaire particulière. Au reste je vous laisse l'entière liberté de prêter la main au porteur de cette lettre, autant que vous jugeriez pouvoir influer dans ce qui concerne ses intérêts.

Je veux bien vous prévenir par cette occasion sûre que le prince de Rohan doit avoir formé le projet de retourner en particulier ici pour le printemps de l'année prochaine pour prendre adieu de ses amis, parce que, comme il dit, il lui serait trop sensible de quitter à jamais Vienne sans s'être acquitté d'un devoir aussi doux d'amitié. Ses partisans, dont il y a nombre parmi les jeunes femmes, en sont enchantés, et l'attendent avec empressement. Je serais très-fâchée de l'exécution de ce projet comme d'une insulte faite à ma personne. J'espère que vous sauriez l'empêcher et je veux bien suspendre encore d'en écrire à ma fille jusqu'à ce que vous m'auriez mandé ce que vous en pensiez.

[Le secret impénétrable du parlement fait honneur à cette cour, mais il est incompréhensible que le roi ou ses ministres détruisent l'ouvrage de Maupeou (1).]

LXXII. — MARIE-THÉRÈSE A MERCY.

Vienne, 15 novembre. — Comte de Mercy, Je ne pouvais me refuser aux instances des sœurs du comte de Fossières (2), porteur de la présente, de vous répéter mes intentions sur l'appui que vous pourriez lui prêter dans la poursuite de ses affaires, autant que vous jugeriez pouvoir le faire sans inconvénient.

---

(1) Le baron de Neny écrivait à Mercy le 14 octobre 1774 : « Rien n'est plus beau assurément que de rétablir l'ordre dans l'administration de la justice, mais l'impératrice paraît persuadée que le roi de France pourrait parvenir à ce but salutaire sans rétablir cette ancienne autorité des parlements qui a si souvent ébranlé celle des rois Très-Chrétiens. »

(2) Une lettre de Marie-Thérèse à Mercy du 29 août 1769, la seule antérieure à 1770 qui soit aux Archives de Vienne, nous renseigne sur les causes de l'intérêt que portait l'impératrice à la famille de Fossières. « Les sœurs de Fossières, religieuses de la Visitation Sainte-Marie, établies depuis quelques années dans le couvent de cet ordre au faubourg de Vienne, m'ont suppliée de leur accorder une recommandation à la cour de France en faveur de leur frère, qui désirerait d'y obtenir quelque avancement; comme je suis fort contente des soins que ces religieuses donnent à l'éducation des jeunes pensionnaires dans ce couvent, je veux bien que vous témoigniez au duc de Choiseul qu'il me serait assez agréable que l'on pût faire quelque chose pour leur frère. » En signant cette lettre, qui est de l'écriture d'un secrétaire, Marie-Thérèse ajoute de sa main : « La conduite de cet officier ici a mérité toute louange. »

Je veux encore vous faire part en secret de l'idée que j'ai de faire représenter ici l'opéra français. *Iphigénie* à l'occasion de l'arrivée ici de mon fils Ferdinand et de son épouse, qui viendront ici l'année prochaine de Milan. Les acteurs, mais qui devraient être d'assez bonne qualité, devraient être rendus ici à la fin d'août ; je pense les retenir ici jusqu'à la fin de novembre. Vous me feriez plaisir de tâcher de découvrir sous main si je pourrais compter sur ces gens et s'ils seraient disposés à se contenter de quelque chose de raisonnable pour leur voyage ici, où j'aurais soin des les faire loger, sans former des prétentions déplacées. Mais comme, par l'apparition de cet opéra, je voudrais faire une surprise à l'empereur, à ma fille et au public, il m'importe que cette affaire soit traitée avec secret, et quoique je suis d'avis que vous pourriez en parler à Gluck, il faudra y mettre quelque réserve, parce que je ne me fie pas trop à sa taciturnité.

LXXIII. — Marie-Antoinette a Marie-Thérèse.

Le 16 novembre. — Madame ma très-chère mère, Je suis bien contente d'avoir pu remplir vos intentions. Le roi m'a accordé la présentation de Mme de Vergennes ; le mari, à qui je l'ai annoncé, m'en a paru touché et attendri jusqu'aux larmes.

La grande affaire des parlements est enfin terminée ; tout le monde dit que le roi y était à merveille. Mercy y a assisté et vous en rendra compte. Quoique je n'aie pas voulu me mêler ni même questionner sur ces affaires, j'ai été sensible à la confiance du roi. Ma chère maman en jugera par le papier que je lui envoie ; il est de l'écriture du roi, qui me l'a donné la veille du lit de justice (1). Tout s'est passé comme il le désirait, et les princes du sang nous sont venus voir dès le lendemain. J'ai bien de la joie de ce qu'il n'y a plus personne dans l'exil et le malheur ; lorsqu'on avait cassé les parlements, la moitié des princes et des pairs s'était opposée ; aujourd'hui tout est réussi, et cependant il me paraît que si le roi soutient son ouvrage son autorité sera plus grande et plus solide que par le passé. J'aurais regretté ce chancelier (2) comme défenseur des droits du

---

(1) Ce papier contenait tout le projet de la journée du lendemain. Voir plus loin la pièce LXXVII.

(2) Maupeou.

roi; mais, outre qu'il était souvent de mauvaise foi, on prétend qu'il a brouillé toutes les affaires pour s'en emparer et les arranger à son goût et intérêt.

Je suis bien contente d'avoir engagé le roi à donner à souper une fois la semaine avec nous aux cavaliers et dames; je crois que c'est le meilleur moyen d'empêcher qu'on ne l'entraîne à de mauvaises compagnies comme son grand-père. Cela est encore bon pour diminuer la familiarité qu'il aurait pu avoir avec ses valets. Jusqu'ici les soupers passent à merveille; je regarde comme mon devoir d'y parler et avoir attention pour tout le monde.

Le roi vient de faire une chose charmante pour moi. Je n'avais pour ma cassette que quatre-vingt-seize mille livres, comme la feue reine, dont on avait payé les dettes trois fois; je n'en ai jamais fait, mais j'aurais été obligée à de la lésinerie : le roi, sans que j'en susse rien, a augmenté ma cassette de plus du double; j'aurai deux cent mille francs par an, qui font quatre vingt mille florins.

J'avais oublié Beaumarchais; c'est encore une occasion où le roi m'a montré son amitié et confiance. Il regarde cet homme comme un fou, malgré tout son esprit, et je crois qu'il a raison. Il est vrai que le comte d'Artois est turbulent et n'a pas toujours la contenance qu'il faudrait; mais ma chère maman peut être assurée que je sais l'arrêter dès qu'il commence des polissonneries, et loin de me prêter à des familiarités, je lui ai fait plus d'une fois des leçons mortifiantes en présence de ses frères et ses sœurs.

L'abbé est bien touché et reconnaissant des bontés et du souvenir de ma chère maman; il m'en serait plus attaché s'il n'était aussi fidèlement dévoué que possible.

Les peintres me tuent et désespèrent; j'ai retardé le courrier pour laisser finir mon portrait; on vient de me l'apporter : il est si peu ressemblant que je ne puis l'envoyer. J'espère en avoir un bon pour le mois prochain.

Ma chère maman voudra-t-elle bien m'envoyer la mesure de son troisième doigt ou du petit pour les deux bagues? il y en a de charmantes en forme de jarretière; pour les bracelets je me suis trompée : il est vrai qu'on en a fait, mais ils sont si vilains qu'on n'en fait plus.

Les cheveux de ma chère maman font mon bonheur, j'en ai en cœur et en bagues : je n'ai pas besoin de ces précieux bijoux pour me rappeler à tout moment la meilleure et la plus tendre des mères.

LXXIV. — Mercy a Marie-Thérèse.

Paris, le 17 novembre. — Sacrée Majesté, Immédiatement après le départ du dernier courrier d'octobre, le roi se décida à faire cesser l'étiquette qui excluait les hommes de l'honneur de pouvoir se trouver à table avec les princesses de la famille royale, et le samedi 22 octobre il y eut à la cour un souper duquel je crois devoir mettre la liste sous les yeux de V. M. J'ai exposé ci-devant tous les avantages de ce nouvel arrangement; il remplit différents objets essentiels, celui de rapprocher les gens considérables et de mérite de la personne du roi, d'en éloigner les sociétés de jeunes gens, de ne jamais séparer la reine de son auguste époux, et par conséquent d'assurer l'ordre et la décence à la cour. C'est ainsi qu'en ont jugé tout ce qu'il y a ici de gens raisonnables et bien intentionnés. On sait que ce projet a été formé par la reine, et il a été généralement applaudi. Les prétentions qui s'élevèrent d'abord à l'occasion de ces soupers de la part des grandes charges auraient pu faire naître des tracasseries, si le roi n'y avait mis ordre dans le premier moment, en faisant connaître qu'il entendait que ces repas fussent regardés comme l'étaient ceux des petits cabinets du feu roi, c'est-à-dire des repas de société et qui n'admettaient aucune étiquette, et ce fut d'après cette explication que la première liste fut formée de princes du sang, d'un ministre et de plusieurs simples courtisans. D'ailleurs comme il doit y avoir constamment un de ces soupers par semaine, chacun pourra avoir son tour à y être admis. Cet établissement est devenu une nouvelle occasion pour la reine à déployer les grâces vraiment charmantes qu'elle sait marquer à ceux qu'elle veut bien traiter ; on peut dire qu'à cet égard S. M. a atteint le point de perfection, et surtout pendant le séjour de Fontainebleau elle en a donné plus de preuves que dans aucun temps antérieur. La reine y tenait son jeu régulièrement tous les soirs. L'appartement, quoique vaste, ne désemplissait pas. De bien des années on n'avait vu une cour si nombreuse, si assidue, ni composée d'un ordre de gens si choisis. Dès les premiers jours du voyage, la reine avait eu la bonté de me dire que son projet était que tout le monde fût content de l'accueil qu'il recevrait, et cela a été accompli au delà de toute expression. Par respect pour les intentions de V. M., la comtesse de Muy a été traitée avec une distinction particulière. La comtesse de Maurepas, laquelle jusqu'à ce temps-là avait été regardée un peu froidement, a eu tout sujet d'être satisfaite des bontés de la reine; ainsi quant au maintien extérieur, il n'était pas possible d'en désirer un plus convenable, ni dont les effets eussent pu être plus avantageux. Je me suis occupé journellement à les faire bien remarquer à la reine; ils étaient d'autant plus sensibles, ces effets, que la cour de Madame, de Mme la comtesse d'Artois et de Mesdames était devenue presque déserte. Si cette circonstance a occasionné un peu de jalousie, on a eu au moins la prudence de ne pas la laisser apercevoir; d'ailleurs les bons procédés et les attentions de la reine pour la famille royale y ont maintenu l'extérieur d'une harmonie que l'on n'y avait point vue à ce degré depuis bien longtemps. Quoique Mesdames se fussent assez ouvertement déclarées contre les soupers, cependant lorsqu'elles arrivèrent à Fontainebleau le 24 octobre, elles ne marquèrent point d'humeur et ne tinrent aucun propos contre l'établissement en question. Il est même apparent qu'elles chercheront de temps en temps à être de ces soupers, ce qui n'a pas pu avoir lieu d'abord, parce que Mme Adélaïde était arrivée avec une grosse fluxion qui l'a obligée de garder son appartement jusque dans les derniers jours du voyage.

Les occupations de la reine et ses amusements ont été pendant tout le temps de Fontainebleau de la plus grande uniformité. S. M. allait à la chasse en calèche deux fois la semaine; les autres jours elle faisait une promenade à pied ou à cheval; le deuil n'ayant admis ni spectacles ni bals, il ne restait d'autres ressources pour les soirées que le jeu au cercle, qui commençait à sept heures et finissait à neuf. Quant aux occupations, je ne puis guère en citer d'autres que celle de la musique. La reine prenait tous les matins sur la harpe une leçon qui durait une heure et demie, quelquefois deux heures. Il y avait presque toutes les après-midi un petit concert qui servait de répétition à la leçon du matin. Les progrès que la reine fait dans la musique augmentent le goût qu'elle y prend, mais il en résulte la perte de beaucoup de temps qui pourrait être employé d'une façon plus utile. Je me suis permis là-dessus quelques réflexions que la reine a prises en bonne part et desquelles elle n'est point disconvenue. Je lui ai représenté que le plaisir d'exécuter soi-même de la musique n'était satisfait qu'autant qu'on la possédait à un certain degré de perfection, parce que ce plaisir est un objet d'amour-propre. Cet art est d'une extrême difficulté : il exige une partie de la vie pour en vaincre les difficultés, ce qui ne peut se pratiquer que par ceux qui en font une profession ; de là il résulte que les personnes d'un rang élevé finissent communément par n'avoir qu'à regretter la perte du temps qu'elles ont employé à vouloir apprendre un art dans lequel il leur est presque impossible d'exceller, et qui n'admet point de médiocrité. J'ai tâché de faire valoir ces remarques au profit des lectures, qui continuent à être fort négligées, malgré les résolutions que la reine forme de temps en temps de reprendre cette occupation si utile et si nécessaire. En attendant, nous avons continué, l'abbé de Vermond et moi, à suivre le plan que nous nous étions formé à Compiègne, c'est-à-dire de multiplier autant que possible les occasions d'informer verbalement la reine de toutes les notions qui peuvent lui être utiles. Pendant le voyage S. M. m'a accordé journellement des audiences, dans le nombre desquelles j'ai trouvé des moments où elle était disposée à m'entendre parler des matières les plus sérieuses. J'ai cru devoir reprendre un peu celles de la politique, et je me suis attaché à donner des idées claires et précises de l'origine de la dernière guerre entre la Russie et la Porte, du traité de paix qui l'a terminée, de ses conséquences à prévoir, du rôle que le roi de Prusse a joué dans cette importante conjoncture, des causes qui ont produit le démembrement de quelques provinces polonaises, de l'état politique actuel où se trouve V. M. vis-à-vis des autres puissances, et surtout de l'importance dont il est, soit pour l'auguste maison d'Autriche, soit pour les cours de Bourbon, de bien maintenir l'intelligence et l'union qui est devenue plus utile que jamais à leurs intérêts communs. L'avantage qu'il y a de parler à la reine d'objets quelconques, c'est que, par un effet de la mémoire la plus heureuse, elle n'oublie jamais rien de ce qu'elle a entendu même dans le genre des choses qui ne l'amusent point et auxquelles par conséquent elle fait dans le moment une médiocre attention ; cependant ces objets lui restent, et je suis bien sûr que si un jour ou l'autre ils faisaient matière de conversation entre le roi et la reine, elle retrouverait d'abord une grande partie de tout ce que j'ai été dans le cas de lui exposer sur ces mêmes objets. Quant à ceux qui regardent le gouvernement intérieur, la reine en a des connaissances plus étendues que je n'aurais pu me l'imaginer, mais elle en a surtout infiniment pour évaluer le personnel de ceux qui tiennent à la cour ou qui la fréquentent, et je puis dire que j'en ai souvent été étonné. Le malheur est que jusqu'à présent la reine tire un parti bien médiocre de ces mêmes connaissances par le peu d'usage qu'elle en fait. C'est un point sur lequel j'ai fortement réitéré mes représentations. Dans certains moments elles produisent quelque effet; j'en ai eu différentes preuves pendant le séjour à Fontainebleau. Il y est arrivé plusieurs fois que dans des entretiens d'amitié la reine a présenté au roi des réflexions fort utiles sur la nécessité d'avoir de la force et de la suite dans le caractère, et de se préserver de tout ce qui peut ne partir que de motifs de faiblesse. Elle a empêché le monarque de céder à plusieurs demandes déplacées, et de se prêter à des prétentions de charges et certaines dépenses relatives au service journalier de la cour, objet dont les détails seraient trop longs à expliquer et trop peu intéressants pour pouvoir être mis sous les yeux de V. M.

Le 29 octobre un courrier qui allait à Madrid m'apporta des lettres adressées à la reine, et je les lui présentai le même soir. A l'inspection du paquet et en le prenant de mes mains, S. M. jugea de ce qu'il pouvait contenir, et elle s'écria avec un mouvement de joie la plus touchante : « Ah! que je suis heureuse! ce sont sûrement des cheveux de ma mère. » La reine vit sur-le-champ avec un très-grand plaisir qu'elle ne s'était point trompée. Depuis plusieurs jours il y avait déjà un cœur en cristal, garni de diamants, destiné à renfermer les cheveux, qui y furent placés le lendemain. J'observai à la reine que, par la joie qu'elle venait d'éprouver, elle pouvait juger de celle que ressentait V. M. lorsqu'elle recevait quelques souvenirs de la part de sa fille chérie, que cependant le portrait de la reine en deuil, depuis si longtemps demandé, n'avait pas encore été renvoyé. S. M. me répondit avec vivacité que je savais bien qu'il y avait eu deux portraits commencés et rejetés tous les deux parce qu'ils n'avaient point réussi, mais que cela allait être réparé sans perte de temps. En effet V. M. recevra un buste en porcelaine, un portrait de la reine jouant de la harpe, et un second portrait en habit de grand deuil. Je compte que le buste partira avec ce courrier, mais quant aux deux portraits, je doute qu'ils puissent être achevés à temps ; il est au moins bien certain que V. M. les recevra dans le mois prochain au plus tard.

Le courrier mensuel m'ayant remis le 11 au matin les ordres de V. M. en date du 13 octobre et 1er novembre, je me rendis sur l'heure à Versailles et y présentai à la reine les lettres qui lui étaient adressées. Contre sa coutume ordinaire elle ne les ouvrit point d'abord ; je la trouvai fort occupée du lit de justice qui devait se tenir le lendemain (1). Le premier projet de S. M. avait été de voir cette fonction dans une loge située dans la grande chambre du palais. Vu l'incertitude sur les choses qui devaient s'y passer, j'avais persuadé la reine de ne point s'y trouver, et elle s'était prêtée à mes raisons. S. M. me parla beaucoup de l'issue que pourrait avoir cet événement. J'en pris occasion de lui exposer plusieurs notions sur le fond de l'objet, duquel jusqu'à ce jour elle n'avait voulu prendre aucune connaissance, en disant toujours que la matière était trop difficile pour qu'elle pût y rien comprendre. Je prévois qu'elle en parlera à V. M. dans ce sens. Je n'ai cessé de représenter à la reine que, sans se mêler d'une affaire aussi grave, il n'était pas moins nécessaire qu'elle en eût cependant assez de connaissance pour comprendre le fond de l'objet et pour pouvoir répondre à ce que le roi pourrait lui en dire. Il me paraît infiniment essentiel qu'il s'établisse dans l'opinion publique que la reine possède assez la confiance de son auguste époux pour ne rien ignorer sur les grands événements qui se préparent dans le gouvernement. Cette opinion entraînerait celle de l'influence que la reine peut avoir dans ces mêmes événements, et par ce moyen S. M. jouirait d'un crédit réel sans se mettre dans l'obligation d'entrer dans le détail des affaires plus avant que ne le comportent le temps et les circonstances. Je soumets ici cette idée aux hautes lumières de V. M., pour qu'elle daigne mander à la reine ce qu'elle jugera convenable de lui suggérer dans un point de conduite aussi important.

LXXV. — Mercy a Marie-Thérèse.

A Paris, le 17 novembre. — Je crois ne pouvoir rendre compte qu'à V. M. seule des particularités qui ont accompagné quelques faits généraux exposés dans mon très-humble rapport ostensible, et je commencerai par l'article des soupers qui m'a mis dans une crise la plus fâcheuse que j'aie éprouvée depuis que je m'occupe ici du service de la reine.

---

(1) Pour le rétablissement de l'ancien parlement.

Toutes les personnes raisonnables et honnêtes étaient d'accord sur l'importance et l'utilité de cet établissement des soupers et le regardaient comme le moyen le plus sûr de maintenir l'ordre, la décence à la cour, et d'éloigner du roi les occasions de se trouver en mauvaise compagnie (1). Je dois à la reine cette justice qu'elle avait conçu la première cette idée, et cela depuis plus d'une année, c'est-à-dire dans un temps où il n'était pas possible d'en faire usage. Au commencement de ce règne mon premier soin fut de rappeler ce projet, mais à mesure qu'il s'agissait de l'exécuter je trouvais la reine incertaine, embarrassée, et ce ne fut qu'avec peine que je la déterminai à en parler une première fois au roi, qui parut d'abord approuver pleinement le projet en question. Ce fut alors qu'il commença à transpirer et que Mesdames s'occupèrent à le traverser. Heureusement leur absence de Fontainebleau me donna lieu par les instances les plus vives de porter la reine à demander au roi qu'il fixât le jour pour le commencement de ces soupers; alors le jeune monarque répondit avec douceur et embarras qu'il fallait attendre encore et qu'il désirait d'en écrire à Mme Victoire. La reine ne fut d'abord que surprise de cette réponse, et moi j'en fus consterné, parce que j'en sentis toutes les conséquences, que je ne manquai pas de déduire à la reine dans le plus grand détail. En effet si les choses prenaient cette tournure, tout était perdu, l'influence de la reine se trouvait publiquement compromise, celle de Mesdames reprenait sa force d'une façon à leur donner toute facilité d'en abuser, ainsi qu'elles ont toujours fait par le passé; de là tout le terrain gagné avec tant de peine était perdu en un moment, et les anciennes tracasseries allaient recommencer plus vivement que jamais. La connaissance que j'ai de ce local, et que, malgré mes soins, je ne puis exposer à V. M. avec assez de précision pour qu'elle en aperçoive

---

(1) Ce changement fut bien interprété dans le public comme ayant l'importance que lui donne ici Mercy. Dans la *Correspondance* de Métra, tome I, page 105 on lit : « Quant au nouvel usage des soupers avec des dames et seigneurs titrés ou non, il faut observer que la jeune reine l'a moins provoqué pour le plaisir de souper en grande compagnie que par une prudence politique bien entendue. C'est à cette ancienne étiquette, suivant laquelle le roi devait souper au retour de la chasse avec tous les chasseurs et sans les princesses, qu'on peut attribuer la débauche de tous les genres à laquelle Louis XV a été livré dans les vingt dernières années de sa vie; aujourd'hui le roi n'est plus séparé de son épouse que quand il va à la chasse ou quand il tient conseil, et les vils courtisans qui oseraient essayer de corrompre leur maître n'en trouveraient pas le temps. »

toutes les nuances, cette connaissance, dis-je, ne me permit pas de balancer, au risque de ce qui pourrait en arriver, de porter la reine à une démarche de vigueur. Je persuadai à S. M. d'avoir une explication avec le roi, de lui faire sentir qu'il allait s'avilir aux yeux du public en affichant une sujétion aussi déplacée de Mesdames ses tantes, que c'était un moyen d'établir à jamais la dissension dans la famille, puisqu'elle, reine, lui déclarait que, ne pouvant partager cette faiblesse et ne voulant point être dans la dépendance de Mesdames, elle n'en deviendrait que plus attentive à mettre des bornes à ses complaisances, à tenir en toutes occasions Mesdames à leur place, et à ne leur rien passer sur ce qu'elles doivent à une reine de France. Je présentai ce texte sous toutes les phrases et les formes de conversation possibles, pour qu'il n'échappât point à la mémoire de la reine. Je lui fis remarquer aussi le petit trait de dissimulation et de faiblesse du roi quand il avait dit qu'il désirait d'en écrire à Mme Victoire, tandis qu'il était bien manifeste que c'était à Mme Adélaïde qu'il comptait de s'adresser. Enfin je parvins à bien émouvoir l'esprit de la reine, et je fus parfaitement secondé par l'abbé de Vermond, qui y mit un zèle et une activité extraordinaires. Telle était au moment du départ du dernier courrier la crise où je me trouvais ; j'y restai vingt-quatre heures ; enfin la reine eut son explication : elle fut très-vive de sa part, fort supérieure en raisonnement et en langage à ce qui lui avait été suggéré. Le roi parut d'abord se défendre un peu, mais avec une extrême douceur ; il finit par céder, et à l'instant même il fut résolu et sur le champ publié que le premier souper aurait lieu le samedi 22 octobre, quoique ce fût un jour maigre. La raison en était que le dimanche il y a grand couvert, et que Mesdames étaient attendues le lundi. Je sens que V. M. pourra être surprise de l'importance que je mets à tout ceci, mais si elle daigne en croire mon vrai zèle, je puis lui affirmer que cette circonstance, par rapport à ses suites, est une des plus décisives qui se soient présentées depuis longtemps pour le service de la reine, pour l'opinion de son influence, de son crédit et, j'ose le dire, pour sa sûreté, puisque maintenant il n'existe plus d'occasions où la reine ne puisse se trouver avec le roi, même à ses parties de chasse et petits voyages, où des sociétés d'hommes auraient pu devenir si dangereuses.

Aussitôt que le public fut instruit, il n'y eut qu'une voix d'applaudissement sur ce nouvel établissement, et cela occasionna la sensation la plus favorable pour la reine. Cependant il s'éleva d'abord des sujets de tracasserie par les prétentions que formèrent nombre de personnes d'être admises à ces soupers à titre de leurs charges. A cet égard j'insistai fortement sur deux points : l'un que la reine s'appropriât le soin de former les listes, sauf à y ajouter ou retrancher ceux dont de bon accord elle conviendrait avec le roi. L'autre point était que la reine maintînt une différence marquée entre les prérogatives de sa maison et de celles des autres princes et princesses. Ces deux objets furent remplis ; la reine forma la liste : elle était arrangée de manière que, sans avoir l'apparence d'un repas d'étiquette, cependant un nombre de principaux personnages s'y trouvait admis. Il fut aussi décidé qu'à ces soupers qui auront lieu une fois la semaine la reine fera venir ses dames d'honneur et d'atours et deux de ses dames du palais ainsi que son chevalier d'honneur ou son premier écuyer, tandis que les autres princesses n'auront qu'une dame en première charge et une dame de compagnie. Jusqu'à ce jour il y a eu successivement quatre soupers, et soit relativement au choix des personnes, soit sur la façon dont elles ont été traitées, il n'y a rien eu à désirer du côté du très-bon effet qu'ont produit les soupers en question. Comme je l'ai exposé plus haut, j'avais d'abord insisté pour que la reine s'emparât du droit de former les listes ou au moins la première ; mais après mûre réflexion j'ai pensé qu'à la longue il pourrait y avoir quelque inconvénient à ce que la reine se chargeât de ce soin, et sur mes représentations S. M. est convenue avec le roi qu'il nommera les hommes appelés à ces soupers, et que la reine désignera les femmes qui auront à participer à cet honneur.

Lorsque j'écrivais le commencement de ce présent et très-humble rapport, je ne pouvais pas supposer que Mesdames cherchassent de si tôt à être des soupers de roi et de la reine ; mais la fluxion dont Mme Adélaïde était incommodée s'étant dissipée au moment où on s'y attendait le moins, cette princesse et Mesdames ses sœurs ont désiré d'être du troisième souper, qui a eu lieu le 2 de ce mois, de façon que ce nouvel établissement est devenu commun à toute la famille royale.

Par mon rapport précédent j'ai rendu compte à V. M. de ce qui avait été convenu avec le contrôleur général touchant la cassette de la reine. Le ministre ayant proposé l'arrangement en question, le roi l'agréa d'abord et dit même au sieur Turgot qu'il lui savait bon gré de lui avoir parlé d'un objet auquel lui, roi, aurait dû penser depuis longtemps. Cependant le roi prit le mémoire écrit, l'enferma dans son bureau, et ne décida rien pour le moment. Cela ne peut être interprété différemment, si ce n'est que le roi a voulu sans doute se réserver de saisir un moment à annoncer lui-même un arrangement qui doit être agréable à la reine, et je suis d'un instant à l'autre dans l'attente d'apprendre que cet objet est terminé.

Je vais reprendre les articles contenus dans les deux très-gracieuses lettres de V. M., et comme elle a daigné m'autoriser à exposer tout ce que mon zèle me dicte pour le mieux, j'observerai d'abord qu'il me paraît toujours plus important qu'il plaise à V. M. de faire sentir à la reine que, sans se mêler du détail des affaires, il faut cependant qu'elle en connaisse le fond, qu'elle entretienne le roi dans la précieuse habitude de lui en parler, et que le public puisse s'apercevoir de la réalité de la confiance du monarque en son auguste épouse; parmi cette nation plus que dans aucune autre tout se dirige par l'opinion du crédit. Il est bien facile à la reine de se procurer cette opinion, sans presque se donner la moindre peine, mais (comme V. M. l'a très-bien reconnu) il n'est que trop vrai que le caractère de la reine est un peu *indécis*, et malgré cela souvent *volontaire*. Il y a une très-grande difficulté à la ramener sur les choses dont elle a pris une idée quelconque, et V. M. seule peut en cela effectuer ce qu'il ne serait possible à personne d'obtenir.

La position de la reine a cela d'heureux que dans la famille royale elle n'a maintenant aucune concurrence à craindre du côté du crédit. Mesdames n'en ont point, les jeunes princes n'ont aucune espérance d'en obtenir; mais la reine, malgré ses avantages, se trouverait par le fait au même niveau si elle persistait à la longue à ne jamais vouloir se prévaloir du désir constant que le roi marque de lui laisser prendre de l'influence et même de l'autorité.

Je remets ici la lettre de la reine du 27 septembre. Au moment où cette princesse la dictait, elle se trouvait dans son lit et en transpiration, de façon qu'elle ne pouvait en effet tenir la plume; mais pour la lettre du 18 octobre pareillement ci-jointe, je puis affirmer avec certitude qu'elle est écrite en entier de la main de la reine. S. M. a fait quelques tentatives pour améliorer le caractère de son écriture, il en est résulté qu'elle a maintenant deux façons de peindre son écriture. Quand elle est pressée, elle forme ses lettres en caractères plus grauds et moins réguliers; quand elle se donne le temps nécessaire, le caractère d'écriture est plus serré, en lettres plus petites et presque point liées, telles enfin que le désigne la lettre du 18 octobre (1).

Je me suis entendu avec le comte Rosenberg sur les nouveaux ordres qu'il a reçus touchant le voyage de Mgr l'archiduc Maximilien dans ce pays-ci, et je me réglerai à cet égard conformément aux hautes intentions de V. M.

Le baron de Breteuil arrivera à Vienne bien prévenu sur tous les travers de son prédécesseur, et bien résolu à tenir toute une autre conduite. J'ai lieu de croire que V. M. sera satisfaite de cet ambassadeur, et il sent bien que toute la suite de sa fortune dépend du succès qu'il aura dans sa nouvelle destination.

LXXVI. — Mercy a Marie-Thérèse.

17 novembre. — Sacrée Majesté, La présente expédition était prête dès mardi, mais la reine a fait différer le départ du courrier pour envoyer à V. M. un de ses portraits; celui peint en habit de deuil suivra par le courrier prochain.

Lorsque j'écrivais mon très-humble rapport, la présentation de la comtesse de Vergennes n'était point encore décidée. La reine vient d'en obtenir l'aveu du roi, et je présume qu'elle rendra compte elle-même d'un objet qui n'a eu lieu que parce que V. M. a témoigné le désirer.

LXXVII. — Mercy a Marie-Thérèse.

Paris, 17 novembre. — Sacrée Majesté, L'arrangement relatif à la cassette de la reine vient d'être décidé de la façon dont mon précé-

---

(1) Ce passage est intéressant pour nous donner la date d'une transformation dans l'écriture de Marie-Antoinette substituant à un caractère informe et comme d'un enfant l'écriture que Mercy décrit fort bien ici. Ce changement fut très-notable puisque Marie-Thérèse et aussi Joseph II purent croire à l'intervention d'une main étrangère. (Voir les autographes photographiés qui se trouvent dans le 2e volume de *Gustave III et la cour de France*, par M. A. Geffroy, à l'appendice intitulé *Marie-Antoinette et Louis XVI apocryphes*). — Ce changement d'écriture, ignoré des fabricateurs des lettres apocryphes insérées dans les recueils de Mrs Feuillet de Conches et d'Hunolstein, a fourni là preuve matérielle de la fausseté de ces documents, qui donnent depuis 1770 à Marie-Antoinette l'écriture nette et bien formée qu'elle cherche à acquérir depuis la fin de l'année 1774, mais qu'elle ne possède d'une façon continue et définitive que vers 1778 ou 79.

dent et très-humble rapport l'avait annoncé. La veille du lit de justice le roi a donné à la reine une grande marque de confiance en lui remettant écrit de sa propre main tout ce qui devait se passer. J'ai vu la reine dans l'intention d'envoyer ce papier en original à V. M. ; si cela a lieu, je soumets aux hautes lumières de V. M. s'il ne serait pas utile de renvoyer le dit papier à la reine, parce que j'ai pensé qu'il se pourrait que le roi le lui redemandât un jour et que peut-être la reine serait embarrassée de dire l'usage qu'elle en a fait.

Depuis deux jours tous les événements ont tourné d'une façon bien agréable pour la reine. J'en exposerai les détails à V. M. dans mon très-humble rapport prochain.

LXXVIII. — MARIE-THÉRÈSE A MARIE-ANTOINETTE.

Le 30 novembre. — Madame ma chère fille, Je suis bien contente que mes vieux grisons vous ont voulu faire tant de plaisir. Je vous envoie la mesure désirée du troisième doigt et du petit par un officier qui les remettra à Mercy. Vous serez étonnée de la mesure de mon doigt et elle est bien juste. Tous ces deux tableaux de porcelaine m'ont fait grand plaisir ; ils sont charmants, hors le minois de ma chère reine, qui est bien mal. Quelque mauvais portrait que vous puissiez avoir, je vous prie de me l'envoyer toujours. Lascy est scandalisé de ne trouver chez moi un seul portrait de vous que celui avant votre départ de la Bertrand (1), comme il l'a été en voyant le vilain portrait de l'empereur chez vous. Je fais actuellement travailler à un autre, mais il ne sera achevé qu'aux Pâques.

Je vous renvoie ce papier précieux du roi ; c'était un grand jour et j'espère que les suites confirmeront la bonté de l'entreprise. J'approuve infiniment, ma chère prudente fille, que vous n'êtes entrée en rien dans cette affaire plus que délicate, et que vous n'ayez pas même fait des questions ; cela vous fait honneur et à vos 19 ans de discrétion ; mais cette confiance du roi, en vous communiquant lui-même le tout avant de l'entreprendre, a tout lieu de me flatter et consoler. Conservez soigneusement cet avantage par votre discrétion autant

---

(1) Mme Beyer, née Gabrielle Bertrand, artiste distinguée. Née en 1737 à Lunéville, elle se maria à Vienne avec le sculpteur de la cour, Beyer. Son tableau le plus connu est un portrait de Marie-Thérèse, exécuté pour la reine de Naples, et où l'impératrice est représentée écartant ses voiles de deuil pour prendre en main le gouvernement de l'empire.

qu'en vous rendant capable de pouvoir lui être de ressource et de conseil dans ces sortes d'occasions, sans cela rien ne se soutiendra. Je vous recommande toujours la lecture, unique moyen pour nous autres et pour former nos idées et cœurs. Si on s'apercevait, surtout en France, où on épluche tout et tire tout en conséquence, que vous n'entriez en rien, vous seriez bientôt déchue de tous ces applaudissements qu'on vous prodigue à cette heure. C'est le monde, cela arrive à nous tous plus tard ou plus tôt, mais il faut donc se tenir dans une assiette telle que cela ne puisse arriver par notre faute.

J'étais étonnée et flattée de la réponse du président du parlement au roi (1) pour tout ce qu'il disait de vous; jugez combien mon cœur sent le prix de tout cela; il faut conserver, mériter tout cela. Les soupers, je les trouve admirables, je les aimerais mieux trois qu'une fois.

Je vous remercie pour la réussite de Mme Vergennes; je vous en ai une vraie obligation: lui nous ayant rendu des services réels à Constantinople et étant un honnête homme et bon ministre. Mme du Muy a écrit à Mme Esterhazy avec quelle bonté vous l'aviez traitée à Fontainebleau: tout cela est charmant de votre part; mais voilà un oubli: j'y reviens toujours, ce malheureux Durfort sera-t-il oublié pour toujours?

L'affaire de la chatouille est bien touchante, mais surtout ce que vous ajoutez que vous ne ferez jamais des dettes; vous seriez plus coupable à cette heure que toute autre. Je suis bien aise que vous êtes tirée de cet embarras de lésinerie, et que vous pouvez faire des générosités. Je ne vous parle point d'affaires, Mercy pourra vous les dire: elles sont très-désagréables, tant celles de Pologne que de Moldavie (2), et bien contraires à ma façon de penser; mais je n'ai pu me séparer des deux autres puissances sans m'exposer à une guerre, ce que je n'étais pas en état de faire alors. Je finis en vous embrassant tendrement, vous assurant que vous me faites vivre dix ans de plus par toutes les consolations que vous me procurez.

---

(1) Le premier président Étienne-François d'Aligre avait placé à la fin de son discours, lors de la séance du lit de justice, un compliment fort banal pour la reine.

(2) Le cabinet autrichien avait alors beaucoup de difficultés et de contestations pour la fixation de la nouvelle frontière en Pologne et en Moldavie. Voir plus haut la note de la page 190.

LXXIX. — Marie-Thérèse a Mercy.

Vienne, le 1ᵉʳ décembre. — Comte de Mercy, J'ai reçu votre lettre du 17 du passé par le courrier Gergovitz, arrivé ici le 26 du même mois.

Par les intrigues qu'on a fait employer pour contrecarrer le projet de soupers, je puis juger au mieux des peines qu'il vous a coûté de le faire exécuter. Je vous en sais bien du gré, de même que de la part que vous avez eue à l'augmentation que le roi a ajoutée de si bonne grâce à la cassette de ma fille [qu'elle vous doit tout seul comme bien d'autres importants services]. Je suis de même bien aise que la présentation de Mme de Vergennes vient d'être arrangée, et que son mari est convaincu que c'est en grande partie l'ouvrage de ma fille. Ce sont tous objets d'une consolation bien sensible pour mes vieux jours, et je suis surtout charmée de la confiance et de l'amitié que le roi continue à témoigner à ma fille et dont il lui a donné une nouvelle preuve par le détail qu'il lui avait remis, écrit de sa main, sur ce qui devrait se passer dans le lit de justice. Je vais renvoyer ce papier à ma fille sans faire semblant que c'est ensuite de l'avis que vous m'en avez donné. Je ne souhaite que de voir ma fille prendre une résolution bien décisive de profiter des talents dont elle est abondamment fournie, et des directions que vous lui donnez pour aider par ses conseils le roi pour s'attirer par ce moyen sa confiance de plus en plus et affermir son crédit dans le public. Les observations que vous lui avez faites sur ce sujet sont excellentes; mais, comme vous êtes vous-même d'accord avec moi, elle est un peu indécise et volontaire. Il n'y a que ce point fatal de mariage qui m'inquiète.

Vous avez très-bien fait de faire sentir à ma fille que la musique peut l'amuser sans l'occuper cependant au point de la détourner des objets plus essentiels et plus conformes à son rang.

Breteuil pourrait trouver à son premier début ici quelque embarras, tant on est prévenu en faveur de Rohan. Ses partisans, cavaliers et dames sans distinction d'âge, sont fort nombreux, sans même en excepter Kaunitz, qui est encore porté pour l'abbé Georgel et qui ne se doute pas de prédire que la vivacité de Breteuil fera regretter la souplesse de Rohan, mais il assure d'avance qu'on saura d'abord imposer à Breteuil. Rohan s'est même rendu à Nancy dans le temps que la princesse Esterhazy s'y est trouvée, pour lui annoncer son projet de venir pour quelque temps en particulier à Vienne pour prendre congé de la cour et de ses bons amis. La princesse Esterhazy m'en ayant rendu compte, je lui ai fait sentir toute l'incongruité de ce projet, dont l'exécution entraînerait indubitablement des inconvénients par la facilité de Rohan de se laisser aller à ses légèretés habituelles, malgré toutes les assurances qu'il pourrait donner d'une conduite sage et analogue à son état. J'y ai ajouté qu'il n'avait déjà que trop gâté notre noblesse, et que, comme l'empereur était la plupart d'été absent d'ici, et moi je me trouvais retirée à la campagne, son voyage ici manquerait le but principal. Je compte toujours d'être débarrassée d'une visite aussi incommode et désagréable, et je ne saurais assez vous répéter ce que je vous ai déjà mandé sur ce sujet.

LXXX. — Marie-Antoinette a Marie-Thérèse.

Ce 17 décembre. — Madame ma très-chère mère, Je suis dans le bonheur d'avoir pu donner quelques moments de satisfaction. Elle n'aura pas tant de joie en apprenant qu'on croit la comtesse d'Artois grosse; elle a passé le 14 pour la seconde fois; elle n'est pas incommodée du tout. J'avoue à ma chère maman que je suis fâchée qu'elle devienne mère avant moi, mais je ne m'en crois pas moins obligée à avoir pour elle plus d'attention que personne. Le roi a eu il y a huit jours une grande conversation avec mon médecin; je suis fort contente de ses dispositions et j'ai bonne espérance de suivre bientôt l'exemple de ma sœur.

Le pauvre du Tillot est mort subitement; quoique je le connusse peu, cela m'a fait de la peine par les bontés qu'avait ma chère maman pour lui.

L'affaire du parlement continue à bien aller, cependant il y a déjà eu une assemblée des pairs; mes frères y ont été, on n'a rien décidé et on est revenu à l'avis de M. le prince Conti, qui était de remettre la délibération au 30 de ce mois; cela me paraît bon parce qu'il y a du temps pour prendre des mesures.

Je n'ai vu Mercy qu'un moment le jour où il m'a remis les lettres; je l'attends mardi pour qu'il me parle de la Pologne et de la Moldavie; ces vilaines affaires m'affligent pour mille raisons, mais surtout pour le tourment qu'elles donnent à ma chère maman ; après toutes les peines qu'elle s'est données pour ses enfants et pour ses peuples, elle mériterait bien de jouir du fruit de ses travaux. C'est le plus ardent de mes vœux et de mes prières ; ma chère maman daigne-t-elle les agréer à ce renouvellement d'année, et me croire avec le respect le plus tendre et le plus reconnaissant sa bien obéissante fille.

P. S. Ma chère maman doit savoir actuellement que M. de Durfort est duc de Civrac. L'abbé a l'honneur de se mettre à vos pieds.

On vient enfin de m'apporter deux portraits ; ils ne sont pas encore tels que je les désirerais pour ma chère maman, pourtant j'espère qu'elle ne sera pas mécontente, surtout du petit.

Le roi vient de donner la place de premier écuyer au duc de Coigny (1) ; ce choix est généralement approuvé ; M. de Durfort l'avait jadis demandée, mais il n'a pas assez d'activité pour cette place, d'ailleurs le roi a eu la bonté de le faire duc avant de le nommer.

LXXXI. — Mercy a Marie-Thérèse.

Paris, le 18 décembre. — Sacrée Majesté, Depuis le retour de Fontainebleau la cour a été constamment sédentaire à Versailles et ne s'en est point absentée un seul jour. La mauvaise saison prématurée que l'on éprouve ici cette année a d'ailleurs mis obstacle à la continuation des chasses, des promenades, et la reine a été fort peu dans le cas de sortir du château. Pendant quelques jours où la neige est restée sur terre, S. M. en a profité pour faire trois courses en traîneau, à l'une desquelles il est arrivé un petit accident qui heureusement n'a point eu de suites. On a ici l'usage de placer en guise d'ornement sur le devant des traîneaux un drapeau, lequel agité par le vent est sujet à effaroucher les chevaux qui traînent ces sortes de voitures. Cela arriva précisément au traîneau de la reine, le cheval qui y était attelé s'emporta, le cocher renversé par une secousse abandonna les guides, mais la reine eut la présence d'esprit

---

(1) Le duc de Coigny, né en 1737, servit dans la guerre de Sept ans ; il était colonel des dragons, lorsqu'il devint grand écuyer. Courtisan très en faveur, il était, comme son fils le marquis, du petit groupe dont la reine formait ce qu'elle appelait sa société. Le duc de Coigny eut une longue carrière : il fut député aux Etats généraux, émigra, fit partie de l'armée de Condé et servit plus tard dans l'armée portugaise. Rentré en France en 1814, il fut membre de la chambre des pairs, gouverneur des Invalides, et mourut en 1821.

d'en saisir une, et de tourner la tête du cheval contre une haie par laquelle il fut arrêté. A la suite de ce léger accident il paraît que la reine s'est persuadée qu'il pourrait facilement en arriver de plus graves, vu le peu d'habitude que l'on a ici à conduire les traîneaux, et j'ai cru remarquer que S. M. était presque dégoûtée de ce genre d'amusement.

Jusqu'à ce moment le séjour de Versailles avait été très-stérile en objets de dissipation et de plaisirs, mais la fin du deuil admettant du changement à cet égard, le roi s'en est remis à la reine de tous les arrangements qu'elle jugera à propos de prendre pour rendre pendant cet hiver la cour agréable et brillante. En conséquence la reine a décidé qu'il y aura par semaine trois spectacles, deux comédies françaises, une comédie italienne et deux bals. J'ai trouvé S. M. très-disposée à faire éviter toute la dépense inutile ou superflue que pourraient entraîner ces sortes d'amusements; les bals n'auront pas plus d'apprêts qu'ils n'en avaient les années précédentes, ils seront donnés dans l'appartement de la reine, le roi y assistera et y dansera; Leurs Majestés viendront à Paris pour y voir le spectacle de l'Opéra, qui ne pourrait être transporté à Versailles qu'à trop grands frais. Le public voit avec satisfaction que dans un temps où l'économie devient si nécessaire, les souverains s'y assujettissent dans les objets de dépenses relatifs à leurs plaisirs. J'ai grand soin de ne pas laisser ignorer que c'est à la reine que l'on a l'obligation de l'usage de ce système sage et modéré. S. M. est en effet à cet égard de la plus grande retenue, et elle n'hésiterait jamais à renoncer à des amusements qu'elle croirait pouvoir devenir trop dispendieux et embarrassants.

V. M. aura été directement informée par la reine de l'augmentation fixée pour la cassette de S. M.; le roi s'y est prêté de la meilleure grâce possible, et en annonçant cet arrangement à la reine, il lui ajouta du ton de la plus parfaite amitié qu'il n'entendait pas de fixer par là les dépenses qu'elle voudrait faire, et qu'il la priait de ne jamais se gêner à cet égard.

D'après ce qui avait été convenu avec le contrôleur général, l'augmentation de la cassette de la reine ayant dû commencer dès le mois de juin passé, S. M. a d'abord joui d'une somme de cent mille livres, dont cinquante mille ont été sur-le-champ destinées à former la dot de la demoiselle de Guébriant, laquelle s'est mariée dans la même semaine. La reine est maintenant très en état de suffire à tout ce que sa bienfaisance pourra lui dicter; il ne s'agit plus pour le bien de son service que de bien choisir les occasions de placer ses générosités, de les décider de son propre mouvement, et de ne jamais les laisser surprendre par des importunités.

Lorsque la reine demanda au roi que la comtesse de Vergennes fût présentée, le monarque répondit avec sa douceur et sa complaisance ordinaire qu'il n'avait rien à refuser à son auguste épouse. La reine fit venir le comte de Vergennes, et lui annonça avec toute la grâce possible l'effet de ses bontés. Je dois juger de l'impression qu'elles ont faite sur ce ministre par les termes dont il s'en est expliqué vis-à-vis de moi, en me disant qu'il devait le bonheur de son existence à la reine et à la protection de V. M., et que dans tous les temps de sa vie il aurait vivement à cœur d'en témoigner sa profonde et très-respectueuse reconnaissance. Cet acte de bienfaisance de la reine m'a donné lieu de lui rappeler mes remarques sur la nécessité et l'utilité de s'attacher un nombre de personnes sur le zèle desquelles elle puisse compter, et qui, par leur position et leur place, soient dans le cas de signifier quelque chose à cette cour. S. M. a déjà à sa dévotion le contrôleur général, le ministre de la marine; elle vient de s'assurer l'attachement du ministre des affaires étrangères, et par ce moyen il se forme peu à peu autour de la reine un cercle de protégés dont il lui sera facile d'augmenter le nombre, et qui dans bien des cas peuvent se rendre très-utiles au bien de son service.

Le marquis de Durfort vient aussi d'éprouver l'effet de la protection de V. M. et des bontés de la reine qui a rendu compte à V. M. de ce qui était arrivé à cet égard, par la voie du colonel Boistel (1), dont la comtesse de Brionne m'a laissé ignorer le départ, ainsi que l'objet de la mission de cet officier.

Les soupers à la cour ont maintenant lieu deux fois par semaine, c'est-à-dire le mardi et le jeudi. Toutes les personnes faites pour y être admises ont joui successivement de cette faveur, au moyen de quoi il n'y a point de mécontents. La reine sait tellement bien mettre ces occasions à profit que tout le monde est plus enchanté que ja-

---

(1) La comtesse de Brionne négociait alors un mariage en Allemagne pour sa fille avec un prince des Deux-Ponts; cette négociation, à laquelle se rapportait probablement la mission de ce colonel Boistel, échoua.

mais de ses grâces ; elles forment le sujet des conversations journalières dans Paris, et on y relève sans cesse quelque nouveau trait de bonté et de charmes de la reine. Au reste elle a été de tout temps la même à cet égard, mais ce qui cause un vrai étonnement dans le public, c'est la tournure sociable et polie que le roi a prise envers ceux qu'il admet dans sa société. Il est envers les femmes d'une attention telle que pourrait l'exercer un particulier aimable, et cela sans y mettre la moindre nuance ou de préférence ou de galanterie. Il traite les hommes avec bonté et une sorte de familiarité qui n'admet que de l'aisance, sans aller au delà des bornes convenables. On voit qu'il se plaît dans la bonne société, et on ne pourrait rien ajouter à la perfection de la tenue de ses soupers, et de l'excellent effet qu'ils occasionnent. Cet article est d'une utilité immense pour la reine, parce que la nation reconnaît et avoue généralement qu'elle a à cette auguste princesse l'importante obligation d'avoir produit sur l'esprit et le maintien du roi un changement en bien que rien n'annonçait et dont on n'aurait jamais osé se flatter.

Quant aux occupations de la reine, elles se réduisent encore à la musique et à la danse et à fort peu de lectures, des conversations journalières et assez longues avec l'abbé de Vermond, et une ou deux audiences que je me procure chaque semaine, sont les seules occasions où la reine entende parler de choses sérieuses et utiles à son service.

Depuis assez longtemps l'harmonie dans l'intérieur de la famille royale se soutient; Mesdames ne se mêlent de rien et n'ont aucun moyen d'intriguer; Monsieur et Madame se conduisent sagement et avec politique; ils s'occupent fort de plaire à la reine. S. M. les traite bien, sans se livrer à eux plus que ne le comporte la prudence. M. le comte et Mme la comtesse d'Artois n'ont rien changé à leur façon d'être, mais leur position devient plus remarquable en ce que la grossesse de Mme la comtesse d'Artois se confirme avec beaucoup de vraisemblance. La santé faible et la constitution peu formée de cette princesse avaient déjà plusieurs fois donné lieu à des soupçons de grossesse qui ne s'étaient point soutenus ; on a maintenant de plus fortes raisons de la croire réelle, et indépendamment d'un retard de près de deux mois, il y a d'autres symptômes qui annoncent l'état susdit. Personne ne se gêne dans Paris sur les regrets que l'on en témoigne, et ce qui se dit à cet égard publiquement dans les sociétés s'explique par les vœux que l'on fait pour la reine. Malheureusement rien n'en présage encore l'accomplissement, et quoiqu'on ait lieu de s'assurer qu'ils seront un jour remplis, il n'existe aucun moyen de prévoir le temps de cette époque si désirable.

Depuis que l'on croit Mme la comtesse d'Artois grosse, la reine lui marque plus d'attention et de bonté; c'est une de ces occasions où le caractère et l'âme de la reine se montrent dans leur jour le plus avantageux, et on en est infiniment touché dans le public.

Les ordres de V. M. en date du 1er de ce mois m'ayant été remis le 12 par le courrier mensuel, je me suis rendu le lendemain à Versailles, et y ai présenté à la reine les lettres qui lui étaient adressées. S. M. me parut fort occupée de l'envoi des portraits que V. M. désire; un de ces portraits était prêt dès le mois passé, mais la reine ne put se résoudre à le faire partir, parce qu'il lui parut trop peu ressemblant. De retour à Paris, j'ai fait venir le peintre chez moi; il m'apporta les deux portraits achevés. Je prévois que la reine y trouvera encore avec raison beaucoup à redire du côté de la ressemblance; S. M. a voulu absolument que le portrait en habit de deuil ne fût qu'en demi-buste, et le peintre m'a donné cette excuse quand je lui ai reproché de n'avoir pas fait l'habillement complet ainsi que je lui avais demandé en présence de la reine. Au reste tels que sont ces portraits, je ne puis plus douter qu'ils ne partent par ce courrier.

LXXXII. — Mercy a Marie-Thérèse.

Paris, 18 décembre. — Par le contenu de mon très-humble rapport ostensible ainsi que par plusieurs particularités insérées dans ma dépêche d'office, V. M. daignera observer que le crédit de la reine a fait plus de progrès dans ces derniers temps que dans aucun de ceux qui les ont précédés; cependant je ne puis dissimuler que cette auguste princesse ne doit point ses succès ni à plus de soin ni à un plus grand désir de sa part d'augmenter son influence. Elle n'attache pas, à beaucoup près, à cet avantage l'idée et le prix qu'il mérite; elle en jouit parce que toutes les circonstances concourent à le lui attribuer sans qu'il lui en coûte la moindre peine. Je ne cesse de représenter à S. M. qu'une position si brillante exige plus d'attention et de système dans la façon d'en user et de s'y maintenir d'une manière solide, durable et indépendante de toutes les variétés qui peuvent survenir dans les circonstances. Il y a là-dessus de grandes raisons à dire; la reine daigne les écouter et les comprend très-bien, mais la dissipation vient toujours affaiblir les effets de cette persuasion, et ce n'est que peu à peu qu'elle commence à germer d'une façon utile.

J'expose dans ma dépêche d'office quelques particularités sur le système et les démarches du prince de Conti. Je me suis prévalu de ses dispositions pour tâcher d'inspirer au parlement de Paris le projet de s'attacher à la reine. Ce corps pourrait dans de certains cas se rendre très-essentiel au service de S. M.; l'histoire de France fournit à cet égard des exemples frappants et qui m'ont paru mériter toute attention. J'ai rendu compte à la reine de mes idées à ce sujet; elle les a trouvées fondées, et S. M. a traité la grande députation du parlement avec une bonté et une grâce qui a produit la meilleure impression sur ce corps.

En reprenant les articles de la très-gracieuse lettre de V. M. je commence d'abord par le plus important. Depuis les apparences très-probables de la grossesse de Mme la comtesse d'Artois, il est arrivé ce que j'avais toujours prévu et craint : c'est que la reine, frappée de cette circonstance et réfléchissant sur les siennes propres, y trouve avec raison un sujet très-grave de peine, et je vois avec un extrême chagrin que S. M. en est intérieurement affectée d'une façon très-douloureuse. Ensuite des bontés et de la confiance qu'elle daigne m'accorder ainsi qu'à l'abbé de Vermond, nous sommes les seuls vis-à-vis desquels la reine puisse s'expliquer sur ce fatal article, et elle veut même que V. M. ignore les impressions qui en résultent, comme elle dit elle-même, afin que son auguste mère ne partage pas ce sujet de déplaisir. Je ne cesse de m'occuper des moyens de représenter à la reine tout ce que je crois propre à alléger ce malheur momentané, et comme certainement il doit finir un jour, il en résulte, au moins pour le moment présent, cet avantage que la reine devient plus disposée à se livrer à tout ce qu'on peut lui représenter d'utile à son service et à sa position.

J'ai tout sujet de croire que le baron de Breteuil se comportera de façon à ne pas mettre le prince de Kaunitz dans le cas de réprimer des mouvements de vivacité. Breteuil sent trop que toute son existence tient à la conservation des bontés de la reine, qui ne lui pardonnerait point un écart de conduite, et à la moindre apparence je serais fort en mesure de le faire rectifier de la façon la plus efficace. Il est à prévoir que le baron de Breteuil parviendra tôt ou tard au ministère des affaires étrangères, qui est son but principal. Je suis bien assuré que, soit par la présence de sa fille, soit par un effet du système qu'il s'est formé, il tiendra à Vienne le meilleur ordre dans sa maison, et je lui ai dit amicalement là-dessus tout ce qui convenait.

Quant à l'idée du prince de Rohan de faire un voyage à Vienne, j'en ai parlé confidentiellement au comte de Vergennes, en lui donnant à connaître tous les inconvénients et le travers de ce projet. Le ministre m'a répondu positivement qu'il n'était point à soupçonner que le prince de Rohan s'échappât et entreprît un pareil voyage sans en demander la permission au roi, et que, dans le cas de cette démarche, lui, Vergennes, se chargeait d'arrêter le coadjuteur, et qu'il emploierait à cet effet les moyens convenables d'autorité. De cette façon je compte que les volontés de V. M. auront leur plein effet à cet égard. Le parti du prince de Soubise et de la comtesse de Marsan est entièrement croulé : ni le frère ni la sœur n'ont plus d'influence ni de crédit ; ils restent fort tranquilles et on n'entend plus parler d'eux.

Il est encore revenu à la reine de légères idées de faire de la princesse de Lamballe une surintendante de sa maison ; mais je tâche d'arrêter ce projet, qui n'est point absolument sans inconvénients, et j'ai gagné au moins de faire convenir la reine que, quand même ce projet devrait avoir lieu, il conviendrait que ce ne fût pas avant une couple d'années, et que ce qu'il peut y avoir de mieux jusqu'à ce temps-là, c'est que les choses restent dans l'état où elles sont. La dame d'atours, duchesse de Cossé, pense à se retirer, sa santé délicate et le genre de vie auquel ci-devant elle était accoutumée lui rendant un service à la cour trop pénible ; ce serait une vraie perte pour la reine, et je cherche par toutes les voies possibles à en éloigner le moment. La comtesse de Noailles, par une suite de son peu d'esprit et d'aptitude, remplit médiocrement sa place, et hors la duchesse de Cossé je ne pourrais citer personne des alentours du service de la reine que l'on puisse regarder comme ayant des qualités distinguées. Heureusement S. M. connaît très-bien la valeur de tout ce qui l'environne, et personne dans cet ordre ne jouit du moindre crédit sur son esprit.

La reine se fait une vraie joie de revoir M⁰ʳ l'archiduc Maximilien au mois de février. S. M. me parlait en dernier lieu d'une façon attendrissante sur son amour, son attachement pour son auguste famille, et je vois toujours que ce sentiment est plus profondément que jamais gravé dans son cœur.

ANNÉE 1775.

I. — Marie-Thérèse a Mercy.

Vienne, 3 janvier. — Comte de Mercy, J'ai reçu votre lettre du 19 du passé par le courrier Kleiner, arrivé ici dans la nuit du 25 au 26. Il n'est que trop vrai que la situation brillante où se trouve ma fille exigerait de sa part un peu plus d'attention et d'application, surtout à la lecture; mais partie sa jeunesse, partie ce dégoût pour la lecture (je dois l'avouer) commun presque à tous mes enfants, paraissent demander du temps pour lui faire corriger ces défauts. Je suis d'ailleurs contente de sa conduite et en particulier de sa fermeté et présence d'esprit à l'occasion de l'accident qui lui est arrivé dans une course de traîneaux. Comme je l'ai appris par la gazette même avant de recevoir votre dernière lettre, je lui en parlerai dans la mienne, en lui témoignant ma satisfaction de sa contenance dans ce cas imprévu, dont j'avais tout lieu de présumer qu'elle était bien capable d'objets plus importants que la musique, danse et autres de cette espèce. Je suis touchée encore de la sensibilité que le roi a fait voir sur le malheur d'un homme blessé dans sa présence par une chute dangereuse. C'est un sentiment peu connu dans ce temps, où les philosophes à la mode placent l'héroïsme dans une parfaite indifférence pour les malheurs d'autrui.

L'intérieur de la famille, le train de vie à la cour, la conduite du roi et de son épouse, tout me fournit des sujets de satisfaction ; il n'y a que ce point fatal qui concerne la vie conjugale qui m'inquiète. Au reste, j'approuve infiniment la façon dont ma fille traite la comtesse d'Artois dans l'état où l'on suppose qu'elle se trouve. Cette conduite fait de nouveau honneur à son bon cœur.

Breteuil, malgré son mérite, n'aura pas ici d'abord un début trop aisé, tant on est prévenu en faveur de Rohan et même de Georgel, l'un et l'autre ayant réussi à fasciner les gens de toute espèce par de basses flatteries et façons rampantes; mais j'espère que Breteuil, sage comme il est, ne tardera pas de l'emporter par sa conduite honnête et régulière sur son prédécesseur.

Je suis obligée à Vergennes des soins qu'il veut prendre pour détourner le projet de Rohan de se rendre à Vienne. Je rends toujours justice à l'honnêteté et aux bons sentiments de Vergennes; mais je me doute s'il se soutiendra à la longue.

Ma fille fera bien de réfléchir mûrement sur son projet de nommer la princesse de Lamballe surintendante de sa maison avant de l'exécuter. Je serais fâchée de la retraite de la duchesse de Cossé; ne trouveriez-vous à propos qu'on lui fît quelque présent, et de quelle espèce? ou qu'on lui donnât quelque autre marque d'attention?

Je suis bien aise de la décoration accordée au marquis Durfort. Je ne le nommerai plus dans mes lettres à ma fille, à qui je veux être à charge le moins que possible.

Pour le voyage de mon fils Maximilien en France, je me remets à ce que Rosenberg concertera sur ce sujet avec vous (1). C'est de bien bon cœur que je me prête au désir de ma fille de revoir son frère.

II. — Marie-Thérèse a Mercy (2).

3 janvier. — J'envoie à la reine un portrait assez bon de l'empereur et un en miniature de moi, mais nullement ressemblant. J'étais très-contente de sa dernière lettre; j'en ai vu une à l'empereur que j'ai trouvée très-bien. Je ne savais rien du tout que l'empereur

---

(1) Nous ne pouvons mieux faire connaître la confiance qu'avait l'impératrice dans le comte de Rosenberg qu'en citant un fragment des instructions qu'elle donnait à son fils Maximilien à propos de son voyage : « Je connais Rosenberg depuis quarante ans; il m'a servi à ma satisfaction, et mérite par là ma confiance. Vous ne pouvez ignorer qu'il est aimé et estimé par le public raisonnable, de même qu'il l'a été dans les pays étrangers où il a été employé; preuve bien évidente de son caractère et mérite personnel. Vous devez donc le consulter sur toute chose et suivre ses conseils; il n'est pas difficile, et c'est le seul point pour lequel je n'ai pas en lui la même confiance que pour le reste. Il n'est que trop indulgent, aimable dans la société, avec une politesse aisée. J'espère qu'il vous communiquera ses qualités, qui vous manquent entièrement. Je souhaite seulement que sa santé se soutienne; je tremble sur ce sujet. Vous resterez à séjourner des jours entiers, pour le ménager : rien ne presse votre voyage. »

(2) Copie en partie de la main de Mercy, en partie de celle d'un secrétaire. Mercy a mis en marge : « L'original renvoyé à S. M. le 19 janvier. »

lui avait écrit une lettre allemande, mais s'étant vanté de cela depuis, il ne pouvait que me faire voir la réponse. J'ai empêché le dernier courrier qu'il ne lui adressât une lettre où le contenu s'adressait à son correspondant l'abbé de Vermond, dans la supposition que c'était son écriture (1). J'ai dû parler fort pour l'empêcher, lui disant qu'il pouvait rompre toute correspondance, mais qu'il n'était pas en droit de corriger ainsi une reine de France. Outre les autres chagrins et désagréments de mes tristes jours, j'ai celui que depuis cet été l'empereur a pris en guignon la reine; c'est ce Rohan qui lui a rendu de si mauvais services. Il ne dépendait que de moi d'en entendre de toutes sortes de lui, mais qui visaient toutes à faire tort aux Choiseul et surtout à Vermond. J'ai entendu les mêmes propos de l'empereur sur ce dernier, que l'autre m'a lâchés ci-devant; c'est une des grandes raisons pourquoi j'ai tant insisté pour son départ et qu'on ne lui permette pas de revenir; c'est un mauvais et dangereux homme; il a fait bien du mal ici. L'empereur veut charger Rosenberg et Maximilien de bien observer la reine, et de ne lui parler qu'allemand (vous ne ferez semblant de rien, mais je vous marque cette anecdote pour votre direction). Il s'est beaucoup lâché hier auprès des dames, car malheureusement les choses se savent ainsi, et je n'en ai aucune autre connaissance, qu'il a écrit une lettre de vérité à sa sœur pour contrebalancer les fades adulations qu'on lui prodigue et qui lui tournent la tête.

Les femmes prétendent que Rohan tient une correspondance avec elles et que l'empereur la voit et fait mettre de ses réponses. Sur cela je ne puis vous garantir la vérité, mais on a vu des lettres de ce Beaumarchais, communiquées par ce canal, où il dit qu'il est fait secrétaire du cabinet du prince Conti. A propos de celui-ci, je dois vous avertir, le connaissant par sa correspondance secrète du règne du feu roi, qu'il a été toujours très-peu porté pour l'alliance avec nous, qu'il est d'une ambition extrême et ose beaucoup. Il voulait être roi de Pologne et a fait bien des pas à l'insu du roi (2). Je crains pour les

---

(1) Voir la note de la page 264 sur le changement qui se fit alors dans l'écriture de la reine et qui explique cette supposition de Joseph II.

(2) Ce furent effectivement les espérances du prince de Conti au trône de Pologne qui, encouragées par Louis XV sans être acceptées par sa politique officielle, donnèrent lieu à la diplomatie secrète, continuée ensuite dans d'autres vues. Le prince de Conti avait à vingt-sept ans brillamment commandé les armées et gagné la bataille de Coni. Éloigné ensuite

prévenances qu'il vous prodigue à cette heure qu'il y a du dessous.

Il me suffit de vous tout dire ; vous en ferez tel usage que vous voudrez, et, je suis sûre, toujours le meilleur. Brûlez tout de suite celle-ci, et croyez-moi toujours votre bien affectionnée.

III. — Mercy a Marie-Thérèse.

Paris, 15 janvier. — Sacrée Majesté, Depuis le départ du courrier de décembre il n'est rien survenu de bien remarquable relativement à ce qui concerne la reine, et le compte que j'ai à rendre aujourd'hui à V. M. ne portera en grande partie que sur les objets d'amusement qui se succèdent à Versailles dans presque toutes les journées de la semaine.

Les bals de la reine continuent à avoir lieu les lundis ; ils deviennent plus nombreux et plus brillants ; S. M. a commencé le 9 de ce mois à établir des quadrilles de masques ; la première (1) a été composée sous des habillements norvégiens et lapons. Le bal a été ouvert par une marche et une contredanse analogues à la mascarade dont l'ajustement était du meilleur goût. Le roi n'a point encore dansé à ces bals, quoiqu'il en eût d'abord formé le projet ; il y vient communément vers les neuf heures, il s'y promène, parle à tout le monde, et ne se fixe à aucune place. Dans l'intervalle des contredanses la reine prend de son côté le moment de donner à un chacun quelque marque de bonté. Elle distingue particulièrement les dames étrangères, auxquelles elle permet de venir voir les bals, quoiqu'elles n'aient pas été présentées à la cour. Trois dames anglaises, au nombre desquelles était milady Elsbury (2), se sont trouvées au bal du

---

de toute charge importante, doué d'une parole éloquente et de cette grâce séduisante qui semblait un privilége de sa famille, il était devenu dans les dernières années de Louis XV comme le chef et le héros du parti parlementaire et libéral. Au Temple, autour de lui, se pressait toute cette société élégante de jeunes seigneurs, de femmes mêlant dans les graves questions de la politique à l'ardeur généreuse de leur temps tous les entraînements de la mode. La spirituelle comtesse de Boufflers, l'amie du prince, tenait ce salon, où Beaumarchais était invité le soir du jour où il avait été *blâmé* par le parlement Maupeou. Nous ne trouvons nulle part que Beaumarchais ait été en effet secrétaire du prince de Conti ; en tous cas c'eût été pour peu de temps, puisque ce prince mourut en 1776.

(1) L'usage fait désormais le mot *quadrille* masculin.

(2) Mylady Ailesbury, parente d'Horace Walpole, faisait à Paris avec sa famille un voyage de curiosité et d'amusement. Il est beaucoup parlé d'elle, et avec de grands éloges, dans la correspondance de Mme du Deffand avec Walpole.

26 de décembre; elles y ont été traitées par la reine avec une grâce et une bonté qui a été fort remarquée et généralement applaudie. Je réunirai tout en un mot en disant que la reine ajoute journellement quelque nouveau degré de perfection à la tenue de sa cour, et que tout le monde est enchanté du traitement qu'il y éprouve.

La famille royale jouit avec beaucoup d'union de toutes les occasions destinées à ses amusements. Monsieur et Madame sont d'une extrême attention dans la recherche des moyens de plaire à la reine; M. le comte d'Artois se conduit à cet égard beaucoup mieux que par le passé, et, quoiqu'il soit toujours le même dans son intérieur, il observe chez le roi et chez la reine un maintien qui n'a plus cet air de familiarité choquante dont on avait lieu de se plaindre ci-devant.

Le 1er de janvier a été un jour de marque par l'affluence et l'empressement avec lequel tout le monde se portait chez la reine. S. M. a compté au delà de deux cents femmes qui se sont présentées pour lui faire leur cour. Ce jour-là je fus présent chez la reine pendant tout le temps que dura sa toilette. J'y vis arriver successivement les ministres du roi, et celles des premières charges qui ont les grandes entrées. La reine fit la conversation avec un chacun et traita particulièrement bien le comte de Maurepas et ceux des ministres qui méritaient le plus d'attention. Ces derniers redoublent de respect et de déférence pour S. M.; leur conduite à cet égard se règle sur le degré d'influence et de crédit dont la reine jouit, et de temps à autre il survient des circonstances qui rendent les ministres encore plus attentifs à leurs spéculations. Depuis assez longtemps Madame et Mme la comtesse d'Artois désiraient fort de pouvoir procurer en France un établissement à un jeune prince de Carignan, leur cousin (1). Les ministres du roi étaient fort opposés à ce projet et en empêchaient le succès. La princesse de Lamballe, sœur du jeune prince dont il s'agit, voyant qu'il n'y avait d'autre appui efficace à espérer que celui de la reine, se prévalut de l'affection toute particulière dont S. M. l'honore, et en obtint la promesse de faire réussir l'arrangement en question. Il fut en effet décidé sous huit jours. Le roi y mit sa complaisance ordinaire pour tout ce que désire la reine, et, sans consulter aucun ministre, il déclara qu'il accordait au prince de Carignan trente mille livres de pension annuelle avec un régi-

---

(1) Le prince Eugène-Marie-Louis, né en 1758.

ment d'infanterie nationale, mais qui sera tenu sur le pied étranger, avec toutes les attributions d'agrément et d'utilité que cette forme établit en faveur des propriétaires qui commandent ces corps. Cette nouvelle preuve du crédit de la reine a fait grande sensation, mais on n'a pas été fort content de l'objet que S. M. a voulu effectuer, et j'aurais pris la liberté de lui exposer quelques remarques à ce sujet si la chose ne s'était point faite avec tant de précipitation que je n'en ai été informé qu'au moment de la conclusion. Lorsqu'après coup S. M. me permit de lui en parler, je lui représentai que son amitié pour la princesse de Lamballe n'avait déjà causé que trop d'ombrage, que, dans l'attente où on était que cette princesse aurait un jour la place de surintendante, voyant par dessus cela arriver un de ses frères, qui vient enlever des bienfaits au préjudice des gens du pays qui auraient plus de droit d'y prétendre, et cela encore dans un temps où le roi annonce vouloir s'occuper de mesures économiques, on a lieu d'être un peu surpris que des arrangements contradictoires à ces mêmes mesures s'opèrent par le crédit de la reine, et qu'elle emploie son influence à renforcer ici le parti piémontais. S. M. n'a pu disconvenir qu'il n'y eût quelques réflexions à faire à ce sujet, mais, en ne pouvant tout refuser à son sentiment personnel pour la princesse de Lamballe, elle se propose cependant de garder des mesures à l'avenir, et je me flatte qu'au moins encore pour quelque temps la reine résistera au désir de se donner pour surintendante la princesse en question.

Étant resté la semaine passée deux jours de suite à Versailles, j'y ai eu occasion de parler à la reine de plusieurs objets sérieux et qui exigeaient quelque détail. S. M. a voulu être plus particulièrement informée de tout ce qui a rapport aux affaires présentes du parlement (1) et des conséquences des démarches que ce corps a faites en dernier lieu. J'ai tâché d'en rendre le meilleur compte qu'il m'a été possible, et de déduire tout ce que cette matière délicate renferme d'intéressant au maintien de l'autorité royale. J'ai eu à parler à

---

(1) Aussitôt rappelé, le parlement protesta contre les décrets qui modifiaient son ancienne constitution. Le prince de Conti se mit à la tête de cette opposition nouvelle qui, modérée et respectueuse au premier moment, devint bientôt tracassière et intolérante. Rétabli au nom de la liberté, le parlement fit obstacle à toutes les libérales et fécondes réformes proposées par Turgot. La pensée de Mercy d'engager la reine dans un parti parlementaire offrait des dangers qui, on le verra, n'échapperont pas à la clairvoyance de Marie-Thérèse.

ce sujet du prince de Conti, de sa prépondérance dans le parlement, des vues qu'il peut avoir en manifestant, comme il le fait, son désir de s'attacher à la reine et de se concilier sa bienveillance et sa protection. J'ai fait voir ce que cette circonstance pouvait présenter d'avantageux pour le meilleur service de la reine, et j'ai montré en même temps les inconvénients à éviter. Le prince de Conti est le seul parmi les princes du sang qui, par ses qualités personnelles, puisse jouer un rôle dans ce pays-ci; il a de de l'esprit, des connaissances, beaucoup de fermeté et de courage, mais son humeur trop entreprenante exige qu'il soit contenu dans de certaines bornes, et je me règle d'après ce principe dans les observations que j'expose à la reine sur le prince de Conti. S. M. s'occupe avec une vraie joie de la prochaine arrivée de Mgr l'archiduc Maximilien; elle ira au-devant de lui à quelques lieues de Paris. S. M. n'a point encore fixé l'endroit de ce rendez-vous; elle m'a ordonné d'aller reconnaître les environs à la distance d'une ou deux postes, et d'y chercher une maison ou un château où la reine puisse dîner avec son auguste frère. Après le départ du courrier, j'irai prendre les informations nécessaires, et donnerai ensuite avis au comte de Rosenberg de tout ce qui aura été arrangé.

La reine est venue à l'Opéra à Paris le vendredi 13. Le peuple, qui se portait avec affluence sur son passage, a donné par ses acclamations des preuves extraordinaires et les plus vives de son amour pour la reine; il en arriva de même à l'entrée de S. M. au théâtre, qui était rempli outre mesure. On y représentait l'opéra d'*Iphigénie,* de la composition de Gluck. Au second acte de cette pièce il y a un chœur dont Achille chante le premier vers en se tournant vers sa suite et disant :

« Chantez, célébrez votre reine! »

Au lieu de cela l'acteur s'avançant vers le parterre et les loges dit :

« Chantons, célébrons notre reine,
« L'hymen qui sous ses lois l'enchaîne
« Va nous rendre à jamais heureux. »

Cela fut saisi par le public avec une ardeur incroyable; ce ne furent que cris et battements de mains ; et ce qui n'est jamais arrivé à l'Opéra, c'est que l'auditoire fit répéter ce chœur et y joignit des acclamations de « Vive la reine! » qui suspendirent le spectacle pendant plus d'un demi quart-d'heure. La reine en fut si touchée qu'il lui échappa quelques larmes. S. M. était venue sans faste dans la loge des premiers gentilshommes de la chambre, accompagnée de Monsieur, de Madame et de M. le comte d'Artois, le roi était resté à Versailles (1). Au moment des acclamations publiques, on remarqua que Madame et les deux princes furent des premiers à battre des mains. En entrant et en sortant la reine salua tout le public avec une grâce et un air de bonté qui fit redoubler les cris de joie.

Le lendemain 14 le courrier mensuel arriva et me remit les ordres de V. M. en date du 3 de ce mois. L'excessive chaleur que j'avais essuyée la veille au théâtre m'ayant causé une extinction de voix et de la courbature, je me trouvai hors d'état de me rendre à Versailles, mais j'envoyai sur-le-champ à l'abbé de Vermond les lettres adressées à la reine avec la petite caisse qui les accompagnait, et le tout fut présenté à S. M. dans la même journée.

L'intention que V. M. daigne me faire connaître, de donner une marque de satisfaction et de bonté à la duchesse de Cossé, est certainement digne de la munificence de V. M., et se trouvera bien placée, vu le mérite distingué de la dame d'atours en question ; mais, comme j'ai lieu d'espérer qu'elle gardera encore sa place pendant quelque temps, et que j'emploierai toutes sortes de moyens pour éloigner le terme de sa retraite, je remets à ce temps-là d'exposer à V. M. et de soumettre à ses hautes volontés l'objet qui pourrait former un présent à donner à la duchesse de Cossé.

IV. — Marie-Thérèse a Mercy.

Vienne, 16 janvier. — Comte de Mercy, Le porteur de la présente est fils du feld-maréchal feu le comte de Marschal (2) qui, par ses

---

(1) Nous avions déjà montré par des preuves convaincantes, croyons-nous, que Louis XVI ne pouvait avoir écrit la lettre au duc de la Vrillière du 14 janvier 1775 donnée dans le 1er volume du recueil de M. Feuillet de Conches, *Louis XVI et Marie Antoinette*, page 60, lettre exprimant le plaisir qu'aurait éprouvé le roi à cette représentation de l'*Iphigénie*. On voit par quelle assertion formelle Mercy constate l'absence du roi. Nous ne serions pas revenu sur une question qui semblait vidée si des publications nouvelles n'avaient continué de citer cette pièce, évidemment apocryphe.

(2) Le feld-maréchal comte de Marschall s'était illustré pendant la guerre de Sept ans, surtout à Olmütz, en 1758. Il était mort en 1771, dans son gouvernement de Luxembourg. Son fils, après avoir obtenu dans l'armée autrichienne le grade de major, la quitta brusque-

longs services, s'est très-distingué, surtout par la belle défense d'Olmütz, et s'en est mérité toute mon estime. Les mérites du père rejaillissent encore sur le fils, qui, par un coup d'étourderie, sans que quelque trait de mauvaise conduite y ait part, a quitté en qualité de major mon service. Ne pouvant plus y rentrer par le système établi à cet égard, il voudrait s'attacher à celui de France, où il pourrait employer ses talents dans le métier. Je vous charge donc de l'aider à réussir dans ses vues, et je vous en saurai gré, aussi par rapport à sa mère, que j'estime, et parce que je trouve le jeune homme bien repenti.

V. — Mercy a Marie-Thérèse.

Paris, 19 janvier. — Sacrée Majesté, Les deux très-gracieuses lettres de V. M. datées du 15 novembre dernier, et que m'a remises le comte de Fossières, exigent une réponse séparée, avec quelques observations sur les moyens d'effectuer l'intention où V. M. est de faire représenter à Vienne l'opéra français *Iphigénie*.

La valeur et l'importance peu méritée que le public de Paris attribue à son Opéra est sans doute la cause qui a déterminé le gouvernement à donner à ce spectacle et à l'ensemble qui le compose une forme tout à fait particulière et qui l'assimile à une institution nationale, stable et permanente. C'est par une suite de ce plan que, par lettres patentes de Louis XIV, le corps des acteurs de l'Opéra est érigé en Académie royale de musique, et que, parmi un nombre de priviléges aussi extraordinaires qu'absurdes, il en est un entre autres, fondé par lettres patentes du roi, qui déclare que la profession de chanteur à l'Opéra ne déroge point à la noblesse, et que, par conséquent, un noble peut exercer cette profession sans perdre ses droits d'ennoblissement; privilége qui ne regarde cependant que les acteurs chantants, et auquel les acteurs dansants ne participent point (1).

---

ment à cause des torts qu'on lui avait faits, suivant lui, dans une affaire d'avancement. La protection de Marie-Thérèse lui aurait obtenu un brevet de colonel à la suite dans l'armée française si à ce moment même Louis XVI ne se fût décidé à supprimer l'abus de ce genre de brevets. Après quelques mois d'attente infructueuse, le jeune officier renonça à entrer au service de France, qui devenait d'un accès plus difficile pour les officiers étrangers.

(1) La fondation de l'Opéra à Paris date réellement des lettres patentes délivrées le 29

Tous ces acteurs ont des appointements fixes, payés par l'Hôtel de ville de Paris et avec l'assurance d'une pension de retraite de la moitié de la somme des appointements. Indépendamment de cela, ces mêmes acteurs sont agrégés à la musique du roi avec des appointements affectés à ces places. Il résulte de là que les acteurs de l'Opéra, doublement liés à perpétuité au service de la cour et à celui de la ville de Paris, ne peuvent contracter aucun engagement relatif à leur talent ni s'absenter que par une permission ou un ordre exprès du roi.

Ce qui est exposé ci-dessus ne présente que des embarras; mais comme toute difficulté doit céder aux intentions de V. M., je n'ai pensé qu'aux moyens de les exécuter, et me suis d'abord concerté là-dessus avec le maître de chapelle Gluck, en lui enjoignant le secret de façon à m'assurer qu'il ne le violera pas. Comme il serait impossible qu'en aucun temps l'Opéra de Paris restât suspendu, j'ai proposé à Gluck de composer sur-le-champ une pièce nouvelle, et arrangée de manière à pouvoir être exécutée par les sujets faibles et destinés, dans les cas de besoin, à doubler les premiers acteurs qui sont indispensablement nécessaires pour représenter l'opéra d'*Iphigénie*. Ce nouvel ouvrage, auquel Gluck travaille déjà, le mettra peut-être dans le cas de rester ici quelques semaines de plus que ne porte sa permission, mais j'ai lieu de croire que V. M. daignera ne le pas trouver mauvais, puisque cela n'arrive qu'en vue d'employer un expédient nécessaire à l'exécution de ses intentions.

En cherchant à diminuer autant que possible les embarras, Gluck a trouvé que cinq des premiers acteurs, et douze voix pour les chœurs, suffiront à représenter son opéra d'*Iphigénie*; il s'agira par conséquent de dix-sept personnes à envoyer à Vienne. Le moyen unique de déplacer ces acteurs sera un ordre exprès du roi; et il n'y a pas le moindre doute que ce monarque se fera un plaisir de complaire à V. M. dans l'objet dont il s'agit, et relativement auquel

---

mars 1672 à Lulli, et lui attribuant en toute propriété le privilége de ce qu'on appelait dès lors l'*Académie royale de musique*. Il y était dit : « Voulons et nous plaît que tous gentilshommes et demoiselles puissent chanter auxdites pièces et représentations de notre dite Académie royale de musique sans que pour ce ils soient censés déroger au dit titre de noblesse, ni à leurs priviléges, charges, droits et immunités. » C'est peu de temps après que le roi donna à Lulli la salle du Palais-Royal, récemment construite par l'architecte Moreau.

tout pourra être arrangé de façon à ce que le spectacle ne soit point suspendu à Paris.

Quant aux frais que pourra occasionner l'exécution du projet en question, la dépense en sera d'autant plus forte que les honoraires des acteurs dépendront uniquement du bon plaisir et de la munificence de V. M., n'y ayant pas moyen, par les raisons exposées ci-dessus, de fixer des engagements avec les acteurs susdits. Quand il plaira à V. M. de me l'ordonner, je pourrai mettre sous ses yeux un aperçu qui indiquera à peu près jusqu'où la dépense dont il s'agit pourrait se monter. Je finis par une remarque qui est que le public d'ici serait à coup sûr très-flatté que V. M. voulût voir un spectacle à la valeur duquel la nation française a toujours mis un certain amour-propre, et peut-être beaucoup plus que la chose ne le mérite.

Relativement au comte de Fossières (1), je prendrai toutes les mesures possibles pour faire valoir la protection que V. M. daigne accorder à cet officier. Les grâces qu'il demande sont précisément au nombre de celles contre lesquelles le nouveau contrôleur général vient de faire adopter au roi un système qui les exclut toutes. Le comte de Fossières aurait voulu que je m'employasse à tâcher de lui procurer la protection de la reine ; je lui ai répondu qu'ensuite d'une défense la plus expresse de V. M., il m'était interdit de porter à la connaissance de la reine aucun objet de sollicitation ou demande particulière, mais je me suis offert à parler à tel ministre que le comte de Fosières aura à m'indiquer, et je me concerterai avec lui sur toutes les démarches qu'il jugera propres à la réussite de son affaire.

VI. — MERCY A MARIE-THÉRÈSE.

Paris, 19 janvier. — Il est arrivé un petit événement au bal de la reine le 2 de ce mois. Un jeune homme nommé le marquis de Douvetot (2) trouva dans la salle du bal un billet : c'était une déclaration d'une femme à son amant. Le jeune homme eut l'imprudence, à ce que l'on prétend, de faire lire ce billet à d'autres jeunes gens, et

---

(1) Voir plus haut la lettre de Marie-Thérèse du 15 novembre 1774, page 252.
(2) Mercy défigure ce nom ; il s'agit du vicomte d'Houdetot, fils de la comtesse d'Houdetot, l'amie de Saint-Lambert, et à laquelle les *Confessions* de Rousseau ont fait une célébrité. Cette anecdote est racontée dans la *Correspondance* de Métra, tome I, page 160, avec quelques circonstances un peu différentes et plus romanesques.

il s'ensuivit des soupçons sur plusieurs femmes et beaucoup de propos. La reine en ayant été instruite fit imposer silence sur cette aventure, et punit la légèreté du marquis de Douvetot en lui faisant défendre de reparaître aux bals de la cour. Tout cela n'est qu'un effet de l'étourderie si commune à la jeunesse de ce pays-ci, et je n'en fais mention que pour le cas où cette anecdote pourrait parvenir à la connaissance de V. M. avec des particularités peu exactes.

Je vais maintenant reprendre presque tous les articles des deux très-gracieuses lettres de V. M., et je commence d'abord par celui de ces articles qui exige une justification de ma part.

V. M. daigne observer que, même avant d'avoir reçu mon très-humble rapport du 18 décembre, elle était déjà informée par la gazette du petit accident arrivé à une course de traîneau de la reine. Il est bien certain que les faits de notoriété générale seront presque toujours insérés dans les feuilles publiques avant que mes rapports ne puissent parvenir à V. M. La raison en est que les courriers mensuels passant par Bruxelles, quoiqu'ils y soient arrêtés le moins possible, emploient cependant dix jours pour arriver à Vienne, et ne font pas plus de diligence que la poste ordinaire. Cette dernière voie a même un avantage, qui est de partir tous les jours, au lieu que, pour expédier les courriers, je suis obligé d'attendre les lettres de la reine, qui retarde souvent les expéditions. Mon très-humble rapport du 15 de juillet de l'année dernière exposait ces mêmes raisons avec plus de détails à l'occasion de la nouvelle de l'inoculation du roi.

Dans les cas d'événements de quelque importance je remplirai exactement l'ordre qui m'est donné de dépêcher des exprès à Bruxelles, ainsi que cela est arrivé passé quelques jours à l'occasion d'une lettre du roi à V. M.

Relativement au baron de Breteuil, j'ai eu lieu aujourd'hui d'insérer dans ma dépêche d'office des particularités qui sont favorables à ce que l'on doit attendre de la conduite de cet ambassadeur, que j'ai tâché de bien préparer à un début convenable vis-à-vis du prince de Kaunitz.

Quant à ce qui regarde le comte de Vergennes, il est certain que ce ministre connaît fort peu les moyens de se soutenir à la longue dans une cour telle que l'est celle-ci. Il n'y a pour lui d'appui solide que la protection de la reine, et je ne perds point d'occasion de faire sentir à S. M. tous les motifs qui peuvent l'engager à maintenir en place un homme honnête qui lui sera fidèlement attaché, et dont les sentiments sont si convenables au système présent.

Si ce n'est point par ce courrier, au moins sous trois jours je me serai entendu avec le comte de Rosenberg sur tout ce qui a trait à l'arrivée et au séjour de Mgr l'archiduc Maximilien dans ce pays-ci. Le désir de la reine est que S. A. R. reste beaucoup à Versailles, où son appartement est déjà préparé. Il faudra cependant que cet auguste prince ait le temps de voir le matériel de Paris, et j'ai déjà pris à cet effet des mesures au moyen desquelles Mgr l'archiduc ne perdra pas de moments, s'il daigne agréer le plan que je mettrai sous ses yeux lorsque j'irai au devant de S. A. R., à quelque distance de Paris.

La lettre que V. M. me fait la grâce de m'écrire de main propre exige, par l'importance de son contenu, qu'elle revienne entre les mains de V. M., et en la remettant ici je vais répondre aux articles qui en font l'objet.

Je devais croire que V. M. avait entière connaissance de la lettre allemande que S. M. l'empereur écrivit par le dernier courrier à la reine, qui daigna me la confier pour lui en faire la traduction. Cette lettre était d'une tournure très-spirituelle, mais un peu caustique et sévère, quoique S. M. la terminât par des expressions très-touchantes et qui témoignaient sa tendresse pour la reine. Sans altérer le texte de la lettre, je mis cependant tous les adoucissements auxquels pouvait donner lieu la différente tournure des deux langues, et j'observai bien l'effet que cette lettre produisit sur l'esprit de la reine. Après un moment de réflexion elle me dit : « Il y aurait ici matière « à brouillerie, mais je ne me brouillerai jamais avec mon frère ; je « vais lui répondre en plaisantant. » Sur cela la reine commença sa lettre en employant les deux différents caractères d'écriture (1) qui avaient donné lieu au soupçon de l'emploi d'une main étrangère. Quelques jours après, la reine me parla encore de cette lettre, et comme il me parut que ce souvenir la tourmentait, je priai S. M. de supprimer la lettre en question, ainsi que la traduction, ce qui fut fait. Il est vrai que la reine, sans avoir oublié la

---

(1) Pour le changement qui se fit alors dans l'écriture de Marie-Antoinette, et dont nous trouvons ici un nouveau témoignage, nous renvoyons à la note de la page 264, année 1774.

langue allemande, a entièrement perdu l'usage de la parler, encore plus de la lire ou de l'écrire ; cela était presque inévitable. En mettant cet article à part, je tâcherai certainement de concourir à ce que M#^{gr}# l'archiduc et le comte de Rosenberg observent la reine le plus scrupuleusement possible : c'est ce qui peut arriver de plus avantageux à cette auguste princesse. Ce serait lui faire un grand tort que de la croire portée à se laisser prendre aux adulations ; par caractère et par réflexion elle y répugne même, et je doute qu'il puisse exister dans un rang si auguste personne à qui il soit aussi facile de dire la vérité sans crainte qu'elle en soit jamais rebutée. C'est une expérience que je fais depuis plusieurs années, et les bontés et la confiance que daigne me marquer la reine ont toujours augmenté en raison de la franchise avec laquelle je n'ai cessé de lui parler sur tout ce qui intéresse son service.

Le prince de Rohan n'a jamais été ni bien ni mal traité par la reine, et s'il n'a pas lieu de se louer de ses bontés, aussi n'a-t-il pas sujet de se plaindre d'aucune rigueur. Le prince de Soubise et la comtesse de Marsan éprouvent journellement de la part de la reine toutes sortes d'égards, mais elle ne s'est jamais livrée à leur esprit d'intrigue, et c'est ce qui a mortifié cette famille, dont heureusement le suffrage est devenu de la plus mince valeur.

Quant à ce qui regarde le prince de Conti, V. M. aura daigné remarquer ce que j'en ai dit plus haut, et ce qui se trouve déduit dans ma dépêche d'office (1). Je connaissais depuis longtemps le système du prince en question, ses vues ambitieuses, et son humeur entreprenante ; aussi en tâchant de mettre à profit pour le service de la reine celles de bonnes qualités qu'il peut avoir, je serai toujours très en garde contre les desseins cachés du dit prince, et la reine est bien prévenue sur la circonspection nécessaire à observer vis-à-vis de lui.

VII. — MARIE-THÉRÈSE A MERCY.

Vienne, 4 février. — Comte de Mercy, J'ai reçu vos lettres du 19 du passé par le courrier Neumann, arrivé ici le dernier du même mois. Je me suis bien aperçue des distractions du carnaval par la brièveté de la lettre de ma fille, quoique je suis d'ailleurs contente du langage

---

(1) Voir plus haut la pièce II, page 279.

qu'elle y tient. Je lui passerais bien volontiers tous ces divertissements, conformes à son âge et à l'usage, mais je voudrais que le roi les partageât toujours, qu'il dansât lui-même dans les bals et que ma fille se trouvât autant que possible avec lui dans toutes les parties de plaisir. Par cette raison l'événement de l'Opéra du 13 m'aurait beaucoup plus flattée si le roi y eût été présent. Je souhaiterais seulement que ma fille ne se livrât pas tant aux divertissements pour abandonner tout à fait toutes les occupations sérieuses, pour lesquelles elle n'a pas d'ailleurs trop de goût. Au reste je vous avoue que les progrès de ma fille surpassent mon attente; je les reconnais comme votre ouvrage, et l'obligation que je vous en ai répond à la satisfaction que j'éprouve de la réussite de ma fille. Il me reste seulement quelque doute sur les effets de jalousie [et du roi même] qu'à la longue pourraient produire dans la famille les éloges qu'on prodigue à ma fille, quelque bonne apparence qu'il y ait de l'union parmi les personnes qui la composent. Ma fille aurait sans doute mieux fait de mettre moins de chaleur dans l'établissement du prince de Carignan en France : c'est un nouveau renfort du parti piémontais, qui est déjà assez considérable; mais c'est dans son caractère de précipiter les choses de son goût pour esquiver les remontrances de ceux qui voudraient s'y opposer [et cela me confirme toujours de plus dans l'idée du caractère de ma fille]. Je crains qu'elle ne suive un jour, lorsqu'on y pensera le moins, la même marche pour exécuter son idée par rapport à la princesse de Lamballe.

Pour ce qui concerne le voyage de mon fils Maximilien en France, je m'en remets au concert que vous prendrez sur ce sujet avec Rosenberg. Il faut seulement observer que mon fils doit en France, comme partout ailleurs jusqu'ici, garder le plus parfait incognito et y paraître sur le pied d'un simple cavalier, comte de Burgau. Il ne pourra par conséquent être question des honneurs publics à lui rendre, soit par le militaire ou par le civil. Dans la distribution des présents il faut observer la décence sans lésine, mais encore sans profusion. Vous saurez au mieux conseiller sur ce point le comte de Rosenberg. [Pour la réception c'est trop tard; j'espère que vous l'aurez concerté ainsi.]

Vous faites le portrait le plus exact du caractère du prince de Conti; il est bon de le ménager, mais il faut encore tâcher de le tenir dans les bornes. Je souhaite que les affaires parlementaires s'arrangent sans exciter de nouveaux troubles, et que Vergennes se soutienne dans son poste.

Je compte que Breteuil, en se prêtant aux directions que vous lui donnez, réussira ici et détruira peu à peu les préjugés qu'on a adoptés dans le passé contre lui. [Encore hier j'ai eu un entretien avec Kaunitz; il me paraît très-prévenu contre Breteuil, et compte se tenir roide vis-à-vis de lui, surtout s'il débutait sur les affaires de Moldavie, où nous avons entièrement tort. Kaunitz ne défend pas sa cause en ceci, mais, en fidèle ministre, celle de son maître. J'avoue, je ne sais comme nous en sortirons encore, difficilement honorablement ; cela me chagrine au delà de toute expression (1).]

Je souhaite que Mme de Cossé reste encore longtemps dans sa place. Pour le présent que je lui destine, je vous laisse l'arbitre d'en déterminer la valeur et le moment ; peut-être trouveriez-vous à Paris quelque emplette propre à cet effet.

Pour des événements qui arrivent de temps en temps et qui pourraient en quelque façon intéresser ma fille ou le roi, ou la famille dans leur particulier, je vous avoue que je suis quelquefois embar-

---

(1) Voici sur la politique de l'Autriche en Orient une intéressante note de Louis XVI à Vergennes. Le cabinet français voyait bien l'opposition qui existait entre les vues politiques de Marie-Thérèse et celles de Joseph II, les tiraillements et les oscillations qui en résultaient dans la politique de l'Autriche au détriment de la sincérité de son alliance avec la France : « Je vous renvoie, monsieur, la dépêche de M. de St-Priest ; je ne crois pas que la maison d'Autriche entende son intérêt en ne voulant pas demander la liberté du commerce de la mer Noire ; toutes les démarches que ce cabinet fait depuis quelque temps sont bien obscures et bien fausses ; je crois qu'il est embarrassé de ses nouvelles usurpations en Moldavie, et qu'il ne sait comment se les faire adjuger ; la cour de Russie les désapprouve, et la Porte ne consentira jamais à les céder à l'empereur. Je ne crois nullement à ce nouvel accord entre les cours co-partageantes, je les crois plutôt en observation vis-à-vis les unes des autres et se défiant d'elles mutuellement ; l'avis de M. de Lauzun me confirme dans ma pensée. Pour ce qui est de l'invasion que les troupes de l'empereur ont faite dans l'état de Venise, je n'y vois nulle raison ; mais la loi du plus fort est toujours la meilleure : elle dénote bien le caractère ambitieux et despote de l'empereur, dont il ne s'est pas caché au baron de Breteuil. Il faut croire qu'il a su fasciner absolument les yeux de sa mère, car toutes ces usurpations n'étaient pas de son goût, et elle l'avait bien déclaré au commencement. La dépêche qu'a reçue M. de Thugut prouve que M. de Kaunitz désapprouve tout ce qui se passe et a eu la main forcée ; c'est sûrement du Lacy. Nous n'avons rien à faire dans ce moment-ci que de tout voir et nous tenir fort sur nos gardes sur tout ce qui nous viendra de Vienne ; honnêteté et retenue doit être notre marche ; mais M. de St-Priest peut toujours tâter le terrain à Constantinople sur la navigation libre de la mer Noire. Je me trompe fort si les trois cours ne prendront pas querelle à la fin, et gare l'incendie !....... » Versailles, 15 avril 1775. Archives nationales, à Paris, K. 164.

rassée de les apprendre par des nouvelles contrefaites, ou de les ignorer longtemps, tandis que des particuliers en sont informés par maintes correspondances qui passent entre ici et Paris. Vous me ferez donc plaisir de m'informer au plus-tôt des événements de cette espèce par le canal de Pichler, sans attendre l'expédition des courriers mensuels, par la poste s'il s'agit de faits qui n'exigent pas de secret. Vous pourriez même charger de cette besogne le conseiller Barré, pour vous épargner la peine de vous occuper de ces objets moins intéressants. Je me trouve à l'heure qu'il est dans le cas en question : on dit que, la reine ayant mis une nouvelle mode de coiffure avec du plumache, le roi doit lui avoir fait présent d'une belle aigrette, en l'accompagnant de ce joli compliment qu'il la priait de se servir de cette aigrette au lieu de la nouvelle coiffure, et qu'elle n'avait que faire de ces parures pour relever ses grâces (1). Je voudrais savoir si c'est un fait réel ou controuvé. [Il l'aurait corrigée très-poliment sur la parure : je serais fâchée si elle donnait dans l'extravagance des modes.]

VIII. — Marie-Thérèse a Mercy.

Vienne, 4 février. — Comte de Mercy, Sans avoir vu la dernière lettre de la reine à l'empereur, il m'en a rendu le contenu, et je suis très-contente de la tournure qu'elle a donnée à sa lettre, en marquant à l'empereur sa joie sur l'envoi de son portrait, où elle dit de ne s'apercevoir d'aucun changement quant à l'extérieur, qu'elle ne savait cependant pas si depuis cinq ans il n'avait pas changé de sentiments pour elle, mais que, se persuadant du contraire, elle l'embrassait tendrement. [J'ai bien sollicité qu'on écrive amiablement et qu'elle ne mérite nullement le contraire ; je ne sais ce qui en sera, et voilà ma situation dans le grand comme dans le petit.]

IX. — Marie-Thérèse a Mercy.

Vienne, 4 février. — Comte de Mercy, Ensuite des informations que vous me mandez sur le pied où sont à Paris les acteurs de l'opéra d'*Iphigénie*, je trouve que l'idée de les faire venir ici serait aussi

---

(1) Cette anecdote se trouve en effet dans Métra, *Correspondance secrète*, tome I, page 158.

embarrassante que dispendieuse ; il n'en sera donc plus question.

[Hors que Gluck puisse en emmener un couple pour donner une idée de ce spectacle pour le mois de juin jusqu'à octobre, mais je ne voudrais y mettre ni dépense ni me charger de trop de personnel.]

X. — Marie-Thérèse a Mercy.

Vienne, 4 février. — Comte de Mercy, Wilczck me mande que le roi de Naples avait dit à la reine (1) qu'il comptait demander au roi son père la permission de lui rendre ses devoirs en Espagne au mois d'août. Wilczck me marque sur ce sujet que la compagnie du roi Catholique, le voyage, la diversité des objets, l'extérieur d'une grande cour feraient assurément du bien au roi de Naples, mais que la compagnie de don Louis et de don Gabriel (2), tous les deux adonnés à la débauche, ne lui en ferait pas, que la jalousie du prince et de la princesse des Asturies (3), des distinctions qu'on ferait aux souverains de Naples, serait à craindre, que la compagnie de la princesse des Asturies, qu'on dit être médisante et coquette, ne serait pas avantageuse à une jeune princesse comme ma fille, que, si elle devenait enceinte en Espagne, son absence et celle de son époux de Naples serait trop longue ; qu'accoutumés à suivre leur volonté pour le courant de la journée, ils ne s'accommoderaient guère de la vie méthodique du roi d'Espagne, unie à la discipline paternelle. Ces motifs me font souhaiter que ce voyage en Espagne n'ait jamais lieu. Une nouvelle grossesse de ma fille pourrait bien y mettre obstacle, mais s'il devait s'exécuter, je ne sais pas s'il ne conviendrait pas que le roi allât seul en Espagne, quelque fâchée que je serais de sa séparation de sa femme. Ce n'est que par précaution que je vous en fais part, pour pouvoir prendre en conséquence vos mesures au cas qu'il fût question de ce voyage, et vous concerter encore là-dessus avec le prince de Lobkowitz à Madrid, en lui demandant quelques éclaircissements sur les traits que Wilczck rapporte relativement au

---

(1) De Naples.
(2) Infants d'Espagne.
(3) Le prince des Asturies, plus tard Charles IV, et sa femme Marie Louise de Parme, dont l'influence ainsi que celle de son favori Godoï furent si fatales à l'Espagne.

caractère de la princesse des Asturies et des infants Louis et Gabriel.

XI. — Mercy a Marie-Thérèse.

Paris, 20 *février.* — Sacrée Majesté, Depuis le 18 de janvier jusqu'au jour de l'arrivée de Mgr l'archiduc Maximilien, il n'y a eu qu'un seul objet qui puisse donner matière à mon présent et très-humble rapport. Cet objet est celui des bals qui se sont succédé à la cour et qui ont tellement rempli tout le loisir et toute l'attention de la reine que je n'ai pu obtenir que quelques moments, très-rares et très-courts, à recevoir les ordres de S. M. et à lui rendre compte de ce que j'avais à lui dire. La raison de cette occupation si suivie tient à la nouvelle forme que la reine a donnée à ses bals, où il s'agit toujours de nouvelles quadrilles composées de différentes sortes de mascarades. La composition des habillements, les contredanses figurées en ballets, les répétitions journalières qu'elles exigent, tout cela n'a pas laissé un moment de vide, et à peine le temps suffit-il d'un lundi à l'autre pour effectuer en ce genre les projets de la semaine. Il est vrai que la reine a recueilli le fruit de ses soins par le très-grand succès qu'ont eu les fêtes qui se sont données chez elle, et les grâces personnelles de S. M., l'attention et la bonté avec laquelle elle traite un chacun, ont donné à ces fêtes un degré d'agrément dont on avait perdu le souvenir à la cour. Il en résulte plus d'éloges et plus d'attachement que jamais pour la reine, et de ce côté-là il est certain qu'elle tire un très-grand parti des objets de ses amusements.

La comtesse de Brionne ayant donné un bal particulier chez elle à Versailles après minuit, la reine, Monsieur et Madame et M. le comte d'Artois voulurent honorer cette fête de leur présence et s'y rendirent sans que la comtesse de Brionne eût lieu de s'y attendre. Cela devint l'objet de quatre quadrilles; la première était vêtue dans l'ancien habillement français, la seconde représentait des saltimbanques, la troisième qui était celle de la reine avait des habillements tyroliens, et la quatrième était sous un habillement indien. Toutes ces quadrilles débutèrent par une marche suivie de différents ballets très-composés et parfaitement exécutés. Cette mascarade ayant si bien réussi, la reine voulut qu'elle fût répétée la semaine suivante au bal de nuit qui eut lieu à Versailles le 23 janvier dans la petite salle du spectacle (1). Le roi ouvrit le bal : il était habillé dans l'habillement français en usage du temps d'Henri IV. Le roi resta au bal jusqu'à trois heures et demie du matin, la reine y dansa jusqu'à sept heures, elle entendit la messe et ne se leva que dans l'après-midi.

Les deux bals suivants ont été, comme à l'ordinaire, dans l'avant-soirée et ont duré jusqu'à dix heures, mais il y a encore des projets pour deux bals de nuit qui seront les plus brillants par la variété des mascarades, mais aussi les plus fatigants par les veilles et les répétitions auxquelles ils donneront lieu.

Quoique par caractère le roi ne soit point fort porté pour ces sortes de fêtes, on voit qu'elles lui plaisent uniquement par le goût que la reine y prend, et que c'est le motif qui le détermine à provoquer lui-même les amusements dont il s'agit, et auxquels il assiste avec toute la bonne volonté et la complaisance possible.

Mes rapports de chaque semaine par la poste ordinaire et ma dépêche d'office d'aujourd'hui contiennent tout ce qui s'est passé depuis le moment de l'arrivée de Mgr l'archiduc Maximilien. Je dois d'ailleurs m'en remettre aux détails plus particuliers que le comte de Rosenberg en exposera à V. M. J'observerai simplement qu'ainsi que Mgr l'archiduc a sujet d'être satisfait de l'empressement et du respect qu'on lui marque, aussi tout le monde a lieu d'être très-content de la façon polie et aimable avec laquelle cet auguste prince reçoit les hommages qui lui sont offerts. Rien n'a échappé à cet égard à la sagesse et à l'extrême attention du comte de Rosenberg, qui a l'avantage de bien connaître ce pays-ci, et d'y jouir de la même réputation qu'il s'est acquise partout où il a été.

Je n'ai rien à dire aujourd'hui sur les occupations de la reine ; elle ne peut en avoir d'autres que celle de profiter des moments qu'elle

---

(1) La petite salle de spectacle du château de Versailles, qui n'existe plus, occupait dans l'aile du Sud l'emplacement du vestibule qui conduit aujourd'hui de la Cour des princes au jardin. Cette salle était la seule qui existât sous Louis XIV. La grande salle d'opéra de l'aile du Nord fut construite à la fin du règne de Louis XV ; elle servit rarement sous Louis XVI et seulement pour des fêtes exceptionnelles. C'est cette dernière qui est occupée par l'Assemblée nationale depuis 1871. Une petite salle de comédie fut encore disposée sous Louis XVI dans la cage d'un escalier projeté par l'architecte Gabriel du côté de la Chapelle ; l'escalier ne fut jamais construit, et cette petite salle fut détruite lors des travaux faits dans le palais sous le roi Louis-Philippe.

est en même de passer avec son auguste frère, et de partager avec lui les amusements du carnaval. Tout semble concourir dans ce moment-ci à les rendre agréables ; ils ne sont traversés par aucun dégoût ni embarras, ni aucune intrigue. Je réserve pour le temps du carême quelques observations à présenter à la reine sur les différentes nuances de la conduite qu'ont tenue Monsieur et M. le comte d'Artois vis-à-vis de Mgr l'archiduc. Ces observations influent sur le petit système politique des deux princes, et il est utile qu'il n'échappe rien à la reine de ce qui les concerne.

Le courrier mensuel étant arrivé à Paris le 15 de grand matin, les dépêches dont il était chargé me furent envoyées sur-le-champ à Versailles, où je me trouvais établi à la suite de Mgr l'archiduc. La reine m'ayant fait appeler de bonne heure, j'eus occasion de lui présenter les lettres qui lui étaient adressées, mais les objets que S. M. avait à remplir dans la matinée ne lui permirent de me donner qu'une audience de quelques moments. Je revins le même jour à Paris pour pouvoir travailler à mes dépêches, desquelles il ne m'a pas été possible de m'occuper une heure de suite sans être interrompu par une infinité de détails qui tiennent au séjour que fait ici Mgr l'archiduc. Cette raison m'oblige à supplier V. M. de me pardonner aujourd'hui la brièveté et le désordre de ce présent et très-humble rapport, dans lequel je me bornerai à répondre à quelques articles de la très-gracieuse lettre de V. M.

Il est très-vrai, ainsi que V. M. le remarque, que dans ces derniers temps et sur certains objets la reine a paru précipiter ses décisions pour éviter toutes remontrances qui auraient pu s'y opposer ; mais quant à l'idée relative à la princesse de Lamballe, j'ai tellement pris les avances sur tout ce qu'il y avait à dire de ce projet que la reine ne pourra le remplir qu'avec parfaite connaissance de cause. Je ne cesse d'insister pour que S. M. veuille bien se donner encore beaucoup de temps de réflexion, et sans répondre de l'événement, je ne suis pas sans espoir d'en retarder le moment et peut-être même d'en dissiper entièrement l'idée.

Je remplirai avec exactitude l'ordre que V. M. daigne me donner, de mander par la poste ordinaire au baron de Pichler les nouvelles qui parviennent quelquefois à Vienne d'une manière très-défigurée et par des correspondances particulières ; mais je dois encore observer que presque toutes ces nouvelles étant parfaitement fausses, je ne suis la plupart du temps point dans le cas d'en avoir connaissance, et que, quand même il se répand dans Paris quelque bruit vague ou absurde, il échappe à mon attention par la certitude que j'ai de la non-existence de ce même fait.

C'est ce qui arrive par rapport à cette aigrette que le roi a donnée à la reine au temps de la nouvelle année. Ce cadeau a été fait sans aucune remarque ni aucun propos sur les coiffures, et jamais le roi n'a donné la moindre marque qu'il désapprouvât ce genre d'ajustement. Il est vrai que la parure en plumes est portée à une sorte d'excès, mais la reine ne fait en cela que suivre une mode qui est devenue générale (1), et qui, ainsi que les précédentes, ne tardera sans doute pas à varier pour faire place à d'autres modes qui se succèdent ici avec une rapidité constante et jamais interrompue.

XII. — Mercy a Marie-Thérèse.

Paris, 20 février. — Par le seul contenu de mon très-humble rapport ostensible V. M. daignera sûrement remarquer combien je désire avec impatience la fin de ce carnaval et celle de l'excessive dissipation qu'il occasionne à la reine. Indépendamment de plusieurs motifs fort sérieux, celui de la santé de la reine suffirait seul à me donner de l'inquiétude, et quoique, grâces au ciel, S. M. ait soutenu jusqu'à présent sans indisposition la fatigue à laquelle elle se livre, l'existence du danger n'en est pas moins réelle. Depuis trois semaines nous n'avons pu, ni l'abbé de Vermond ni moi, saisir que bien peu d'instants à parler de choses sérieuses à la reine; elle convient elle-même qu'absorbée par les amusements, elle ne se sent

---

(1) La *Correspondance secrète* de Métra (tome I, page 158) nous fournit des détails curieux sur les coiffures du temps : « La reine a imaginé pour ses courses de traîneaux, dit-il, une parure de tête qui, se combinant avec les *quesacos* (aigrettes qui devaient leurs noms au *qu'es à co* des Mémoires de Beaumarchais), porte les coiffures des femmes à une hauteur prodigieuse. Plusieurs de ces coiffures représentent des montagnes élevées, des prairies émaillées, des ruisseaux argentins, un jardin à l'anglaise; un panache immense soutient tout l'édifice par derrière. » Il y eut les coiffures allégoriques et de circonstance, comme celle qui, offrant d'un côté un cyprès et de l'autre une corne d'abondance, rappelait, avec le deuil de Louis XV, les espérances du nouveau règne. Le chef-d'œuvre du genre fut celle de l'inoculation, dont nous livrons l'interprétation à l'intelligence du lecteur : on y voyait un serpent, une massue, un soleil levant et un olivier. Ou bien c'était la femme d'un amiral anglais qui, voulant rappeler aux salons de Paris les grandeurs de sa patrie, portait en coiffure la flotte anglaise au milieu d'une mer agitée.

point en état de penser à autre chose jusqu'au retour du carême, temps qu'elle a fixé pour réparer toutes les omissions causées par le carnaval.

Le mardi, 21 du mois passé, je me rendis chez la reine vers onze heures du matin. Quoiqu'elle ne fût point levée, elle ordonna que j'entrasse, sans doute parce que le roi le voulut ainsi, puisque je trouvai ce monarque en déshabillé au chevet du lit de la reine. Je rendis compte à Leurs Majestés de tout ce qui avait trait à la prochaine arrivée de Mgr l'archiduc. Le roi me questionna sur cet auguste prince, et dit les choses les plus agréables sur le plaisir qu'il aurait à le voir. « Il faut bien songer, ajouta-t-il, aux moyens de l'amuser. » La reine répondit qu'elle se chargeait de ce soin, et la conversation, qui dura plus d'un quart d'heure, ne roula que sur des objets analogues à ce projet. Dans cette occasion, ainsi qu'il m'est arrivé dans plusieurs autres, j'ai été en même de voir toute la simplicité et l'amitié qui règne entre le roi et la reine dans leurs entretiens particuliers et familiers ; à cet égard il serait impossible de désirer mieux. Mais j'ai fait observer à la reine que le roi étant naturellement porté à une exactitude méthodique dans tout ce qu'il a à remplir dans le courant des journées, il était essentiel, par réciprocité d'égards, de ne point trop déranger son train habituel de vie, ce qui n'existe que trop dans le moment présent, attendu que, par une suite des répétitions continuelles des ballets, et par les veillées qui s'ensuivent, toutes les heures se trouvent dérangées, soit pour la messe, soit pour le diner, ou le souper, ou le moment de se retirer.

Quoique la prudence et la prévoyance du comte de Rosenberg eussent parfaitement suffi à tout ce qu'exigeait le séjour de Mgr l'archiduc dans ce pays-ci, j'ai cru cependant qu'il était de mon devoir et de mon zèle de ne point quitter cet auguste prince, et de me trouver toujours à portée de suggérer momentanément ce que je croirais utile à son service. Cette occupation ne me permet pas d'exposer dans mon très-humble rapport d'aujourd'hui tous les détails que je réserve pour le courrier prochain. Mon premier soin a d'abord été de faire penser la reine aux moyens de tenir le comte de Rosenberg toujours auprès de Mgr l'archiduc, ce qui a eu lieu en obtenant les entrées de la chambre pour le comte de Rosenberg. J'ai aussi écarté toute la jeunesse que la reine avait projeté de donner pour cortége à son auguste frère ; S. M. n'a pas hésité à se rendre aux raisons que je lui ai exposées à ce sujet. J'ai cru devoir pareillement supplier la reine d'avoir, autant qu'il lui serait possible, des moments d'entretiens particuliers avec le comte de Rosenberg, afin qu'il se trouve en état de rendre à V. M. un compte verbal, toujours plus exact que ne le sont ceux qui s'exposent par écrit.

Je puis dire avec vérité que le maintien de Mgr l'archiduc, son affabilité et l'acception qu'il a su faire des personnes selon leur rang et leur état, a contenté tout le monde, ce qui n'était pas chose bien facile dans un pays et parmi une nation telle que l'est celle-ci.

La reine a toujours été d'une occupation vraiment touchante de son auguste frère. V. M. est informée des présents qu'elle lui a faits. Il n'est sorte d'attentions et d'égards que toute la famille royale n'ait marqués à l'archiduc. Les jeunes gens qui dansent au bal de la cour avaient imaginé de donner à S. A. R. une fête à Versailles. Monsieur et M. le comte d'Artois ayant appris ce projet ont déclaré qu'ils voulaient être les chefs de cette fête et se charger de la dépense qu'elle occasionnera. La fête aura lieu le 27, dans le manége à Versailles, et, suivant l'estimation qui en est déjà faite, elle coûtera cent mille livres (1).

Il me reste encore à répondre à quelques articles de la très-gracieuse lettre de V. M., et je vais m'en acquitter le plus brièvement possible.

Je suis moralement assuré que le baron de Breteuil à son début ne parlera d'aucune affaire qui pût exciter des discussions entre le prince de Kaunitz et lui. Cet ambassadeur est bien prévenu de ma part, et je dois juger de sa prudence par celle qu'observe ici vis-à-vis de moi le comte de Vergennes, lequel ne s'est point permis le moindre propos sur ce qui a trait soit à la Moldavie ou à la Pologne.

La brièveté de ma dernière audience chez la reine ne m'a pas permis de découvrir encore de quel style aura été la dernière lettre de S. M. l'empereur; mais je serai en état d'en rendre compte à V. M.

---

(1) Cette fête fut fort belle en effet et dans le goût du moment. On donna au terrain du Manége l'apparence d'une foire en y traçant sept rues couvertes, bordées de boutiques, de cafés et de différents spectacles. On mit à contribution l'Opéra et la Comédie italienne; on joua entre autres un opéra comique de Gluck : *Le Poirier ou l'Arbre enchanté*. Il y eut ensuite bal et souper. La *Correspondance secrète* de Bachaumont prétend que cette fête coûta 600,000 livres; mais il ne faut peut-être voir dans ce chiffre qu'une exagération calomnieuse.

par la première occasion. Il est important et fort à désirer que cette correspondance reprenne la tournure de cordialité qu'elle avait eue jusqu'à ces derniers temps, mais qui depuis s'était fort altérée.

Quant à ce qui concerne le projet du voyage du roi de Naples en Espagne, dans tous les cas où il pourrait en être question ici, je réglerai mes propos et mes démarches d'après les hautes volontés que V. M. daigne me faire connaître, et je vais me concerter avec le prince de Lobkowitz sur tous les moyens possibles à dissiper l'idée de ce voyage, ou au moins à en diminuer les inconvénients s'il devait avoir lieu.

Je ferai connaître à Gluck les intentions de V. M. relativement au projet d'avoir à Vienne un essai des opéras français, mais je crois que cela pourrait s'effectuer sans faire venir d'ici des sujets chantants, et qu'ils pourraient être facilement suppléés par quelques acteurs français des troupes ambulantes qui représentent les opéras comiques. L'habileté de Gluck suffirait pour en tirer parti, et par là on sauverait la dépense, qui serait à coup sûr très-forte, quand bien même il ne s'agirait que du déplacement de peu d'acteurs de l'Opéra de Paris.

A l'arrivée de Mgr l'archiduc je m'occupai d'abord des moyens de lui faire un peu connaître toute la grande noblesse de la cour et de la ville. Les dîners et soupers que je donnai à cet effet étant des repas de cérémonie, je ne pouvais en exclure personne. Il fallait même inviter les convives suivant l'ordre de leur rang. Au souper, où se trouvaient le comte de Maurepas, tous les ministres du roi et leurs femmes, j'avais prié le duc d'Aiguillon ainsi que la comtesse de Brionne; cette dame alla se plaindre à la reine que je l'avais invitée avec son ennemi. Elle prit, pour faire cette plainte, le moment d'une répétition de ballet, temps où elle sait fort bien que la reine ne se donne guère le loisir de réfléchir à ce qu'on peut lui dire. S. M., surprise par de mauvaises raisons, trouva que j'avais eu tort et me dit le lendemain de réparer cette faute en écrivant à la comtesse de Brionne que je m'étais trompé de jour et que c'était pour le lendemain que j'avais eu dessein de la prier.

Je représentai à la reine qu'en exécutant ses ordres je ne pouvais pas employer la forme qu'elle me dictait, et cela : 1º parce que la comtesse de Brionne manquait au respect qu'elle doit à l'archiduc en faisant contraster une inimitié particulière avec l'honneur de se trouver à un repas non de société, mais de cérémonie qui est donné à cet auguste prince ; 2° que la comtesse de Brionne avait d'autant plus de tort qu'elle tient son plus grand lustre de l'honneur de porter le nom de Lorraine ; 3° que par conséquent la dite comtesse manquait également à la reine dans cette occasion, et 4° qu'elle lui manquait même doublement en ce que cette comtesse avait usé de surprise envers S. M. en prenant le moment de la répétition d'un ballet pour faire valoir des raisons que S. M. n'aurait point trouvées bonnes si elles lui avaient été présentées dans un moment où elle eût pu les peser.

La reine voulut bien convenir de la solidité de ce raisonnement, et elle trouva bon que j'écrivisse à la comtesse de Brionne le billet que je joins ici en copie, et par où j'ai tâché de faire sentir poliment à la dite comtesse l'irrégularité de son procédé.

J'ai cru devoir rendre compte à V. M. de cette petite tracasserie pour le cas où la comtesse de Brionne en ferait parler à Vienne par son commissionnaire le colonel Boistel.

XIII. — Marie-Thérèse a Mercy.

Vienne, 4 mars. — Comte de Mercy, Le courrier Gergovitz étant arrivé ici le 2 de ce mois m'a apporté votre lettre du 20 du passé. Je ne saurais désapprouver la part que ma fille prend aux amusements du carnaval, j'aurais seulement souhaité qu'elle ne s'y fût pas trop abandonnée ; mais ce temps de dissipations étant fini, j'espère que tout rentrera dans l'ordre, point essentiel pour le bien des affaires et même pour les agréments de la vie privée.

Je suis persuadée que, loin de vouloir déranger le train habituel de vie du roi, ma fille voudra plutôt concourir à en suivre l'exactitude. Au reste, je ne saurais vous dissimuler que je reçois par plus d'un canal des nouvelles sur la façon un peu trop recherchée de se coiffer de ma fille. Je vais lui écrire sur ce sujet, trouvant trop inférieures au rang d'une grande princesse ces parures extraordinaires, qui ne peuvent que faire l'objet des occupations des petites femmes et filles.

Je suis charmée de la façon aimable dont le roi et la reine ont traité mon fils, et de l'approbation qu'il a rencontrée en France. Je connais tout l'avantage des services que vous avez rendus à cette occasion à mon fils ; c'est une nouvelle marque de votre attachement à ma famille, dont j'ai tant de preuves, qui vous ont acquis à juste titre toute ma confiance.

XIV. — Marie-Thérèse a Mercy.

Vienne, 4 mars. — Comte de Mercy, La situation du baron de Breteuil ici est jusqu'à présent plus pénible encore que je ne l'avais d'abord imaginé ; tant est enracinée la prédilection pour Rohan qu'en le mettant en parallèle avec Breteuil l'avantage est toujours du côté du premier. On critique les façons, l'extérieur, les habits et même la perruque de Breteuil ; on est surtout effarouché de la déclaration de ne vouloir ni jouer ni donner des soupers : voilà un rustre en comparaison du galant Rohan ! Ce qui me fait le plus de peine est que l'empereur donne le ton dans les entretiens qui se font aux dépens de Breteuil ; il est même arrivé dans un des appartements que l'empereur, l'ayant aperçu, fit un signe moqueur à l'abbé Georgel, qui est aussi bien vu par lui que par Kaunitz, malgré que c'est un homme vain et impertinent. Je n'ai pas laissé d'avertir l'empereur de cette grimace, qui a été peut-être remarquée par d'autres de même qu'elle l'était par moi. Pour vous faire connaître jusqu'à quel point Kaunitz épouse les intérêts de Georgel, je vous dirai qu'un de ces jours il s'est rendu chez moi le soir contre sa coutume. Je l'ai vu entrer avec émotion, et je me suis d'abord doutée qu'il venait m'annoncer quelque grand événement politique, comme qu'on nous ait chassés de la Moldavie ; mais je fus bien surprise en l'entendant déclamer contre Breteuil et contre sa façon d'agir avec Georgel, à qui il avait ordonné de partir d'ici sous peu de jours, parce qu'il n'était pas d'humeur à se faire à son tripotage (1), que

---

(1) Les *Mémoires* de l'abbé Georgel font connaître l'animosité qui existait entre le prince de Rohan et le baron de Breteuil. Ils appartenaient à deux partis opposés ; Rohan, désespéré de quitter Vienne, et voyant dans son successeur un rival et un ennemi, voulut le mettre dans l'embarras en le privant des sources d'informations qui devaient lui être utiles. Georgel, le confident et, plus encore, l'instigateur de toutes les intrigues de son maître, resté à Vienne après lui pour recevoir le nouvel ambassadeur, prétendit être dans l'impossibilité de le faire profiter des voies et moyens par lesquels il se procurait la connaissance des plus secrètes dépêches du cabinet autrichien. Mais l'animosité du prince de Rohan ne s'arrêtait pas à Breteuil : il voyait en lui le protégé de Marie-Antoinette, et il revenait en France, le cœur ulcéré, s'adjoindre à cette cabale des Marsan, des d'Aiguillon, qui poursuivait la reine de ses calomnies.

son caractère était trop éloigné de ces manigances, que dans tout temps il s'était fait une loi de ne devoir son existence qu'à son propre mérite, qu'il avait à la vérité fait sa cour à Choiseul, Soubise, etc., sans jamais employer cependant la flatterie pour gagner leurs bonnes grâces; qu'il regardait le poste de Vienne comme éphémère, et qu'il ne dépendait que de lui d'emporter celui de secrétaire d'État, etc. Je ne saurais jamais me persuader que Breteuil ait parlé dans ce sens à Georgel; mais, sur le rapport qu'il en a fait à Kaunitz, celui-ci en est pleinement convaincu. Il en tire la conclusion que Breteuil est un homme vindicatif et arrogant, vis-à-vis duquel il faut marcher sur des échasses pour l'abaisser; à la fin Kaunitz voulut m'engager à donner à Georgel une audience avant son départ; mais je lui fis sentir que ce serait une nouveauté à l'égard des gens de sa catégorie, que je n'aimerais pas à introduire en faveur de Georgel. J'en ai même parlé à l'empereur, qui a fait d'abord semblant d'être d'accord avec moi; mais voilà ma situation malheureuse, toujours en butte aux contrariétés: l'empereur changea tout d'un coup de résolution, et donna à Georgel une audience presque d'une heure, même avec une espèce de publicité, en le faisant passer par les antichambres, où le monde se rassemble d'ordinaire.

Je suis très-contente du premier début de Breteuil et de la façon dont il s'est énoncé dans sa première audience, en me priant de le charger de mes commissions en France. Je lui dis que la première que je lui donnais était de me procurer le portrait du roi. Breteuil me répliqua qu'il était embarrassé à me satisfaire à cet égard, parce qu'il doutait qu'il existât en France (1). Au reste, j'ai trouvé Breteuil beaucoup vieilli depuis que je l'ai vu la dernière fois.

---

(1) Mercy écrivait en effet à ce sujet au baron de Neny : « Il est vrai, quant au portrait du roi, qu'il n'y a pas un seul original tiré sur sa personne duquel on puisse faire faire les copies que cette cour est en usage de donner à ses ambassadeurs; et jusqu'à ce jour, malgré les instances faites au roi, on n'a pu le déterminer à donner quelques séances de suite au peintre qui a été choisi et qui se nomme Duplessy. Cet artiste est très-habile; il n'a encore eu qu'une séance du roi, et Dieu sait quand son ouvrage sera achevé; ce dont je puis répondre, c'est que ce même artiste, au dernier coup de pinceau qu'il donnera à l'original du portrait du roi, commencera immédiatement la copie destinée pour notre auguste souveraine, et il en sera de même du portrait de la reine que le sieur Duplessy fera également. » — Le peintre Duplessis, mort administrateur du musée de Versailles en 1802, était, au moment désigné par Mercy, dans toute sa vogue. Son portrait de l'abbé Arnaud, œuvre remarquable, lui avait ouvert en 1774 l'Académie de peinture.

[Je touche un mot en passant de Georgel à la reine ; je n'ai pu me débarrasser des sollicitations de Kaunitz ; il est incroyable cette prédilection dans un homme de tant de génie.]

XV. — Marie-Thérèse a Mercy.

Vienne, 4 mars. — Comte de Mercy, Je trouve à propos de laisser tomber le projet de faire engager par Gluck quelques acteurs français à venir ici.

Le style de la dernière lettre de ma fille à l'empereur était assez aimable ; je souhaite que leur correspondance se soutienne toujours dans le même ton de cordialité. [Il vient d'écrire une lettre à la reine que je serais bien aise que vous vissiez, étant un tableau entier de son voyage à Paris. Je souhaite que cette idée se renouvelle ; si cela se fait, c'est uniquement à Rosenberg qu'on le doit, la lettre qu'il m'a écrite l'ayant animé. Il est encore bien du temps jusqu'à la nouvelle année, mais au moins mes espérances renaissent. Si ma fille vous la fait voir, à laquelle je n'en touche rien, vous me direz ce que vous en pensez.]

XVI. — Marie-Thérèse a Marie-Antoinette.

Vienne, 5 mars. — Madame ma chère fille, Votre lettre du 18, au milieu de vos continuels amusements du carnaval et de la joie que vous a causée l'arrivée de votre frère, m'a été bien consolante. Tout ce que vous me dites de touchant pour votre famille et pour moi m'a attendrie, aussi comme vous l'étiez à l'entrevue de votre frère. Vous soutenez si bien ce sentiment en toute occasion que je ne saurais qu'en être touchée et glorieuse et souhaiter que rien ne puisse jamais y porter atteinte. Votre frère et Rosenberg ne peuvent assez marquer leur satisfaction et étonnement de votre situation et conduite, et je m'attends en trois semaines de m'en occuper encore plus. Que d'heureux moments n'en aurai-je pas ? Je vous remercie de tout ce que vous avez bien voulu faire pour votre enfant (1), et vous vous acquitterez de même de ma part auprès du roi, étant très-sensible à

---

(1) L'archiduc Maximilien.

toute l'amitié qu'il a voulu avoir pour votre frère et à toutes les marques de bonté pour le comte de Burgau (1). Actuellement le voilà déjà parti ; cela lui paraîtra un songe. Je vous sais bon gré du projet du sacre du roi, mais je ne le trouve pas combinable ; mais il aura une autre fois, si vous le souhaitez, le bonheur de vous revoir. Grâce à Dieu voilà cet éternel carnaval fini ! Vous me trouverez bien vieille par cette exclamation, mais j'avoue, les fatigues étaient de trop dans ces veilles ; je tremblais pour la santé et pour l'ordre de la vie ordinaire de la cour, point essentiel à conserver. Toute lecture, toute autre occupation auront été interrompues pendant deux mois ; le temps est précieux et il n'y a de perte réelle et irréparable que celle-ci. Quand on est jeune, on n'y pense pas ; quand on vieillit, on le reconnaît, mais alors d'autres faiblesses nous rendent fautives. De même je ne peux m'empêcher de vous toucher un point que bien des gazettes me répètent trop souvent : c'est la parure dont vous vous servez ; on la dit depuis de la racine des cheveux 36 pouces de haut, et avec tant de plumes et rubans qui relèvent tout cela! Vous savez que j'étais toujours d'opinion de suivre les modes modérément, mais de ne jamais les outrer. Une jeune jolie reine, pleine d'agréments, n'a pas besoin de toutes ces folies ; au contraire la simplicité de la parure fait mieux paraître, et est plus adaptable au rang de reine. Celle-ci doit donner le ton, et tout le monde s'empressera de cœur à suivre même vos petits travers ; mais moi, qui aime et suis ma petite reine chaque pas, je ne puis m'empêcher de l'avertir sur cette petite frivolité, ayant au reste tant de raisons d'être satisfaite et même glorieuse sur tout ce que vous faites.

Vous recevrez une lettre de l'empereur qui m'a fait grand plaisir ; je vois qu'il pense sérieusement à vous venir voir, et il vous marque ses conditions. Pour Breteuil, je le trouve bien vieilli ; mais il me rendra la pareille ; il m'a remis la plus belle chose et la plus chère à mon cœur : votre buste très-bien travaillé, et deux cadres charmants ; mais mes bagues, surtout celle de vos cheveux, ne me quittent pas et ont toujours la préférence. Je vous remercie de tous ces chers et beaux présents, et vous prie de me croire toujours votre bien fidèle mère et amie.

---

(1) L'archiduc Maximilien voyageait sous le nom de comte de Burgau.

XVII. — Marie-Antoinette a Marie-Thérèse.

Versailles, 17 mars. — Madame ma très-chère mère, Le départ de mon frère m'a fort affligée ; c'est une chose cruelle que le doute de savoir si jamais on se verra. Il s'est fait ici la réputation de bien élevé par sa politesse, honnêteté et attention pour tout le monde. Il n'a pas si bien réussi pour les choses qu'on lui a montrées, parce qu'il a toujours été fort indifférent. Je crois que dans quelque temps il sera plus en état de profiter d'un pareil voyage.

J'espère que bientôt on ne parlera plus de la tracasserie des princes, qui a été bien envenimée par de vilaines gens qui en auraient voulu faire une division éternelle (1). Après le départ de mon frère, le roi a fait dire aux princes, hors M. le duc de Chartres, de ne pas venir de dix ou douze jours souper chez lui. Mardi dernier M. le prince de Condé et son fils sont revenus souper ; je les ai traités comme à l'ordinaire, sans leur parler de rien. M. le duc d'Orléans et M. le prince de Conti ne sont pas encore revenus, mais c'est qu'ils ont la goutte.

Quoique le carnaval m'ait bien amusée, je conviens qu'il était temps qu'il finît. Nous sommes remis à cette heure dans notre train ordinaire, et j'en profiterai pour causer davantage avec le roi, qui est toujours de très-bonne amitié avec moi.

Il est vrai que je m'occupe un peu de ma parure, et pour les plumes, tout le monde en porte, et il paraîtrait extraordinaire de

---

(1) L'archiduc Maximilien gardant l'incognito, les princes du sang, c'est-à-dire les princes des maisons d'Orléans, de Condé et de Conti prétendirent qu'il leur devait la première visite. La reine ne voulut point que son frère cédât à cette exigence ; elle se montra fort mécontente et eut une explication très-nette avec le duc d'Orléans. Comme il persistait à se prévaloir de l'incognito, elle lui répondit vivement : « Le roi et ses frères n'y ont pas regardé de si près... Laissant de côté la qualité d'archiduc, vous auriez pu remarquer que le roi l'a traité en frère et qu'il l'a fait souper en particulier dans l'intérieur de la famille royale, honneur auquel je suppose que vous n'avez jamais prétendu. Au reste, mon frère sera fâché de ne pas voir les princes, mais il est pour peu de temps à Paris, il a beaucoup de choses à voir : il s'en passera. » (Dépêche d'office du 18 mars, Archives de Vienne.) La cour et la ville s'émurent de ce différend, et à cette occasion se manifestèrent des symptômes d'impopularité succédant à l'enthousiasme passionné que la population de Paris montrait à Marie-Antoinette dans les premiers mois du règne. Quelques maladresses du jeune archiduc furent très-remarquées, et on sut gré aux princes d'avoir maintenu leurs prétentions. Pendant les fêtes de Versailles, dont ils étaient exclus, le duc de Chartres et le comte de la Marche affectèrent de se montrer à Paris dans les lieux publics, et furent applaudis à outrance.

n'en pas porter. On en a fort diminué la hauteur depuis la fin des bals.

La lettre de l'empereur m'a fait très-grand plaisir ; c'est actuellement que j'espère véritablement de le voir. Je lui répondis sur toutes ses conditions ; il doit être bien sûr de toutes celles qui dépendront de moi, et pour le reste il verra qu'à peu de choses près il sera le maître de suivre tous ses goûts.

Mme de Brionne n'ayant guère d'espérance pour le mariage de sa fille, elle m'a priée d'informer ma chère maman qu'elle allait y renoncer tout-à-fait, et de la remercier de la part qu'elle a bien voulu y prendre (1). Je suis fâchée qu'elle a manqué un si bon établissement ; j'espère cependant qu'elle en trouvera de convenable, et elle le mérite pour son esprit et pour son caractère. Je n'ai point de termes suffisants pour remercier ma chère maman de toutes ses bontés et amitiés. Je sens un plaisir unique, qu'elle veuille bien porter mes bagues ; rien n'égale mon respect, ma tendresse et ma reconnaissance.

XVIII. — MERCY A MARIE-THÉRÈSE.

Paris, 18 mars. — Sacrée Majesté, Pendant le peu de temps que Mgr l'archiduc Maximilien a été dans ce pays-ci, j'ai adressé deux fois par semaine à la chancellerie d'État le journal de tout ce qui concernait cet auguste prince. J'ai cru pareillement devoir déduire dans ma dépêche d'office d'aujourd'hui toutes les circonstances de la difficulté élevée par les princes du sang sur la visite à faire à Mgr l'archiduc (2), et comme, avant le retour du présent courrier, le comte de Rosenberg aura déjà été à même de rendre à V. M. un compte verbal de ce qui s'est passé jusqu'au dernier instant de son séjour à Versailles et à Paris, je ne ferais, en reprenant ces objets, que tomber dans des répétitions d'autant plus inutiles que, d'après le soin que j'ai pris d'informer le comte de Rosenberg du passé et du présent, de lui faire apercevoir jusqu'aux moindres nuances, et d'a-

---

(1) Mme de Brionne avait espéré pour sa fille un mariage avec le prince Maximilien Joseph des Deux-Ponts, neveu du duc régnant des Deux-Ponts. Tenant par son mari à la famille de Lorraine, elle se prévalait naturellement de cette parenté, ains que de la protection de l'impératrice et de la reine de France.

(2) Voir page 307 la note à la lettre de Marie-Antoinette du 17 mars.

près l'attention et le zèle qu'il a mis à s'instruire, je dois être assuré qu'il se trouve aussi en état que je le serais moi-même de satisfaire V. M. sur tout ce qu'elle voudra savoir de la situation présente de la reine. J'avais fort insisté auprès de cette auguste princesse pour qu'elle eût quelques entretiens de confiance avec le comte de Rosenberg, et je m'étais bien concerté sur tout ce qu'il y avait à dire d'utile à la reine. Le ministre susdit s'en est acquitté avec grand succès la veille de son départ, et c'est à reprendre de cette époque que je vais commencer mon présent et très-humble rapport.

M'étant rendu à Versailles dans la première semaine du carême, j'appris de la reine ce qui s'était passé depuis le départ de Mgr l'archiduc. Elle me fit la grâce de me confier ses conversations avec le roi sur les princes du sang, ainsi que j'en rends compte dans ma dépêche. Je trouvai S. M. fort vive encore et fort aigrie sur cette matière. Je lui représentai qu'après avoir rempli dans cette conjoncture tout ce qui pouvait intéresser sa dignité, et après avoir donné des preuves bien manifestes de son influence sur l'esprit du roi, il me paraissait convenable de ne pas porter les choses trop loin, et de ne point laisser établir dans l'opinion publique que la reine, pour un objet qui lui est personnel, a voué aux princes du sang une inimitié constante, ce qui à la longue pourrait occasionner des inconvénients de quelque conséquence. Je prévins S. M. de toutes les démarches que les princes pourraient tenter vis-à-vis d'elle, et j'exposai en même temps ce qu'il me paraissait convenable de leur répondre dans le cas où ils voulussent ou se justifier ou tenir quelques propos à l'appui de leurs prétendus droits. Les idées de la reine s'étant calmées là-dessus, elle me permit de lui exposer d'autres réflexions. Je ne lui cachai point combien, par zèle pour son service, j'étais charmé d'avoir vu finir le carnaval, et j'entrai dans un grand détail sur le genre et l'excès des dissipations qu'il avait occasionnées, sur leurs conséquences, soit par rapport au caractère du roi, qui, malgré sa grande complaisance, répugne à des amusements trop bruyants et trop suivis, soit par rapport à l'idée qui s'établirait dans le public, que la reine, n'aimant que la frivolité, ne cherchera jamais à se procurer du crédit en matières solides et sérieuses, opinion qui suffirait seule pour faire perdre à la reine une partie des très-grands avantages dont elle jouit. S. M., avec un petit mouvement d'impatience, et en me répétant ce que lui avait représenté le comte de Rosenberg, me dit que sans doute nous nous étions concertés ensemble pour lui tenir le même langage. Je répondis que ce concert n'était nullement nécessaire, que toutes les personnes raisonnables un peu au fait de ce pays-ci et zélées pour la gloire de S. M. seraient toujours d'accord dans leur langage, et en réduisant tout à un principe simple, je fis voir à la reine que la première condition nécessaire à son bonheur stable était de sympathiser avec le roi dans les points principaux de son caractère, que ce prince, aimant l'ordre, étant méthodique, un peu sérieux, fort recueilli et tranquille, ce serait s'éloigner outre mesure de cette façon d'être que de se livrer à une dissipation bruyante et continuelle, qu'il pouvait être utile d'employer des moyens propres à faire connaître au roi l'agrément de la gaieté et des plaisirs convenables, mais que si ces moyens n'étaient pas choisis avec jugement, et proportionnés à l'humeur de celui vis-à-vis duquel ils seraient employés, alors ces mêmes moyens pourraient produire des effets tout opposés au but, et je répétai avec force qu'en présentant sans cesse au roi l'image d'une dissipation illimitée, elle ne ferait que le rendre plus sérieux, qu'insensiblement son âme se resserrerait en lui-même, que la confiance diminuerait à mesure égale, que les complaisances s'affaibliraient de même, et que tout serait perdu si les choses en venaient à ce point. J'avouerai à V. M. que je n'oubliai rien dans cette occasion pour présenter à la reine un tableau beaucoup plus critique et plus noir que ne le comportent les circonstances; mais tel est le ravage que fait dans l'esprit de la reine une dissipation suivie pendant quelque temps, qu'il n'y a que des idées fortes et déplaisantes qui puissent la ramener à la réflexion. Je vis bien que S. M. était désagréablement affectée de mes remontrances; elle en parut triste et rêveuse; cependant elle me donna une preuve de la bonté avec laquelle elle les écoutait en entrant en quelques détails sur des sujets de peine que lui causait sa position. Elle ajouta qu'il fallait bien s'en distraire; et qu'elle n'en trouvait les moyens qu'en multipliant ses amusements. Ma réponse fut très-simple; j'observai à la reine que quand le temps de la jeunesse avait été uniquement rempli par les amusements, cette ressource perdant tous ses attraits dans un âge plus mûr, on se trouvait alors au dépourvu précisément dans le temps le plus intéressant de la vie; qu'au reste les sujets de déplaisir de la reine cesseraient sans doute un jour, mais qu'elle s'en ménagerait de nouveaux, si elle négligeait trop les moyens de s'assurer un crédit solide, sans lequel le sort d'une reine de France perd une grande partie de ses avantages, ainsi que l'a éprouvé la feue reine.

Je crus voir que la reine avait été un peu touchée de mes représentations, j'en jugeai par les assurances qu'elle me donna de vouloir reprendre maintenant des occupations sérieuses. Je parlai ensuite de l'intérieur de la famille royale, des attentions extraordinaires de Monsieur et de Madame. Je rappelai à la reine tout ce qui était nécessaire pour la garantir d'illusion ; j'en usai de même par rapport à Mesdames, sur la bonne volonté desquelles la reine ne peut nullement compter. Cependant il faut avouer que depuis longtemps ces princesses sont fort tranquilles et ne sont entrées pour rien dans tout ce qui se passe à la cour.

Depuis la fin du carnaval la reine a recommencé quelques lectures, mais elles ne sont pas d'un genre fort solide ni utile; l'abbé de Vermond tâche d'y suppléer par une instruction raisonnée. Le comte de Rosenberg sera en état d'exposer à V. M. ce qu'il a vu relativement à la façon dont nous nous concertons, l'abbé et moi, sur tout ce qui intéresse le meilleur service de la reine, et j'ose me flatter qu'à cet égard il n'y a jamais aucune précaution ni oubliée ni négligée.

La reine assiste régulièrement aux sermons et aux offices du carême ; S. M. se promène à cheval deux fois la semaine, elle prend journellement des leçons de musique, et il y a tous les soirs jeu chez elle.

Le courrier mensuel m'ayant remis le 15 au matin les ordres de V. M. en date du 4 de ce mois, et l'abbé de Vermond se trouvant par hasard à Paris dans ce moment-là, j'envoyai le prier de passer chez moi pour le charger des lettres adressées à la reine, attendu que je n'aurais pu les porter moi-même à Versailles, d'où j'étais revenu la veille avec un très-gros rhume qui me retient encore chez moi. Il ne me reste qu'une observation à faire sur la façon de se coiffer de la reine. Il est certain qu'elle n'a fait qu'adopter et suivre une mode qui s'était déjà établie généralement dans Paris, mais qui, à la vérité, n'en est pas moins extraordinaire, soit par le volume, soit pour la hauteur des plumes qui en font le principal ornement. Je dois dire encore que la reine a mis quelque modération dans l'usage de cette mode ; mais malgré cela il y aurait en cela une réforme utile à faire, et j'ai vu souvent S. M. dans cette bonne disposition ;

elle en avait fixé l'époque pour le carême. Je me persuade que l'avertissement de V. M. effectuera la réforme en question, et le public raisonnable en saura certainement bon gré à la reine, attendu que la cherté des coiffures dont il s'agit avait déjà occasionné des tracasseries dans les ménages particuliers.

XIX. — Mercy a Marie-Thérèse.

Paris, 18 *mars.* — M. le comte d'Artois, qui ne s'occupe que de frivolité, et dont la conduite tend à un libertinage décidé, a imaginé d'établir pour ce printemps des courses de bague, et de tenir cette manière de tournois dans un lieu de promenade près de Paris nommé le bois de Boulogne. L'idée du jeune prince serait que les dames assistassent à ces jeux et y distribuassent des prix. La reine avait d'abord fort goûté ce projet, et je suis très-occupé des moyens de l'en détourner. Pendant le carnaval les répétitions continuelles des quadrilles n'ont donné aux jeunes gens que trop d'accès auprès de la reine, et quoique la pureté de son âme la mette bien certainement au-dessus de tout danger, il reste toujours l'inconvénient de la familiarité, à laquelle les Français sont plus sujets qu'aucune autre nation. Cet article est si important que je regarderais comme chose très-utile s'il plaisait à V. M. de faire à la reine tel avertissement qu'elle jugera convenable à cet égard, en témoignant que c'est par la voix publique qu'il est revenu à V. M. que la reine se trouvait entourée de cette jeunesse, dont la présence écarte communément les personnes raisonnables et d'un certain poids. Cette raison me fait redouter les tournois et tout amusement de ce genre. Ils ne peuvent d'ailleurs que déplaire au roi et nourrir la dissipation pernicieuse à laquelle la reine est si portée à se livrer. En dernier lieu S. M. a voulu venir voir une course de chevaux qui s'est faite près de Paris; quelques jeunes gens avaient imaginé cette nouveauté à l'imitation des courses qui se font en Angleterre (1). La reine y est venue avec Monsieur, Madame et M. le comte d'Artois. Quoiqu'il n'y eût rien à redire à cet objet de promenade, il a été regardé comme une suite d'un désir insatiable d'amusement. Une foule de monde s'était rendue à ce mince spectacle,

---

(1) Cette course eut lieu dans la plaine des Sablons. C'est un cheval appartenant au duc de Lauzun qui remporta le prix.

et la reine ne fut point accueillie avec les mêmes applaudissements et marques de joie accoutumées. La raison en est que le public fondait de grandes espérances en son influence dans les objets utiles et dans la coopération au bien que lui procurerait son crédit. D'après cet espoir le public voit avec un peu d'humeur que la reine ne s'occupe que d'amusements et néglige tous les moyens de remplir le rôle que la confiance générale lui destinait. C'est ce que je viens de tâcher de faire sentir à S. M. en lui exposant mes remarques sur sa dernière promenade.

Un prêtre de l'Oratoire, en s'occupant de recherches sur les cérémonies usitées dans ce royaume, a trouvé qu'il avait été d'un usage assez constant que lorsque les rois se faisaient sacrer à Reims, les reines l'étaient en même temps. L'auteur cite tous les exemples, dont le plus récent est celui de Marie de Médicis, parce que Louis XIII, Louis XIV et Louis XV n'étaient point mariés lors de leur sacre. Ayant eu connaissance de l'ouvrage susdit qui n'est point encore imprimé, j'ai fait en sorte que le manuscrit en fût remis au duc de Duras, premier gentilhomme de la chambre en service cette année. Celui-ci a présenté ce manuscrit au roi, qui l'a actuellement entre les mains. Je m'y suis pris de façon à ne pas pouvoir être soupçonné de m'être mêlé de cette affaire; il s'agit maintenant de voir ce que le roi en pensera. Dans les circonstances présentes ce ne serait point un objet peu important pour la reine de participer au sacre; cela imprimerait infiniment dans l'opinion publique, et tant que la reine n'a point d'enfants il n'y a aucun moyen à négliger pour lui donner du poids et de la consistance vis-à-vis de la nation. J'avais fait toutes mes démarches sans en prévenir la reine, mais je convins ensuite avec l'abbé de Vermond qu'il pressentirait cette auguste princesse sur l'idée dont il s'agit. Il la trouva d'une grande indifférence à cet égard; elle comprit cependant l'importance des motifs que lui exposa l'abbé. Au reste la reine ne doit point agir en cela, et la détermination du roi en décidera.

Il est fait mention dans ma dépêche d'office d'une circonstance relative au fameux procès du comte de Guines. La reine, qui le protège, vient de donner à cette occasion une preuve bien marquée de son crédit et de son ascendant sur l'esprit du roi (1). Le comte

---

(1) Nous trouvons dans la dépêche d'office à laquelle se réfère le comte de Mercy les dé-

de Maurepas en a été un peu déconcerté, et ce ministre ainsi que ses collègues n'en deviennent que plus attentifs à ménager la reine, par la persuasion où ils sont du danger qu'il y aurait à courir en contrecarrant ses intentions.

La lettre que S. M. l'empereur a écrite à la reine par le courrier de février n'était point encore tout à fait d'une tournure à rétablir le ton d'amitié et de confiance dans leur correspondance. Il y avait encore un peu de récrimination dans la lettre ; la reine y a répondu avec douceur. J'ignore ce que le présent courrier a apporté, et ce ne sera que dans le mois prochain que je serai en même d'en rendre compte à V. M.

L'idée d'établir la princesse de Lamballe surintendante de la maison de la reine n'a point fait de progrès dans ces derniers temps. J'espère que cela se maintiendra dans cet état, et il y a de même apparence que la duchesse de Cossé prolongera le terme qu'elle semblait avoir fixé pour sa retraite de la cour.

D'après ce que V. M. daigne me marquer sur le baron de Breteuil, il est clair que la famille de Rohan a préparé des moyens pour tâcher de détruire cet ambassadeur, et que l'abbé Georgel aura été chargé de porter les premiers coups auprès du prince de Kaunitz. Cela ressemble parfaitement à la marche que sait tenir la comtesse de Marsan dans ses opérations d'intrigues ; les Rohan regarderont toujours le baron de Breteuil comme leur ennemi ; il serait de leur grande convenance de lui barrer le chemin au ministère, et ils sentent que c'en serait un moyen infaillible si on parvenait à rendre Breteuil odieux dans son ambassade. Celui-ci, lors de son départ, m'a paru bien en garde contre les piéges qui pourraient lui être tendus, et comme en effet sa fortune ministérielle dépend du succès de son ambassade, et qu'il a de l'ambition et de l'esprit, je suis persuadé qu'il s'attachera avec suite et prudence à vaincre les petites

---

tails suivants : « Le comte de Guines ayant cru nécessaire pour sa justification d'insérer dans les mémoires écrits en faveur de sa cause certains passages de ses anciennes correspondances ministérielles, M. de Vergennes s'y est refusé, en disant que si l'on admettait une telle demande le secret si nécessaire à toutes les affaires d'État serait violé, et aucun ministre étranger n'oserait plus faire de communications confidentielles aux ministres de France. Le conseil a approuvé unanimement la décision de M. de Vergennes ; mais lorsque la reine en fut instruite, elle fit de tels efforts auprès du roi que celui-ci, malgré le vote du conseil, donna au comte de Guines la permission requise. » Archives de Vienne.

rigueurs qu'il pourrait éprouver dans les commencements de sa mission, et qu'il parviendra à les surmonter. Il est, à coup sûr, impossible qu'il ait tenu à l'abbé Georgel les propos que celui-ci lui a attribués, et cette invraisemblance seule dénote bien qu'il y a en cela de l'intrigue. La comtesse de Marsan fait les plus grands efforts pour se lier avec la comtesse de Maurepas, femme que j'observe de très-près, parce qu'elle conduit son mari, et que d'ailleurs je la soupçonne violemment de mauvaise volonté envers la reine (1). Rien n'est plus vrai que ce que Breteuil a dit sur la non-existence du portrait du roi ; c'est la raison qui m'a mis hors d'état d'exécuter l'ordre que V. M. m'a fait donner depuis longtemps de lui envoyer les portraits du roi et de la reine (2). Quant à celui de cette auguste princesse, je lui en ai encore parlé mardi, et j'ai son aveu pour lui envoyer un peintre au commencement de la semaine prochaine ; je ne répondrais cependant pas que ce portrait soit achevé de si tôt.

Je suis bien sûr que la reine me parlera de la lettre que lui a écrite S. M. l'empereur, et probablement elle me la fera voir. Je rendrai compte à V. M. des remarques que j'aurai été dans le cas de faire ; l'indisposition qui m'a empêché d'aller ces jours-ci à Versailles donne lieu à ce retard, qui sera réparé par le courrier prochain.

XX. — Marie-Thérèse a Mercy.

Vienne, 1er avril. — Comte de Mercy, J'ai reçu par le courrier la Montagne, arrivé ici le 28 du passé, votre lettre du 18 du même mois.

---

(1) Madame de Maurepas était sœur du duc de la Vrillière, ministre de Louis XV disgracié sous Louis XVI, et elle avait beaucoup d'affection pour le duc d'Aiguillon, son neveu. C'étaient autant de liens avec la cabale ennemie de Marie-Antoinette. Les mémoires et chansons du temps font de fréquentes allusions, bien connues, à l'influence qu'on lui supposait sur son mari.

(2) Voir la note de la page 304. Nous trouvons dans la correspondance de Mercy avec le baron Neny les détails suivants sur les portraits de Marie-Antoinette. Mercy écrit de Paris, le 19 janvier 1775 : « De ma connaissance notre auguste souveraine (Marie-Thérèse) a huit ou dix portraits de la reine, soit en miniature, soit en bustes ou estampes, le tout parfaitement mauvais, sans nulle ressemblance, comme vous avez été en état d'en juger vous-même. Ce serait en vérité trahir le désir de S. M. que de lui envoyer encore deux portraits qui fussent de la classe des premiers. Il faut donc lui en procurer deux excellents. Or il n'y a pas à Versailles ni à Paris un seul portrait de la reine peint à l'huile par un bon peintre, et cela est si vrai qu'il est dû à la dame d'honneur un portrait de la reine, que S. M. en a promis un au prince de Starhemberg, qu'elle a daigné me faire pareille grâce, et qu'aucun de ces portraits n'a encore été donné, malgré nos réclamations. »

Vous avez raison de craindre les mauvais effets des dissipations de ma fille et du goût qu'elle a pour des plaisirs bruyants, trop contraires au caractère du roi, et qui pourraient produire l'inconvénient de la familiarité, défaut assez ordinaire aux Français. Je lui écrirai sur cet article dans le sens que vous me marquez.

Je ne suis pas fâchée qu'à la course des chevaux elle n'a pas été accueillie avec les applaudissements accoutumés; elle pourra en conclure qu'à moins d'être soutenue par un mérite solide, on peut compter sur la durée de la faveur populaire, surtout parmi une nation aussi facile à se laisser entraîner par sa légèreté que la française.

Je doute qu'on voudra accorder à la reine la distinction d'être sacrée en même temps avec le roi. Vous faites très-bien de vous tenir à l'écart, de même que ma fille, dans la poursuite de cette affaire.

Je ne trouve rien à redire à la protection que ma fille accorde au comte de Guines ou à d'autres, mais je souhaite que ce soient toujours des gens de mérite, et que dans ces cas elle tienne une conduite mesurée.

La dernière lettre de ma fille à l'empereur a été très-aimable; il en est fort content et incline de plus en plus à faire l'année prochaine le voyage de France dans le carême, ne voulant pas passer le carnaval à Paris, mais il faut absolument qu'on ne l'oblige pas à quitter le rigoureux incognito.

Je ne voudrais pas être garante que ma fille n'exécute son idée d'établir la princesse de Lamballe surintendante dans un moment où l'on pensera le moins; entretemps je suis bien aise que la duchesse de Cossé prolonge l'époque de sa retraite.

La liaison de Rohan avec la comtesse de Marsan et les efforts que celle-ci fait pour se lier avec la comtesse de Maurepas, joints à la mauvaise volonté d'Aiguillon, que ma fille a traité en effet avec trop de rigueur, sont toujours des objets qui méritent attention, surtout si Rohan doit être nommé premier aumônier du roi, poste qu'il a brigué depuis longtemps, en voulant même m'engager à m'intéresser à cet effet en sa faveur. Le crédit de la comtesse de Marsan, quoiqu'affaibli, mais qui tiendra apparemment encore en quelque façon au souvenir du roi d'avoir été sa gouvernante, pourrait bien y influer. Je dois vous faire part d'un nouveau trait de la légèreté de Rohan. Il a envoyé ici plusieurs pièces de son portrait en ivoire en petit, assez ressemblant. Ses partisans, femmes et même hommes, nommément Kaunitz [chez lui je ne l'ai vue, mais il en a une] le portent en bagues, entouré de brillants, au troisième doigt. J'aurais eu de la peine à le croire, à moins d'en avoir été convaincue par mes propres yeux.

On pense différemment sur le refus de mon fils de faire la première visite aux princes du sang. Il y en a qui croient qu'étant dans le parfait incognito, il aurait dû tout accepter et rien exiger. Au reste ma fille fera bien de ne plus remuer cette affaire. [J'ai chargé Neny de vous envoyer quelques anecdotes assez désagréables sur ce sujet (1).]

Vous vous imaginerez bien combien je suis empressée à questionner Rosenberg sur tout ce qui regarde ma fille. Il se loue infiniment de vos attentions pendant le séjour de mon fils à Paris, et je vous en ai une obligation toute particulière, n'étant que trop convaincue de votre dévouement à ma personne et à mes enfants. Vous me ferez plaisir de tâcher au possible de me procurer les portraits du roi et de la reine.

[J'espère que vous serez quitte de votre rhume et vous remercie de toutes les peines que vous vous êtes données pour mon fils, qui repart la semaine de Pâques et que j'ai trouvé bien maigri. L'émeute malheureuse en Bohême me cause bien des chagrins ; j'ai ordonné à Pichler de vous en écrire ; il me coûte trop de m'en occuper. Je suis fort contente du début de Breteuil.]

XXI. — MERCY A MARIE-THÉRÈSE.

Paris, 20 *avril*. — Sacrée Majesté, La fin du mois dernier a été très-orageuse à Versailles, et il y subsiste encore beaucoup de fermentation à la suite de quelques circonstances qui ont un rapport immédiat à la reine, et desquelles j'ai cru devoir rendre compte dans ma dépêche d'office, parce que ces circonstances peuvent donner lieu à des combinaisons qui intéressent la politique. Comme ces détails

---

(1) Dans la correspondance conservée aux Archives de Vienne entre Mercy et le baron de Neny ne se trouve point le passage qui avait rapport à ces anecdotes sur l'archiduc Maximilien ; on a seulement la réponse de Mercy, qui déclare que ce ne sont qu'inventions malveillantes. Nous n'avons pas retrouvé non plus le passage sur les émeutes de Bohême, dont il est parlé à la fin de cette lettre, mais dont il sera plus amplement question dans une lettre suivante de Marie-Thérèse, du 4 mai.

seront mis sous les yeux de V. M., je m'abstiendrai d'en faire ici une répétition superflue, en me bornant à quelques remarques propres à éclaircir la matière (1). Quoique la cause du comte de Guines paraisse évidemment bonne, j'ai toujours vu avec peine l'intérêt actif et décidé qu'y prenait la reine, parce que dès l'origine il n'était pas difficile de prévoir que cette affaire deviendrait une affaire de parti. On a eu l'adresse perfide de faire voir à la reine dans la protection qu'elle accorderait au comte de Guines un moyen de vengeance contre le duc d'Aiguillon, et ce motif est répréhensible ; d'ailleurs des réflexions d'État et d'administration se trouvaient compliquées dans l'affaire dont il s'agit. Elle peut avoir des suites embarrassantes pour le gouvernement ; il fallait un grand effort de crédit pour obtenir ce que la reine a effectué, et malheureusement cet effort de crédit ne s'est manifesté qu'en faisant changer à l'insu des ministres l'exécution des ordres qui leur avaient été donnés par le roi, sans que de tout cela il résulte aucun avantage réel pour la reine, tandis que le foyer des tracasseries n'en est que plus vivement attisé.

Toutes mes représentations n'ont rien arrêté dans cette conjoncture ; mais en découvrant les voies dont le comte de Guines s'est servi pour parvenir à ses fins, j'ai au moins fait connaître à la reine le très-grand danger auquel elle s'exposera toutes fois et quantes des femmes de son service seront employées à des sollicitations de cette nature ; et le danger se montre dans l'occasion présente d'une façon d'autant plus manifeste que la princesse de Chimay (2), agente secrète du comte de Guines contre le comte de Maurepas, travaillait en même temps avec succès auprès de ce ministre en faveur du duc de Fitz-James son père, et jouait ainsi un double rôle suspect d'une fausseté des mieux caractérisées.

Avant la nomination des sept maréchaux de France, et dans le temps où le roi venait de retirer sa promesse d'accorder séparément ce grade au duc de Fitz-James (3), la princesse de Chimay écrivit à

---

(1) Tout ceci a rapport au procès du comte de Guines. Voir la pièce XIX et la note de la page 313.

(2) La princesse de Chimay, qui devint plus tard dame d'honneur de Marie-Antoinette, était alors dame du palais.

(3) Sur la sollicitation de la reine, le roi avait promis le bâton de maréchal au duc de Fitz-James, qu'aucun service considérable ne désignait pour cette faveur. Lorsque le roi porta cette nomination au conseil, le comte du Muy s'y opposa formellement, rappelant le

la reine en la suppliant de remettre une lettre jointe sous cachet volant et adressée au roi ; c'était une nouvelle instance en faveur du duc de Fitz-James. La reine de premier mouvement remit cette lettre au roi, avant que je n'eusse occasion d'opposer à cette démarche les représentations qui auraient pu l'arrêter. Je fis voir à la reine qu'elle venait de donner dans un nouveau piége ; pour y remédier autant que possible, j'obtins que S. M. répondît à la princesse de Chimay qu'elle avait remis sa lettre au roi, qui ferait savoir ses intentions à la princesse, que celle-ci devait connaître tout le bien que lui voulait la reine, mais que la princesse devait savoir aussi combien S. M. était éloignée de se mêler jamais d'affaires de la nature de celle dont la princesse de Chimay était occupée dans le moment actuel.

Entretemps ces deux objets, celui du comte de Guines et celui de la prétention du duc de Fitz-James, remuaient fort les esprits dans Paris. Les partisans du comte de Guines, qui sont en grand nombre, exaltaient la bonté, la justice et le crédit de la reine, mais tout le public et particulièrement le militaire se plaignait hautement de ce que S. M. avait appuyé la demande du duc de Fitz-James. Je m'occupai pendant plusieurs jours à détruire cette fausse idée ; il fallut pour cela désavouer dans les sociétés les assertions que l'on y avait répandues, sauf à essuyer tout le mauvais gré des intéressés, qui ne manquent pas de croire que c'est toujours moi qu'ils trouvent dans leur chemin, lorsqu'ils s'adressent à la reine pour des objets qui ne peuvent se concilier avec le bien du service de S. M.

Le fils unique de la duchesse de Cossé, âgé de quatre ans, étant menacé d'une faiblesse dans les jambes qui pourrait le rendre perclus ou boiteux, sa mère s'est décidée à le conduire aux eaux de Bourbonne, où elle restera pendant six mois. La nécessité d'une si longue absence et l'inquiétude des soins que pourra encore exiger dans la suite l'état de son enfant l'avaient déterminée à se démettre

---

grand nombre d'officiers généraux qui, par leur ancienneté et leurs services, devaient l'emporter de préférence. Le roi, confus, déclara se désister de sa promesse. Cependant le duc de Fitz-James, à qui on avait fait annoncer le succès de ses vœux, attendait dans l'antichambre de la salle du conseil qu'on l'appelât pour présenter ses remercîments. Grande clameur autour de la reine quand on apprit le résultat du conseil ; le roi crut tout apaiser en nommant à la fois sept maréchaux, et parmi eux le duc de Fitz-James ; mais le public s'étonna de cette nombreuse promotion, que ne justifiait point assez le mérite des élus. Un grand nombre de chansons satiriques furent faites sur les nouveaux maréchaux ; la plus répandue fut celle qui les comparait aux sept péchés capitaux.

dès à présent de sa place; mais je l'ai persuadée de suspendre jusqu'à son retour des eaux l'exécution de ce projet, et je me suis servi pour la persuader de tous les motifs qui intéressent son vrai attachement pour la reine. Ne pouvant à la longue éviter la retraite de cette duchesse, je tâche au moins de gagner du temps, afin que la reine ait celui de bien réfléchir sur le choix qu'elle voudra faire. Jusqu'aujourd'hui S. M. a paru pencher pour la princesse de Chimay; peut-être que ce qui vient de se passer relativement à cette dame portera la reine à examiner de plus près son caractère, qui peut avoir des inconvénients. Dans tous les cas il n'est point à espérer que la duchesse de Cossé soit remplacée, et c'est une vraie perte pour le service de la reine.

La princesse de Lamballe devient sujette à des maux de nerfs qui lui occasionnent souvent des faiblesses et des convulsions. Si cet état ne change point, il pourrait devenir un obstacle de plus à ce que cette princesse obtienne la charge de surintendante, et je vois que la reine reste dans son indécision à cet égard.

S. M. a été dans ces derniers temps plus qu'en aucune autre occasion affectée des discours du public sur les mouvements de la cour. Je n'ai pas été fâché de voir la reine dans cette disposition d'esprit, parce que c'est le moyen le plus propre à la rendre attentive à ce qui intéresse son crédit et sa gloire. Elle a été informée que l'on parlait dans Paris avec trop de licence, et le sieur Le Noir, nouveau lieutenant de police, ayant fait une grande maladie qui l'a mis dans le cas d'avoir recours à son prédécesseur le sieur de Sartine, la reine a fait venir ce dernier et lui a enjoint de prendre des mesures efficaces pour réprimer cette liberté de propos dans les cafés et autres lieux où les oisifs de Paris se rassemblent pour raisonner de matières de gouvernement et des actions supposées de la famille royale. La reine avait formé le projet de venir voir une représentation d'*Orphée* (1) au théâtre de l'Opéra, mais S. M. changea d'avis, dans l'idée que le public lui ferait une moins bonne réception que de coutume. Je pris la liberté d'exposer quelques réflexions sur la juste valeur des démonstrations du public : elles sont constantes et d'un grand prix lorsqu'elles se trouvent motivées par des actes de bienfaisance dont ce même public a ressenti les effets; mais lorsque, sur

---

(1) L'*Orphée* de Gluck avait été donné pour la première fois à Paris le 2 août 1774.

le seul espoir d'un bien qu'il attend et qu'il n'a point encore éprouvé, il commence par offrir des hommages, on ne peut considérer ceux-ci que comme des marques d'une confiance flatteuse, mais qui demande à être justifiée. J'observai en conséquence que, comme la nation a assez prouvé qu'elle espère tout de la reine, S. M. n'en est que plus indispensablement obligée de se mettre en position à opérer le bien et de s'occuper sérieusement des moyens de l'effectuer, ce qui suppose la double nécessité de s'appliquer aux choses solides et de se maintenir le crédit qu'il faut pour les suivre.

Dans le fond, l'affection du public pour la reine n'a point varié. On a voulu y porter atteinte par quelques menées sourdes; mais cette tentative n'a point réussi, et toutes celles de ce genre seront toujours bien faciles à prévenir ou à réprimer, pourvu que la reine veuille décidément se prévaloir de l'ascendant qu'elle a sur le roi, ascendant qui n'a fait qu'accroître jusqu'au moment présent.

Depuis ce carême la reine n'a point absolument négligé les lectures; mais la musique reste encore l'occupation la plus suivie et qui prend le plus de temps. S. M. est d'ailleurs fort assidue aux sermons et aux offices du carême. Pendant huit jours un rhume fort léger a interrompu les promenades à cheval ou en voiture qu'elle a coutume de faire quand le temps le permet.

Le courrier mensuel m'ayant remis le 12 au soir les ordres de V. M. en date du premier de ce mois, je me suis rendu à Versailles pour y présenter à la reine les lettres qui lui étaient adressées. Les occupations pieuses qui devaient remplir les dernières journées de la semaine sainte ne permirent point à la reine de me donner une audience bien longue; S. M. me marqua de l'embarras de trouver le moment d'écrire ses lettres; sur mes instances elle daigna cependant me les promettre pour aujourd'hui. Je les attends encore et suis dans l'incertitude si le courrier pourra partir cette nuit, tandis que, si cela n'avait tenu qu'à mes dépêches, il aurait été expédié trois jours plus tôt.

XXII. — Mercy a Marie-Thérèse.

Paris, 20 avril. — D'après des recherches et des observations très-suivies, j'ai acquis journellement plus d'indices que c'est le duc d'Aiguillon qui est le principal acteur dans toutes les petites intrigues qui se trament contre la reine. L'ex-ministre en question a pris tout l'ascendant qu'il a voulu sur l'esprit de sa tante, la comtesse de Maurepas, et cette femme, qui dirige son mari, n'a cessé d'exciter sa jalousie du crédit de la reine, d'où sont provenues les manœuvres cachées qui ont éclaté depuis quelque temps.

J'ai rendu successivement compte à la reine de mes découvertes à cet égard. Je lui avais exposé les moyens qui me paraissaient les plus propres à déconcerter de semblables cabales, trop peu dangereuses pour exiger des coups d'éclat; mais mes très-humbles avis n'ont été suivis qu'en partie, et, dans une explication que la reine a eue avec le roi, elle l'a informé de tous ses griefs contre le duc d'Aiguillon, et a demandé avec la vivacité la plus décidée que ce duc, sans cependant subir d'exil, fût envoyé ou dans ses terres ou dans son gouvernement avec ordre de ne pas revenir de quelque temps, soit à Paris soit à la cour. Le roi, assez embarrassé de cette demande, y consentit sur-le-champ, mais le lendemain il observa à la reine que, le duc d'Aiguillon se trouvant à la veille d'avoir une affaire judiciaire avec le comte de Guines (1), il ne serait pas juste d'obliger ce duc à s'éloigner dans un moment où sa présence à Paris lui devenait nécessaire pour pouvoir se défendre contre son adversaire. La reine ne répliqua rien à cette raison, et la chose en est restée là. J'ai tout lieu de croire que c'est le comte de Maurepas qui, ayant été consulté par le roi, lui a suggéré cette réflexion à faire à la reine. Au reste il en est résulté un bon effet en ce que l'activité du ressentiment de la reine a fait connaître le danger auquel s'exposent ceux qui ont l'imprudence de l'irriter. Depuis ce moment-là le parti Maurepas a considérablement changé de ton; plusieurs personnes affidées de ce ministre se sont adressées à l'abbé de Vermond et à moi, pour nous prévenir sur l'utilité dont il serait au bien général que le comte de Maurepas se trouvât plus en position de se rendre agréable à la reine, que ce ministre en aurait un grand désir, et qu'il sentait combien l'appui de cette auguste princesse lui faciliterait les moyens de faire agréer au roi tout ce qui peut convenir au bien de son service. Jusqu'à présent on avait été fort éloigné de

---

(1) Les mémoires qu'avait fait paraître le comte de Guines jetaient des soupçons fâcheux sur la conduite du duc d'Aiguillon au ministère. Le duc d'Aiguillon, mis en cause, se défendit, lui aussi, par un mémoire.

tenir un pareil langage, il y a même peu de fond à faire sur sa sincérité; mais il n'en est pas moins vrai qu'avec un peu d'attention et de circonspection il devient facile pour la reine de tirer bon parti de la conjoncture, en se donnant du poids et en se faisant respecter et craindre quand les occasions le comportent. On a su que S. M. avait pressé le roi de renvoyer le duc de la Vrillière et de donner son département au sieur de Sartine actuellement ministre de la marine. Cette intention de la reine aura tôt ou tard son effet, si elle y met la suite nécessaire, et le projet en lui-même est bon et utile. Le duc de la Vrillière est généralement méprisé (1), il n'a pour lui que l'appui de sa sœur la comtesse de Maurepas; le sieur de Sartine est depuis longtemps un protégé de la reine; ce ministre ne paraît pas trop convenir au département de la marine, mais comme lieutenant de police il a fait preuve de tous les talents nécessaires à bien remplir toutes les parties qui forment le ministère du duc de la Vrillière.

Depuis très-longtemps j'avais représenté à la reine qu'il fallait absolument songer à établir une communication facile de son appartement à celui du roi. Le local présentait d'assez grandes difficultés, mais je n'ai jamais cessé d'insister sur ce point, qui est de la dernière importance. Le roi et la reine sont logés de façon qu'ils ne peuvent aller l'un chez l'autre que par une antichambre publique et toujours remplie de monde, ou bien en faisant dans l'intérieur un grand détour qui les oblige à passer par un des cabinets de l'appartement de Mme Sophie. Il est aisé de se figurer tous les inconvénients d'une pareille communication; mais j'ai enfin obtenu qu'il s'en établira incessamment une autre très-commode au moyen d'un corridor qui enlèvera à Mesdames une pièce de leurs appartements, et qui formera un passage entièrement isolé et dont personne ne pourra faire usage. Le plan en a été arrêté la semaine passée et on ne tardera pas à l'exécuter.

La conduite que tiennent Monsieur et Madame vis-à-vis de la reine est toujours mesurée, politique, et souvent suspecte en bien des choses. La reine y fait attention, elle est sur ses gardes, moyennant quoi il n'y a point de risques de ce côté-là, mais en revanche il y en a toujours plus du côté de M. le comte d'Artois. Il s'est mis sur le pied de faire ses confidences à la reine, et la conduite du jeune

---

(1) Voir tome I, page 223, note.

prince prête à trop d'aveux indécents pour que S. M. puisse se permettre de les écouter. Elle espère toujours de ramener M. le comte d'Artois à la raison, ou de diminuer l'effet de ses fautes quand elle en est instruite, et ce seul motif l'entretient dans l'indulgence qu'elle continue au jeune prince, lequel de son côté est toujours au moment d'en abuser. J'ai fait à ce sujet de sérieuses remontrances à la reine ; elle a daigné les écouter et convenir du danger où elle pourrait être exposée de se trouver compromise par les légèretés du prince son beau-frère. Il est essentiel que S. M. prenne sur cet article une résolution ferme, ainsi qu'elle a fait sur d'autres points de même nature. Depuis la fin du carnaval les jeunes gens n'ont plus auprès d'elle que l'accès ordinaire à tous les gens de la cour.

La reine m'a confié le contenu de la lettre qu'elle avait reçue de S. M. l'empereur par le courrier du mois de mars. Elle a été très-satisfaite de cette lettre, dont l'objet essentiel porte sur les conditions qu'exige S. M. l'empereur pour se déterminer à venir en France. Il est bien certain qu'à cet égard tout s'arrangera comme S. M. voudra le prescrire ; il dépendra d'elle de garder le plus rigoureux incognito ; mais sous cette forme il pourrait peut-être encore survenir des incongruités, à moins qu'il ne plût à S. M. d'établir d'abord pour base de son incognito la condition de ne recevoir ni de rendre aucune visite, méthode qui sauverait tous les inconvénients, et que l'empereur s'était proposé d'adopter lorsqu'il fut question la première fois de son voyage en France.

V. M. daignera juger par ma dépêche d'aujourd'hui du peu de conséquence que pouvait avoir la difficulté de cérémonial élevée par les princes du sang lors du séjour de Mgr l'archiduc dans ce pays-ci. Il aurait été mieux que la reine eût mis moins de chaleur à cet incident, et je n'omis rien dans le temps pour la calmer sur ce sujet ; mais quant au fond de la question, que je m'aperçois n'avoir pas assez clairement exposée dans mes dépêches précédentes, il se réduit à ces trois points : 1° du moment de l'arrivée de Mgr l'archiduc, et avant qu'il ne fût question de visite, les princes du sang s'abstinrent avec affectation de paraître à la cour, et par là ils ont d'abord manqué au roi. 2° Quatre jours après, et sans qu'on leur eût parlé en aucune façon de faire la première visite, ils déclarèrent qu'ils prétendaient que Mgr l'archiduc fît cette première visite. 3° Là-dessus la reine se trouva choquée, et déclara de son côté que comme son auguste frère n'exigeait rien de personne, elle ne souffrirait pas que personne exigeât quelque chose de lui. D'ailleurs il est assez clair maintenant que les princes sont au repentir d'avoir eu la duperie de servir d'instrument à une tracasserie que l'on voulait faire à la reine, et qui avait tout autre but que celui du cérémonial.

Quant aux anecdotes que le baron de Neny m'a envoyées par ordre de V. M., ce sont des gazettins (1), qui n'ont cours que dans les cafés de Paris et qui sont d'une absurdité frappante. J'en donne la preuve au baron de Neny, et quoique je sois toujours informé dans le temps de toutes pareilles productions, je ne les cite jamais, parce que je croirais abuser de la patience de V. M. en mettant sous ses yeux des nouvelles dégoûtantes qui se démentent par elles-mêmes, et qui dans ce pays-ci ne produisent qu'une sensation d'ennui et de mépris. J'ose encore renouveler ici l'engagement auquel m'obligent mes devoirs les plus sacrés : c'est que V. M. sera toujours informée exactement de tout ce qui est vrai et essentiel, et je puis en répondre avec d'autant plus d'assurance que, dans la position où je me suis mis, il m'est impossible qu'il m'échappe rien de ce qui a trait au service de la reine.

L'abbé Soldini, confesseur du roi, étant décédé au commencement du mois, il y a eu beaucoup d'intrigues pour lui donner un successeur. L'archevêque de Paris et la comtesse de Marsan s'en sont fort occupés; le choix est d'une grande importance, vu le caractère du jeune monarque. L'abbé Soldini était un homme très-médiocre, même d'une honnêteté suspecte; il avait été donné par le feu duc de la Vauguyon. Le roi a pris en attendant, pour faire ses pâques, l'abbé Maudoux, confesseur de la reine et du feu roi. Cet ecclésiastique, qui a donné des preuves constantes d'une vertu, d'une sagesse et d'une prudence rares, serait le meilleur choix possible; j'en ai parlé à la reine, et j'ai quelque espoir que le roi gardera ce confesseur.

La reine a toujours regardé avec la même indifférence l'idée de participer au sacre du roi. Il a gardé le manuscrit qui lui avait été remis par le duc de Duras sur cet objet, et on n'en a plus parlé. Il paraît un autre livre sur la cérémonie du sacre des rois et des reines

---

(1) On trouve souvent au dix-huitième siècle, dans Voltaire par exemple, le mot *gazetin* pour signifier une petite gazette.

de France (1); j'en ai joint un exemplaire aux autres brochures que j'adresse au baron de Neny.

Il y a fort longtemps que je n'ai vu le coadjuteur de Strasbourg, mais je sais qu'il mène ici son train de vie ordinaire et dissipé. S'il pensait à aller à Venise lors de l'Ascension (2), j'ai lieu de croire qu'il trouvera des empêchements à ce projet, à moins qu'il ne parte sans demander permission et des passeports que le comte de Vergennes est résolu à ne point lui donner sans auparavant faire de sérieuses représentations à sa famille sur l'incongruité d'un pareil voyage.

J'observe la comtesse de Marsan avec beaucoup de soin; il est visible qu'elle se donne des mouvements d'intrigues avec tout ce qui tient aux ex-Jésuites; cependant tout ce parti reste dans l'abaissement, et il n'est pas probable qu'il reprenne un certain essor.

J'espère qu'en ce moment V. M. est entièrement délivrée des peines que lui a causées la malheureuse émeute survenue en Bohême. La reine a été fort affectée de cet événement par la réflexion du déplaisir qu'en éprouverait V. M. La reine a voulu que je lui rendisse compte de tous les détails qui m'étaient parvenus à cet égard; je lui exposai ceux que m'a mandés le baron de Pichler, de même que ceux que j'ai appris par la chancellerie d'État, lesquels derniers annoncent la fin prochaine de cet accident, qui est au nombre de ceux qu'on ne peut ni prévoir ni prévenir, lorsque des mésentendus et des hasards malheureux en sont l'origine.

V. M. me donne de nouvelles marques de son extrême bonté et clémence en daignant me parler de ma santé, qui est un peu rétablie, et en faisant mention des effets trop faibles de mon zèle pour le ser-

---

(1) Il parut à ce moment plusieurs ouvrages sur ce sujet : *Cérémonies anciennes et nouvelles du sacre des rois de France*, etc. (anonyme), Paris 1775, in-8°. — *Cérémonial du sacre des rois de France*, etc., avec une *Idée du sacre et couronnement des reines de France*. Paris, G. Desprez, 1775, in-8°, etc. Le volume dont parle Mercy se trouve aux Archives de Vienne; il a pour titre : *Formule de cérémonies et prières pour le sacre de S. M. Louis XVI, qui se fera dans l'église métropolitaine de Reims le dimanche de la Trinité*, 11 juin 1775. — On a aussi aux Archives de Vienne un journal de 16 pages écrit de la main de Mercy, et portant ces mots au titre : « Ce journal ne contient que les particularités qui ne se trouvent point dans le livre imprimé qui sera joint à la dépêche à remettre au courrier Neumann. » La partie de ce journal qui se rapporte principalement à la reine est insérée dans la lettre de Mercy à Marie-Thérèse en date du 23 juin.

(2) Joseph II était alors en voyage en Italie, et c'était pour l'y retrouver que Rohan voulait aller à Venise.

vice de Mgr l'archiduc pendant son court séjour dans ce pays-ci. Jamais je ne serai assez heureux pour pouvoir donner quelque preuve essentielle des sentiments profonds et très-respectueux que j'aurai toute ma vie pour la plus grande et meilleure des souveraines, et pour tout ce qui tient à son auguste personne.

XXIII. — MARIE-THÉRÈSE A MERCY.

Schönbrunn, 4 mai. — Comte de Mercy, J'ai reçu votre lettre du 20 du passé par le courrier Kleiner, arrivé ici le 29 du même mois.

J'ai toujours fait peu de fond sur cette faveur populaire dont ma fille jouissait jusqu'ici, la légèreté de la nation française étant assez connue, de même que les intrigues des factions qui partagent la cour et le public en France; mais ce sont surtout les preuves que ma fille donne de son éloignement de se faire à des réflexions solides, à des occupations sérieuses et à des démarches conséquentes, qui m'inquiètent sur la situation. Je ne vous ai que trop parlé sur ce sujet, et il n'y a que la confiance que j'ai dans votre zèle et dans vos lumières qui me soutienne.

Les dernières démarches de ma fille contre le duc d'Aiguillon, tout mauvais sujet qu'il est, fournissent une nouvelle preuve de son penchant à suivre ses volontés et sentiments. Elle ne saurait être assez sur ses gardes vis-à-vis de ses beaux-frères et belles-sœurs, sans leur montrer cependant ni défiance ni aigreur.

Je suis contente des éclaircissements que vous me donnez sur la tracasserie suscitée par les princes du sang. Je souhaite autant que Mme de Cossé reste encore longtemps dans son poste et que la princesse de Lamballe n'occupe pas celui qu'elle brigue. Le choix du confesseur du roi est un article important, par le rapport qu'il peut encore avoir avec la position de ma fille.

Si jamais l'empereur allait exécuter son projet de voyage en France, je crois ne pouvoir faire rien de mieux que de lui abandonner en plein les arrangements qu'il trouvera à propos de faire à cet égard.

Quelque persuadée que je suis de la résolution de Vergennes de s'opposer aux courses du coadjuteur Rohan, on ne saurait jamais répondre d'une équipée que cet homme léger serait capable de tenter. [Il continue à avoir des intrigues ici par les femmes et gens de service qui nous approchent et les ministres, qui ne sont que trop mauvaises et font à la longue leurs effets. Il y a un autre très-mauvais sujet ici, un certain Nayac (1), qui a été en Italie à suivre l'empereur et faire l'espion; c'est un bas et mauvais sujet. Nonobstant que l'empereur m'a dit lui-même tout le mal de lui, qu'il était ou faisait la contre-partie de Rohan à force de se fourrer dans des coteries, du grand écuyer, de Mmes de Reischach, Thun et Waldstein sœurs, qu'il est d'une insolence extrême, lorsqu'il a dû partir, il a été deux fois en audience dans la retirade de l'empereur, où les ambassadeurs devraient seuls avoir les audiences. Je ne sais ce qu'il a à traiter, mais je crois que depuis le départ de Georgel il entretient la correspondance de Rohan. Chez moi il n'a jamais demandé audience, j'en suis bien aise (2). [J'aurais dit, comme avec Georgel, que je ne vois personne que ceux qui me sont présentés. Je serais bien aise que ce mauvais sujet nous quittât avant le retour de l'empereur. Je ne vous charge pas de le solliciter, mais tâchez seulement qu'on ne nous envoie plus de si mauvais sujets, qui achèvent à gâter nos femmes et jeunes gens par leurs impertinences, et qui malheureusement, en amusant l'empereur, en profitent de toute façon. Il est inconcevable qu'avec tant de talents et d'esprit, avec tant de morale pour sa propre personne, l'empereur se laisse entraîner par tous ces mauvais garnements, qu'il les protège et qu'il se défie des gens de mérite et les tourne en ridicule. A la longue, il ne se trouvera entouré que de ces sortes de flatteurs, sous le prétexte d'amusements d'esprit, de liberté, de popularité, poussés trop loin; il les trouvera très-courts et pleins d'inconvénients un jour, et alors je crains une autre extrémité, qu'il ne devienne misanthrope. Il court trop après l'esprit et flatterie et surtout la nouveauté, n'approuvant rien de ce qui est fait avant lui ou par d'autres, et l'application manque entièrement; il se livrera plutôt à un misérable qu'à un homme en place; c'est ce qui fait le malheur de la monarchie et le mien, d'autant plus sensible qu'il n'y a de remède.]

---

(1) Dombais de Naillac, attaché à l'ambassade de France. Il y était depuis 1771. Voir le rapport de Mercy du 16 novembre 1771, tome I, page 247.

(2) La lettre originale, de la main de Pichler, s'arrête ici; la fin, entièrement de la main de Marie-Thérèse, et d'un caractère tout confidentiel, lui fut renvoyée par Mercy, comme on le verra dans le second rapport du 18 mai suivant. Nous la donnons ici d'après une copie faite par un secrétaire de Mercy.

[J'attends Starhemberg avec bien de l'empressement, non pas pour le fixer ici; il serait trop malheureux; non pas pour remédier au mal, qui est venu au point qu'il n'y a plus à attendre que des expériences fortes, qui pourront bien ébranler la monarchie, mais pour me pouvoir débander vis-à-vis d'un homme de mérite et attaché à moi, à l'empereur et à l'État, et puis me condamner à une retraite tant désirée et devenue à cette heure nécessaire. Le peu de jours qui me restent encore, on devrait bien me les souhaiter un peu en repos. J'ai sacrifié trente-cinq ans au public, je suis si abattue, si troublée, que je fais plus de mal que de bien. La dernière émeute de la Bohême (1), qui est supprimée mais bien loin d'être éteinte, est une de ces circonstances qui hâtent mes résolutions, non pas par crainte, je ne connais pas ce sentiment, mais ne pouvant y obvier et faisant grand mal par ma présence. L'empereur, qui pousse trop loin la popularité, a trop dit, sans promettre formellement à ces gens dans les divers voyages qu'il fait, tant sur la liberté de la religion que sur la leur vis-à-vis des seigneurs; avec cela la conscription où les officiers ont trop parlé et promis de même et animé les gens. Tout cela a causé une confusion dans toutes nos provinces allemandes depuis 1770, dont ce sont les suites, qu'on a prédites alors et depuis. Mais tout cela n'était traité que de bagatelle, poltronnerie, etc. Ce n'est pas le paysan de la Bohême seul qui est à craindre, c'est celui de Moravie, de Styrie, de l'Autriche; à nos portes, même ici, ils osent faire les plus grandes impertinences; les suites sont à craindre pour eux-mêmes et pour bien d'autres innocents. Les plus hardis, les plus mauvais ont à cette heure beau jeu. Vous me condamnerez que je n'y mette ordre; là-dessus, il y aurait bien à dire; mon âge, ma maladie, mon abattement après la mort de mon adorable maître m'ont rendue deux ans entièrement passive, et depuis, ayant perdu presque tous mes ministres de confiance et

---

(1) C'est dans le canton de Weckelsdorf que commença cette sédition. Les paysans disaient que des lettres patentes avaient été données pour les délivrer des corvées, mais que les seigneurs les retenaient en refusant de leur en accorder le bénéfice. Des bandes commencèrent à courir le pays, entraînant même de force ceux qui refusaient de marcher, pillant et ravageant; il fallut envoyer des troupes. La répression fut sévère : des commissions militaires furent constituées dans chaque cercle, un certain nombre de chefs exécutés sur-le-champ; les moins coupables subirent des châtiments corporels, tandis que les paysans qui n'avaient été qu'entraînés par les meneurs furent reconduits sous escorte à leurs villages. — Voir pour ces détails la *Gazette de France*, année 1775, page 316.

amis, je n'ai plus pu entrer dans la balance nécessaire, d'où mes malheurs particuliers m'ont entraînée. La tendresse, la faiblesse d'une mère et vieille femme y ont mis le comble ; l'État n'en a que trop souffert, et je ne dois plus le laisser ainsi. Chargé seul, alors il verra (1) les inconvénients et ne pourra plus se cacher derrière moi ; il a trop d'esprit et son jugement n'est pas encore si affaibli qu'à la longue il ne reconnaisse la vérité ; son cœur n'est pas entièrement gâté, quoiqu'il soit temps pour ce dernier point d'y remédier. Vous brûlerez d'abord cette lettre ; c'est à Mercy seul, que j'estime comme mon ami et ministre, que mon cœur trop opprimé s'est ouvert. Je vous prie de ne me rien marquer sur le parti que je crois le seul pour moi à prendre. Là-dessus, je sais tout ce qu'on peut dire, et votre amitié pour moi pourrait vous aveugler ; mais je suis bien sûre, si vous étiez six mois ici, vous ne pourriez me dire autre chose que ce que je me dis à moi-même.].

[Breteuil se conduit très-sagement, mais on lui relève la moindre chose : qu'il n'est pas poli, que la robe se reconnaît dans toutes ses actions. On lui donne des ridicules. Avec Kaunitz, cela va mieux depuis que ce vilain Georgel est parti. Nos femmes, qui sont terribles à cette heure, sans la moindre décence, l'ont pris en guignon ; mais cela se raccommodera à la longue, si on ne nous envoie plus de Rohan, de Georgel, de Nayac ou des petits-maîtres. Les Anglais remédient à cette heure au manque des Français : ils font encore plus de mal, n'ayant aucun sentiment et payant mieux. Ce n'est pas de la lie du peuple qu'on peut parler ainsi, mais c'est de notre noblesse, qui est gâtée ainsi, et cela sous mes yeux ; j'avoue, cela m'anéantit et porte ma condamnation de mon insuffisance. Croyez-moi toujours votre bien affectionnée.]

[Le mariage de la Brionne est fini (2).]

XXIV. — Mercy a Marie-Thérèse.

Paris, 18 *mai.* — Sacrée Majesté, Depuis le départ du courrier d'avril tout a été plus tranquille à Versailles, et dans plusieurs audiences que m'a accordées la reine, j'ai été en même de lui exposer

---

(1) L'empereur.
(2) Voir plus haut la note de la page 271.

d'une façon très-évidente l'origine des petits embarras que S. M. avait éprouvés.

J'ai démontré que tous les dangers tenaient à l'abus que l'on se permettait de faire des bontés de la reine, et que cet abus était d'autant plus facile à pratiquer que S. M. ne se donne presque jamais le temps de réfléchir aux sollicitations captieuses qui lui sont adressées, qu'elle n'en pénètre point le but, et que, pour s'en débarrasser promptement, elle y fait des réponses auxquelles l'on donne une extension arbitraire, en y joignant même des particularités que l'on invente au besoin, pour les adapter aux différentes vues d'intrigue que l'on s'est proposées. L'affaire du duc de Fitz-James et celle du comte de Guines me fournirent des exemples, et j'eus encore bien d'autres preuves à ajouter à l'appui de mes représentations.

Depuis quelques semaines il s'était répandu dans Paris que la reine était plus que jamais occupée à procurer au duc de Choiseul la place de premier ministre. On citait à cet égard des conversations entre le roi et la reine. Des personnes amies du duc de Choiseul et qui ont accès chez la reine se vantaient de lui avoir parlé du duc, et ces mêmes personnes, pour se faire valoir dans leurs sociétés, ne manquaient pas d'attribuer à leur prétendu crédit autant d'efficacité que d'importance. En faisant connaître toutes ces particularités à la reine, je la mis dans le cas de juger des sources d'où proviennent les propos, des faussetés sur lesquelles on les établit, et de la circonspection dont S. M. doit user si elle veut éviter de pareils inconvénients.

Le 2 de ce mois, jour où il y eut du mouvement et même du pillage dans les marchés de Versailles (1), je me rendis de bonne heure chez la reine et y restai longtemps. Je la trouvai fort affectée et en peine de ce qui venait de se passer. Sa première idée porta d'abord sur l'embarras de rendre compte à V. M. de cet événement. J'observai qu'il était en effet désagréable à mander, mais qu'il fournissait à la reine l'occasion de tenir une conduite qui pourrait lui devenir très-utile à elle-même, et par conséquent très-agréable à

---

(1) Dans les premiers jours de mai des émeutes éclatèrent à Paris, à Versailles et dans plusieurs villes voisines à cause du prix du pain, qui était monté à treize sous les quatre livres ; on pilla les marchés et les boutiques des boulangers. Les ennemis de Turgot se réjouirent, et leurs excitations ne parurent pas étrangères à ces désordres, qui semblaient condamner le système de la liberté du commerce des grains établi par le contrôleur général.

V. M. J'exposai en quel sens il me paraissait que l'influence de la reine devait agir en pareille circonstance vis-à-vis du roi, soit dans les démonstrations d'une juste compassion pour les souffrances du peuple, soit en s'expliquant sur les moyens de soulager ce même peuple, dont la licence doit cependant être réprimée avec fermeté, sans trop de rigueur. J'observai surtout que, dans ces sortes de moments critiques, il était absolument nécessaire que la reine voulût bien suspendre ou au moins modérer toute espèce d'amusements qui seraient de nature à donner trop dans la vue au public, attendu que, lorsque le peuple se croit en souffrance, il ne manque pas de mesurer la sensibilité des souverains sur la contenance qu'ils tiennent, et que de là dépend presque toujours le degré d'attachement que ce même peuple voue à ses maîtres. Cette remarque de ma part devenait d'autant plus nécessaire que depuis trois semaines la reine s'était un peu trop livrée à des objets de dissipations que le public de Paris n'avait pas vus de trop bon œil. M. le comte d'Artois, qui ne s'occupe que de frivolités, a imaginé de venir souvent chasser le daim dans le bois de Boulogne. La proximité de Paris attire à ces chasses un nombre de jeunes gens, hommes et femmes. Le prince, après la chasse, donne à dîner dans de petites maisons de campagne situées dans ce même bois de Boulogne. Ces dîners, sans donner lieu absolument à des indécences, sont cependant beaucoup trop gais. La reine n'a pu résister aux sollicitations pressantes que lui a faites M. le comte d'Artois de venir à ces chasses, qui ne sont que des promenades. Quoique, comme de raison, S. M. ne soit jamais restée à aucun des dîners qui terminent les chasses, cependant on a vu à Paris avec regret que la reine s'associât aux parties de plaisir de M. le comte d'Artois, qui, par sa légèreté, perd de plus en plus dans l'opinion publique.

J'ai représenté sur cet objet tout ce qui m'a paru nécessaire au service de la reine, qui m'a témoigné être disposée à y faire attention.

En déduisant dans ma dépêche d'office d'aujourd'hui tout ce qui a rapport à l'émeute survenue dans ce pays-ci, j'ai cru devoir citer en même temps plusieurs circonstances relatives à la reine que, par cette raison, je ne répéterai point dans ce présent et très-humble rapport. V. M. daignera voir que l'événement dont il s'agit a fait beaucoup d'impression à la reine.

J'ai peu de chose à dire aujourd'hui sur les occupations sérieuses de la reine ; elles restent toujours fort en souffrance, surtout du côté de la lecture, et c'est à la musique que la plus grande partie des moments de loisir est employée. S. M. passe plusieurs heures de la journée avec la famille royale ; elle se rassemble souvent chez Mme la comtesse d'Artois, laquelle, avançant dans sa grossesse, est moins dans le cas de sortir de son appartement. Mesdames continuent à mener une vie assez retirée et uniforme, et on ne s'aperçoit plus d'aucun mouvement de leur part dans tout ce qui se passe à la cour.

La reine a fait travailler assidûment à son portrait, et je compte qu'il pourra être envoyé par le présent courrier ; il se trouvera conforme à la mesure qui m'avait été adressée par ordre de V. M. Quant au portrait du roi, il est encore si peu avancé que je ne puis prévoir le temps où il sera possible d'en avoir une copie. J'en parle toutes les semaines au directeur des bâtiments, duquel cet objet dépend, et qui me promet la copie susdite aussitôt que le portrait original sera achevé.

Le lieutenant général baron de Stein allant à Vienne s'est arrêté quelques jours ici avec son épouse, à laquelle la reine a daigné donner ne audience dans ses cabinets. Elle accordera la même grâce à la princesse de la Tour-Taxis, qui est venue dans l'intention de voir le sacre du roi et de faire ensuite un séjour de quelques semaines à Paris.

Le courrier mensuel, qui est arrivé le 13, m'a remis les ordres de V. M. en date du 4 de ce mois, et les lettres adressées à la reine lui ont été présentées le même jour 13. Deux jours auparavant il y avait encore eu une promenade et chasse au bois de Boulogne ; M. le comte d'Artois y avait mené et ramené la reine dans une voiture ouverte que l'on nomme « un diable » (1), et que le prince conduisait lui-même. Il y a encore eu des propos tenus à Paris sur cette promenade et sur le genre d'équipage trop leste dont se sert la reine en se rapprochant de si près de la capitale. Il est bien certain que ces choses, quoique peu essentielles, font un mauvais effet, et il est

---

(1) M. Littré, dans son *Dictionnaire de la langue française*, n'a pas omis ce sens du mot *Diable*. Il donne sous cette rubrique, au § 20, ces deux acceptions : « Machine à deux ou à quatre roues ordinairement basses, employée au transport des caisses d'orangers ou autres fardeaux. — Espèce de calèche dans laquelle on peut se tenir debout. »

constant que le roi les voit avec déplaisir. Il ne s'en prend point à la reine, mais son mauvais gré tombe sur le jeune prince qui est l'inventeur et le promoteur de ces sortes de parties de plaisir.

Le fils de la duchesse de Cossé ayant obtenu le plus prompt soulagement de l'usage des eaux de Bourbonne, la duchesse susdite reviendra incessamment reprendre son service auprès de la reine, mais je crains toujours que ce ne soit pas pour le continuer longtemps.

XXV. — Mercy a Marie-Thérèse.

Paris, 18 mai. — J'ai fait mention dans mon très-humble rapport du 20 avril d'un rhume léger que la reine avait eu vers la fin du carême ; avec les moindres précautions cette petite indisposition aurait entièrement cessé sous trois ou quatre jours, mais, faute de vouloir en prendre aucun soin, ce rhume, sans devenir plus violent, a duré près de quinze jours ; il causait à la reine pendant les nuits un peu de toux et un peu de transpiration ; sur cela S. M. proposa au roi de ne point venir passer les nuits chez elle jusqu'à ce que ce rhume fût entièrement dissipé. Il disparut bientôt sans le secours d'aucun remède ; alors j'insistai pour que la reine rappelât le roi dans son appartement, et je la vis fort peu empressée à cet égard. Il fallut des représentations les plus vives de ma part et de celle de l'abbé de Vermond pour faire bien concevoir à S. M. que, de toutes les fautes possibles, une des plus grandes serait de laisser accoutumer le roi à faire lit à part, ou même à lui donner lieu de soupçonner que cela pût être indifférent à la reine. Je lui exposai tout ce qui ne manquerait pas d'en résulter de fatal à sa considération, à son crédit, et les effets pernicieux qui en résulteraient dans l'opinion publique.

Je dois m'arrêter ici à une remarque, et j'ose dire qu'elle mérite l'attention la plus sérieuse, s'agissant du point capital qui intéresse le sort présent et à venir de la reine.

Dans un pays comme celui-ci, où tout se régit par esprit de parti et de cabale, où les différents intérêts contrastent sans cesse entre eux, il est impossible que la reine puisse contenter tout le monde, et qu'elle ne soit pas exposée à des critiques, à des propos que l'on fait circuler avec tant d'exagération et d'adresse que ces mêmes propos se répandent au loin et peuvent facilement parvenir jusqu'à V. M. Tout cela cependant ne mériterait presque pas la moindre attention si la reine (qui malheureusement ne peut se résoudre à donner une attention suivie aux objets sérieux et solides) voulait seulement se fixer à bien remplir un seul point, le plus important de tous et sûrement le plus facile à mettre en pratique. Ce point serait que la reine prît l'habitude constante d'être avec le roi le plus souvent possible, de s'accoutumer à lui parler de tous les événements intéressants qui peuvent survenir, de marquer du désir d'être instruite, et de répondre par là au vrai empressement que le roi a toujours marqué de communiquer à la reine ce qui se passe. Il résulterait de là qu'en s'entretenant de bonne amitié, la reine pourrait suggérer bien des choses utiles, et elle se procurerait une influence d'autant plus décisive que le roi incline à la lui donner, et que le ministère actuel, tel qu'il est, ne serait sûrement pas dans la possibilité d'y mettre le moindre obstacle. C'est donc dans l'omission de tout ce que je viens de dire ici, que réside le vrai mal, j'ose même dire presque l'unique mal, parce que les autres fautes, qui ne tiennent qu'à la vivacité de l'âge et à l'inexpérience, seraient d'une infiniment petite conséquence si elles étaient réparées par le moyen que j'ai indiqué ci-dessus ; aussi ne croirai-je jamais avoir assez satisfait à mon zèle et à mes devoirs, en osant réitérer mes très-humbles supplications pour que V. M. daigne, dans ses premiers avis à la reine, insister avec force sur les trois objets suivants : 1° Que la voix publique a appris à V. M. que la reine (de sa propre volonté) était restée plusieurs semaines faisant lit à part avec le roi, que tout Paris en a été instruit et en a glosé au grand détriment du crédit et de la considération de la reine. 2° Que la reine doit établir pour maxime invariable de ne jamais perdre un seul des moments où elle pourra être avec le roi, de l'aller trouver souvent dans la journée par la communication qui va être établie entre les deux appartements, ce que la reine peut exécuter avec l'entière assurance que le roi lui en saura un gré infini, et que cela deviendra un des plus puissants moyens à maintenir la tendresse, la confiance et la complaisance de ce jeune monarque. 3° Que si la reine veut jouir de la consistance, du crédit et de tous les agréments que lui offre sa position, si elle veut se mettre au-dessus de tous les événements, elle n'y réussira qu'autant qu'elle s'habituera à parler journellement au roi de toute affaire intéressante, en lui marquant qu'elle prend plaisir à s'en occuper, qu'elle désire en cela d'être utile au roi, à sa gloire, à son repos, et que devant être sa meilleure amie, elle a aussi plus de droit que personne à prendre part à tout ce qui le regarde. Il y aurait de l'audace de ma part à oser mettre tout ceci sous les yeux de V. M. si je ne trouvais mon excuse dans la connaissance que j'ai du vrai état des choses, de leur extrême importance, et je crois ne point m'y tromper.

Après ces articles capitaux je ne puis me dispenser de revenir encore à la liaison de la reine avec M. le comte d'Artois. Cette liaison, quoique un peu modifiée, a trop de fréquence, beaucoup trop de familiarité; les chasses au bois de Boulogne se continuent, et la grande étourderie du jeune prince, l'opinion peu favorable que le roi a de lui, une sorte de blâme que sa conduite attire de la part du public, tout cela offre sans cesse un danger prochain que la reine ne soit compromise par la légèreté du prince son beau-frère.

Monsieur et Madame se gouvernent bien différemment; rien n'est plus mesuré, plus sage que la conduite qu'ils tiennent, pleine d'égards pour la reine. Elle sait cependant qu'elle ne peut ni ne doit compter sur leur bonne volonté, et, quoique depuis longtemps je ne découvre pas la moindre manœuvre de la part de Monsieur, sa contenance est telle qu'elle laisse toujours le soupçon de quelques vues, et il est au moins démontré qu'il a celle de présenter le contraste de la dissipation de la reine et du comte d'Artois et de la conduite retirée et occupée qu'il tient, et de s'attirer par là de la considération dans le public, ce qui ne laisse pas de lui réussir jusqu'à un certain point.

Au moment où on s'y attendait le moins, le coadjuteur de Strasbourg s'est adressé directement au roi et lui a demandé la permission d'aller à Venise faire sa cour à S. M. l'empereur. Dans le premier instant de surprise le roi y a consenti et a rendu par là inutiles les mesures que j'avais prises vis-à-vis du comte de Vergennes, qui a été confondu de la démarche rapide du coadjuteur. Celui-ci a sollicité une lettre de la reine pour son auguste frère, mais la reine l'a refusé net, et elle se propose d'en écrire aujourd'hui à V. M. Au reste le prince de Rohan a déclaré qu'il ne resterait que trois jours à Venise; il est venu me faire part de cette résolution, cherchant à me tenir bien des propos sur ses chagrins d'avoir déplu à V. M. Je lui ai répondu quelques compliments vagues sans jamais le mettre en même d'entrer dans des explications sur ce sujet, et j'en ai agi de même vis-à-vis de l'abbé Georgel, qui ne m'a entretenu que de sa respectueuse reconnaissance des bienfaits que V. M. a daigné lui accorder lors de son départ de Vienne.

La correspondance de S. M. l'empereur avec la reine s'est rétablie dans les termes de la confiance et de la tendresse désirables. La dernière lettre de l'empereur était parfaitement dans ce style ; la reine en a été fort touchée : je parle ici de la lettre qu'a apportée le courrier du mois d'avril.

Relativement à tout ce qui vient de se passer ici, j'ai une observation de conséquence à faire sur la prépondérance que gagne le contrôleur général. Ce ministre est ami intime de l'abbé de Vermond ; ils ont été au collége ensemble, et ne se sont jamais perdus de vue depuis, de façon que leur liaison devient très-utile au service de la reine. Le parfait accord qui règne entre l'abbé de Vermond et moi rend très-efficace tout ce que je lui indique de convenable à notre but commun, qui est l'avantage de la reine, et en matières sérieuses le contrôleur général peut y coopérer d'une façon très-essentielle.

Dans un entretien que j'ai eu tout récemment avec l'abbé de Vermond, il m'a ouvert une idée qui me paraît en effet très-utile, c'est que, si V. M. daigne faire mention à la reine d'avoir appris par les bruits publics que le roi a fait depuis six semaines lit à part, il serait bon que V. M. daignât aussi ne pas paraître informée que le roi est enfin revenu passer les nuits avec son auguste épouse, parce que V. M., marquant de l'inquiétude à ce sujet, fera une d'autant plus grande impression sur la reine.

Il en est de même relativement à la communication qui s'établit entre l'appartement du roi et celui de la reine. Si V. M., en paraissant ignorer cet arrangement, daignait marquer simplement qu'elle sait par un bruit généralement répandu que « la reine voit rarement « le roi et a peu de part à sa confiance », il est certain que l'amour-propre de la reine serait piqué de cette découverte, et cela ne pourrait que produire un bon effet.

Je suis encore si saisi du contenu de la très-gracieuse lettre de V. M. que c'est avec une vraie crainte et douleur que je reviens à cette grande et importante matière. Pénétré jusqu'au fond de l'âme de la bonté, de la grâce et de la confiance que V. M. daigne me marquer, je n'en suis que plus affecté en envisageant les sujets de peine qu'éprouve mon auguste souveraine. Elles sont d'un genre bien grave, ces peines, il faut l'avouer, mais si elles devaient aboutir à faire quitter à V. M. les rênes du gouvernement, il est impossible de n'être point épouvanté de la multitude des conséquences fatales que l'idée de cette catastrophe présente d'abord à l'esprit, et je me perds au premier coup d'œil que je jette sur ce tableau. J'y vois d'abord le plus frappant, le plus nuisible qui pût arriver personnellement à S. M. l'empereur, et quelque bornées que soient mes lumières, j'oserais bien m'engager à démontrer cette assertion. L'État éprouverait une secousse dont on ne peut calculer ni la durée ni les effets : c'est ce qu'il serait également facile de démontrer par une infinité de causes internes et externes, toutes de la dernière évidence ; mais V. M. m'impose le silence, je dois obéir et sens bien en effet que ma voix est trop faible pour oser parler d'un si grand objet. Cependant, par devoir autant que par zèle et pour l'acquit de ma conscience, je ne puis dissimuler ici deux observations, parce qu'elles tiennent immédiatement à la place que V. M. a daigné me confier. En m'abstenant de tout détail, je ne ferai qu'indiquer ces deux observations : la première concerne le maintien, le bien du système politique actuel de l'Europe et des cours alliées ; la seconde observation regarde les avantages personnels de la reine de France. Après cette simple indication, je dois me taire, et me soumettre à tout ce que les hautes lumières de V. M. et particulièrement son cœur ne peuvent manquer de lui dire sur ces deux grands objets.

La partie de la lettre où V. M. daigne s'expliquer elle-même vis-à-vis de moi sur des matières si touchantes et si importantes doit retourner dans ses augustes mains, et je la rejoins ici. Je voudrais pouvoir y joindre de même tout ce que l'amour des peuples soumis à V. M., tout ce que la gloire de son règne, enfin tout ce que l'Europe entière aurait à lui exposer dans une conjoncture aussi inquiétante à tous égards.

Je ne présume point qu'après l'établissement du baron de Breteuil dans son poste, le chevalier de Nayac songe à prolonger son séjour à Vienne, et s'il avait conçu cette idée, il sera très-facile d'effectuer son départ ; c'est à quoi je vais m'occuper sans qu'il paraisse le moins du monde que j'agisse par ordre de V. M. J'ai exposé plus haut comment le prince de Rohan a dérobé sa marche, et V. M. a prévu en cela ce qu'il n'était presque pas moralement possible de prévoir, et encore moins possible d'éviter ou d'empêcher. Je sais à n'en pouvoir douter que le prince de Rohan, en demandant cette permission au roi, a allégué pour motif d'aller supplier S. M. l'empereur de protéger les démarches qu'il fera pour obtenir l'évêché de Bâle ; mais dans d'autres moments ce prétexte a été démenti par le coadjuteur lui-même, qui dans le fond sait très-bien qu'il ne peut parvenir à l'évêché susdit (1).

XXVI. — MARIE-THÉRÈSE A MERCY.

Schönbrunn, 2 juin. — Comte de Mercy, J'ai reçu votre lettre du 18 du passé par le courrier Tarnoczy, arrivé ici le 27 du même mois. L'émeute à Paris et en d'autres endroits en France est encore un de ces événements fâcheux dont ce siècle n'abonde que trop ; je souhaite qu'on prenne le meilleur parti pour remettre le calme et l'ordre. Les réflexions que vous avez exposées à cette occasion à ma fille sont des plus solides ; il ne me reste qu'à souhaiter qu'elle en saisisse l'esprit, en modérant surtout son goût prédominant pour les dissipations, qui lui fait abandonner toute attention pour des objets intéressants. Voilà la source de mes inquiétudes, dont je vous ai entretenu plus d'une fois, et l'expérience ne fait que trop voir qu'elles n'étaient pas mal fondées. J'écrirai à ma fille dans le sens des trois points que vous m'avez communiqués et que je regarde avec raison comme une nouvelle preuve de votre attachement à ma personne et maison, dont je vous sais bien du gré ; mais je dissimulerai d'être informée du retour du roi à coucher avec elle, et de la communication qui s'est ouverte entre ses appartements et ceux du roi. Je ferai semblant de savoir par les bruits et gazettes sa séparation de lit d'avec le roi, la sensation que le public en avait marquée, les doutes qui s'étaient élevés sur le degré de son crédit auprès du roi, le peu d'approbation que rencontrait son intervention dans les parties de plaisir du comte d'Artois sans la compagnie du roi, la

---

(1) Rohan se vantait évidemment d'avoir la promesse de l'empereur pour cet évêché ; qui était alors une principauté ecclésiastique dépendant de l'empire germanique. A la date du 15 avril 1775, Louis XVI écrivait à Vergennes : « L'évêque de Bâle est donc mort à la fin ! nous verrons si l'empereur tiendra parole au coadjuteur sur l'évêché. Il serait fort utile pour nous qu'il l'eût ; consultez M. de Benneville sur les partis qui règnent dans l'évêché et s'il y a des espérances fondées pour le prince de Rohan. Vous avez bien fait d'en écrire au cardinal de Bernis ; il faut attendre sa réponse pour faire des démarches ultérieures à Rome. » Archives nationales, à Paris, K. 164.

critique qu'on faisait sur son équipage trop leste en paraissant dans le public. J'ajouterai encore quelques mots sur la nouvelle qu'on avait répandue sur la démarche qu'elle doit avoir faite de nouveau pour faire rentrer le duc de Choiseul dans le ministère, en présentant au roi un papier relatif à cet objet, mais que le roi doit lui avoir répondu : « Ne me parlez pas de cet homme (1) ». [Si j'ai le temps, je vous enverrai la copie de ma lettre.] Comme ma fille soupçonne, surtout après la mort de ma belle-sœur, la princesse Charlotte, le prince de Starhemberg d'être l'auteur des nouvelles qui m'arrivent sur son compte, j'ai trouvé à propos de faire expédier ce courrier encore avant l'arrivée de Starhemberg et d'abord le premier de ce mois, pour pouvoir m'expliquer bien intelligiblement avec ma fille, sans augmenter ses soupçons contre Starhemberg. Au reste je lui ai fait connaître, à l'occasion de l'accouchement de la reine de Naples d'un fils, combien je souhaitais de la voir imiter l'exemple de sa sœur, mais que je la croyais, de même que son époux, trop mous et indolents pour penser sérieusement à une affaire qui intéresse tant la satisfaction de nos deux maisons et le bien-être de nos peuples.

L'équipée de Rohan fait de nouveau voir ce dont cet étourdi est capable. Comme j'ai deviné juste sur son voyage à Venise, je ne voudrais pas garantir que, dans le moment où l'on y penserait le moins, il ne pourrait encore exécuter son dessein de pousser jusqu'à Vienne ou du moins ses environs. Nombre de nos cavaliers et dames en seraient au comble de leur joie, tant ils sont toujours épris des charmes de cet évaporé, qui a fait un tort bien sensible à ma noblesse, en ajoutant encore à la dépravation des mœurs. Georgel s'accorde très-bien avec son héros.

Je suis bien aise de la liaison qui subsiste entre le contrôleur général et l'abbé Vermond, convaincue comme je suis du bon parti que vous saurez en tirer.

Je vous suis obligée de la sensibilité que vous me témoignez sur ma situation, et je suis bien persuadée de votre désir d'y apporter

---

(1) On trouve cette anecdote dans la *Correspondance secrète* de Métra (tome I, page 339). Mme de Brionne aurait remis à la reine un mémoire contenant une peinture de la situation malheureuse de la France, avec une vive critique de l'administration des ministres. La conclusion était qu'il fallait recourir au seul homme qui pût relever la France, Choiseul. La reine aurait présenté ce mémoire au roi, qui aurait fait la réponse citée par l'impératrice.

quelque soulagement ; mais il y a quelquefois des maux qui surpassent les remèdes, et alors le meilleur est de s'abandonner avec soumission à la Providence.

XXVII. — Marie-Thérèse a Marie-Antoinette.

Schönbrunn, 2 juin. — J'étais enchantée de tout ce que vous me dites du maintien du roi et des ordres vis-à-vis du parlement dans cette malheureuse émeute. Je crois comme vous qu'il y a quelque chose dessous. Le même langage que vous me marquez (1) ont porté aussi nos gens en Bohême, hors que les vôtres étaient pour la cherté du pain, et les nôtres pour les corvées. Ils ont prétendu aussi qu'il y avait une ordonnance qui les abolissait. En général cet esprit de mutinerie commence à devenir familier partout : c'est donc la suite de notre siècle éclairé. J'en gémis souvent, mais la dépravation des mœurs, cette indifférence sur tout ce qui a rapport à notre sainte religion, cette dissipation continuelle sont cause de tous ces maux. Je vous avoue que j'ai vu avec grande peine dans des feuilles imprimées que vous vous abandonnez plus que jamais à toutes sortes de courses au bois de Boulogne aux portes de Paris avec le comte d'Artois, sans que le roi y soit. Vous devez savoir mieux que moi que ce prince n'est nullement estimé, et que vous partagez ainsi ses torts. Il est si jeune, si étourdi : passe encore pour un prince ; mais ces torts sont bien grands dans une reine plus âgée (2) et dont on avait tout autre opinion. Ne perdez pas ce bien inestimable que vous aviez si parfaitement. Une princesse doit se faire estimer dans ses moindres actions, et point faire la petite maîtresse, ni en parure, ni dans ses amusements. On nous épluche trop pour ne pas être toujours sur ses gardes.

Il y a encore un point plus triste pour moi : toutes les lettres de Paris disent que vous êtes séparée de lit avec le roi, et que vous avez peu de part à sa confiance. J'avoue que cela me frappe d'autant plus que de jour étant toujours dissipée et sans le roi, cette amitié, cette coutume d'être ensemble finira bientôt de même, et je ne prévois que des malheurs et chagrins pour vous dans la plus brillante position, que Rosenberg m'a assuré de ne dépendre que de vous de

---

(1) Marie-Thérèse place le régime avant le verbe.
(2) De deux années seulement.

la conserver, le roi vous aimant et estimant. Votre seule tâche doit être de vous trouver le plus souvent toute la journée chez lui, de lui tenir compagnie, d'être sa meilleure amie et confidente, et tâcher de vous mettre au fait des choses pour pouvoir raisonner avec lui et le soulager; qu'il ne trouve jamais ailleurs plus d'agréments et de sûreté que dans votre compagnie. Nous sommes dans ce monde pour faire du bien aux autres; votre tâche est une des plus essentielles; nous ne sommes pas pour nous-mêmes et pour nous amuser, mais pour acquérir le ciel, où tout tend, et qui ne se donne pas gratis : il faut le mériter. Pardonnez ce sermon, mais je vous avoue, ce lit à part, ces courses avec le comte d'Artois ont mis d'autant plus de chagrin dans mon âme que j'en connais les conséquences et ne saurais vous les présenter trop vivement pour vous sauver de l'abîme où vous vous précipitez. Attribuez à ma tendresse ces alarmes, mais ne les croyez pas superflues.

XXVIII. — Marie-Antoinette a Marie-Thérèse.

Versailles, 22 juin. — Madame ma chère mère, Depuis votre chère lettre du 17 mai je n'ai point eu d'occasion pour répondre. Mon frère Ferdinand doit être bien content d'avoir un héritier; je plains sa femme d'avoir souffert; mais revenue en convalescence, le plaisir de voir son enfant doit lui faire oublier tout. Si j'étais en sa place, je crois que ma santé n'arrêterait pas le voyage de Vienne. Madame la comtesse de la Marche m'a dit que sa nièce (1) allait fort bien à cette heure.

L'empereur m'a fait grand plaisir en m'écrivant de Venise au moment de l'arrivée de mes trois frères (2). Le sacre a été parfait de toute manière; il paraît que tout le monde a été fort content du roi; il doit bien l'être de tous ses sujets : grands et petits, tous lui ont montré le plus grand intérêt, les cérémonies de l'église étaient interrompues au moment du couronnement par les acclamations les plus touchantes. Je n'ai pu y tenir, mes larmes ont coulé malgré

---

(1) La comtesse de la Marche, belle-fille du prince de Conti, était Marie Fortunée d'Este, princesse de Modène, tante de la princesse Béatrix d'Este, femme de l'archiduc Ferdinand.

(2) L'empereur Joseph II arriva à Venise le 21 mai; le grand-duc Léopold y arriva le même jour; les archiducs Ferdinand et Maximilien deux jours après; ils quittèrent Venise le 29.

moi, et on m'en a su gré. J'ai fait de mon mieux pendant tout le temps du voyage pour répondre aux empressements du peuple, et quoiqu'il y ait eu beaucoup de chaleur et de foule, je ne regrette pas ma fatigue, qui d'ailleurs n'a pas dérangé ma santé. C'est une chose étonnante et bien heureuse en même temps d'être si bien reçu deux mois après la révolte et malgré la cherté du pain, qui malheureusement continue. C'est une chose prodigieuse dans le caractère français de se laisser emporter aux mauvaises suggestions et de revenir tout de suite au bien. Il est bien sûr qu'en voyant des gens qui dans le malheur nous traitent aussi bien, nous sommes encore plus obligés de travailler à leur bonheur. Le roi m'a paru pénétré de cette vérité; pour moi, je sais bien que je n'oublierai de ma vie (dût-elle durer cent ans) la journée du sacre. Ma chère maman, qui est si bonne, aurait bien partagé notre bonheur.

Le rhume que j'ai eu pendant longtemps s'est entièrement passé avec le lait. Il est vrai que pendant qu'il a duré le roi a couché dans son appartement; mais ma chère maman peut être rassurée sur cet article, il y a longtemps qu'il est revenu. De plus il y avait une grande incommodité de nos appartements; nous ne pouvions aller l'un chez l'autre sans être vus de tout le monde. J'ai fait faire une communication, par où il peut venir chez moi, et moi chez lui sans être aperçus. Je suis fâchée que ma chère maman juge de mes promenades au bois de Boulogne par les papiers publics; ils disent souvent faux et exagèrent toujours. Les jours où j'ai été avec le comte d'Artois, le roi faisait des chasses où il était absolument impossible que j'y allasse. D'ailleurs c'était toujours de l'aveu du roi, et à ces promenades il y avait toujours beaucoup d'hommes et de femmes de la cour. Esterhazy, qui en était, pourrait bien assurer qu'il n'y avait à redire.

Je fais une grande perte dans ce moment-ci par la retraite de Mme de Cossé, ma dame d'atour; je le craignais depuis longtemps, mais je n'ai pu me refuser au triste état de son enfant, dont cette pauvre mère sèche sur pied : il n'a que quatre ans, elle l'a nourri elle-même, depuis six mois il a été inoculé, et après cette malheureuse inoculation il est devenu boiteux. Les remèdes sans nombre qu'on lui a faits, ont un peu remédié à la boiterie, mais il maigrit et dépérit sensiblement. Dans sa désolation Mme de Cossé n'a d'autre ressource que de mener son fils à des eaux en Savoie et de passer l'hiver dans les provinces méridionales. Je la regrette fort, parce que c'est une femme de mérite et des plus honnêtes que je puisse jamais trouver. Je crois que je la remplacerai par Mme de Chimay, une dame à moi, qui est généralement aimée.

Mme de Marsan mène ma sœur (1) à Chambéry et, après son retour, paraît enfin décidée à quitter la cour. Malgré sa dévotion je crois que nous ne faisons pas grande perte ; ce sera de moins une source d'intrigue et de méchanceté. Nous venons déjà de gagner quelque chose par l'avis que le roi a fait donner à M. d'Aiguillon de ne pas aller au sacre et de se retirer à Aiguillon (2) : nous avons évité la forme d'exil, qui est barbare, quoique lui-même s'en est servi.

Mme la comtesse d'Artois avance toujours dans sa grossesse ; elle est assez heureuse pour ne pas craindre les couches. Il est vrai qu'elle est si enfant qu'elle est dans la grande joie parce qu'on lui promet qu'elle ne prendra pas de médecine noire.

Mes tantes Victoire et Sophie, qui avaient une même maison, se sont séparées. Il a fallu faire une maison à ma tante Sophie ; cela fait encore de la dépense, j'en suis fâchée.

Le baron (3) m'a fait une honnêteté qui m'a été bien précieuse. On m'avait dit que ma chère maman lui avait donné son portrait, qui est le plus ressemblant de tous. Je lui ai fait demander une copie bien ressemblante ; il m'a envoyé l'original et a gardé la copie pour lui : je lui écris pour l'en remercier.

Je reviens à ces misérables gazettes dont les mensonges me font tant de peine, ne désirant rien tant que de conserver et mériter les bontés et la tendresse de ma chère maman.

P. S. J'ose envoyer à ma chère maman deux médailles du sacre, une pour elle et l'autre pour l'empereur.

---

(1) Mme Clotilde de France, sœur du roi, qui épousait le prince de Piémont, plus tard roi sous le nom de Charles Emmanuel IV.

(2) La reine était persuadée que le duc d'Aiguillon ne cessait d'animer la cabale de ses ennemis, tous les restes de cette faction de Mme du Barry, dont elle avait subi tant de tracasseries et de dégoûts étant dauphine, et qui ne cessait encore de la poursuivre d'écrits anonymes, de chansons, de calomnies de toutes sortes répandues à l'étranger. Elle obtint aisément du roi, qui n'aimait pas le duc d'Aiguillon, son exil à Aiguillon en Guyenne.

(3) Le baron de Breteuil, ministre de France à Vienne.

XXIX. — Mercy a Marie-Thérèse.

Paris, 23 juin. — Sacrée Majesté, Le courrier mensuel arrivé à Reims le 10 au matin m'y a remis les ordres de V. M. en date du 2 de ce mois, et je présentai dans la même matinée à la reine les lettres qui lui étaient adressées. Mais avant de rendre compte de mes audiences chez cette auguste princesse, il faut que je reprenne les circonstances antérieures, pour ramener ensuite dans une sorte de journal ce qui s'est passé à l'occasion du sacre du roi Très-Chrétien.

Depuis le 20 du mois dernier jusqu'au jour du départ de la cour pour Compiègne et Reims, il n'y a eu que deux seuls faits essentiels relatifs à la reine qui méritent d'être rapportés à V. M., et je n'ai même qu'à simplement les indiquer ici, parce que, ces faits devant par leur nature trouver place dans ma dépêche d'office, ils y sont exposés dans le plus long détail. Ces deux circonstances sont l'une la suite du procès du comte de Guines, et l'autre le renvoi du duc d'Aiguillon dans ses terres (1). Quoique j'aie dû également insérer dans ma dépêche d'office d'aujourd'hui tout ce qui s'est passé à Reims, je n'hésite cependant pas à tomber dans des répétitions dont l'objet ne peut être que très-agréable à V. M.; je ne ferai dans ce présent et très-humble rapport que rapprocher les circonstances qui ont immédiatement rapport à la reine.

Le 8 de juin, S. M. partit de Compiègne vers huit heures du soir, et elle arriva à Reims à une heure après minuit (2). Une foule de peuple était restée sur les grands chemins au clair de la lune pour voir arriver la reine; elle fut accueillie avec les plus grandes acclamations. S. M. était accompagnée de Monsieur, de Mme et de M. le comte d'Artois; Mmes Clotilde et Elisabeth étaient arrivées la veille, Mesdames tantes restèrent à Versailles ainsi que Mme la comtesse d'Artois à cause de sa grossesse. Le roi vint coucher le 8 à Fismes,

---

(1) Le procès du duc de Guines avait été jugé au commencement du mois, et Tort de la Sonde condamné comme calomniateur. Le duc de Guines repartait aussitôt pour son ambassade : son triomphe était complet, puisqu'au même temps son ennemi le duc d'Aiguillon était exilé.

(2) La reine ne devait pas être sacrée en même temps que le roi. Arrivée avant lui à Reims, elle descendit à l'archevêché, où le roi logea aussi. Elle devait, suivant le cérémonial, assister au sacre incognito.

bourg situé à six lieues de Reims. Le 9 au matin toute la noblesse des deux sexes se rendit chez la reine dans une affluence extraordinaire; les appartements de l'archevêché ne pouvaient contenir une cour aussi nombreuse. La reine parla à un grand nombre de personnes les plus considérables, et elle traita généralement tout le monde avec une grâce infinie. S. M. m'avait donné audience de bonne heure avant sa toilette; elle me permit de lui faire quelques observations sur le meilleur parti à tirer de la conjoncture présente. Je vis que la reine était bien disposée à cet égard, et qu'elle paraîtrait avec un succès le plus éclatant. Après son dîner S. M. se rendit en ville à l'Intendance des bâtiments pour y voir l'entrée du roi, on cria « Vive la reine! » dans toutes les rues par où cette auguste princesse passa.

Après l'entrée, dont ma dépêche d'office ainsi que le livre ci-joint (1) exposent les détails, le clergé et les corps de ville, au sortir de chez le roi, allèrent complimenter la reine, qui répondit avec justesse, bonté et grâce aux harangues qui lui furent adressées. Avant cette cérémonie S. M. était allée embrasser le roi à son retour de l'église.

Le 10 au matin j'allai présenter à la reine les lettres que je venais de recevoir. Dans le moment où elle en faisait la lecture, le roi arriva. La reine n'eut que le temps de me dire que le courrier ne serait renvoyé qu'au retour de la cour à Versailles. Le reste de la journée du 10 se passa comme l'indique le livre imprimé.

Le 11. Je dois me référer au même livre de tout ce qui tient aux cérémonies du sacre, pour ne parler que du moment du couronnement et de l'intronisation. Dans ces deux instants la reine, saisie d'attendrissement, versa une abondance de larmes; elle fut même obligée de se retirer de sa tribune, et quand elle y reparut quelques minutes après, alors toute l'église retentit de cris, de battements de mains et de démonstrations qu'il serait difficile de rendre. Tout le monde était en pleurs; on remarqua que le roi, en levant la tête, regardait la reine, et il se peignit sur la physionomie du monarque un air de contentement auquel on ne pouvait pas se méprendre. Cette sensibilité de la reine fit une telle impression au roi que pendant tout le reste de la journée il fut vis-à-vis de son auguste épouse dans une contenance d'adoration que l'on ne saurait bien dépeindre. A tout moment il parlait à ses courtisans des larmes de la reine,

---

(1) Voir plus haut la note de la page 326, pièce XXII.

et il revenait sans cesse sur ce chapitre, marquant une satisfaction et une gaieté qu'on lui avait peu vues jusqu'à ce jour.

Cette journée fut terminée par une circonstance qui produisit le plus grand et le meilleur effet. Vers sept heures du soir le roi, étant dans ses habits ordinaires, prit la reine sous le bras, et ils allèrent se promener le long de la grande galerie bâtie en bois pour servir de passage de l'archevêché à l'église. Il y avait beaucoup de monde, même du peuple, dans cette galerie; le roi défendit que l'on fît sortir personne. Leurs Majestés n'avaient point de gardes; le seul capitaine en quartier, prince de Beauvau, et quelques exempts les suivaient. Ils laissèrent approcher tout le monde; d'ailleurs la foule immense qui se trouvait hors de la galerie n'en était séparée que par une simple balustrade, presque à hauteur d'appui, de façon que le roi et la reine se trouvaient au milieu du peuple sans aucun indice apparent de précaution. La joie et les cris de « Vivent le roi et la reine! » se firent entendre avec une vivacité inexprimable. Cette promenade dura près d'une heure, et le public en resta dans une vraie ivresse, surtout de l'air de bonté et d'affabilité qui se remarquait dans la contenance de la reine. S. M. avait donné la première idée de cette promenade, circonstance qui ne fut point ignorée.

Le 12, jour destiné au repos, je me rendis de bonne heure chez la reine. Je lui fis mon très-humble compliment sur ses succès de la veille, et je l'informai de toutes les particularités que j'avais recueillies dans le public et qui pouvaient donner quelques nouvelles idées à S. M. sur ce qui conviendrait le mieux dans le reste du séjour. Elle daigna me dire que le roi l'avait comblée de marques de tendresse et d'amitié, qu'il avait été fort content de tout le monde, à l'exception de M. le comte d'Artois, lequel s'était acquitté de ce qu'il avait à remplir au sacre avec une mauvaise grâce et un air de négligence tout à fait choquants. Cela me donna lieu de répéter à la reine ce que j'ai pris la liberté de lui représenter si souvent sur ses liaisons avec le jeune prince en question, et sur les très-grands inconvénients qui pouvaient en résulter. Je fus écouté avec assez d'attention, et la reine, en convenant de la vérité, me dit uniquement qu'elle avait toujours espéré de ramener M. le comte d'Artois à une conduite plus raisonnable, et que si on l'abandonnait à lui-même il pourrait donner dans de plus grands travers. En convenant de ce principe, j'observai cependant qu'il y avait de grandes précautions à prendre, et que, si la reine les négligeait, elle manquerait son objet de corriger le jeune prince et s'exposerait à partager ses torts.

Après le dîner la reine alla voir le régiment de houssards du comte Esterhazy (1); partout où S. M. passa, ce furent des acclamations continuelles.

Le 13, jour de la cérémonie de l'ordre (2). Je n'ajouterai à ce qu'en rapporte le livre imprimé que cette seule particularité, savoir que la reine, en entrant à l'église dans sa tribune, ainsi que lorsqu'elle en sortit, fut applaudie par des battements de mains universels.

Le 14, jour de la cavalcade à Saint-Remy (3), la reine alla voir passer ce cortége dans une maison particulière préparée à cet effet. Vers le soir Leurs Majestés se rendirent en voiture à une très-belle promenade publique qui entoure la ville; elles y furent accueillies par des acclamations générales. Au retour de cette promenade je fus prendre les ordres de la reine, attendu que l'on avait prévenu les ministres étrangers de s'arranger pour leur départ, par la raison que, les équipages de la cour commençant à défiler le lendemain, il ne serait plus possible de fournir à personne des chevaux de poste pendant le reste de la semaine, ce qui détermina les ambassadeurs à partir tous dans la nuit du 14 au 15. La cour retourna le 16 à Compiègne, y séjourna le 17 et le 18 et rentra à Versailles le 19.

Il est bien certain que, dans tout le cours de cette brillante solennité qui avait attiré tant de monde et des provinces de France et des pays étrangers, la reine a fixé d'une façon particulière l'attention de tout le public; elle a paru dans tous les instants avec dignité, bonté et grâce, et si les hommages qu'on lui a rendus ont été extraordinaires et universels, il est bien certain aussi que jamais hommages n'ont été mieux mérités.

---

(1) « L'après-midi la reine et Madame allèrent à quelque distance de la ville, où elles virent manœuvrer le régiment des hussards d'Esterhazy. Monsieur et Mgr le comte d'Artois, en uniforme de dragons, firent une charge à la tête des escadrons; le duc de Chartres, le prince de Condé et le prince de Bourbon, aussi en uniforme, se mêlèrent à ces attaques. » *Gazette de France*, Reims, 15 juin 1775, page 446.

(2) Pour cette cérémonie de l'ordre du Saint-Esprit voir la *Gazette de France*, à cette date.

(3) Selon l'antique cérémonial, le roi fut à cheval, suivi des princes et d'un grand nombre de seigneurs, à l'abbaye de Saint-Remi, située, comme on sait, dans un faubourg de Reims; là il entendit la messe et toucha dans le parc de l'abbaye plus de deux mille malades des écrouelles, puis il leur fit distribuer des aumônes. *Gazette de France*, page 447.

XXX. — Mercy a Marie-Thérèse.

Paris, 23 juin. — La lettre de V. M. a fait impression à la reine ; j'étais présent lorsqu'elle en fit lecture : elle se récria sur ce que l'on rapportait les objets à V. M. avec trop d'exagération. Je pris la liberté d'entrer dans quelques détails qui tendaient à prouver le contraire, et la reine ne put disconvenir de mes raisons. L'arrivée du roi ne me permit pas de m'étendre davantage pour cette fois, mais j'y revins dès le lendemain et tâchai de bien récapituler les points essentiels sur lesquels V. M. a daigné insister et qui deviennent réellement de jour en jour d'une plus grande conséquence. L'abbé de Vermond avait demandé et obtenu un congé pour quinze jours, de façon que j'étais seul chargé du triste emploi de représenter les vérités. Ce n'est pas que la reine ne les reçoive toujours avec une extrême bonté, mais les impressions sur cette auguste et charmante princesse sont si passagères qu'avec tout l'esprit, tout le jugement et la bonne foi possible, elle est sans cesse arrachée à elle-même, en convenant toujours qu'on l'induit en erreur. Je ne dois point me faire illusion à moi-même, et ce serait manquer de fidélité à V. M. si je lui dissimulais qu'il n'y a que le temps et l'expérience qui puissent amener la reine au point de conduite et de raison désirable. Elle y viendra sans doute, les qualités de son cœur et de son âme en sont garants ; mais jusqu'à cette heureuse époque la dissipation et la vivacité prévaudront, intercepteront la majeure partie de ce qu'il y aurait de grand et d'utile à faire dans la position de la reine. Je ne prévois certainement pas qu'elle tombe jamais dans de grands écarts, et ma confiance est aussi entière à cet égard que motivée sur les connaissances que j'acquiers de plus en plus de l'excellent caractère de la reine ; mais elle sera sujette à des petites fautes continuelles qu'il faudra réparer et rendre le moins nuisibles que possible.

Dans ce moment la reine est investie de tous les partisans du duc de Choiseul (1), qui en agissent mal en ce qu'ils se prévalent de leur

---

(1) Dans une lettre de Pichler à Mercy nous trouvons la réponse suivante à cet article : « Quelque bien que l'impératrice souhaite au duc de Choiseul, S. M. ne saurait jamais approuver l'intérêt trop marqué que la reine prend en sa faveur. S. M. est encore persuadée que, dans l'état actuel des affaires, un ministre du caractère du duc de Choiseul ne saurait nous convenir, n'étant pas à douter que ni les affaires de Pologne ni celles de la Porte

faveur pour la tourner au profit de leurs vues personnelles sans ménagement pour la gloire et l'utilité de la reine. Ils excitent en elle des sentiments de haine et de vengeance qui ne sont point dans le caractère de cette jeune princesse. Elle cède cependant aux importunités, et c'est de là que sont sortis tous les faits relatifs au procès du comte de Guines, au renvoi du duc d'Aiguillon, et aux intrigues qui sont actuellement en mouvement pour faire ravoir au duc de Choiseul la charge de colonel général des Suisses, et même pour le remettre dans le ministère, si tant est qu'il soit possible de vaincre à cet égard l'excessive répugnance du roi. Il est vrai que quant à ce dernier article il m'est réussi jusqu'à présent de retenir la reine ; elle a donné à Reims une audience de trois quarts d'heure au duc de Choiseul ; S. M. me l'a dit elle-même, en ajoutant qu'elle m'en confierait les détails, ce qui n'a pu encore avoir lieu. Entretemps le duc de Chartres et le baron de Besenval (1), bien connu du prince de Starhemberg, sont parvenus à persuader le comte d'Artois qu'il était de son honneur de rendre la charge des Suisses au duc de Choiseul. Le jeune prince s'est enflammé là-dessus et en a parlé au roi, duquel il ne tira qu'un refus très-sec ; étant revenu une seconde fois à la charge, le roi ne fit point de réponse et tourna le dos avec humeur. Il serait infiniment contraire au service de la reine qu'elle se mît trop en avant pour pareil objet, et c'est à quoi tendent tous mes soins, ainsi qu'à empêcher que l'on indispose trop et injustement S. M. contre le ministère actuel. Parmi les inconvénients celui de la liaison trop familière avec M. le comte d'Artois subsiste toujours et n'est pas un des moindres. Tous les succès momentanés de la reine vis-à-vis du public ne peuvent éblouir, ils n'ont rien d'assez solide, surtout en considérant que, parmi le nombre de ceux qui paraissent vouloir s'attacher à la reine, je ne vois personne ni assez zélé ni assez éclairé pour pouvoir lui être utile. Par surcroît d'infortune la duchesse de

---

ne se seraient passées tranquillement si le duc de Choiseul s'était trouvé à la tête des affaires. Moins encore S. M. approuve-t-elle l'esprit de vengeance que la reine marque contre le duc d'Aiguillon et les démarches qu'on fait pour l'indisposer contre le ministère actuel. »

(1) Le baron de Besenval, dont nous avons déjà eu souvent occasion de citer les Mémoires, n'était plus jeune quand Marie-Antoinette l'admit dans sa société intime : il était né à Soleure, en 1721. Il servait en France comme lieutenant-colonel des Suisses. Cette place l'avait attaché au duc de Choiseul et ensuite au comte d'Artois, quand celui-ci devint lieutenant général des Suisses à la place de Choiseul.

Cossé veut irrévocablement quitter sa place, et je suis entièrement éconduit à cet égard. La charge sera, à coup sûr, donnée à la princesse de Chimay, et ce choix m'est infiniment suspect. Dans cet état des choses, et quelles qu'en puissent être les suites, je redoublerai d'attentions et de soins, rien ne coûtera à mon zèle, qui sera bien récompensé s'il me met à portée d'effectuer le moindre bien pour le service de la reine.

Je remets ici la réponse du roi, qui a été écrite la veille ou le jour même de son sacre; j'aurais trouvé une occasion d'expédier sur-le-champ cette réponse par la voie de Bruxelles, mais la reine m'enjoignit expressément de la garder jusqu'au départ du courrier.

Il ne me reste pour cette fois qu'un mot à dire sur le prince de Rohan, duquel V. M. daigne me faire mention. Ce prélat n'a point paru au sacre, ainsi que la convenance l'aurait exigé; ses parents ont été en peine de cette étourderie, et ils ne savent imaginer les raisons qui peuvent avoir retardé le retour de ce coadjuteur. Le sieur de Nayac est arrivé à Paris au commencement du mois, et j'ai vu par là avec grand plaisir que V. M. en était débarrassée (1).

XXXI. — Marie-Antoinette a Marie-Thérèse.

Versailles, 14 juillet. — Madame ma très-chère mère, La bonté et la tendresse de ma chère maman me pénètrent l'âme, mais dans ce moment elle augmente bien mon mal : depuis quatre jours je suis suffoquée par la joie de Monsieur et de Madame. Ce n'est pas que je ne la trouve bien naturelle; je les approuve tant, que j'ai caché mes larmes pour ne pas troubler leur joie. Trois jours après le départ de ma sœur Clotilde ils s'en vont passer quinze jours dans le plus grand incognito à Chambéry. Qu'il est affreux pour moi de ne pouvoir espérer le même bonheur!

---

(1) L'impératrice n'écrivit point à Mercy par le courrier du commencement de juillet; le baron Pichler en explique ainsi les raisons : « Vienne, 4 juillet. Le court intervalle entre l'arrivée du courrier précédent et celui-ci joint au séjour que S. M. fait actuellement à Laxenbourg la fait douter si elle trouvera le temps pour la dépêche qu'elle est accoutumée de vous adresser. Elle m'ordonne par conséquent de faire connaître en son nom à V. E. ce qu'elle pense sur les articles les plus intéressants de sa dernière lettre, du 23 du passé. » Suivent quelques réflexions sur le sacre, avec un reproche à la reine de n'avoir écrit que le 22 juin, tandis que le roi écrivit le jour même du sacre.

Nous vivons fort bien avec Monsieur et Madame ; ils sont l'un et l'autre fort réservés et fort tranquilles, au moins en apparence. Madame est Italienne de corps et d'âme ; le caractère de Monsieur y est très-conforme. Notre pli est pris, nous vivrons toujours sans division ni confiance, et je crois que le roi est comme moi sur cet article.

Depuis le retour de Reims le roi s'est adonné à Saint-Hubert, qui est à six lieues d'ici ; quoiqu'il n'y couche jamais et que la course soit un peu fatigante, j'ai cru devoir m'accoutumer à le suivre toutes les fois.

M. le comte d'Eu (1) vient de mourir ; il avait fait un marché avec le feu roi, et en conséquence il revient beaucoup de terres et maisons au roi ; je crois qu'il en donnera une partie à mes frères, et peut-être à mes tantes, qui le poursuivent. Nous attendons à chaque instant l'accouchement de la comtesse d'Artois, qui se porte toujours à merveille et qui sort encore tous les jours, quoique dans son neuf depuis quatre jours.

Nous aurons très-peu de fêtes quoiqu'elles seront tout à la fois pour les couches et le mariage. On épargnera de l'argent, mais ce qui est bien plus essentiel, c'est le bon exemple pour le peuple, qui a tant souffert de la cherté du pain. Heureusement l'espérance commence à renaître ; les blés sont très-beaux et on est sûr que le pain diminuera après la moisson.

Mme de Marsan paraît toujours décidée à se retirer, mais je ne suis pas sans inquiétude sur les idées qu'elle peut donner à Monsieur et à Madame pendant le voyage ; heureusement il a le caractère aussi faible que dissimulé. Je suis enchantée de ma sœur Élisabeth ; elle montre à l'occasion du départ de sa sœur et de plusieurs autres circonstances une honnêteté et sensibilité charmante. Quand on sent si bien à onze ans, cela est bien précieux. Je la verrai davantage à présent qu'elle sera entre les mains de Mme de Guéménée ; la pauvre petite partira peut-être dans deux années. Je suis fâchée qu'elle aille si loin que le Portugal ; ce sera un bonheur pour elle de partir si jeune, elle en sentira moins la différence des deux pays .(2). Dieu

---

(1) Troisième et dernier fils du duc du Maine, mort au château de Sceaux, dont son cousin le duc de Penthièvre hérita. Avec le comte d'Eu finissait la descendance masculine du duc du Maine.

(2) Ce projet du mariage n'eut, comme on sait, pas de suite.

veuille que la sensibilité ne la rende pas malheureuse! Pour ma sœur Clotilde, elle est ravie de partir. Il est vrai qu'elle compte aller tous les deux ans à Chambéry, et voir de temps à autre quelqu'un de la famille. Je n'imagine pas qu'elle ait très-grand succès à Turin, mais du reste on en fera tout ce qu'on voudra : elle est bonne enfant, n'a pas beaucoup d'esprit et ne s'affectionne vivement pour rien.

Je suis effrayée de la rapidité avec laquelle l'empereur est revenu ; ne gagnerai-je jamais au goût qu'il a pour les voyages?

Quand le prince Louis viendra ici, je crois qu'il s'apercevra que ses mensonges ne réussissent pas.

Ma chère maman voudra-t-elle bien agréer une montre où j'ai réuni les cheveux du roi et les miens? J'ai tâché de faire imiter le bois pétrifié ; nous serons trop heureux si ces cheveux peuvent nous rappeler à ma chère maman, et surtout une fille qui, sans le respect qu'elle lui doit, lui dirait qu'elle l'adore et fera toujours sa gloire et son bonheur de chercher à lui plaire.

XXXII. — Mercy a Marie-Thérèse.

Paris, 17 juillet. — Sacrée Majesté, Dans le nombre des lettres de la reine envoyées par le dernier courrier, il s'en est trouvé une adressée au baron de Breteuil, et ne sachant pas si V. M. est informée de l'objet de cette lettre, je crois devoir lui en rendre compte aujourd'hui.

V. M. ayant daigné donner une boîte garnie de son portrait au baron de Breteuil, il revint à la reine que ce portrait est très-ressemblant, et dès lors elle désira d'en avoir une copie. L'abbé de Vermond eut ordre d'en écrire à l'ambassadeur ; celui-ci ne tarda pas à faire faire la copie demandée, mais il la garda pour lui et fit à la reine le sacrifice du portrait original. S. M. fut si contente de cette conduite du baron de Breteuil qu'elle voulut lui en marquer elle-même sa satisfaction en lui écrivant la lettre dont il s'agit ici.

Au retour de la cour de Reims, à Versailles, la duchesse de Cossé représenta à la reine que sa santé ainsi que d'autres circonstances, particulièrement les soins qu'exigeait le fâcheux état de son fils unique, ne permettraient plus à cette duchesse de remplir sa place de dame d'atours, et elle supplia la reine d'en accepter la démission.

S. M. s'y prêta avec autant de peine que de regrets, et elle ne fit en cela que connaître et sentir la perte d'une personne aussi utile à son service que difficile à remplacer. La duchesse, laquelle, avec les sentiments les plus purs et les plus honnêtes, est réellement attachée à la reine, donna dans cette occasion toute carrière à son zèle, et représenta à S. M. des vérités fort intéressantes. Elle entra en détail sur les entours de la cour, sur les abus de confiance que produit l'esprit d'intrigue et de parti, sur les moyens que l'on emploie pour pratiquer des surprises et les faire tourner au profit de vues personnelles. Ces réflexions furent appuyées sur des exemples de ce qui s'était passé en différents temps. La duchesse, après avoir terminé ce qu'elle nomma le *testament* de sa fidélité envers la reine, lui demanda la permission de lui faire sa cour de temps en temps et à des heures particulières, grâce que S. M. accorda avec toutes sortes de démonstrations de bonté.

Peu de jours après j'observai que les représentations de la duchesse de Cossé n'avaient pas été sans effet. Le comte de Maurepas ayant demandé une audience à la reine, il fut très-bien traité; S. M. lui donna à entendre qu'elle était fort éloignée de lui vouloir du mal, qu'en se faisant justice de son parent, le duc d'Aiguillon, elle n'avait pas confondu les torts de ce dernier avec la conduite et les intentions du comte de Maurepas, son oncle, et qu'elle était aussi persuadée de la droiture de celui-ci que convaincue de la méchanceté et des manœuvres intrigantes de l'autre. Le vieux ministre ne chercha pas à justifier son neveu, mais il s'occupa beaucoup à persuader la reine du désir que lui, Maurepas, avait de marquer à S. M. son zèle et son respectueux attachement. L'audience se termina ainsi d'une façon très-satisfaisante, et la reine eut la bonté de m'informer elle-même de ses particularités.

Les choses ne restèrent pas longtemps dans ces termes, mais pour éviter ici des répétitions superflues, je dois m'en rapporter à ce que V. M. daignera voir dans ma dépêche d'office, où j'expose toutes les particularités relatives au déplacement du duc de la Vrillière (1).

---

(1) La reine désirait que le ministère de la maison du roi, que quittait le duc de la Vrillière, fût donné à Sartine. Celui-ci, on pouvait le croire à cause du succès avec lequel il avait exercé les fonctions de lieutenant de police, convenait mieux à ce ministère qu'à celui de la marine, auquel il avait été récemment appelé. La reine, contrariée de la nomination de Malesherbes, le reçut assez froidement à son arrivée.

L'esprit de la reine, encore trop préoccupé, ne m'a point permis de lui faire toutes les représentations que je crois essentielles au bien de son service dans des conjonctures aussi délicates.

Malgré ce qui s'est passé, le comte de Maurepas, le sieur de Malesherbes qui, par ses qualités et son caractère, jouera un rôle intéressant dans le ministère, ainsi que le contrôleur général, sont tous trois bien décidés à n'omettre aucun moyen propre à se concilier l'appui et les bontés de la reine. Ils se sont expliqués vis-à-vis de moi à cet égard de la façon la plus franche et la plus claire; ils m'ont prié de les aider à remplir leur projet, et il résulterait de là que, si la reine voulait se prêter, ma position deviendrait singulièrement favorable à pouvoir remplir tout ce qu'exige le bien du service de cette auguste princesse et en même temps celui de V. M.

Le petit voyage que M. le comte d'Artois a fait en Flandre a donné quelque relâche aux chasses, aux promenades et autres parties d'amusement auxquelles il entraînait la reine. Je vois avec plaisir qu'elle commence à apprécier les dangers de la pétulance de ce jeune prince, dont la conduite empire journellement. Il passe son temps à courir les spectacles de Paris, et la semaine dernière, étant venu à la Comédie française, il retourna souper à Versailles, revint en ville à minuit pour se promener dans le jardin du Palais-Royal, où il resta jusqu'à quatre heures du matin, entouré de créatures de toutes les espèces. Cette équipée a fait beaucoup de bruit, et il est à prévoir qu'elle ne sera pas la seule en ce genre. Quoique le roi soit très-mécontent de M. le comte d'Artois, il ne le lui témoigne que par un silence froid, et il ne met aucun obstacle à son train de vie déréglé.

La conduite de Monsieur et de Madame forme un contraste parfait avec celle de M. le comte d'Artois; Monsieur passe une grande partie des journées dans son cabinet; il s'y occupe à la lecture ou à l'arrangement de ses affaires. Depuis longtemps il ne paraît plus se mêler de ce qui a trait aux intrigues de cour, ou s'il y influe, c'est au moins d'une façon si cachée qu'il est impossible de s'en apercevoir. Il est très-attentif et respectueux envers la reine, et en cela Madame suit bien exactement l'exemple de son époux. Mesdames de France sont plus retirées que jamais dans leur intérieur, de façon que la société de la famille royale ne produit à présent d'autres incidents que ceux qui y sont occasionnés par l'esprit turbulent de M. le comte d'Artois.

La reine ne fait pas autant qu'il serait à désirer un usage habituel de la communication établie de son appartement à celui du roi, et malheureusement ce ne sont pas des occupations sérieuses qui l'en empêchent. Les lectures sont plutôt abandonnées que négligées, et il devient toujours plus difficile de ramener la reine sur ce chapitre.

Le courrier mensuel m'a remis le 12 au soir les ordres que V. M. a daigné me faire donner par son secrétaire du cabinet en date du 4 de ce mois, et le 13 au matin les lettres adressées à la reine ont été remises à cette auguste princesse. Je pars à l'instant pour Versailles, où je prendrai les réponses de S. M., qui était convenue que le courrier partirait ce soir. Il se pourrait que l'expédition fût retardée d'un jour à cause d'une montre que la reine se propose d'offrir à V. M. et que le bijoutier n'avait pas encore pu achever entièrement hier au soir.

XXXIII. — Mercy a Marie-Thérèse.

Paris, 17 juillet. — Mon très-humble rapport secret du 20 de juin citait une audience de trois quarts d'heure accordée par la reine au duc de Choiseul, et je vais maintenant exposer à V. M. les détails de cette circonstance, qui a fait beaucoup de bruit et donné matière à bien des conjectures. Quoique le duc de Choiseul eût un grand désir de parler à la reine, je sais cependant qu'il ne demanda pas d'audience, mais il employa un détour adroit, en se servant de son ami, le baron de Besenval, pour faire insinuer à la reine l'idée de s'entretenir avec le duc. S. M. ne cacha point ce projet au roi et lui dit l'avant-veille fort naturellement qu'elle « avait envie de causer » avec le duc de Choiseul, mais qu'elle ne savait quel moment choisir, attendu qu'à Reims presque tous les instants étaient employés. Malgré l'aversion du roi pour le duc, ce fut le monarque lui-même qui indiqua à la reine la matinée du surlendemain comme le temps le plus commode pour cet entretien projeté. Dans l'audience en question le duc de Choiseul débuta par louer la reine de la fermeté avec laquelle elle avait protégé le comte de Guines, et le duc ajouta que S. M., devrait, pour comble de bonté, demander le cordon bleu pour l'ambassadeur susdit. La reine répondit qu'avant tout autre elle voulait obtenir cette décoration pour le baron de Breteuil. Le duc de Choiseul fit là-dessus entre les deux ambassadeurs des comparaisons et des remarques fort désavantageuses au baron de Breteuil. Il insista beaucoup en faveur du comte de Guines, mais il ne parvint pas à persuader la reine, laquelle eut quelque surprise du mauvais office que le duc avait voulu rendre au baron, son ancien et fidèle ami. Le duc supplia ensuite la reine d'interposer sa protection pour faire obtenir au prince de Beauvau et au comte du Châtelet le titre de duc. S. M., sans se refuser à cette demande, ne promit que conditionnellement aux circonstances.

Le duc de Choiseul ne fit aucune sollicitation formelle sur ses propres affaires, mais il ne laissa pas de rappeler historiquement les torts qu'il avait essuyés, nommément par la privation de la charge de colonel général des Suisses. Il insinua avec le ton de la plaisanterie tout ce qui pouvait être défavorable au ministère actuel. Il ridiculisa de son mieux les gens de robe, et je m'aperçus dans la suite que cette partie de son audience avait fait effet sur l'esprit de la reine. En total il y a eu dans les demandes du duc et dans ses avis plus de tournure d'intrigue que de marques de zèle pour la reine, et déjà depuis assez longtemps je n'avais pas lieu d'être satisfait des démarches du parti Choiseul, lequel sinon dans l'intention, au moins dans le fait, est sujet à de grands écarts de légèreté. V. M. daignera en observer les preuves dans ce que contient ma dépêche d'office; j'y ai omis des particularités qui doivent trouver place ici.

Pendant toute cette crise intéressante, la comtesse de Brionne n'a pas quitté Versailles et y a joué le rôle le plus actif et le plus dangereux. C'est elle qui suggéra à la reine le langage que S. M. a tenu au comte de Maurepas. Ce qui gênait le plus cette intrigue, c'était la crainte des représentations de l'abbé de Vermond et des miennes; aussi rien ne fut-il oublié pour tâcher de nous écarter, et nous ne nous trouvâmes jamais dans un plus grand embarras, vu que l'esprit de la reine était tellement exalté que nous courions risque de la révolter par nos remontrances et de compromettre notre zèle pour longtemps. L'abbé était si inquiet et découragé qu'il pensait à se retirer, au moins pour le moment, et ce ne fut pas sans peine que je parvins à le retenir en position d'agir de concert avec moi (1).

---

(1) Les intrigues qui agitèrent alors le parti de Choiseul, et lui firent espérer le retour de son chef, en même temps qu'on obtenait du roi l'exil, fort mérité du reste, du duc d'Aiguillon, sont expliquées par la lettre précédente de Marie-Antoinette (22 juin) et par celle de la reine à Rosenberg, du 13 juillet.

Par une suite des dispositions où je trouvai la reine lors de ma dernière audience, je commençai d'abord par faire mon très-humble compliment à S. M. sur ce qu'enfin elle s'était décidée à s'occuper des matières du gouvernement et des moyens d'y jouer le grand rôle qu'il dépend d'elle d'y remplir. Ce début de ma part eut une assez bonne réussite et porta la reine à me dire de son propre mouvement et avec franchise une quantité de circonstances que je savais déjà en partie, mais desquelles il aurait été imprudent de parler si la reine n'y avait pas donné occasion. J'eus grand soin de saisir celle qui m'était présentée, et je fis voir à la reine ce que l'intrigue avait effectué auprès d'elle. Je tâchai de lui donner une idée juste des ministres qui s'étaient adressés à moi pour faire valoir leurs raisons auprès de S. M. (1).

Quoique mes représentations aient été écoutées avec bonté, je ne puis juger encore de l'impression qu'elles auront faite. Ce qu'il y a de bien certain c'est que la conjoncture présente est d'une extrême importance, parce que la reine prend décidément un essor, et que son bonheur et sa gloire vont dépendre de l'usage qu'elle fera de son influence dans le gouvernement.

Je sais que le duc de Choiseul, soit par lui-même, soit par ses amis, a fait envisager à la reine qu'elle n'avait que deux partis à prendre, celui de gagner le roi par les voies de douceur, ou celui de le subjuguer par la crainte. Il est visible que la reine incline de préférence à choisir le dernier de ces deux partis; il peut être efficace par une suite de la timidité naturelle du roi, mais ce parti a aussi de très-grands inconvénients, et je m'attache à les faire sentir à la reine.

---

(1) Il est intéressant de connaître l'opinion intime de Mercy sur les deux nouveaux ministres, qu'il désirait rapprocher de la reine. Il écrivait le 16 août au baron de Neny : « Le nouveau ministre de la maison du roi et de Paris, M. de Malesherbes, réussit bien dans sa place; il la remplit avec une simplicité à laquelle on n'est guère accoutumé ici. Il annonce une justice qui déconcerte les gens de la cour, et une humanité qui enchante les gens du commun. L'unité de ses vues avec celles de M. Turgot vont produire une grande réforme dans les abus, si tant est que l'on laisse faire à ces deux ministres, ce qui est bien douteux. Je prévois qu'il ne sera pas facile de retenir longtemps M. de Malesherbes dans sa place; M. Turgot tiendra plus longtemps dans la sienne, si la cherté du blé diminue et si on ne croise point ses opérations. Ces deux hommes sont réellement des personnages rares par leur vertu et leur désintéressement. Quant à leurs talents, il n'y a que les faits qui puissent nous éclairer. En total les ministres de France actuels cheminent assez d'accord vers le bien; il y a peu d'intrigue entre eux, mais en revanche il y en a d'autant plus parmi les courtisans, et cela aboutit toujours à la besogne des ministres. »

La comtesse de Noailles, que l'on nomme maintenant la maréchale de Mouchy, est décidée à quitter sa place de dame d'honneur. Cette résolution est fondée sur quelques petits dégoûts, mais plus encore sur les convenances du maréchal de Mouchy, lequel, devant passer plusieurs mois de l'année dans son commandement en Guyenne, désire d'avoir son épouse avec lui pour tenir sa maison. Vu le peu d'aptitude de la maréchale de Mouchy pour sa place, sa retraite n'aurait pas été fort à regretter, mais il en résulte ce que j'avais bien prévu, c'est que la reine, trouvant le moment favorable à ses désirs, s'est décidément résolue à établir surintendante de sa maison la princesse de Lamballe, et le roi a déjà consenti à cet arrangement, lequel cependant est encore un secret.

J'ai rendu compte à V. M. de ce qu'il y avait à dire sur les qualités personnelles de la princesse de Lamballe; elle est bien jeune encore, et il reste à voir si elle conservera dans sa nouvelle place le caractère tranquille, doux et honnête qu'elle a annoncé jusqu'à présent.

S. M. l'empereur mande à la reine qu'il n'avait pas invité le prince de Rohan à aller à Venise, et qu'il avait été surpris de l'y voir. La reine n'a pu se tenir de relever devant du monde les mensonges que le prince Louis de Rohan a faits sur son voyage, que l'on a regardé ici comme une étourderie des plus déplacées.

XXXIV. — Marie-Thérèse a Mercy.

Schönbrunn, 31 *juillet*. — Comte de Mercy, J'ai reçu votre lettre du 17 du courant par le courrier Caironi, arrivé ici le 26 du même mois. Quelque satisfaite que je suis de votre exactitude à m'informer de ce qui se passe à la cour où vous êtes, je ne le suis aucunement du pli que va prendre ma fille. Vous vous souviendrez que, même au milieu des applaudissements qu'on lui a prodigués, il m'est toujours resté quelque inquiétude sur les écarts où elle laisserait s'entraîner par sa vivacité et légèreté, jointe à son inapplication et à son entêtement à exécuter ses volontés, sans se laisser arrêter par des remontrances qu'elle sait très-bien dissimuler, en suivant entretemps sa marche. Voilà la copie de sa dernière lettre, toute pleine de beaux mots, mais qui en effet ne dit rien d'essentiel. Je pense donc lui répondre dans le même ton, en lui marquant toute ma satisfaction sur son présent, quoiqu'il pourra être fait dans la vue de m'éblouir.

L'empereur n'en agira pas de même; mécontent comme il est de la conduite de sa sœur, il est résolu de lui en faire sentir l'inconséquence par des termes forts. Il est très-choqué de la tournure de sa lettre à Rosenberg, où elle dit d'avoir parlé à Choiseul sans en demander la permission, et d'avoir engagé « le pauvre homme », c'est-à-dire le roi, à proposer lui-même son entretien avec Choiseul. Je vois avec regret qu'en continuant sur le même pied, ma fille ne peut manquer d'accélérer sa perte. J'en serai vivement affligée, et je ne saurai m'en consoler que par la réflexion que ce sera peut-être le moyen d'assurer son salut.

Rohan s'est encore rendu incognito à Milan, où il a fait de même bien des extravagances, toujours inséparables de son caractère.

[J'ai vu, depuis que cette lettre a été écrite, la lettre à Rosenberg, que je n'avais avant connue que par tradition. Je l'ai fait copier pour vous l'envoyer. Il faut que ma confiance en vous soit entière pour avoir pu me déterminer à vous envoyer cette copie. J'avoue, j'en suis pénétrée jusqu'au fond du cœur. Quel style, quelle façon de penser! Cela ne confirme que trop mes inquiétudes; elle court à grands pas à sa ruine, trop heureuse encore si, en se perdant, elle conserve les vertus dues à son rang. Si Choiseul vient au ministère, elle est perdue; il en fera moins de cas que de la Pompadour, à qui il devait tout, et il l'a perdue le premier. Rosenberg m'a mis dans un cruel embarras en marquant à la reine qu'il m'a communiqué sa lettre; voilà ce que j'ai cru devoir lui répondre; il m'a coûté, je n'en espère rien. L'empereur lui a voulu écrire celle-ci, mais il l'a changée à ma prière en l'adoucissant et abrégeant; je n'ai pu en tirer copie, il me l'a seulement lue.]

[Vous brûlerez toutes ces lettres et ne ferez semblant de rien ici. Le plus d'assiduité que vous trouverez à vous procurer chez ma fille, le mieux ce sera, et qu'elle ne remarque jamais que vous lui cédez par crainte de l'offenser. Je prévois un de ces jours l'éloignement de Vermond; ce serait là la perte totale de ma fille, qui se fait craindre à la place de se faire aimer du roi. Je vous avoue, mes inquiétudes depuis deux ans n'ont pas été pour rien ou de trop; je suis réservée à beaucoup de revers. Je suis toujours votre bien affectionnée.]

Les Archives de Vienne possèdent deux lettres de Marie-Antoinette au comte Xavier de Rosenberg : la première en original de la main de la reine, la seconde en copie, sans doute la copie envoyée par Marie-Thérèse à Mercy. Elles ont été imprimées dans *Maria-Theresia und Marie-Antoinette*, par M. A. d'Arneth. C'est de la seconde qu'il s'agit dans la lettre de Marie-Thérèse qu'on vient de lire, et c'est elle que nous allons trouver commentée encore dans nos lettres suivantes. Nous donnons toutefois l'une et l'autre de ces deux pièces, à cause de leur égale importance, à nous faire entrevoir des aspects nouveaux dans le caractère de la reine, avec une manière d'écrire que nous ne lui connaissions point encore.

MARIE-ANTOINETTE AU COMTE DE ROSENBERG.

17 avril. — Le plaisir que j'ai eu à causer avec vous, monsieur, doit bien vous répondre de celui que m'a fait votre lettre. Je ne serai jamais inquiète des contes qui iront à Vienne tant qu'on vous en parlera ; vous connaissez Paris et Versailles, vous avez vu et jugé. Si j'avais besoin d'apologie, je me confierais bien à vous ; de bonne foi j'en avouerai plus que vous n'en dites : par exemple mes goûts ne sont pas les mêmes que ceux du roi, qui n'a que ceux de la chasse et des ouvrages mécaniques. Vous conviendrez que j'aurais assez mauvaise grâce auprès d'une forge ; je n'y serais pas Vulcain, et le rôle de Vénus pourrait lui déplaire beaucoup plus que mes goûts, qu'il ne désapprouve pas.

Les princes sont tous revenus ; à l'exception de M. le prince de Conti, qui a encore la goutte et qui m'a fait dire tous ses regrets par sa nièce. On ne parle plus du tout de cette tracasserie.

Notre vie actuelle ne ressemble en rien à celle du carnaval. Admirez mon malheur, car les dévotions de la semaine sainte m'ont beaucoup plus enrhumée que tous les bals. Vous trouvez sûrement que cela est bien fait pour cela. J'ai établi chez moi un concert tous les lundis qui est charmant. Toute étiquette en est ôtée. J'y chante avec une société de dames choisies qui y chantent aussi. Il y a quelques hommes aimables, mais qui ne sont pas de la jeunesse ; il y a M. de Duras, le duc de Noailles, le baron de Besenval, d'Esterhazy, M. de Polignac, de Guéménée et deux ou trois autres. Cela dure depuis six heures jusqu'à neuf, et ne paraît long à personne.

Je suis bien fâchée que vous ayez de si bonnes raisons de ne pas continuer les voyages ; c'est un grand malheur pour mon frère. J'espère que vous l'aurez bien prêché avant son départ ; vous savez qu'il faut un style un peu vif pour l'animer. Dieu veuille que vous en soyez venu à bout. Je ne vous pardonne pas vos excuses sur la longueur de votre lettre; il faudrait que vous me crussiez bien fausse pour douter de mes sentiments pour vous et du plaisir que j'aurai à recevoir de vos lettres. J'y compte.

Marie-Antoinette au comte de Rosenberg.

Le 13 juillet.. — Je n'étais pas à mon aise, monsieur, lors, de ma dernière lettre parce qu'elle devait partir par la poste. Je suis obligée de remonter au départ de M. d'Aiguillon pour vous rendre un compte entier de ma conduite. Ce départ est tout à fait mon ouvrage. La mesure était à son comble; ce vilain homme entretenait toute sorte d'espionnage et de mauvais propos. Il avait cherché à me braver plus d'une fois dans l'affaire de M. de Guines; aussitôt après le jugement j'ai demandé au roi son éloignement. Il est vrai que je n'ai pas voulu de lettre de cachet; mais il n'y a rien perdu, car au lieu de rester en Touraine, comme il voulait, on l'a prié de continuer sa route jusqu'à Aiguillon, qui est en Gascogne.

Vous aurez peut-être appris l'audience que j'ai donnée au duc de Choiseul à Reims. On en a tant parlé que je ne répondrais pas que le vieux Maurepas n'ait eu peur d'aller se reposer chez lui. Vous croirez aisément que je ne l'ai point vu sans en parler au roi, mais vous ne devinerez pas l'adresse que j'ai mise pour ne pas avoir l'air de demander permission. Je lui ai dit que j'avais envie de voir M. de Choiseul, et que je n'étais embarrassée que du jour. J'ai si bien fait que le pauvre homme m'a arrangé lui-même l'heure la plus commode où je pouvais le voir. Je crois que j'ai assez usé du droit de femme dans ce moment.

Enfin nous allons être débarrassés de M. de la Vrillière. Quoiqu'il ait l'oreille dure, il a pourtant entendu qu'il était temps qu'il partît, de peur qu'on lui fermât la porte au nez. C'est M. de Malesherbes qui le remplacera.

Monsieur et Madame vont à Chambéry voir le roi et la reine de Sardaigne. Ils sont au comble de la joie, et moi j'ai le cœur bien serré de n'en pouvoir pas faire autant. J'en ai pleuré toute une partie de la journée où j'ai appris cette nouvelle; mais je m'en cache devant eux pour ne pas troubler leur bonheur. Au nom de Dieu, persuadez donc mon frère de ne plus laisser d'incertitude sur son voyage ici : j'y ai compté et j'en mourrais de chagrin. Pour me faire le plaisir entier, il faut qu'il vous amène ; vous lui serez fort utile, et vous ne pouvez pas douter du plaisir que cela me ferait. Je vous présenterais un homme avec qui j'ai fait connaissance depuis votre départ, et en qui j'ai grande confiance : c'est le baron de Besenval ; il me suffirait pour m'y attacher l'idée qu'il a de vous.

J'ai fait une grande perte dont vous jugerez en sachant que c'est Mme de Cossé ; cette pauvre femme a été obligée de me quitter à cause du mauvais état où était son fils. Il a été toujours malade depuis son inoculation ; il est encore entre la vie et la mort. Je la regrette et plains de toute mon âme ; Mme de Chimay l'a remplacée.

J'ai bien autre projet dans la tête. La maréchale de Mouchy doit quitter, à ce que l'on dit. Je ne sais qui je prendrai à sa place ; mais j'ai demandé au roi de profiter de ce moment de changement pour prendre Mme de Lamballe pour surintendante. Jugez de mon bonheur ; je rendrai mon amie intime heureuse, et j'en jouirai encore plus qu'elle. C'est encore un secret, je n'en parle pas encore à l'impératrice. Il n'y a que l'empereur qui le sache ; prêchez-le bien à n'en pas parler, vous en sentez la conséquence. Adieu, monsieur, la longueur de ma lettre vous assure assez du plaisir que j'ai à causer avec vous.

Voici maintenant le projet de lettre écrit par Joseph II. On a vu que Marie-Thérèse avait arrêté l'envoi de cette lettre ; nous n'avons pas celle qui a été reçue par Marie-Antoinette en place de celle-ci.

Très-chère sœur, Le courrier vient de me remettre votre chère lettre, qui m'a fait beaucoup de plaisir quant aux sentiments que vous voulez bien me témoigner, et au désir que vous avez de me voir. Vous ne pouvez pas douter non plus combien le même désir m'anime ; mais les occasions, mes premiers devoirs et ma raison doivent être les seuls guides de toutes mes actions. Je ne puis répondre des événements qui peuvent se présenter jusqu'au temps où je pourrai me donner la satisfaction de vous embrasser, aussi peu que de ce que mon amour pour la tranquillité d'esprit m'inspirera pour lors. Permettez que là-dessus, ma chère sœur, je vous parle avec toute la franchise que l'amitié seule et l'intérêt autorisent, et dont l'intention fait l'excuse.

Comment voudriez-vous que j'aille vous voir et me mettre dans le grand monde de la cour et du pays que vous habitez, dans les circonstances dans lesquelles je vois que vous vous trouvez, et dans lesquelles vous avez bien voulu vous mettre? Autant que j'en sais, vous vous mêlez d'une infinité de choses d'abord qui ne vous regardent pas, que vous ne connaissez pas, et pour lesquelles des cabales et des alentours qui vous flattent et qui savent exciter tantôt votre amour-propre ou envie de briller, ou même entretenir une certaine haine et rancune vous font faire une démarche après l'autre, propres à troubler le bonheur de votre vie, et qui doivent nécessairement vous procurer tôt ou tard des désagréments cuisants, et, en diminuant l'amitié et l'estime du roi, vous faire perdre toute l'opinion du public, et toute la considération que vous pourriez, à l'appui de cette opinion, vous acquérir, et que vous vous êtes même acquise étonnamment jusqu'à présent. De quoi vous mêlez-vous, ma chère sœur, de déplacer des ministres (1), d'en faire envoyer un autre sur ses terres (2), de faire donner tel département à celui-ci ou à celui-là, de faire gagner un procès à l'un (3), de créer une nouvelle charge dispendieuse à votre cour (4), enfin de parler d'affaires, de vous servir même de termes très-peu convenables à votre situation? Vous êtes-vous demandé une fois par quel droit vous vous mêlez des affaires du gouvernement et de la monarchie française? Quelles études avez-vous faites? Quelles connaissances avez-vous acquises pour oser imaginer que votre avis ou opinion doit être bonne à quelque chose, surtout dans des affaires qui exigent des connaissances aussi étendues? Vous, aimable jeune personne qui ne pensez qu'à la frivolité, qu'à votre toilette, qu'à vos amusements toute la journée; qui ne lisez ni n'entendez parler raison un quart d'heure par mois; qui ne réfléchissez ni ne méditez, j'en suis sûr, jamais, ni ne combinez les conséquences des choses que vous faites ou que vous dites? L'impression du moment seule vous fait agir, et les paroles mêmes et arguments que des gens que vous protégez vous communiquent et auxquels vous croyez sont vos seuls guides. Peut-on écrire quelque chose de plus

---

(1) La reine avait désiré que Sartine passât du ministère de la marine à celui de la maison du roi et de Paris, qui fut donné à Malesherbes.

(2) Allusion à l'exil de d'Aiguillon.

(3) Au duc de Guines.

(4) La charge de surintendante, créée pour la princesse de Lamballe.

imprudent, de plus irraisonnable, de plus inconvenant que ce que vous marquez au comte de Rosenberg touchant la manière avec laquelle vous arrangeâtes une conversation à Reims avec le duc de Choiseul (1)? Si jamais une lettre comme celle-là s'égarait, si jamais, comme je n'en doute presque point, il vous échappe des propos et phrases pareilles vis-à-vis de vos intimes confidents, je ne puis qu'entrevoir le malheur de votre vie, et j'avoue que, par l'attachement que je vous ai voué, cela me fait une peine infinie. Ce sont vos ennemis, ce sont ceux qui désirent le plus voir détruite toute l'influence que vous pourriez avoir qui vous poussent à de pareilles démarches. Croyez-moi, écoutez la voix d'un ami, d'un homme que vous savez qui vous aime; distinguez-la de la foule de tous ceux qui vous encensent; et croyez que personne ne veut et ne peut vous dire la vérité comme moi; qu'elle est de toutes les nations et de tous les pays. Quittez donc toutes ces tracasseries, ne vous mêlez absolument en rien d'affaires; éloignez et rebutez même tous ceux qui voudraient vous y attirer pour quelque chose. Attachez-vous fortement à mériter l'amitié et la confiance du roi, c'est d'abord votre devoir d'état, et c'est le seul intérêt que vous devez et que vous pouvez avoir. Épluchez ses goûts, conformez-vous à eux; tâchez d'être beaucoup avec lui, et ne l'incommodez néanmoins pas et méritez par votre discrétion et sûreté sa confiance. Ne parlez jamais à des ministres d'affaires, ni pour recommander quelqu'un; et dans toutes les occasions où vous serez sollicitée ne vous chargez jamais d'autre chose que d'en parler au roi; et alors n'en pressez point la réussite avec importunité ou humeur; et ne donnez aucune réponse, hors celle dont le roi vous chargerait expressément. Du reste lisez, occupez-vous, ornez votre esprit, donnez-vous des talents et rendez-vous propre à trouver des ressources en vous-même dans un âge plus avancé et dans le cas où cette grande approbation du public qui fait tous vos désirs et plaisirs actuels vous quitterait, comme cela ne peut manquer d'arriver. Voilà le rôle, au bout du compte, que chaque femme doit faire dans son ménage.

---

(1) Voir ci-dessus la seconde lettre de Marie-Antoinette au comte de Rosenberg, en date du 13 juillet.

XXXV. — Marie-Antoinette a Marie-Thérèse.

Versailles, le 12 *août.* — Madame ma très-chère mère, La comtesse d'Artois est accouchée le 6 à trois heures trois quarts le plus heureusement possible : elle n'a eu que trois grandes douleurs, et en tout elle n'a été que deux heures en travail. J'ai été pendant tout le temps dans sa chambre : il est inutile de dire à ma chère maman combien j'ai souffert de voir un héritier qui n'est pas de moi ; je suis pourtant venue à bout de ne manquer à aucune attention pour la mère et l'enfant. Ma chère maman voudra-t-elle agréer le respect et la tendresse d'une fille:..

XXXVI. — Mercy a Marie-Thérèse.

Paris, 16 *août.* — Sacrée Majesté, Ainsi qu'il est arrivé à l'occasion des expéditions précédentes, je me crois obligé aujourd'hui d'insérer dans ma dépêche d'office plusieurs circonstances qui sont relatives à la reine et qui influent dans l'essentiel des affaires. Cette même dépêche devant être mise sous les yeux de V. M., je ne répéterai point ici ce qu'elle contient (1), et passerai à d'autres objets,

---

(1) Dans cette dépêche, Mercy dit que la nomination de Malesherbes avait contrarié les désirs de la reine ; qu'elle le reçut assez froidement lorsqu'il lui fut présenté, mais qu'elle revint promptement de cette prévention, et à la première occasion fit gracieux accueil au nouveau ministre. Il parle ensuite de diverses intrigues pour la nomination au gouvernement de Languedoc, vacant par la mort du comte d'Eu. Le roi l'avait promis au maréchal de Biron ; la reine, poussée à cela par le baron de Besenval, auquel elle accordait alors une grande confiance, le demandait pour le duc de Chartres ; elle échoua cette fois encore, et le gouvernement fut donné au maréchal. Dans une troisième affaire, Mercy regrette que la reine se soit mise en avant pour demander en faveur du chevalier de Montmorency la surintendance des courriers, postes et relais, vacante depuis la chute du duc de Choiseul. Le contrôleur général (Turgot) proposait la suppression de cette place, dont les revenus considérables feraient retour au trésor. Le roi accéda sur-le-champ à cette proposition d'économie ; « la reine en fut si contrariée que lorsque le contrôleur général se présenta devant elle elle ne lui adressa point la parole ; mais celui-ci, en conséquence de la simplicité de ses mœurs, s'en ressentit si peu qu'il déclara à ses amis avoir été bien content de la réception de la reine ». Enfin, suivant Mercy, la reine affirmait de nouveau sa faveur pour le comte de Guines en voulant obliger Vergennes à rappeler de l'ambassade de Londres le sieur Garnier, secrétaire, dont la déposition dans le procès du comte n'avait pas été telle que celui-ci l'eût souhaitée. Aux objections du ministre, la reine avait répondu : « J'y persiste et je l'exige. » Vergennes n'osa répliquer, mais il s'adressa à Mercy, qui fit des représentations à la reine. (Dépêche du comte de Mercy au prince de Kaunitz, 16 août 1775. Archives de Vienne.)

qui ne trouvent place que dans ce présent et très-humble rapport.

Il y a longtemps que la maréchale de Mouchy, par des raisons de convenance personnelle, avait laissé entrevoir le désir de se retirer de la cour, et quoiqu'elle soit encore en possession de sa place, sans même avoir déterminé le temps où elle la quittera, la reine a cru pouvoir compter sur l'exécution très-prochaine de cette retraite, et elle est revenue à l'ancienne idée d'établir la princesse de Lamballe surintendante de sa maison. Je m'étais permis ci-devant d'exposer à la reine quelques réflexions à ce sujet, parce que je persiste à croire que l'arrangement dont il s'agit n'est d'aucune utilité à son service et peut même y nuire à bien des égards; mais il y a grande apparence que la reine avait pris dans le temps des engagements trop formels et desquels elle n'a pas cru pouvoir revenir aujourd'hui. S. M. a obtenu le consentement du roi pour le rétablissement de cette charge de surintendante, et la princesse de Lamballe en a actuellement la promesse positive. Ce n'est pas que cette princesse n'ait beaucoup perdu de sa faveur auprès de la reine, qui pendant un temps accordait toute préférence à une comtesse de Dillon; mais cette dernière vient d'être supplantée à son tour par une jeune comtesse de Polignac, pour laquelle la reine s'est prise d'un goût bien plus vif que ne l'ont été les précédents. De ces variétés d'affections résultent des embarras et des inconvénients. En satisfaisant à ses engagements avec la princesse de Lamballe, la reine voudrait bien en même temps rapprocher d'elle, autant que possible, sa favorite actuelle, en lui donnant la place de dame d'atours. Il faudrait à cet effet que la princesse de Chimay prît la place de dame d'honneur, mais il se présente de toute part des obstacles majeurs. La princesse de Chimay déclare qu'elle n'est point assez riche pour remplir une place dont les émoluments ne suffisent pas, à beaucoup près, à la représentation à laquelle cette même place oblige. Il est impossible d'un autre côté de songer à la donner à la comtesse de Polignac, qui n'a que vingt ans, qui n'a jamais eu de place à la cour, et dont la parenté n'est point en mesure de figurer à Versailles. Toutes les dames du palais sont en jalousie et en rumeur, et la reine n'en est que plus embarrassée sur les moyens de remplir ses vues. Il est difficile de prévoir à quoi S. M. se déterminera. Je vais jusqu'à l'importunité pour lui représenter ce que me paraît exiger le bien de son service; mais en pareille matière le goût du moment devient la raison dominante, et l'emporte sur toute autre considération. Je crois que la maréchale de Mouchy ne pourrait être plus convenablement remplacée que par la maréchale de Duras, et la reine est convenue des raisons que je lui ai exposées à cet égard ; il reste à voir si elles produiront quelque effet.

Depuis la fin du mois dernier la reine a accompagné régulièrement le roi une ou deux fois la semaine aux chasses que ce monarque fait à Saint-Hubert. LL. MM. y passent la soirée et ne reviennent à Versailles qu'après le souper. Ces parties de chasse doivent avoir lieu pendant tout l'été, et elles remplaceront utilement d'autres promenades que la reine avait coutume de faire sans le roi. Je ne cesse d'insister sur la nécessité de multiplier autant que possible les occasions où la reine pourra se trouver seule avec son auguste époux. Cet avantage devient maintenant plus essentiel que jamais ; il peut seul affermir le crédit de la reine, en lui donnant les moyens de réparer promptement les petits inconvénients qui peuvent arriver de temps à autre, et qui tireraient à conséquence s'ils étaient trop longtemps négligés.

La reine m'a dit que, d'après la demande de V. M., elle lui avait donné quelques éclaircissements sur la conduite actuelle de Monsieur et de Madame. Cette conduite mérite toujours beaucoup d'attention de la part de la reine ; il est assez démontré que Monsieur a des vues d'ambition et de crédit, et la dissimulation de son caractère exige que l'on soit en garde contre les moyens qu'il pourrait employer pour parvenir à ses fins. D'ailleurs si le malheur voulait que de quelques années encore le roi n'eût point d'enfant, il serait difficile que Monsieur, représentant l'héritier présomptif, restât longtemps exclu du conseil ; cette circonstance mérite réflexion et des précautions. Un frère du roi placé au conseil approcherait trop de l'existence d'un premier ministre, et pour parer à cet inconvénient, il faut à la reine un premier ministère, c'est-à-dire qu'il faut qu'elle soit assurée d'avoir à sa dévotion les deux ou trois principaux ministres du roi, et que ces personnages tiennent à la reine par la protection qu'elle leur accordera. La conjoncture présente favorise infiniment un pareil projet, puisque le comte de Maurepas, les sieurs Turgot et de Malesherbes, surtout ces deux derniers, ne demanderaient qu'à se vouer à la reine ; mais je n'en suis point encore à obtenir de S. M. tout ce qui serait à cet égard désirable au bien de son service.

Des préjugés, des insinuations dictées par l'intrigue interceptent l'effet de mes représentations; je n'en serai que plus occupé à les réitérer et à tâcher de les faire valoir.

La reine paraît fort revenue de sa prédilection pour M. le comte d'Artois; depuis assez longtemps elle a interrompu ses promenades avec le jeune prince et surtout les chasses qui se faisaient au bois de Boulogne. M. le comte d'Artois continue à venir souvent répéter ses promenades nocturnes dans le jardin du Palais-Royal, et ce genre d'inconduite donne sans cesse matière à des propos très-désavantageux au jeune prince.

Dans le courant du mois la reine est venue deux fois au spectacle de la Comédie française, et deux fois à l'Opéra. Dans ces occasions S. M. a été accueillie par le public avec toutes sortes de démonstrations de joie, d'attachement et de respect. Il y avait eu à cet égard des moments de refroidissement qui ont disparu; la reine se montre toujours au public avec une grâce et une bonté qui est faite pour le charmer, et il n'y a rien à désirer sur ce point. Il en est à peu près de même relativement aux personnes d'un ordre plus relevé, et qui sont à portée de faire leur cour. La reine les traite généralement bien; tous les ministres étrangers ont lieu de se louer de ses bontés, mais elle n'adresse presque jamais la parole aux simples étrangers qui lui sont présentés, quoique dans le nombre il y en ait quelquefois qui sont d'un rang et d'un nom distingué. J'ai souvent tâché de vaincre là-dessus la répugnance que la reine a de parler à gens qu'elle ne connaît pas (ce sont les expressions de S. M.). Il me paraît intéressant à sa gloire que tous les étrangers retournent chez eux dans les dispositions propres à rendre l'hommage qui est dû aux grâces et aux charmes de la reine (1). Au moment des couches de Mme la comtesse d'Artois il est impossible de se conduire avec plus de grâce et de bonté que n'en a marqué la

---

(1) Mercy n'aurait pu souhaiter plus que le témoignage que rendait alors aux grâces de la reine un étranger qui ne lui avait cependant point été présenté en particulier. Horace Walpole l'ayant vue seulement aux fêtes du mariage de Mme Clotilde, écrivait à ses amis en Angleterre à la date du 23 août 1775 : « On ne peut avoir d'yeux que pour la reine ! Les Hébés et les Flores, les Hélènes et les Grâces ne sont que des coureuses de rue à côté d'elle. Quand elle est debout ou assise c'est la statue de la beauté; quand elle se meut c'est la grâce en personne. Elle avait une robe d'argent semée de lauriers-roses : peu de diamants et des plumes... On dit qu'elle ne danse pas en mesure, mais alors c'est la mesure qui a tort... En fait de beautés je n'en ai vu aucune ou bien la reine les éclipsait toutes. »

reine à la princesse sa belle-sœur ; S. M. s'était établie dans la chambre de l'accouchée, et y donnait avec une extrême attention tous les ordres nécessaires à ce qu'exigeait la circonstance, soit relativement à la mère, soit relativement à l'enfant. En toutes occasions qui peuvent émouvoir la bonté du cœur et du caractère la reine est toujours admirable, et dans la conjoncture dont il s'agit elle en a donné une preuve de laquelle tout le public a été fort touché.

Je n'ai sur les occupations de la reine rien de plus à dire que ce que contenait mon très-humble rapport précédent. S. M. a beaucoup diminué la fréquence de ses promenades à cheval ; elle a toujours le même goût pour la musique.

Le courrier mensuel arrivé ici le 11 vers midi m'a remis les ordres de V. M. en date du 31 du mois passé. Ce même jour 11 je ne fus plus à temps de me rendre à Versailles, parce que la reine devait arriver d'abord après midi à Paris pour y faire voir l'Opéra français à Mme Clotilde. Je dus par conséquent attendre l'arrivée de S. M. en ville, et le moment où elle y reçut les lettres qui lui étaient adressées ne lui permit pas d'en faire la lecture sur-le-champ, ni de me donner un seul instant d'audience.

XXXVII. — Mercy a Marie-Thérèse.

Paris, 16 août. — Je dois soumettre aux hautes lumières de V. M. si c'est maintenant le moment où il serait utile qu'elle daignât témoigner être instruite par les bruits publics des prédilections de la reine pour ses favoris et favorites, ainsi que de l'abus que font ces derniers de leur influence, au grand détriment du vrai service de la reine. J'observerai cependant que, comme l'arrangement relatif à la princesse de Lamballe est encore un secret, je serais soupçonné de l'avoir révélé si V. M. en paraissait instruite.

Cet article, que je venais d'écrire au moment de l'arrivée du courrier, doit être censé supprimé puisque V. M. sait par le contenu de la lettre écrite au comte de Rosenberg les objets relatifs au baron de Besenval et à la princesse de Lamballe, et que par conséquent la reine ne peut m'inculper de les avoir révélés.

Je vois avec un grand chagrin combien cette lettre de la reine au comte de Rosenberg a causé de peine à V. M. ; cependant je la supplie de daigner me permettre d'observer que le sens et la tournure de cette lettre ne partent absolument que du point de la petite vanité de vouloir paraître en position de gouverner le roi, et que dans le fond la reine n'a pas eu intention de donner aux termes dont elle se sert, nommément à celui de « bonhomme » l'acception de plaisanterie dont ce terme pourrait paraître susceptible. V. M. apercevra cette vérité si elle daigne jeter un coup d'œil sur l'article de mon très-humble rapport du 17 juillet, où il s'agit de la façon où le roi indiqua lui-même le moment de l'audience à donner au duc de Choiseul. Lorsque la reine me confia cette circonstance, elle m'en parla comme d'une chose arrivée de hasard, et à laquelle elle n'avait point mis de détour ni de projet. Ce n'est donc qu'après coup que S. M. a imaginé, en écrivant au comte de Rosenberg, de donner une tournure de plaisanterie à une chose qui était arrivée tout naturellement. J'ai toujours insisté sur ce que à l'extérieur la reine manquait quelquefois à des petites démonstrations d'égards et d'attention envers le roi ; mais quant à l'essentiel il est certain qu'elle estime son auguste époux, qu'elle est même jalouse de sa gloire, et qu'il n'y a que de petits mouvements de vivacité et de légèreté qui puissent quelquefois masquer en elle cette façon de penser et de sentir. Cependant quoique, du côté des principes fondamentaux de morale et de conduite, la reine soit sans reproche, elle ne l'est pas absolument du côté des formes, du côté des apparences et de cette prudence de conduite qui serait nécessaire à établir la consistance et le crédit de S. M. C'est ce point capital qui forme le sujet de mes continuelles et instantes représentations. La reine sait très-bien qu'à cet égard rien ne peut intimider mon zèle, et je lui en donne la preuve par la fermeté respectueuse que je conserve vis-à-vis d'elle. Je lui fais voir que pour le bien de son service j'ai rompu avec tous les entours de S. M., que je me tiens reclus, et menant une vie bien moins agréable que ne l'admettrait d'ailleurs le séjour de ce pays-ci ; que je m'y expose à toutes les petites haines, noirceurs et tracasseries de tous ceux et celles qui sont offusqués par ma fidélité pour la reine, mais que rien de tout cela ne me coûte, et que le seul malheur auquel je ne pourrais résister serait celui de voir l'ardeur de mon zèle devenir désagréable à S. M. Quand je me suis expliqué ainsi, la reine m'a toujours rassuré avec toutes les marques de bonté possible ; dans le fait elle ne me cache rien, et par là je jouis au moins de l'avantage de pouvoir lui faire des remontrances sur tout ce qui intéresse son vrai bien.

Je suis déjà averti par l'abbé de Vermond que la lettre de V. M. et celle de S. M. l'empereur ont vivement frappé la reine, et qu'elle veut me parler aussitôt après le départ du courrier; je me tiens bien préparé à cette audience, et j'espère qu'elle ne sera pas inutile dans ses effets.

Je rejoins ici les lettres que V. M. a daigné me communiquer, et je dois remettre à mon prochain rapport les remarques auxquelles me donnera lieu le langage de la reine.

Le prince de Rohan est revenu de ses courses; il est passé chez moi, mais je ne l'ai point vu. Il a été fort mal reçu de la reine; la retraite prochaine de la comtesse de Marsan va ôter au coadjuteur ses plus grands moyens d'intrigue.

P. S. La reine a voulu me parler avant le départ du courrier. Elle m'a fait lire la lettre de V. M. et celle de S. M. l'empereur, que j'ai trouvée bien mitigée et toute différente de la copie qui m'a été communiquée (1).

J'observai à la reine que sa lettre à V. M., qui n'est que d'une page et demie, me paraissait d'une sécheresse qui ne répondait point à l'effusion vraiment tendre et maternelle de V. M. à son égard. La reine me répondit qu'elle était trop touchée pour pouvoir écrire plus au long, et qu'elle croyait donner à V. M. une marque de soumission et de respect en n'entrant pour cette fois en aucun détail. Elle m'ajouta que pour le moment elle ne voulait pas même entrer en matière vis-à-vis de moi, qu'elle allait se confesser pour faire ses dévotions le 18, qu'après cela elle me parlerait très au long, et m'écouterait sur tout ce que j'aurais à lui dire.

Je vis bien qu'il fallait en rester là et que la reine n'était en effet point en état de m'entendre. La lettre de S. M. l'empereur n'a produit dans la reine qu'une sensation de dépit; aussi la réponse de S. M. n'est-elle que de quelques lignes et plus que froide.

A la fin de la semaine je suis presque assuré que mes représentations feront sur la reine une impression vive, et son service exige que je prononce des vérités fortes sur les deux lettres qu'elle a reçues et sur les réponses qu'elle y fait.

---

(1) La copie du premier projet de lettre de Joseph II, que nous avons donnée en troisième annexe à la pièce XXXIV.

XXXVIII. — Marie-Thérèse a Mercy.

Schönbrunn, 31 *août.* — Comte de Mercy, J'ai reçu par le courrier Gergowitz votre lettre du 16. Le laconisme de la dernière lettre de ma fille, comme vous l'avez très-bien observé, est sans doute l'effet de l'agitation où elle s'est trouvée en me l'écrivant. [Je ne m'attendais pas à une pareille; ma réponse, vous la verrez; la sienne est écrite avec esprit] (1). Je souhaite que la réflexion succède et lui fasse envisager son vrai bien. Au reste ce n'est pas l'épithète de « bon », mais de « pauvre » homme, dont elle a régalé son époux. Je veux le lui passer si elle continue à rechercher plus sa compagnie, moyen le plus sûr de gagner son amitié et sa confiance [et l'estime du public] qui doit faire la base du crédit de ma fille. Elle ferait sûrement bien de s'attacher encore les ministres du premier ordre, pour contrebalancer l'influence du comte de Provence si le roi restait sans enfants. Si l'on jugeait à propos l'opération à faire au roi, il vaudrait toujours mieux de la faire promptement que de la trop différer ; mais c'est un point sur lequel, toute peinée que j'en suis, je dois me remettre à la providence et en attendre avec soumission quelque heureux dénouement. Au reste je suis très-contente des attentions que ma fille a eues pour sa belle-sœur la comtesse d'Artois dans le moment de sa délivrance.

Comme je ne saurais me mêler du choix que ma fille voudrait faire de ses dames du palais, je souhaite seulement qu'elle en fasse le meilleur, et qu'elle suive à cet effet vos conseils. J'en connais à mon entière satisfaction toute l'importance, et si ma fille en était convaincue de même, j'aurais tout lieu d'être tranquille.

XXXIX. — Marie-Thérèse a Marie-Antoinette.

Schönbrunn, 31 *août.* — Madame ma chère fille, J'avoue, cet heureux accouchement de votre belle-sœur a un peu touché mon cœur par la même réflexion que vous me faites ; il est pourtant toujours à préférer et à souhaiter de la succession de la famille même. Il y a un long temps que je n'entends plus rien sur cet important chapitre,

---

(1) Nous n'avons point cette lettre.

qui l'est bien pour vous ; il me semble que vous ne le prenez pas tant à cœur, et ne vous en occupez pas assez. J'étais contente des soins et attentions que vous aviez pour la mère et l'enfant ; en cela je reconnais ma chère fille, et cela vous a attiré justement l'approbation et les cœurs ; il n'y a que la bonté qui nous les gagne et conserve, et nullement la hauteur ou l'intrigue, qui est un vice doublement noir dans une grande princesse.

J'ai vu hier ces belles teintures et tapis que le roi a voulu donner à votre frère ; je vous charge, si vous le trouvez convenable, de l'en remercier.

XL. — Marie-Antoinette a Marie-Thérèse.

Versailles, 15 *septembre*. — Madame ma très-chère mère, La comtesse d'Artois se porte toujours à merveille ; elle a été à la chapelle dimanche dernier, jour où les cinq semaines étaient révolues. Le roi lui a donné mille louis pour ses couches, et son mari des bracelets de diamants avec l'étui aussi en diamants avec le portrait de son fils.

Ma sœur la princesse de Piémont est partie de Choisy le 28, où nous étions tous allés avec elle la veille au soir. Elle a été médiocrement affligée de la séparation ; cela est assez naturel, elle vivait peu avec nous, et Mme de Marsan, qui était de nom et de cœur sa petite chère amie, l'avait totalement subjuguée. Nous sommes à peu près débarrassés de cette fameuse gouvernante ; je dis à peu près, car elle conserve son logement, quoiqu'elle ait abandonné ses fonctions. Depuis son départ je connais beaucoup plus ma sœur Élisabeth ; c'est une charmante enfant qui a de l'esprit, du caractère et beaucoup de grâce ; elle a montré au départ de sa sœur une sensibilité charmante et bien au-dessus de son âge (1) ; cette pauvre petite a été au désespoir, et ayant une santé très-délicate, elle s'est trouvée mal et a eu une attaque de nerfs très-forte. J'avoue à ma chère maman que je crains de m'y trop attacher, sentant pour son bonheur et par l'exemple de mes tantes combien il est essentiel de ne pas rester vieille fille dans ce pays-ci.

L'ambassadeur d'Espagne m'a fait présent d'un fort beau cheval de son pays ; il me l'a présenté lui-même dans mon appartement,

---

(1) Mme Elisabeth, née le 3 mai 1764, avait un peu plus de onze ans.

quoiqu'il y ait beaucoup à monter. Les harnois et les trousses sont superbes ; je suis à cette heure après à imaginer ce qui convient pour lui faire un beau présent.

La comtesse de Noailles a donné sa démission ; le roi m'accorde Mme de Lamballe pour surintendante, Mme de Chimay (1), qui était dame d'atours, pour dame d'honneur, et Mme de Mailly (2), qui était dame à moi, pour dame d'atours. Elle sera remplacée par Mme de la Roche-Aymon, nièce du grand-aumônier, à qui le feu roi l'avait promis. J'espère que ce que ma chère maman apprendra de Mme de Lamballe lui persuadera qu'il n'y a certainement rien à craindre de sa liaison avec mes belles-sœurs. Elle a toujours eu bonne réputation et n'a pas du tout le caractère italien. Elle est établie pour sa vie ici, ainsi que son frère. Je crois qu'ils sentent bien, l'un et l'autre, que la France est à présent leur véritable patrie.

P. S. Je viens de faire donner une pension à l'abbé de Cléry, parent de Neny ; oserais-je supplier ma chère maman de le lui dire ?

XLI. — Mercy a Marie-Thérèse.

Paris, 18 *septembre.* — Sacrée Majesté, Depuis le 16 jusqu'au 28 du mois passé on n'a été en grande partie occupé à Versailles que des cérémonies du mariage de Mme la princesse de Piémont. Les fêtes données à cette occasion ont été bornées à la plus stricte étiquette d'usage à cette cour, et on a évité toute dépense superflue. Le jour du grand appartement la reine perdit cinq cents louis au lansquenet ; le lendemain S. M. ouvrit le bal paré avec Monsieur (3). La troisième fête se réduisit simplement à la représentation d'une tragé-

---

(1) Dans une note, que Mercy adressa sans doute à Joseph II lorsqu'il vint en France, et que nous avons déjà citée plus haut, page 116, il dit de Mme de Chimay : « C'est une femme d'une vertu reconnue, mais sous les apparences de la douceur elle pourrait cacher peu de franchise ; parmi les femmes de la cour c'est une de celles dont le roi semble faire le plus de cas ; elle est grande amie des Choiseul et, à cause d'eux, elle a rendu d'importants services au duc de Guines. »

(2) Voir le rapport de Mercy du 22 mars 1774, pièce IX, et la note de la page 116.

(3) Une lettre d'Horace Walpole décrit ce bal, et c'est à ce propos qu'il trace ce charmant portrait de Marie-Antoinette que nous avons cité plus haut. On dansa huit menuets, dans lesquels figura la reine. Il y avait une grande difficulté pour les danseurs dans la première figure du menuet : c'était de ne pas tourner le dos au roi, qui ne dansait pas ; la reine, dit Walpole, exécutait tout cela avec une aisance divine. Voir *Lettres d'Horace Walpole*, traduites par M. le comte de Baillon, page 283, in-12, Didier, 1873.

die intitulée *Le Connétable de Bourbon* (1), et dans ces différentes journées la cour n'a été ni aussi nombreuse ni aussi brillante qu'elle l'avait été précédemment en pareilles conjonctures. Au reste tout le monde a eu lieu d'être content des grâces et des bontés de la reine, et il ne s'est rien passé à cet égard qui ne fût au plus grand avantage de S. M.

Le roi, la reine et toute la famille royale honorèrent de leur présence la fête que donna à Paris l'ambassadeur de Sardaigne (2). Cette fête commença à onze heures par un feu d'artifice qui fut suivi d'un bal masqué; la reine y resta jusqu'à trois heures du matin, et prit grand plaisir à n'être pas reconnue de plusieurs personnes auxquelles elle parla. Elle eut entre autres une conversation avec l'ambassadeur de Naples 3), qui ne se douta pas que c'était la reine qui lui faisait l'honneur de lui parler. Je ne pus assister à cette fête, à cause d'une indisposition qui me retenait chez moi depuis vingt-quatre heures. Jusqu'au dernier moment la reine donna à Mme la princesse de Piémont, sa belle-sœur, toutes sortes de marques d'attention et d'amitié; leurs adieux se firent à Choisy avec beaucoup de démonstrations de sensibilité.

La maréchale de Mouchy était restée longtemps indécise sur le choix du moment de sa retraite, mais elle a dû ces jours derniers en demander la permission à la reine, de façon qu'il est à présumer que la maréchale aura quitté sa place avant le départ de la cour pour Fontainebleau. La reine a bien voulu écouter et suivre en partie les avis que je lui ai exposés comme les plus convenables au bien de son service dans le choix à faire d'une nouvelle dame d'honneur, c'est-à-dire que je suis parvenu à obtenir de S. M. qu'elle renonçât à l'idée à laquelle elle tenait très-fort de donner une des deux places d'honneur à sa favorite la comtesse de Polignac. J'aurais bien eu d'autres exclusions à proposer, et nommément celle de la princesse de

---

(1) Tragédie du comte de Guibert, qui obtint un prodigieux succès aux lectures qu'en fit l'auteur dans les salons, mais ne se soutint pas ni à Versailles ni sur la scène à Paris, malgré la protection de la reine. Le sujet en parut particulièrement fâcheux et mal choisi pour une fête à la cour de France.

(2) « Ce soir, écrit Walpole dans la même lettre que nous venons de citer (Paris, 23 août 1775), il y a un banquet de trois cents personnes offert par le comte de Viry (ambassadeur de Sardaigne), et vendredi il donne un *bal masqué* à l'univers entier, dans un Colisée bâti à cet effet. On n'y est reçu qu'en domino, excepté les danseurs, qui sont en grand habit. »

(3) Le marquis de Caraccioli.

Chimay ; c'est cependant cette dernière qui probablement aura la place de dame d'honneur. Elle s'y était refusée d'abord par défaut d'une fortune suffisante ; mais du depuis, le prince de Chimay ayant entamé avec le duc d'Orléans un arrangement de vente qui procurerait au prince de Chimay soixante mille livres de rentes viagères, il se trouverait qu'en cas de la conclusion de ce marché la princesse de Chimay serait en position de prendre la charge de dame d'honneur. La place de dame d'atours passerait alors à la comtesse de Mailly, déjà actuellement dame du palais, et le choix de cette dernière est, je crois, un des meilleurs qu'il y avait à faire.

La princesse de Lamballe ne tardera pas à être en possession de la charge de surintendante ; mais, d'après les recherches faites sur la nature de cette place, il s'est trouvé que jusqu'à ces derniers temps rien n'avait été bien fixé ni déterminé, soit sur la quotité des appointements d'une surintendante, soit sur le degré d'autorité qu'elle a à exercer sur la maison de la reine. Puisqu'il s'agit à cet égard d'une sorte de création nouvelle, j'ai supplié la reine de consentir au moins que les attributions qui seront données à cette place soient de nature à se combiner avec le moins de dépense possible, et avec toutes les autres conditions nécessaires au meilleur service de S. M. J'espère que cet arrangement sera décidé en conséquence. Je vois à peu près que les émoluments de la surintendante pourront être portés à soixante et dix mille livres, et que les bornes mises à son autorité ne gêneront point assez les autres départements de la maison de la reine pour que cela donne lieu à de grands embarras et tracasseries. Puisqu'il faut que cette charge existe, c'est toujours gagner quelque chose que d'en diminuer les inconvénients.

Dans le courant du mois il y a eu encore plusieurs intrigues pour porter la reine à faire des demandes déplacées en faveur de quelques particuliers. J'ai cru devoir faire mention de cet article dans ma dépêche d'office ; heureusement S. M. a bien voulu avoir égard à mes représentations sur ces différents objets, et elle a résisté aux sollicitations indiscrètes dans cette occasion.

La reine daigne me parler avec tant de franchise et de bonté de ses affections, du degré de confiance qu'elle accorde à différentes personnes, et de l'idée qu'elle en a, que je ne puis rien ignorer sur ce chapitre. Il est cependant assez délicat pour exiger quelques précautions dans les moyens que peut me suggérer mon zèle pour éclairer la reine. Une contradiction simple de ma part, quand bien même elle serait soutenue par des raisonnements et des conjectures plausibles, ne produirait pas l'effet désirable et en occasionnerait peut-être de nuisibles. Cette réflexion me porte à chercher, dans le cas dont il s'agit, à persuader la reine par des faits réels, parce qu'alors la preuve est péremptoire et n'admet point de réplique. Dans ce système j'ai déjà recueilli un nombre de circonstances bien constatées et claires dont j'attends le moment de faire usage pour démontrer à la reine que la comtesse de Polignac, sa favorite, n'a ni l'esprit, ni le jugement, ni même le caractère nécessaire à jouir de la confiance d'une grande princesse, et que le baron de Besenval, sur l'attachement duquel S. M. compte fermement, n'est ni assez prudent ni assez exempt d'intrigue pour que la reine puisse sans danger confier à ses soins des démarches importantes. Un article de ma dépêche d'office en donne la preuve; mais je n'en ai pas encore fait usage vis-à-vis de la reine, parce que la mesure n'est point encore complète et que sur pareils articles il ne faut pas y revenir à deux fois quand il s'agit de faire impression. Je prévois au reste que les deux faveurs dont je viens de parler seront incessamment sur leur déclin. Celle de la princesse de Lamballe pourra être plus durable; mais à bien des égards, surtout du côté des entours, elle sera aussi sujette à de moindres inconvénients.

La reine est venue à différentes reprises à Paris pour y voir la Comédie française, la Comédie italienne et l'exposition des tableaux de tous les artistes français dans un salon au Louvre. La vieille Mme Geoffrin (1), qui a eu le bonheur de se mettre aux pieds de V. M., se trouva au salon quand la reine y arriva; S. M. la reconnut, et la traita avec une grande bonté.

Toutes les fois que la reine est venue en ville, elle y a été reçue avec acclamation par le public, malgré la cherté du pain et la misère du temps, qui donne beaucoup d'humeur au peuple.

---

(1) Mme Geoffrin est célèbre par son salon, où se réunissaient les gens de lettres. Dans le voyage qu'elle fit en Pologne pour aller voir le roi Stanislas Poniatowski, autrefois son protégé, lorsqu'il vivait à Paris, simple seigneur polonais, elle s'arrêta à Vienne et fut accueillie par l'impératrice avec une amabilité si particulière qu'elle osa offrir à Marie-Thérèse un tableau d'une vierge de Carlo Dolce que l'impératrice plaça dans son oratoire. Marie-Thérèse répondit par un magnifique cadeau de porcelaine envoyé en 1770. Si bien reçue des princes étrangers, Mme Geoffrin ne fut jamais admise à Versailles. Marie-Antoinette saisissait ici une occasion de lui témoigner ses bonnes grâces.

Les liaisons de S. M. avec M. le comte d'Artois se maintiennent à présent dans des bornes très-convenables, et cet article est entièrement remédié.

La reine marque toujours les mêmes attentions, la même amitié à Mme la comtesse d'Artois; elle va voir souvent le jeune duc d'Angoulême; généralement tout est en assez bonne harmonie dans l'intérieur de la famille royale.

Quant aux occupations sérieuses de la reine, je n'ai rien à en dire de plus que ce que portent mes très-humbles rapports précédents. S. M. fait de temps en temps usage de la communication établie entre son appartement et celui du roi, et le monarque témoigne toujours à son auguste épouse les mêmes sentiments de tendresse, d'empressement et de déférence.

Le courrier mensuel m'ayant remis le 11 les ordres de V. M. en date du 31, je me rendis le lendemain 12 à Versailles et y présentai à la reine les lettres qui lui étaient adressées. Elle les attendait avec impatience et inquiétude; elle ouvrit d'abord celle de V. M., ensuite celle de S. M. l'empereur, et il me fut aisé d'apercevoir à l'air du visage de la reine qu'elle était fort tranquillisée et contente de la lecture qu'elle venait de faire. S. M. allait m'en parler, mais M. le comte d'Artois entra et mit obstacle à une plus longue audience. La reine me dit qu'elle me verrait après le départ du courrier et que celui-ci ne pourrait être expédié que le lundi suivant, attendu que la reine devait être purgée le lendemain 13, et qu'elle voulait se donner le temps d'écrire de plus longues lettres et avec réflexion.

La santé de S. M., sans être dérangée, a exigé quelques petites précautions, à la suite d'un rhume léger qui n'a duré que trois jours, et qui est l'objet de la médecine qui a été donnée à la reine.

Mon très-humble rapport précédent annonçait que, lors du départ du dernier courrier, je n'avais pas eu occasion de parler à la reine ni de faire usage vis-à-vis d'elle de ce dont j'étais informé par la communication de la lettre de la reine au comte de Rosenberg. Dans le courant du mois j'ai eu plusieurs reprises des entretiens avec la reine sur cette matière, et je lui ai exposé tous les petits commentaires que m'a suggérés mon zèle et que j'ai dirigés d'après les intentions de V. M. La reine a été fort affectée et peinée de l'idée d'avoir déplu à son auguste mère, et je suis assuré que V. M. recevra par ce courrier des preuves satisfaisantes de l'impression que ces avis précédents ont faite sur l'esprit de la reine.

XLII. — MERCY A MARIE-THÉRÈSE.

Paris, 18 *septembre.* — Peu de jours après l'expédition de mes dépêches du 16 août j'eus occasion de reprendre vis-à-vis de la reine les objets dont elle avait voulu me parler encore avant le départ du courrier. S. M. s'était donné le temps de la réflexion, et j'en aperçus facilement les effets. La reine était inquiète des lettres qu'elle avait reçues, mais beaucoup plus encore de la tournure des réponses qu'elle y avait faites; elle tint là-dessus plusieurs propos très-touchants et qui marquaient son amour et son vrai respect pour V. M. « Ma mère », me dit-elle, « voit les objets dans l'éloignement, elle ne les évalue « pas d'après ma position; et elle me juge trop à la rigueur, mais « c'est ma mère, qui m'aime bien, et quand elle parle, il ne me « reste qu'à baisser la tête. » Ce sont les propres paroles dont la reine s'est servie. Son langage était tout différent relativement à S. M. l'empereur; elle ne voyait dans ses conseils que l'envie de la dominer et le projet de la traiter avec dureté. Cette idée exaltait l'esprit de la reine jusqu'à de petits mouvements de colère; elle revenait ensuite sur le malheur qu'elle éprouverait en se brouillant avec son auguste frère, qu'elle aime, et cette réflexion l'affectait vivement. Pendant une demi-heure que dura cette agitation occasionnée par ces pensées diverses, je me gardai bien d'interrompre la reine, et me tins dans un profond silence. S. M. en parut un peu surprise, et elle m'ordonna de lui dire dans ma conscience (ce sont ces termes) ce que je pensais de ce que je venais d'entendre. Je répondis que, par l'expérience du passé, la reine pouvait assez connaître combien j'étais incapable de lui dissimuler la vérité, mais qu'après la lui avoir représentée avec tant de zèle, si souvent, et peut-être avec trop de franchise, et ne voyant pas qu'il en soit résulté pour le bien de son service les effets que j'avais osé m'en promettre, je ne savais plus quelle contenance tenir, qu'alors je me livrais en silence à des idées affligeantes et qui me décourageaient par la perspective d'un avenir peu heureux pour la reine; qu'à cela il s'y joignait des considérations personnelles à moi-même, desquelles je suppliais S. M. de juger. J'observai que les succès de la reine et le bien de son service formant l'objet majeur de mon ministère à cette cour, et cet objet étant certainement celui que V. M. a le plus à cœur, il se trouverait qu'à la longue ma place ne serait point faisable si les choses en restaient sur le pied où elles sont, que je me trouvais sans cesse dans la fâcheuse alternative ou de causer des peines et des inquiétudes à V. M. par des rapports bien exacts, ou de manquer en quelque façon à mon devoir en adoucissant et dissimulant même une grande partie des faits journaliers qui se passent sous mes yeux; que cependant j'avais jusqu'à présent pris ce dernier parti dans la certitude que les inconvénients subsistants ne seraient que passagers, mais que les voyant s'accroître et se multiplier, je n'avais d'autre ressource que celle de demander en grâce à la reine de peser ma position, et de vouloir bien me dicter, si elle le peut, une conduite qui soit de nature à concilier mon extrême désir de ne lui déplaire en rien avec la fidélité et l'exactitude que je dois à mon auguste souveraine. La reine parut embarrassée, mais plus peinée encore de mon raisonnement, et elle daigna me le témoigner d'une façon vraiment charmante. Je continuai à lui faire voir qu'en ne se dissimulant rien, il fallait convenir de bonne foi que relativement au vrai bien de la reine tout allait mal, que S. M., ne se donnant pas la peine de rien examiner, n'agissant que par l'impulsion et les passions de ses entours, et ne s'occupant que de dissipations ou inutiles ou dangereuses, s'exposait ainsi à perdre toute la confiance, toute la vénération et l'amour du public, à perdre également tout crédit sur l'esprit du roi, et que de là il s'ensuivait le danger évident de tous les désagréments possibles dont on ne pouvait même calculer le degré. Je particularisai cette assertion en rappelant une infinité de circonstances antérieures. V. M. daignera observer que je fis un tableau bien plus grave qu'il n'est en effet, car dans l'exacte vérité il y a moins à se plaindre du mal qui existe que du défaut de tout le bien qui pourrait exister; mais je crus devoir, dans l'occasion dont il s'agit, remuer et frapper l'esprit de la reine. Je pourrais me flatter d'y avoir réussi, et il ne me reste d'incertitude que sur la durée de cette impression.

Après une audience si longue et si intéressante j'en ai eu deux autres où il a toujours été question des mêmes objets, et depuis ces époques j'ai vu dans la reine un changement en mieux sur des points capitaux, nommément sur l'article des petites attentions à marquer au roi, et j'ai trouvé beaucoup plus de facilité à retenir la reine dans quelques occasions citées soit dans mon très-humble rapport ostensible soit dans ma dépêche d'office.

Relativement à la charge de surintendante et d'autres arrangements qui regardent la maison de la reine, je m'occupe à rédiger un projet que je mettrai incessamment sous les yeux de S. M., et par lequel je me flatte d'avoir trouvé des expédients qui tourneraient à un très-grand avantage pour le bien du service de la reine. Je me réserve de mettre tous ces détails aux pieds de V. M. quand je serai parvenu à les porter au point d'utilité et d'ordre dont je les crois susceptibles.

La fin de mon très-humble rapport ostensible est écrite dans l'esprit de ce que le baron de Pichler m'a mandé par ordre de V. M. J'expose dans ce même rapport que l'arrivée de M. le comte d'Artois avait interrompu mon audience chez la reine; mais elle avait eu le temps de me faire lire la lettre qu'elle venait de recevoir de V. M. Elle me dit que cette lettre la mettait au comble de la joie, parce qu'elle voyait bien que V. M. ne la croyait pas si coupable, et que par là ses inquiétudes cessaient. Je fis des remarques sur cette façon de juger, et je prouvai qu'il y avait quelques exceptions et modifications à ajouter à la première idée de la reine. S. M., après lecture faite de la lettre de S. M. l'empereur, me dit qu'elle était affectueuse, amicale et qu'elle en était contente.

Je suis très-certain que ni l'abbé de Vermond ni personne n'a suggéré la moindre idée ni une seule phrase de la dernière lettre de la reine à V. M. Cette lettre fut écrite dans le premier moment de sensibilité; je vais tâcher de tirer le meilleur parti possible des impressions que j'observe dans l'âme de la reine, le prochain séjour à Fontainebleau me sera favorable à cet effet.

XLIII. — Marie-Thérèse a Mercy.

Schönbrunn, 5 octobre. — Comte de Mercy, J'ai reçu par le courrier Zinner, arrivé ici le 28 du passé, votre lettre du 18 du même mois. Je ne reconnais que trop le zèle qui vous est ordinaire dans les remontrances que vous venez de faire à ma fille. Je ne saurais cependant compter sur l'effet qu'elles peuvent avoir produit tant que ma fille continuera à se livrer à ses dissipations habituelles, sans s'attacher à aucune occupation sérieuse. La confidence qu'elle a faite au baron de Besenval sur ce qui est personnel au roi est une nouvelle preuve de son peu de réflexion. Vous avez très-bien fait de n'insérer ni dans votre dépêche d'office ni dans votre rapport le rôle que ma fille a fait jouer dans cette circonstance à Besenval (1). L'empereur l'aurait d'ailleurs appris, et il aime trop à railler sur des anecdotes de cette nature. Au reste le roi aurait mieux fait de ne pas tant différer l'opération en question, mais je ne compte plus guère sur son effet.

Breteuil fait un grand éloge des qualités de la princesse de Lamballe et de la princesse de Chimay, et comme vous êtes encore content de la comtesse de Mailly, je pourrais être donc tranquille de la façon dont ma fille va être entourée, si je pouvais me rassurer sur son caractère. Je voudrais être informée de celui de la comtesse de Polignac et du rang de sa famille et de ses parents. Ma fille m'a déjà marqué par le dernier courrier la nomination de la princesse de Lamballe à la place de surintendante ; elle parait en avoir dissimulé la nouvelle vis-à-vis de vous.

Vous avez très-bien rempli mes intentions au sujet de la lettre de ma fille au comte de Rosenberg ; elle lui a fait une réponse très-polie.

XLIV. — MARIE-ANTOINETTE A MARIE-THÉRÈSE.

Fontainebleau, 17 octobre. — Madame ma très-chère mère voudra-t-elle bien encore recevoir mon hommage pour son jour de fête ? Je suis honteuse de le lui offrir si tard : ce n'est sûrement pas oubli ; je comptais que le courrier arriverait quatre jours plus tôt. J'ai besoin de toute l'indulgence de ma chère maman pour cette méprise. Je plains véritablement mon frère et ma belle-sœur (2) : la séparation leur aura bien coûté. Cette idée est terrible pour moi et me remplit d'amertume le plaisir que j'ai de penser à ma patrie. Il me paraît

---

(1) On comprend aisément quelle sorte de confidence Marie-Antoinette avait faite au baron de Besenval. Une certaine rondeur et brusquerie de manière avait donné à Besenval, qui n'était plus jeune, une réputation de franchise et de simplicité helvétique de nature à lui attirer la confiance de la reine ; mais ses Mémoires nous montrent ce qu'était réellement ce personnage, et font juger combien de telles confidences, en tous cas fâcheuses et indiscrètes, étaient ici imprudentes et mal placées.

(2) L'archiduc Ferdinand et sa femme venaient de faire un séjour à Vienne.

que ma belle-sœur a parfaitement bien réussi ; quand on a une aussi bonne tournure, on peut se passer d'être jolie. J'en suis enchantée pour elle et encore plus pour mon frère, dont elle doit faire le bonheur.

La mort du maréchal du Muy est affreuse, mais c'est surtout pour sa femme, qui est aimée de tout le monde par sa douceur et son honnêteté. Ma chère maman serait touchée de l'état affreux où elle est. Elle n'apprit qu'on taillait son mari qu'en entendant ses cris ; en entrant dans la chambre elle a tombé sur le seuil de la porte, où elle a resté pendant toute l'opération, qui a duré trente-cinq minutes. Il a souffert des douleurs inouïes, et est mort dans les deux fois vingt-quatre heures (1). On craint que la maréchale ne lui survive pas longtemps ; c'est tout ce qu'elle désire. Le roi lui avait donné 10,000 francs de pension à son mariage, il vient de lui en donner 30,000 ; c'est un traitement sans exemple pour la veuve d'un ministre qui l'a été aussi peu de temps ; elle est bien faite pour cette exception, et on ne lui fera jamais autant de bien que je lui en souhaite.

Je n'aurai rien à me reprocher pour le choix d'un nouveau ministre de la guerre ; j'ai à me louer des attentions et égards de M. de Maurepas, qui d'abord m'a confié ses idées, avant d'en avoir aucune arrêtée, et ensuite m'a instruite du choix qu'il proposait au roi. C'est M. de Saint-Germain (2), qui avait quitté le service de France pour celui de Danemark. On en garde un profond secret jusqu'à ce qu'on ait sa réponse. On ne sait pas s'il l'acceptera. Je n'ai rien à dire, ni pour ni contre, ne m'étant chargée que du secret, et ne le connaissant point.

---

(1) La veille du jour où il s'était décidé à subir l'opération de la pierre, le maréchal du Muy avait remis au roi son portefeuille, ajoutant qu'il avait un peu forcé le travail pour que tout fût en règle, et que, s'il ne devait pas survivre à l'opération, son successeur trouverait les choses en ordre. L'opération fut faite sous les yeux du médecin Richard par le célèbre moine opérateur le frère Côme. Le maréchal avait cru pouvoir éviter à sa femme, qu'il aimait tendrement, d'en connaître le moment.

(2) Cette nomination déconcertait toutes les ambitions et les intrigues qui s'agitaient à la cour. Ce fut dans la retraite qu'on alla chercher le comte de Saint-Germain, qui avait quitté le service de la France depuis 1760. Turgot et Malesherbes, espérant trouver en lui un auxiliaire pour toutes les réformes qu'ils voulaient tenter, le désignèrent au roi ; sa réputation de probité, de courage, les vues d'organisation nouvelle qu'il avait mises en pratique en Danemark, où de 1760 à 1766 il avait été chargé par Frédéric V de réformer l'armée, engagèrent Louis XVI à le mettre à la tête d'un ministère où l'on pensait qu'il y avait de grands changements à faire.

Monsieur et Madame sont revenus le 2 du mois, très-contents de leur voyage. On s'est amusé à répandre le bruit de brouillerie entre eux et moi; je puis assurer ma chère maman qu'il n'en est pas un mot, et que nous sommes fort bien ensemble.

L'opéra-comique a dû faire du plaisir à Vienne (1). Ma chère maman doit avoir été contente de la musique : on doit le redonner ici dans quelques jours. J'avoue que je suis agréablement surprise de voir le maréchal Lacy à la tête des divertissements ; je crois que la société y gagnera beaucoup. Si j'osais charger ma chère maman de mes commissions, je la supplierais de lui dire que nous serons brouillés ensemble s'il ne repart pas ensuite de la promesse qu'il m'a faite de venir cette année.

Je suis bien aise que le baron de Breteuil ait approuvé le choix de mes dames ; sa fièvre m'avait inquiétée : je suis charmée qu'il est en train de se rétablir.

Ma chère maman est trop bonne de me parler de la pension de Cléry. J'en ai été bien récompensée par le plaisir de récompenser un aussi bon serviteur que Neny. J'ai si peu de moyens de montrer à ma chère maman mon respect et ma vive tendresse! Je suis trop heureuse de trouver une occasion de faire plaisir à ceux qui ont le bonheur de l'approcher aussi souvent.

XLV. — Mercy a Marie-Thérèse.

Fontainebleau, 19 octobre. — Sacrée Majesté, J'étais dans l'espérance de pouvoir aujourd'hui rendre à V. M. un compte satisfaisant des différents changements survenus dans la maison de la reine ; mais il est arrivé dans cette occasion, ainsi qu'en plusieurs autres, que S. M., après avoir très-bien reconnu ce qui convenait à l'ordre de son service, et après avoir agréé les mesures qui lui étaient présentées conformément à ce but, s'en est ensuite laissée écarter par trop

---

(1) Cet opéra-comique est sans doute *Cythère assiégée*, de Gluck, que nous trouvons désigné plus exactement comme opéra-ballet, et qui fut joué à Paris et à Vienne dans cette année. Il eut peu de succès à Paris. « Il semble, dit la Harpe, que Gluck ait voulu descendre ; il faut qu'il reste à sa hauteur et prenne sa revanche dans *Alceste*. » Mais Marie-Antoinette soutenait l'homme de génie qu'elle avait attiré en France, et qui composa pour la scène de notre Opéra presque tous ses chefs-d'œuvre. Voir *Gluck et Piccini*, par M. G. Desnoiresterres, Paris, 1872.

de condescendance pour les personnes qui sont dans le moment de faveur.

Lorsque la reine se fut déterminément décidée à établir la princesse de Lamballe surintendante de sa maison, j'insistai d'abord pour qu'on éclaircît bien la nature, les droits et prérogatives de cette charge, qu'on en fixât les limites, et qu'on y réformât au besoin les abus qui pourraient s'y être introduits. Il s'en trouva en effet beaucoup dans les anciens états ; j'en fis même observer d'absurdes contre le service de la souveraine, parce que entre autres il était porté, par un article des prérogatives de la charge en question, qu'aucune personne de la maison de la reine ne pouvait exécuter un ordre ni une commission donnée immédiatement par S. M. sans au préalable avoir été prendre l'attache de la surintendante. Ce seul point, ainsi que plusieurs autres de même tournure, exigeait un nouveau règlement, et l'abbé de Vermond se chargea de le rédiger d'après nos remarques communes. Cet ouvrage était fort simple, fort clair, conçu en huit articles ; tout y était combiné de façon à prévenir les conflits de juridiction et les tracasseries qui en résultent. La reine avait approuvé ce règlement apostillé de sa main ; le ministère en était d'autant plus content qu'il y trouvait des retranchements d'abus et de dépenses. Enfin, au moment où cet objet allait être fixé, la princesse de Lamballe, par des moyens de douceur, par des larmes, fit connaître à la reine que le duc de Penthièvre s'opposait à ce que sa belle-fille prît une charge qu'on regardait comme déchue d'une partie de ses anciennes prérogatives, et que par cette raison elle, princesse de Lamballe, ne pouvait occuper cette place qu'autant qu'elle serait maintenue telle que l'avait occupée ci-devant mademoiselle de Bourbon (1).

Je ne rapporterai point ici les mouvements que je me suis donnés pour tâcher de tenir la reine à ses premières résolutions, seules bonnes et utiles pour son service. Toutes les représentations ont échoué ; S. M. a cédé à son sentiment pour la princesse de Lamballe, et le nouveau règlement a été éconduit ainsi que ses rédacteurs, et

---

(1) Auprès de la reine Marie Leczinska. Dans les Mémoires de Mme Campan, aux *Éclaircissements* placés à la fin du premier volume (édition de Bruxelles, 1823), on trouvera de nombreux détails sur la maison de la reine, et en particulier sur les prérogatives de la surintendante.

tout est resté dans l'ancien chaos. Les mauvais effets n'ont pas tardé à s'en faire ressentir en ce que la princesse de Chimay a paru hésiter à prendre la place de dame d'honneur, et la comtesse de Mailly celle de dame d'atours, parce que ces deux dames, en examinant de plus près les droits de la surintendante, trouvèrent leurs places fort subalternes et déchues. Je vis le moment où il allait résulter de là une manière de marchander vis-à-vis de la reine fort préjudiciable à sa dignité, et j'obtins enfin de S. M. qu'elle parlât d'un ton net et ferme aux deux dames en question, qui finirent par se ranger. Il reste malgré cela une porte ouverte aux réclamations et aux tracasseries, et je m'attends à en voir naître dans chaque occasion où les interprétations arbitraires pourront avoir lieu, inconvénient auquel l'obscurité et l'incertitude des anciens règlements ne donnera que trop de sujet.

Entretemps il subsiste encore des difficultés sur le traitement pécuniaire à assigner à la princesse de Lamballe. Les anciens états fixaient les appointements d'une surintendante à quinze mille livres et trente mille livres d'extraordinaire pour tenir une table à la cour. Quand Mademoiselle de Bourbon eut la charge, elle trouva moyen, par le crédit de son père, de faire augmenter ses appointements sous différentes dénominations jusqu'à concurrence de cinquante mille écus, c'est-à-dire cent cinquante mille livres. La princesse de Lamballe forme aujourd'hui pareilles prétentions, et elles ne sont point faciles à satisfaire dans un moment où le gouvernement s'occupe de retranchements et d'économie; cependant le comte de Maurepas a saisi cette circonstance pour se remettre en grâce auprès de la reine, et il s'est chargé de trouver et de faire agréer au roi des expédients au moyen desquels il sera pourvu aux désirs de la princesse de Lamballe. Il en résulte que le vieux ministre est maintenant très-bien auprès de la reine; S. M. est pareillement fort contente du sieur de Malesherbes, lequel, en sa qualité de ministre de la maison du roi, est entré pour beaucoup dans les arrangements dont il vient d'être question. Il n'y a que le contrôleur général qui soit encore traité froidement par la reine, mais j'espère que, pendant ce séjour à Fontainebleau, il y aura moyen de ramener S. M. sur le compte d'un ministre duquel elle n'a aucun sujet de se plaindre, et qui en toute occasion lui a marqué du zèle et un respectueux attachement.

Avant le départ de Versailles la reine a fait plusieurs promenades à Paris et dans les environs. S. M. est venue une fois à tous les spectacles; le 3 de ce mois elle a posé la première pierre à l'édifice du couvent de la Visitation situé dans la rue du Bac (1). Dans ces différentes occasions le peuple a marqué peu d'empressement et de satisfaction; mais cela provient moins d'un motif de mauvaise volonté contre la reine que de l'humeur que cause la continuation de la cherté du pain dans cette capitale. La reine a été à une course de chevaux qui a eu lieu près du bois de Boulogne; M. le comte d'Artois était le promoteur de cette partie de plaisir, et elle a eu la tournure de toutes celles qu'imagine ce prince.

Pendant le séjour que la cour a fait à Choisy du 4 au 9, la reine a voulu faire une promenade sur la rivière; S. M. est venue une après-midi dans les gondoles de la cour jusqu'auprès de l'arsenal qui forme une des extrémités de la ville de Paris. Quelques bateliers imaginèrent de donner un petit spectacle à la reine, et ils se mirent à plonger dans la rivière. La reine crut d'abord que c'étaient des gens tombés dans l'eau par accident et en danger de se noyer. Sur cette crainte S. M. se trouva mal et la princesse de Lamballe s'évanouit de même; mais ce léger accident cessa au moyen des secours ordinaires en pareils cas, et la reine n'en ressentit aucunes suites.

Monsieur et Madame, revenus le 2 de leur voyage à Chambéry, ont été reçus assez froidement par le roi et plus encore par la reine. Cet accueil a fait sensation dans le public, et on a parlé diversement des causes qui pouvaient y avoir donné lieu. On a prétendu que, pendant l'absence de Monsieur et de Madame, plusieurs personnes s'étaient occupées à leur nuire dans l'esprit du roi et de la reine; on a soupçonné en même temps que cette manœuvre venait du parti du duc de Choiseul, qu'en cela l'objet de ce parti était de tâcher d'attaquer le crédit de Monsieur, et de relever autant que possible celui de M. le comte d'Artois, dans la persuasion que ce prince, entouré de quelques amis du duc de Choiseul, lui sera favorable dans les occasions, au lieu que Monsieur, par sa liaison avec la comtesse de Marsan, ne peut être que suspect et dangereux à l'ex-ministre. Je n'ai pu encore, jusqu'à ce moment, m'assurer du plus ou du moins de manœuvre qu'il peut

---

(1) Ce couvent existait en ce lieu depuis 1673; il fut supprimé en 1790. Sur l'emplacement furent tracés le passage Sainte-Marie et la rue de la Visitation.

y avoir dans ceci, mais il est vrai que depuis un certain temps ce parti du duc de Choiseul a montré dans les occasions un esprit d'intrigue du plus mauvais genre et qui exige l'attention nécessaire à bien l'approfondir. Le baron de Besenval est un des grands ouvriers du parti susdit ; sa faveur auprès de la reine continue, et je verrai pendant ce voyage jusqu'où il sera possible de parer à cet inconvénient (1). J'ai été un des premiers à représenter à la reine la nécessité d'une conduite réservée et circonspecte vis-à-vis de Monsieur et de Madame ; mais il serait également déplacé et dangereux qu'il en résultât une brouillerie ouverte, la reine n'ayant point d'enfant, et les événements à venir ne pouvant être prévus.

La comtesse de Marsan, à son retour de Savoie, s'est retirée à une campagne à quelques lieues de Paris ; quoique son projet soit de ne paraître que très-rarement à la cour, elle y conservera cependant toutes ses relations d'intrigue, et la marche de cette femme active et dangereuse exigera toujours une certaine attention.

Depuis que Mesdames ont été mises en possession du château de Bellevue, on a cru qu'elles y feraient de fréquents séjours ; mais les gens en qui elles ont confiance leur ont fait sentir le danger de trop s'absenter de la cour ; conséquemment il paraît que ces princesses ne changeront point de position. Leur système actuel est fort réservé et sage, elles ne se mêlent de rien, et surtout relativement à la reine ; depuis très-longtemps je n'ai rien observé dans leur conduite qui m'ait donné le moindre soupçon.

J'ai cru devoir rendre compte dans ma dépêche d'office de tout ce qui s'est passé ici relativement au remplacement du ministre de la guerre. V. M. daignera voir que, dans cette occasion, la reine s'est conduite avec toute la prudence désirable, et qu'elle a su résister aux insinuations de ceux de ses entours qui jusqu'à présent ont été les plus dangereux.

---

(1) Dans une dépêche du 12 octobre 1776 le comte de Creutz, ministre de Suède en France, s'exprime ainsi : « Le comte de Besenval est l'agent de toutes les menées ; c'est lui qui actuellement est le plus avant dans la faveur de la reine ; il est de tous les soupers et de toutes les parties. Il a de longs et fréquents entretiens avec le comte d'Artois, qui le seconde de toutes ses forces. » (Archives d'Upsal.) La reine cependant ne se prêta point à seconder, au moment de la mort du comte du Muy, le parti de Choiseul, qui voulait faire nommer ministre de la guerre M. de Castries. On peut voir dans les Mémoires de Besenval le récit de toutes les intrigues qui agitèrent en ce moment la cour (Édition Barrière, page 212).

Le courrier mensuel étant arrivé ici le 15, je présentai dans la même matinée à la reine les lettres qui lui étaient adressées.

XLVI. — Mercy a Marie-Thérèse.

Fontainebleau, 19 octobre. — Il me reste aujourd'hui peu de particularités à ajouter au contenu de mon très-humble rapport ostensible ; il en est une cependant que je vais exposer ici, quoique je n'ose point encore lui attribuer toute la valeur qu'elle semble annoncer.

Peu de jours avant le départ de Versailles, la reine, au retour d'une promenade à cheval, avoua qu'elle pourrait bien avoir commis une imprudence, attendu qu'il serait possible qu'elle fût grosse. Il y a près d'une année que S. M. n'avait tenu un pareil propos dans une occasion semblable ; il ne laisse pas d'en résulter des indices d'espérance, mais mes doutes et mes craintes subsistent. La reine commence à prendre en grande affection la princesse de Guéménée (1), qui a succédé à sa tante dans la charge de gouvernante des enfants de France. Cette princesse est autant ennemie de la comtesse de Marsan qu'elle est amie du duc de Choiseul ; elle rassemble chez elle une société bruyante et beaucoup de jeunesse. La reine se propose d'aller souvent passer des heures de la soirée chez cette princesse de Guéménée ; comme je me trouve assez lié avec elle, je pourrai pendant le voyage suivre de près cette nouvelle habitude de la reine, et tâcher de remédier aux inconvénients dont je prévois que cette société pourrait être susceptible.

V. M. m'ordonne par sa très-gracieuse lettre de lui exposer quelques éclaircissements auxquels je vais satisfaire.

Les éloges que le baron de Breteuil a faits de la princesse de Lamballe me paraissent jusqu'à présent en partie assez fondés ; mais cette princesse est trop jeune, même trop neuve à la cour pour que l'on puisse porter un jugement certain sur le pli qu'elle y prendra, et la marche qu'elle a tenue quand il s'est agi de fixer les droits et émoluments de sa charge pourrait répandre quelques dou-

---

(1) La princesse de Guéménée, fille du maréchal de Soubise, était loin de jouir d'une réputation intacte. Elle vivait séparée de son mari, et sa liaison avec le duc de Coigny était une chose connue et admise. Elle subit cependant le contre-coup des désordres du prince de Guéménée, et dut quitter la cour et les grandes charges qu'elle y occupait lors de la faillite scandaleuse de celui-ci.

tes sur la tournure de cette surintendante. Le baron de Breteuil est grand ami de la princesse de Chimay ; il s'est servi d'elle dans plusieurs occasions pour faire passer à la reine des insinuations auxquelles il avait intérêt. Je sais qu'il vient d'écrire à la reine, et je soupçonne que sa lettre est passée par la voie de la princesse de Chimay. J'ignore le contenu et l'objet de cette lettre : certainement la reine m'en parlera ; mais il est dans mon système de ne jamais marquer de curiosité vis-à-vis de S. M., et souvent elle me laisse ignorer par oubli des choses qu'elle me dirait si elle s'en souvenait, car j'ai les preuves les plus constantes de la confiance qu'elle daigne m'accorder, et ce n'est que par un pareil oubli que j'ai su vingt-quatre heures plus tard la décision de la nomination de la princesse de Lamballe, ce qui arriva la veille du départ du dernier courrier. J'en reviens à la princesse de Chimay, laquelle, malgré les assertions du baron de Breteuil, cache sous un extérieur très-doux et très-séduisant un caractère assez suspect de fausseté et de penchant à l'intrigue ; heureusement la reine est fort en défiance à cet égard, et le prince de Starhemberg, qui connaît très-bien la princesse de Chimay, pourrait confirmer ce que j'en expose ici. La comtesse de Mailly est une jeune personne fort douce, fort honnête, très-nonchalante ; il n'y a aucun inconvénient à en craindre ni aucun secours à en espérer du côté du langage et des bons conseils qu'il y aurait à donner à la reine dans les occasions. La comtesse de Polignac est par elle-même d'une tournure assez ressemblante à la comtesse de Mailly, mais Mme de Polignac, avec très-peu d'esprit, est conduite par des entours fort dangereux, nommément par la comtesse d'Andlau, sa tante, intrigante reconnue, et qui passé vingt ans fut renvoyée de la cour et du service de Mme Adélaïde pour avoir procuré à cette princesse des livres obscènes. La reine n'ignore rien de tout cela, et j'ai grand soin d'appuyer sur toutes les réflexions qui en résultent ; au reste cette comtesse d'Andlau n'est plus dans le cas de paraître à la cour, et comme la comtesse de Polignac a une grand'mère qui est mon amie particulière et femme fort honnête, et qui a d'ailleurs une influence décisive sur sa petite-fille, je me trouve en mesure de parer aux inconvénients de ce côté-là.

La famille de Polignac est d'une bonne noblesse ; elle tient son plus grand lustre du cardinal de ce nom, jadis fort connu et employé dans les affaires d'État de ce royaume ; cependant depuis ce prélat aucun Polignac n'avait joué un certain rôle dans ce pays-ci, et leur existence à la cour ainsi que leur fortune avaient toujours été assez médiocres.

XLVII. — Marie-Thérèse a Mercy.

Vienne, 2 novembre. — Comte de Mercy-Argenteau, Le courrier Veth étant arrivé ici le 30 du passé, m'a remis votre lettre du 19 du même mois. Comme vous pressez l'arrivée de celui-ci, je le fais partir directement pour Paris, sans passer par Bruxelles, où il ne se rendra qu'en retournant de Paris.

Je vous sais gré du compte que vous me rendez sur le caractère de quelques dames de la cour de ma fille. Je ne vois que trop que leur caractère n'est pas de nature à mériter la confiance de ma fille, ou du moins à lui pouvoir fournir des ressources. Jeune comme elle est elle-même, et peu réfléchie et appliquée, l'unique moyen d'obvier à tous les inconvénients qu'il y a à craindre sans cesse est de ne pas la perdre de vue. Votre assiduité donc de vous trouver le plus souvent vis-à-vis d'elle et à portée de l'avertir et de la conseiller est le service le plus important que vous pourriez me rendre, et sur lequel je compte par l'entière confiance que j'ai dans votre zèle.

Vous avez raison de vous douter du caractère de la princesse de Lamballe après les démarches qu'elle a faites pour s'assurer des droits et émoluments de sa charge. Je trouve encore un peu de grimace dans la frayeur outrée qu'elle a affichée en voyant tomber les bateliers dans l'eau.

Il y a bien longtemps que je n'entends plus parler de l'abbé Vermond. Ma fille ne me le nomme pas, et j'en fais autant pour ne pas lui faire naître quelque soupçon. Il n'écrit non plus à ses connaissances ici : est-ce par dégoût ou par circonspection ? [Je viens de le lui nommer].

Vous avez très-bien fait de conseiller à ma fille une conduite réservée mais complaisante vis-à-vis de Monsieur et de Madame [j'en touche quelque chose dans ma lettre]. Les menées du parti du duc de Choiseul paraissent s'étendre ; c'est un point qui mérite attention.

Je suis très-contente de la conduite que ma fille a tenue dans le remplacement du ministre de la guerre ; mais le choix du comte de

Saint-Germain ne doit-il pas surprendre? Étranger comme il est, et s'étant fixé nulle part où il a servi, en Bavière, chez nous, en France et en Danemark. Des vues particulières des autres ministres ne pourraient-elles avoir contribué au choix d'un homme à qui ils supposent peut-être trop peu de crédit pour se faire valoir dans son département et les surpasser?

XLVIII. — Marie-Antoinette a Marie-Thérèse.

Ce 12 novembre. — Madame ma très-chère mère, Quelle tendresse de me faire sentir mes torts! Que par de nouvelles bontés la lettre de ma chère maman pour mon jour de naissance m'a rendue bien confuse, en me rappelant mon inexactitude pour la Sainte-Thérèse!

M. de Saint-Germain est établi ici avec l'applaudissement de tout le militaire, si j'en excepte quelques grands seigneurs, qui craignent de ne pas trouver leur compte avec lui.

Il est bien certain que non-seulement il n'y a point de brouillerie entre Monsieur et moi, mais ce qui est plus, c'est qu'on n'en croit pas, et tout le monde remarque mes bonnes manières pour lui et sa femme. Je dirai cependant à ma chère maman qu'elle est un peu trompée sur son compte; il est bien vrai qu'il n'a pas les inconvénients de la vivacité et turbulence du comte d'Artois, mais à un caractère très-faible il joint une marche souterraine et quelquefois très-basse; il emploie pour faire ses affaires et avoir de l'argent de petites intrigues dont un particulier honnête rougirait. Par exemple n'est-il pas honteux qu'un fils de France signe par devant notaire un acte par lequel il achète de Mme de Langeac, maîtresse de M. de la Vrillière, une forêt que ce ministre avait attrapée au feu roi par Mme du Barry? Malheureusement pour Monsieur toutes ces menées commencent à être connues et ne lui laissent ni considération ni affection publique. Il a même eu quelque temps la réputation d'esprit, qu'il a perdue par quelques unes de ses lettres qui ont paru dans le public, et qui étaient peu honnêtes et très-maladroites (1).

---

(1) Quelques mérites qu'ait eus plus tard Louis XVIII, nous croyons fort juste le jugement que porte ici Marie-Antoinette. Les lettres que le comte de Provence écrivait au roi Gustave III, conservées aux Archives d'Upsal, ne pourraient que le confirmer. Voir l'Appendice du tome II de *Gustave III et la cour de France*, par M. A. Geffroy.

Le roi paraît redoubler d'amitié et de confiance pour moi, et je n'ai rien à désirer de ce côté-là. Pour l'objet important qui inquiète la tendresse de ma chère maman, je suis bien fâchée de ne pouvoir rien lui apprendre de nouveau; la nonchalance n'est sûrement pas de mon côté. Je sens plus que jamais combien cet article est intéressant pour mon sort; mais ma chère maman doit juger que ma situation est embarrassante et que je n'ai guère d'autres moyens que la patience et la douceur.

Je suis fâchée de l'indisposition renouvelée du baron au bord de l'hiver. Nous sommes à la veille de quitter Fontainebleau; le voyage, quoique fort bruyant, s'est assez bien passé.

Ma chère maman permet-elle bien que je l'embrasse avec la vive et respectueuse tendresse que je lui dois et que je lui ai vouée pour la vie?

XLIX. — Mercy a Marie-Thérèse.

Paris, 15 novembre. — Sacrée Majesté, Dans la position actuelle de la reine les objets majeurs étant devenus la partie essentielle et la plus intéressante de tout ce qui la concerne, je crois ne pas devoir mêler ces objets avec ceux qui sont de moindre importance, et c'est ce qui me fait éviter aujourd'hui de donner à mon très-humble rapport la forme d'un journal où tous les genres de détails se trouveraient nécessairement confondus, au lieu qu'en les séparant, je tâcherai de ne rien omettre de ce qui est entré dans la vie privée et journalière de la reine, et je formerai un ensemble suivi de ses actions plus sérieuses et qui portent à quelque conséquence.

Depuis l'arrivée de la cour à Fontainebleau jusqu'aux derniers temps du séjour qu'elle y a fait, les amusements et les occupations de la reine ont eu assez constamment les mêmes objets, les mêmes heures de la journée, et en total une grande uniformité. S. M. se levait vers dix heures, c'est-à-dire environ deux heures après le roi, qui n'a découché de chez son auguste épouse que pendant le peu de jours où elle a été enrhumée. L'abbé de Vermond entrait chez la reine à dix heures, et y restait jusqu'au moment où arrivait Monsieur, ou M. le comte d'Artois, ou quelque princesse de la famille royale. Souvent, après ces visites, la reine passait un quart d'heure chez le roi avant de commencer sa toilette, pendant laquelle les différentes entrées faisaient leur cour. Ensuite venait le moment de la messe, qui était suivie d'une demi-heure de leçon de harpe. A une heure et demie le dîner, qui durait fort peu, et faisait place à une heure de conversation avec la famille royale, qui se rassemblait en totalité ou en partie tantôt chez la reine, quelquefois chez Madame, ou chez Mme la comtesse d'Artois ou chez Mmes ses tantes. Depuis trois heures jusqu'à six le temps était distribué fort inégalement et d'une façon variable entre l'abbé de Vermond, moi, la musique, les favorites de la reine et ceux des externes auxquels elle accordait des audiences. J'observerai cependant que soit dans la matinée ou dans l'après-dînée, ou dans quelques instants de la soirée, il s'est passé bien peu de jours où je n'aie eu occasion de parler à la reine, souvent même assez de suite ; et pour éviter les répétitions, j'ajouterai ici que c'est de S. M. elle-même que je tiens presque toutes les particularités qui seront déduites dans ce présent et très-humble rapport.

A six heures il y avait spectacle, trois, souvent quatre fois la semaine ; au défaut de spectacle il y avait jeu jusqu'à neuf heures, après quoi succédait le souper, dimanche au grand couvert public ; le lundi et le samedi le roi soupait chez la reine en présence des entrées de la chambre, mardi et jeudi le souper était dans les cabinets avec du monde en hommes et en femmes ; mercredi et vendredi leurs Majestés faisaient porter leur souper chez Madame. Depuis dix heures jusqu'à minuit, minuit et demi, même une heure, le temps était encore employé d'une façon variable ; mais la reine le passait régulièrement jusqu'à onze heures et un quart avec la famille royale, après quoi S. M. allait ou chez la princesse de Lamballe, qui donnait à souper quatre fois la semaine, ou chez la princesse de Guéménée. Je parlerai ci-après de la différence de la société qui se trouvait dans ces deux endroits.

Le temps peu favorable et presque toujours pluvieux a empêché la reine d'aller souvent à la chasse. Elle n'a profité de cet amusement qu'une ou au plus deux fois la semaine. Pendant les dix jours qu'a duré son rhume, Sa Majesté n'est point sortie du château, et dans les autres temps ses promenades en voiture et à cheval ont été moins fréquentes et moins longues que celles des années précédentes, de façon que ni les promenades ni les chasses n'ont point occasionné une grande variation dans la distribution des heures de la journée. V. M. daignera observer que dans cette distribution il n'y est fait aucune mention de lectures : il a fallu tâcher d'y suppléer autant que possible par des conversations utiles.

Après ce tableau général des actions indifférentes de la reine je dois exposer les détails plus essentiels qui concernent cette auguste princesse.

La vacance du ministère de la guerre a mis le public à portée de fixer son opinion sur le degré d'influence et de crédit dont jouit la reine, et les courtisans en ont d'abord jugé par les démarches du comte de Maurepas et du ministre Malesherbes, lesquels, l'un et l'autre, avaient eu des audiences longues et réitérées de S. M. Dès ce moment l'affluence devint très-grande, et les antichambres de la reine ne désemplissaient pas. Parmi le nombre de ceux qu'elle affectionne particulièrement, le baron de Besenval fut celui de tous qui osa employer le plus de moyens pour arracher le secret que l'on avait supplié la reine de garder. Il est vrai que, sur cet article, elle résista à toutes les importunités les plus séduisantes ; mais j'aurais désiré que S. M. eût voulu les réprimer avec un peu plus de force et de dignité. Je lui fis observer que, si elle ne prenait pas cette méthode avec une nation aussi avantageuse et aussi entreprenante que l'est celle-ci, elle se trouverait souvent exposée à des persécutions, qui deviennent indécentes en ce qu'il est censé que le profond respect qui est dû à une souveraine ne permet pas que l'on se rende pressant vis-à-vis d'elle particulièrement sur des objets de curiosité, quelque bonté qu'elle veuille d'ailleurs marquer à ceux auxquels elle donne un accès de préférence et plus familier.

Au reste, ce n'est pas la seule occasion qui m'ait fait connaître combien la reine est capable de garder un secret, pourvu qu'elle se persuade que la matière en est importante ; mais autant elle est exacte en pareilles conjonctures, autant elle est facile à céder aux importunités quand elle suppose que les objets en sont de moindre valeur, et c'est précisément par ce calcul que j'ai fait voir à la reine qu'on ne cesse de la tromper, en lui masquant adroitement les conséquences des choses, et en obtenant d'elle sous l'apparence de bagatelles des demandes et des grâces qui sont essentiellement en opposition au bien de son service et au bon ordre général. N'ayant malheureusement que trop d'exemples à citer, j'exposai des faits qui étaient sans réplique, et je démontrai que, soit par légèreté, soit par envie de se faire valoir, la comtesse de Polignac et bien plus le baron de Besenval s'étaient rendus en maintes occasions coupables d'une sorte de trahison en défigurant ce que la reine a la bonté de leur dire, et en abusant à leur profit ou à celui de leurs amis du crédit qu'ils se sont procuré. A la façon dont mes remontrances furent reçues, j'aurais pu croire qu'elles devenaient nuisibles à moi-même et sans effet pour le bien de la chose; mais je connais trop la reine pour ne pas savoir que les vérités les plus évidentes ont besoin de quelque temps pour germer dans son esprit, et qu'on en retrouve le fruit tôt ou tard, et de fait j'ai vu clairement que la faveur du baron de Besenval, sans être absolument sur son déclin, a cependant souffert de la diminution, et je suis bien assuré que la reine sera au moins en garde contre les abus de confiance, ce qui devient un point très-essentiel. S. M. s'est trouvée et se trouve encore dans l'embarras de concilier la princesse de Lamballe avec la comtesse de Polignac, parce que ces deux favorites, très-jalouses l'une de l'autre, ont hasardé vis-à-vis de la reine des petites plaintes respectueuses, et qui sont présentées sous l'aspect d'une sensibilité la plus tendre. J'ai dit à la reine qu'après avoir manifesté si publiquement une bonté d'amitié pour ces deux favorites, il me paraissait convenable de les bien traiter, chacune selon leur position et selon les moments et les circonstances, mais qu'il me semblait aussi que S. M. ne devait pas trop se livrer à écouter les plaintes de ces jeunes personnes, ni admettre le prétexte spécieux sous lequel elles s'avisaient de les faire. En donnant ce conseil à la reine, je lui ai représenté que c'était le moyen de se préserver de beaucoup d'importunités déplacées; mais il existe une autre raison que je n'ai pas pu dire, et qui est de plus de conséquence.

La princesse de Lamballe est soutenue par M. le comte d'Artois, par le duc de Chartres, son parent, et par tout ce qui compose le Palais-Royal, dont je redoute infiniment les démarches intrigantes. La comtesse de Polignac a pour partisans le baron de Besenval, plusieurs jeunes gens de la cour, une tante d'assez mauvaise réputation, et des entours également dangereux.

De ces deux partis, qui ont chacun de grands inconvénients, il serait peut-être difficile de dire lequel des deux pourrait devenir le plus dangereux; et dans cet état des choses il me parait avantageux que les deux partis se contre-balancent et interceptent réciproquement les effets de leur influence, ce qui ne peut arriver qu'autant que l'un des partis ne l'emportera pas trop considérablement sur l'autre, et je me fais une étude de contribuer au maintien de cet équilibre. Cependant je ne laisse pas dans l'occasion de les attaquer tous les deux, et, d'après une expérience suivie, le moyen qui m'a toujours le mieux réussi, c'est d'informer la reine de tous les petits faits qui parviennent à ma connaissance, et de laisser à sa propre réflexion le soin d'en tirer les conséquences; ç'a été par cette méthode que je viens de réussir à faire entièrement revenir la reine sur le chapitre d'un de ses grands favoris, le chevalier de Luxembourg, dont l'ambition et la mauvaise tête étaient fort à redouter, ainsi que je l'ai exposé dans mes rapports précédents. Il est maintenant tout à fait à l'écart, et j'espère bien que les autres favoris et favorites auront successivement leur tour.

J'ai exposé plus haut que la reine, après son souper, allait passer le reste de la soirée ou chez sa surintendante ou chez la princesse de Guéménée; c'était le moment le plus critique de la journée. Le duc de Chartres ainsi que tout ce qui tient à son père et à lui, et que l'on nomme ici le Palais-Royal, se rassemblait chez la princesse de Lamballe, et là on y travaillait d'après le plan d'intrigue du parti. La comtesse de Polignac, le baron de Besenval, et nombre de jeunes gens avaient leur point de réunion chez la princesse de Guéménée, et on y opérait également d'après le système et les vues de cet autre parti. Chaque jour il partait alternativement de ces deux sources tant d'insinuations, tant de demandes qu'il serait impossible d'en exposer une partie à V. M. sans entrer dans des détails qui ne finiraient point. J'eus lieu entre autres de remarquer dans ces occasions que le baron de Besenval devait être instigué par le duc de Choiseul, et j'en jugeai par quelques tentatives formées en faveur des créatures de cet ex-ministre. Au reste, j'étais ou par moi-même ou par des informations fidèles, très-bien instruit de tout ce qui se passait dans ces soirées. La reine en disait elle-même une partie à l'abbé de Vermond et à moi, et alors nous nous occupions à détruire toutes les impressions qui nous paraissaient contraires au bien du service de la reine. J'ose même dire qu'en cela nous avons travaillé avec un succès inespéré, puisque de tout le voyage pas une des petites manœuvres des deux partis n'a eu un effet marqué.

La tentative la plus remarquable qui se soit faite a été celle du comte de Stainville (1) qui dans une lettre à la reine la suppliait de lui obtenir du roi le commandement de l'artillerie et du génie avec le gouvernement de l'École militaire et des Invalides, le tout à titre de département qui devint indépendant du ministre de la guerre. La reine fut choquée de l'absurdité d'une pareille demande, déjà une fois refusée à Monsieur, et la lettre du comte de Stainville est restée sans réponse.

La contenance empressée et respectueuse des ministres vis-à-vis de la reine est la preuve la plus certaine de l'ascendant que cette auguste princesse a sur l'esprit de son époux, et il est très-vrai que cet ascendant n'a cessé d'augmenter. Le traitement pécuniaire de la surintendante, quoique négocié par le comte de Maurepas, n'était point encore décidé; la reine avait eu jusqu'alors répugnance d'en parler elle-même, mais elle prit enfin son parti, et au premier mot le roi signa l'ordonnance qui fixe les appointements susdits à cinquante mille écus. Dans la même matinée la reine dit au roi que le comte d'Esterhazy, qui est au service de France et qu'elle protège particulièrement, avait contracté quinze mille francs de dettes que la modicité de sa fortune lui rendait très-onéreuses. La reine ajouta qu'elle désirerait bien de le tirer de cet embarras; dès le lendemain le roi apporta lui-même six cents louis à la reine, et lui proposa de les donner à son protégé.

Je vois avec certitude que la reine est vraiment touchée de pareils procédés, et qu'elle a maintenant pour le roi toute sorte de petites attentions qui produisent le meilleur effet. Ce point de conduite est d'une grande importance; s'il se joignait à cela un peu plus de goût, de suite et d'application aux choses sérieuses, il n'y aurait plus rien à désirer sur la solidité de la position de la reine. Dans le moment présent son crédit a tout éclipsé à cette cour: Monsieur en est comme atterré; il reste tranquille dans son intérieur, et ne s'occupe avec son conseil qu'à se ménager quelques petits avantages d'intérêt et d'autorité dans les districts qui forment son apanage; mais dans cet objet même il trouve souvent de la part des ministres une opposition décidée, et il ne fait alors aucun effort pour la vaincre. D'ailleurs il ne se mêle de rien qui soit étranger à ses propres affaires, et de crainte de se compromettre, il ne demande aucune grâce et ne protège per-

---

(1) Le comte de Choiseul-Stainville, parent du duc de Choiseul; il était lieutenant général.

sonne. Attentif à faire sa cour au roi et à la reine, il est avec eux d'une façon qui ne trouble point l'harmonie apparente, mais qui n'annonce pas non plus une grande intimité; Madame modèle sa conduite sur celle de son époux. Quant à M. le comte et Mme la comtesse d'Artois, il n'y a rien à en dire; la légèreté du prince et la disgrâce naturelle et constante de la princesse les rendent assez nuls du côté de l'influence et de la considération, et depuis que la reine a bien ouvert les yeux sur les inconvénients de la société de M. le comte d'Artois, les actions de ce jeune prince sont fort baissées dans le public.

J'omets ici ce qui s'est passé dans une longue audience que j'eus le 29 octobre, parce que j'en expose les détails dans ma dépêche d'office. V. M. daignera y voir quelques principes que la reine s'est formés sur des objets importants. Pendant tout le séjour à Fontainebleau il paraît évident que la reine a gagné du côté des choses essentielles, et que tout ce qui la concerne est dans une sécurité qui éloigne toute inquiétude. Dans cette persuasion j'ai quitté la cour en même temps que les autres ambassadeurs, et j'y ai même été forcé par un très-gros rhume que l'air âpre de Fontainebleau et le logement mal réparé que j'y occupais rendaient de jour en jour plus violent, au point même de m'occasionner une extinction de voix.

Le courrier mensuel étant arrivé le 9, et, ne me trouvant point en état d'aller porter moi-même les lettres qui étaient adressées à la reine, je les envoyai directement à S. M. par la voie d'un exprès, ainsi qu'elle me l'avait ordonné lorsque je quittai la cour. D'après les informations journalières que je reçois par l'abbé de Vermond, il ne s'est rien passé du tout à Fontainebleau depuis le 7; il n'y était resté que le service de la cour, qui ne s'est pas même trouvé fort nombreux, plusieurs personnes ayant été obligées de revenir à Paris pour cause d'indisposition. Comme je viens dans ce moment de recevoir par la poste une lettre de S. A. R. Mme l'archiduchesse Marie à la reine, je me rendrai demain à Versailles, et y prendrai les ordres de S. M.

L. — MERCY A MARIE-THÉRÈSE.

Paris, 19 *novembre.* — Sacrée Majesté, En reprenant les articles de la très-gracieuse lettre de V. M., j'observerai d'abord que j'ai eu et aurai toujours le plus grand soin de saisir les moments où il me sera possible d'être à portée de la reine; j'emploie même à cet effet toute sorte de prétextes, soit quand il arrive quelques lettres par la poste à l'adresse de la reine, soit en allant à Versailles les lundis au soir au lieu de m'y rendre seulement le mardi, qui est le jour unique où les autres ministres étrangers ont droit de paraître à la cour. D'après cet arrangement et d'autres petits moyens que me fournissent des promenades à une campagne fort rapprochée de Versailles, il ne se passe pas de semaine où je n'aie occasion de parler à la reine deux ou trois fois. Mes mesures ne sont gênées que par l'attention à éviter que je sois soupçonné de faire tourner au profit de la politique ou des intrigues de cour mes assiduités auprès de la reine, et dans un pays tel que l'est celui-ci, et où tant de gens me regardent comme un obstacle fâcheux à leurs projets de cabale, il faut beaucoup de précautions pour échapper aux traits de la malveillance et de la malignité. Je n'en fais que trop l'expérience malgré la vie retirée et circonspecte que je mène depuis quelques années. Au reste tout est disposé de façon que la reine ne reste jamais sans que ou l'abbé de Vermond ou moi soyons à portée d'elle. De temps à autre j'ai exposé dans mes très-humbles rapports que ma correspondance avec l'abbé de Vermond était presque journalière. Nous sommes tellement unis dans nos vues et dans notre marche, que rien ne peut nous échapper; heureusement cet ecclésiastique possède toujours la confiance de la reine, et je présume qu'il n'écrit pas souvent à ses connaissances à Vienne, parce que, ne me laissant rien ignorer de ce qu'il sait, il est bien assuré que nos notions communes parviennent toutes sous les yeux de V. M. Quant à ce dernier voyage de Fontainebleau, j'ai dû en quitter le séjour quelques jours plus tôt que je n'aurais fait, mais une extinction de voix et un violent rhumatisme me mettaient hors d'état de sortir de ma maison; d'ailleurs la reine était en sûreté, parce que le baron de Besenval, la comtesse de Polignac et autres intrigants et intrigantes étaient partis un jour avant moi.

La reine, qui protège très-particulièrement le baron de Breteuil, se propose de demander qu'il soit compris dans la première promotion des chevaliers de l'ordre du Saint-Esprit. J'ai cru qu'il était de mon devoir d'exposer ici cette particularité pour le cas où il plairait peut-être à V. M. de faire sentir que sa haute protection a concouru à procurer au baron de Breteuil une grâce qu'il devra en partie à ce que

V. M. a daigné précédemment témoigner à la reine qu'elle était satisfaite de la conduite de cet ambassadeur.

Relativement au marquis de Saint-Germain, si les ministres actuellement en crédit l'ont choisi comme un homme à tenir dans leur dépendance, ils pourraient s'être grandement trompés, car le nouveau ministre de la guerre prend une tournure qui annonce toute autre chose que de la docilité. On lui attribue de l'esprit et des talents, mais on sait qu'il a toujours été entier et difficile. Au reste ce choix, qui à bien des égards est très-extraordinaire, prouve la disette de sujets capables, et il faut convenir que cette disette est grande ici surtout dans la partie du militaire.

Ainsi que je le marque dans ma dépêche d'office, il y a grande apparence que l'archevêque de Toulouse (1) ne tardera pas à entrer au conseil. Il y a longtemps qu'il y serait placé, si la supériorité de ses talents n'avait pas causé un peu d'ombrage au comte de Maurepas, qui a toujours résisté au désir que les sieurs Turgot et Malesherbes ont de s'associer le prélat dont il est question. Quand j'ai vu que les obstacles s'aplanissaient, j'ai supplié la reine de se conduire en sorte que l'archevêque de Toulouse ait à S. M. seule toute l'obligation de sa place, et elle a bien voulu déférer à cet avis. Le prélat est ami intime de l'abbé de Vermond, mais ce dernier a toujours eu la délicatesse de ne jamais vouloir parler à la reine d'un homme pour lequel on aurait pu le soupçonner de quelque partialité.

LI. — Marie-Thérèse a Mercy.

Vienne, 30 novembre. — Comte de Mercy-Argenteau, J'ai reçu votre lettre du 15 par le courrier la Montagne, arrivé ici le 26 de ce mois. Je suis de plus en plus convaincue que votre zèle ne se dément jamais lorsqu'il s'agit des intérêts de ma fille, ce qui me rassure en quelque façon sur ses défauts, produits par son peu de réflexion et application. Il n'y a que votre vigilance et assiduité qui puissent empêcher des suites plus fâcheuses, d'ailleurs à craindre de sa légèreté. [Je souhaite seulement que la santé se soutienne.] Je n'exige aucunement que l'abbé de Vermond suive trop sa correspondance avec ses connaissances de Vienne; je conviens même qu'il

---

(1) Loménie de Brienne.

pourrait en résulter quelque inconvénient. Il me suffit de savoir qu'il est toujours dans la position où je le souhaite, mais depuis quelque temps n'ayant rien entendu sur son compte, je me suis un peu doutée s'il était dégoûté ou mis hors d'activité. Dès que l'archevêque de Toulouse est ami de Vermond, je crois pouvoir regarder son entrée dans le conseil comme une circonstance favorable; je serais cependant bien aise d'être informée du caractère et des sentiments de ce prélat.

Je suis d'accord avec vous sur la fermeté du nouveau ministre de la guerre; son début fera voir plus clair dans sa façon de penser et d'agir. J'écrirai à ma fille dans le sens que vous me le proposez, sur la réception du baron de Breteuil dans l'ordre du Saint-Esprit.

Je vous suis obligée du détail que vous m'avez fait du séjour de Fontainebleau. J'en suis contente, aux intrigues près qu'on ne cesse de forger, et dans lesquelles il importe tant que ma fille soit sur ses gardes de se laisser entraîner, en n'accordant pas surtout sa confiance et protection aux gens d'un caractère suspect.

Les ministres de France dans les pays étrangers, nommément à Rome, Parme, Turin, Naples, Gênes, etc., se sont distingués par toute sorte d'attentions vis-à-vis de mon fils Maximilien. J'en suis très-sensible, et je vous charge de le témoigner bien positivement au comte de Vergennes.

P. S. Je charge Pichler de vous instruire sur deux voyages qui feront parler, l'un imminent de ma fille Marie (1) avec son époux pour faire le tour en Italie, voyage de plaisir. L'autre, le mien, pour Goritz, qui aurait bien à me flatter, mais je ne saurais encore m'y résoudre avant Pâques; me défiant de moi-même et de mes forces.

LII. — MARIE-ANTOINETTE A MARIE-THÉRÈSE.

Le 15 décembre. — Madame ma très-chère mère, Depuis ma dernière lettre j'ai encore été enrhumée; ce rhume m'a été commun avec tout le monde. Nous avons eu des brouillards affreux, qui ont occasionné une grippe générale. Elle commence par un mal de tête, continue par la fièvre et de la toux. Ma grippe est finie, je tousse pourtant encore un peu; mes sœurs l'ont eue aussi, et nous nous sommes

---

(1) La duchesse de Saxe-Teschen.

trouvées, un jour, ayant la fièvre toutes quatre à la fois, ainsi que le comte d'Artois. Pour le roi et Monsieur, ils l'ont échappée jusqu'ici, mais tous les jours il y a de nouvelles personnes qui en sont attaquées.

M. de Saint-Germain commence de grandes réformes dans les troupes et dans la maison du roi ; son projet est d'augmenter le militaire de 40,000 hommes, sans qu'il en coûte rien au roi.

Je n'ai jamais oublié ce que ma chère maman me dit sur le caractère piémontais ; il va très-bien à Monsieur, et à cet égard il ne s'est point mésallié. Je ne sais quel est son projet dans ce moment ; nous vivions fort bien ensemble, et même depuis quelque temps on me faisait compliment de mes attentions pour lui et sa femme. Il a imaginé de chercher l'intimité, et pour s'y introduire, il a écrit (c'est son expédient ordinaire dans les grandes affaires, quoique jusqu'ici il y ait assez mal réussi). Sa lettre est adressée à un homme de sa maison, mais en même temps il lui a indiqué un homme en qui j'ai confiance, pour me la montrer. Il y a dedans beaucoup de phrase, de bassesse et de fausseté ; malgré cela j'ai cru devoir en paraître la dupe et croire à tout ce qu'il disait. Je lui en ai parlé la première, en débutant par un reproche obligeant sur ce qu'il se servait d'un tiers avec moi. Depuis nous continuons à être sur le ton de l'amitié et de la cordialité ; à dire vrai je vois qu'elle n'est pas plus sincère d'un côté que de l'autre ; plus je suis convaincue que, si j'avais à choisir un mari entre les trois, je préférerais encore celui que le ciel m'a donné : son caractère est vrai, et quoiqu'il est gauche, il a toutes les attentions et complaisances possibles pour moi.

Nous sommes dans une épidémie de chansons satiriques. On en a fait sur toutes les personnes de la cour, hommes et femmes, et la légèreté française s'est même étendue sur le roi. Pour moi, je n'ai pas été épargnée. Quoique les méchancetés plaisent assez dans ce pays-ci, celles-ci sont si plates et de si mauvais ton, qu'elles n'ont eu aucun succès, ni dans le public ni dans la bonne compagnie.

Quel bonheur va avoir le grand-duc pour lui et pour ses enfants (1) ! Pourquoi faut-il qu'il arrive précisément au moment où j'espérais voir l'empereur ? Je ne m'en plains pas, parce que je sacrifierai tou-

---

(1) Léopold, grand-duc de Toscane, devait se rendre avec sa famille à Goritz pour y voir l'impératrice.

jours tout ce qui m'est le plus cher pour la satisfaction de ma chère maman. Elle m'a beaucoup affligée dans cet article de sa lettre par une idée de vieillesse qui n'est pas de son âge; nous avons ici des femmes qui avec vingt ans de plus ont encore une bonne santé. J'espère que Dieu nous bénira assez tous tant que nous sommes, ses enfants, pour nous la conserver assez jusque dans l'âge le plus avancé.

Ma sœur (1) ne choisit pas la plus belle saison pour son voyage d'Italie, mais comme la température est plus douce, je conçois que le voyage pourra être fort agréable pour elle, surtout pouvant y voir la plus grande partie de la famille.

Ma chère maman sait comment je pense sur le baron de Breteuil; ainsi elle peut s'imaginer le plaisir que j'ai de l'en voir aussi contente. Je voudrais bien lui faire avoir le cordon bleu, mais le roi n'en fera pas de si tôt, et il me paraît impossible de le déterminer à une exception.

La maréchale du Muy est toujours inconsolable; on craint bien qu'elle ne se rétablisse pas de l'état de langueur où elle est.

Ma chère maman est actuellement rassurée sur la reine de Naples. Elle aurait peut-être désiré un garçon, mais il y a à parier que ce ne sera pas son dernier enfant.

Je prends la liberté d'envoyer deux vases à ma chère maman; je ne lui souhaite pour la nouvelle année qu'une continuation d'une bonne santé, et à moi le bonheur de la contenter toujours. Je n'en ferai jamais assez pour reconnaître sa tendresse et les peines qu'elle s'est données pour moi.

L'abbé se met aux pieds de ma chère maman.

LIII. — Mercy a Marie-Thérèse.

Paris, 17 décembre. — Sacrée Majesté, Pendant la dernière semaine du voyage de Fontainebleau la cour y était restée très-peu nombreuse par la quantité de personnes qui, pour cause d'indisposition, avaient dû quitter ce séjour, et le mauvais temps contribua encore à le rendre peu agréable. Dans cette dernière semaine il y eut trois spectacles; la reine ne put se promener que deux fois, elle n'eut presque d'autre ressource que celle de la musique, et elle s'ennuya

---

(1) Voir la lettre précédente, pièce LI.

beaucoup. Le 15 la cour rentra à Versailles et je m'y rendis le 16 ; j'y trouvai la reine en assez bonne santé, quoique ayant une légère apparence de rhume. Je représentai à S. M. qu'il convenait de ne point négliger ce commencement d'indisposition, qui est devenue une sorte d'épidémie que l'on nomme ici « la grippe » et dont presque personne n'est exempt. La reine n'eut point égard à cette remarque ; elle vint le 17 à Paris au spectacle et le 26 au bal de l'Opéra, accompagnée de Monsieur, de Madame et de M. le comte d'Artois. Il y a communément très-peu de monde à ces premiers bals ; S. M. ne s'y amusa point, elle resta presque tout le temps dans une loge, il faisait froid et humide dans la salle ; cela augmenta le rhume de la reine, qui revint à trois heures du matin à Versailles avec un petit mouvement de fièvre. S. M. fut obligée de garder le lit ; le lendemain elle fut purgée et heureusement deux ou trois jours de repos firent cesser son indisposition. Il serait très-essentiel que la reine voulût prendre plus de précautions contre tous les petits accidents qui peuvent lui attaquer la poitrine ; c'est ce que son premier médecin Lassone ne cesse de lui représenter comme le point le plus important à la conservation de la santé de la reine.

Depuis le commencement de ce mois tout est rentré à Versailles dans l'ordre accoutumé, et il ne paraît pas qu'il y aura rien de changé ni d'ajouté au genre des amusements que la famille royale se procure pendant cette saison de l'année. Les bals chez la reine ont recommencé ; ils se donnent chaque lundi ; ils durent depuis six heures jusqu'à dix heures du soir, les dames y viennent en dominos parés ou sous tel autre habillement de caractère qui leur convient. Les hommes dansants ont leurs habillements ordinaires ; ils ne sont plus astreints à un uniforme, mais il est interdit aux personnes des deux sexes d'avoir ni or ni argent dans leurs ajustements. Ces petites fêtes se passent toujours avec les mêmes agréments pour ceux qui ont l'honneur d'y assister ; la reine traite tout le monde avec grâce et bonté, personne n'a lieu de se plaindre à cet égard, à moins de prétentions injustes et déplacées, ce à quoi on est ici beaucoup plus sujet qu'ailleurs.

Il règne dans l'intérieur de la famille royale autant d'harmonie qu'il est nécessaire pour y maintenir les douceurs et les agréments de la société. Le système de la reine est à cet égard des meilleurs, et depuis longtemps elle ne s'en est écartée en rien. Elle réprime et contient, autant qu'il est convenable, l'humeur turbulente de M. le comte d'Artois ; elle traite bien Monsieur et Madame, sans se livrer à eux au delà de ce que prescrit la prudence, et il en est de même envers Mesdames tantes, auxquelles on doit maintenant la justice qu'elles se conduisent avec une circonspection et une tranquillité que l'on n'aurait guère pu espérer de leur part.

Dans le courant des journées il y a toujours des moments où la reine voit le roi en particulier ; ces augustes époux sont parfaitement bien ensemble, on peut en juger avec assurance par la façon dont le crédit de la reine se soutient en tout, et cette vérité est mieux que jamais reconnue par les ministres et les gens de la cour.

A ces faits généraux il ne reste à ajouter que quelques détails sur les principaux entours de la reine et sur les petits inconvénients auxquels ils donnent lieu.

Le crédit et l'influence du baron de Besenval restent toujours sur leur déclin, et je ne crois pas me tromper dans l'idée que j'ai que cette faveur s'évanouira peu à peu, quoique par une progression lente et dépendante des circonstances (1). Quoique la reine s'occupe encore beaucoup de la comtesse de Polignac et de ses parents, il est cependant bien sûr que cette favorite a perdu du terrain, et que cela tourne au profit de la princesse de Lamballe. Dans le système que je me suis formé sur la nécessité de tâcher de maintenir une sorte d'équilibre dans les différentes affections de la reine, je me suis mis en devoir de combattre vivement quelques projets de sa surintendante, et mes représentations n'ont pas été tout à fait infructueuses.

Le comte de la Marche étant au moment de se séparer d'avec la princesse son épouse, la princesse de Lamballe s'est donné beaucoup de mouvement pour déterminer la reine à faire accorder à la comtesse de la Marche la pension de princesse du sang, qui n'est donnée qu'aux veuves dans le cas où, par grâce particulière, le roi veut bien s'y résoudre (2). Sur les raisons que j'ai représentées à la reine, elle a fort bien jugé des inconvénients qu'il y aurait pour elle à se

---

(1) Un passage bien connu des Mémoires de Mme Campan (chapitre VIII) donne pour motif à la disgrâce du baron de Besenval la présomptueuse hardiesse avec laquelle il osa faire à la reine une vraie déclaration d'amour.

(2) La comtesse de la Marche, belle-fille du dernier prince de Conti, venait de se séparer de son mari. Elle demandait une pension de princesse veuve, ce qui dans ce cas semblait une grâce singulière.

charger d'une demande dont l'effet serait mal vu par le public et tirerait à des conséquences contraires à l'ordre établi dans ce pays-ci, et plus contraires encore au système de réforme et d'arrangement dont le roi et son ministère paraissent si sérieusement occupés. La reine, presque persuadée à cet égard, n'était combattue que par son amitié pour la princesse de Lamballe, et S. M. m'en fit l'aveu, ce qui me mit dans le cas de lui exposer avec mon zèle ordinaire, et sans détour, quelques vérités qui sont assez frappantes. Je prouvai que la princesse de Lamballe coûtait à l'État annuellement plus de cent mille écus, en comprenant le traitement que son frère a obtenu ici et nombre de nouvelles dépenses qu'occasionne le rétablissement de la charge de surintendant, que ces dépenses fort inutiles n'avaient eu lieu que pour satisfaire une affection de la reine pour une personne à laquelle elle voulait procurer un état brillant et utile, mais que cette même personne n'en devait être que plus circonspecte à ne point abuser des bontés de la reine, surtout dans des occasions qui ne regardent en rien cette surintendante, laquelle trahirait ses devoirs en sollicitant des choses manifestement contraires au vrai service de sa souveraine, en lui attirant l'odiosité de faire croire que son crédit n'est employé que pour effectuer des dépenses superflues.

Toutes mes remontrances n'ont point empêché que la reine n'ait été plusieurs fois sur le point de céder aux importunités réitérées de la princesse de Lamballe; cependant j'ai obtenu que S. M. reste encore dans l'indécision, et il en résultera au moins l'utilité de lui faire voir jusqu'à quelles démarches on pourra se porter pour abuser de ses bontés et de sa complaisance.

Mon très-humble rapport se trouve aujourd'hui considérablement abrégé, parce que les points les plus essentiels que j'avais à exposer sur ce qui concerne la reine sont de nature à devoir être insérés dans ma dépêche d'office (1). Je dois me référer à ce que V. M.

---

(1) Dans cette dépêche d'office du 17 décembre, Mercy expose le désir qu'avait la reine d'obtenir l'ambassade de Suisse pour le vicomte de Polignac, beau-père de sa favorite. Mercy chercha à l'en dissuader, d'autant plus que le frère du comte de Vergennes se trouvait en concurrence; mais le comte de Maurepas s'employa de lui-même en faveur du vicomte de Polignac, ne trouvant pas au président de Vergennes, frère du ministre, les aptitudes nécessaires à cette place. Le comte de Vergennes, quoique mortifié de cette circonstance, se rendit chez la reine pour lui annoncer le désistement de son frère et la nomination de son protégé.

daignera y voir, j'observerai seulement que l'objet qui a trait au frère du comte de Vergennes est celui qui m'a causé le plus d'embarras, par la singulière manœuvre du comte de Maurepas, qui m'a ôté tous les moyens de dissuader la reine d'une résolution qu'elle pouvait croire d'autant plus convenable qu'elle lui était suggérée par le ministre auquel le roi marque le plus de confiance.

Le courrier mensuel arrivé ici le 12 de grand matin m'a remis les ordres de V. M. en date du 30 du mois passé, et dans la même matinée j'ai été présenter à la reine les lettres qui se trouvaient à son adresse. Il y avait eu bal la veille chez S. M.; elle s'était abstenue d'y danser avec excès, et je la trouvai en très-bon état de santé. La reine lut ses lettres, mais le moment de la toilette l'empêcha de me donner une audience bien longue; ce n'est jamais qu'après le départ des courriers qu'elle me donne ses ordres avec loisir et détail.

J'ai dit au comte de Vergennes combien V. M. était satisfaite des attentions respectueuses que les ministres de France ont marquées à monseigneur l'archiduc Maximilien dans les séjours qu'il a faits à Rome, Naples, Parme et Turin.

LIV. — Mercy a Marie-Thérèse.

Paris, 17 décembre. — Sacrée Majesté, La grossesse presque certaine de Mme la comtesse d'Artois ne donne que trop de sujets à des réflexions désagréables, et je suis dans une vraie inquiétude sur les effets qu'elles pourraient produire à la longue dans l'âme de la reine. Quelque brillante que soit dans ce moment sa position, elle ne peut acquérir de consistance solide que quand cette auguste princesse aura donné un héritier à l'État. Jusqu'à cette époque si désirable les avantages mêmes dont la reine jouit entraînent certains inconvénients; son influence, son pouvoir inquiètent quelquefois une nation pétulante et légère, qui craint d'être gouvernée par une princesse à laquelle il manque la qualité de mère pour être regardée comme Française. Cette remarque est d'une grande importance; je ne cesse de la remettre sous les yeux de la reine et de lui faire voir combien il est nécessaire qu'elle emploie de prudence et de modération dans l'usage de son crédit. Cette même remarque met pareillement de grandes entraves dans ma position vis-à-vis de la reine. Le bien de son service exige que l'on ne fasse jamais d'interprétations louches sur le degré de confiance qu'elle daigne m'accorder, et quoique mes ménagements à cet égard soient portés au dernier degré de scrupule, il survient toujours des moments embarrassants dans la conduite que j'ai à tenir. Les grands changements qui se préparent dans l'administration économique de l'État (1) donnent beaucoup d'humeur à ceux qui trouvent leur intérêt dans le désordre; cette fermentation occasionne une licence très-scandaleuse dans les propos et dans les écrits. Il a paru plusieurs chansons dans ce genre; le roi et la reine n'y ont point été respectés. Je ne fais mention de cette misérable anecdote que pour assurer en même temps à V. M. qu'elle ne mérite pas la moindre attention, et que de pareilles horreurs, enfantées par un petit nombre de détestables sujets qui ont de tout temps infecté ce pays-ci, sont souverainement méprisées par la partie saine et raisonnable de la nation.

Quoique la reine ait mandé, il y a quelque temps, à V. M. qu'elle n'était point brouillée avec Monsieur, il subsistait cependant une froideur de laquelle Monsieur a pris tant d'inquiétude qu'il s'est occupé des moyens de la faire cesser. Il a imaginé à cet effet d'écrire à son premier écuyer le marquis de Montesquiou une lettre dans laquelle le jeune prince entre en justification de sa conduite et de ses sentiments pour la reine. Cette lettre devait être montrée par le marquis de Montesquiou à son ami le comte d'Esterhazy, lequel, ayant accès chez la reine, devait lui rendre compte du contenu de la lettre en question. Cela a été en effet exécuté, et j'ai proposé à la reine, pour couper court à cette tournure déplacée, de dire à Monsieur avec le ton de la bonne amitié qu'elle était surprise qu'il allât chercher des intermédiaires pour s'expliquer avec elle sur des doutes de brouilleries qui n'ont aucune réalité. S. M. a agréé cet avis; Monsieur lui a fait les protestations les plus fortes et les plus respectueuses de son attachement, la reine les a reçues avec gaieté, et toute apparence de froideur a disparu. Madame a toujours su se maintenir politiquement bien avec la reine, parce que Madame, sans avoir d'ailleurs beaucoup d'agréments dans la société, a l'esprit de conduite et une prudence fort au-dessus de son âge.

Depuis le retour de Fontainebleau la reine n'a point passé de soi-

---

(1) Allusion aux fameux édits de Turgot. Le comte de Saint-Germain accomplissait aussi d'énergiques réformes dans l'armée.

rées chez la princesse de Guéménée, et j'espère qu'elle ne reprendra point cette habitude. La comtesse de Marsan était venue à Versailles dans l'intention d'y passer quelques jours, mais elle y est tombée malade. Il est bien certain qu'elle ne paraîtra désormais que rarement à la cour, où elle n'a plus de moyen de mettre ses intrigues en action.

Je vais reprendre les articles de la très-gracieuse lettre de V. M. auxquels il me restera quelques observations à exposer.

L'abbé de Vermond est toujours en très-bonne position de servir utilement la reine, et s'il survenait la moindre variation à cet égard, j'en rendrais compte à V. M. longtemps d'avance. Il y a eu des moments où cet abbé se décourageait un peu, mais j'ai toujours réussi à ranimer ses espérances et son zèle; j'ai tout lieu de me flatter de conserver longtemps à la reine un si digne serviteur, dont la perte serait bien difficile à réparer et deviendrait fort embarrassante pour moi.

J'ai exposé dans mes dépêches d'office précédentes ce que je connaissais des qualités et du caractère de l'archevêque de Toulouse (1); il est certain et prouvé que ce prélat a beaucoup d'esprit, une grande aptitude et du goût pour le travail. Il m'est bien constaté que les ministres précédents et même le duc de Choiseul, quoique amis de l'archevêque, ont toujours redouté la supériorité de ses talents et ont constamment cherché à le tenir dans une certaine distance des affaires. Je sais aussi qu'on a voulu répandre des doutes sur sa morale en fait de religion; mais en me donnant tous les soins possibles pour éclaircir ce doute, il m'a paru manifestement injuste, et je n'ai observé dans la conduite de ce prélat rien d'irrégulier ni de louche. Il a toujours cherché à mériter la protection de la reine; son amitié avec l'abbé de Vermond a donné lieu en partie à ce système que l'archevêque n'a jamais suivi en intrigant ni en courtisan, et c'est beaucoup sur cette raison que j'ai fondé ma bonne opinion de ses sentiments.

Le projet du voyage de V. M. à Gorice était déjà connu de la reine; S. M. l'empereur lui en avait écrit par le courrier précédent, en prévenant que si ce voyage avait lieu, il pourrait bien apporter du retard à celui que S. M. se propose de faire un jour en France.

---

(1) Voir tome I, page 328.

Je viens d'apprendre que la maison de Rohan médite le projet d'obtenir que le cordon bleu soit donné aux personnes de cette famille à l'âge de vingt-quatre ans, et que l'on espère, par la voie de la princesse de Guéménée, de se procurer la protection de la reine pour l'obtention de cette grâce, qui soulèverait toute la noblesse française. Je vais prémunir la reine contre toute surprise à cet égard, et je puis répondre d'avance que la reine ne se laissera pas entraîner sur ce point.

ANNÉE 1776.

I. — Marie-Thérèse a Mercy.

Vienne, le 4 janvier. — Comte de Mercy, J'ai reçu votre lettre du 17 du passé par le courrier Diercke, arrivé ici le 26 du même mois. Je ne saurais qu'approuver la réserve que vous employez à parler à la reine sur l'opération connue. Je n'y compte guère plus [hors que l'empereur y vient une fois], et je remets tout à la Providence. Au reste je sens très-bien la force des réflexions qui se présenteront à ma fille sur l'apparence d'une nouvelle grossesse de la comtesse d'Artois. Dans ces conjonctures le meilleur est que l'intérieur de la famille est assez en ordre............

Rien n'est plus sage que le conseil que vous avez donné à la reine sur la lettre que Monsieur a écrite au marquis de Montesquiou. Elle m'a informée de ce fait, sans nommer cependant les personnes qui y ont eu part. Je suis surprise qu'un jeune homme, et sans rang distingué, tel qu'est le comte d'Esterhazy, ait le moyen de s'approcher de ma fille. Je souhaite qu'elle continue à voir le roi en particulier autant qu'il est possible, et à se l'attacher par tous les moyens raisonnables. Je suis contente du détail que vous me faites du caractère de l'archevêque de Toulouse et de la position de l'abbé Vermond.

J'espère que la reine n'entrera pas dans les vues de la famille de Rohan d'assurer à ses parents le cordon bleu à l'âge de vingt-quatre ans. Il semble que cette famille ne se trouve pas sans appui, et la survivance de la charge de grand aumônier, que le roi vient d'accorder au coadjuteur, en fait preuve. Il en est de même de la famille de Polignac; les faveurs que ceux de cette famille viennent d'emporter marquent le degré de leur crédit.

Vous verrez par la lettre ci-jointe ce qu'on pense en France sur l'intérêt que ma fille doit avoir pris à procurer des pensions à la comtesse de la Marche et au chevalier de Luxembourg (1).

Mon voyage à Gorice (2) est encore douteux, et je ne me déciderai là-dessus que vers les fêtes de Pâques. [J'avoue, tout changement considérable à ma position me coûte. Je suis sur le point de perdre Neny; je le regrette beaucoup et suis sûre que vous en ferez de même. Vous adresserez à l'avenir tout à Pichler, les brochures, les gazes (3), tout, comptant ne remplacer Neny et tout faire passer par le bureau du fidèle Pichler.]

II. — MARIE-ANTOINETTE A MARIE-THÉRÈSE.

Versailles, 14 janvier. — Madame ma très-chère mère, Ma santé est, Dieu merci, fort bonne à présent; jamais il ne me sera si doux de lui obéir et de sacrifier quelque amusement pour conserver ma santé que dans le moment où mon âme est toute transportée du bonheur qu'elle me fait entrevoir (4). Il est trop grand pour que j'ose y compter, mais il est bien vrai que si la santé de ma chère maman pouvait n'en pas souffrir il n'arriverait jamais rien de si heureux et de si utile pour moi. Quand je suis partie de Vienne, j'étais encore enfant; mon cœur était bien déchiré de me séparer de ma chère mère, mais ma tête et mon âme étaient bien éloignées de sentir que je ne retrouverais jamais ni cette tendresse ni des conseils aussi utiles. Si j'ai le bonheur de les retrouver, les moments m'en seront bien précieux, et ils influeront sur le reste de ma vie.

L'accident de Neny me touche infiniment; sa perte serait irréparable, et quand ma chère maman trouverait un homme aussi bon et fidèle, je suis sûre qu'elle regretterait toujours un ancien serviteur.

Ma chère maman a toute raison contre la légèreté française, mais

---

(1) La comtesse de la Marche, princesse de Modène, s'était séparée de son mari; il sembla excessif de lui donner une pension de princesse du sang veuve. La pension donnée au chevalier de Luxembourg fut de 40,000 livres. Voir plus haut le rapport de Mercy du 19 janvier 1776, pièce III, où il explique la part que la reine prit à ces deux affaires.

(2) Gorice ou Goritz, en allemand *Gærtz*, en italien *Gorizia*, sur la rive gauche de l'Isonzo, à 40 kil. N.-O. de Trieste.

(3) Voir le rapport suivant de Mercy, 19 janvier, pièce IV.

(4) L'impératrice avait projeté un voyage en Flandre, où Marie-Antoinette aurait pu l'aller revoir. Mercy en parle dans son rapport du 19 janvier 1776 (voir plus bas pièce IV), et Marie-Thérèse elle-même dans sa lettre à Mercy du 12 février 1776 (pièce V).

je suis vraiment affligée qu'elle en conçoive de l'aversion pour la nation. Le caractère est bien inconséquent, mais il n'est pas mauvais ; les plumes et les langues disent bien des choses qui ne sont point dans le cœur. La preuve qu'ils ne haïssent pas, c'est qu'à la plus petite occasion ils disent du bien et louent même beaucoup plus qu'on ne mérite. Je viens de l'éprouver tout à l'heure. Il y a eu un incendie terrible au Palais où on juge les procès à Paris (1). Le même jour je devais aller à l'Opéra ; je n'y ai point été et j'ai envoyé deux cents louis pour les besoins pressants. Du moment de l'incendie, les mêmes gens qui ont répété les propos et chansons contre moi m'élevaient jusqu'aux nues.

Nous avons ici une quantité de neige si grande qu'on n'en a point vu tant depuis bien des années ; aussi va-t-on en traîneaux comme à Vienne. Nous y avons été hier ici, et aujourd'hui on fait une grande course dans Paris. J'aurais été charmée d'y pouvoir aller, mais comme on n'y a jamais vu de reine, on en aurait fait des contes, et j'ai aimé mieux y renoncer que d'être ennuyée par de nouvelles histoires.

Je suis trop heureuse que ma chère maman ait agréé les vases ; ils doivent former une garniture de cheminée qui n'était pas encore finie le mois dernier. J'envoie le reste par ce courrier-ci ; j'espère qu'elle est bien persuadée que le sentiment de sa bonté est tout pour moi, et que ni bijoux ni présents ne peuvent me le rendre plus sensible. Je ne suis guère plus contente que ma chère maman des propos des médecins.

Mercy m'a montré l'extrait de la lettre ; je ne suis pas étonnée qu'on ait fait courir ces bruits, mais on est du reste désabusé. Les ministres savent, il y a longtemps, que jamais je n'ai pas contribué à une grâce si considérable pour M. de Luxembourg, et le public est bien convaincu que je n'ai su la chose que lorsqu'elle a été faite, et que je ne l'approuve pas. Pour Mme la comtesse de la Marche, je n'ai

---

(1) Ce terrible incendie commença dans la nuit du 10 au 11 avril : on supposa qu'il avait été allumé par des prisonniers enfermés dans une galerie souterraine ; une quinzaine parvinrent à s'échapper ; de grandes pertes en furent la conséquence pour les marchands joailliers et de modes, dont les plus achalandés de Paris tenaient alors, comme on sait, leurs boutiques dans des salles du Palais de justice ; mais une perte irréparable fut celle du dépôt de la Chancellerie et de la Cour des aides, qui renfermait tous les actes domaniaux. Plus de deux mille familles se trouvèrent privées de leurs titres de propriété.

pu refuser de dire la demande qu'on m'en avait faite, mais je n'en ai parlé qu'une fois et n'ai fait nulle instance.

Il est fâcheux pour ma sœur Marie (1) que le dégel l'ait surprise en route ; j'espère qu'elle en sera quitte pour rester un peu plus longtemps en chemin, et qu'elle arrivera à Florence en bonne santé.

Je connais trop ce que ma chère maman appelle ménagements pour être rassurée sur son rhume. Au nom de Dieu, au nom de cette tendresse qui fait le bonheur de ses enfants, qu'elle n'omette aucune précaution ! Oserais-je encore la supplier de ne pas perdre de vue cette précieuse idée qui me ravit et qui me mettrait à portée de lui montrer mon âme, mon respect et toute ma tendresse ?

L'abbé se met aux pieds de ma chère maman ; il a été bien touché de l'accident de Neny.

III. — MERCY A MARIE-THÉRÈSE.

Paris, 19 janvier. — Sacrée Majesté, Quoique les changements qui s'opèrent dans ce pays-ci ne puissent être regardés que comme l'ouvrage des ministres actuellement en place, cependant ces changements, qui en produisent de fort considérables dans l'état et la fortune d'un grand nombre de particuliers, exaltent leur humeur contre la cour en général, et il en résulte que les esprits aigris prennent une tournure de malignité et de critique (2) dont on voit journellement les plus fâcheux effets. C'est dans ce sens que le moment présent devient fort intéressant pour la reine, et j'en ai déduit les raisons les plus détaillées dans une longue audience que me donna S. M. immédiatement après le départ du courrier de décembre. La reine me dit à cette occasion qu'elle avait fait mention à V. M. de certaines chansons qui avaient couru dans le public ; ces misérables productions ont eu lieu de tout temps dans ce pays-ci, et même

---

(1) La duchesse de Saxe-Teschen, alors en voyage en Italie.

(2) Dans la correspondance de la comtesse de la Marck (née Noailles) avec Gustave III, nous trouvons sur l'effet des réformes qui s'opéraient en ce moment des appréciations qui justifient bien ce que dit Mercy : « M. de Saint-Germain est une espèce de pourfendeur qui va d'estoc et de taille... Nous sommes dans un moment de crise ; il faut espérer que le bon tempérament de la France supportera sans périr tant d'opérations cruelles... Nos ministres sont des chirurgiens qui nous coupent bras et jambes. On est toujours dans l'attente de quelque ordonnance, et nous trouvons la crise un peu forte. » Archives d'Upsal ; Papiers de Gustave III.

indistinctement à tout propos ; aussi ne signifient-elles rien vis-à-vis des gens honnêtes et raisonnables, qui les regardent avec pitié et dégoût, comme un attribut de la légèreté nationale ou comme l'œuvre d'un certain nombre de fainéants dont l'espèce est particulière à la ville de Paris, et qui ne s'y occupent qu'à de pareilles platitudes. J'ai vu que la reine les appréciait très-bien et n'en avait été nullement émue. Je mis sous ses yeux des considérations plus sérieuses, et elle daigna les écouter avec attention.

Par un hasard assez heureux j'avais été informé à temps que, d'après ce que les réformes présentes occasionnaient de fâcheux pour le prince de Soubise, qui perd sa légion et ses gendarmes, la maison de Rohan avait formé le projet de demander en dédommagement que le roi voulût accorder l'ordre du Saint-Esprit à MM. de Rohan lorsqu'ils auraient atteint l'âge de vingt-cinq ans, distinction qui n'a jamais été accordée qu'à la branche de la maison de Lorraine établie dans ce royaume. J'avais été instruit de toutes les mesures que les Rohan se proposaient de prendre, et je savais que tout leur espoir portait sur le crédit de la reine et sur l'influence que la princesse de Guéménée se flatte d'avoir sur l'esprit de cette auguste princesse. Je me hâtai de faire voir à S. M. les conséquences de la démarche où on allait chercher à l'entraîner ; je lui rappelai les exemples de ce qu'elle avait vu sur la jalousie que toute la noblesse française a contre les maisons de Lorraine, de Bouillon et de Rohan d'après la prétention qu'elles ont de jouir du traitement de princes étrangers. J'observai que cette dispute et toutes les démarches violentes qu'elle a occasionnées en d'autres temps (1) pourraient renaître dans le cas présent, que toute l'odiosité en retomberait sur la reine, et que, vu la tournure de cette nation, la grande noblesse pour une cause pareille serait entièrement révoltée et ne reviendrait jamais sur une mortification de ce genre. La reine me parut très-persuadée de ces vérités, et en même temps très-résolue de résister à toutes demandes qui lui seront faites sur l'objet dont il s'agit. Les circonstances présentes sont telles qu'il ne peut en survenir aucune où il soit plus important à la reine de faire un usage bien réfléchi du crédit don elle

---

(1) On n'a qu'à se rappeler la place que tient dans les Mémoires de Saint-Simon cette querelle contre le rang que voulaient s'arroger les princes étrangers, et l'amertume avec laquelle il y est parlé de leurs prétentions.

jouit, et S. M. en conçoit parfaitement les raisons. Elle a eu la prudence de n'intervenir en rien de ce qui regarde les réformes présentes, et, laissant agir les ministres, la reine s'est bornée à dire et à répéter dans les occasions qu'elle était vraiment peinée de voir que le bien de l'État exigeait des sacrifices fâcheux à beaucoup de particuliers, qu'elle les plaignait sincèrement, et qu'elle désirerait contribuer à quelques moyens qui pussent diminuer les désagréments qu'ils éprouvent. Ce langage de bonté a produit le meilleur effet sur ceux qui croient avoir à se plaindre de la rigueur des opérations présentes.

Lorsque ma dépêche d'office paraîtra sous les yeux de V. M., elle daignera y voir la sensation fâcheuse qu'ont produite ici les grâces accordées au chevalier de Luxembourg; heureusement qu'il a été bien prouvé et reconnu que la reine n'avait aucune part à ces bienfaits déplacés, et S. M. s'est également désistée d'appuyer la demande de la comtesse de la Marche, malgré tous les mouvements que s'était donnés à cet effet la princesse de Lamballe. Cependant il est comme décidé que la comtesse de la Marche aura la pension qu'elle sollicite, mais il sera également constaté que le crédit de la reine n'y est entré pour rien, et cela suffit pour que S. M. soit à l'abri de la critique sur cet article.

Quoique, dans le courant de l'année dernière, le roi ait donné en différentes occasions pour plus de cent mille écus de diamants à la reine, et que S. M. en ait d'ailleurs une prodigieuse quantité, il lui vint cependant un grand désir d'acquérir des girandoles qui lui furent présentées et dont le bijoutier prétendait 600,000 francs. Je ne cachai pas à la reine que, vu les circonstances présentes, il eût été prudent de suspendre pareille dépense; mais la tentation était trop forte, et il n'y eut pas moyen d'y résister. A la vérité la reine y mit bien des ménagements. Elle cacha au roi le désir qu'elle avait de ces diamants, qu'elle a voulu payer de sa cassette, à raison de 460,000 francs. Le bijoutier ayant consenti à retenir deux gros diamants formant les boutons des girandoles que la reine ne trouva pas à son gré, S. M. fera acquitter cette emplette en quatre années, pour ne point être dans le cas de prendre trop sur les fonds de sa cassette, qu'elle destine à faire des dons, des aumônes et autres emplois de ce genre.

Les bals chez la reine ont été remis du lundi au mercredi; ils sont toujours nombreux et brillants. La princesse de Guéménée se dispose à donner des bals chez elle pour remplacer ceux qu'avait donnés les autres années la comtesse de Noailles. Quoique la reine soit beaucoup revenue de ses prédilections pour la princesse de Guéménée, cependant S. M. ira aux bals de cette dame, dont la société a des inconvénients que j'ai exposés en d'autres temps. J'en suis beaucoup moins en peine depuis que la reine paraît sérieusement décidée à modérer ses bontés et sa confiance envers ses favoris et favorites. Je les vois tous maintenant dans une position à ne pouvoir plus abuser facilement de leur influence, sans en excepter la surintendante ni la comtesse de Polignac, non plus que le baron de Besenval. J'ai obtenu qu'elle ne donne plus d'audiences particulières à ce dernier, et j'ai mis en évidence les abus qui en étaient résultés. Je ne suis pas même sans espoir de faire revenir la reine de sa résolution de traverser les arrangements et les désirs du comte de Vergennes relativement à la destination de son frère à l'ambassade de Suisse (1); mais je ne suis pas sûr de réussir dans cet objet, parce que le comte de Maurepas a concouru à y mettre des obstacles. En attendant, la reine a reconnu les surprises que lui avait faites sa favorite la comtesse de Polignac, et c'est beaucoup que S. M. soit mise en soupçon contre la séduction des personnes auxquelles elle accorde un accès de préférence.

Les ordres de V. M. en date du 4 de ce mois m'étant parvenus le 14 au matin par le courrier mensuel, les lettres adressées à la reine furent remises le même jour, mais je n'ai pas cru devoir faire usage dans cette même journée de l'extrait des nouvelles de Paris relatives à la pension accordée à la comtesse de la Marche et au chevalier de Luxembourg (2). Mon très-humble rapport et ma dépêche d'office, qui étaient commencés avant l'arrivée du courrier, prouvent que la reine n'a point contribué à faire donner les pensions susdites, et dans ce cas S. M. n'aurait pas manqué de se récrier sur ce que pareille nouvelle a obtenu croyance; je lui en ai cependant parlé deux jours après,

---

(1) Les listes diplomatiques publiées dans l'Annuaire de la Société de l'histoire de France (année 1848) donnent le nom du président de Vergennes comme ministre en Suisse depuis 1775. En 1777 il reçut le titre d'ambassadeur, mais fut cette même année remplacé par le vicomte de Polignac. On voit que Mercy réussit seulement à retarder la nomination du vicomte de Polignac.

(2) Voir plus haut la pièce LIII, du 17 décembre 1775, et la pièce I, du 4 janvier 1776.

mais comme d'une circonstance à laquelle V. M. avait fait très-peu d'attention.

Relativement à ce que V. M. daigne me marquer sur la famille de Rohan, il est bien décidé que la reine n'appuiera point la prétention de cette famille d'obtenir le cordon bleu à une époque distinguée (1), et quant à ce qui regarde la survivance de la charge de grand aumônier accordée au coadjuteur de Strasbourg, j'observerai que cette grâce est l'effet d'une promesse positive et par écrit du feu roi, et que sans cette circonstance, les Rohan, vu leur position actuelle, auraient infailliblement manqué cet objet de faveur.

IV. — Mercy a Marie-Thérèse.

Paris, 19 janvier. — Le sieur de Malesherbes a voulu avoir quelques entretiens avec moi sur les moyens qu'il emploie pour tâcher de découvrir la source des insolents écrits qui ont été répandus contre le roi et la reine. Le ministre m'a demandé quelques renseignements sur l'aventure de ce Beaumarchais qui a été à Vienne, et qui, à bien des égards, pourrait être suspecté de coopérer aux vilenies scandaleuses dont on a à se plaindre. Ce n'est pas, comme je l'ai exposé ailleurs, que ces récits, chansons et pareilles horreurs seraient en elles-mêmes de quelque effet ou de quelque conséquence, mais il importerait cependant de savoir la vraie origine de cette manœuvre, son but et le rang des personnes qui pourraient y être impliquées. J'ai communiqué là-dessus quelques observations au sieur de Malesherbes, et je crois que l'on parviendra à découvrir quelque chose de plus clair sur cette fâcheuse conjoncture.

Il a paru en dernier lieu une chanson sanglante contre le baron de Besenval. Le sens de cette chanson est de reprocher à cet officier son extraction, que l'on prétend des plus médiocres. On parle ensuite de son air avantageux, fat et léger, et on remarque qu'il est étonnant que la reine ait pris un pareil sujet pour son confident. Tout cela est dit avec le ton de l'exagération, de la méchanceté et de l'insolence. Cependant la faveur du baron de Besenval avait été un peu trop marquée, et la reine a senti les inconvénients qui en résultent. Aussi S. M. a-t-elle pris une autre forme, et en donnant à ses mar-

---

(1) Voir plus haut la fin de la pièce LIV, du 17 décembre 1775.

ques de bonté la juste mesure qu'elles doivent avoir, on ne tardera pas à revenir sur les préjugés de faveur, et même dès à-présent tout le public de la cour regarde déjà le baron de Besenval comme déchu auprès de la reine, ce qui est en effet très-réel.

Je n'ai rien à exposer de nouveau sur la position de la reine vis-à-vis du roi; cette position n'a varié en rien depuis assez longtemps. Le crédit de cette auguste princesse subsiste au même degré, mais je ne puis pas dire qu'elle en fasse un usage plus essentiel ni plus utile à ses vrais intérêts, et c'est toujours le goût de la dissipation qui la détourne de toutes réflexions sérieuses à cet égard. Quoique la reine connaisse très-bien M. le comte d'Artois, et qu'elle évalue parfaitement ses mauvaises qualités, cependant l'appât des divertissements la ramène sans cesse à rester avec ce jeune prince dans un degré de liaison très-nuisible, par la mauvaise tournure que prend de plus en plus M. le comte d'Artois. Il n'est sorte de travers auquel il ne paraisse enclin. Depuis peu il s'est livré au gros jeu, et il y a déjà fait des pertes considérables. Ceux auxquels il donne sa confiance sont gens tarés et méprisés; le public commence à être très-révolté sur le compte de ce jeune prince, et, comme il se trouve toujours à la suite de la reine quand elle vient au spectacle à Paris, cela produit un mauvais effet.

La reine a été extraordinairement émue par l'espoir que V. M. pourrait se déterminer à faire un voyage en Flandre d'ici à deux ans. Tout ce qu'il y a de plus vif et de plus tendre s'est montré dans l'âme de la reine à la suite de cette idée flatteuse, et je suis bien sûr que V. M. en verra l'effet dans la réponse de son auguste fille (1).

Je n'ai d'ailleurs aucune remarque essentielle à exposer sur le contenu de la très-gracieuse lettre de V. M. Je suis bien sincèrement affligé du malheur arrivé au baron de Neny; V. M. va perdre en lui un zélé et fidèle sujet. J'étais depuis trente ans lié avec lui d'une amitié particulière, et j'ai connu peu d'hommes plus réellement honnêtes et vertueux. Dorénavant, et suivant les ordres de V. M., j'adresserai tous les différents objets relatifs à son service au baron de Pichler, vis-à-vis duquel je m'explique aujourd'hui sur les moyens que je vais employer pour faire parvenir avec sûreté au prince de Lobko-

---

(1) Voir plus haut, 14 janvier 1776, pièce II.

witz les dépêches qui lui sont adressées, et pour me concerter avec lui dans les points qui ont trait aux volontés de V. M.

J'ai inséré dans ma dépêche d'office l'excellente conduite de la reine à l'occasion de l'incendie qu'il y a eu à Paris. S. M. a été en traîneau lundi dernier ; je l'ai suppliée dans ce moment rigoureux de la saison de ne point trop exposer sa santé, qui est maintenant très-bonne.

V. — Marie-Thérèse a Mercy.

Vienne, 12 février. — Comte de Mercy, J'ai reçu par le courrier Caironi la lettre que vous m'avez écrite le 19 du passé. Il est ordinaire que ceux qui sont mécontents de quelques changements qui se font dans quelques États s'en prennent aux souverains, quoique c'est la plupart l'ouvrage des ministres ; mais pourvu que ces changements soient utiles à l'État, il ne faut pas s'en laisser détourner par les clameurs des mécontents. Au reste, je suis bien aise que ma fille ne s'est pas mêlée de ces réformes, et je trouve à sa place le langage qu'elle tient sur ce sujet. Les observations que vous avez faites à ma fille sur la nécessité d'être bien attentive à sa conduite dans ce temps de fermentation sont très-fondées ; il serait à souhaiter qu'on découvrît les auteurs de tous ces écrits scandaleux. Beaumarchais pourrait peut-être y être impliqué.

J'espère que ma fille tiendra ferme contre les sollicitations de la famille de Rohan au sujet de l'ordre du Saint-Esprit. C'est un contre-temps que la survivance de la charge de grand-aumônier accordée déjà par le feu roi au coadjuteur.

J'ai reçu avec plaisir vos éclaircissements sur l'insubsistance des assertions contenues dans la lettre anonyme à Breteuil (1), mais je ne suis pas contente de la nouvelle emplette de diamants que ma fille a faite. Je ne pense pas lui en parler pour ne pas vous compromettre, mais si je trouve d'ailleurs quelque occasion propre à entrer en matière, je lui ferai sentir que, n'ayant pas dépensé peut-être deux mille florins pendant ma vie pour des diamants destinés pour mon propre usage, j'étais du sentiment que des souveraines, déjà assez

---

(1) Au sujet des pensions obtenues par la comtesse de la Marche et le chevalier de Luxembourg.

pourvues de diamants [et même du double que je ne l'étais] devraient peu se piquer d'en augmenter le nombre (1). Jeune comme est ma fille, il faut déjà lui passer les amusements de bals et courses de traîneaux, pourvu que ce ne soit pas aux dépens de sa santé et au risque d'être entraînée par son goût pour ses favoris et favorites, et surtout pour ce dangereux comte d'Artois. Je suis surprise des audiences particulières que ma fille a accordées à Besenval; je souhaite qu'elle ne lui en accorde plus. Je suis charmée de la conduite que ma fille a tenue à l'occasion de l'incendie de Paris; il serait à désirer qu'elle fît encore usage de ses talents pour les affaires d'importance. Peut-être l'âge et la réflexion opéreront peu à peu ce changement heureux.

Je suis très-persuadée de la satisfaction que ma fille éprouverait de mon voyage en Flandre; c'est une idée dont l'exécution est très-incertaine et même peu possible. Comme la France est un pays qui fourmille toujours [d'écrits et] de nouvelles qu'on ignore ici, ou qu'on n'apprend que tard ou sous une forme contrefaite, je serais bien aise si vous m'informiez d'abord de tout événement un peu singulier, soit directement soit par le canal du prince de Starhemberg.

J'ai marqué à la reine ma satisfaction pour le cordon bleu (2) : il le mérite de toute façon; il se comporte à merveille. J'espère que ses rapports sont de même.

Mme de Salmour, mais qui ne veut être nommée, et quelques autres souhaiteraient d'avoir de cette poudre qu'on trouve à Paris chez les baigneurs; c'est encore pour ôter les poils follets au visage. Le valet de chambre qui la faisait venir étant mort subitement, ils n'ont trouvé ni la recette ni l'adresse. Je vous joins ici un peu de cette poudre, si vous pouviez la trouver. Elle est au fond de la boîte, du papier dessus; vous enverrez par le retour du courrier une certaine quantité pour que ces dames soient servies, à mon adresse.

---

(1) Par une lettre du secrétaire Pichler du 31 mai (Archives de Vienne) on voit que, malgré cette appréciation sévère, l'impératrice avait pensé à payer une partie au moins de la dette que venait de contracter sa fille, afin de lui en alléger l'embarras; Mercy l'en dissuada, craignant que ce ne fût encourager la reine dans une voie fâcheuse.

(2) Accordé à Breteuil.

VI. — Marie-Antoinette a Marie-Thérèse.

Versailles, 27 février. — Madame ma très-chère mère, La nomination des cordons bleus m'a fait bien du plaisir. Le baron a raison d'être content ; quoiqu'il mérite beaucoup, c'est une grande grâce de l'avoir compris dans la première nomination que le roi fait ; mais il devait cette attention à ma chère maman, et quand je n'aurais pas eu d'autres raisons de protéger Breteuil, je n'aurais pu m'en taire. Le roi l'a fait de très-bonne grâce, ainsi que le duc de Civrac, ci-devant marquis de Durfort (1), qui est bien heureux d'avoir été à Vienne. Je le crois très-honnête homme, mais son mérite ne fait pas grande sensation ici. Le roi m'a fort bien traitée à cette nomination de cordons bleus ; il le donne au marquis de Tessé (2), mon premier écuyer, homme de naissance, et à M. de Mailly (3), beau-père de ma dame d'atours.

Il ne m'est pas permis de souhaiter la mort du roi de Prusse, mais il faudra toujours se méfier de sa tête, et ce serait un grand bien si, par sa mauvaise santé, il était hors d'état de remuer et de mettre le feu partout, comme il a fait jusqu'ici. Breteuil est parti dans des bonnes dispositions, et je suis persuadée que ses rapports et dépêches seront toujours pour entretenir l'union entre mes deux familles. Le duc de Würtemberg (4) est arrivé ici, il y a quelques jours. J'ai

---

(1) On se rappelle qu'il avait été ambassadeur à Vienne au moment du mariage de Marie-Antoinette ; il était devenu, et à cause de cette circonstance, l'objet de nombreuses recommandations de la part de l'impératrice.

(2) Le marquis de Tessé était allié par sa femme, célèbre pour son esprit, à la famille de Noailles.

(3) Le marquis d'Hautecourt de Mailly était entré au service dans les mousquetaires en 1726, n'ayant que dix-huit ans ; il prit part à toutes les guerres du règne de Louis XV, fut blessé et fait prisonnier à Rosbach ; il devint maréchal de France en 1783. Au 10 août, malgré son grand âge, il vint offrir ses services au roi, et dirigea la défense du château. Arrêté dans son château de Mareuil (Pas-de-Calais), en septembre 1793, il fut guillotiné à Arras ; il avait quatre-vingt-six ans.

(4) Charles-Eugène duc de Würtemberg de 1737 à 1793, type assez curieux d'un petit prince allemand du XVIIIe siècle, semblait vouloir que sa petite cour de Stuttgard rivalisât avec celle de Versailles pour la représentation et les plaisirs. Il avait fait construire une magnifique salle d'opéra, et faisait une incroyable dépense pour avoir les meilleurs artistes et les plus beaux décors. Noverre dirigea pendant quelque temps son corps de ballet et composa pour lui quelques-uns de ses ouvrages les plus célèbres : *Médée et Jason, les Danaïdes*, etc. Vestris venait tous les ans y donner quelques représentations. A la passion du théâ-

été étonnée du ton d'aisance et de connaissance avec lequel il m'a parlé ; il traîne partout sa maîtresse, qui est une comtesse d'assez mauvaise mine (1). Je l'ai rencontrée au bal de l'Opéra ; je ne sais pas ce qu'ils sont devenus ; je crois qu'ils sont repartis.

Le roi a fait des édits qui occasionneront peut-être de nouvelles brouilleries avec le parlement (2). J'espère qu'elles n'iront pas si loin que sous le dernier règne, et que le roi maintiendra son autorité.

J'ai bien passé mon carnaval ; mais le surlendemain du mardi gras j'ai été prise de rhume et de mal de gorge. Je commence à sortir aujourd'hui ; je n'ai eu ni fièvre ni mal de tête comme bien d'autres.

Je serais bien affligée pour la reine de Naples si elle ne profitait pas du voyage de Gorice (3). Il serait abominable aux Espagnols de l'en empêcher ; les Français ne seraient pas capables de cette barbarie, et je suis sûre que quand on saura que ma chère maman viendra à Bruxelles, tout le monde préviendra mon désir.

Je ne m'attendais pas à tant de bonté et de tendresse pour ma dernière lettre ; j'ai laissé aller ma plume, et elle n'a pu rendre que faiblement les sentiments de mon cœur. Mon plus grand bonheur sera toujours dans le respect, la tendresse et la reconnaissance pour la plus grande et la meilleure des mères !

---

tre il en joignait une autre, non moins coûteuse, celle d'avoir une armée fort au-delà des convenances de son état ; bien plus, se modelant sur Frédéric II, il avait la manie des beaux hommes et copiait la discipline prussienne. — Toutefois, pendant les dernières années de sa vie, une transformation s'opéra dans son gouvernement, et il s'occupa de sages et utiles réformes.

(1) La comtesse de Hohenheim, qu'il épousa en 1786, mais qui était son *amie*, comme on disait, depuis longtemps.

(2) Le parlement refusait d'enregistrer les édits préparés par Turgot pour la suppression des jurandes, l'abolition des corvées, l'extension de la taille aux propriétés de la noblesse, etc. Il adressa des remontrances, et le roi y répondit par un lit de justice tenu le 12 mars 1776, où les édits furent enregistrés. Ainsi dès les premiers pas les bienfaisantes réformes du nouveau règne se trouvaient entravées par ce parlement même qu'un esprit de justice et de liberté avait fait rappeler. Horace Walpole, dans une éloquente lettre, jugeait ainsi cet événement : « La résistance du parlement à l'admirable réforme préparée par MM. Turgot et Malesherbes est plus scandaleuse que le plus féroce caprice du despotisme... Ces magistrats prévaricateurs s'opposent au bonheur de plusieurs millions d'hommes. N'ont-ils pas à moitié absous le chancelier Maupeou de les avoir opprimés ! »

(3) L'impératrice projetait un séjour à Goritz, où presque toute la famille devait se réunir.

VII. — Mercy a Marie-Thérèse.

Paris, 28, février. — Sacrée Majesté, Depuis le départ du courrier de janvier il ne s'est rien passé de bien remarquable à Versailles, et je n'ai aujourd'hui à rendre compte à V. M. que des objets d'amusement que le temps du carnaval a procurés à la reine. Le froid excessif n'a point empêché S. M. de faire plusieurs courses en traîneau, dont quelques unes ont eu lieu dans le parc et les environs de Versailles, et quelques autres au bois de Boulogne. A l'une de ces promenades la reine est venue jusque sur les boulevards de Paris et a même passé par plusieurs rues de la ville. Dans ces occasions, où le terrain couvert de frimas et très-glissant pouvait rendre les chutes fréquentes et dangereuses, la reine, par bonté et humanité, n'a pas voulu être suivie par ses gardes ni par le nombre ordinaire du service à cheval; cependant cet acte de bonté n'a pas été généralement senti, et le public, sans réfléchir au motif, et accoutumé à voir ses souverains toujours entourés d'une pompe fastueuse, a trouvé que la reine se montrait dans un appareil trop inférieur à sa grandeur et à sa dignité. Les courses dont il s'agit, et qui, par les équipages et leur ensemble, ne tiennent en rien de la beauté et de la magnificence de celles qui sont en usage à Vienne, ces courses, dis-je, étaient composées de douze à quinze traîneaux. M. le comte d'Artois a été de toutes les parties, et en a fait séparément pour son compte plusieurs autres, beaucoup plus lestes, plus mincement assorties et dans lesquelles il est venu de nuit parcourir les rues de Paris. La reine n'a fait ces promenades que pendant le jour; à la dernière elle a été dîner au bois de Boulogne, dans une maison que M. le comte d'Artois y a achetée et qui se nomme Bagatelle (1), dénomination qui s'adapte très-bien au local et à la tournure du bâtiment qui le compose. La reine y prit un peu de froid et en a été un peu enrhumée; il est heureux que S. M. en ait été quitte pour cette légère indisposition; tout le monde craignait avec raison que sa santé ne souffrît plus grièvement de la rigueur d'une saison si âpre

---

(1) Bagatelle, enclavé dans le bois de Boulogne, n'était qu'un petit pavillon qui avait appartenu à Mlle de Charolais, de la maison de Condé, jusqu'en 1758; nous verrons qu'il fut reconstruit plus tard par le comte d'Artois.

que, de mémoire d'homme, on ne se ressouvient point ici d'en avoir éprouvé une pareille. Les bals chez la reine ont eu lieu les mercredis, et la princesse de Guémenée en a donné un tous les samedis; ces derniers ont été plus vifs, mais un peu trop bruyants, par le gros jeu qu'on y jouait et qui y avait été établi pour plaire à M. le comte d'Artois. La reine n'y a jamais joué, et le roi, qui arrivait toujours à ces bals vers les dix heures, y ramenait le bon ordre. On avait soin un quart d'heure auparavant de faire disparaître les tables de jeu et les cartes; ces bals finissaient vers onze heures. La reine est venue deux fois au bal masqué de l'Opéra, accompagnée de Monsieur et de Madame. S. M. n'a pas paru s'y être fort amusée; elle a été plus satisfaite d'un bal paré qu'elle a daigné agréer au Palais-Royal chez le duc et la duchesse de Chartres. On a été surpris avec raison que la princesse de Lamballe, comme surintendante, ne se soit point approprié l'usage dont jouissait ci-devant la dame d'honneur de donner des bals à la reine et à la famille royale. La princesse de Lamballe s'est privée de cet avantage pour ne point compromettre une petite étiquette par laquelle les princesses du sang ne veulent point inviter par billet ou message à venir chez elles. Leur prétention est d'annoncer qu'elles sont visibles à une heure marquée, et leurs dames d'honneur invitent alors les personnes qui se trouvent en visite. Cette forme peut se pratiquer pour les soupers, mais elle aurait difficilement lieu pour des bals. C'est le duc de Chartres qui a fait faire les invitations pour celui qui a été donné à la reine au Palais-Royal. La surintendante, par son attachement au cérémonial, a perdu des occasions précieuses de plaire à la reine et de l'amuser; d'autres ont su en profiter, et si la princesse de Lamballe ne calcule pas plus juste dans la suite, il est probable que la faveur dont elle a joui, et qui semble un peu diminuée, pourrait bien s'évanouir à la longue. Il arrive heureusement qu'à mesure que les affections de la reine se divisent, elles perdent en force ce qu'elles gagnent en étendue, et j'ai toujours regardé comme un bien essentiel pour cette auguste princesse qu'elle ne soit point dominée par une seule personne. Cet inconvénient n'existe pas dans le moment présent, mais la reine a des affections partielles pour bien des gens, et quand le hasard ou le malheur veut que tout ce monde se réunisse pour opérer un objet marqué, alors rien ne peut s'opposer à cette force d'impulsion, et il en existe un fâcheux exemple dans l'affaire du comte de Guines, dont les détails m'ont paru de nature à devoir être exposés dans ma dépêche d'office d'aujourd'hui (1). C'est la circonstance la plus sérieuse qui existe maintenant par rapport à la reine, et j'en suis d'autant plus inquiet que mes soins et ceux de l'abbé de Vermond n'ont pas produit, à beaucoup près, à cet égard l'effet qui aurait été à désirer. Vu la chaleur de cette tracasserie, j'y entrevois l'espoir d'une ressource qui est que le comte de Guines et ses partisans se porteront sans doute à des imprudences si marquées qu'elles me donneront des moyens à éclairer la reine; ce sera à saisir ces moments que je réunirai toute mon attention. Cette même affaire prouve bien l'étendue du pouvoir de la reine et l'impression qu'il fait sur les ministres. Si le précieux avantage d'un pareil crédit était employé utilement, il ne resterait rien à désirer pour la gloire et les convenances de la reine. Jamais elle n'a éprouvé autant de confiance et de condescendance que lui en marque à présent le roi; cela en impose à toutes les petites manœuvres de l'intérieur desquelles la reine pouvait ci-devant craindre les effets, mais d'un autre côté ce grand crédit ne sera un bien réel et stable qu'autant qu'il sera appliqué à des objets vraiment utiles.

Le courrier mensuel arrivé ici le 23 m'a remis les ordres de V. M. en date du 12, et les lettres adressées à la reine lui ont été présentées le même jour. S. M. a eu encore un petit ressentiment de rhume, mais si léger qu'elle a été en état d'aller au spectacle de la cour et de tenir le jeu aux jours destinés à cet effet.

VIII. — Mercy a Marie-Thérèse.

Paris, le 28 février. — Dans l'incertitude sur les détails que V. M. peut avoir reçus le mois dernier par la reine, je vais, au risque de quelques répétitions, reprendre les objets intéressants dont il s'agit. Sur ce que V. M. avait marqué dans une de ses lettres quelque défiance de l'exactitude et de la bonne foi des médecins et chirurgiens de Versailles, la reine, fort occupée de ses réflexions à cet égard, prit un moment très-convenable de parler au roi, et elle débuta par

---

(1) Le comte de Guines était arrivé à Paris le 1ᵉʳ février, rappelé de son ambassade d'Angleterre; il y fut remplacé par le marquis de Noailles. Voir plus bas, en note au rapport du 16 mai, l'analyse d'une dépêche d'office exposant toute l'intrigue en faveur du comte de Guines.

lui dire qu'elle avait lieu de croire que depuis quelque temps il commençait à l'aimer moins. Le roi, fort ému de ce propos, fit à la reine les protestations les plus tendres.

L'abbé Maudoux, confesseur de la reine, et qui était presque désigné à remplir les mêmes fonctions auprès du roi, vient d'éprouver de nouveaux accidents aux yeux et se trouve au moment d'être entièrement aveugle; ce fâcheux état le décide absolument à quitter sa place, et occasionne l'embarras d'un nouveau choix, qui sera de la plus grande conséquence, particulièrement pour le roi, eu égard à la tournure de son esprit et de son caractère. L'archevêque de Paris, qui est un prélat vertueux, mais peu éclairé (1), et qui sans s'en douter a souvent servi d'instrument à l'intrigue, voudrait s'attribuer le choix du nouveau confesseur; l'archevêque est intimement lié avec la comtesse de Marsan et avec tous les partisans des ex-Jésuites; cette ligue avait d'abord proposé pour confesseur du roi et même de la reine le curé de Versailles, homme de beaucoup d'esprit, mais que l'on a lieu de croire un intrigant du premier ordre. L'abbé de Vermond a éclairé la reine sur le chapitre de cet ecclésiastique, et selon toute apparence il sera exclu du choix à faire. En même temps l'abbé de Vermond ne veut en proposer aucun, parce qu'il assure ne connaître personne assez à fond pour décider son suffrage. Cette perplexité est d'autant plus inquiétante pour moi qu'en cela je ne puis être d'aucune utilité au service de la reine. Je me suis borné à lui exposer quelques réflexions, et à la supplier de porter le roi à ne rien précipiter et à ne négliger aucune des informations nécessaires à s'assurer moralement d'un bon choix et auquel surtout l'intrigue n'ait eu aucune part.

Une des deux premières femmes de chambre de la reine vient de se retirer à cause de son grand âge et de ses infirmités. Elle se nomme Peirein; elle avait servi la feue reine et elle a pour survivancière une nommée Thierry, femme du premier valet de chambre favori du roi. Comme originairement les Thierry ont été placés à la cour par le feu duc de la Vauguyon, j'ai toujours observé leur conduite avec attention. Le valet de chambre Thierry (2) est, dans le sous-ordre, le seul qui ait obtenu un vrai crédit auprès du roi. Cet homme a de

---

(1) Christophe de Beaumont, qui est ici jugé bien légèrement par Mercy.
(2) Voir au tome Ier la 2e note de la page 85.

l'esprit et de l'ambition ; maintenant que sa femme se trouve dans un service si assidu et si rapproché auprès de la reine, il est essentiel que S. M. observe quelques mesures de précaution contre les abus de faveur qui pourraient aisément résulter de la position des deux Thierry, et cet article, qui à d'autres cours serait peut-être de moindre importance, en a beaucoup à celle-ci. J'ai exposé là-dessus mes réflexions à la reine, et elle a daigné les approuver.

Je présume que dans sa lettre à V. M. la reine n'entrera pas dans tous les détails des amusements qu'elle s'est procurés pendant le carnaval, qu'il me tardait bien de voir finir. D'après les usages établis dans ce pays-ci, on a trouvé extraordinaire que la reine ait accepté un bal chez le duc d'Orléans ; cependant il n'a eu lieu que de l'aveu du roi, mais ce monarque n'y est point venu. Madame, qui avait promis d'y suivre la reine, a prétexté au moment de partir une indisposition, et S. M. n'a eu à sa suite que les deux princes ses beaux-frères. M. le comte d'Artois, le duc de Chartres et un nombre de jeunes gens ont remis en vogue les courses des chevaux ; elles se font près de Paris, et la reine y assiste régulièrement. S. M., après avoir été la nuit du 11 au bal de l'Opéra jusqu'à cinq heures du matin, rentra à Versailles à six heures et demie et en repartit à dix pour venir voir une course de chevaux qui se faisait près du bois de Boulogne. Des promenades si multipliées, si rapides, et qui pourraient déranger une santé des plus robustes, occasionnent des critiques, mais toutes les représentations à faire là-dessus deviennent inutiles, parce que le roi est le premier à engager lui-même la reine à ces sortes d'amusements.

V. M. daigne m'ordonner par sa très-gracieuse lettre de lui faire parvenir directement ou par la voie du prince de Starhemberg les écrits et nouvelles qui se publient dans ce pays-ci, et c'est à quoi je porterai toute mon attention. Il est bien vrai que Paris abonde en nouvelles de tous genres ; mais elles sont la plupart du temps d'une absurdité si palpable et si reconnue que je n'ai jamais cru devoir faire usage de pareilles anecdotes, et je me suis toujours borné à tâcher de n'omettre aucune de celles dont la réalité était bien constatée. Il y a ici nombre de gens qui n'ont pour vivre d'autre ressource ni métier que celui d'écrire des gazettins ; au défaut de matière ils composent de quoi remplir leurs feuilles. Ces gens d'ailleurs, fort indigents et obscurs, ne sont pas même en position d'être instruits; cependant leur petite industrie leur procure le débit de leurs feuilles même en pays étrangers, et c'est la vraie cause de cette fertilité de nouvelles qui est attribuée à ce pays-ci. Les objets les plus simples y sont présentés sous une infinité de formes différentes, et il est souvent impossible à ceux qui voient les choses de près et avec exactitude d'imaginer qu'un fait dont ils ont été témoins et qui n'a rien de remarquable pourra donner lieu à des fables les plus compliquées; je dois en citer ici un exemple très-récent.

La reine vint au bal de l'Opéra le lundi gras, suivie de Monsieur et de M. le comte d'Artois. Quoiqu'il y eût grande foule, S. M. voulut se promener un moment dans le bal; elle ordonna au chef de brigade des gardes du corps de ne la suivre qu'à dix pas de distance, et elle se mit entre Monsieur et la duchesse de Luynes, dame du palais en service. Un masque en domino noir vint heurter assez rudement Monsieur, qui le repoussa d'un coup de poing. Le masque s'en trouva offensé et s'en plaignit à un sergent aux gardes, lequel, ne connaissant pas Monsieur, se mit en devoir de l'arrêter. Alors l'officier des gardes du corps fit connaître le prince, et le sergent se retira (1). Ce fait, assez simple par lui-même, a donné lieu aux histoires les plus ridicules. La reine, ayant rencontré dans le bal le duc de Choiseul, s'y promena quelques minutes avec lui; il n'en fallut pas davantage pour donner matière à des récits les plus circonstanciés sur des prétendues affaires importantes dont la reine s'était entretenue avec le duc, auquel elle n'avait pas dit un mot de choses sérieuses, et c'est ainsi que les circonstances les plus simples se traduisent avec autant d'emphase que de fausseté.

Sur cet article des bals et autres occasions où le public se rassemble, il serait à désirer que la reine n'y parût jamais qu'avec toutes les précautions et la réserve possibles, parce que l'excessive étourderie et légèreté de cette nation peut faire naître des inconvénients qui ne seraient point à craindre dans tout autre pays. Madame a eu la petite politique de ne pas suivre la reine au bal masqué, sous prétexte d'indisposition.

---

(1) Cette anecdote est racontée, avec quelques circonstances plus développées, dans la *Correspondance* de Métra, tome II, page 405. Il n'y est point question de la présence de la reine.

IX. — Marie-Thérèse a Mercy.

Vienne, 31 mars. — Comte de Mercy, J'ai reçu votre lettre du 28 du passé par le courrier la Montagne, arrivé ici le 10 de ce mois.

Je conviens très-volontiers de la satisfaction que vous aurez éprouvée d'être arrivé au bout du turbulent carnaval. Je voudrais que ma fille se livrât quelquefois moins à ces divertissements publics et bruyants, surtout lorsque le roi n'y intervient pas et donne en toute occasion des preuves d'un caractère solide. S'il ne s'oppose pas même au goût de ma fille, c'est par un effet de sa complaisance, appuyée sur la réflexion de lui passer ces amusements pour qu'elle ne s'attache pas à d'autres encore moins convenables. La comtesse de Provence a agi en fine Piémontaise, s'étant excusée pendant le dernier carnaval, sous prétexte de santé, d'accompagner ma fille aux divertissements qu'elle supposait n'être pas du goût du roi. Je trouve encore indécent qu'aux bals de la princesse de Guéménée on avait osé jouer gros jeu, sans s'en laisser détourner par la présence de ma fille, tant que le roi n'y avait pas été. Quant à l'aventure de Monsieur au bal de l'Opéra, on ajoute encore que, Monsieur ayant quitté à cette occasion la reine, elle est restée seule pendant deux ou trois heures, en s'entretenant sans distinction avec différentes masques qui l'ont même conduite tour à tour sous les bras; je voudrais savoir ce qui en est. Je suis bien persuadée que son entretien avec Choiseul au bal aura fourni matière à nombre de raisonnements. Au reste, vous avez raison d'observer que ma fille, ne voulant pas renoncer absolument à ces divertissements publics, ne devrait y paraître qu'avec toutes les précautions possibles.

Si ma fille partage entre plusieurs ses affections, elles seront sans doute moins fortes, mais l'union de ces favoris et favorites serait dangereuse, ce qui n'est cependant pas vraisemblable, les courtisans étant toujours divisés par la jalousie et par la contrariété de leurs intérêts. Le plus important est qu'elle n'accorde pas son affection à des gens suspects et dangereux. Elle ferait bien d'être sur ses gardes vis-à-vis des Thierry, dont le caractère ne paraît pas être sûr.

La retraite de l'abbé Maudoux serait une très-grande perte, surtout par la difficulté de le remplacer. Vermond, comme à l'ordinaire, s'est conduit à merveille à cette occasion, et je trouve encore excellent l'avis que vous avez donné à ma fille sur cet intéressant objet.

Il se trouve ici à la vérité entre les mains de l'empereur et même des particuliers des feuilles écrites de Paris, remplies quelquefois de nouvelles les plus paradoxales, nommément au sujet de ma fille. Je sais que ces nouvelles sont sujettes à caution, mais par plusieurs motifs il n'est pas indifférent d'en être informé. Comme vous pourriez vous douter de les envoyer ici directement et sous votre nom, parce qu'on ouvre en France les lettres, je crois que vous pourriez charger de cette besogne le secrétaire Barré (1) ou quelque autre, en lui enjoignant de mander ces nouvelles avec les observations que vous croiriez devoir faire sur ce qu'il y a de réel ou de louche, à celui que le prince de Starhemberg vous nommera. Je l'en préviens, et il aura ensuite soin de faire tout passer ici. Au reste, la correspondance de ces deux sujets, à désigner par vous et Starhemberg, devrait paraître comme leur propre ouvrage, sans laisser transpirer que vous et Starhemberg y ayez quelque part.

X. — MARIE-ANTOINETTE A MARIE-THÉRÈSE.

Versailles, 10 avril. — Madame ma très-chère mère, L'arrivée du courrier m'a fait grand plaisir ; je craignais qu'il ne fût encore différé ; jamais je n'avais été si longtemps sans recevoir des nouvelles qui sont les plus chères à mon cœur. Quelle joie pour mon frère et toute sa famille ! Elle sera si pure et si juste que je ne puis me permettre d'en être jalouse ; je n'en sens pas moins l'affliction de tout l'avantage qu'ils ont sur moi. Je suis enchantée que ma chère maman a bien voulu m'envoyer la liste de son voyage ; elle soulagera mes inquiétudes, mais je ne serai entièrement rassurée que quand je saurai ma chère maman de retour à Vienne. Je suis bien fâchée que la reine de Naples ne partage pas la joie de ce précieux voyage ; j'avoue que j'aurais mieux aimé qu'elle y fût au lieu de l'infante.

Il est bien vrai que j'ai été au bal la nuit et Madame n'y a pas été, mais c'est que sa santé, qui depuis quelque temps n'est pas bonne, l'empêche de veiller.

---

(1) Georges de Barré fut attaché à l'ambassade impériale à Paris depuis 1755 jusqu'à sa mort en 1783, d'abord avec le titre de secrétaire et ensuite avec celui de conseiller.

J'enverrai à ma chère maman par le prochain courrier le dessin de mes différentes coiffures; elle pourra les trouver ridicules, mais ici les yeux y sont tellement accoutumés qu'on n'y pense plus, tout le monde étant coiffé de même.

Quand Mercy m'a remis les lettres, je n'ai pu le voir qu'un moment. La première fois qu'il viendra je lui demanderai des détails sur l'abbaye de Messines (1). Ma chère maman ne peut imaginer le plaisir que j'aurai d'être occupée d'une chose qui l'intéresse. Quand j'y mettrai tout mon temps, je ne pourrai jamais assez reconnaître ses bontés et sa tendresse.

XI. — Mercy a Marie-Thérèse.

Paris, 13 *avril.* Sacrée Majesté, J'avais espéré pendant le carême plus de recueillement et par conséquent plus de moyens de ramener la reine à des choses sérieuses et utiles; mais mon attente à cet égard a été excessivement déçue. Chaque semaine, par les soins de M. le comte d'Artois et du duc de Chartres, il y a eu plusieurs courses de chevaux, et la reine, qui a pris un goût extraordinaire pour ce genre de spectacle, n'en a manqué aucune. Ces courses se font près de Paris, et soit par raison de la distance, soit par le temps qu'il faut pour établir les préliminaires de ces sortes de courses, chacune d'elles absorbe une journée entière. Dans ces occasions la reine dîne ou à la Muette ou dans une maison située au bois de Boulogne et appartenant à M. le comte d'Artois. Les courses dont il s'agit, et qui ne sont qu'une parodie assez puérile de celles qui se font en Angleterre, ne mériteraient certainement pas d'être honorées de la présence de la reine. On a bâti pour S. M. une sorte d'estrade où elle se place pour voir ce spectacle, où il y a toujours une affluence de monde peu choisi, beaucoup de jeunes gens mal vêtus, ce qui, joint à beaucoup de confusion et de bruit, forme un ensemble qui ne s'accorde point avec la dignité qui doit environner une grande princesse. Il arrive de plus que ces courses ont souvent lieu les mardis; alors

---

(1) Il s'agissait d'une contestation entre l'abbaye de Messines en Flandre, c'est-à-dire dans les Pays-Bas autrichiens, et l'abbaye d'Henin en France, au sujet de biens français que réclamaient l'une et l'autre abbayes. Le ministre Saint-Germain protégeait l'abbaye d'Henin, mais Vergennes donna raison à l'abbaye de Messines et aux réclamations de la cour d'Autriche.

la reine ne reçoit point les ambassadeurs et ministres étrangers, lesquels se sont trouvés en dernier lieu privés pendant trois semaines de l'honneur de faire leur cour à S. M. En mon particulier j'en suis dédommagé, parce que la reine me permet d'aller à son lever et de rester auprès d'elle jusqu'au moment où elle se rend à la messe. Je profite de ces occasions pour lui parler des objets qui intéressent son service ; quand il s'est agi de matières sérieuses, j'ai eu le bonheur d'être écouté, et dans l'affaire du comte de Guines, dans celle du marquis de Castres, ainsi que dans tous les mouvements d'intrigues qu'expose ma dépêche d'office, si je n'ai pu empêcher les démarches auxquelles la reine était entraînée, j'ai réussi au moins à arrêter les suites de ces mêmes démarches, malgré les efforts obstinés que l'on employait contre mes représentations. J'oserais également me flatter d'avoir retiré de ces circonstances un assez grand avantage en inspirant à la reine la plus juste défiance de ceux de ses entours qu'elle favorise le plus. Les faits se sont prêtés de manière à lui prouver au dernier degré d'évidence des vérités fâcheuses sur le peu de zèle, de fidélité et d'attachement qu'éprouve la reine de la part de ceux qu'elle comble le plus de bontés. Cette auguste princesse a trop d'esprit et de jugement pour se méprendre sur la valeur intrinsèque des gens qui l'environnent ; elle les connaît et sait dans le fond de son âme évaluer parfaitement leurs bonnes et mauvaises qualités ; mais la reine ne calcule pas l'effet de ces dernières, et elle ne s'en méfie point assez. Elle passe tout à ceux qui se rendent utiles à ses amusements, et c'est presque toujours par ce motif qu'elle décide de l'accueil plus ou moins favorable qu'elle fait aux gens. Je dois cependant admettre une exception ; elle est en faveur de l'abbé de Vermond et de moi. Quoique nos devoirs nous obligent à une sorte d'importunité dans nos représentations continuelles, elles n'ont jamais altéré ni la confiance ni les bontés de la reine à notre égard, et quand nous sommes déjoués, cela n'arrive que par des surprises faites à la reine dans des moments de dissipation. S. M. a souvent la bonne foi d'en convenir elle-même, mais nous voyons journellement, l'abbé de Vermond et moi, qu'il est nécessaire d'user de prudence dans nos représentations sur tous les objets d'amusement. Nous n'avons rien à gagner de ce côté-là et nous tâchons de nous en dédommager en obtenant de la reine quelque condescendance dans les points de conduite qui ont trait à des objets importants. Celui de tous qui fixe le plus mon attention et mes soins consiste à ne rien laisser oublier à la reine de ce qui peut être propre à maintenir ou à augmenter l'ascendant qu'elle a sur l'esprit et le cœur de son auguste époux. La reine jouit plus que jamais de ce précieux avantage, et il tranquillise infiniment sur tout le reste du bien qu'il y a à désirer, et qui sera l'ouvrage du temps et d'un peu d'expérience. Pour le présent il est bien constaté et reconnu que l'on chercherait en vain à refroidir les sentiments du roi pour la reine; elle se conduit envers lui avec une amitié, une franchise qui produisent le meilleur effet. A cet égard je borne mes représentations à un seul point, qui est d'engager la reine, autant que possible, à montrer ses désirs, ses demandes, ses protections dans un sens qui puisse annoncer de l'intérêt pour la gloire du roi et pour le bien de l'État; c'est le moyen le plus sûr et en même temps le seul qui donnera la consistance nécessaire au crédit de la reine, et je ne cesse de la supplier de ne point user ce même crédit dans des occasions qui n'intéressent personnellement ni la reine, ni le roi, ni l'État, et qui par conséquent ne peuvent être regardées que comme des points de fantaisie ou des démarches extorquées par l'intrigue.

Relativement aux personnes qui sont le plus en faveur auprès de la reine, il est survenu et il survient encore journellement des petites variations sur lesquelles j'ai toujours compté et qui s'accordent très-bien avec ce que me fait désirer le meilleur service de la reine. La princesse de Lamballe perd beaucoup de sa faveur; elle n'avait en effet aucun des moyens nécessaires à la conserver d'une manière solide. Je crois qu'elle sera toujours bien traitée par la reine, mais il n'existe plus de confiance intime, et S. M. a reconnu que la surintendante n'a point assez de fond pour pouvoir tirer parti de ses avis; d'ailleurs la santé de la princesse de Lamballe est très-mauvaise et l'oblige à de fréquentes absences de la cour; elle ira dans le mois prochain prendre les eaux de Plombières ou de Vichy, et elle y emploiera six semaines ou deux mois. La comtesse Jules de Polignac soutient mieux son crédit, et il est plus sujet à caution que celui de la princesse de Lamballe; heureusement j'ai eu quelques occasions de faire voir à la reine qu'elle avait tout sujet de se méfier de sa favorite et j'ai obtenu un peu de réserve à son égard. Le baron de Besenval a été mis entièrement de côté, et c'est le comte d'Esterhazy auquel la reine marque à présent le plus de confiance. Ce dernier a toujours passé pour avoir le caractère honnête, et je crois que cette réputation est bien fondée.

Depuis la fin du carnaval S. M. a presque cessé d'aller passer des soirées chez la princesse de Guéménée, et c'est pour moi le plus grand de tous les sujets d'inquiétude de moins ; la société de cette princesse était le foyer de toutes les intrigues, et elles s'y fomentaient avec si peu de mesure qu'enfin la reine a eu lieu de reconnaître clairement combien on abusait de ses bontés et, si j'ose le dire, de ses préventions trop favorables.

Les autres objets d'amusement que la reine s'est procurés pendant le carême ont été des concerts deux fois la semaine ; de fréquentes promenades à cheval et à la chasse du cerf et du daim, plusieurs voyages à Paris, où S. M. est venue voir les différents spectacles de l'Opéra et des théâtres français et italien. Tout cela a eu lieu sans trop négliger les occupations pieuses du temps, et la reine a fait les pâques en public le lundi 1er de ce mois.

Le courrier arrivé le 7 m'ayant remis les ordres de V. M. en date du 31 mars, je n'ai pas tardé à aller présenter à la reine les lettres qui lui étaient adressées. S. M. me dit qu'après le départ du courrier elle me questionnerait sur un objet qu'elle ne me désigna pas, parce qu'elle se trouvait pressée dans le moment de faire sa toilette pour se rendre à l'église. J'insistai sur la plus prompte expédition possible de ce présent courrier, et d'un instant à l'autre j'attends les lettres de la reine ; j'espère de les recevoir à temps pour que ledit courrier puisse être de retour à Vienne au jour où V. M. daigne l'ordonner.

XII. — MERCY A MARIE-THÉRÈSE.

Paris, 13 avril. — Il me reste des observations à ajouter pour le plus grand éclaircissement de quelques articles énoncés dans mon très-humble rapport ostensible.

J'ai découvert et fait voir à la reine que la comtesse de Polignac était manifestement gagnée et conduite par le comte de Maurepas, et mes preuves à cet égard ont acquis le plus grand degré d'évidence à la suite des propos que la comtesse de Polignac a hasardé d'insinuer pour persuader à la reine qu'il serait de son intérêt de déterminer le roi à nommer le comte de Maurepas premier ministre.

Le comte d'Esterhazy cherche de son côté à faire croire à la reine que le comte de Vergennes ne restera pas longtemps dans son poste, que personne n'est plus propre à le remplir que le comte du Châtelet (1), que ce dernier mérite la préférence sur le baron de Breteuil. Esterhazy est porté à de pareilles démarches par son attachement personnel pour le comte du Châtelet, et par les suggestions des Choiseul, qui ne peuvent pardonner au baron de Breteuil d'avoir été du nombre de ceux qui se trouvaient dans la correspondance secrète du comte de Broglie du vivant du feu roi.

J'ai représenté à la reine que toutes semblables insinuations, fussent-elles même fondées sur des vérités exactes, tenaient toujours à des vues d'intrigues et n'étaient pas sans danger ; c'est chose absurde d'ailleurs que des jeunes femmes ou des simples courtisans osent parler à la reine de matières d'État, et il n'en faudrait pas davantage pour donner les plus grandes prises de la part des ministres malintentionnés. S. M. a bien conçu cette vérité et j'espère qu'elle lui fera impression. Je dois croire que la reine mandera à V. M. des particularités intéressantes sur les progrès de son intimité avec le roi. Une grossesse deviendrait pour la reine le remède à tous les inconvénients, parce qu'il s'ensuivrait dans son moral des changements les plus avantageux.

Je reprends maintenant quelques articles de la très-gracieuse lettre de V. M.

Relativement à l'aventure de Monsieur à un bal de l'Opéra, il ne s'est passé que ce que j'en ai exposé avec la plus grande exactitude à V. M. La reine n'a point été un instant seule, elle n'a donné le bras à aucun homme à l'exception du duc de Choiseul, et c'était même dans une autre occasion ; mais l'absurdité et l'invraisemblance des mensonges qui se débitent ici à tout propos n'ont point de bornes, et c'est ce qui m'embarrasse si fort dans les moyens de rendre compte à V. M. de certaines anecdotes que je ne puis ni savoir ni prévoir, parce que réellement elles n'ont pas une ombre de réalité dans les faits. Il est arrivé, et je suis sûr qu'il arrive encore tous les jours, que certaines gens, et par des motifs que l'on ne peut deviner, écrivent

---

(1) Le comte du Châtelet, fils de la marquise du Châtelet, la divine Emilie, l'amie de Voltaire, avait été ambassadeur en Autriche et en Angleterre sous le ministère de Choiseul, dont il était un grand partisan. Il périt sur l'échafaud en décembre 1793.

au dehors des particularités dont personne n'a la moindre connaissance dans. Paris et dont on n'a pas même fait mention dans les gazettins des cafés. C'est sans doute de ce genre que sont les nouvelles que l'on envoie au prince de Hildbourgshausen ou aux princes de Liechtenstein. Ce dont je puis répondre, c'est qu'ensuite de l'extrême attention que j'y apporte et par les mesures infaillibles que j'emploie, V. M. n'ignorera jamais rien des faits véritables qui concernent la reine, parce que je suis sûr que rien ne peut m'échapper à cet égard. Quant aux nouvelles inventées, je vais prendre toutes les mesures possibles pour les recueillir ; au moyen de quelques louis par mois j'aurai les bulletins que quelques misérables écrivains débitent ici pour vivre, mais V. M. daignera observer que ce ne seront qu'un tissu d'absurdités, et cela n'empêchera point encore qu'il n'arrive à Vienne certaines tournures d'anecdotes desquelles par impossible je ne pourrai avoir connaissance, parce qu'elles auront été composées le jour même du départ de la poste par l'écrivain mercenaire qui les mandera, ou par quelque intrigant qui aura quelque intérêt à les mander. J'attends que le prince de Starhemberg me désigne la personne qu'il choisira pour faire passer lesdites anecdotes, et le secrétaire Barré, auquel je fournirai les matériaux, entamera cette correspondance ainsi que V. M. daigne l'ordonner.

La reine n'a point encore choisi de directeur de conscience. Elle s'est confessée à Pâques au prêtre Bergier, confesseur de Madame et de Mme Adélaïde. Cet ecclésiastique, ainsi que tous ceux qui sont actuellement à la cour, n'est pas sans inconvénient. Il n'y a plus à compter sur l'abbé Maudoux, qui est devenu sourd et a entièrement perdu la vue. Le nouveau choix à faire est très-embarrassant pour la reine, mais il l'est peut-être encore davantage pour le roi ; ce serait un vrai don du ciel qu'il arrivât à ce poste un homme vertueux. M. le comte d'Artois a causé du scandale par la peine et la répugnance qu'il a marquées à faire ses pâques ; il a fini cependant par remplir ce devoir le 9 du mois.

La crise présente dans le ministère me cause beaucoup d'inquiétude sur les partis que prendra la reine et auxquels chercheront à l'entraîner les différentes cabales. J'emploierai tout mon zèle à tâcher de lui faire éviter les écueils, mais malgré la confiance dont elle daigne me donner des marques constantes, je ne puis quelquefois surmonter les obstacles des entours, qui sont désolants.

L'abbé de Vermond était allé à son abbaye pour plusieurs jours, mais je lui ai dépêché un exprès et l'ai fait revenir sur-le-champ. Il est actuellement à Versailles, où, par toutes sortes de raisons qui tiennent au service de V. M., je ne puis me trouver trop habituellement dans des moments pareils. J'y supplée par une correspondance journalière avec l'abbé, et nous nous concertons sur tous les points suivant les circonstances momentanées et selon que l'exige le meilleur service possible de la reine.

XIII. — Marie-Thérèse a Mercy.

Vienne, 30 avril. — Comte de Mercy, J'ai reçu par Caironi votre lettre du 13.

Je vois avec regret la persévérance de ma fille dans son goût pour la vie dissipée, et je n'en crains que trop des suites, qui pourraient un jour lui attirer bien des désagréments. Si vous ne pouvez rien gagner sur l'article d'amusements, je souhaite que vous réussissiez du moins à en écarter des inconvénients de conséquence, comme il est arrivé lorsqu'à force de se livrer au divertissement des courses de chevaux, ma fille n'a pas reçu pendant trois semaines les ministres étrangers, et que vous obteniez en revanche quelque condescendance dans des points plus essentiels de conduite.

Ce n'est pas un mal que les variations de ma fille à l'égard des personnes à qui elle s'attache, plutôt par goût que par réflexion. Il serait seulement à souhaiter qu'elle gagnât dans ces changements ; mais la comtesse Polignac est peut-être plus dangereuse que la princesse de Lamballe, et le comte Esterhazy est un personnage aussi peu fait à être le confident de ma fille que le baron Besenval.

Je suis persuadée de l'absurdité de la plupart des nouvelles de Paris ; mais comme elles se trouvent ici entre les mains de plusieurs, qui m'en rapportent même des traits assez singuliers, tandis que je les ignore, il m'importe d'en être informée au juste pour pouvoir démêler ce qu'il y a de vrai ou de faux.

Je connais toute la délicatesse de la situation de ma fille dans la crise présente, et combien vos conseils lui ont été utiles jusqu'ici. J'y compte de même pour l'avenir, et votre zèle me rassure sur cet article.

XIV. — Marie-Thérèse a Mercy.

Vienne, 6 mai. — Comte de Mercy-Argenteau, Le général comte de Pellegrini (1) va se rendre en France. Sans me départir de la règle que j'ai adoptée de ne donner à personne des lettres pour ma fille, j'espère que son nom et son rang lui donnent assez d'avantage pour rencontrer un bon accueil dans ce pays-là et pour pouvoir même faire sa cour à ma fille. Vous me ferez plaisir de prêter la main en tout à un militaire qui s'est autant distingué dans mon service qu'il s'est rendu estimable par ses belles qualités.

XV. — Marie-Antoinette a Marie-Thérèse.

Versailles, 15 mai. — Madame ma très-chère mère, J'ai été bien étonnée et effrayée en apprenant que le voyage de Gorice (2) n'avait plus lieu. J'avais grand besoin d'être rassurée par tout ce que ma chère maman a la bonté de me mander sur sa santé ; j'espère qu'elle ne sera pas longtemps *grandig* (3); et qu'elle reprendra bientôt son humeur naturelle de bonté. Il fallait m'avertir, car à sa gracieuse lettre je ne m'en serais jamais doutée. Au reste, pour le splin, s'il continue à ma chère maman, je n'y connais qu'un remède qui réussit à tous les Anglais, c'est de venir en France. M. de Malesherbes a quitté le ministère avant-hier, il a été remplacé tout de suite par M. Amelot (4). M. Turgot a été renvoyé le même jour, et M. de Clugny (5) le remplacera. J'avoue à ma chère maman que je ne suis par fâchée de ces départs, mais je ne m'en suis pas mêlée (6).

---

(1) Charles de Pellegrini, feld-maréchal, directeur du génie et des fortifications ; né à Vérone en 1720, mort en 1796.

(2) Une indisposition de l'impératrice l'avait forcée de renoncer à ce voyage.

(3) *Grandig* ou, comme on dit aujourd'hui *grantig*, est un provincialisme autrichien qui veut dire « de mauvaise humeur ».

(4) C'était un ami de M. de Maurepas, qui ne se faisait cependant pas illusion sur son mérite, car il disait en annonçant sa nomination : « On ne dira pas que j'ai pris celui-là pour son esprit ! »

(5) Clugny de Nuis était intendant à Bordeaux lorsqu'il fut appelé pour succéder à Turgot comme contrôleur général. Son court ministère ne fut qu'une tentative de réaction contre l'œuvre de son prédécesseur : il rétablit les corvées, les jurandes et maîtrises, et, pour se créer des ressources, il institua la loterie publique. Il mourut en octobre 1776.

(6) Marie-Antoinette ne parle pas ici en toute sincérité : voir le rapport suivant de Mercy et la note donnant l'analyse de la dépêche d'office du 16 mai.

Je reviens à ce voyage, qui m'intéressait à tant de titres. Il est affreux pour moi de renoncer à l'espérance que j'avais pour l'année prochaine, et pour mes sœurs je sens et je partage bien leur chagrin et leurs regrets. Ils ne seront jamais si bien fondés, surtout pour la reine de Naples, qui a moins d'espérance que toute autre, et qui n'en a pas le cœur moins bon et sensible.

Quoique l'affaire de Messines soit fort peu de chose (1), elle occupe cependant deux ministres, MM. de Vergennes et de Saint-Germain, que j'ai encore revus ce matin ; on m'a promis qu'elle sera bientôt finie. Ma chère maman permet-elle que je l'embrasse, mon respect et ma tendresse (2).

XVI. — Mercy a Marie-Thérèse.

Paris, 16 mai. — Je me trouve encore aujourd'hui dans le cas de devoir exposer dans ma dépêche d'office plusieurs particularités relatives à la reine, et qui ne sont qu'une suite des circonstances dont j'ai rendu compte par le courrier précédent (3). Pour éviter toutes ré-

---

(1) Voir plus haut la note de la pièce X.

(2) Le secrétaire de l'impératrice, Pichler, écrit, le 31 mai, à Mercy au sujet de cette lettre : « S. M. la trouve, comme à l'ordinaire, bien stérile, et écrite avec tant de précipitation que la reine a même oublié de finir le dernier période et de souscrire son nom. S. M. est encore surprise de n'y trouver le moindre mot au sujet de son jour de naissance... »

(3) Dans ce rapport officiel, du 16 mai, Mercy donne d'intéressants détails sur les intrigues qui contribuèrent au renvoi de Turgot. Malesherbes, dit-il, inébranlable dans sa résolution de se démettre de son ministère, proposait, d'accord avec Turgot, l'abbé de Véry pour son successeur, tandis que Maurepas voulait Amelot. La reine adopta le parti de Maurepas, et ses amis et confidents ordinaires voulurent lui persuader qu'elle devait profiter de ces circonstances pour faire nommer un ministère qui lui fût tout dévoué. Mercy lui représenta la responsabilité qu'elle prenait en se mêlant d'un tel choix, pour lequel elle ne pouvait être suffisamment éclairée, ajoutant que, tant qu'elle ne donnerait sa confiance qu'à des gens amusants et agréables, elle n'en tirerait que préjugés et illusions. La reine parut renoncer à influer sur les nouveaux choix ; mais elle n'en continua pas moins à irriter continuellement le roi contre Turgot et Vergennes, qu'elle détestait parce qu'elle les considérait comme les ennemis du comte de Guines. Elle obtint du roi d'écrire à ce dernier une lettre pour lui exprimer sa satisfaction de sa conduite et lui annoncer la grâce qu'il lui accordait en le faisant duc. La reine fit refaire trois fois la lettre, ne la jugeant jamais assez favorable ; elle voulait aussi que l'envoi de la lettre coïncidât avec le renvoi de Turgot ; mais, sur les représentations de Mercy, elle cessa d'insister sur ce dernier point. Cependant Turgot, assuré de sa disgrâce, se préparait à donner sa démission ; il voulait seulement achever et soumettre au roi son plan pour la réorganisation des finances. On ne lui en laissa pas le temps, et Maurepas, certain d'être soutenu par la reine, obtint du roi de lui signifier son renvoi le 12 mai. Clugny fut nommé contrôleur général, et Amelot remplaça Malesherbes.

pétitions inutiles sur ces mêmes objets, je vais me restreindre ici à déduire ceux qui n'ont de rapport qu'au personnel de la reine et à ses occupations journalières. Ce dernier article ne sera pas plus intéressant que de coutume, parce qu'il ne porte que sur de simples amusements toujours à peu près les mêmes, et qui, par leur nature, remplissent peu avantageusement des moments que la reine aurait grand intérêt et toute possibilité d'employer d'une façon beaucoup plus utile. S. M. est venue régulièrement deux fois la semaine à Paris pour y voir les spectacles de l'Opéra (1) ou de la Comédie française; toutes les autres journées, à l'exception du dimanche, ont été remplies par quelque promenade ou partie de chasse, quelquefois avec le roi, mais plus souvent avec M. le comte d'Artois, qui a coutume de chasser le daim au bois de Boulogne, et qui a l'honneur de donner à déjeuner ou à dîner à la reine dans une petite maison de campagne située dans cet endroit. Les courses de chevaux ont été suspendues depuis le départ du duc de Chartres, qui en était un des principaux promoteurs. Malheureusement elles se trouvent très-mal remplacées par ces chasses au bois de Boulogne, auxquelles M. le comte d'Artois admet sans choix un nombre de jeunes gens qui ne forment point des entours convenables à la dignité de la reine. S. M. s'ennuie du séjour de Versailles, elle le trouve triste et désert; je lui ai fait observer que cet inconvénient tenait beaucoup aux arrangements de la reine, parce que ses déplacements continuels, et qui remplissent des journées entières, mettent tout le monde dans l'incertitude du moment où l'on pourrait faire sa cour. Le soir il n'y a que très-rarement jeu chez la reine, encore ces soirées ne sont-elles pas décidément marquées; il n'y a que les soupers dans les cabinets, mais c'est le hasard qui décide du choix des femmes qui y sont appelées, et cela ne procure point aux autres l'occasion de se montrer. Il s'ensuit de là que journellement il arrive moins de monde à Versailles, et que cela ira toujours en empirant, à moins que la reine ne se décide à tenir sa cour d'une façon plus stable et plus réglée.

Il est presque arrêté qu'il n'y aura point cette année de voyage à Compiègne. La reine voudrait qu'il y fût suppléé par plusieurs petits

---

(1) Marie-Antoinette assistait le 23 avril à la première représentation de l'*Alceste* de Gluck. Les marques d'approbation que donna la reine n'entraînèrent point le public; la pièce fut reçue froidement.

voyages de huit ou dix jours à Choisy ou mieux encore à la Muette, qui est à la porte de Paris. Il n'est pas douteux que, si la reine insiste, ces voyages auront lieu, quoique le roi n'y incline point du tout, en partie pour cause de la dépense, qui est toujours très-forte dans ces occasions, et en partie aussi parce que le roi se plaît de préférence à Versailles, qu'il dit être le seul lieu où il croit être chez lui.

La société intérieure ne présente à la reine ni variété ni grandes ressources. Elle voit dans quelques moments Mesdames ses tantes ; mais quoiqu'il n'existe depuis longtemps plus de brouilleries, il n'existe pas non plus, à beaucoup près, cette intimité nécessaire à rendre les liaisons intéressantes. Il en est à peu près de même à l'égard de Monsieur et de Madame ; leur façon d'être vis-à-vis de la reine paraît complaisante, même empressée, mais elle inspire réciproquement plus de défiance que d'aménité. Madame est assez constamment bien traitée, mais Monsieur éprouve souvent des froideurs très-marquées. Il ne s'en plaint ni ne se rebute, et c'est précisément cette politique douce qui offusque la reine et nourrit son éloignement. Je prends la liberté de lui représenter souvent qu'il serait de la prudence de ne point trop forcer sur cette situation si sèche et si réservée. Elle ne peut à la longue que répandre dans la famille de l'aliénation et du dégoût. M. le comte d'Artois est plus du goût de la reine, quoiqu'elle ait lieu de connaître journellement davantage ses mauvaises qualités ; mais le jeune prince a en sa faveur les promenades, les courses, les chasses, et ce sont de puissants moyens à se rendre agréable. Mme la comtesse d'Artois reste toujours dans son état de nullité, et n'a aucun moyen possible de plaire à la reine, qui la traite cependant avec une sorte de bonté.

J'ai depuis longtemps le malheur de ne prédire que trop juste à la reine les inconvénients que je vois se préparer, et je ne me suis pas trompé sur ceux que je lui avais annoncés lors de la nomination de sa surintendante. V. M. daignera se rappeler que, pour obvier à ces inconvénients, j'avais proposé dans le temps à la reine un règlement qui aurait tenu tout le monde dans les bornes de sa place. Ce règlement, d'abord agréé, fut rejeté ensuite sur les instances de la princesse de Lamballe, et il arrive maintenant que cette dernière, en multipliant ses prétentions et en voulant les soutenir avec hauteur, met en combustion une partie de la maison de la reine, qui réclame contre le despotisme de la surintendante. Il existe continuellement des disputes avec la dame d'honneur, avec la dame d'atours; sans cesse la reine est dans le cas de devoir décider, d'écouter des plaintes. S. M. en est excédée, son service se fait mal, et tout le monde est mécontent. La princesse de Lamballe, qui a presque toujours tort, perd insensiblement dans l'esprit de la reine, et je vois s'approcher le moment où S. M. aura des regrets et de l'embarras d'avoir rétabli dans sa maison une place très-inutile. Au reste le déchet de faveur de la surintendante ne tourne point au profit des autres dames du service; la reine n'a de confiance en aucune d'elles, et c'est ce qui leur rend d'autant plus sensibles les préférences qu'obtiennent les externes et particulièrement la comtesse de Polignac. J'étais parvenu à démontrer et même à convaincre la reine de toutes les raisons qu'elle aurait à ne pas trop se livrer à la dite comtesse, dont les rapports avec le comte de Maurepas m'ont paru plus que suspects; mais mes représentations n'ont produit qu'un effet momentané, et la reine est revenue à son goût pour sa favorite. Tout ce que je puis en cela, et ce que je fais, c'est d'éclairer de près la marche de cette dernière et de prévenir la reine de tout ce que j'y aperçois de dangereux. Quoique S. M. ait un peu diminué la fréquence de ses allées chez la princesse de Guéménée, il n'en reste cependant encore que trop, et c'est la plus fâcheuse habitude que la reine ait contractée, soit par le nombre et l'espèce de gens qui se trouvent chez cette princesse, soit par l'adresse qu'ils ont de tendre des piéges que la reinen évite pas. C'est dans cette société que se forgent les intrigues en tout genre, et que l'on y favorise tous les moyens de dissipation.

Le contenu de ma dépêche d'office prouve assez combien le crédit de la reine se soutient; mais il reste toujours à désirer qu'elle veuille en faire un usage plus utile et plus propre à s'assurer très-longtemps l'entière confiance et déférence du roi, son époux.

Le courrier mensuel m'ayant remis le 10 les ordres de V. M. en date du 30 avril, et l'abbé de Vermond étant venu me trouver le même jour, je lui remis les lettres adressées à la reine, qu'un rhume m'empêchait de porter moi-même à Versailles. V. M. daigne dans sa très-gracieuse lettre me faire mention d'un point, et j'ose le dire du seul point qui porte le plus grand détriment à tout ce qui intéresse la reine : c'est son goût pour la vie dissipée. Je ferai tout ce que mon zèle pourra me suggérer pour tâcher d'en sauver une partie des inconvénients, mais les moyens que l'on peut employer sont tellement subordonnés aux volontés de la reine que c'est de son bon esprit qu'il faut attendre les changements utiles et désirables.

XVII. — Mercy a Marie-Thérèse.

Paris, 16 mai. — Sacrée Majesté, Je ne puis ni ne dois dissimuler à V. M. que, depuis quelques semaines, les choses ont pris ici une tournure aussi contraire au vrai bien de la reine, qu'elle est désolante pour moi, et, dans les preuves qu'en donne ma dépêche d'office (1), V. M. daignera y observer des effets du crédit de la reine, lesquels pourraient un jour lui attirer de justes reproches de la part du roi son époux et même de la part de toute la nation. Dans l'affaire du comte de Guines le roi se trouve dans une contradiction manifeste avec lui-même. Par des lettres écrites de sa main au comte de Vergennes et au comte de Guines, lettres entièrement opposées l'une à l'autre, il se compromet, il compromet tous ses ministres au su du public, qui n'ignore aucune de ces circonstances, et qui n'ignore pas non plus que tout cela s'opère par la volonté de la reine et par une sorte de violence exercée de sa part sur le roi (2).

Le contrôleur général, instruit de la haine que lui porte la reine, est décidé en grande partie par cette raison à se retirer ; le projet de la reine était d'exiger du roi que le sieur Turgot fût chassé, même envoyé à la Bastille le même jour que le comte de Guines serait déclaré duc, et il a fallu les représentations les plus fortes et les plus instantes pour arrêter les effets de la colère de la reine, qui n'a d'autre motif que celui des démarches que Turgot a cru devoir faire pour le rappel du comte de Guines. Ce même contrôleur général jouissant d'une grande réputation d'honnêteté et étant aimé du peuple, il sera fâcheux que sa retraite soit en partie l'ouvrage de la reine. S. M. veut également faire renvoyer le comte de Vergennes, aussi pour cause du comte de Guines, et je ne sais pas encore jus-

---

(1) Voir la note au commencement de la pièce XVI.
(2) Le comte de Creutz, ambassadeur de Suède, écrivait à sa cour (12 mai 1776) : « La grâce que le roi vient de faire à M. de Guines en le nommant duc est l'ouvrage de la reine ; cette princesse s'est conduite dans cette affaire avec un secret et une habileté au-dessus de son âge ; elle n'a jamais dit un mot en public à M. de Guines pendant tout ce temps ; on croyait qu'elle l'avait abandonné, et tout d'un coup on vient de voir l'effet le plus éclatant de son crédit. On ne doute plus du pouvoir qu'elle a sur le roi. » Archives de Stockholm.

qu'où il sera possible de détourner la reine de cette volonté. V. M. sera sans doute surprise que ce comte de Guines, pour lequel la reine n'a ni ne peut avoir aucune affection personnelle, soit cependant la cause de si grands mouvements ; mais le mot de cette énigme consiste dans les entours de la reine, qui se réunissent tous en faveur du comte de Guines. S. M. est obsédée, elle veut se débarrasser ; on parvient à piquer son amour-propre, à l'irriter, à noircir ceux qui pour le bien de la chose peuvent résister à ses volontés ; tout cela s'opère pendant des courses ou autres parties de plaisir, dans les conversations de la soirée chez la princesse de Guéménée ; enfin on réussit tellement à tenir la reine hors d'elle-même, à l'enivrer de dissipation que, cela joint à l'extrême condescendance du roi, il n'y a dans certains moments aucun moyen de faire percer la raison (1). En comparant l'état du passé avec le présent, je dois croire et me flatte que tout ceci n'est qu'un orage qui se dissipera, car foncièrement le bon caractère de la reine, son esprit, les belles qualités de son âme subsistent dans leur entier ; j'en retrouve momentanément la preuve certaine, les effets de ces qualités ne sont que suspendus par des causes étrangères, mais tant que ces causes agissent, j'ai senti (et l'abbé de Vermond est dans le même cas) qu'il nous fallait user d'une grande prudence dans les moyens que nous tâchons d'employer de concert pour diminuer le mal et pour nous conserver la possibilité de le vaincre dans la suite. Nous avons vu dans ce moment de grande effervescence que la reine s'impatientait de nos remontrances, qu'elle cherchait à les éluder. La semaine passée, qui était l'instant où allaient s'exécuter ses projets, elle évita avec adresse que je pusse lui parler en particulier. Cela est toujours réparé pas des marques de la plus grande bonté ; mais nous nous trouvons, l'abbé et moi, dans une position à devoir régler notre zèle d'une façon à le rendre efficace pour l'avenir. Nous sommes en butte aux efforts et à l'odiosité de

---

(1) A l'occasion de ce procès du comte de Guines, les deux factions rivales, de Choiseul et du duc d'Aiguillon, se livraient un combat acharné. La cabale d'Aiguillon excitait l'opinion, jetant dans le public une quantité de libelles, de vers et de chansons, où le roi et surtout la reine n'étaient pas ménagés. Les amis de Choiseul qui entouraient la reine excitaient sa vanité, ses ressentiments contre d'Aiguillon. La faiblesse du roi l'empêchait d'arrêter toutes ces menées, qui venaient entraver les sages réformes promises par le commencement de son règne. Turgot, Malesherbes, des hommes qui auraient peut-être changé les destinées de la France, tout occupés de leurs grands projets d'avenir, tombaient faute d'avoir su se défendre contre ces misérables et stériles intrigues.

tout ce qui environne et cherche à séduire la reine ; nous n'avons de moyens que ceux de la persuasion et du résultat des mauvais effets que nous sommes dans le cas de prédire ; ce n'est que par la constance et la patience que nous pouvons remplir notre tâche ; elle serait manquée si nous forcions trop nos démarches. D'après cet exposé V. M. daignera conclure que le mal momentané laisse subsister l'espoir d'un changement favorable, et, sans pouvoir en prédire l'époque, j'en vois au moins la certitude dans le caractère de la reine. Après l'avoir informée de l'affaire relative à l'abbaye de Messines en Flandre, je suppliai S. M. à plusieurs reprises de s'occuper de cet objet, ainsi qu'elle l'avait promis à V. M. dans sa dernière lettre. J'ai été du depuis dans le cas de marquer un peu de surprise sur le défaut d'empressement de la reine à cet égard ; malgré cela, au moment où j'écris, elle ne m'a encore rien dit ni rien fait dire là-dessus, mais je tiens pour certain qu'elle rend compte aujourd'hui à V. M. de ce qui a trait à cette affaire.

La reine va de temps en temps chez le roi dans la matinée, mais cela n'arrive que dans les cas où elle veut le porter et le contraindre à prendre des résolutions auxquelles le jeune monarque répugne, et c'est encore un point sur lequel j'ai fort étendu mes représentations. Je dois croire (et tout semble l'indiquer) que la reine se trouve en position à devenir grosse, mais elle seule peut et doit sur cet article important en dire davantage à V. M. La reine a marqué la plus vraie et la plus tendre inquiétude lorsque inopinément la nouvelle arriva ici que V. M. était indisposée. La reine trouva mauvais que je ne lui en eusse pas rendu compte sur-le-champ, mais j'avais pour excuse de n'en avoir pas été informé par aucune voie.

Le prince de Starhemberg (1) m'ayant indiqué le secrétaire Franck pour correspondre avec le secrétaire d'ambassade Barré, ce dernier commencera, dans ce mois, à envoyer à Bruxelles toutes les nouvelles et gazetins qui se débitent dans Paris. J'ai

---

(1) Le prince de Starhemberg (voir la 2ᵉ note de la page 3, tome I) était ministre dirigeant des Pays-Bas autrichiens sous le prince Charles de Lorraine, gouverneur ; on se rappelle que les courriers entre Vienne et Paris passaient toujours à Bruxelles, et que diverses communications politiques arrivaient à Mercy par l'entremise du prince de Starhemberg, en qui Marie-Thérèse avait une particulière confiance. Les nouvelles à la main que demandait l'impératrice passaient aussi, comme nous l'avons vu dans nos dernières lettres du 13 avril et 16 mai, par Bruxelles.

déjà pris des mesures pour m'en procurer un bon nombre ; mais, à moins que le hasard ne me fasse découvrir les mêmes fabricateurs qui envoient leurs productions à Vienne, il sera impossible que V. M. reçoive les mêmes nouvelles : leur diversité et même leur contradiction servira au moins à prouver combien elles méritent peu d'attention et de croyance. Ces bulletins seront envoyés dans l'intervalle d'un courrier à l'autre ; je n'aurai guère qu'une observation générale à y ajouter : c'est que ces bulletins ne contiendront de vrai que ce dont V. M. trouvera les indications exactes et dénuées de toute exagération dans mes très-humbles rapports ; cependant, dans les cas qui me fourniraient quelques remarques à faire, je n'en omettrai aucune.

XVIII. — MARIE-THÉRÈSE A MARIE-ANTOINETTE.

Laxenbourg, le 30 mai. — Madame ma chère fille, Le remède pour le splin que vous me proposez si joliment pourrait bien m'entraîner à me laisser aller à cette vilaine incommodité et ne pas lutter contre, et le mot allemand que vous avez si bien tracé que j'ai encore reconnu la main de Mesmer (1), ne m'a pas fait moins de plaisir ; mais vous avez oublié les dessins de votre façon de vous mettre : on nous porte des extravagances trop fortes pour pouvoir croire que la reine, ma fille, en fasse de même. Je vous prie d'y ajouter encore comme les femmes d'un certain âge se portent ; ce n'est pas pour critiquer, mais je ne saurais croire que les gens raisonnables se portent comme on veut nous le persuader ici, et je veux défendre la nation française, et ne passer ces enfantillages qu'à la jeunesse, à laquelle il faut passer quelque chose. Ce que vous me dites sur l'affaire de Messines me marque l'empressement que vous avez à me complaire ; j'en sens tout le prix, mais les deux ministres font leur devoir de ne rien faire à la légère dans ce qui peut être du service du roi.

Je suis bien contente que vous n'avez point de part au changement des deux ministres (2), qui ont pourtant bien de la réputation dans le public et qui n'ont manqué, à mon avis, que d'avoir trop en-

---

(1) Joseph Messmer, directeur et recteur des écoles de Vienne, et qui avait enseigné à écrire en allemand à Marie-Antoinette.
(2) Turgot et Malesherbes.

trepris à la fois. Vous dites que vous n'en êtes pas fâchée : vous devez avoir vos bonnes raisons ; mais le public depuis un temps ne parle plus avec tant d'éloges de vous, et vous attribue tout plein de petites menées qui ne seraient convenables à votre place. Le roi vous aimant, ses ministres doivent vous respecter ; en ne demandant rien contre l'ordre et le bien vous vous faites respecter et aimer en même temps. Je ne crains pour vous (étant si jeune) que le trop de dissipation. Jamais vous n'avez aimé la lecture ni aucune application ; cela m'a donné souvent des inquiétudes. J'étais si aise vous voyant adonnée à la musique ; je vous ai si souvent tourmentée pour savoir vos lectures, pour cette raison. Depuis plus d'un an, il n'y a plus de question ni de lecture ni de musique, et je n'entends que des courses de chevaux, des chasses de même et toujours sans le roi, et avec bien de la jeunesse non choisie, ce qui m'inquiète beaucoup, vous aimant si tendrement. Vos belles-sœurs font tout autrement, et j'avoue, tous ces plaisirs bruyants où le roi ne se trouve pas ne sont pas convenables. Vous me direz : « Il les sait, il les approuve. » Je vous dirai qu'il est bon, et pour cela vous devez de vous-même être plus circonspecte, et lier vos amusements ensemble. A la longue vous ne pouvez être heureuse que par cette tendre et sincère union et amitié.

Le grand-duc et elle viendront le juillet ici, et la Marie et son mari aussi (1), je m'en fais une grande consolation. L'archiduchesse de Milan est enceinte ; on dit la comtesse d'Artois de même. Nous sommes depuis près de trois semaines à Laxenbourg, et j'avoue que je serai bien aise de retourner à Schönbrunn reprendre mon train ordinaire.

XIX. — Marie-Thérèse a Mercy.

Laxenbourg, le 31 mai. — Comte de Mercy, J'ai reçu votre lettre du 16 par le courrier Wolf, arrivé ici le 25 de ce mois. Je vois avec regret que les événements ne justifient que trop mes appréhensions sur le goût de ma fille pour des dissipations continuelles, nourries par la légèreté du comte d'Artois, qui réussit par ce moyen à se

---

(1) C'est-à-dire le grand-duc Léopold et sa femme et le duc de Saxe Teschen avec l'archiduchesse Marie-Christine.

soutenir dans les bonnes grâces de ma fille, tandis qu'elle traite avec froideur son frère, qui est trop adroit pour en marquer de l'humeur. Je connais tout le danger de la marche que ma fille va suivre, son ascendant sur le roi n'étant pas surtout soutenu par des motifs solides, et pouvant être aisément affaibli ou détruit par la vivacité dont elle cherche à faire entrer le roi dans ses idées mal digérées; ce qui vient d'arriver dans l'affaire du comte de Guines en donne un exemple frappant.

Je rends justice à votre zèle et à celui de l'abbé Vermond, et je suis très-convaincue qu'il n'y a pas de votre faute si vos remontrances ne font pas d'impression. Vu leur peu d'effet, je suis encore d'accord que, sans perdre ma fille de vue, vous adoptiez tous les deux vis-à-vis d'elle une espèce de réserve en retour de celle qu'elle vous marque, sans lui laisser cependant ignorer que vous ne sauriez jamais approuver toute démarche déplacée à laquelle elle se laisserait engager par sa légèreté ou par l'impulsion de ses favoris. Peut-être en éprouvant le désagrément de quelque faux pas, à moins que ce ne soit pour des objets de trop grande conséquence, deviendra-t-elle plus circonspecte et attentive à vos conseils. Par ce motif je ne crois pas qu'il y a du mal dans les tracasseries qu'elle s'est attirées par la nomination précipitée et mal arrangée de la surintendante. Je souhaiterais seulement qu'elle plaçât mieux la confidence qu'elle retranche à la surintendante. On dit qu'une comtesse de Tessé est encore fort avant dans les bonnes grâces de ma fille. Quel est le caractère de cette dame?

Je suis bien aise que l'excursion que le prince de Starhemberg va faire lui fournira le moyen d'avoir une entrevue avec vous. Il pourra vous rendre au mieux mes idées sur ce qui concerne ma fille, et comme sa façon de penser est analogue à la vôtre, je compte sur le meilleur effet des mesures que vous concerterez ensemble pour amener ma fille au point que nous souhaitons pour son bonheur et pour sa gloire.

On parle d'une nouvelle grossesse de la comtesse d'Artois, et même les gazettes l'annoncent, mais je m'en doute encore, parce que vous n'en marquez rien. Si cette grossesse est cependant réelle, la fécondité gagnera l'affection de la nation à la comtesse d'Artois malgré son état de nullité.

On dit que ma fille s'est intéressée au mariage du fils du duc de

Richelieu avec une fille d'une famille assez médiocre (1), et que le père n'en est guère content. Je voudrais savoir ce qui en est.

Le général Stein (2), ayant deux sœurs dans le chapitre au château de Châlons en Franche-Comté (3), m'a priée d'engager ma fille à porter le roi à conférer à ce chapitre quelque bénéfice ou autre bienfait. Je veux bien vous permettre de faire à cet effet quelque démarche auprès de ma fille, mais toujours avec cette réserve que je suis accoutumée à mettre dans toute recommandation en faveur des étrangers, surtout lorsqu'elle passe par le canal de mes enfants.

XX. — MARIE-ANTOINETTE A MARIE-THÉRÈSE.

Marly, le 13 juin. — Madame ma très-chère mère, Nous venons d'être bien inquiets pour le comte d'Artois. Sa rougeole, qui s'est décidée dès jeudi matin, nous a fait établir ici samedi. Il a été plus mal qu'on ne l'est ordinaire ; sa toux a été si forte qu'il a craché un peu de sang ; le mal de tête très-violent, et une fièvre assez considérable pendant plusieurs jours a fait craindre qu'il ne fût en danger. Tous les accidents ont cessé depuis hier ; il est à la veille de la convalescence, qui exigera bien des ménagements. La comtesse d'Artois, qui avance toujours heureusement dans sa grossesse, est restée à Versailles ; on l'a fait changer d'appartement, pour qu'elle fût à l'abri de la rougeole. Du reste son caractère tranquille lui a épargné bien de l'inquiétude, et on n'a pas eu de peine à lui cacher l'état de son mari. On compte qu'elle accouchera environ dans six semaines.

Comme tout le monde déménageait de Versailles, j'ai fait établir mon neveu à Trianon, chez moi. Nous avons eu un moment peur pour ma sœur Élisabeth ; elle a eu un mouvement de fièvre et de mal de tête, mais cela ne venait que d'une grosse dent, qui a percé ; elle est à cette heure avec nous, et se porte à merveille.

---

(1) Le duc de Fronsac, le fils peu aimé du maréchal de Richelieu, veuf en 1767 d'Adèle-Gabrielle de Hauteford, épousait en 1776 Marie-Antoinette de Galliffet (V. l'*Histoire des grands officiers de la couronne*, par le Père Anselme, édition de Courcy, tome IV, page 342). Voir le rapport suivant de Mercy, du 15 juin, pièce XXII.

(2) Charles Conrad de Stein, major général.

(3) Château-Châlons, près de Lons-le-Saulnier, était une ancienne et illustre abbaye de dames de l'ordre de Saint-Benoît. L'abbesse était princesse du Saint-Empire. Voir, pour plus de détails, l'ouvrage intitulé : *Les chapitres nobles de dames, Recherches historiques* par M. Ducas, 1843, pages 36 et suivantes.

Je n'ai pas pu avoir les dessins des coiffures lorsque le courrier est parti ; ma chère maman a dû les recevoir par le courrier du baron de Breteuil. Il en est de la coiffure pour les femmes d'un certain âge comme de tous les articles de l'habillement et de la parure, excepté le rouge, que les personnes âgées conservent ici, et souvent même un peu plus fort que les jeunes. Sur tout le reste, après quarante-cinq ans on porte des couleurs moins vives et moins voyantes, les robes ont des formes moins ajustées et moins légères, les cheveux sont moins frisés et la coiffure moins élevée.

Il est affligeant pour moi que ma chère maman croyait à mon désavantage des rapports souvent faux et presque toujours exagérés. Je ne devine pas ce qu'on entend par des petites menées non convenables à ma place : j'ai laissé nommer les ministres sans m'en mêler d'aucune manière ; j'ai dit avec franchise à ma chère maman que je n'étais pas fâchée du départ des autres ; c'est qu'ils mécontentaient presque tout le monde. Du reste ma conduite et même mes intentions sont assez connues et bien éloignées de menées et d'intrigues. Il peut y avoir des gens inquiets de ce qui se dit entre le roi et moi ; mais pour les satisfaire, je ne renoncerai pas à entretenir la confiance qui doit rester entre mon mari et moi ; j'espère d'ailleurs que l'opinion générale ne m'est pas si contraire qu'on l'a dit à ma chère maman. Mon goût pour la musique n'a pas cessé ; je m'en occupe aussi souvent et avec autant de plaisir. Jusqu'au voyage de Marly j'ai eu toutes les semaines un concert chez moi, où je chantais avec plusieurs personnes. J'ai repris depuis quelque temps les lectures de l'histoire romaine de Laurent Echard (1).

Il n'y a plus depuis deux mois des courses de chevaux. Le roi chasse deux fois la semaine à Saint-Hubert ; j'y vais souper très-exactement, et quelquefois je chasse avec lui. J'ai attention aux gens âgés, lorsqu'ils viennent me faire leur cour. Je conviens qu'il n'y en a beaucoup dans ma société particulière ; mais doit-on dire à ma chère maman qu'elle n'est composée que de jeunesse non choisie, pendant que ce sont des gens de naissance et qui occupent presque tous des places et sont de l'âge de trente-cinq à quarante ans et plus.

---

(1) Laurent Echard ou Eachard, historien anglais, né en 1671, mort en 1730. Il fit plusieurs ouvrages sur l'histoire romaine. Marie-Antoinette lisait sans doute son *History of Rome to Augustus*, dans la traduction de Daniel de La Roque et Desfontaines.

Je n'ai rien à dire contre mes belles-sœurs, avec qui je vis bien; mais si ma chère maman pouvait voir les choses de près, la comparaison ne me serait pas désavantageuse. La comtesse d'Artois a un grand avantage, celui d'avoir des enfants; mais c'est peut-être la seule chose qui fasse penser à elle, et ce n'est pas ma faute si je n'ai pas ce mérite. Pour Madame, elle a plus d'esprit, mais je ne voudrais pas changer de réputation avec elle.

J'ai fini mon jubilé il y a huit jours; je l'ai terminé en faisant mes dévotions en même temps que la dernière station; pour le roi, il en a encore trois à faire.

Je suis charmée de savoir que mon frère et ma sœur seront avec ma chère maman le mois de juillet. L'état de la reine m'inquiète: quand cela ne serait que des vapeurs, cela est toujours fâcheux à son âge. Ma chère maman trouvera peut-être mon apologie trop vive, mais il ne m'est guère possible d'être tranquille quand je vois des rapports comme ceux-là. Ma chère maman excusera ma sensibilité, si elle rend justice au désir que j'ai de lui plaire et de la satisfaire. J'y attache tout mon bonheur.

XXI. — Mercy a Marie-Thérèse.

Paris, 15 *juin*. — Sacrée Majesté, Depuis le 16 du mois passé jusqu'à ce jour tout a été à Versailles dans une si grande tranquillité, en tant que cela regarde la reine, que je me trouve aujourd'hui hors d'état d'exposer à V. M. des détails du genre de ceux qui forment communément la matière de mes très-humbles rapports. La cause de cette disette d'événements provient de la résolution que la reine a prise, dès le mois passé, de remplir les devoirs pieux qui ont été prescrits pour gagner le jubilé. S. M. a fait presque journellement les cinq stations de règle dans les principales églises de Versailles, et dans cet intervalle de temps elle s'est interdit la fréquentation des spectacles, les promenades ordinaires à Paris, et même toute espèce d'amusement d'une apparence trop publique, tels que le sont les courses de chevaux ou les chasses au bois de Boulogne. La reine s'est bornée à quelques promenades à cheval, à quelques concerts de musique exécutés dans l'intérieur de ses appartements, et S. M. s'est procuré en dernier lieu un nouvel objet d'amusement, qui est celui de la peinture d'après une méthode secrète qu'enseigne ici un artiste anglais, et d'après laquelle méthode on parvient en très-peu de leçons à copier les différents tableaux que l'on veut exécuter.

Les petits voyages à Saint-Hubert ont eu lieu alternativement une et deux fois la semaine ; ce n'étaient proprement que des parties de chasse, et le roi n'a point découché de Versailles. La reine n'a manqué aucune de ces promenades, ce qui a paru faire grand plaisir au roi. Les autres princes et princesses de la famille royale n'ont point été régulièrement de ces voyages, dans lesquels la suite de la cour a été très-peu nombreuse et uniquement composée des personnes qui forment le principal service de Leurs Majestés. Le roi et la reine faisaient une partie de jeu après souper et rentraient à Versailles vers minuit ou une heure.

Le cercle ordinaire chez la reine a eu lieu plus exactement, et le bon ordre dans la tenue de la cour a gagné pendant ces trois semaines proportionnellement à la diminution des objets de dissipation. J'ai saisi ce temps favorable pour rappeler, dans les audiences que m'a données la reine, plusieurs points intéressants au service de S. M., et elle a daigné écouter avec plus d'attention toutes les remarques que mon zèle a pu me dicter. S. M. a paru sentir et adopter quelques vérités importantes que je lui ai exposées, sur les moyens propres, même nécessaires, au maintien et au progrès de son ascendant sur l'esprit du roi, sur l'usage utile à en faire pour le bien de la chose, pour la gloire personnelle de la reine, et pour l'opinion que doit prendre le public de ses sentiments et de son crédit. Cette matière a donné lieu à d'assez longs détails ; je me suis particulièrement attaché à y déduire le genre de conduite qu'il serait utile à la reine de tenir vis-à-vis des ministres, lesquels, par leur état et par l'importance de leurs fonctions, devraient se trouver à l'abri de l'effet des insinuations intrigantes que les courtisans cherchent souvent à exercer contre eux, en vue de les forcer à accorder des grâces ou pour les faire repentir de leur refus. Ce texte m'a donné lieu de parler du comte de Maurepas, et j'ai fait voir à la reine que, malgré les inconvénients que peut avoir ce vieux ministre, il représente cependant aux yeux du public l'homme de confiance du roi, et que, dans cette position, il paraissait convenable d'user envers lui de quelque ménagement, ne fût-ce que pour éviter l'apparence d'un contraste entre les opinions du roi et celles de la reine, laquelle apparence pourrait seule causer des effets très-dangereux. J'analysai cette réflexion de même que celles que j'eus occasion d'exposer sur ce qui concerne le comte de Vergennes ; mais cet article se trouvant plus amplement déduit dans ma dépêche d'office, je crois devoir en supprimer ici les détails ultérieurs.

La dispute sur les droits de charge entre la surintendante, la dame d'honneur et la dame d'atours continue à causer à la reine des petits embarras dont il lui serait très-facile de se délivrer, si elle voulait marquer une volonté un peu décidée et ferme. A défaut de ce moyen les esprits s'échauffent, le service en souffre, la reine est importunée, et le désordre se répand dans toute sa maison. S. M. croit que l'absence que va faire la surintendante, en allant prendre les eaux de Plombières, dissipera les contestations, mais je suis bien assuré qu'elles ne seront que suspendues. Au reste, cet inconvénient n'est pas d'une bien grande conséquence, parce qu'il dépend de la reine de le faire cesser quand elle se décidera à prendre ce parti, à mesure que ses complaisances pour la princesse de Lamballe diminueront en proportion égale avec une sorte de crédit que cette dernière n'a pas le talent de se conserver.

La comtesse de Polignac est allée passer quelque temps à la campagne chez ses parents, mais son absence ne change rien au goût de préférence que la reine conserve pour cette dame. Elle lui écrit souvent, elle écrit de même au comte d'Esterhazy, qui se trouve actuellement à son régiment, et d'après ce que la reine me dit elle-même du contenu de ses lettres, je vois qu'elles contiennent des nouvelles de ce qui se passe à la cour, et que ces nouvelles sont souvent données avec une franchise dont il pourrait résulter de grands abus. Je n'ai point dissimulé cette remarque à la reine, parce que je ne crains pas qu'elle en attribue la cause à un mouvement de jalousie ou de retour sur moi-même : elle connaît la pureté et le désintéressement de mon zèle, et la justice qu'elle daigne lui rendre me laisse toujours l'espoir de l'employer avec des succès plus suivis et plus réels.

L'habitude d'aller passer des soirées chez la princesse de Guéménée s'est ralentie sans cependant avoir cessé tout à fait, mais la reine est maintenant bien prévenue et plus éclairée sur les dangers de la société de cette princesse, et j'ai moins de sujet d'en appréhender les effets.

Le courrier mensuel m'ayant remis le 10 les ordres de V. M. en date du 31 mai, et la cour ayant quitté Versailles le 8 pour cause de la maladie de M. le comte d'Artois, je me rendis le 11 au matin à Marly et y présentai les lettres adressées à la reine. Elle me parut prendre un air sérieux et réfléchi en lisant celle de V. M. Le reste de mon audience se passa ainsi que l'expose ma dépêche d'office.

Je ne dois point omettre ici un trait de conduite et de procédé de la reine qui a fait le meilleur effet dans le public. C'est qu'au moment où la rougeole de M. le comte d'Artois fut déclarée, la reine pensa d'abord de son propre mouvement à faire partir M. le duc d'Angoulême, et S. M. voulut qu'on logeât ce jeune prince au petit Trianon, qui appartient à la reine.

XXII. — Mercy a Marie-Thérèse.

Paris, 15 juin. — Lorsque j'écrivais mon très-humble rapport ostensible, la comtesse de Polignac était en effet chez ses parents, à la campagne; mais la reine a voulu que cette dame vînt à Marly, et mardi je l'y ai trouvée établie ainsi que le nouveau duc de Guines son ami; ils forment l'un et l'autre dans ce moment-ci la principale société de la reine. Le roi avait d'abord décidé qu'il ne voulait personne à Marly que le service de la cour : les dispositions furent faites en conséquence pour les tables; mais la reine n'ayant pas trouvé cet arrangement de sa convenance, elle l'a fait changer sur-le-champ, et il y a tous les soirs un souper de vingt-cinq personnes externes.

Mme Élisabeth avait été menacée de la rougeole, mais dès le surlendemain on eut lieu d'espérer qu'elle n'en serait point attaquée; cependant elle toussait encore, et malgré cela, la princesse de Guéménée voulut absolument la conduire à Marly, par la seule raison que ladite princesse craignait de se trouver éloignée de la reine dans un temps précieux et très-propre à l'attirer chez elle. Le coadjuteur de Strasbourg, qui est brouillé avec la princesse de Guéménée, se donne bien des mouvements pour se raccommoder avec sa parente, et son objet en cela est certainement de se procurer des occasions de s'insinuer auprès de la reine. J'en ai parlé à S. M., qui connaît assez le prince de Rohan pour se défier de ses menées; elles pourraient en effet devenir très-dangereuses, et comme le séjour à Marly pourrait durer au-delà du 28, et que l'assemblage de société qui s'y trouve réuni me cause de l'inquiétude, je me propose d'aller incessamment m'établir à une campagne très-près de Marly, pour être plus à portée de faire ma cour à la reine quand cela se pourra sans inconvénient, et pour pouvoir au moins savoir momentanément ce qui se passe par la voie de l'abbé de Vermond. Je ne suis retenu que par l'entrevue sur laquelle le prince de Starhemberg m'a déjà prévenu. Je m'y rendrai au lieu et au jour qu'il m'indiquera, et de concert avec lui il ne sera rien omis de tout ce qui pourra servir à remplir les vues et les ordres de V. M.

Je reviens maintenant aux articles de la très-gracieuse lettre de V. M., et je la supplierai d'abord de daigner se rappeler que j'ai annoncé la grossesse de Mme la comtesse d'Artois dans mon très-humble rapport séparé et secret du 17 de décembre de l'année dernière. Je n'ai plus rien rappelé du depuis sur cette circonstance, parce qu'elle fait ici si peu de sensation qu'on n'en parle pas. Ce silence part de l'aliénation du public envers M. le comte d'Artois, et la princesse son épouse, qui partage cet inconvénient, reste d'une tournure sous laquelle il est impossible qu'elle puisse jamais plaire à cette nation. On ne peut guère en effet réunir plus de disgrâce que n'en a cette princesse, laquelle n'a pas seulement pu parvenir encore à parler le français d'une façon qui ne soit pas choquante aux oreilles de ce pays-ci.

Relativement à la manière d'exercer mon zèle pour le service de la reine, j'observe bien exactement la forme et la mesure que V. M. daigne me prescrire. Dans les moments de grande prévention et de vivacité, après mes premières représentations, je garde le silence; mais aussitôt que la réflexion ramène la reine au désir de m'écouter, je répète mes raisons et je suis sûr d'avoir obtenu du bon esprit de S. M. qu'elle me sait gré de n'avoir jamais varié ni usé de complaisance dans les respectueuses représentations qu'exigent sa gloire et son utilité réelle. On s'est trompé en annonçant que la comtesse de Tessé avait quelque crédit auprès de la reine; la comtesse susdite, qui est une Noailles, est femme du premier écuyer de la reine; elle a de l'esprit et du penchant à l'intrigue, mais elle ne voit jamais la reine en particulier et S. M. ne l'aime point. La comtesse de Tessé est actuellement aux eaux de Plómbières avec la duchesse de Gramont, son intime amie, et laquelle dernière déplaît décidément à la reine, quoique sœur du duc de Choiseul.

Quant à la part que la reine a eue au mariage du fils du maréchal de Richelieu, V. M. aura maintenant reçu le détail très-faux de cette anecdote, qui faisait partie de celles que le secrétaire d'ambassade Barré a envoyées vers la fin du mois dernier à Bruxelles à la personne désignée par le prince de Starhemberg pour recevoir et faire passer les nouvelles courantes de ce genre, et à la fin de ce mois-ci il y aura un second envoi, dont je rassemble une partie des matériaux.

Je remplirai les ordres de V. M. relativement aux démarches à faire en faveur du chapitre de Château-Châlons, où les deux sœurs du baron de Stein sont chanoinesses. C'est par la protection de la reine qu'une de ces deux dames est actuellement abbesse du chapitre susdit, et je proposerai à S. M. quelques moyens dans l'ordre de ceux où sans inconvénient elle pourrait donner de nouvelles marques de ses bontés audit chapitre.

Il me reste à observer que la reine a été très-médiocrement affectée de la maladie d'abord dangereuse de M. le comte d'Artois, et j'ai vu plus clairement, ce dont je ne doutais pas, qu'aux liens d'amusement près la reine s'intéresse fort peu au prince son beau-frère.

XXIII. — MARIE-THÉRÈSE A MERCY.

Schönbrunn, le 17 juin. — Comte de Mercy-Argenteau, Noverre (1) va retourner en France, et j'ai bien voulu l'accompagner de cette lettre pour vous faire connaître ma satisfaction sur la conduite qu'il a tenue ici, et sur le bon effet que sa réforme a opéré dans notre théâtre, en le purgeant des façons quelquefois peu décentes de la danse italienne. Mais comme notre théâtre décheoit, que je ne m'en

---

(1) Le nom de Noverre a conservé une célébrité à laquelle n'eussent point suffi ses talents chorégraphiques, mais que justifient les heureux changements qu'il introduisit dans le ballet, en accord avec la réforme qui s'opérait sur la scène tragique. Les danseurs mirent des costumes appropriés à leur rôle. Les héros d'Homère ne parurent plus habillés en petits-maîtres, ni les héroïnes en robes à paniers. La réputation que s'était faite Noverre comme maître de ballet le fit appeler successivement à Berlin, Londres, Stuttgart et enfin à Vienne en 1770, d'où il alla passer quelque temps à Milan. Après son retour en France, dont nous trouvons ici la date, il dirigea jusqu'en 1780 la danse à l'Opéra. Compositeur de ballets, il réussit particulièrement, au gré de ses contemporains, dans le ballet pantomime, où il ne craignait pas d'aborder les sujets les plus tragiques, comme *Les Horaces*, *Médée*, etc. — En 1760 il avait fait paraître ses *Lettres sur la danse et les ballets*, qui offrent sur l'art théâtral des vues justes et ingénieuses.

mêle plus et qu'il est un peu exigeant, à l'exemple de ses compatriotes, j'ai trouvé à propos de le laisser partir. Je serais cependant bien aise si vous pouviez lui être utile, en parlant même sur son compte à ma fille, la reine, qui se souviendra encore des leçons qu'il lui a données, quoiqu'elle n'en a pas trop profité ici, ce qui pouvait déjà alors faire douter de son attention à des objets majeurs [faute d'application].

XXIV. — Marie-Thérèse a Mercy.

Schönbrunn, 30 *juin.* — Comte de Mercy, J'ai reçu votre lettre du 15 par le courrier la Montagne, arrivé ici le 24 de ce mois. Il serait à souhaiter que quelque peu plus d'ordre que la reine a mis dans son train de vie prît consistance; mais je n'ose guère m'en flatter, ne connaissant que trop son goût pour la dissipation et son éloignement de toute application. J'approuve les soins que ma fille a fait voir de loger son neveu le duc d'Angoulême au petit Trianon ; je suis sûre que, dans des occasions de cette nature, elle ne manquera guère aux impulsions de son bon cœur. C'est pour des objets majeurs dont il importe tant qu'elle s'occupe avec réflexion, en se prêtant aux avis que vous ne cessez de lui donner et dans lesquels je reconnais toujours les effets de votre zèle, aussi pur qu'éclairé.

L'apparition de la comtesse de Polignac à Marly, et le changement que ma fille a opéré dans le système établi par le roi pour la façon de vivre dans ce séjour-là, sont de nouvelles preuves combien elle tient à ses inclinations et volontés. Sa correspondance avec ce comte d'Esterhazy est tout à fait déplacée, et je crains qu'elle n'y mêle beaucoup de traits indiscrets.

Je vous avoue de ne pas être sans inquiétude sur les menées du coadjuteur prince de Rohan. Il s'est fait assez connaître ici par son caractère souple, enjoué, complaisant et même endurant, d'ailleurs tout porté pour les plaisirs et dissipations. C'est souvent le moyen de réussir sans avoir du mérite et même de bien mauvaises qualités. Vous savez combien de partisans il s'est fait ici ; serait-il surprenant qu'il ait le même succès en France ?

Quoique ma fille dise qu'elle ne souhaite pas de voir le duc de Choiseul rentrer dans le ministère, je me doute fort de la sincérité de ce propos. Vous serez d'ailleurs, je crois, persuadé qu'un ministre du caractère de Choiseul ne saurait convenir à nos intérêts dans les circonstances actuelles.

Ce que je vous ai mandé en faveur du chapitre de Château-Châlons ne s'étend qu'au cas de la vacance de quelques bénéfices, dont le roi est accoutumé à disposer pour le soutien des communautés religieuses qui se trouvent peu à leur aise. C'est encore avec la réserve ordinaire que vous devriez vous intéresser pour ledit chapitre, sans en faire une affaire.

[Du Châtelet conviendrait encore moins que Choiseul même. Breteuil me paraît convenir; je le trouve très-estimable, vrai et beaucoup de talent; vous aviez raison en lui accordant votre suffrage.]

[La correspondance avec ce freluquet d'Esterhazy est bien humiliante.]

XXV. — Marie-Thérèse a Marie-Antoinette.

Schönbrunn, 30 *juin*. — Madame ma chère fille, J'avoue, la rougeole du comte d'Artois m'inquiète; elle s'étend plus que la petite vérole dans les familles. Je ne sais si le roi l'a eue. Pour Mme Élisasabeth, je ne doute pas qu'elle la gagnera. Pour vous je ne crains rien, pourvu que vous ne les approchiez trop tôt. Avant quatre semaines on n'en est jamais sûr; les suites en sont souvent plus mauvaises que celle de la petite vérole pour les yeux et surtout pour la poitrine, et c'est ce que je craindrais le plus pour vous; vous étiez déjà attaquée avec violence une couple de fois de rhumes violents qui proviennent d'échauffement et affaiblissent la poitrine. Je suis toujours aise quand j'entends qu'on vous donne du lait. Je ne trouve nullement votre apologie trop vive, j'en suis enchantée, mon cœur est toujours d'accord avec vous et ne croit qu'avec peine ce qui pourra être contre vous; mais je crois devoir en mère et amie vous avertir de ce qu'on dit, pour vous tenir en garde au milieu d'une nation si légère et si flatteuse. Vous avez besoin, ma chère fille, d'une amie telle que moi. Je suis bien aise que vous continuez la musique et la lecture, ressources nécessaires, mais surtout pour vous. J'avoue, les dessins des parures françaises sont bien extraordinaires; je n'ai pu croire qu'on les porte ainsi, et moins encore à la cour. Ce que vous avez fait pour votre neveu vous ressemble; vous ne manquerez jamais dans ces sortes d'occasions, j'y reconnais l'esprit et le cœur de ma chère Antoinette.

Aujourd'hui en quinze jours arriveront mes enfants de Toscane et ceux de Presbourg ensemble ; j'irai à leur rencontre à Laxenbourg, craignant plus loin le chaud et la poussière, pour ne pas gagner encore un rhume. Je vous charge de remercier le roi d'avoir voulu finir les affaires de Messines avec tant de promptitude que d'attention pour moi. Je vous en ai toute l'obligation : par là l'établissement pieux pourra avoir lieu, ce qui me tenait à cœur ; à mon âge on ne peut compter à des années, mais ma tendresse ne finira qu'avec mes jours. Pour vous toujours.

P. S. L'abbé Thermes compte se rendre à Paris et vous voir, je vous en préviens : il n'a ni lettre ni commission de moi.

XXVI. — Marie-Antoinette a Marie-Thérèse.

14 juillet. — Madame ma très-chère mère, Nos rougeoles sont finies le plus heureusement du monde : celle du comte d'Artois a été plus effrayante d'abord, il avait une toux si violente et si continuelle qu'il en a craché le sang ; il est parfaitement rétabli. La rougeole de Monsieur a été beaucoup moins forte et n'a donné aucune inquiétude ; cependant il n'est pas si bien rétabli que le comte d'Artois, et on lui a fait prendre du lait, qui ne lui a pas réussi. Nous sommes restés à Marly non-seulement pendant la rougeole de mes frères et leur convalescence, mais jusqu'à ce qu'il n'y eût plus de rougeole à Versailles, où il y en avait eu beaucoup ; par ces précautions, une médecine et le régime que le roi a observé, il a été préservé et sa santé est très-bonne.

Nous attendons incessamment l'accouchement de la comtesse d'Artois ; sa santé a été très-bonne pendant toute sa grossesse, excepté que depuis quelques jours elle se plaint de quelques douleurs ; c'est ce qui fait croire qu'elle ne tardera pas d'être délivrée.

Mme Chabrillant, fille de M. d'Aiguillon, est morte à Aiguillon, où elle était allée voir son père. Dès que j'ai su qu'elle était en danger, j'ai trouvé que si M. d'Aiguillon venait à perdre sa fille, il serait inhumain de l'obliger à rester dans l'endroit où sa fille serait morte. J'ai demandé au roi de lui laisser la liberté d'aller partout où il voudrait, excepté la cour ; le roi me l'a accordé.

M. de Starhemberg est venu auprès de Paris, sa femme a passé six ou sept jours dans la capitale ; quoique ce ne soit pas par eux que j'ai appris qu'ils étaient si près, je les ai fait inviter l'un et l'autre par M. de Mercy pour venir nous voir à Marly (1). Je désirerais fort de voir le mari à cause de la confiance que ma chère maman a en lui. J'ai été fâchée qu'ils n'aient pas cru pouvoir répondre à mon invitation.

Je verrai l'abbé Thermes (2), puisqu'il vient de Vienne ; mais comme ma chère maman ne lui a donné ni commission ni lettre, je crois que je pourrais me dispenser de faire conversation avec lui.

Je suis bien charmée que ma chère maman ne s'expose pas au voyage pendant les chaleurs, quoiqu'elle ait un grand plaisir à voir ses enfants ; il vaut bien mieux que ce soit un jour plus tard que d'exposer une santé qui nous est si chère et si utile à ses peuples. A moins que le grand-duc ne craigne de trop déranger l'éducation de ses enfants, je ne vois pas comment il a pu se décider à n'en pas amener. Je crois que pour leur santé ils auraient bien supporté le voyage, ma nièce ayant déjà neuf ans et demi.

La décision de Messines m'a fait plaisir ; la complaisance du roi ne m'en fera jamais tant que dans les occasions qui ont rapport à ma chère maman.

Je sens bien l'avantage et la bonté extrême de ma chère maman de vouloir me traiter en amie ; c'est mettre le comble à tout ce qu'elle a fait pour mon établissement et mon éducation. Je ne crains que de n'être pas assez digne d'elle, si ce n'est par le cœur, le respect, la tendresse et la reconnaissance.

---

(1) Marie-Antoinette écrivit à ce propos à Mercy le billet suivant : — « L'abbé m'apprend, monsieur le comte, que M. et Mme de Starhemberg sont auprès de Paris, et ne comptent pas venir me voir. J'en serais bien fâchée ; soyez, je vous prie, mon ambassadeur ; faites mes compliments à l'un et à l'autre, et assurez-les qu'ils me feront grand plaisir de venir à Marly, où la rougeole de Monsieur nous retiendra encore trois semaines. — J'espère, monsieur le comte, que vous ne doutez pas de mes sentiments pour vous. — Ce samedi. »

(2) L'abbé Jean-Baptiste de Terme, chanoine à la cathédrale de Saint-Étienne à Vienne, avait été catéchiste et confesseur de Marie-Antoinette avant son départ pour la France. Elle n'avait point eu beaucoup de confiance en lui, et avait désiré qu'il ne l'accompagnât pas dans son voyage de France. Une note de Vermond à Mercy nous montre la reine peu disposée à recevoir cet abbé pendant le court séjour qu'il fit en France.

XXVII. — Marie-Thérèse a Mercy (1).

16 juillet. — Comte de Mercy, Vous adresserez toutes ces lettres à notre secrétaire à Madrid et n'arrêterez que peu de jours ce courrier; il porte l'heureuse arrivée de mes enfants de Toscane (2), de même du prince Albert et de son épouse en bonne santé, mais tous maigris. Ma fille Marie ne peut assez se louer du roi et de la reine de Sardaigne et de la princesse de Piémont (3); si vous croyez pouvoir en faire un bon usage, vous le pouvez. Autre chose était avec la Carignan, qu'elle trouve pourtant aimable (la vieille) (4). Mes enfants de Toscane ne s'arrêteront que jusqu'au 9 septembre, et l'empereur part le premier d'août pour les camps jusqu'au 1er octobre. Le prince, notre prince Kaunitz, est entièrement remis et vient d'avoir la satisfaction d'avoir fini glorieusement l'affaire des limites avec les Turcs (5).

J'ai cru devoir écrire quelques lignes à la reine; je suis curieuse comme vous aurez trouvé Starhemberg et comme lui vous aura trouvé.

XXVIII. — Mercy a Marie-Thérèse.

Paris, 16 juillet. — Sacrée Majesté, La rougeole de Monsieur ayant déterminé la cour à prolonger son séjour à Marly jusqu'au 11 de ce mois, la reine a dû supporter cette petite contrariété, qui en est une pour elle par le peu de goût que S. M. a toujours eu pour Marly. Cependant dans ce voyage il s'y était réuni un nombre de personnes agréables à la reine, nommément la comtesse de Polignac, le duc de Guines, le duc de Coigny et même le baron de Besenval, parce que le hasard fit que c'était au tour de cet officier à commander la compagnie des gardes suisses. Il y avait déjà longtemps que la faveur de

---

(1) Pièce entièrement autographe.
(2) Le grand-duc Léopold et sa femme, fille du roi d'Espagne.
(3) Victor-Amédée et Marie-Fernande, princesse d'Espagne, et la princesse Marie-Clotilde, sœur de Louis XVI.
(4) Christine-Henriette de Hesse-Rheinfels, née en 1717, mère de la princesse de Lamballe.
(5) C'est l'arrangement par lequel la Turquie cédait à l'Autriche la Bukowine, petite province située au nord-ouest de la Moldavie.

ce dernier était presque évanouie, mais elle commençait à reprendre un peu à Marly. Je ne présume pas cependant que cela ait ni suites ni conséquences, et j'en juge par le nombre et par les degrés d'affection qui dans les temps présents occupent la reine. Comme ce n'est qu'un pur agrément de société qui fait naître ces affections, et qu'elles ne tiennent d'ailleurs ni ne peuvent tenir à aucun principe raisonné d'estime ou de confiance, et que tous ces favoris et favorites ne restent pas longtemps sans laisser apercevoir leurs vues d'intrigues personnelles, je ne suis pas fort en peine sur les moyens d'arrêter leurs progrès en dessillant les yeux de la reine sur leur compte, et c'est à quoi l'abbé de Vermond et moi nous portons l'attention la plus suivie; il ne nous reste que le danger des surprises du moment. Dans ce dernier séjour à Marly j'en craignais de plus essentielles qu'elles ne l'ont été en effet. Je me suis tenu presque tout le temps à une campagne (1) située à une lieue de la cour; j'y ai été à différentes reprises. L'abbé de Vermond est venu passer des journées avec moi, et de cette façon tout ce qui pouvait avoir rapport à la reine a été surveillé avec autant de suite que d'attention. Ce fut dans cet intervalle que le prince et la princesse de Starhemberg sont venus passer quinze jours chez une de leurs amies à une campagne à quatre lieues de Paris. Je m'y rendis aussitôt que je fus informé de l'arrivée du prince; mais, contre mon attente et mon désir, il persista absolument à ne vouloir aller ni en ville ni à la cour, et il s'en tint strictement dans les bornes de la permission qu'il avait demandée et obtenue de V. M. de faire une simple promenade pour sa santé. Cependant à peine le prince de Starhemberg était-il arrivé à Boissy que la reine en fut informée, ainsi que du projet du prince de ne paraître ni à Paris ni à la cour. S. M. m'écrivit en conséquence le billet ci-joint, qui me donna lieu à presser le prince de Starhemberg de se prêter à l'invitation de la reine; mais je ne pus rien obtenir à cet égard, et je fus chargé de rendre compte à la reine des excuses motivées et des regrets que le prince avait de ne pas pouvoir se mettre aux pieds de S. M.

Ma dépêche d'office contient les détails relatifs à la levée de l'exil du duc d'Aiguillon, et mes recherches sur les circonstances de ce fait me donnèrent lieu à découvrir que la comtesse de Polignac et le duc

---

(1) Mercy avait une résidence à Chenevières entre Marly et Saint-Germain.

de Guines avaient déterminé la reine à prendre cette résolution. Lorsque j'en parlai à S. M., elle en convint sur-le-champ, elle daigna même me dire toutes les raisons qui lui avaient été exposées par les deux personnages susdits, et je vis que la raison déterminante avait consisté à persuader la reine que peut-être sans son aveu le duc d'Aiguillon, à la suite de la mort de sa fille, pourrait obtenir sa liberté entière; qu'en conséquence il était de la bonne politique que la reine demandât elle-même la grâce du duc d'Aiguillon, en se faisant cependant donner la parole du roi que cet ex-ministre ne reparaîtrait jamais à la cour. Je trouvai la reine fort persuadée de l'adresse et de la sagacité de ce conseil; mais sa surprise fut grande lorsque je lui fis voir la loucherie et la mauvaise foi qui avaient dicté ce même conseil. J'en tirai mes conclusions ordinaires, qui sont que la reine est manifestement induite en erreur et en quelque façon trahie par la comtesse de Polignac toutes fois et quantes cette dernière peut employer sa faveur à se faire valoir auprès du comte de Maurepas. Quant au duc de Guines, il existait déjà des indices que cet ambitieux courtisan cherchait à se rapprocher du principal ministre; ainsi il en avait saisi un moyen efficace en s'employant pour le duc d'Aiguillon, d'ailleurs son plus grand ennemi. J'observai que dans un temps j'avais moi-même sollicité en faveur du duc d'Aiguillon, qu'alors la reine n'avait mis aucunes bornes à ses vivacités et à ses déclarations trop publiques, même trop sévères. Je rapprochai les circonstances et les motifs de mes raisons, et je les comparai avec celles pour lesquelles S. M. s'était laissé persuader. Tout cela me conduisit à des remarques essentielles sur les entours de la reine, et il me parut que j'étais écouté avec quelque attention.

Dans une autre occasion où j'allai faire ma cour à la reine, je la trouvai vivement inquiète et alarmée de la nouvelle qu'elle venait de recevoir que la princesse de Lamballe était attaquée de la rougeole à Plombières. Cet accident avait réveillé toute l'affection de la reine pour sa surintendante, et j'eus lieu de voir ce sentiment beaucoup plus marqué que je ne l'aurais imaginé. Cela ne me fait pas néanmoins changer d'opinion sur la décadence du crédit de la princesse de Lamballe, et quoiqu'elle eût ses grands inconvénients, j'en suis presque à désirer que sa faveur reprît un peu plus de consistance aux dépens de celle de la comtesse de Polignac, qui est plus dangereuse pour sa tournure et ses vues.

Quant aux occupations de la reine à Marly, elles ont été à peu près les mêmes qu'à Versailles : beaucoup de promenades à cheval et à la chasse avec le roi, deux voyages à Saint-Hubert par semaine; il y a eu aussi un petit voyage à Bellevue, où Mesdames ont donné à souper au roi et à la reine. Dans cette occasion Mesdames ont marqué les attentions les plus recherchées à la reine, entre autres celle de faire inviter à ce souper la comtesse de Polignac, qui cependant ne profita pas de cette faveur, parce que la maladie d'un de ses parents l'avait obligée d'aller ce jour-là à Paris.

On a remarqué avec quelque surprise combien peu la reine s'était occupée de la maladie, d'abord assez vive, de M. le comte d'Artois. Je pris la liberté de parler de cette remarque à S. M., et elle avoua tout naturellement qu'elle ne prenait aucun intérêt au prince son beau-frère, que, liée avec lui par des occasions de pur amusement, toute amitié cessait avec ces mêmes amusements, parce que le jeune prince n'avait aucune qualité qui pût lui concilier plus d'affection. Je suppliai la reine de garder cette réflexion pour elle seule, et je redoublai d'instances pour obtenir de S. M. qu'elle ne s'expliquât pas avec tant de franchise sur le peu de cas qu'elle fait de Monsieur. Lorsque ce prince tomba malade, la reine s'était permis sur lui quelques propos qui donnaient à connaître qu'elle serait peu touchée de tout ce qui pourrait arriver à Monsieur. Il est vrai que le roi, de son côté, n'a pas donné dans cette occasion la moindre marque d'affection pour les princes ses frères.

Après que la santé de M. le comte d'Artois a été entièrement rétablie, la reine lui a permis de l'accompagner à plusieurs promenades qu'elle a faites à Paris pour voir les spectacles de l'Opéra et de la Comédie.

Le courrier mensuel étant arrivé ici dans la nuit du 9 au 10, je dus laisser passer la journée du mercredi, parce que je savais que la reine employait toute cette journée à chasser, à dîner et même à souper dans la forêt de Marly. Le jeudi 11 je me rendis à Versailles, où la cour devait revenir le soir; mais la reine était restée à Trianon, où elle devait souper avec trois ou quatre dames, de façon que je fus obligé de laisser à l'abbé de Vermond les lettres qui étaient adressées à S. M., et de remettre jusqu'après le départ du courrier l'audience que j'avais espéré d'obtenir.

Relativement à ce que V. M. daigne me marquer dans sa très-gracieuse lettre sur le degré de protection que la reine pourrait accorder au chapitre de Château-Châlons, je me tiendrai strictement à cet égard dans les bornes prescrites, selon les circonstances qui pourront survenir.

XXIX. — Mercy a Marie-Thérèse.

Paris, le 16 juillet. — Je ne puis pas dissimuler que c'est avec le plus grand regret que j'ai vu le prince de Starhemberg invariable dans sa résolution de ne point paraître à la cour, et je ne dois point cacher à V. M. que j'ai tâché, autant que possible, d'exciter la reine à tous les moyens qui auraient pu engager le prince à donner un peu plus d'essor à son séjour dans ce pays-ci. Il y aurait vu les choses avec des yeux accoutumés à voir très-juste. Il les aurait rendues avec la précision de son bon esprit; V. M. en aurait eu de la satisfaction, et moi de la tranquillité. Cet avantage n'ayant point eu lieu, j'ai cherché au moins d'y suppléer autant qu'il était en mon pouvoir, et pendant quatre journées que j'ai passées avec le prince de Starhemberg dans des entretiens suivis de cinq et six heures, je suis bien sûr de ne lui avoir point omis sur le chapitre de la reine la moindre circonstance, même jusqu'aux détails les plus variés et les plus minutieux, tels enfin que l'on peut les exposer verbalement, et qu'il serait presque impossible de les rendre par écrit. Après l'exposition la plus complète des faits, nous nous sommes attachés à examiner trois points :

1° La position actuelle de la reine vis-à-vis du roi, de la famille royale, vis-à-vis de la nation, l'étendue du crédit, du pouvoir de cette auguste princesse, les charmes de sa figure, de son esprit, et les avantages qui en dérivent.

2° Nous avons réfléchi sur les bases trop peu solides encore de ce crédit et pouvoir de la reine, sur les vicissitudes qu'elle peut éprouver par l'enchaînement des événements, sur son caractère, ses habitudes et sur les suites que peuvent produire l'un et l'autre.

3° De là, nous sommes venus au point le plus essentiel de tous, qui est la recherche des moyens possibles à employer pour persuader la reine à adopter et suivre le plan de conduite le plus convenable à sa gloire et à son utilité. Pour déterminer cette question il fallait combiner bien des circonstances, celle du goût de la reine pour l'indépendance, de sa répugnance à être gouvernée, de la connaissance qu'elle a de sa supériorité sur le roi, de la certitude où elle est qu'il n'existe aucune autorité active possible à opposer à ses volontés. Il fallait joindre à cela les effets de la vivacité de la reine, qui ne lui permet pas de calculer au delà du moment présent, bien moins de porter ses réflexions sur un avenir possible.

Cette matière ayant été bien discutée, le prince de Starhemberg m'a paru en venir de lui-même à l'idée que je me suis formée depuis longtemps, et qui est que rien de bien essentiel ne, périclitant pour le moment, il faut s'attendre que l'esprit de la reine, naturellement bon et juste, mûrira nécessairement à l'aide de quelques années, qu'un peu d'expérience et des contrariétés qui résulteront de la nature des choses mêmes rendront le caractère de cette auguste princesse plus flexible, et la conduiront enfin au point désirable par une voie plus ou moins longue, qu'en attendant l'office de l'abbé de Vermond et le mien doit consister à écarter autant qu'il est dans notre pouvoir les inconvénients, à y remédier ou à les diminuer quand ils arrivent, à présenter constamment à la reine des vérités simples, à les lui exposer avec patience, avec respect, mais surtout avec la preuve d'un zèle pur et uniquement occupé de sa gloire. Quant à ce point, nous jouissons, l'abbé de Vermond et moi, de l'avantage que la reine nous rend pleine et entière justice.

Pour faire impression à la reine, les moyens les plus efficaces et les plus essentiels seront toujours les avis que V. M. jugera à propos de lui donner selon les conjonctures, et ses hautes lumières régleront ces avis de manière à ce que la reine ne puisse saisir des échappatoires, ce à quoi cette auguste princesse a une étonnante sagacité, pour peu qu'elle aperçoive jour à en faire usage.

Le prince de Starhemberg s'étant chargé de rendre à V. M. un compte plus détaillé et raisonné sur ces différents points, je ne les cite ici que légèrement, et j'en reviens à quelques faits qui concernent la reine. Sa fantaisie pour les bijoux n'étant point encore satisfaite, S. M. vient en dernier lieu de se donner des bracelets de diamants; quoiqu'ils ne soient pas encore évalués, je juge que ce sera un objet de près de cent mille écus. La reine a donné en échange des pierreries que les bijoutiers ont reçues à bas prix; il a fallu pour le surplus donner en argent des à-compte considérables. Cette emplette s'est décidée par tentation de la part des entours de la reine, et par protections accordées à quelques joailliers. Les bracelets étaient faits sans que l'abbé de Vermond ni moi eussions le soupçon qu'ils fussent commandés, parce que dans ce genre d'objets il est presque impossible d'être instruit à temps ; mais il a fallu que la reine en vînt à calculer l'état de ses finances, et c'est alors que les embarras se sont manifestés. Il s'est trouvé qu'outre l'ancienne redevance de cent mille écus pour les boucles d'oreilles, S. M. devait encore cent mille francs de plus, et qu'il ne restait rien en caisse pour les dépenses courantes. D'après cette position forcée, la reine, quoiqu'avec une répugnance extrême, se décida à demander au roi deux mille louis. Le monarque reçut cette proposition avec sa complaisance ordinaire ; il se permit seulement de dire en douceur qu'il n'était point surpris que la reine fût sans argent, vu le goût qu'elle avait pour les diamants. Après cette remarque les deux mille louis furent donnés le lendemain.

L'abbé de Vermond, en mettant sous les yeux de la reine un projet pour rétablir l'ordre dans sa dépense, lui a fait les plus fortes représentations sur la nécessité de ne point se mettre dans le cas des demandes trop fréquentes d'argent, et j'ai lieu de croire que ce dernier embarras aura fait d'autant plus d'impression sur la reine qu'elle est naturellement plus portée à l'économie qu'à dissiper, et que ce n'est que par inadvertance et pour acquérir des objets de fantaisie qu'elle s'est écartée dans ces derniers temps de sa réserve ordinaire sur l'article de la dépense.

Les inquiétudes que V. M. daigne me témoigner dans sa très-gracieuse lettre sur les intrigues du prince de Rohan n'étaient pas sans fondement. Ce coadjuteur s'étant parfaitement raccommodé avec la princesse de Guéménée, en obtint que celle-ci se chargerait de remettre une lettre à la reine, dans laquelle lettre le coadjuteur la suppliait de lui accorder une audience. Heureusement la lettre, sous un vernis de respect, avait un coin de morgue et de reproche qui choqua la reine. L'abbé de Vermond et moi fîmes le possible pour décider S. M. à déclarer nettement qu'elle n'avait pas d'audience à donner au coadjuteur ; mais la reine prit un parti moins positif, et sur les instances réitérées de la princesse de Guéménée la reine, sans accorder ni refuser, prétexta tantôt une occupation, tantôt une promenade, de façon qu'enfin le coadjuteur fut obligé de partir pour Strasbourg sans avoir eu d'audience. J'ai vu encore dans cette occasion combien la fréquentation de Mme de Guéménée est dangereuse pour la reine, et c'est sans contredit un des points auquel je désirerais le plus qu'il y eût moyen d'apporter remède.

Quant à la façon de penser de la reine sur le duc de Choiseul, je crois en être bien certain ou tout au moins que, dans le moment présent, S. M. ne le voudrait point dans le ministère. Je me flatte également qu'elle a perdu toutes ses idées sur le comte du Châtelet. Ainsi que je l'expose dans ma dépêche d'office d'aujourd'hui, il resterait, dans le cas d'une retraite du comte de Vergennes, de ramener la reine à ses premières dispositions favorables pour le baron de Breteuil, et c'est à quoi je m'occuperai suivant les circonstances.

XXX. — Marie-Antoinette a Marie-Thérèse.

Ce 26 juillet. — Madame ma très-chère mère, Le courrier qui va à Madrid m'a fait deux grands plaisirs : celui d'avoir des nouvelles de ma chère maman, et celui de savoir l'arrivée de mes frères et sœurs.

Mme de Matignon m'a comblée de joie en me parlant de toutes les bontés que ma chère maman a eues pour elle. Je l'ai trouvée bien maigrie ; elle souffre beaucoup de son estomac ; je crois que c'est un reste de lait, et j'espère qu'elle se remettra bientôt ici. C'est un grand mérite à son père de réussir si bien à Vienne, ayant trouvé beaucoup de préventions contre lui ; son succès me fait grand plaisir. Ma tante Adélaïde m'a priée de recommander à ma chère maman une affaire pour laquelle elle réclame ses bontés ; je ne lui détaillerai pas cette affaire, ma tante doit lui en écrire elle-même.

Le prince de Ligne m'a présenté une supplique dont je n'ai pu lui refuser de parler à ma chère maman. Il a plusieurs biens en France, et il est au moment de gagner un procès qui lui assurera ceux qui lui sont contestés. Il craint avec raison de n'être pas à la suite le maître d'en jouir hors de France ; il désirerait établir son second fils (1) en France, mais avant de ne se rien permettre là-dessus, il sent bien qu'il a besoin de la permission de ma chère maman pour

---

(1) Le prince Louis Lamoral de Ligne, était né en 1766. Il ne semble pas que le projet de Marie-Antoinette ait eu de suites, car il fut colonel au service d'Autriche, qu'il quitta pour s'établir à Bruxelles, où il mourut, en 1813. Le prince de Ligne actuel est son fils.

cela, et m'a priée de la lui demander. Si elle a la bonté de le permettre, j'en serais bien aise, et je prendrais cet enfant dans mon régiment jusqu'à ce qu'il pût être mieux.

Le voyage de l'empereur me fera le plus grand plaisir, dans quelque temps qu'il arrive ; mais il aime peu les bals et les spectacles, et le carnaval sera le temps le moins propre de tout voir et de tout examiner comme il en a le goût. Je profite du courrier qu'on renvoie au baron ; je ne veux pas le retarder, et je me borne à renouveler à ma chère maman mon respect et ma tendresse.

XXXI. — Marie-Thérèse a Mercy.

Schönbrunn, 31 juillet. — Comte de Mercy, J'ai reçu votre lettre du 16 par le courrier Gergowitz, arrivé ici le 25 de ce mois. Starhemberg m'a fait un rapport détaillé de son entrevue avec vous. Dans les mesures que vous avez concertées sur la conduite à tenir vis-à-vis de ma fille, je trouve des nouvelles preuves de votre zèle et discernement ordinaire. Toute jeune que ma fille était à son départ d'ici, j'ai reconnu dans son caractère beaucoup de légèreté, d'inapplication, d'obstination à faire sa volonté, avec autant d'adresse d'éluder les remontrances qu'on voudrait lui opposer. L'effet fait voir que je ne me suis pas trompée dans mon jugement, et le temps fera encore voir si l'âge et la réflexion corrigeront ces défauts. Au reste, je serai très-contente d'être dispensée à l'avenir d'entrer en discussion avec ma fille sur des points relatifs à sa conduite. Je ne m'y suis prêtée de temps en temps que sur vos instances, et je vous ai même communiqué mes lettres. Dorénavant je ne m'en mêlerai qu'autant que vous le proposerez vous-même, en me fournissant encore le canevas que devraient remplir mes lettres, qui ne rouleront d'ailleurs que sur le bon jour et soir, le beau temps et la pluie [ma fille ne fournissant aucune matière par sa correspondance]. C'est précisément dans ce moment que je me trouve dans le cas de vous demander si je ne devrais pas écrire par le prochain courrier à ma fille sur la nouvelle emplette de diamants qu'elle vient de faire, en lui faisant sentir que le fait, étant public et mandé ici par plusieurs canaux, ne pouvait échapper à ma connaissance, de même que la générosité du roi, qui a voulu l'aider à faire face à une dépense, quoique très-superflue. En confiance je vous dis que je ne pense plus rien y contribuer.

Comme l'excursion de Starhemberg n'a pas laissé de donner matière encore ici à nombre de spéculations et de raisonnements, j'approuve fort le parti qu'il a pris de se refuser à l'invitation de ma fille de venir à la cour ; il a encore très-bien fait d'éviter de voir l'abbé Vermond ou quelque ministre. Au reste, je veux bien vous prévenir dans le dernier secret que l'empereur paraît vouloir aller le carnaval de l'année prochaine à Paris, sans s'en expliquer cependant jusqu'ici avec moi. C'est une nouvelle que je confie à vous seul, et dont j'exige que vous ne parliez à personne, sans excepter même ma fille.

Vous avez très-bien fait de faire sentir à ma fille l'incongruité de son intervention pour obtenir la levée de l'exil d'Aiguillon. Elle doit être bien humiliée du refus qu'il a fait de venir à Paris tant qu'il lui sera interdit de paraître à la cour.

Sans vouloir décider qui des deux, la princesse de Lamballe ou la comtesse de Polignac, est plus dangereuse, la première paraît toujours mériter plus d'attention par les ressources qu'elle trouve dans le parti piémontais.

Tel que je connais le coadjuteur Rohan, souple, flatteur, amusant jusqu'à être endurant, je le crois aussi capable de s'insinuer dans l'esprit de ma fille qu'il a été assez heureux de se faire ici nombre de partisans. Même l'empereur est prévenu en sa faveur, malgré qu'il le méprise intérieurement.

Je ne suis pas trop convaincue de l'éloignement de ma fille de concourir au rétablissement de Choiseul dans le ministère. Si Vergennes venait à quitter son poste, je donnerais la préférence à Breteuil. Je le trouve dans toutes les occasions très-honnête et bien intentionné, et, à moins d'être un fourbe des plus adroits pour me cacher ses vrais sentiments, je croirais pouvoir compter sur lui. Matignon, sa fille, se serait à la fin rendue ici insupportable par ses grossièretés ; elle pourrait bien causer des désagréments à son père. Breteuil m'a confié que ma fille traitait quelquefois Monsieur avec trop de froideur, ce qui donnait matière à la critique. Je souhaite qu'elle s'en corrige et qu'elle répare encore l'indifférence qu'elle a fait voir sur la maladie de ses deux beaux-frères.

Mes enfants de Toscane et de Saxe-Teschen sont heureusement arrivés ici ; mais ils ne paraissent pas la plupart avoir beaucoup gagné du côté de la santé. Léopold est bien maigre ; d'ailleurs il a assez bonne couleur, mais son estomac paraît dérangé, aussi manget-il très-peu. Son épouse ne paraît pas changée ; elle a même meilleure mine que la dernière fois qu'elle s'est trouvée ici. Marie ne paraît pas avoir gagné dans le climat d'Italie ; sa voix est toujours enrouée, et les douleurs de reins continuent. Albert a le visage un peu plus basané, sans être changé pour le reste.

[Mes heureux jours sont finis ; il ne m'en reste que de fort tristes à supporter. Il faut du courage ; j'avoue, il me manque souvent.]

XXXII. — Marie-Antoinette a Marie-Thérèse.

Le 16 août. — Madame ma très-chère mère, Vous aurez déjà su l'heureux accouchement de la comtesse d'Artois : sa santé va fort bien, et ni elle ni sa fille n'ont éprouvé aucun accident.

Nous avons perdu le prince de Conti (1) ; il avait beaucoup d'esprit, mais il était bien dangereux par ses intrigues continuelles avec les parlements.

J'ai été ravie de voir, mardi dernier, le comte Dominique Kaunitz (2), mais comme ce n'était qu'en cérémonie, je ne l'ai vu qu'un instant, et il est revenu hier me voir en particulier. J'ai eu grand plaisir à causer avec lui, et surtout à être entièrement rassurée sur la santé de son père, dont j'étais fort inquiète ; je sens quelle perte ma chère maman ferait. Je serais aussi fort affligée de la mort de Stork (3) ; j'espère qu'il s'en tirera, n'étant pas encore âgé, et se portant assez bien du reste.

Je serais fort aise de voir M. de Starhemberg, sachant combien il a la confiance de ma chère maman ; pour moi, je ne saurais assez me louer de l'honnêteté de M. de Mercy dans toutes les occasions.

J'envie bien le bonheur du grand-duc et de sa femme ; mais je ne puis m'empêcher de penser au moment de leur départ, qui leur sera bien amer, et la tendresse de ma chère maman en souffrira sûrement aussi. Je conçois que la fatigue du voyage ait maigri ma sœur Marie, mais le bonheur de se retrouver avec une mère qui est adorée de tous ses enfants doit beaucoup contribuer à son rétablissement.

---

(1) Le prince de Conti était mort le 2 août, il avait cinquante-huit ans.
(2) Le comte Dominique de Kaunitz, fils du ministre, envoyé par la cour d'Autriche en Espagne. Né en 1740, il mourut le 24 novembre 1812.
(3) Voir tome Ier, page 448.

Ma chère maman permet-elle que je l'embrasse et que je finisse, car je suis dans mon lit avec la migraine, mais je ne veux pas retarder le courrier.

XXXIII. — Mercy a Marie-Thérèse.

Paris, 17 *août.* — L'espace du temps qui s'est écoulé depuis le départ du dernier courrier a fourni peu de matières au très-humble rapport que j'ai à mettre sous les yeux de V. M.

Il n'est rien survenu de nouveau dans les occupations ordinaires de la reine, non plus que dans les objets de ses amusements. Ceux-ci ont consisté en quelques promenades à Paris pour y voir les différents spectacles ; ces petits voyages ont même été moins fréquents que de coutume. S. M. a été toutes les semaines régulièrement à Saint-Hubert avec le roi, ce qui, joint à quelques promenades à cheval et à quelques concerts de musique, a formé à peu près l'emploi de toutes les journées de la fin du mois dernier et du commencement de celui-ci. La reine a donné un soir à souper au roi, aux princes ses frères et à Madame dans le château du Petit-Trianon; il y a eu illumination, spectacle et des couplets chantés en signe de joie sur le rétablissement de la santé de Monsieur et de M. le comte d'Artois. Cette petite fête leur était dédiée : elle se passa avec beaucoup de gaieté, beaucoup de grâce de la part de la reine, beaucoup de marques de contentement de la part du roi, et de démonstrations d'une reconnaissance respectueuse de la part des princes. Mesdames assistèrent à cette fête ; la suite de la cour était choisie et très-peu nombreuse. L'exécution de cette idée de la reine a parfaitement réussi à effacer au moins les apparences de petites froideurs qui avaient été remarquées dans la famille royale, surtout entre la reine et Monsieur, quoique ces froideurs fussent sans aucun nouvel objet décidé, et uniquement l'effet des défiances réciproques que les intrigants cherchent toujours à fomenter pour tâcher de se faire valoir. Mais l'occasion plus essentielle où la reine a donné de nouvelles preuves de sa bonté a été le moment des couches de Mme la comtesse d'Artois. Personne de la famille royale n'a témoigné à cette princesse plus d'amitié, plus d'intérêt, plus de soins que ne lui en a marqué la reine. Elle s'est occupée journellement et de la meilleure grâce tant de l'accouchée que de la princesse nouveau-née (1), laquelle est dans sa figure d'une petitesse qui a frappé, par la raison que M. le duc d'Angoulême est dans le même cas ; il ne grandit point et ne paraît pas à beaucoup près d'une bonne santé. M. le comte d'Artois s'est très-bien conduit dans cette occasion des couches de la princesse son épouse : il lui a donné mille louis en présent, et lui a marqué beaucoup de sensibilité et de soins. On sait en même temps que les avis de la reine n'ont pas peu contribué à cette conduite si louable, et partie du mérite en revient à S. M.

Malgré toutes les tentatives employées pour tâcher de détourner la reine d'un projet que je crois très-nuisible à son service, S. M. s'est décidée à remplir ce projet, qui consiste à donner à son premier écuyer, le comte de Tessé, un survivancier dans la personne du comte de Polignac, mari de la favorite de la reine. Tous les détours qui ont été employés pour faire réussir cet objet m'ont fourni, ainsi qu'à l'abbé de Vermond, assez de moyens de démontrer à S. M. combien et par quels motifs on abuse de ses bontés. Le comte de Maurepas a été un des principaux agents dans cette affaire, ce qui prouve encore plus clairement que la comtesse de Polignac est dévouée à ce ministre, et que c'est par elle qu'il a toujours été si bien instruit de tout ce que la reine pense et peut projeter. Il est d'usage ici de ne donner des survivances qu'à la demande de celui qui remplit la place dont il s'agit de disposer ; en forçant la volonté du propriétaire, c'est lui donner un désagrément. Le comte de Tessé n'en méritait point ; quoique très-borné, il est honnête, tranquille, zélé et de la plus grande exactitude à bien remplir ce qu'exige le service de sa charge. Ayant épousé une Noailles, il tient à cette puissante famille, qui sera d'autant plus affectée du dégoût qu'elle va éprouver qu'elle n'y a jamais été sujette ci-devant. Toutes ces considérations n'ont pu modérer la prédilection et la complaisance de la reine pour sa favorite, et il paraît que cette survivance va être déclarée incessamment. La reine, pour garder une apparence d'égalité dans ses bontés pour la comtesse de Polignac et celles qu'elle accorde à la princesse de Lamballe, a fait donner, à la demande de cette dernière le gouvernement de Poitou au duc de Chartres. Cette sollicitation s'est faite par lettres, la princesse de Lamballe étant encore à Plombières.

---

(1) Cette princesse, qui reçut en naissant le titre de Mademoiselle, mourut le 5 décembre 1783.

Il est cependant certain que cette absence a encore diminué son crédit, et je m'attends qu'au retour de cette princesse il y aura encore des scènes de jalousie et de plaintes dont la reine aura lieu d'être fatiguée et ennuyée. Ce que la concurrence de ces deux favorites produit de plus avantageux, c'est que la reine en est assez occupée pour ne point se livrer à de nouvelles affections. J'ai vu avec grande satisfaction diminuer son goût pour la princesse de Guéménée, de façon que l'influence de cette dernière a presque cessé totalement. Il s'en est suivi que le duc de Guines et autres courtisans de cette tournure ont un peu perdu dans leur point de ralliement. Le duc de Coigny (1), premier écuyer du roi, qui passe pour être beaucoup trop intimement lié avec la princesse de Guéménée, est maintenant celui des courtisans qui a le plus de crédit auprès de la reine, et il vient en conséquence d'obtenir une demande contre laquelle je me suis inutilement récrié. Le fils de ce duc avait été très-mal de la petite vérole, et il en est guéri sous les yeux plutôt que par les soins d'un médecin nommé Richard (2). Cet homme a demandé par la voie du duc de Coigny une place de fermier général des postes pour son fils; la reine a fait créer cette place, n'y en ayant point de vacante, et elle a été donnée au fils du médecin. C'est un objet de soixante à quatre-vingt mille livres de revenu annuel; mais ce qui en cela m'inquiétait le plus, c'est que ce même Richard, qui avait présidé à l'inoculation du roi et des princes, lors de leur rétablissement, avait demandé précisément la même grâce, et non-seulement elle lui fut refusée, mais il ne lui fut même donné qu'une très-petite pension, dont la modicité étonna tout le monde, et pour l'augmentation de laquelle la reine ne fit aucune démarche de protection.

S. M. dans une de ses promenades traversa, il y a quelque temps, un village à une lieue de Versailles; elle vit sur son passage une bonne vieille paysanne entourée de plusieurs petits enfants orphelins, dont elle était la grand'mère. Les bonnes physionomies de cette

---

(1) Henri de Franquetot, duc de Coigny, était né en 1737; il avait servi dans la guerre de Sept ans et était premier écuyer du roi depuis 1774; il mourut en 1816 gouverneur des Invalides, maréchal et pair de France. Son fils le marquis de Coigny, né en 1756, fut parmi les jeunes seigneurs qui s'engagèrent dans la guerre d'Amérique (1780-82); il avait épousé en 1775 Mlle de Conflans d'Armentières, célèbre par son esprit et sa grâce, et à laquelle plusieurs lettres du prince de Ligne sont adressées.

(2) Voir plus haut la note de la page 188.

petite famille qui perçaient à travers leur misère fixèrent l'attention de la reine. Elle fit donner de l'argent à la vieille femme, et daigna lui demander si elle voulait donner à S. M. un de ses enfants. Le plus petit de tous fut offert; c'est un petit garçon qui a trois ans, qui est vif, fort gai et dont la reine s'amuse beaucoup (1). Cet enfant reste dans les appartements, mais il n'est ni turbulent ni incommode.

Le courrier mensuel étant arrivé le 10 vers midi, et me trouvant informé que la reine devait partir de très-bonne heure de Versailles pour une promenade qui devait se terminer par un souper à Trianon, voyant par cet arrangement l'impossibilité d'approcher la reine de la journée, j'envoyai les lettres qui lui étaient adressées à l'abbé de Vermond, qui n'eut occasion de les remettre que le lendemain matin. Le mardi suivant je fis ma cour à la reine; mais comme elle employait cette journée à écrire une partie de ses lettres et qu'elle voulait se débarrasser pour la soirée, qui devait encore se passer à Trianon, S. M. ne me donna que quelques instants d'audience et me renvoya après le départ du courrier. J'espère qu'alors je pourrai faire un usage utile des remarques éclairées que V. M. daigne me faire dans sa très-gracieuse lettre du 31 juillet.

La reine a traité la marquise de Matignon avec beaucoup de bonté, et S. M. vient tout récemment de faire accorder sur le département des affaires étrangères une pension de deux mille écus au prince cadet de Hesse-Rheinfels-Rothenbourg, qui est au service de France (2).

---

(1) Mme Campan raconte cette anecdote dans ses Mémoires; elle ajoute que ce petit malheureux, qui avait vingt ans en 1792, devint un des plus sanguinaires terroristes de Versailles; puis il s'engagea, et fut tué à la bataille de Jemmapes.

(2) Cette circonstance est intéressante si on se rappelle quel fut plus tard le rôle de l'homme qui reçoit ici, par l'entremise de Marie-Antoinette, et sans doute sur une recommandation de Marie-Thérèse, cette grâce de la cour de France. Il était maréchal de camp lorsque éclata la révolution; il se jeta dans le parti démagogique, et se distingua parmi les plus violents. Sans cesse aux Jacobins, il venait dénoncer les ministres et les généraux ses collègues : Narbonne, Montesquiou, Malvoisin, Custines; « mais s'il était le plus infatigable des accusateurs, il disparaissait toujours dès qu'il s'agissait de fournir des preuves ». A l'automne 1792, commandant à Lyon, il accueillit les ordres, venus de Paris, des septembriseurs et fit commencer les massacres. En cette terrible année, « il fut le seul général de l'armée française qui mit son épée au service de la populace ». H. de Sybel, *Histoire de l'Europe pendant la révolution française*; traduction de Mlle Marie Dosquet, tome I, page 524. Malgré de si notables gages donnés à la révolution, le général Hesse, comme il se faisait appeler, fut compris dans le décret qui interdisait à tous les nobles le service militaire; en vain il en appela aux Jacobins, il fut emprisonné; relâché après le

XXXIV. — Mercy a Marie-Thérèse.

Paris, 17 août. — Avant de répondre aux articles de la très-gracieuse lettre de V. M. du 31 de juillet, je dois reprendre le contenu de celle qu'elle a daigné m'écrire le 16 du même mois par l'occasion d'un courrier dépêché en Espagne. Je n'ai d'ailleurs d'autre observation à exposer à cet égard, si ce n'est que la reine conçut d'abord de l'inquiétude sur le motif qui pouvait avoir donné lieu à l'envoi du courrier susdit. Elle daigna m'assurer que la lettre de V. M. que je venais de lui présenter ne contenait rien qui pût éclaircir l'objet de l'envoi de ce courrier en Espagne. Je lui en exposai le fait, et cela la tranquillisa ; j'ai d'ailleurs eu soin de faire un usage convenable vis-à-vis de l'ambassadeur de Sardaigne du gré que V. M. sait à sa cour de l'accueil qu'y a reçu S. A. R. Mme l'archiduchesse Marie.

Maintenant je reviens au contenu de la très-gracieuse lettre de V. M. du 31 juillet. J'observerai d'abord que V. M. n'a jugé que trop vrai sur l'attachement de la reine à ses volontés, et sur son extrême adresse à saisir tous les faux-fuyants qui peuvent dérouter les remontrances. D'après l'expérience que je fais journellement de cette fâcheuse vérité, je crois que les avis à donner à la reine exigent une précision d'autant plus difficile qu'avant que les nouvelles arrivent à Vienne et que les lettres en reviennent, il se passe presque toujours dans cet intervalle quelque incident qui donne des nuances différentes aux actions de la reine, et c'est alors qu'elle sait merveilleusement saisir celles de ces nuances qui lui sont favorables, en passant sous silence celles qui ne le sont pas. Ce point est si important et V. M. me donne un ordre si précis de m'expliquer là-dessus que je crois devoir (au risque de quelque longueur) exposer un exemple qui éclaircisse la matière. Je prendrai un objet ancien, et je suppose que V. M. écrivit à la reine que, d'après les nouvelles de Paris, tout le monde y est scandalisé du traitement distingué que le roi accorde au marquis de Conflans (1),

---

9 thermidor, il se trouva encore mêlé à la conspiration Babeuf, et mourut en Suisse en 1811. Il était né en 1752, et était le troisième fils du landgrave Constantin de Hesse-Rothenbourg.

(1) Le marquis de Conflans était fils du maréchal d'Armentières, et frère de la marquise de Coigny ; après avoir été assez en faveur auprès de la reine, il continua à être très-distingué et aimé du roi ; il avait servi avec distinction ; il était du nombre des jeunes seigneurs qui donnaient dans l'anglomanie et avaient naturalisé en France les courses de chevaux.

et que l'on ajoute que c'est par la reine qu'il jouit de cette faveur. Dans ce cas la reine ne manquerait pas de se récrier sur la fausseté de cette nouvelle, et la preuve péremptoire qu'elle en donnerait, c'est qu'il est de notoriété publique qu'elle ne fait aucun cas du marquis de Conflans. Cependant cette vérité ne serait qu'une échappatoire, et pour ôter le moyen d'en user il deviendrait indispensablement nécessaire que V. M. daignât en faire mention elle-même, en disant que le marquis de Conflans a eu un moment de faveur auprès de la reine, que c'est dans ce moment qu'elle a si bien établi ledit marquis auprès du roi; qu'à la vérité on sait fort bien que la reine n'a pas tardé à juger du peu de mérite dudit Conflans, et de s'en dégoûter, mais il n'en est pas moins vrai que c'est par le moyen de la reine qu'il s'est insinué auprès du roi, et que le blâme en reste à cette auguste princesse. Au moyen de cette précision il n'y aurait pas de réponse à faire; au moins n'y en aurait-il aucune qui contînt une partie de vérité, et la démonstration se trouverait établie du grand danger qu'il y a de prendre des engouements subits, que l'on doit abandonner après, mais qui dans leur courte durée entraînent à des fautes que l'on ne peut plus que difficilement réparer. Cette importante leçon est bien celle dont la reine a le plus de besoin, car il est constant qu'on ne peut presque pas lui reprocher une faute qu'elle eût commise de son propre mouvement, et qui ne soit point l'effet des insinuations de quelque favori ou favorite du moment.

Le fait du marquis de Conflans étant trop ancien pour qu'il puisse en être question maintenant, je ne l'ai cité que comme un exemple propre à rendre plus clair mon très-humble et très-faible sentiment. Je suis occupé d'un point bien plus de conséquence, et sur lequel j'oserai supplier V. M. de faire intervenir ses avis. Il s'agit de la dépense de la reine, et des grands inconvénients qui peuvent en résulter; mais comme il sera nécessaire de donner une grande force à ce qu'il y a à dire sur ce chapitre, je laisse encore accumuler les faits, d'autant plus qu'il y en a plusieurs qui sont seulement au moment de produire leur effet, et par le courrier prochain je mettrai aux pieds de V. M. tous les faits susdits dans un tel ordre et accompagnés de telles preuves que je suis bien sûr que la reine n'aura pas un mot à répondre, et qu'elle sera frappée de l'avertissement s'il plaît à V. M. de le lui donner. En attendant ce serait un très-bon préparatoire si V. M. daignait, à la première occasion, faire mention du dernier achat des bracelets de diamants au prix de deux cent quarante ou cinquante mille livres, comme d'une chose que toutes les nouvelles de Paris annoncent avec les remarques suivantes : 1° que par de telles emplettes la reine a fort dérangé ses finances et reste chargée de dettes ; 2° que ces achats sont doublement mauvais, parce qu'elle donne de ses propres diamants et paye fort cher ceux qui lui sont vendus ; 3° que ce goût de dépense de la reine donne lieu à supposer que c'est elle qui induit le roi à tant de profusions inutiles que l'on voit dans ce pays-ci, et qui augmentent la détresse où se trouvent les finances de l'État. S'il plaisait à V. M. d'ajouter qu'elle regarde ces articles comme des exagérations, mais qu'elle a jugé qu'il était toujours bon que la reine fût instruite de ces bruits, alors la reine cherchera sans doute des tournures à se disculper ; mais comme V. M. aura sous ses yeux le tableau que je rédigerai pour le mois prochain, il dépendra de sa haute volonté de rendre la leçon aussi précise et aussi forte que possible. J'observerai encore que comme il n'y a, je crois, que l'abbé de Vermond et moi qui aient connaissance des 2,000 louis donnés à la reine par le roi, nous serions, l'un et l'autre, suspectés si V. M. paraissait informée de cette circonstance. Je dois ici invoquer la clémence de V. M. si dans de pareils détails je passe les bornes que je devrais peut-être imposer à mon zèle, mais il y va du repos de V. M. et du plus grand bien de la reine, et toutes mes idées se sont concentrées sur ce double motif.

Je suis hors d'inquiétude sur les intrigues du coadjuteur de Strasbourg, et j'oserais presque assurer que la reine ne variera jamais sur son chapitre. S. M. s'en est encore expliquée en dernier lieu vis-à-vis de moi en motivant très-bien son sentiment pour ledit coadjuteur. J'espère toujours de même que la reine ouvrira entièrement les yeux sur la princesse de Guéménée, et j'y coopère avec la plus grande suite.

Je vois aussi la reine de plus en plus affermie dans son opinion que le duc de Choiseul ne conviendrait point au ministère, et à moins d'événements les plus extraordinaires, je m'assure que S. M. ne changera pas sur cet article, qui est cependant assez délicat pour que j'aie cru devoir depuis longtemps m'interdire de parler à la reine de rien qui ait trait à ce duc. S. M. a beaucoup repris le baron de Breteuil en faveur ; elle a été entre autres extrêmement contente d'un petit service rendu et de quelques propos tenus par cet ambassadeur à la comtesse de Brandis, qui en rend compte à la reine. Cette auguste princesse m'a confié que, par le courrier dépêché à Madrid, V. M. lui a parlé du projet de voyage de S. M. l'empereur pour l'hiver prochain ; je garderai au reste sur cet objet le secret que V. M. daigne m'ordonner.

Le comte de Kaunitz, arrivé ici le 11, m'a communiqué, ainsi qu'il en avait l'ordre de V. M., les deux lettres écrites par le roi de Naples au roi son père et au duc de Losada (1). Il y a sans doute beaucoup à espérer de l'effet de ces deux lettres si le roi de Naples soutient sa démarche par une persévérance respectueuse mais ferme. Je m'occupe à communiquer au comte de Kaunitz les différents rapports de cette cour-ci avec celle d'Espagne sur les objets les plus récents et relatifs aux cours de Naples et de Parme, afin que, suivant les occurrences, je puisse me concerter avec l'ambassadeur susdit dans tous les cas qui intéresseraient les volontés et le service de V. M.

La reine a remarqué dans la fin de la lettre de V. M. des expressions de tristesse et de mécontentement dont elle a été très-affectée et frappée. J'oserai ajouter ici que je le suis infiniment des dernières lignes de main propre et qui terminent la lettre que V. M. a daigné m'écrire. Les jours heureux de V. M. ne peuvent finir, parce que sa grande âme jouit et jouira toujours de la félicité qu'éprouvent ses fidèles sujets à vivre sous un règne béni, adoré et que Dieu nous a donné dans sa grâce.

XXXV. — Mercy a Marie-Thérèse.

Paris, le 21 *août*. — J'étais hier au moment de faire partir le courrier revenu de Madrid lorsqu'il se répandit un bruit que la reine était indisposée. J'avais chez moi à dîner des ministres du roi, même une dame du palais ; j'avais vu dans la matinée l'abbé de Vermond, et personne ne savait rien de cette indisposition de la reine. J'envoyai sur-le-champ à Choisy, d'où le premier médecin Lassone me manda que le lundi au soir la reine avait eu la fièvre, que par les symp-

---

(1) Le duc de Losada était ministre dirigeant en Espagne. Le roi de Naples, sous l'influence de sa femme, se décidait à éloigner du ministère Tanucci ; il s'agissait d'obtenir le consentement de son père le roi d'Espagne. Voir sur Tanucci la note du tome I, page 283, et plusieurs lettres de Marie-Thérèse pendant l'année 1772.

tômes de l'accès on la jugeait fièvre tierce, que cet accès avait été assez vif et s'était terminé par une sueur très-abondante, après laquelle la reine avait dormi cinq heures fort tranquillement ; que la reine à son réveil s'était trouvée sans le moindre ressentiment de fièvre, qu'elle était fort gaie, et que ce n'était que pour plus grande précaution que S. M. retournait le même soir à Versailles, à quoi Lassone ajoutait que, par le début de la maladie, il pouvait m'assurer qu'elle n'aurait aucunes suites inquiétantes, et que si même la reine avait plusieurs accès de cette fièvre, il n'en résulterait qu'un avantage, qui serait la destruction d'une humeur glaireuse dont S. M. avait été souvent incommodée dans ces derniers temps. Au reste cette fièvre de la reine a paru si peu inquiétante que le roi est resté hier à Choisy et qu'il n'est revenu que ce soir à Versailles. La reine avait exigé qu'il ne dérangeât pas deux chasses à tirer qui étaient préparées à Choisy.

J'irai journellement à Versailles, et chaque jour de poste j'adresserai au secrétaire du cabinet de V. M. les détails de cette indisposition, étant assuré par le médecin Lassone qu'il ne surviendra aucun incident qui exigeât l'envoi d'un courrier.

XXXVI. — Marie-Thérèse a Mercy.

Schönbrunn, le 31 août. — Comte de Mercy, J'ai reçu votre lettre du 17 par le courrier Caironi, arrivé ici le 26.

Je vois bien que ma fille ne se dément pas dans des occasions où il s'agit de donner des preuves de son bon cœur. La fête donnée au château du petit Trianon, les services rendus à sa belle-sœur la comtesse d'Artois, la rencontre avec une vieille paysanne près de Versailles, le font assez voir ; mais il n'en est pas de même lorsqu'elle devrait agir par réflexion et principes, sans se laisser entraîner par ses volontés ou celles de ses entours. La survivance donnée au comte de Polignac, ses condescendances pour sa femme, pour les princesses de Lamballe et Guémenée (malgré que leur faveur paraisse diminuer), le crédit du duc de Coigny et la place accordée par son entremise au fils du médecin Richard ne le prouvent que trop. Vous serez, je crois, convaincu que je ne me suis jamais trompée sur le caractère de ma fille. Au reste, pour le rectifier au possible et peu à peu, je me conduirai selon les notions que vous m'en donnerez, et je vais même lui écrire sur sa dépense excessive dans le sens que vous m'avez indiqué et que vous m'indiquerez encore dans la suite. Je ne ferai pas sentir à ma fille d'être informée des 2,000 louis que le roi lui a donnés.

Malgré l'éloignement que ma fille marque pour le coadjuteur de Strasbourg et le duc de Choiseul, je ne la crois pas incapable de changer de sentiments, soit par son peu de réflexion ou par son habitude de se prêter aux impulsions de ses favoris et favorites.

Breteuil pense aller en France le mois de novembre et y rester jusqu'à quatre mois. Je serais bien aise d'être informée à son temps quel pourrait être l'objet et quelles les suites de son voyage. Vous faites bien de garder le secret sur le voyage de l'empereur, qui n'est pas encore irrévocablement arrêté.

Je suis très-persuadée que vous aurez informé à fond le comte de Kaunitz de tout ce qui est relatif à sa nouvelle mission en Espagne, surtout par rapport aux cours de Naples et Parme; j'espère qu'il ne laissera pas d'en tirer bon parti.

[Je ne suis pas inquiète pour la fièvre de ma fille; je pense comme son médecin.]

XXXVII. — Marie-Thérèse a Marie-Antoinette.

Schönbrunn, le 2 septembre. — Madame ma chère fille, Votre courte lettre par le courrier, à laquelle j'ai trouvé même un changement au caractère, m'a inquiétée, puisque vous me dites d'avoir une migraine; mais celle de Mercy du 21 m'annonçait deux jours après que vous aviez quelque accès de fièvre tierce, mais que votre médecin n'en est pas inquiet, et vous en laissera encore quelques-uns, si les accès n'augmentent, pour détruire les humeurs dont vous êtes quelquefois attaquée; nonobstant ce raisonnement très-convenable et qui ressemble à notre grand van Swieten, et que Störck approuve de même, j'aimerais mieux vous savoir entièrement quitte; et je crains que vous ne vous ménagiez assez, surtout en automne.

Je vous dois une réponse pour le prince de Ligne pour l'établissement de son second fils en France. Je suis toujours charmée de pouvoir faire plaisir à ceux que vous protégez, mais il faut qu'il demande par la voie du gouvernement de Bruxelles et du prince Kaunitz mon agrément, avant de rien constater, comme le duc d'Arenberg l'a fait. Je dois seulement vous prévenir que le prince de Ligne a bien de l'esprit et agrément, mais que son caractère et légèreté n'y correspondent pas, et qu'il s'est beaucoup vanté de son dernier voyage de Paris (1).

Toutes les nouvelles de Paris annoncent que vous avez fait un achat de bracelets de 250,000 livres, que pour cet effet vous avez dérangé vos finances et chargé de dettes, et que vous avez pour y remédier donné de vos diamants à très-bas prix, et qu'on suppose après que vous entraînez le roi à tant de profusions inutiles, qui depuis quelque temps augmentent de nouveau et mettent l'État dans la détresse où il se trouve. Je crois ces articles exagérés, mais j'ai cru qu'il était nécessaire que vous soyez informée des bruits qui courent, vous aimant si tendrement. Ces sortes d'anecdotes percent mon cœur, surtout pour l'avenir; mais voilà deux autres circonstances qui m'ont comblée de consolation. On attribue à vous les bons procédés du comte d'Artois vis-à-vis de sa femme, et on ne peut assez dire de ceux que vous aviez pour elle. Je reconnais en cela ma bonne et tendre fille, de même dans l'histoire de cette bonne grand' maman dont vous avez pris un enfant : toutes ces anecdotes me font revivre, mais celle des diamants m'a humiliée. Cette légèreté française avec toutes ces extraordinaires parures! Ma fille, ma chère fille, la première reine, le deviendrait elle-même! Cette idée m'est insupportable.

Nous avons encore ici pour une quinzaine de jours mon fils et elle (2) : ces deux mois ont passé bien vite, et les adieux coûteront d'autant plus qu'à mon âge on ne peut plus compter. Je l'ai trouvé bien maigri, mais se portant bien et avec bonne couleur. Elle est beaucoup mieux que passé six ans; elle est encore enceinte, de son onzième enfant, et j'avoue que c'est un grand sujet d'inquiétude pour moi pour le voyage; l'accoucheur viendra pour les accompagner.

---

(1) Le prince de Ligne est resté célèbre par son esprit, l'amabilité de son commerce, ce ton de cour et de politesse exquise dont il fut un des derniers représentants; il mourut à Vienne pendant le congrès de 1814; il se disait lui-même Français en Autriche, Autrichien en France. Si, malgré les observations sévères de Marie-Thérèse, Marie-Antoinette lui fut une aimable protectrice, le prince s'en montra reconnaissant; dans ses nombreux écrits sur tant de sujets divers, il revient souvent à elle, pour défendre son caractère, ou pour peindre ses ingénuités, ses étourderies innocentes, sa bonté trop facile, le charme et l'éclat de sa beauté. Voir sur le prince de Ligne Sainte-Beuve, *Causeries du lundi*, tome VIII.

(2) Le grand-duc Léopold et sa femme.

Ils m'ont porté un tableau de famille charmant; les enfants ne laissent rien à souhaiter pour leur santé et force. Je n'ai pu m'empêcher de vous souhaiter une couple des six garçons qu'ils ont. La reine de Naples avait son fils très-incommodé, et elle-même depuis ses dernières couches n'est pas bien, et elle se désespère de n'être pas grosse : je lui souhaiterais une couple de princes, car un seul est trop alarmant. Mon fils Ferdinand vient de perdre le sien; il en est inconsolable; il me fait grande pitié. Elle (1) est avancée dans sa grossesse; il faut espérer que la perte sera bientôt réparée; mais le cœur paternel s'en ressentira toujours, et moi j'embrasse tendrement ma chère fille, et je suis toute à elle.

XXXVIII. — Marie-Antoinette a Marie-Thérèse.

Ce 14 septembre. — Madame ma très-chère mère, Ma fièvre est finie depuis huit jours; actuellement je ne suis point fâchée d'en avoir eu quelques accès, quoiqu'on en souffre beaucoup. Le quinquina, que j'ai pris après, m'a occasionné une grande fonte d'humeurs, et une espèce de débordement de bile. On a été obligé de me purger; je suis très-bien actuellement, et j'ai repris le quinquina. Ma chère maman peut être sûre que j'observerai le régime, ne fût-ce que la bonté et l'inquiétude qu'elle veut bien prendre pour son enfant. Nous avons ordinairement un très-bel automne à Fontainebleau; je n'en abuserai pas et je serai toujours rentrée de très-bonne heure.

Le prince de Ligne est à son régiment; je lui ai fait savoir les intentions de ma chère maman. Quoiqu'il soit très-aimable et très-aimé ici, je n'en connais pas moins sa légèreté.

J'ai pris à moi pour survivancier de M. de Tessé M. le comte de Polignac, colonel du régiment du roi et homme de très-bonne maison. Il est mari d'une femme que j'aime infiniment. J'ai voulu encore prévenir les demandes des Noailles, qui sont une tribu déjà trop puissante ici.

J'ai vu hier Mme de Sinzendorff, qui m'a remis la lettre de ma chère maman. Nous avons causé une heure et demie ensemble; son mari (2) n'a pas pu venir à cause de sa santé; il va pourtant mieux,

---

(1) La femme de l'archiduc Ferdinand.
(2) Le comte Louis de Sinzendorff, ministre d'État des affaires intérieures, né en 1721, mort en 1780. Sa femme était fille du prince Joseph-Adam de Schwarzenberg.

mais il a une espèce de gale sur le visage qui l'empêche de se montrer. J'ai été fort contente d'elle, et j'ose dire même que je l'ai trouvée mieux dans la conversation que j'y comptais.

J'ai été frappée du malheur de Ferdinand; quand j'aurais comme lui l'espérance d'avoir beaucoup d'enfants, je serais inconsolable de la perte d'un premier fils. Celui de la reine de Naples m'a bien inquiétée, et je ne suis pas encore bien rassurée sur la santé de la mère.

Je n'ai rien à dire sur les bracelets; je n'ai pas cru qu'on pût chercher à occuper la bonté de ma chère maman de pareilles bagatelles.

M. d'Angivillier m'a apporté le beau présent que M. de Mercy lui a remis (1); il n'y a que le cœur de ma chère maman qui puisse faire des présents aussi noblement. J'en suis toute glorieuse; je le serais bien davantage si je pouvais espérer de lui ressembler un jour, quoique imparfaitement. Permet-elle que je l'embrasse de toute la tendresse de mon âme?

XXXIX. — Mercy a Marie-Thérèse.

Paris, 17 *septembre.* — Sacrée Majesté, L'indisposition de la reine ayant suspendu depuis un mois ses occupations et amusements habituels, je n'ai aujourd'hui sur ce chapitre aucuns détails à mettre sous les yeux de V. M., et je dois me borner à lui exposer quelques particularités analogues aux circonstances du moment.

Pendant la maladie de la reine, surtout dans les jours de rémittence de la fièvre, S. M. a vu assez de monde; mais le choix de ce monde n'a été décidé que par les prédilections de la reine, et point par le droit que différentes personnes pouvaient avoir à lui faire leur

---

(1) Le comte de Mercy avait annoncé au baron de Pichler, par le courrier du 17 août, l'envoi si longtemps différé d'un portrait du roi, portrait peint par Duplessis, « parfait comme peinture, et fort ressemblant, à cela près que le roi n'a pas une attitude aussi gracieuse ». Mercy ajoutait que ce portrait avait été commandé et surveillé pendant l'exécution par le comte d'Angivilliers, directeur des bâtiments, académies et manufactures royales, auquel il serait peut-être à propos de faire un présent, « le comte d'Angivilliers ayant pris part à l'éducation du roi et étant resté auprès de lui comme un homme favorisé et de confiance ». L'impératrice envoya une tabatière et une bague, chacune de ces pièces valant 1,000 florins.

cour. Il est arrivé de là que tandis que quelques favorites étaient dans la chambre de la reine la porte en était fermée pour la dame d'honneur, pour la dame d'atours et pour les dames du palais. Il fallut même que les deux premières eussent recours au duc de Coigny, qui interposa son crédit pour engager la reine à laisser jouir la dame d'honneur et la dame d'atours des entrées auxquelles elles ont droit par leur charge, et c'est enfin ce qu'elles ont obtenu ; mais cela n'a point suffi pour arrêter les plaintes, moins encore l'excessive jalousie qu'a occasionnée la comtesse Jules de Polignac, qui a passé presque tous les moments de la journée avec la reine, et qui a éprouvé dans ces derniers temps tout ce que la faveur la plus illimitée peut produire d'avantageux et d'agréable. C'est par un effet de cette faveur que la reine s'est décidée à donner au comte de Polignac la survivance de la place de son premier écuyer, avec exercice dans les absences du titulaire, une pension provisionnelle de douze mille livres, avec l'usage des chevaux, équipages et livrées de la reine. Cet arrangement a été consommé à la fin du mois dernier, malgré les instances et réclamations de toute la famille de Noailles et celles du comte de Tessé, qui finalement a supplié la reine d'agréer la démission entière de sa place, demande de laquelle S. M. a décliné, en traitant même le comte de Tessé avec bonté, mais toutefois sans varier dans sa résolution. Cette fâcheuse affaire a causé beaucoup de mécontentement à la cour, encore plus de clameurs et bien des propos dans le public. Celui de tous ces propos qui a le plus de fondement est que par cette survivance la dépense de la maison de la reine est très-inutilement augmentée de plus de quatre-vingt mille francs par la pension, les équipages et les gens de livrée dont le survivancier va jouir. On voit les ministres, mais particulièrement le contrôleur général, fort attentifs et empressés à investir la comtesse de Polignac. Les observateurs critiques présument qu'il y aura dans ces manœuvres beaucoup d'affaires d'argent et de grands abus ; on se persuade que par le moyen de la favorite les opérations du contrôleur général, qui déplaisent universellement, seront étayées du crédit et de la protection de la reine, et cette idée suffit pour faire retomber sur S. M. le mauvais gré du public dans toutes les occasions où il croira avoir lieu de se plaindre. Toutes ces raisons ont été et ne cessent encore d'être représentées à la reine ; mais dans le moment présent les préventions pour la comtesse de Polignac sont trop vives : elles s'affaibliront sans doute par une suite nécessaire des inconvénients qu'elles occasionneront; mais jusqu'à cette époque il ne reste à mon zèle d'autre moyen que celui de la patience et de l'attention à développer peu à peu aux yeux de la reine des vérités qu'elle n'est ni en position ni en volonté d'entendre maintenant.

La reine a repris M. le comte d'Artois en grande faveur, parce qu'elle trouve que, pendant sa maladie, ce jeune prince lui a donné des marques d'un grand zèle et attachement par la fréquence de ses visites. M'étant trouvé tous les jours à Versailles à portée de voir ce qui s'y passait, j'ai été en effet témoin des assiduités de M. le comte d'Artois, mais je n'ai point observé moins d'attention et d'empressement de la part de Monsieur; cependant cela n'a point réussi à lui rendre la reine plus favorable, ni à diminuer la froideur avec laquelle il est toujours accueilli par S. M. Quoique j'aie été presque journellement dans le cas de parler à cette auguste princesse, j'ai dû me modérer sur l'article des représentations; elles n'auraient point fructifié dans un temps où la reine ressentait le malaise d'une indisposition et l'ennui du régime sédentaire auquel elle se trouvait forcée. Il fallait régler mon langage sur les circonstances du moment; j'espère d'en retrouver de plus propres à revenir utilement surtoutes ces matières; d'ailleurs, dans tout le courant de sa maladie, la reine a beaucoup souffert d'affections nerveuses que l'on nomme vapeurs. Au commencement des accès je lui ai vu quelquefois répandre une abondance de larmes qui étaient un pur effet physique, sans que très-certainement y entrât la moindre cause morale. Il en restait cependant un penchant à l'impatience et à la tristesse qui n'admettait rien de sérieux dans les conversations.

Le courrier mensuel étant arrivé le 12 au matin, et l'abbé de Vermond se trouvant en ville prêt à retourner à Versailles, je lui remis les lettres adressées à la reine, attendu que S. M. ayant ce jour-là une promenade à faire à son château de Trianon, j'aurais été fort incertain sur le moment où j'eusse pu lui faire ma cour. La reine fut purgée le lendemain. Son premier médecin ne lui cacha pas que, dans cette saison surtout, une médecine aussi voisine du dernier accès de fièvre pouvait la faire revenir; mais Lassone avait dû se décider à la médecine, à raison d'une fonte d'humeurs et d'une espèce de débordement de bile dont la reine avait été incommodée. Il devait y avoir cette semaine un voyage à Choisy, mais il est différé par des arrangements de chasse du roi. La cour se rendra le 9 ou le 10 du mois prochain à Fontainebleau.

La très-gracieuse lettre de V. M. du 31 août ne contenant aucun ordre qui exigeât des remarques ultérieures de ma part, je me bornerai aujourd'hui à observer que la pension de douze mille livres à donner au comte de Polignac n'est pas encore obtenue par ce dernier, et que peut-être il y renoncera par une suite des clameurs qu'excitent les grâces qu'il vient d'obtenir.

XL. — Mercy a Marie-Thérèse.

Paris, 17 septembre. — L'aridité de mon très-humble rapport ostensible ne sera que trop réparée par les remarques que j'ai à y ajouter et qui me paraissent ne pouvoir être exposées qu'à V. M. seule.

Dans l'origine j'ai toujours regardé comme dangereux, à bien des égards, le goût de la reine pour la comtesse de Polignac. Cette dernière a peu d'esprit : elle est dirigée par sa tante, une comtesse d'Andlau, perdue de réputation. C'est sans doute dans cette source que la nièce a puisé des travers assez graves, entre autres celui de vouloir se mettre au-dessus de ce que les esprits faibles et corrompus appellent préjugés. On a vu la jeune personne en question afficher un amant (1), ou pour le moins en soutenir l'apparence sans égard aux remarques du public. Sa conduite en matière de dogme n'est pas

---

(1) C'est sans doute à la liaison de la comtesse de Polignac avec le comte de Vaudreuil que Mercy fait ici allusion. Dans une note de l'abbé de Vermond au comte de Mercy (Archives de Vienne) on trouve de singuliers aveux de Marie-Antoinette sur le peu d'estime qu'elle avait pour la plupart de ses favoris. C'est le récit d'une conversation entre Vermond et la reine, doublement curieuse par la liberté des reproches que se permettait l'abbé et le peu de souci qu'en prenait la reine. Il était question d'un prêtre qui avait été son confesseur à Vienne. Il eût voulu, dit-elle, me rendre dévote. — Comment eût-il fait ? répond l'abbé, je n'ai pu, moi, vous rendre raisonnable !... Par exemple, continue-t-il, vous êtes devenue fort indulgente sur les mœurs et la réputation de vos amis et amies. Je pourrais prouver qu'à votre âge cette indulgence, surtout pour les femmes, fait un mauvais effet ; mais enfin je passe que vous ne preniez garde ni aux mœurs ni à la réputation d'une femme, que vous en fassiez votre société, votre amie, uniquement parce qu'elle est aimable ; certes ce n'est pas la morale d'un prêtre ; mais que l'inconduite en tout genre, les mauvaises mœurs, les réputations tarées et perdues soient un titre pour être admis dans votre société, voilà ce qui vous fait un tort infini. Depuis quelque temps vous n'avez pas même la prudence de conserver liaison avec quelques femmes qui aient réputation de raison et de bonne conduite. » Vermond ajoute en finissant : « La reine a écouté avec un sourire et une sorte d'applaudissement et d'aveu tout ce sermon... Elle n'a relevé que le dernier article, en citant comme bonne réputation la seule Mme de Lamballe. »

moins équivoque, et le premier médecin Lassone, qui la connaît, dit un jour à l'abbé de Vermond qu'il craignait que la liaison dont il s'agit ne portât à la longue quelque atteinte à la piété de la reine. Je ne me permettrai jamais de soupçonner que cette crainte pût se réaliser en ce qui tient aux principes essentiels ; mais un peu de refroidissement sur l'exactitude à remplir les devoirs pieux et un certain langage sur des matières si importantes sont des inconvénients qui se contractent par la fréquentation intime des gens qui ont l'esprit gâté par les erreurs du siècle, et je vois avec chagrin que la reine s'expose à un pareil danger.

Dans l'affaire du comte de Tessé nous avons éprouvé, l'abbé de Vermond et moi, toutes les mortifications imaginables. D'après notre méthode, voyant qu'il était impossible de détourner la reine de son projet, nous tâchâmes au moins à le lui faire remplir sous une forme qui sauvât partie des inconvénients et qui maintînt la dignité de la reine. Comme le comte de Tessé lui avait écrit plusieurs lettres, nous cherchâmes à suggérer des réponses qui auraient mis à couvert toute apparence de légèreté ou d'injustice ; mais quand nous proposâmes nos idées à la reine, elle nous répondit toujours « qu'il fallait qu'elle consultât », et son conseil, qui était la comtesse de Polignac avec ses partisans, ne manqua pas de nous déjouer en tous points. L'abbé de Vermond a été si affecté et si consterné de cette tournure des choses que, sans m'en prévenir, il a adressé à la reine un mémoire très-détaillé par lequel il démontre que dorénavant ses services deviennent entièrement inutiles à S. M., et par une lettre d'accompagnement fort courte jointe au mémoire, il demande très-décidément à se retirer. Je sais par des voies indirectes et très sûres que la reine a été fort frappée du mémoire ainsi que de la lettre ; mais comme elle sent bien que j'ai autant à me plaindre que l'abbé, et que mes chagrins sont communs avec les siens, S. M. ne m'a parlé ni de ce mémoire ni de la lettre, et elle se borne depuis plusieurs jours à me combler de bontés et de grâces, à me témoigner un surcroît de confiance, mais cependant en écartant soigneusement les points qui pourraient donner lieu à de nouvelles représentations. De mon côté je ne parais nullement chercher à en faire, et, sans marquer à la reine la moindre diminution de zèle, je réponds à ce qu'elle daigne me dire, mais je ne vais pas au delà. J'attends que les préventions de la reine se refroidissent, et qu'elle voie (ce qui ne tardera pas à arriver) où peut et doit aboutir la fausse marche qu'on lui fait tenir sur plusieurs objets. Alors je retrouverai les moments à pouvoir servir la reine avec quelques succès, et entretemps je ne perds de vue aucun des moyens à détourner l'embarras où me jetterait la retraite de l'abbé de Vermond. La reine sent parfaitement qu'elle ne pourrait pas réparer la perte de ce bon et fidèle serviteur; elle croit qu'il lui sera facile de le retenir par quelques mots de bonté, ainsi que cela est déjà arrivé par trois fois; mais je vois l'âme de l'abbé plus navrée qu'elle ne l'a été ci-devant, et j'en ai plus d'inquiétude. J'ai exigé de lui et il m'a presque promis qu'il suspendra ses projets jusqu'après le voyage de Fontainebleau, et que sa retraite serait dans tous les cas préparée par une diminution insensible d'assiduité auprès de la reine. Par là je gagne du temps, et celui du séjour à Fontainebleau me sera plus favorable qu'aucun autre pour tâcher de trouver remède au mal.

Il était de mon devoir de rendre compte dès à présent des circonstances énoncées ci-dessus; mais comme V. M. a daigné m'ordonner de lui exposer mon faible avis en pareilles occurrences, je crois qu'il serait utile que V. M. parût encore ignorer les faits en question, jusqu'à ce que leur développement m'indique plus positivement les expédients que j'aurai à soumettre aux hautes lumières de V. M.

Relativement à l'article de la dépense dont mon précédent et très humble rapport faisait mention, j'ai cru devoir rédiger séparément la note ci-jointe, pour que V. M. ait sous les yeux un tableau complet de l'objet, et qu'elle daigne décider de la forme sous laquelle il lui plaira d'en faire mention à la reine.

Quoique je n'aie pas porté les lettres à Versailles, je n'en ai pas moins été instruit dans la journée même de la façon dont ces lettres avaient été reçues. La reine, en lisant celle de V. M., dit à l'abbé de Vermond : « Voilà mes bracelets arrivés à Vienne ». Sur ce que l'abbé demanda si V. M. paraissait fâchée de cette emplette, la reine répondit : « Comme ça (1). » Par la lettre que cette auguste princesse écrira, V. M. sera en même de juger du degré d'énergie, de

---

(1) Mercy ne donne pas ici la conversation tout entière. « En lisant la lettre la reine, d'un ton assez léger, m'a dit : « Voilà que mes bracelets sont arrivés à Vienne! je gage que cet article vient de ma sœur Marie — Pourquoi? ai-je dit. — C'est de la jalousie, c'est dans son goût. » J'ai demandé si l'impératrice avait le ton fâché : « Comme ça, vous verrez; » et on m'a remis la lettre. » (Note de Vermond à Mercy, du 2 septembre)

brièveté et de sécheresse qu'il sera peut-être utile d'employer dans la suite des avis qu'exigera cette matière.

Depuis le retour de la princesse de Lamballe, il se manifeste déjà des indices de la plus forte jalousie de la part de cette surintendante envers la comtesse de Polignac. Il est certain que cette dernière a un avantage décidé, et il est assez extraordinaire que ce soit le prince de Ligne (qui tout à coup est parvenu à la plus grande faveur auprès de la reine) qui a beaucoup contribué à appuyer et augmenter le crédit de la comtesse de Polignac.

Relativement à l'ordre que V. M. daigne me donner de lui rendre compte dans le temps des objets du voyage que le baron de Breteuil se propose de faire en France, je pourrais déjà d'avance annoncer un de ces objets, qui est l'arrangement de quelques procès considérables que la marquise de Matignon encore mineure ne peut terminer sans le concours de son père. J'imagine bien que ce dernier a aussi ses raisons personnelles, et qu'une des plus essentielles est de venir prendre langue à la cour, et de s'y ménager ce que l'on nomme dans ce pays-ci un parti. Il me sera aisé de voir clairement le succès de voyage de l'ambassadeur susdit, et V. M. en sera exactement informée.

Dans le cas où il plût à S. M. de donner quelques avis à la reine sur l'article de la dépense, on a rapproché ici les faits principaux qui ont trait à la matière.

Parmi les bruits qui s'élèvent contre la gloire et la considération essentielle à une reine de France, il en est un qui paraît plus dangereux et plus fâcheux que les autres; il est dangereux, parce que de sa nature il doit faire impression sur tous les ordres de l'État, et particulièrement sur le peuple; il est fâcheux, parce qu'en retranchant les mensonges et les exagérations inséparables des bruits publics, il reste néanmoins un nombre de faits très-authentiques auxquels il serait à désirer que la reine ne se fût jamais prêtée : on se plaint assez publiquement que la reine fait et occasionne des dépenses considérables. Ce cri ne peut aller qu'en augmentant si la reine n'adopte bientôt quelques principes de modération sur cet article. Il n'a commencé que depuis la mort du feu roi, mais il est déjà bien considérable. Aussitôt après la mort du roi la reine a augmenté son écurie de 40 chevaux. N'étant que dauphine, elle avait obtenu un nombre de chevaux de selle; l'année dernière elle a créé une seconde charge d'écuyer-cavalcador ou commandant de son écurie (1); cette nouvelle place a obligé à une augmentation de chevaux : on évalue la dépense qu'elle occasionne, tant en chevaux qu'en voitures et appointements, de vingt-cinq à trente mille livres.

Tout récemment S. M. vient de donner un survivancier à M. le comte de Tessé, son premier écuyer. Quand ce survivancier n'aurait point d'appointements, il n'en coûterait pas moins de 60 à 80,000 livres par année, à raison des chevaux, des voitures, des valets de pied payés et vêtus aux frais du roi, indépendamment des logements à Paris, Versailles, Compiègne et Fontainebleau. Cette survivance réunit malheureusement toutes les circonstances qui multiplient et aggravent les propos et les clameurs.

Le comte de Tessé est un homme de qualité, assez aimé personnellement et jouissant d'une bonne réputation. Il a eu le cordon bleu à la dernière promotion; il n'a que quarante et un ans, et passe pour avoir rempli sa place avec zèle et attachement pour la reine, et avec plus d'honnêteté et de désintéressement que la plupart des grands officiers de la cour. M. de Tessé a été précédé dans cette place par ses père et grand-père; il n'a point d'enfant, mais il est gendre du maréchal de Noailles, et cette famille, la plus nombreuse et la plus puissante de toutes celles qui sont à la cour, comptait bien faire obtenir la place en question à quelqu'un des siens. On ne peut douter du regret qu'ils ont de la voir échapper; ils masqueront leur regret, mais ils n'en ameuteront pas moins leurs créatures et tous les possesseurs de charges. Ils étaient accoutumés à faire passer leurs places à leurs enfants ou à leurs parents; l'exemple que vient de donner la reine les menace tous d'un survivancier contre leur gré.

Jusqu'ici le roi et la reine avaient refusé plusieurs survivances; ils avaient annoncé qu'ils n'en donneraient plus, on commençait à le croire; comment la reine a-t-elle changé de principes? Comment s'est-elle déterminée à désespérer M. et Mme de Tessé, à indisposer les Noailles, à alarmer tous les titulaires de charges, à augmenter sa dépense? S. M. croit avoir sacrifié à l'amitié, et le public ne veut voir qu'engouement et aveuglement pour la comtesse de Polignac,

---

(1) En effet dans l'Almanach royal de 1775 on ne trouve indiquées que la charge de grand écuyer ordinaire; dans l'Almanach de 1776 on trouve en plus l'écuyer commandant et l'écuyer cavalcadour.

qui dans ce moment l'emporte sur tout. Mme de Polignac est une jeune dame qui n'a aucune place à la cour, une réputation de conduite assez équivoque, et fort mince pour l'esprit; elle est nièce de M. de Maurepas et fort liée avec le parti Choiseul. On la soupçonne de trahir alternativement un parti pour l'autre. Il paraît certain qu'elle instruit quelquefois M. de Maurepas des dispositions de la reine, et que, dans certaines occasions, elle ne parle à la reine que suivant l'impulsion et la direction du ministre. En supposant Mme de Polignac de bonne foi, elle n'a assurément pas assez d'esprit et de talent pour bien marcher entre la reine, le parti Maurepas et le parti Choiseul. M. de Polignac, son mari, nommé à la survivance de M. de Tessé, a vingt-huit ans, peu d'esprit et nul titre que celui de colonel, qu'on obtient ici à vingt-cinq ans.

Pour finir l'article de l'écurie, la feue reine n'avait que cent cinquante chevaux. Lorsque M. de Polignac aura acheté ceux qu'il doit avoir comme survivancier, l'écurie de la reine sera de 300 chevaux, et les dépenses de plus de 200,000 livres plus forte que du temps de la feue reine.

Le public a vu d'abord avec plaisir que le roi donnât Trianon à la reine; il commence à être inquiet et alarmé des dépenses que S. M. y fait. Par son ordre on a culbuté les jardins pour y faire un jardin anglais, qui coûtera au moins cent cinquante mille livres. La reine a fait faire un théâtre à Trianon (1); elle n'y a encore donné qu'un spectacle suivi d'un souper, mais cette fête a été très-dispendieuse, et on appréhende qu'elle ne se répète, ainsi que des dîners à la suite de chasses et courses au château de la Muette. La dépense de la reine est considérablement augmentée; les gens sévères et les mécontents reprochent encore à la reine les dépenses des bals et des soupers dans les cabinets du roi, et les apologistes qu'elle aurait sur ces articles se taisent à cause de tant d'autres articles qu'ils ne peuvent justifier.

La survivance de la place de premier écuyer rappelle la surintendance créée pour Mme de Lamballe. On voit avec peine l'emploi de 150,000 livres d'appointements pour une place qui n'est bonne que pour occasionner de la brouillerie et de la division dans la

---

(1) La charmante salle que l'on voit encore, située dans le jardin à peu de distance du château.

maison de la reine. Il est vrai que la feue reine a eu une surintendante, mais on ne pouvait lui en savoir mauvais gré : c'était Mlle de Clermont, que son père, M. le duc (1), pour lors premier ministre, avait fait nommer avant le mariage du feu roi. Mlle de Clermont est morte en 1740, et la reine, qui avait éprouvé les inconvénients de la surintendance, a déclaré qu'elle n'en aurait jamais. Indépendamment des appointements, Mme de Lamballe cause embarras et dépense pour les logements de Versailles, Compiègne et Fontainebleau ; mais le plus grand des inconvénients, ce sont les grâces que cette surintendante fait accorder. On en cite déjà de remarquables : 40,000 livres de pension à son frère (2) et 14,000 livres d'appointements comme colonel, quoique les appointements des colonels ne soient que de 4,000 livres. Ces dépenses, qui sont entièrement du fait de la reine, lui en ont fait imputer d'autres, auxquelles elle n'a participé qu'indirectement. On a donné 50,000 livres de pension à Mme la comtesse de la Marche, quoique cette pension ne fût d'usage que pour les princesses du sang veuves : Mme de Lamballe s'en mêlait. On a imputé cette dépense à la reine ; on a donné 40,000 livres de pension à M. le chevalier de Luxembourg : la reine en a été mécontente et l'a témoigné ; néanmoins on lui a encore imputé cette grâce, parce que six mois auparavant la reine s'était déclarée la protectrice du chevalier et avait demandé des grâces pour lui.

Une pension beaucoup moins forte (elle n'est que de 6,000 livres) a fait bien plus de bruit et de scandale. On a donné cette pension à Mme d'Andlau, jadis sous-gouvernante de Mme Adélaïde, et chassée et exilée pour avoir prêté un livre infâme à cette princesse. On a été révolté de voir gratifier cette dame, qui n'a aucun titre et serait oubliée sans la cause de sa disgrâce. La reine n'a peut-être eu aucune part à cette pension, mais comment le faire croire? Elle a été accordée à la demande de Mme de Polignac, nièce et amie intime de Mme d'Andlau et favorite de la reine.

Outre ces grâces remarquables et connues de tout le monde, les mécontents tiennent registre d'une infinité de petites pensions dont la réunion forme un objet considérable et que la reine a fait donner.

---

(1) Le duc de Bourbon.
(2) Le prince Eugène de Carignan.

La reine ne peut, dans les mœurs et usages de cette cour, se refuser à toutes les demandes, mais il serait à désirer que, dans le train ordinaire, S. M. se bornât aux personnes de sa maison, qu'elle ne les protégeât que pour des honneurs et des places dont ils sont susceptibles, et que, vu l'état des finances, elle se prêtât rarement à des grâces pécuniaires. La reine est vive et part presque toujours de l'exposé des demandeurs ; il faudrait, avant de demander, qu'elle s'informât de la portée et de l'étendue des demandes, ainsi que des services et des titres du demandeur. L'idée du crédit de la reine est telle que la plupart des ministres ne savent que lui obéir, sans se permettre de représentations. La reine se charge de demander aussi souvent par embarras de refuser que par goût et volonté, elle aura beaucoup gagné quand elle aura acquis la force et le talent de refuser les demandes qui lui paraissent déraisonnables ou dont elle ne se soucie pas.

La pension de la reine a été plus que doublée ; cependant la reine a contracté des dettes, et néanmoins on ne voit pas qu'elle ait augmenté ses charités et générosités, si ce n'est peut-être par quelque galanterie à Mme de Lamballe ou autres favorites.

Le principe des dettes de la reine est connu et n'excite pas moins de cris et de plaintes. La reine a acheté beaucoup de diamants, et son jeu est devenu fort cher ; elle ne joue plus aux jeux de commerce, dont la perte est nécessairement bornée. Le lansquenet est devenu son jeu ordinaire et parfois le pharaon, lorsque son jeu n'est pas entièrement public. Les dames et les courtisans sont effrayés et affligés des pertes auxquelles ils s'exposent pour faire leur cour à la reine. Il est de même vrai que le gros jeu déplaît au roi, et qu'on se cache de lui autant qu'il est possible.

XLI. — Marie-Thérèse a Mercy.

Schönbrunn, 1er *octobre.* — Comte de Mercy, Je vois avec douleur, par votre rapport du 17 du passé, que mon jugement sur le caractère de ma fille n'est que trop justifié par l'événement. Je l'ai épluchée avec bien de l'attention depuis sa plus tendre jeunesse, et je l'ai toujours trouvée légère, sans réflexion, sans goût pour des occupations solides, susceptible d'attachement pour les personnes qui ont l'adresse de se faire à ses inclinations et dissipations, et en même temps très-attachée à ses idées, en faisant même semblant de vouloir les abandonner [pour venir d'autant mieux à ses fins]. La faveur qu'elle a accordée et continue encore à accorder à la princesse de Lamballe, à la comtesse de Polignac, au comte d'Artois, au prince de Ligne, au duc de Coigny et à plusieurs autres de cette espèce, et les inconvénients qui en ont été la suite, sont des preuves convaincantes de son peu de discernement dans le choix de ses favoris et favorites, et de sa prédilection pour ceux qui se prêtent à ses goûts. La retraite de l'abbé Vermond serait un bien grand malheur et rendrait votre tâche bien plus pénible encore. Il importe infiniment de conserver cet honnête et zélé serviteur de ma fille; en attendant il faut déjà se contenter de la détourner des écarts d'une conséquence plus grande, en passant par-dessus des irrégularités moindres. Après m'avoir donné tant de preuves de votre zèle et dextérité, j'y compte encore pour l'avenir, dans l'attente que l'âge, la réflexion, peut-être quelques revers (à moins qu'ils n'influent dans des objets essentiels) engagent ma fille à des démarches plus conformes à son état et vrai bonheur.

[Je serais bien aise si vous me marquiez par la première poste, rien que cela, que vous approuvez mon projet : c'est que je voudrais savoir si vous approuvez que je parle sincèrement sur le compte de la reine à Breteuil à son départ. J'ajouterai toujours que vous lui en parlerez plus au net; j'attends là-dessus votre approbation.]

J'ai cru que ce billet pour Vermond ne serait de trop (1); il me fait grand'pitié, mais ma fille encore plus.

[On débite ici que la reine a fait couper ses cheveux et qu'elle porte le chignon frisé comme ci-devant, et que toutes ces hautes parures et plumes sont rayées; je serais curieuse de savoir le vrai.]

---

(1) Voici ce billet de Marie-Thérèse à l'abbé de Vermond : « Je suis bien touchée de vos services et attachement, qui n'ont pas d'exemple ; mais je le suis aussi de l'état de ma fille, qui court à grands pas à sa perte, étant entourée de bas flatteurs qui la poussent pour leurs propres intérêts. Dans ces circonstances ma fille a besoin de vos secours. Mercy et moi espérons que vous ne vous refuserez à nos souhaits et tâcherez de traîner votre retraite jusqu'après l'hiver; si alors les choses ne changent, je ne saurais exiger de vous de nouveaux sacrifices sans en pouvoir espérer du changement, et j'aurai en toute occasion et à tout événement pour vous toute estime et reconnaissance. — P. S. Étant logée à Schönbrunn dans les chambres où ma fille a été, je me trouve à la même place où vous avez eu vos conversations ; jugez combien j'en suis affectée. »

[Il me paraît que l'empereur s'occupe tout de bon de son voyage de Paris pour le 20 de janvier, jusqu'à la fin de mai ; je souhaite plus que je n'espère que tout aille à souhait. Je ne ferai rien pour ni contre. Souvenez-vous que l'empereur n'a jamais vu notre correspondance secrète.]

XLII. — MARIE-THÉRÈSE A MARIE-ANTOINETTE.

Schönbrunn, 1er *octobre*. — Madame ma chère fille, Je suis bien consolée que cette assez longue fièvre vous ait quittée, et que vous me rassurez vous-même sur le bon état de votre santé. Je ne crains que l'automne et un peu votre jeunesse ; les ménagements ne seront pas tels que cela exigerait. Je vous prie, puisque vous voulez me rassurer, de vous en souvenir pour l'amour de moi dans les occasions ; vous ne sauriez rien faire qui m'obligeât plus. Je suis rassurée sur la santé de la reine de Naples, et surtout pour son fils. La perte de celui de votre pauvre frère (1) lui a été assommante ; on l'a dû saigner, et même à cette heure il ne se porte pas entièrement bien ; il est très-sensible, et la perte n'était pas prévue. Elle accouchera les premiers jours de décembre ; je lui souhaite un fils. Si j'étais à même seulement d'en espérer de vous je ne sais ce que je ferais ; j'en prie Dieu tous les jours ; je serais trop heureuse, car pour votre bonheur futur, qui me tient tant à cœur, cela est de la plus grande importance. Il y a bien longtemps que vous ne me dites rien de nouveau sur ce chapitre.

Vous ne sauriez croire combien vos bontés pour la Sinzendorff font du bruit ici ; elle le mérite de toute façon. Schwarzenberg son père est venu tout enchanté me conter vos bontés. Vos bons compatriotes, les Allemands, méritent que vous les aimiez, étant si attachés à leurs princes et à vous en particulier.

Le grand-duc et elle nous ont quittés le 22 de l'autre mois. J'avoue, j'étais bien sensible ; le peu de semaines qu'ils étaient ici, ils m'ont comblée de consolations. Votre frère est extrêmement maigri, mais a meilleure couleur et est plus gai. Pour elle, je l'ai trouvée mieux qu'avant six ans ; mais la grossesse, qui est venue bien mal à propos, a diminué à la fin ses couleurs et petit embonpoint. J'ai des

---

(1) C'est-à-dire du fils de l'archiduc Ferdinand.

nouvelles du 28, leur voyage continue heureusement. J'avoue que je ne serai tranquille que quand je les saurai à Florence.

Pouvais-je faire assez en recevant ce portrait tant désiré du roi? Je serais bien fâchée si vous n'étiez mieux que moi, tant de figure que d'esprit : vous vous trouvez jeune dans un pays avec des talents naturels, il y a de quoi se former et devenir parfaite; il n'y a que la légèreté que je crains, et que je ne saurais vous cacher là-dessus mes craintes. Vous passez fort légèrement sur les bracelets, mais cela n'est pas tel que vous voulez l'envisager. Une souveraine s'avilit en se parant, et encore plus, si elle pousse cela à des sommes si considérables et en quel temps? Je ne vois que trop cet esprit de dissipation; je ne puis me taire, vous aimant pour votre bien, non pour vous flatter. Ne perdez pas par des frivolités le crédit que vous vous êtes acquis au commencement; on sait le roi très-modéré, ainsi la faute resterait seule sur vous. Je ne souhaite survivre à un tel changement. Je suis toute à vous.

XLIII. — Mercy a Marie-Thérèse.

Fontainebleau, 18 *octobre.* — Depuis le départ du dernier courrier toutes choses se sont passées à Versailles assez tranquillement, pour autant que cela regarde la reine, et le train de vie ordinaire de cette auguste princesse n'a varié ni dans ses occupations ni dans ses amusements. Je n'ai uniquement à mettre au rang des premières que les soins que prend S. M. de répondre soit verbalement soit par écrit aux différentes demandes qui lui sont adressées, et dont les suites et les succès dépendent ordinairement de plus ou moins d'intérêt qu'y prennent les gens qui forment ce que la reine appelle sa société. Tous les principes que la reine s'est formés là-dessus se rapprochent tellement des maximes de la vie privée des particuliers, qu'il est moralement impossible de les adapter sans inconvénient à la position d'une grande princesse, pour laquelle les lois de l'amitié semblent toujours devoir être subordonnées à celles de la justice. Il a été souvent représenté à la reine qu'elle répondait trop facilement aux lettres qu'on lui écrit de toute part. Ces réponses de la reine, presque toujours conçues dans un premier mouvement, se trouvent rédigées avec peu de précision; on leur donne un sens aussi étendu que le comporte l'intérêt de ceux qui les reçoivent, et c'est ainsi que souvent on engage la reine à aller bien au delà de ses premières intentions. De toutes les correspondances de S. M., celle qu'elle entretient habituellement avec la comtesse de Polignac est sans contredit la plus dangereuse. La reine croit parler à une amie, elle lui dévoile toutes ses idées avec une franchise sans réserve. De pareilles lettres ne restent point secrètes, j'en ai plus que des demi-preuves, et j'ai des preuves très-complètes de bien des abus qui en résultent, mais il serait inutile de songer à arrêter la reine sur ce point. Je sais que, dans sa dernière lettre à V. M., il y est fait mention de la comtesse de Polignac dans des termes par lesquels V. M. daignera juger du degré d'affection que son auguste fille a vouée à cette favorite.

Je dois encore compter au nombre des occupations de la reine celles que lui procurent casuellement les différentes cérémonies de cour qui se présentent de temps à autre, et c'est dans ces occasions où S. M. paraît avec le plus de grâce et d'éclat. C'est ainsi qu'elle s'est montrée en dernier lieu en donnant audience aux États de Languedoc, et en recevant la présentation de lady Stormont, ambassadrice d'Angleterre (1). La reine n'est jamais embarrassée de répondre avec bonté, dignité et précision aux discours qui lui sont adressés, et ce précieux talent produit ici d'autant plus d'effet que l'on n'y est pas accoutumé de la part du reste de la famille royale. Monsieur aurait assez d'esprit pour bien parler, mais il n'a aucun maintien, et il en est de même de Madame, dont l'air décontenancé gâte tout ce qu'elle est capable d'ailleurs de dire avec sens et jugement.

Pour en revenir aux amusements de la reine, j'observerai qu'ils se multiplient moins par la variété des objets que par le temps que S. M. emploie à ceux qui sont de pure dissipation, et ce temps consume les trois quarts de la journée. La musique en remplit quelques heures, le reste se passe en chasses et en fréquentes promenades aux

---

(1) Lady Cathcart, qui venait d'épouser lord Stormond. — Le cérémonial pour la présentation d'une ambassadrice qui venait de se marier était qu'elle fût amenée dans la chambre de la reine par les introducteurs des ambassadeurs ; le roi arrivait par une porte dérobée et la reine présentait elle-même la nouvelle ambassadrice. Ensuite le roi lui donnait à souper en grande cérémonie, mais le fauteuil seul du roi était présent, et le grand écuyer ou le premier gentilhomme de la chambre tenait la place du monarque. Le soir l'ambassadrice paraissait au cercle de la reine. C'est ainsi qu'en 1785 se passa la présentation de Mme de Staël comme ambassadrice de Suède. (Voir *Souvenirs d'un page*, par le comte de France d'Hézecques, in-12, 1873, page 195.)

différents spectacles de Paris. Dans le courant du mois la reine est venue plusieurs fois à l'Opéra; elle a été bien reçue du public, cependant avec moins d'acclamations que de coutume. L'avant-dernière fois que S. M. vint au théâtre, il y arriva un accident qui n'eut point de suite, mais qui causa un grand effroi. D'une troisième loge il tomba perpendiculairement au-dessus de celle de la reine un tabouret qui brisa l'instrument d'un musicien de l'orchestre, et si la reine avait eu le bras avancé hors de sa loge, elle aurait pu être atteinte par la chute de cette masse. S. M., par bonté, ne voulut pas qu'on fît des recherches sur les acteurs d'une si indigne étourderie, et par cette raison elle est restée assoupie; mais j'ai cru devoir en parler au ministre de Paris et réclamer des ordres précis et sévères pour qu'en pareils cas on prenne plus de précautions sur les gens qui peuvent se trouver dans les entours de la reine, cette attention étant plus nécessaire ici qu'ailleurs, vu les effets que peut produire l'esprit inconsidéré et pétulant de la nation.

La reine a donné à la fin de septembre une fête à Trianon; il y a eu spectacle français, opéra-comique, des ballets et un souper où toute la famille royale était réunie avec une suite peu nombreuse. Cette fête a été charmante par les grâces et l'agrément que la reine y a apportés. Le roi se plaît beaucoup à pareilles occasions, et pourvu qu'elles ne deviennent ni trop fréquentes ni trop coûteuses, elles ne peuvent contribuer qu'à faire régner à la cour le ton et le genre d'amusement qui lui est convenable.

Le roi et la reine s'étant rendus le 4 à Choisy, Monsieur prit cette occasion de donner à Leurs Majestés une fête dans son château de Brunoy (1), qui est à peu de distance de Choisy. Cette fête a été très-brillante et variée (2), l'ordonnance principale en était dans les bosquets du parc, où se trouvèrent un nombre de différents spectacles de la foire. Il y eut beaucoup de couplets et des scènes allégoriques

---

(1) Le château de Brunoy avait été construit au commencement du dix-huitième siècle par le financier Pâris de Montmartel avec un luxe extravagant. La terre de Brunoy fut érigée pour lui en marquisat; le comte de Provence l'acheta de son fils, et ajouta encore aux magnificences de cette résidence. Elle fut détruite pendant la Révolution. Brunoy est à 22 kilomètres S. E. de Paris.

(2) Le principal divertissement en fut un tournoi où figurèrent les plus célèbres danseurs de Paris magnifiquement habillés en chevaliers; des spectacles, un bal, un feu d'artifice complétèrent la fête, dont on peut trouver la description dans le chapitre VII des *Mémoires* de Mme Campan.

à la louange de la reine : S. M. reçut toutes ces attentions avec grâce et reconnaissance, et il s'est rétabli un peu plus de liant entre elle et Monsieur et Madame. La cour vint s'établir ici le 9 et, le courrier mensuel étant arrivé à Paris le 12, je ne tardai pas à apporter à la reine les lettres qui lui étaient adressées. S. M. fit d'abord une remarque sur la durée du séjour à Fontainebleau; elle me dit qu'il était presque décidé que la cour en partirait le 15 novembre, et qu'elle séjournerait quelques jours à Choisy, que cet arrangement lui ferait désirer que le courrier prochain pût être rendu ici le 10 de novembre, pour l'expédier avant le départ de la cour. S. M. remit à d'autres moments de me donner une plus longue audience; elle voulait se rendre à la première course de chevaux qui devait avoir lieu dans la même matinée. M. le comte d'Artois pariait pour un de ses chevaux contre des Anglais qui avaient amené les leurs, et ces derniers gagnèrent; ces courses doivent être souvent répétées et elles attirent un assez grand concours de monde; mais je remets à mon très-humble rapport prochain la déduction plus ample de ces détails. Ainsi que V. M. daigne me l'ordonner, j'aurai soin de contribuer de mon mieux aux agréments du séjour que fera ici le comte de Pellegrini, et je le conduirai aujourd'hui chez la reine, qui lui donnera une audience particulière.

XLIV. — Mercy a Marie-Thérèse.

Fontainebleau, 18 *octobre.* — D'après ce que V. M. daigne me mander relativement au projet du voyage de S. M. l'empereur, et sur l'avertissement qu'elle me donne que ce monarque n'a aucune connaissance de mes rapports secrets, il est de mon devoir de répéter ici que je me réglerai bien exactement en conséquence, et à cet égard je porte la circonspection au point de ne garder aucune copie des dits rapports (1), me bornant à une note des dates et à une désignation sommaire des matières, de façon que je ne serais pas dans la possibilité de produire des minutes si l'ordre m'en était donné.

Quant au fond du projet de S. M. l'empereur, j'observerai que son voyage en France produira à coup sûr un effet décidé, ou en bien ou

---

(1) Mercy ne parle point ici sincèrement, puisqu'en réalité il gardait les copies de tous ses rapports; voir notre Introduction.

en mal; mais je doute qu'il soit possible de prévoir laquelle de ces deux alternatives aura lieu. Il est de toute certitude que l'on sera frappé ici des grandes qualités personnelles de l'empereur et qu'on leur rendra un hommage universel; mais je pourrais craindre que la pénétration de ce monarque ne lui dévoile trop les défauts de cette nation, surtout ceux de son gouvernement actuel, et qu'il n'en résulte dans son esprit des idées de dégoût dont les effets ne sauraient se calculer. Je pourrais craindre pareillement que S. M. l'empereur ne mît peut-être trop de sensibilité et de sévérité dans ce qu'il trouvera à redire au système de conduite de son auguste sœur, et cet inconvénient pourrait faire naître un refroidissement réciproque, peut-être même des brouilleries décidées. La reine recevra toujours, sinon avec une entière obéissance, au moins avec respect et de bon cœur, les avis, même les réprimandes qui pourraient lui venir de V. M.; mais il n'en serait point ainsi vis-à-vis de son auguste frère, et si l'empereur m'ordonne de lui exposer mes faibles connaissances sur cette matière délicate, je m'en acquitterai avec une respectueuse vérité et tout le zèle possible.

L'empereur, dans sa dernière lettre à la reine, lui demande si elle a fait couper ses cheveux et ajoute les mêmes questions que V. M. m'ordonne de lui éclaircir. Le fait est que la reine a conservé ses cheveux qui n'ont été qu'un peu raccourcis, et qu'elle n'a rien changé à sa parure tant en plumes qu'en autres ornements que la mode bizarre d'aujourd'hui a introduits. Je suis très-charmé que V. M. n'ait point touché cet article dans sa lettre à son auguste fille, parce que la reine prend toujours avantage des bruits qui ne sont pas fondés pour se ménager des échappatoires sur les faits réels.

Relativement au projet de V. M. de s'ouvrir au baron de Breteuil sur le chapitre de la reine, je connais assez l'honnêteté de cet ambassadeur pour me persuader qu'il n'abusera pas de ce que V. M. daignera lui confier; mais il est homme, il a de l'ambition et il attend tout de la reine; ces motifs me porteront à éplucher de près sa conduite et ses propos. Au reste il me paraît d'une nécessité majeure que le baron de Breteuil ne parle à la reine d'aucune matière de conduite, dont V. M. n'aurait pas fait auparavant mention dans ses lettres, parce que la reine pourrait se figurer que V. M. a hésité de lui parler d'objets qu'elle s'est résolue à lui faire insinuer par d'autres, et il ne faut pas qu'une aussi fausse combinaison entre dans l'esprit de la reine au détriment du profond respect qu'elle doit à l'autorité de son auguste mère.

XLV. — Mercy a Marie-Thérèse.

Fontainebleau, 18 *octobre.* — Avant d'avoir reçu les ordres que m'apportera le courrier mensuel, je commence ce présent et très-humble rapport séparé par quelques remarques dont une des plus essentielles concerne l'abbé de Vermond, auquel la reine n'a pas dit le mot sur la demande par écrit qu'il lui avait faite, de préparer insensiblement sa retraite de la cour. Je présume avec certitude que l'intention de la reine est d'éluder cette demande et de la faire tomber en oubli, sans prendre d'engagements qui pussent gêner le système d'amusements et de dissipations auquel elle est si attachée. C'est sans doute par une suite de ce projet que la reine témoigne à l'abbé plus de bonté et de confiance qu'il n'en a jamais éprouvé, et je suis exactement traité de même. S. M. nous confie toutes ses idées, même celles qui ont toujours excité nos réclamations ; nous les lui exposons avec la même franchise et le même zèle, elle écoute nos raisons, elle daigne souvent en discuter les motifs et les admettre ; mais comme il ne s'ensuit aucun changement dans ses habitudes et les résolutions de la reine, je me suis permis en dernier lieu de lui observer qu'elle paraissait ne nous consulter, l'abbé et moi, que pour avoir d'avance une preuve démontrée de tout ce qu'il y a de contraire et de nuisible dans les différents partis que prend S. M. et auxquels elle est bien décidée à ne rien changer. Entretemps l'abbé de Vermond persiste dans ses projets de retraite ; il croit qu'en s'éloignant de manière à ne reparaître que dans des distances plus éloignées, ses représentations acquerront plus d'efficacité par cela même qu'elles seront moins fréquentes, et qu'elles ne seront présentées que quand la reine les demandera dans des moments d'embarras. Ce raisonnement de l'abbé pourrait être dans le fond assez juste ; mais il ne pare point aux inconvénients que produirait son absence, à laquelle il est impossible que je supplée entièrement, par toutes les raisons qui dérivent de ma position et des ménagements qu'elle exige pour le meilleur service de V. M. Je m'occupe en conséquence à faire changer d'idées à l'abbé de Vermond, sans prévoir encore s'il me réussira de le persuader. Je connais trop la reine pour ne pas savoir de toute certitude qu'il serait inutile, même nuisible, de lui faire mention de cet objet avant qu'elle ne daigne m'en parler elle-même, de façon que je reste dans une crise fâcheuse sur ce même objet. Le présent séjour de Fontainebleau ne m'annonce pas non plus de ressources trop favorables ; je dois en juger ainsi par les apprêts de dissipation en tous genres qui se forment, soit en spectacles, bals, courses de chevaux, et plus que tout cela encore par le tourbillon de jeunesse dont la reine va se trouver environnée.

Ce qui précède était écrit lorsque le courrier m'a apporté les très-gracieux ordres de V. M. en date du 1er de ce mois. Je vais reprendre ici ceux des points qu'ils contiennent et auxquels il me reste des remarques à exposer.

Le billet que V. M. a daigné écrire à l'abbé de Vermond lui a fait une très-grande impression, et je lui dois cette justice d'avoir reconnu en lui en toutes occasions un profond, respectueux et particulier attachement pour l'auguste personne de V. M. Cet abbé est dans une agitation d'esprit qui ne me permet pas de prévoir au juste la réponse qu'il mettra aux pieds de V. M.; mais après deux longues conversations que j'ai eues avec lui, je reprends l'espoir sinon de le retenir tout à fait dans un service assidu et journalier auprès de la reine, au moins de modifier sa retraite de manière à ce qu'il voie trois à quatre fois le mois cette auguste princesse, et plus souvent même quand les circonstances pourraient l'exiger. Entretemps il n'y aura certainement rien d'omis de ma part de tout ce que pourra me suggérer mon zèle, et je dois protester aux pieds de V. M. qu'indépendamment de ce que je dois à mon auguste souveraine, je suis par sentiment si respectueusement et si entièrement attaché à la personne de la reine, que tout ce qui la regarde m'affecte autant que ce qui me concerne moi-même. Je dois à tous égards ce zèle à la reine ; quelquefois elle me désole, mais elle me traite avec tant de grâce et de bonté que j'en ai l'âme pénétrée.

A mon arrivée ici je trouvai la reine dans une grande agitation et inquiétude d'avoir par inadvertance manqué le moment d'écrire à temps à V. M. sur son jour de nom ; elle voulait antidater une lettre et l'envoyer par la poste ; je lui représentai que ce moyen-là ne valait rien. S. M. me demanda si je pouvais en imaginer quelque autre? Je répondis que je ne savais d'autre moyen de réparer une faute que celui de l'avouer et de n'y plus retomber. J'ajoutai à cela quelques remarques sur la nature de l'omission que la reine avait à se reprocher, et elle me parut fort affectée de ce que je lui disais. Il est hors de doute que, par ce courrier, elle cherchera quelque tournure d'excuse, et je crois qu'il serait infiniment nuisible que V. M. parût s'en contenter purement et simplement, sans donner à connaître que V. M. sait très-bien que c'est à l'extrême dissipation de la reine qu'elle doit attribuer de pareils oublis, et pour preuve que V. M. est bien informée, je soumets à ses hautes lumières si ce ne serait pas le moment propre à toucher l'article de la comtesse de Polignac et le chapitre des dépenses.

XLVI. — MARIE-ANTOINETTE A MARIE-THÉRÈSE.

Fontainebleau, octobre (1). — Madame ma très-chère mère, Je suis bien honteuse des excuses que j'ai à faire à ma chère maman pour le retard de mes vœux et de mes hommages à l'occasion de la Sainte Thérèse ; le voyage de Choisy et le départ pour Fontainebleau m'avaient un peu dérangée, et j'espérais que ce courrier arriverait plus tôt. J'éprouve en toute occasion combien il est fâcheux pour moi d'être si éloignée de ma chère maman.

Le chagrin de Ferdinand me paraît bien naturel (2) ; je suis bien impatiente de la savoir rétablie et de le voir dédommagé par la naissance d'un second fils. Les bonnes nouvelles de Naples me font grand plaisir. Ma chère maman peut être entièrement rassurée sur ma santé ; j'ai assez bien suivi le régime et les ménagements pour que les médecins ne craignent plus le retour de la fièvre. Ma chère maman peut bien croire que s'il y avait eu le moindre changement dans mon état je l'en aurais instruite tout de suite. J'en suis assez affligée, mais pourtant je dois convenir qu'il n'y a rien de reculé et que je conserve toujours bonne espérance.

Mme Sinzendorff doit passer quelques jours ici avec son mari, qu'elle conduit à Montpellier ; je suis ravie qu'elle ait été contente de moi ; je l'ai été d'elle, quoique toutes ses formes ne soient pas également agréables. Je la crois femme de mérite et essentielle. Je souhaite qu'elle puisse venir pendant que nous avons encore beau temps, pour

---

(1) La fin du rapport précédent de Mercy explique cette date incomplète.
(2) L'archiduc Ferdinand venait de perdre son fils. Voir page 499.

qu'elle puisse jouir de Fontainebleau et de ses environs, dont les situations sont assez singulières.

J'espère que mon frère et ma belle-sœur, ayant encore beau temps, arriveront heureusement à Florence. Je ne me flatte pas d'avoir les talents et les dispositions que ma bonne maman me suppose ; mais je n'oublierai rien pour profiter de ses bons avis, trop heureuse si je pouvais y réussir et mériter sa tendresse et ses bontés (1)..

XLVII. — MARIE-THÉRÈSE A MERCY.

Vienne, le 31 octobre. — Comte de Mercy-Argenteau, J'ai reçu votre lettre du 18 par le courrier Wolf, arrivé ici le 27 de ce mois.

La conduite que ma fille tient vis-à-vis de vous et de Vermond ressemble très-bien à son caractère. Empressée à vouloir donner le change à ceux qui tâchent de la détourner de ses écarts, elle n'en poursuit pas moins sa marche, très-adroite d'ailleurs à saisir des échappatoires pour colorer ses actions. Je suis bien aise que Vermond paraît revenir, du moins pour le présent, de son idée de retraite, autant qu'on peut en juger par la copie ci-jointe de sa réponse à ma lettre.

Je ne saurais cependant vous dissimuler que je crois qu'il s'en faut de beaucoup que Vermond ait autant de crédit sur l'esprit de ma fille que je le souhaiterais. Au reste, après l'opinion que le roi de Prusse a de l'ascendant de ma fille sur le roi et de l'influence qu'elle a par conséquent dans les affaires, au point que les ministres n'osent s'engager dans quelque démarche qui pourrait déplaire à ma fille et rapprocher la France de la Prusse, il est bon de faire tout ce qui est convenable pour nourrir une telle opinion du roi de Prusse, et que, pour ce motif, vous ne diminuiez pas vos assiduités [au moins extérieures] auprès de ma fille, si même l'effet ne répond pas aux soins que vous vous donneriez pour lui être utile.

Je passerai légèrement sur l'oubli de ma fille par rapport à ma fête ; je trouve même mieux de ne pas lui faire dans ce moment de

---

(1) Nous trouvons dans la correspondance de Pichler avec Mercy au sujet de cette lettre la remarque suivante : « J'ai l'honneur d'envoyer copie de la dernière lettre de la reine. V. E. s'apercevra sans doute de la froideur qui va en augmentant entre la mère et la fille il faut bien les lumières et le zèle dont V. E. est douée pour en arrêter les progrès. »

nouvelles remontrances [les croyant toutes inutiles]. Je ne laisserai cependant pas de lui en faire, lorsque vous le trouverez nécessaire, sur les articles que vous m'indiquerez toujours, et je les ferai dans le sens que vous me suggérerez.

L'empereur paraît jusqu'ici décidé à faire le voyage de France : sans m'en mêler, j'en abandonne la direction à lui seul, et je souhaite seulement que ce voyage produise tout le meilleur effet; mais je n'en saurais être rassurée que par l'événement. Je trouve les réflexions que vous faites sur ce sujet très-justes; au reste je ne crains pas trop que l'empereur ne fasse des reproches bien forts à ma fille. Il aime à plaire et à briller; il ne sera probablement non plus insensible aux témoignages d'amitié de ma fille, accompagnés surtout des grâces d'un extérieur avantageux.

[Vous pouvez juger de ma situation désagréable; voilà un échantillon. Depuis quatre jours l'empereur paraît ou veut paraître de trouver de grands inconvénients au voyage de Paris. Il voudrait jeter sur moi s'il l'entreprend ou non, mais malheureusement que trop expérimentée dans ces sortes de tours, je ne lui donne aucune facilité, et suis curieuse de voir ce qui en sera. Encore je vous prie de me marquer s'il ne vous en dit rien; j'avoue, je serais toujours plus tranquille s'il ne se fait pas.]

Vous ferez très-bien de ne laisser rien transpirer vis-à-vis de l'empereur de vos rapports secrets, qu'il ne voit jamais, et il ne voit que [depuis cet été régulièrement] les ostensibles; mais s'il vous parlait sur le compte de ma fille, vous pourriez lui répondre avec toute la franchise, en y mettant cependant cette circonspection que vous trouverez analogue aux circonstances. Comme j'ai fait part en secret à Starhemberg du projet du voyage de l'empereur en France, vous êtes à même de vous entre-communiquer en confiance ce qui est relatif à cet objet.

Il doit être passé quelque chose entre ma fille et l'ambassadeur de Venise (1), dont on veut former quelques réflexions sur le caractère de ma fille. Je ne sais pas ce qui en est, mais je serais bien aise d'en être informée.

---

(1) Voir la réponse à ceci dans le second rapport de Mercy du 15 novembre, page 528.

Voici la lettre de Vermond à Marie-Thérèse dont la copie se trouvait annexée à la lettre de l'impératrice qu'on vient de lire :

Madame, Je ne puis recevoir de plus grande consolation que par l'approbation de Votre Majesté. Je n'omettrai rien pour la mériter et la conserver jusqu'au dernier jour de ma vie.

Les alentours de la reine l'occupent tout entière et interceptent ma voix. J'ai dévoré les dégoûts et les amertumes tant qu'ils n'ont porté que sur moi; mais je ne puis me départir de l'espérance de redevenir utile à la reine. Elle a plus de pénétration et de jugement que tout ce qui l'obsède; sa jeunesse et le goût de tout effleurer sans rien approfondir, voilà la source de ses torts : elle en reviendra. Depuis plus d'un an elle m'écoute fort peu, mais elle n'a rien diminué de la plus entière confiance pour me faire part de ses idées et me montrer toute son âme. Je crois même qu'il y a encore des objets sur lesquels elle ne s'ouvre qu'à moi. Mon caractère personnel et, je crois, mon devoir bien entendu ne me permettent pas d'affaiblir les vérités en lui répondant; mais, en ne ruinant pas le fonds de bonté et de confiance qu'elle a encore en moi par une assiduité aussi inutile qu'importune pour elle, je puis me retrouver à portée de lui être utile lorsque le temps et les événements la ramèneront à elle-même. Je suis consumé de l'idée des chagrins que la reine peut se préparer; mais si elle en éprouvait, je serais encore l'homme à qui elle les confierait le plus aisément, et peut-être le seul à qui elle pût parler avec toute sûreté. Mon cœur et mon âme sont à la reine; ma personne sera à ses pieds dans tous les moments où je pourrai lui être utile; ma conduite sera toujours dirigée sur ce point de vue; je conserverai l'assiduité actuelle, dans la proportion où elle ne m'ôtera pas la possibilité du retour et de l'utilité pour l'avenir. M. le comte de Mercy m'a comblé de toutes espèces d'honnêtetés et de bontés depuis sept ans; il a bien voulu agréer que je lui confiasse toutes mes démarches et idées sur ce qui concerne la reine; il sera mon guide, mon juge et, j'espère, mon garant auprès de Votre Majesté; mais il ne pourra jamais lui faire connaître toute la sensibilité, le dévouement et le respect avec lequel je suis, Madame, de Votre Sacrée Majesté, le très-humble et obéissant serviteur.

L'abbé de Vermond, lecteur de la reine.

Fontainebleau, ce 17 d'octobre 1776.

XLVIII. — Marie-Thérèse a Marie-Antoinette.

Vienne, 31 *octobre.* — Madame ma chère fille, J'espère que celui-ci arrivera avant le 10 comme vous le souhaitez, pour avoir le temps de l'expédier avant votre retour de Fontainebleau; autrement on aurait manqué tout un mois, et j'avoue, j'attends toujours avec un empressement bien tendre l'arrivée de ces courriers. Vos excuses pour l'oubli de ma fête sont acceptées sans rancune; mais, ma chère fille, ce n'est pas une fois l'année que je souhaite que vous pensiez à moi, mais tous les mois, semaines et jours, que vous n'oubliiez pas ma tendresse et mes conseils et exemples.

J'avoue, cette vie continuellement dissipée, des promenades, courses, qu'on n'a jamais vues telles aux autres reines beaucoup plus âgées que vous, quoique jeunes aussi et accompagnées de leurs époux; point qui me fait le plus de peine, que tout cela se fait sans le roi, et que c'est votre volonté seule et sa trop grande complaisance, qui pourra finir une fois, surtout si les dépenses extraordinaires s'en mêlent. C'est dans ces occasions que je voudrais que vous pensiez à moi, et je suis sûre et connais votre cœur, s'il n'est entièrement changé par les flatteries et frivolités, que la pensée seule vous retiendrait par le chagrin que me causeraient ces légèretés, qui finiront de soi-même, mais peut-être trop tard pour votre bonheur et gloire, qui fait mon unique occupation, et le sera tant que je vivrai.

XLIX. — Marie-Thérèse a Mercy.

Vienne, 31 *octobre.* — Comte de Mercy-Argenteau, J'aurais rempli vos vues, en retrécissant assez mon entretien avec Breteuil avant son départ d'ici [il m'a bien coûté de lui parler], si Kaunitz ne m'avait pas remis encore avant l'arrivée du dernier courrier les points ci-joints, allemands en original, que vous pourriez me renvoyer par le courrier; mais comme je les ai trouvés trop diffus, j'en ai tiré avec bien de la peine les deux extraits français ci-joints (1), sur lesquels je me suis à peu près réglée en m'expliquant [et encore plus courtement]

---

(1) Nous n'avons point ces pièces; mais ce qui suit fera connaître ce qu'elles pouvaient contenir, en y ajoutant beaucoup de détails intimes.

avec Breteuil ; sans cependant lui donner aucune commission de faire quelque usage de mes propos, qui devraient seulement l'aider à s'ouvrir confidemment avec vous, dont je connaissais l'amitié pour lui. Je veux vous communiquer encore quelques traits qui ont rapport à mon entretien avec Breteuil [et je crois qu'il ne serait pas de trop si vous lui faisiez connaître que je vous en ai prévenu].

A ce que j'ai dit à Breteuil sur l'intérêt que nous aurions à faire prendre à la Pologne une espèce de consistance, j'ai encore ajouté que je croyais que la France ferait bien d'envoyer un ministre à Varsovie, chargé de se concerter avec le mien sur les mesures à prendre pour le bien réciproque. [C'est lui qui l'a proposé ; j'ai répondu que je serais toujours charmée d'être épaulée d'un ministre de France.]

Quant aux vues de la Russie sur l'anéantissement de l'empire ottoman pour se frayer par ce moyen le chemin à la monarchie universelle, il a dit rondement que jamais la France ne pourrait y condescendre, et que, pour empêcher les Russes de faire la conquête de Constantinople, la France devrait sacrifier le dernier homme et sol. [Sur ce seul point il a parlé avec véhémence.]

Breteuil s'est beaucoup récrié sur ce que je supposais que le roi de Prusse avait beaucoup de partisans parmi les grands en France. Je lui ai répliqué que le passé nous en avait fourni assez de preuves pour ne pouvoir en douter.

Breteuil ne paraissait pas attacher beaucoup d'intérêt à l'article de la dépense de ma fille. Il en a témoigné plus sur la froideur dont elle traitait Monsieur et Madame, et qui était relevée dans plusieurs lettres écrites de Paris. J'ai encore fait mention dans mon entretien avec Breteuil du comte et de la comtesse d'Artois, du duc de Chartres, de Mmes de Lamballe et Polignac, du prince de Ligne, des comtes d'Esterhazy, du Châtelet et de Castries, des Noailles, Broglie et Choiseul, du coadjuteur Rohan. Breteuil paraissait affecté du crédit que les comtes d'Esterhazy et du Châtelet, mais surtout le prince de Ligne, ont gagné auprès de ma fille ; il n'était pas persuadé que Mme Polignac l'emportait sur Mme Lamballe. Il paraissait intéressé pour Mme Polignac, en me disant que c'était une jolie dame ; ainsi j'ai coupé court sur son chapitre. [Depuis, des lettres particulières disent que le prince de Ligne est encore à Paris, que le roi l'aime et l'écoute volontiers, et qu'il a osé porter seul l'uniforme de

Choisy (1), distinction particulière. Rohan a engagé son oncle de passer à Paris pour y pouvoir être aussi ; j'avoue, ces deux sujets amis intimes entre eux me donnent de l'inquiétude pour le roi et la reine.]

Il ne paraissait pas content du duc de Choiseul, en l'accusant d'avoir manqué de sincérité envers lui, mais qu'il n'en agirait pas avec moins de politesse avec lui, et qu'il irait même le voir à Chanteloup. Je l'ai chargé de dire à cette occasion aux Choiseul beaucoup de gracieux de ma part. Pour les Broglie, il dit qu'ils sont mis tout à fait à part, et pour les Noailles, qu'ayant été assez longtemps dans la possession des premières charges, il n'y avait point de mal de les en voir éloignés. Je lui ai encore dit beaucoup de gracieux sur le compte de Mme de Matignon, et je lui ai fortement recommandé les intérêts de l'abbé Vermond, en lui faisant connaître que je regarderais comme un effet de l'amitié du roi pour moi ce qu'il voudrait faire pour ce digne homme, si jamais il venait à quitter la cour [je regarderais cela comme un grand mal].

Je n'ai pas dissimulé mes craintes sur l'intimité du comte d'Artois avec ma fille, et sur les allures du coadjuteur Rohan. Tout méprisable qu'il est, il ne laisse pas de plaire par sa souplesse et par ses complaisances, poussées au point d'être endurant aux dépens de son caractère. Il en a donné assez de preuves ici, et par cet indigne moyen il a réussi de se faire nombre de partisans et de gagner même l'empereur et Kaunitz, malgré tout le mépris qu'ils faisaient de sa conduite irrégulière [et de ses mensonges. Il sait amuser et voilà le grand mérite du siècle d'à cette heure ; on croit être au-dessus de se laisser entraîner, et on l'est sans le vouloir croire, et tout entier.]

Lorsque je témoignais à Breteuil notre éloignement des vues d'agrandissement, il faisait semblant de vouloir entamer quelque raisonnement sur la succession de la Bavière, mais j'ai trouvé à propos de glisser légèrement sur cet article [l'assurant que tant qu'existe notre intimité de principes, jamais nous ne ferons rien sans eux]. Je lui ai encore parlé sur les affaires d'Empire, en lui faisant sentir que, pour arrêter les vues dangereuses du roi de Prusse et de ses partisans, la France ferait bien d'agir avec plus de concert avec nous. Breteuil opposa que la France n'avait pas maintenant de parti dans

---

(1) Voir plus bas la note de la page 529.

l'Empire, ne pouvant compter que sur les électeurs palatin et de Bavière. Je lui répliquai que ces princes étaient précisément des plus respectables dans l'Empire, et que la religion catholique étant tant menacée, les électeurs et autres États ecclésiastiques avaient le plus grand intérêt de se joindre à nous pour former un parti capable de s'opposer aux violences des protestants, dirigé par le roi de Prusse, sous prétexte de religion, selon ses vues particulières.

A la fin j'ai fait connaître à Breteuil combien je serai bien aise de le revoir à ma cour, mais, si son destin le fixait en France, que je comptais qu'on le remplacera par un homme raisonnable, sans nous envoyer plus quelqu'un de l'espèce de Rohan. Je lui ai fait connaître toute la confiance que j'ai en vous, et que je comptais qu'ensuite de l'amitié que vous avez pour lui, il y répondra par un parfait retour. J'ai touché encore quelque chose sur le voyage de l'empereur en France [mais bien vague, que cela dépendait des circonstances extérieures et intérieures et même de mes soixante ans].

L. — Marie-Thérèse a Mercy.

Vienne, 31 octobre. — Comte de Mercy-Argenteau, Mon fils Léopold est très-mécontent du ministre de France à Florence, marquis de Barbantane, comme vous verrez par l'extrait de la lettre qu'il m'a écrite sur ce sujet (1). Dans la position où se trouve mon fils

---

(1) Voici un fragment de cette lettre curieuse par les détails qu'elle contient sur le prétendant Charles-Édouard et sa femme. On sait que ces deux personnages portaient officiellement le titre de comte et comtesse d'Albany. — « *Venise, le 12 octobre* 1776. J'ose représenter à V. M., tant en mon nom qu'en celui de ma femme, que nous ne pourrons jamais avoir à Florence ni repos ni tranquillité tant que le prétendant et son épouse et le marquis de Barbantane, ministre de France, qui forme avec eux la même compagnie, y seront. Ces personnes ont pris positivement en guignon tant moi que ma femme ; ils en parlent mal ouvertement, et cherchent toutes les occasions de nous faire du chagrin et de nous causer des désagréments. La prétendante est jolie, coquette et très-prévenante. Avec cela elle donne des dîners et se donne toutes les peines du monde d'attirer toujours compagnie chez elle ; elle y attire tous les étrangers non anglais qui viennent à Florence, et beaucoup d'employés et personnes du pays. Là on relève et critique tout. Tous les bruits de ville sortent de cette maison ; de là viennent tous les mauvais contes et propos que l'on répand contre toutes les personnes que nous voyons ou fréquentons. C'est par là qu'on nous gâte toutes les compagnies et sociétés que nous tâchons de nous former, en leur inspirant de la défiance ou tenant de mauvais propos contre nous. On tâche de donner à tous les étrangers les plus mauvaises préventions et impressions contre tout le pays, les employés, nous autres. Par là non seulement on discrédite le gouvernement dans le public et même dans les pays étrangers, mais même on fait que bien des étran-

par la perspective qu'il a pour l'avenir, je crois que la France devrait avoir du ménagement pour lui et lui complaire, sur un objet d'ailleurs peu intéressant ; j'en ai dit quelques mots à Breteuil.

LI. — Marie-Antoinette a Marie-Thérèse.

Le 12 novembre. — Madame ma très-chère mère, La bonté de ma chère maman pour mon jour de naissance et son extrême indulgence pour mon oubli m'en font un reproche bien sensible. Comment pourrais-je oublier un seul instant tout ce que ma chère maman a fait pour moi? Ses exemples feront toujours ma gloire, et je serais trop heureuse si je pouvais les imiter, quoique de loin.

Notre voyage s'est fort bien passé ; le roi a chassé trop souvent pour que je pusse l'accompagner chaque fois, mais j'y ai été très-souvent. J'irai mercredi avec lui à une fameuse course de chevaux (1) ; nous vivons toujours dans une très-bonne union et intimité.

La Sinsin (2) est partie, à ce qu'il m'a paru, fort contente de ce pays-ci, mais très-inquiète avec raison sur l'état de son mari, qui est parti bien souffrant. Le baron de Breteuil vient d'arriver, j'espère le voir aujourd'hui ; j'ai grande impatience de le voir pour causer avec lui, et surtout pour m'assurer de la santé de ma chère maman.

---

gers, qui croient tout cela, ne s'y arrêtent plus tant que ci-devant. J'avoue que j'ai eu long-temps patience ; mais, voyant que cela va toujours en augmentant et devient scandaleusement public, et que tant que ces personnes seront à Florence nous ne pourrons jamais avoir de tranquillité ni de repos, j'ose donc la supplier de vouloir bien me permettre de demander formellement à Paris le rappel de M. de Barbantane, et de vouloir bien faire appuyer cette demande par M. de Mercy, d'autant plus que le roi vient de rappeler également M. de Flavigny de Parme, pour des tracasseries qu'il y a faites ; d'autant plus que cette compagnie à présent se mêle ouvertement de soutenir les affaires de M. de Ligneville, qui était leur grand ami, et pour ce qui est de la maison du prétendant, je me flatte que Thurn s'en éloignera ; mais jamais nous ne pouvons espérer de repos ni de tranquillité tant qu'ils seront à Florence. »
— En dépit de cette lettre, le marquis de Barbantane ne fut point déplacé ; il resta ministre de France à Florence jusqu'en 1784.

(1) Cette fameuse course doit être celle qui eut lieu le 13 novembre, et où le roi fut effectivement présent. Le comte d'Artois faisait courir un cheval anglais, nommé *King-Pepin*, dont on disait merveille, et qui paraissait pour la première fois en France sur le terrain des courses. Les paris s'élevèrent à des sommes folles. Le comte d'Artois fut battu par le duc de Chartres.

(2) La comtesse de Sinzendorff. Voir plus haut la pièce XXXVIII.

Le général Pellegrini a passé trop peu de temps ici pour bien connaître cette cour-ci ; j'espère cependant qu'il ne sera pas mécontent du petit séjour qu'il y a fait.

Je viens de voir le baron ; il m'a remis la lettre de ma chère maman ; je suis charmée qu'elle est aussi contente de lui ; je n'ai pu le voir qu'un instant à cause de la fête, mais il restera jusqu'à notre départ, et je n'en aurai trop pour causer avec lui de tous les détails qui m'intéressent pour ma chère maman, ma famille et ma patrie.

Je finis ma lettre pour aller aux vêpres, et supplie ma chère maman de me conserver ses bontés ; mon plus grand désir est et sera toujours de les mériter.

LII. Mercy a Marie-Thérèse.

15 *novembre*. — Sacrée Majesté, Dans le compte que j'ai à rendre à V. M. du séjour de la reine à Fontainebleau, je crois devoir éviter la forme d'un journal, et je vais diviser tous les différents objets sous trois articles séparés, dont le premier traitera de la tenue de la cour, le second des occupations ou amusements de la reine, et le troisième de ce qu'il y a eu de plus particulier dans l'emploi des matinées et des soirées de cette auguste princesse.

Quant au premier article, il n'y a rien eu de changé aux usages ordinaires des années précédentes. Toutes les journées de dimanche ont été vouées, comme de coutume, à une représentation plus marquée, soit par le service public d'église tenu le matin et l'après-midi, soit par le jeu de la reine et le grand couvert dont il était suivi. Ayant été décidé, ensuite d'un nouvel arrangement, que les ambassadeurs et ministres étrangers n'iraient au lever du roi que ce même jour du dimanche, la reine eut la bonté de faire dire aux ambassadeurs et ministres qu'elle leur laissait la liberté de venir lui faire leur cour dans les autres jours de la semaine et aux heures où ils apprendraient que S. M. voyait du monde. Tout le corps diplomatique a été très-satisfait de cette attention de la reine ; mais comme les matinées n'offraient presque aucun moyen de profiter de cette permission, les ambassadeurs et ministres ont dû se borner à aller le soir au jeu de la reine, qui ne s'est tenu que deux fois la semaine, non compris le dimanche ; les soirées du mardi, jeudi et vendredi, de six heures jusqu'à neuf, se passaient au spectacle, lequel par le mauvais choix des pièces a été très-médiocre cette année (1). La reine, sollicitée par ses entours, avait accordé protection à quelques petits auteurs, qui produisirent des pièces nouvelles dénuées de goût et quelquefois de décence, de façon que le théâtre a été de moindre ressource qu'il ne l'était dans les voyages précédents.

Après le spectacle le roi et la reine soupaient dans les cabinets avec du monde deux fois la semaine, et les autres jours Leurs Majestés soupaient ou chez Madame ou chez Mme la comtesse d'Artois.

Les soupers chez la reine avec le roi seul, et auxquels assistaient les entrées de la chambre, n'ont point eu lieu cette année, et je les ai d'autant plus regrettés que c'étaient les occasions où le roi avait la bonté de s'entretenir le plus avec moi.

Quant aux soupers dans les cabinets, ils se sont soutenus en se détériorant par le choix des personnes qui y sont admises, et qui roule sur un nombre de favoris et de favorites, avec exclusion presque totale des gens d'un certain âge et qui par leur rang devraient par préférence jouir de cet honneur.

Je dois cependant observer généralement que, soit dans les occasions de représentations publiques ou plus particulières, tous ceux qui ont eu l'honneur d'approcher la reine en ont été constamment traités avec beaucoup de bonté et de grâce, et cette remarque est particulièrement applicable aux ambassadeurs et aux ministres du second ordre.

Le chapitre des amusements de la reine offre plus d'objets et plus de détails. Je commencerai d'abord par ceux qui ont rapport à la chasse. La reine s'est procuré assez régulièrement cet amusement deux et même trois jours de la semaine, quelquefois avec le roi, et alors ces chasses, faites en calèche, se passaient ainsi qu'il a toujours été d'usage à cette cour; mais il y avait souvent d'autres chasses, avec l'équipage de M. le comte d'Artois ou avec celui du prince de

---

(1) « Jamais voyage de Fontainebleau n'a été aussi brillant que celui-ci. Une affluence de monde prodigieuse, des fêtes, des parties de jeu, des courses de chevaux ; l'élégance et la variété des toilettes.... Mais il faut avouer que les lettres ont peu contribué aux plaisirs de la cour ; sur dix ou douze pièces représentées une seule a réussi : *Mustapha et Zéangir*, de M. Champfort ; la reine voulut bien faire venir l'auteur dans sa loge et lui annoncer que le roi venait de lui accorder une pension de douze cents livres sur les menus. » Grimm, *Correspondance* tome III, page 286.

Lambesc, et elles étaient d'une tournure bien différente par le nombre de jeunes gens qui s'y trouvaient, et par la facilité qu'ils avaient de s'y procurer auprès de la reine beaucoup plus d'accès qu'il n'aurait été convenable. S. M. allait à ces chasses à cheval, et la jeunesse dont elle était entourée cherchait, chemin faisant, à lui procurer des divertissements peu sensés. J'en citerai un seul exemple : à une des chasses en question un jeune Anglais, nommé Fitz-Gerald, aussi déterminé qu'étourdi, s'avisa de sauter à cheval des palissades fort élevées. Ce petit spectacle amusa d'abord la reine, et c'en fut assez pour que l'on voulût renchérir sur ce tour de force. On en vint à proposer à l'Anglais de sauter à cheval par-dessus un autre cheval ; la reine, frappée du danger évident d'un pareil essai, voulut en empêcher l'exécution ; mais M. le comte d'Artois insista avec tant de chaleur que l'Anglais se résolut à le satisfaire. On lui présenta un cheval de suite, et en voulant le franchir, il renversa le cheval, tomba lui-même avec le sien, et vu le genre de cette chute, ce ne fut que par un grand hasard qu'il en fut quitte pour quelques contusions. Ces sortes d'aventures ne sont pas absolument indifférentes quand elles se passent sous les yeux de la reine et avec une apparence d'aveu de sa part. S. M. est convenue de ce qui lui a été représenté à cet égard ; mais les occasions d'amusement suspendent tous les effets de la réflexion, et on ne semble occupé ici qu'à distraire celle de la reine.

Dans les journées où il n'y avait point de chasse, la reine faisait de longues promenades ou en voiture ou à cheval. Un des objets de ces promenades était d'aller voir l'exercice journalier dans lequel on entretient les chevaux de course pour qu'ils soient toujours en haleine. Le local destiné aux courses était à une lieue et demie de Fontainebleau, dans une grande bruyère où l'on avait arrangé deux routes fort larges, chacune d'une demi-lieue de longueur, et se joignant par une partie circulaire. A l'extrémité et au milieu de ces deux routes on avait élevé un bâtiment en bois, dont l'étage supérieur formait un grand salon avec une galerie tournante d'où la reine et toute sa suite voyait les courses. Les hommes arrivaient à ce rendez-vous à cheval, et la plupart dans un négligé peu décent. Il était cependant permis à un chacun de monter dans le salon où se tenait la reine ; c'était dans ce lieu où se faisaient les paris, et ils n'étaient jamais arrangés sans beaucoup de propos, de bruit et de tumulte. M. le comte d'Artois y hasardait des sommes assez considérables et s'impatientait fort quand il perdait, ce qui lui est presque toujours arrivé. A une de ces courses il lui prit un mouvement de colère dans laquelle il traita fort durement le duc de Chartres et le marquis de Conflans, en leur disant qu'il était las de se voir continuellement friponné, soit aux courses, soit au jeu. Cette apostrophe fit beaucoup de sensation, et ce n'est pas le premier trait en ce genre qu'ait occasionné le caractère violent du jeune prince. Parmi les idées désordonnées qu'il se permet, il a entre autres adopté celle de l'anglomanie : il veut que ses équipages soient montés à l'anglaise, et il cherche à imiter la tournure, les modes et les goûts de cette nation, ce qui dans un fils de France déplaît beaucoup.

La reine, en désapprouvant assez hautement cette conduite de M. le comte d'Artois, semble cependant l'autoriser un peu, en se trouvant avec ce prince dans toutes les occasions qui excitent contre lui la critique du public. La reine veut abolir les courses de chevaux et y faire substituer des exercices de manége, comme courses de bague et autres évolutions, qui tiennent plus aux anciens usages nationaux et ne seraient pas une mauvaise copie de ceux de l'Angleterre.

Les jours où la reine ne sortait pas du château, elle allait quelquefois voir jouer M. le comte d'Artois à la paume ; il s'y faisait des paris, et le choix des spectateurs n'y était pas toujours des mieux assortis, non plus que dans un grand salon du château où la reine allait souvent jouer au billard. Un tourbillon de jeunesse s'y rendait à sa suite, et y occasionnait plus ou moins des inconvénients de légèreté et de vivacité qui se répriment plus difficilement dans cette nation que dans aucune autre. Il me reste à parler des matinées et des soirées, qui n'ont été qu'une continuation des amusements de la reine, et dont les détails doivent former le troisième article de mon très-humble rapport.

L'heure du lever de la reine variait en raison de la veillée qu'elle avait faite le soir précédent, mais le plus communément le service des femmes entrait chez S. M. entre neuf et dix heures. Monsieur, M. le comte d'Artois et les princesses leurs épouses arrivaient successivement, mais ces premières visites de la journée étaient courtes. L'abbé de Vermond entrait ensuite, à l'exception des jours où il prévoyait que la reine serait pressée de sortir ; alors il ne paraissait point au château, et en total ses audiences ont été plus abrégées pendant le voyage qu'elles ne le sont en d'autres temps. La reine se mettait à sa toilette entre dix et onze heures; j'épiais ce moment pour lui faire ma cour, et quand S. M. avait quelque chose de particulier à me dire, elle faisait retirer pour quelques instants ses friseurs et ses femmes; ce fut dans une de ces occasions que je présentai le comte de Pellegrini, que la reine traita avec bonté.

Après la toilette S. M. se rendait à la messe; ensuite elle déjeûnait ou dînait, selon que le comportaient les différents projets qui devaient remplir le reste de sa journée. Aux promenades ou aux chasses succédaient le spectacle ou le jeu, le souper dans les cabinets ou chez une des deux princesses royales; mais c'était après le souper que commençaient les moments les plus essentiels de la journée. La reine allait à onze heures chez la princesse de Lamballe ou chez la princesse de Guéménée; ces deux endroits ne diffèrent que par le genre de leurs inconvénients, car d'ailleurs ils en avaient tous les deux d'assez graves.

L'appartement de la princesse de Guéménée était le point de ralliement de la favorite comtesse de Polignac avec tout son parti. Toute cette société était composée de jeunes gens; on y parlait avec beaucoup de liberté de ce qui se passait à la cour; l'occasion prêtait à jeter des ridicules sur ceux auxquels on voulait nuire, à leur tendre des piéges, enfin à employer tous les petits manéges de l'intrigue, tout cela sous l'appât de la gaieté, qui était toujours portée par M. le comte d'Artois jusqu'à la turbulence. Il faut cependant convenir que, dans ces circonstances si rapprochées de la familiarité, la reine, par un maintien qui tient à son esprit et à son âme, a toujours su imprimer à ceux qui l'entouraient une contenance de respect qui contrebalançait un peu la liberté des propos; mais il en restait souvent à la reine les préjugés que produisaient ces mêmes propos. Tous les efforts de la comtesse de Polignac tendaient à détruire sa rivale et à se procurer des moyens à se faire valoir auprès du comte de Maurepas. Dans la conduite de ces deux objets il y entrait des petites plaintes respectueuses et tendres, des démonstrations d'inquiétude, de chagrin, des petits ridicules insinués sur la princesse de Lamballe, et tout cela se pratiquait après avoir été concerté avec les confidents de ce parti. J'ai vu le moment où leur projet allait réussir, et sur un petit incident de maladresse de la princesse de Lamballe, la reine fut sur le point de se brouiller entièrement avec cette surintendante. Je fis quelques remarques là-dessus à S. M., et cela se pacifia ensuite ; mon objet était de sauver à la reine toute apparence d'inconséquence, car d'ailleurs je ne lui ai jamais dissimulé rien de ce qu'il y avait à dire sur les précautions de réserve nécessaires à observer vis-à-vis de la princesse de Lamballe, dont la société ne vaut guère mieux que celle de sa rivale. Quant au second objet de cette dernière, de se faire valoir auprès du comte de Maurepas, sa marche a toujours été assez simple et a consisté à rapporter fidèlement au principal ministre tout ce qu'il a pu être curieux de savoir des pensées et des actions de la reine, sans qu'il m'ait jamais été possible d'inspirer la moindre précaution ni réserve à S. M. vis-à-vis de sa favorite. Il me reste à observer sur la princesse de Guéménée que la reine en est à craindre les effets du caractère de cette dame, qu'elle la regarde comme dangereuse à tous égards ; mais cela n'empêche pas S. M. de la fréquenter par des pures convenances d'amusement.

La reine allait moins fréquemment le soir chez la princesse de Guéménée que chez la princesse de Lamballe ; mais les séances chez cette dernière n'étaient guère moins dangereuses, les intrigants s'y trouvaient d'un genre un peu plus illustre, c'était presque la seule différence. Le duc de Chartres et tout ce qui tient à la maison d'Orléans se réunissait chez la surintendante, Monsieur et Madame y allaient de temps en temps, M. le comte d'Artois y était toujours. Vers le milieu du voyage on imagina de faire venir des banquiers de Paris pour tailler au pharaon. Heureusement ce jeu ne dura que deux soirées ; à la première la reine veilla jusqu'à quatre heures du matin et perdit quatre-vingt-dix louis ; M. le comte d'Artois en gagna cinq cents. Le second jour la reine joua jusqu'à près de trois heures après minuit et ne perdit que quelques louis ; M. le comte d'Artois en perdit cent. Monsieur, qui y jouait contre son gré, perdit quatre cents louis, et malgré cela les banquiers en perdirent douze cents dans les deux séances. Le roi, qui ne sort jamais de son appartement le soir, et qui n'aime point que l'on joue gros jeu, ne se permit cependant pas de le témoigner dans cette occasion, parce qu'il porte jusqu'à la prévenance son consentement à tout ce qui peut amuser la reine ; mais il fut fortement représenté à cette auguste princesse combien de pareilles veillées étaient de dangereuse conséquence, ne fût-ce que celle de laisser le roi seul pour un objet qui lui déplaît et qui le met dans l'impossibilité d'aller passer la nuit dans l'appartement de la reine, ce qui est assez souvent arrivé pendant le séjour à Fontainebleau. Enfin le jeu cessa, et S. M. parut un peu frappée des raisons qui lui furent exposées à ce sujet. Il faut joindre à ce détail des soirées passées chez la princesse de Lamballe ; que cette dernière partageait son temps à tourmenter la reine de ses inquiétudes jalouses, et à l'importuner d'une infinité de petites sollicitations auxquelles S. M. cédait souvent par bonté.

Dans ce tourbillon de circonstances contraires au bien de la reine et très-affligeantes pour mon zèle, j'ai dû rester presque comme simple spectateur de ce qui se passait. Les objets de dissipation se succédaient avec une telle rapidité qu'il était très-difficile de trouver quelques instants à parler de choses sérieuses. J'ai cependant saisi quelques-uns de ces moments, et j'y ai toujours retrouvé cette vérité consolante d'apercevoir que l'ardeur avec laquelle la reine se livre aux frivolités ne change ni son esprit ni le fond de son caractère, que l'un et l'autre, naturellement enclins au bien, l'effectueraient de préférence dans des temps tranquilles et recueillis, et qu'enfin l'effet de toutes les grandes qualités de la reine n'est que suspendu par une dissipation démesurée, sans rien ôter à l'espoir d'un retour plus favorable à ses intérêts et à sa gloire.

Je dois observer de même qu'il y a eu cela d'heureux pendant le séjour à Fontainebleau que toutes les petites intrigues et tracasseries n'ont porté que sur des objets de moindre importance, et qu'il ne s'y est mêlé aucune matière bien sérieuse, soit relativement à l'intérieur de la famille royale, soit relativement aux affaires ou aux ministres. La reine, toujours infiniment recherchée et respectée par ces derniers, les a fort bien traités, et c'est un des points sur lequel j'ai le plus obtenu de condescendance à mes très-humbles avis. Ils n'ont pas non plus été tout à fait infructueux par rapport à Monsieur, et ce prince n'a pas eu lieu de se plaindre d'être traité trop froidement. Sa conduite a été sage, complaisante, et toujours marquée au coin d'une politique qui, sans donner de l'ombrage à la reine, exige cependant un peu de circonspection de sa part.

Quant à Mesdames, elles ont mené une vie si retirée qu'on ne les voyait presque en aucune occasion, rarement au spectacle, jamais aux chasses ni au jeu de la reine. Cette retraite n'était cependant l'effet d'aucune brouillerie, mais uniquement celui du parti sage que ces princesses paraissent avoir adopté de ne prétendre à d'autre influence ni crédit qu'à celui qui leur est utile pour leurs personnes et leurs entours.

Le courrier mensuel m'ayant remis le 7 les très-gracieux ordres de V. M. en date du 31 du passé, je ne retardai pas à aller présenter à la reine les lettres qui lui étaient adressées. Elle prit un air fort sérieux en lisant celle de V. M., mais les moments trop interrompus à Fontainebleau ne me mirent point en même de faire d'autre remarque. Le départ de la cour étant si prochain, les ministres étrangers, selon l'usage ordinaire, ont pris les devants, et je les ai suivis à Paris le 11. Le roi et la reine passèrent deux ou trois jours à Choisy avant de se rendre à Versailles, où on attend Leurs Majestés pour le 18 ou le 19. J'irai d'abord y faire ma cour à la reine, et j'espère qu'alors des moments plus tranquilles me faciliteront les moyens de représenter à la reine avec un peu plus de suite et d'effet tout ce que V. M. daigne me prescrire d'utile au bien du service de son auguste fille.

LIII. — Mercy a Marie-Thérèse.

Paris, 15 novembre. — Mon très-humble rapport ostensible ne présente qu'un tableau vague de ce qui s'est passé à Fontainebleau, et je devais en réserver les détails les plus essentiels pour V. M. seule. Je commencerai par ceux qui regardent l'abbé de Vermond. La reine s'est enfin décidée à lui parler de sa demande de retraite ; elle lui a dit avec les expressions de la plus grande bonté qu'elle ne consentirait jamais à un pareil projet, qu'ayant une si entière confiance dans l'abbé, il lui devenait toujours plus nécessaire, qu'enfin sa retraite était impossible à tous égards. En tenant ce langage, la reine a eu grand soin d'éviter toute explication sur les motifs qui ont porté l'abbé à demander à s'éloigner. Celui-ci a répondu modestement, mais avec fermeté, que ces raisons, étant par écrit entre les mains de la reine, il ne pouvait que la supplier de vouloir bien peser ces mêmes raisons, et qu'il se flattait qu'elles seraient trouvées sans réplique. J'ai vu dans la reine le même soin de détourner vis-à-vis de moi tout ce qui avait trait à cet objet, et je me suis bien donné de garde d'en parler le premier, par les raisons que j'ai exposées à V. M.; mais entretemps je suis parvenu à persuader presque entièrement l'abbé de Vermond de modifier son plan de manière à le rendre utile à la reine, et il est à peu près convenu avec moi qu'en diminuant l'assiduité de son service, il restera cependant en mesure de se trouver dans le cabinet de la reine quand des occasions un peu essentielles l'exigeront. Il faut cependant que la reine continue à en marquer le désir, et alors je ne désespère pas de tenir l'abbé de Vermond à Versailles douze à quinze jours par mois. Je prends déjà des mesures pour suppléer autant que possible au reste du temps. Les moyens ne me manqueront pas pour que V. M. soit exactement informée; mais cela ne suffit pas, à beaucoup près, à mon zèle; il me ferait désirer un changement de conduite dans la reine, et il devient tous les jours plus difficile de l'y amener. Le roi même y met obstacle par sa complaisance, qui ressemble à la soumission; son maintien est celui du courtisan le plus attentif, au point qu'il est le premier à traiter avec une distinction marquée ceux des entours de la reine qu'elle favorise, tandis que l'on sait de notoriété que le roi ne les aime point. J'ai vu de cela des exemples frappants à Fontainebleau envers la comtesse de Polignac et beaucoup de jeunes gens.

Pendant tout le voyage, la reine m'a traité avec une bonté singulière. J'ai eu occasion de lui parler presque journellement, toujours pour lui exposer quelques petites remarques dont elle convenait; mais les moments de parler de choses sérieuses étaient courts, et S. M. les finissait souvent par un propos de gaieté, en disant que la raison viendrait, mais qu'il fallait s'amuser. J'adoptais fort ce dernier projet, mais je tâchais de prouver que l'on pouvait et devait se procurer des amusements dont on n'eût point à craindre les conséquences funestes, et je les faisais entrevoir.

L'abbé de Vermond passait des journées sans pouvoir trouver l'instant de parler à la reine; aussi est-il vrai que jamais il n'y a eu d'occasion où les objets de dissipation aient été aussi rapprochés et aussi suivis. Il est entre autres des faits en ce genre dont V. M. pourrait avoir connaissance par la voix publique, et je dois soumettre à ses hautes lumières l'usage qu'elle jugera à propos d'en faire.

Il prit envie à la reine de jouer au pharaon; elle demanda au roi qu'il permît que l'on fît venir des banquiers-joueurs de Paris. Le monarque observa qu'après les défenses portées contre les jeux de hasard, même chez les princes du sang, il était de mauvais exemple de les admettre à la cour; mais le roi, avec sa douceur ordinaire, ajouta que cela ne tirerait pas à conséquence pourvu que l'on ne jouât qu'une seule soirée. Les banquiers arrivèrent le 30 octobre et taillèrent toute la nuit et la matinée du 31 chez la princesse de Lamballe, où la reine resta jusqu'à cinq heures du matin, après quoi S. M. fit encore tailler le soir et bien avant dans la matinée du 1er novembre, jour de la Toussaint. La reine joua elle-même jusqu'à près de trois heures du matin. Le grand mal de cela était qu'une pareille veillée tombait dans la matinée d'une fête solennelle, et il en est résulté des propos dans le public. La reine se tira de là par une plaisanterie, en disant au roi qu'il avait permis une séance de jeu sans en déterminer la durée, qu'ainsi on avait été en droit de la prolonger pendant trente-six heures. Le roi se mit à rire et répondit gaiement : « Allez, vous ne valez rien tous tant que vous êtes! » Monsieur et Madame avaient été à ces deux séances, mais ils y avaient veillé moins tard; M. le comte d'Artois y était resté jusqu'à sept et huit heures du matin.

Les courses de chevaux étaient des occasions bien fâcheuses et, j'ose le dire, indécentes par la façon dont la reine s'y trouvait. A la première course je m'y rendis à cheval, et j'eus grand soin de me tenir dans la foule à une distance du pavillon de la reine où tous les jeunes gens entraient en bottes et en chenille (1). Le soir la reine, qui m'avait aperçu, me demanda à son jeu pourquoi je n'étais pas monté dans le pavillon pendant la course. Je répondis, assez haut pour être entendu de plusieurs étourdis qui étaient présents, que la raison qui m'avait empêché de monter dans le pavillon était que je me trouvais en bottes et en habit de cheval, et que je ne m'accoutumerais jamais à croire que l'on pût paraître devant la reine dans un pareil équipage. S. M. sourit, et les coupables me jetèrent des regards fort mécontents. A la seconde course je m'y rendis en voiture et habillé en habit de ville; je montai au pavillon, où je trouvai une grande table couverte d'une ample collation, qui était comme au pillage d'une troupe de jeunes gens indignement vêtus, faisant une cohue et un bruit à ne pas s'entendre, et au milieu de cette foule étaient la reine, Madame, Mme d'Artois, Mme Élisabeth, Monsieur et M. le comte d'Artois, lequel dernier courait du haut en bas, pariant, se désolant quand il perdait, et se livrant à des joies pitoyables quand il gagnait, s'élançant dans la foule du peuple pour aller en-

---

(1) C'est-à-dire en costume non habillé.

courager ses postillons ou jaquets (1), et présentant à la reine celui qui lui avait gagné une course. J'avais le cœur très-serré de voir ce spectacle, et plus encore en observant la contenance gênée et ennuyée de Monsieur, de Madame, de Mme d'Artois et de Mme Élisabeth. Il faut convenir cependant qu'au milieu de ce pêle-mêle la reine, se portant partout, parlant à tout le monde, conservait un air de grâce et de grandeur qui diminuait en partie l'inconvénient du moment; mais le peuple, qui ne pouvait apercevoir cette nuance, ne voyait qu'une familiarité dangereuse à laisser soupçonner dans ce pays-ci.

Une autre circonstance de familiarité qui produisait le plus mauvais effet était de voir le soir passer la reine, par les antichambres remplies de monde, et ayant sous le bras sa favorite la comtesse de Polignac, sans autre suite que celle d'un garçon de la chambre et de deux valets de pied. Pendant le jeu on voyait toujours quelques étourdis voltiger autour de la table de la reine, qui ne cessait de s'entretenir avec eux, tandis que les personnes les plus considérables de la cour se tenaient respectueusement en cercle sans que la parole leur fût presque jamais adressée.

Un des plus grands maux qui résultent de cette dissipation était que les veillées de la reine n'ont presque pas permis au roi d'aller passer la nuit chez son auguste épouse; il y est cependant retourné la nuit du 4 et a continué les nuits suivantes. Je me suis obstiné à parler très-fortement à la reine sur cet article, et lui ai démontré qu'un des points les plus importants à son crédit et à sa sûreté était que le public de la cour n'eût point à savoir que le roi fît lit à part avec la reine.

La première femme de chambre, nommée Thierry, épouse du premier valet de chambre favori du roi, a demandé à se retirer pour cause de sa mauvaise santé. La reine a donné cette place à une nommée Thibeau (2), qui est une femme de mérite; cela s'est fait sans

---

(1) « C'est ainsi que l'on nomme ceux qui montent les chevaux de course. » Note de Mercy, qui traduit évidemment de la sorte le mot anglais *jockey*.

(2) Il y avait deux premières femmes de chambre; leur traitement était de 12,000 livres; mais le revenu des bougies de la chambre, des cabinets et du salon de jeu, qui leur appartenait chaque jour, le faisait monter à 50,000 livres. Dans les mauvais jours Mme Thibaut fut très-dévouée à la reine; elle accompagnait la famille royale lors du funeste voyage de Varennes. Pendant la captivité du Temple, elle ne cessa, avec quelques serviteurs fidèles, de chercher les moyens de parvenir jusqu'à la reine et de préparer une évasion.

intrigue; et comme la retraite de la Thierry s'est effectuée sans cause de dégoût, et qu'elle n'a qu'à se louer des bontés de la reine, je crois que le service de S. M. a gagné à ce changement. Il a cependant occasionné un bruit, comme si la reine avait fait signifier à la Thierry de quitter; mais V. M. est informée de la vérité du fait. En résumant tout ce qui vient d'être exposé ci-dessus, j'ajouterai pour dernière remarque que, quoique le séjour de Fontainebleau ait été un tissu de petites fautes de la part de la reine, il n'en est cependant résulté aucun effet fort sérieux ni nuisible. L'ascendant de la reine a toujours gagné sur le roi, et j'ai à en citer une preuve frappante. Ce prince, malgré son horreur pour les jeux de hasard, voyant que la reine s'en était amusée, lui a proposé de son propre mouvement de faire revenir de Paris les banquiers de pharaon pour qu'ils taillassent le 11 chez la princesse de Lamballe, ce qui a eu lieu en effet, et j'apprends que la reine y a joué une partie de la nuit. Cette complaisance du roi, qui s'étend à tout, est infiniment fâcheuse, parce qu'elle ôte tout moyen de détourner la reine des objets qui peuvent ne pas convenir à son vrai bien.

Maintenant je vais reprendre les articles de la très-gracieuse lettre de V. M., et j'observerai d'abord qu'il est très-vrai que ni l'abbé de Vermond ni moi n'avons pas auprès de la reine le crédit nécessaire pour lui persuader les choses utiles, et cependant nous possédons son entière confiance; elle ne nous cache rien, voilà notre unique avantage.

Je ne cesserai jamais de garder la contenance nécessaire à maintenir les idées du roi de Prusse sur l'influence de la reine dans les affaires, et j'aurai même grande attention que le baron de Goltz ait des facilités à être informé de l'accès habituel que la reine m'accorde dans ses cabinets et dans tous les moments où je m'y présente.

La reine était encore dans son lit lorsque je lui remis la dernière lettre de V. M.; elle la lut avec empressement, sa physionomie devint sérieuse; elle me dit que la brièveté et la tournure de la lettre marquaient que V. M. était peu contente. Je baissai les yeux sans répondre; le roi entra dans le moment, et je me retirai. A mon premier voyage à Versailles, la reine me reparlera certainement sur cette matière, et je serai bien préparé à lui répondre dans ces moments plus tranquilles. La reine, en recevant deux jours auparavant la lettre

de V. M. sur son jour de naissance, m'a avoué qu'elle était honteu[se]
d'avoir omis d'écrire à temps à V. M. pour le jour de sa fête.

Ce qui s'est passé entre l'ambassadeur de Venise et la rei[ne]
porte sur un très-petit objet. Un danseur nommé Pic, qui a été long[temps]
temps à Vienne, ayant débuté ici avec succès, la reine voulut qu[’il]
dansât à un spectacle qu'elle donnait au roi à Trianon; mais le da[n]seur étant engagé pour Venise, où il devait être le 1er octobre, [la]
reine parla à l'ambassadeur de cette république en le priant de pre[n]dre sur lui de retenir le danseur pour quelques jours. L'ambass[a]deur s'y prêta avec respect; mais il demanda que le comte de V[er]gennes lui écrivît une lettre ministérielle à ce sujet pour se trouver
couvert vis-à-vis de la république, et cela fut exécuté. Depuis ce temp[s-]
là Pic a rompu son engagement à Venise, et il paraît qu'il restera
à l'Opéra; mais ce dernier arrangement n'est point du fait de la rei[ne]
laquelle a d'ailleurs toujours très-bien traité l'ambassadeur de Veni[se]
qui de son côté était un des plus empressés à faire sa cour à S. M. (

Relativement à ce que V. M. daigne me marquer par un post-scri[p]tum séparé sur le marquis de Barbantane, je vais prendre toutes l[es]
mesures possibles pour effectuer le rappel dudit ministre, qui ne tie[nt]
dans son poste que par des considérations personnelles pour le duc d'O[r]léans son protecteur. Je crois devoir traiter cette affaire par les moye[ns]
qui causeront le moins d'éclat; j'espère de réussir à faire d'abo[rd]
donner au marquis de Barbantane un congé sans rappel formel,
quand il sera ici, je chercherai des expédients à l'empêcher de r[e]tourner à Florence.

LIV. — Mercy a Marie-Thérèse.

Paris, 15 novembre. — Les objets du premier et très-gracieux pos[t-]
scriptum de V. M. exigent de ma part une réponse séparée, et je co[m]mence d'abord par ce qui concerne l'empereur. S. M. ne m'a écr[it]

---

(1) Cet ambassadeur de Venise se nommait Mocenigo. D'après une correspondance du [mi]nistre de Saxe en France (Archives de Dresde), il eût été quelque peu vexé de n'avoir r[eçu]
qu'une lettre assez leste de M. de la Ferté, intendant des menus plaisirs de la reine. Il v[ou]lait une lettre du ministre des affaires étrangères, et espérait quelques remercîments g[ra]cieux de la reine pour s'être prêté à ses désirs ; mais à la réception des ambassadeurs, elle [lui]
dit simplement qu'elle le priait d'écrire à Venise que c'était par ses ordres que Pick ét[ait]
empêché de partir ; le Vénitien en prit de l'humeur. Tout cela n'était pas bien grave.

que par le courrier de septembre, en m'ordonnant de lui dire si je croyais que la fin du carnaval et le carême fussent des temps propres à son séjour à Paris et à Versailles. J'ai répondu à S. M. qu'en mettant à part les incommodités d'un voyage en hiver et le dépouillement des campagnes et jardins, qui ne sont pas bons à voir dans cette saison, j'étais d'avis que S. M. remplirait très-bien son projet de voyage en France dans les temps susdits, qui réunissent le plus de monde à la cour et à la ville. Je ne me suis, comme de raison, permis aucune autre remarque, parce que les ordres de l'empereur n'y donnaient pas lieu, et depuis ce temps S. M. ne m'a point écrit.

Lorsque je remis les dernières lettres à la reine, elle daigna me lire partie de celle de S. M. l'empereur, et j'en retins un passage qui était à peu près en ces termes : « Vous connaissez, chère sœur, mon extrême désir de vous revoir ; il est vrai que ma présence est « assez inutile ici, j'y suis la cinquième roue au chariot ; cependant « chargé de plusieurs détails qui intéressent le service de ma sou- « veraine, je ne puis disposer de moi avec certitude de remplir des « projets que je pourrais faire. ».

La reine est quelquefois combattue entre le désir de voir son auguste frère, qu'elle aime bien véritablement, et entre la crainte qu'il n'aperçoive de trop près tout ce qu'elle présume qu'il trouvera à redire au système de conduite de la reine, et un jour elle en est convenue vis-à-vis de moi.

Le prince de Ligne a été à Paris une partie du mois de septembre, et il est revenu passer tout le voyage à Fontainebleau. La reine l'a traité avec une bonté et distinction très-particulière ; elle lui a fait donner l'uniforme de Choisy, ensuite le grand uniforme de chasse (1). Il est monté dans les carrosses de suite du roi les jours de chasse ; il soupait très-souvent dans les cabinets, était en quelque façon en intimité avec M. le comte d'Artois ; mais le roi ne l'a bien traité que par la seule raison qu'il avait si bien réussi auprès de la reine. En rendant la justice qui est due aux bonnes qualités du prince de Ligne, je ne puis dissimuler que sa légèreté et son penchant à la

---

(1) Chaque maison royale où le roi faisait de petits voyages exigeait un habit particulier de la part des courtisans nommés pour l'accompagner. Trianon voulait un habit rouge et or ; Compiègne un habit vert ; Choisy un bleu. L'habit de chasse était gros-bleu galonné d'or ; la disposition du galon indiquait le genre d'animal que l'on devait chasser. *Souvenirs d'un page*, par le comte de France d'Hézecques, page 175.

raillerie m'ont fait craindre sa tournure de faveur auprès de la reine. Il ne s'est cependant rien passé pendant le voyage qui pût être imputé à faute au prince de Ligne, et en cela mon attente a été agréablement trompée.

Le prince de Rohan a été huit jours à Fontainebleau sans oser paraître devant la reine, qui est bien décidée sur son compte ; aussi est-il parti très-mécontent et avec humeur sans que la princesse de Guéménée ait pu lui être d'aucun secours.

Au moment de l'arrivée du baron de Breteuil à Fontainebleau, le 10 au soir, j'ai eu avec lui une longue conversation, dont une partie a été employée de sa part à me montrer une vive et très-respectueuse reconnaissance et une grande chaleur de zèle pour V. M. Il m'a paru pénétré de ce qu'il disait, mais quoique je l'aie toujours connu sincère et loyal en matière du service de V. M., ce ne sont ni mes idées ni les apparences, mais les faits qui doivent me régler. Partant de ce principe de sûreté, j'ai donné au baron de Breteuil quelques points de direction pour son début vis-à-vis de la reine. Je lui ai indiqué des moyens de rendre son langage utile à cette auguste princesse, et je vais maintenant bien examiner l'usage qu'il fera de mes avis. J'observerai sa contenance auprès des favorites et favoris de la reine ; si je vois que l'envie de plaire et de réussir personnellement ne prévaut pas chez lui au désir d'opérer le bien, alors je m'ouvrirai davantage, toujours en suivant la mesure du langage que V. M. a tenu à cet ambassadeur, et qu'elle a daigné me confier par les notes que je rejoins ici.

Le baron de Breteuil n'ira point à Chanteloup, et je crois qu'en cela il fera bien ; il m'a paru s'être convaincu au premier coup d'œil que ce qu'il avait mieux à désirer était de retourner dans quelques mois à son ambassade. Il voit et je lui ferai voir encore mieux que son poste peut et doit le plus sûrement le conduire au ministère ; mais il serait dangereux de vouloir y arriver trop tôt. Je lui ferai voir aussi que son plus grand moyen de parvenir tient à la protection de la reine, et qu'étant comme assuré de cette protection, il a un intérêt personnel à coopérer à ce que cette auguste princesse s'assure une consistance de crédit solide et se prête à une conduite qui puisse le lui procurer.

Je ne me suis point pressé de parler à Breteuil des objets politiques ; cette matière importante exige des précautions et du temps ;

mais tous les articles énoncés dans le très-gracieux post-scriptum de V. M. seront successivement mis en conversation, et j'espère d'être en état d'en rendre bon compte, soit par le courrier prochain ou par celui du mois de janvier.

LV. — Marie-Thérèse a Mercy.

Vienne, 30 novembre. — Comte de Mercy-Argenteau, J'ai reçu votre lettre du 15 par le courrier Tanoczy, arrivé ici le 26. Le train de vie de ma fille à Fontainebleau est une nouvelle preuve de son caractère. Il serait superflu de vous répéter mes réflexions sur ce chapitre ; elles ne vous sont que trop connues par tant de mes lettres, aussi bien que le système que je me suis proposé de suivre dans ma conduite vis-à-vis de ma fille. Au reste vous verrez par sa réponse laconique et nonchalante, arrivée par le dernier courrier mensuel, à trois de mes lettres, envoyées par Breteuil, par la poste, au sujet de son jour de naissance, et par ledit courrier mensuel, combien peu elle aime à s'entretenir avec moi sur les objets sur lesquels je crois devoir lui parler [et qu'elle s'accoutumera volontiers à cette indifférence vis-à-vis de moi.]

D'accord avec vous, je ne saurais approuver le trop de complaisance du roi à l'égard de ma fille, quoique je souhaite d'ailleurs que leur union et intelligence soit toujours des plus parfaites. Vous ferez très-bien de tâcher de soutenir au possible l'idée du roi de Prusse sur l'influence qu'il suppose à ma fille dans les affaires.

Je suis bien aise que Vermond paraît revenir de son projet de retraite absolue ; mais son dessein d'abréger son séjour à Versailles ne laisse pas de m'inquiéter, vu la situation critique de ma fille, qui pourrait se trouver souvent dans des cas où la présence d'un homme aussi sage et intègre ne souffrirait pas de délai. La façon dont ma fille s'est expliquée avec Vermond fait voir de nouveau combien elle cherche à esquiver d'entrer dans des matières qui ne sont pas de son goût. Je dois vous prévenir que j'ai fait part à l'empereur du projet de retraite de Vermond comme d'une nouvelle que vous aviez mandée à Pichler, sans lui communiquer cependant les suites de cette affaire, contenues dans les dépêches de votre dernier courrier ; c'est pour donner en conséquence les directions à Vermond si l'empereur entrait en matière avec lui sur cet objet. Vous devez encore avertir

Vermond de ne pas faire mention vis-à-vis de l'empereur de la lettre que je lui ai écrite par le précédent courrier [ni que lui m'a écrit] sur son idée de retraite, parce que je n'ai pas trouvé à propos d'en parler à l'empereur.

Pour ce qui regarde le rappel du marquis de Barbantane, je me remets à ce que vous trouverez à propos de faire à cet égard [mon fils le souhaite fort].

Je suis sûre du bon effet de vos entretiens avec Breteuil [il m'a coûté de m'expliquer autant que les points ont porté]. Il paraît que le meilleur parti qu'il saurait prendre dans ce moment serait de retourner à son poste ici, et j'en serais très-contente. L'empereur étant décidé à faire le voyage de France, je vous envoie la note qu'il a couchée lui-même là-dessus, sans me mêler d'ailleurs des arrangements de ce voyage ; mais je serais bien aise d'avoir pour ma direction la copie de la lettre que l'empereur vous écrira probablement sur son voyage, de même que la réponse que vous lui ferez. La phrase dans la lettre de l'empereur à ma fille, qu'il n'est ici que la cinquième roue au chariot, n'est pas une nouveauté pour moi : c'est le propos ordinaire que l'empereur tient dans les compagnies qu'il fréquente ; mais malheureusement je ne me trouve que trop souvent dans le cas de ne pouvoir faire ce que je voudrais, et de faire ce que je fais d'une façon qui répugne d'ailleurs à mes principes et sentiments. Au reste l'empereur paraît jusqu'à cette heure être dans la bonne voie par rapport à son voyage ; il relève l'avantage du système actuel et l'intérêt de l'affermir au possible, le bon parti à tirer de la connaissance qu'on fait des souverains et de leurs ministres, en examinant encore sur les lieux la constitution de leurs gouvernements. Je ne crains pas qu'il ne soit censeur trop rigide des actions de la reine ; je crois plutôt que, jolie et agaçante comme elle est, mêlant de l'esprit et de la décence dans la conversation, elle remportera son approbation [et il en sera flatté].

Tant que l'empereur sera en France, je vous ferai expédier tous les samedis en droiture un courrier d'ici, indépendamment de celui qui est expédié tous les mois par Bruxelles à Paris ; mais tant que l'empereur sera avec vous, je rédigerai mes lettres dans une forme ostensible, et je vous conseille d'adopter la même forme dans vos lettres, sans laisser rien transpirer vis-à-vis de l'empereur des lettres secrètes que vous m'écrivez et que je ne communique jamais à l'empereur. Il ignore, de même que Kaunitz, la communication que je vous fais de la correspondance prussienne, et par cette raison je suspendrai de vous l'envoyer tant que l'empereur se trouvera avec vous. Vous n'en pourriez pas moins lui parler des allures du roi de Prusse et de son ministre Goltz, de façon à ne pas lui découvrir la source secrète dont vous tirez vos notions. Il est fâcheux de devoir employer cette sorte de précaution, mais je ne saurais toujours compter sur l'usage que l'empereur trouve à propos de faire de ma confiance; je m'attends cependant, dès que l'empereur se sera séparé de vous, à un rapport détaillé de votre part par la voie de Bruxelles sur tout ce qui sera arrivé pendant le séjour que l'empereur aura fait en France. Je ne doute presque pas que, dans ce temps, le prince de Ligne et peut-être encore le coadjuteur Rohan feront une nouvelle apparition à Paris; vous savez par combien de motifs je me défie du caractère de ces deux personnages.

LVI. — Marie-Thérèse a Marie-Antoinette.

Vienne, 30 novembre. — Madame ma chère fille, Je suis bien aise de vous savoir de retour et plus tranquille pour l'hiver; à la longue votre santé ne résistera pas à toutes ces courses et veilles; s'il fût encore en compagnie du roi, je me tairais, mais toujours sans lui et avec tout ce qui est de plus mauvais à Paris et de plus jeune, que la reine, cette charmante reine est presque la plus âgée de toute cette compagnie! Ces gazettes, ces feuilles, qui faisaient l'agrément de mes jours, qui marquaient des bienfaits et des traits les plus généreux de ma fille, sont changées; on n'y trouve que courses de chevaux, jeux de hazard et veilles, de façon que je n'ai plus voulu les voir, mais je ne peux empêcher qu'on m'en parle, car tout le monde qui connaît ma tendresse pour mes enfants me parle, me conte d'eux. J'évite souvent de me trouver en compagnie, pour n'entendre des choses affligeantes; mais voilà une bien consolante, si rien n'empêche l'exécution, c'est que l'empereur compte venir en France. Je peux me présenter la consolation que vous en aurez, et que vous profiterez des moments qu'il se trouvera avec vous et de ses conseils. Il en est bien capable, et son amitié pour vous ne vous laissera rien à désirer.

LVII. — Marie-Antoinette a Marie-Thérèse.

Le 16 décembre. — Madame má très-chère mère, Dans le vrai je pourrais me dire malheureuse des différents jugements qu'on porte sur moi. Tandis qu'on persuade à ma chère maman que je ne suis qu'en société de gens aussi jeunes que moi, ici depuis un an les très-jeunes gens se croyaient mal traités et éloignés de moi, et il n'y a pas quinze jours que l'on parlait d'une petite intrigue entre eux pour ne pas venir à mes bals. Ils y sont pourtant tous venus, et même il y a des enfants qui ont l'air de sortir du collége. J'ai cru avoir mandé à ma chère maman que j'avais été à la grande course de Fontainebleau avec le roi et que je chasse avec lui tant que je puis. J'ai été enchantée pour la reine de Naples du départ de M. Tanucci (1). Quoiqu'elle se soit toujours bien conduite à son égard, c'est toujours un grand avantage de s'en être débarrassé. Je trouve que ma sœur et le roi se sont conduits fort adroitement dans cette affaire.

Nos bals sont commencés depuis ce mois-ci; j'y danse avec plaisir; mais je compte bien de ne m'y pas fatiguer comme les années dernières.

Ma chère maman est bien bonne de s'intéresser à ma santé; quoiqu'elle soit bonne, je prends depuis quinze jours des eaux de Walsch (2) et des bols, que mon médecin croit bonnes pour dissiper un petit embarras que j'ai à la rate depuis ma fièvre tierce, et qui me fait souffrir effectivement. Depuis que je prends ces eaux, la douleur est plus rare et moins forte.

Ma chère maman peut imaginer le plaisir que j'aurai à voir l'empereur; il y a si longtemps que je l'espère, que je n'ose pas encore y compter. Outre ma satisfaction, le plus grand bonheur pour moi serait qu'après avoir vu les choses comme elles sont, il pût désabuser ma chère maman des préventions qu'on cherche à lui donner contre moi. Elles m'affligent beaucoup, et je n'aurai jamais de bonheur qu'en lui persuadant que je conserverai jusqu'au dernier jour de ma vie le respect et la reconnaissance pour ses bontés, qui n'ont point de pareilles.

---

(1) Le célèbre marquis de Tanucci, le ministre réformateur, venait d'être renvoyé définitivement des affaires pendant le mois d'octobre précédent.

(2) Vals, dans le département de l'Ardèche.

LVIII. — Marie-Thérèse a Mercy.

Vienne, 17 décembre.—Comte de Mercy-Argenteau, M. de Favras (1) va se rendre en France avec Mme son épouse, ayant obtenu une sentence favorable de la part du Conseil aulique d'empire; je souhaite qu'ils en éprouvent tout le meilleur effet. Ne me mêlant d'aucune recommandation vis-à-vis de toute cour étrangère, aussi peu que des affaires d'empire, j'ai cru cependant de ne pas devoir me refuser à leur prière de les accompagner d'une lettre pour vous, en leur rendant justice de la bonne conduite qu'ils ont tenue ici. Je veux bien encore vous faire connaître qu'il me serait agréable si vous pouviez leur être utile, sans y mettre de l'intérêt de cour.

LIX. — Mercy a Marie-Thérèse.

Paris, 18 *décembre.* — Sacrée Majesté, A la fin du voyage de Fontainebleau une grande partie du monde qui est attaché à la cour s'est dispersé, soit pour aller jouir encore de quelques belles journées dans les campagnes aux environs de Paris, soit pour vaquer chacun à ses affaires particulières, et le séjour de Versailles ne faisant que commencer à rentrer dans son état ordinaire, je me trouve aujour-

---

(1) Thomas de Mahy, marquis de Favras, fut le héros bien connu d'un des drames politiques qui signalèrent le commencement de la révolution. Sa vie avait été romanesque et aventureuse dès le début : il avait épousé la fille du prince d'Anhalt-Schaumbourg, abandonnée par son père, qui contestait même sa légitimité. Favras, comme nous le voyons par la lettre de Marie-Thérèse, obtint du Conseil aulique un jugement qui établissait les droits de sa femme; il mérita de plus, pendant son séjour en Allemagne, la bienveillance de l'impératrice. Il revint cependant en France, où il rencontra la protection du comte de Provence. Son esprit ardent et fertile se dépensait en projets de tout genre. Dès 1789, son dévouement à la monarchie lui fit concevoir des plans de contre-révolution ; préoccupé des dangers de la famille royale, il voulut former en secret une sorte de légion dévouée, prête à se lever au premier signal et à entourer le roi pour le défendre. Ce projet transpira, parut suspect, et Favras fut arrêté. Quelle part le comte de Provence eut-il dans la prétendue conspiration ? C'est ce que les documents connus ne permettent pas encore d'apprécier complètement ; il paraît certain qu'il poussa puis désavoua Favras, et l'abandonna pendant un long procès, où celui-ci eut la générosité de ne jamais nommer le prince. Nous renvoyons à un attachant article de M. Alexis de Valon dans la *Revue des Deux-Mondes* du 15 juin 1851 pour tous ces détails et pour le récit de la mort héroïque de Favras. On y trouvera de touchantes lettres échangées pendant sa captivité entre lui et sa femme, et qui les montrent tous deux dignes jusqu'à la fin d'autant d'intérêt que de pitié.

d'hui dans le cas de n'avoir à mettre sous les yeux de V. M. qu'un rapport très-succinct sur ce qui concerne la reine.

Le séjour à Fontainebleau avait été terminé par une course de chevaux anglais rendue intéressante par les paris considérables dont elle devait décider. M. le comte d'Artois y avait mis au jeu pour au delà de cent mille francs; son fameux cheval de course perdit, et le jeune prince en fut affecté d'une douleur que sa vivacité naturelle rendit très-démonstrative et même peu décente. La reine y prit plus de part qu'il n'aurait été à désirer, et le roi, qui, par complaisance pour la reine, s'était trouvé cette seule fois au spectacle dont il s'agit, en fut très-mécontent, soit par rapport au fond de l'objet, soit par rapport à l'espèce de désordre, de confusion et de pêle-mêle qu'il occasionnait. La reine est elle-même bien convaincue du peu de raison et de convenance qu'il y a à ces imitations anglaises. Elle a exhorté plusieurs personnes de tâcher d'en guérir M. le comte d'Artois; mais il a été représenté à S. M. que son désir à cet égard n'était nullement d'accord avec la conduite qu'elle tenait, et qu'aussi longtemps qu'elle marquerait tant d'empressement à aller à ces courses, il serait impossible de persuader M. le comte d'Artois de de s'en détacher.

Ces fâcheux amusements finirent par donner lieu à une scène tragique. Deux Anglais se prirent de querelle, se défièrent en duel et allèrent terminer leur différend sur le territoire de V. M. à Quievering (1). Les combattants se blessèrent tous deux à coup de pistolet. L'un de ces Anglais se comporta assez mal; c'était le même étourdi nommé Fitz Gerald, qui avait souvent amusé la reine à la chasse en sautant des barrières et hazardant des tours périlleux qui lui avaient valu plus d'attentions et plus d'accueil que ne méritaient ces sortes d'extravagances.

En partant de Fontainebleau, le roi alla chasser à Brunoy chez Monsieur; la cour séjourna ensuite deux jours à Choisy, et rentra le 18 à Versailles. La saison continuant à être assez belle, la reine en a profité et s'est promenée presque journellement à pied ou à cheval, quelquefois en voiture. S. M. est venue toutes les semaines au spectacle à Paris; elle n'y a pas été reçue avec les acclamations ordinaires; mais ces petites variétés dans les démonstrations du pu-

---

(1) Quiévrain, dans le Hainaut, aujourd'hui encore frontière belge.

blic n'indiquent qu'un peu d'humeur momentanée, et qui se dissipera facilement si la reine veut bien y apporter la plus légère attention.

Les bals ont recommencé à Versailles le 4 de ce mois; ils continueront à avoir lieu les mercredis, et dans le carnaval il doit y en avoir les samedis; cela dépendra cependant de la possibilité de faire arriver le nombre de dames dansantes nécessaire à pouvoir fournir à deux bals par semaine. Le premier de ces bals a été fort désert et composé de dix à douze femmes dansantes. Cette disette tient aux raisons que j'ai souvent exposées à la reine. Insensiblement les femmes de Paris perdent l'habitude d'aller à Versailles, par l'incertitude où elles sont des jours et des heures où elles pourront réussir à faire leur cour, ce qui dépend toujours des dispositions très-incertaines que la reine fait de ses matinées et de ses soirées; d'ailleurs, S. M. ayant jusqu'à présent suivi son système d'une société assez restreinte en femmes, nomme presque toujours les mêmes pour être des soupers dans les cabinets. Cette grâce porte sur cinq ou six favorites dont l'âge et le rang ne mériteraient pas cette préférence, et les autres dames les plus distinguées se trouvent exclues d'un honneur auquel elles auraient le plus de droit. Il se joint à cela qu'il n'y a presque plus de femmes à Versailles qui tiennent un état de maison. La surintendante, par ses prétentions d'étiquette et plus encore par son peu d'usage du monde, attire peu de gens chez elle. La princesse de Chimay, dame d'honneur, n'a point assez de fortune pour tenir une table ouverte; la dame d'atours comtesse de Mailly ne peut y suppléer à cause de son logement, trop resserré. De la réunion de ces inconvénients il en résulte que les femmes de Paris appelées aux bals de la reine arrivent à Versailles pour y rester en grand habit jusqu'à dix heures ou dix heures et demie du soir et revenir ensuite pendant la nuit chercher leur souper à Paris, et comme ce tour de fatigue ne leur produit d'ailleurs dans le courant aucune part aux distinctions des soupers des cabinets, les femmes susdites sont fort dégoûtées et se dispensent autant qu'elles peuvent des bals de Versailles. La princesse de Lamballe, sous prétexte de plusieurs arrangements à faire dans son logement, s'était proposé de ne point tenir de maison cet hiver; mais il a été fortement représenté à la reine qu'il serait absurde que sa surintendante fût dispensée d'un devoir essentiel à sa place, tandis qu'elle coûte près de cent mille écus à l'État sans autre objet ni moyen d'utilité que celui de contribuer à la représentation de la cour. En conséquence de cette bonne raison, la reine a signifié à la princesse de Lamballe qu'elle eût à donner à souper pour le moins les jours où il y aura bal. La comtesse de Polignac, qui était allée passer quelques semaines à la campagne chez ses parents, est revenue à Versailles et s'y trouve toujours dans le même degré de faveur. Il s'ensuit aussi le même degré de jalousie entre la surintendante et elle; ce n'est point à l'avantage de la première, laquelle, ainsi que je l'ai prévu depuis longtemps, finira par devenir indifférente, peut-être même ennuyeuse à la reine. Ce danger augmente à proportion des petites cabales qui s'élèvent de temps en temps et qui donnent lieu à bien des gaucheries. Le duc de Lauzun a imaginé en dernier lieu d'attaquer la comtesse de Polignac et de la perdre en produisant des preuves d'infidélité envers la reine, en ce que des lettres de cette auguste princesse à sa favorite auraient été communiquées à d'autres personnes. Quoique le fait soit très-possible et que j'en aie eu moi-même de violents soupçons, la tête désordonnée et légère de l'accusateur, son défaut absolu de preuves, et le caractère d'intrigue que portait son projet, l'a fait avorter. Il en arrive de même de ceux que l'on enfante journellement, et qui ne servent qu'à exciter de l'inquiétude sans rien éclaircir.

La reine continue à avoir dans ses appartements un jeu de billard; elle y fait venir plusieurs jours de la semaine et à des heures marquées le nombre des personnes qu'elle daigne regarder sur le pied de sa société. Il y aurait quelque réforme à faire dans le choix; je cherche tous les moyens possibles à éclairer la reine sur cet article essentiel, et de temps en temps je m'aperçois que le discernement de S. M. aide au succès de ce que j'ai à lui observer à cet égard.

Le baron de Breteuil est bien traité par la reine; elle daigne lui parler avec assez de confiance, et je remarque que cet ambassadeur s'en prévaut utilement pour donner des marques d'un vrai zèle en reconnaissance des bontés et de la protection que la reine lui accorde.

Le courrier mensuel arrivé ici le 13 m'a remis les ordres de V. M. en date du 30 de novembre, et les lettres adressées à la reine lui ont été présentées le même jour. Cette auguste princesse m'a paru vivement occupée du désir et de l'espoir de voir bientôt S. M. l'empereur; cette idée l'a ramenée sur celle d'un voyage à Bruxelles, que V. M. avait dans un temps laissé entrevoir comme possible, et la reine s'est fort attendrie à ce souvenir.

LX. — Mercy a Marie-Thérèse.

18 décembre. — Sacrée Majesté, Avant de reprendre les articles de la très-gracieuse lettre de V. M., je dois encore lui exposer relativement à la reine quelques particularités qui méritent attention.

Quoique la reine apprécie et juge très-sainement la juste valeur de ceux et celles qui l'entourent, il arrive par une fatalité inexprimable qu'en connaissant leurs défauts elle n'en est pas plus en garde contre les inconvénients qui doivent en résulter. Le fait suivant en est une preuve manifeste.

Parmi le nombre des étourdis auxquels la reine donne un accès beaucoup trop libre, il en est un fort dangereux par son esprit remuant et par l'assemblage de toute sorte de mauvaises qualités : c'est le duc de Lauzun, lequel a été ci-devant en Pologne, en Russie, et en a rapporté les projets chimériques de mettre M. le comte d'Artois sur le trône de Pologne (1). Le duc de Lauzun, après avoir manœuvré sur ce canevas, a vraisemblablement été tourné en ridicule par les ministres du roi, et il s'est proposé de s'en venger. Pour y parvenir, il s'est adressé à la reine, et s'est offert de prouver par des papiers et lettres authentiques que le comte de Vergennes et le ministre Sartine avaient trahi le service du roi, qu'ils avaient reçu de l'argent de la Russie et de l'Angleterre ; enfin tout cet exposé tendait à engager la reine à examiner les preuves annoncées, et à se porter ensuite elle-même accusatrice des ministres auprès du roi. La reine ayant daigné me confier toutes ces circonstances, et

---

(1) Lauzun parle en effet de ce projet dans ses *Mémoires*. Ce n'était qu'un détail du « vaste plan » qu'il avait conçu tout en courant l'Europe à la poursuite d'intrigues d'un autre genre. Il voulait, par une alliance personnelle entre Marie-Antoinette et Catherine II mettre toute l'Europe entre les mains de deux femmes qui sans doute l'eussent fait, pensait-il, l'arbitre de leurs conseils. Que tout cela n'ait paru que ridicule aux ministres, on le croit sans peine. — On voit ici que, tout en déplorant la légèreté avec laquelle la reine admettait dans son entourage, pour de simples motifs d'amusement, un homme aussi corrompu, Mercy ne donne pas à cette faveur plus d'importance qu'à tant d'autres, et que rien ne confirme l'outrageante fatuité avec laquelle Lauzun parle de ses rapports avec Marie-Antoinette. Nous aurons lieu plus loin de signaler dans les *Mémoires* de Lauzun de complets mensonges, et de faire juger de la foi qu'on peut ajouter à ses assertions.

étant convenue que le duc de Lauzun était un mauvais sujet reconnu, je fis voir à S. M. tout le danger de la démarche dans laquelle on voulait l'entraîner, et qui pourrait bien tenir un peu à des manœuvres des Choiseul, auxquels le duc de Lauzun est proche parent et encore plus ami. Mon avis fut que la reine déclarât au dit duc qu'elle ne pouvait ni ne voulait entrer dans les détails d'une matière aussi grave, mais que, l'État y étant intéressé, S. M. s'offrait à procurer au duc de Lauzun une audience dans laquelle il pourrait exposer au roi tout ce qu'il aurait à dire sur l'objet en question.

La reine parut adopter mon idée; cependant elle la modifia dans un sens différent, et dit au duc de Lauzun que, s'il voulait lui remettre ses papiers, elle ne les lirait pas, mais les donnerait au roi de la main à la main. Le duc, très-embarrassé de cette proposition, eut l'audace de répondre qu'il voyait bien que la reine avait pris conseil sur le fait en question. Il ne remit d'ailleurs aucun papier ni preuve, et la chose en est restée là jusqu'à présent. Je n'ai pas manqué de revenir avec force sur les réflexions que présentent à la reine de semblables aventures; S. M. daigne assez m'écouter et suivre mes avis en pareilles matières, et je conserve encore cette voie à pouvoir être utile à son service. J'obtiens au moins qu'elle n'agisse pas au gré de ses entours; mais je ne puis obtenir qu'elle écarte entièrement d'elle des gens qui l'amusent sans qu'elle ait pour eux la moindre estime.

J'ai déjà eu plusieurs conversations avec le baron de Breteuil; mais je ne me suis point pressé de lui parler d'objets politiques. Je m'en suis tenu à ceux qui regardent la reine, en lui indiquant le langage le plus utile à tenir à cette auguste princesse, qui lui marque assez de confiance et de bonté. J'ai recommandé essentiellement au baron deux points auxquels je vois qu'il s'est exactement tenu. Le premier est de ne jamais laisser apercevoir que V. M. ait marqué le moindre désir qu'il donnât des avis quelconques, parce que, dans mes principes, l'autorité de V. M. ne peut ne et doit jamais être compromise par aucun doute, ni par l'apparence du besoin d'une coopération indirecte. Le second point a été de prévenir le baron de Breteuil de ne jamais paraître empressé à donner un avis, ce que la reine prend toujours pour une envie de la dominer, au lieu qu'en se tenant un peu en réserve, elle est plus disposée à écouter. Le grand moyen consiste à se faire questionner, et Breteuil a fort bien saisi cette méthode. Je tâche de l'employer à faire revenir la reine sur le compte de plusieurs personnages que S. M. tolère avec trop de bonté. Le baron, ainsi que je l'avais prévu, se lie plus que je ne voudrais avec la comtesse de Polignac. Ce n'est que par conduite politique, car de son propre aveu il a très-bien déchiffré le peu d'étoffe de cette jeune femme; cependant j'use de circonspection en lui parlant de la dite comtesse. Le baron de Breteuil a des preuves que le coadjuteur de Strasbourg cherche à lui nuire auprès du comte de Maurepas; mais il a aussi beaucoup d'amis auprès de ce ministre, lequel, comme je le présume, ne lui fera ni grand bien ni grand mal. Au reste l'ambassadeur en question voit clairement que ce qu'il a de mieux à désirer pour le présent, c'est de retourner à son poste.

LXI. — Mercy a Marie-Thérèse.

Paris, 18 *décembre*. — Conformément à l'ordre qu'il a plu à V. M. de m'en donner, je joins ici une copie de la lettre que m'a écrite S. M. l'empereur, ainsi que la très-humble réponse que j'y ai faite, avec les notes en marge des points qui expriment les intentions de ce monarque. Je ne me suis point permis de représentations sur l'article des logements en ville (1), ni sur les repas et sur les voitures de remise dont S. M. veut se servir, parce que, comme elle sait que ma maison, mes équipages, mes gens et ma personne sont à elle, il ne m'appartient point de lui répéter cette vérité, et il ne me reste que la soumission et l'exacte obéissance. Cependant, malgré tous mes soins, l'empereur trouvera quelques obstacles à écarter ainsi qu'il le veut les démonstrations et les empressements que l'on cherchera à lui marquer. Au reste ce n'est point l'objet qui m'inquiète le plus, et tout s'arrangera au mieux, pourvu que la présence de S. M. devienne utile à son auguste sœur. A mesure qu'il plaira à l'empereur

---

(1) L'empereur, qui croyait alors arriver à Paris vers la fin de janvier, écrivait à Mercy qu'il acceptait de loger à l'hôtel de l'ambassade « pourvu que l'apparence d'un grand appartement de réception fût soigneusement évitée... » Pour Versailles, ajoutait-il, je suis très-invariablement décidé à n'accepter ni au château ni au petit Trianon ni dans aucun endroit relevant et appartenant à la cour ou aux princes. Il me faut être logé pour mon argent, et je préférerais plutôt retourner tous les soirs à Paris que de renverser par une seule nuit que j'accepterais de loger à la cour tout l'édifice de mon incognito... Vous voudrez bien me faire avoir dans la ville de Versailles une couple de chambres dont je puisse faire usage. »

de me l'ordonner, je lui exposerai mes faibles idées sur chaque circonstance qui se présentera, si tant est que S. M. me le commande. Je vois plus clairement que jamais qu'à travers une vraie joie de revoir son auguste frère, la reine sent un très-grand embarras de sa prochaine arrivée et de ce qu'il pourra penser en jetant un coup d'œil attentif sur l'ensemble de cette cour, et particulièrement sur le système de vie que la reine y a adopté.

J'avertirai l'abbé de Vermond qu'il ait à ne point faire mention du billet que V. M. a daigné lui écrire, ainsi que sur le langage qu'il aura à tenir en chaque occasion. J'ai plus gagné sur cet honnête ecclésiastique que je n'avais osé espérer, et depuis le retour de Fontainebleau, je l'ai engagé à rester en différentes reprises près de quinze jours à Versailles, où la reine le traite avec la confiance et bonté ordinaire.

Je ne perds point de vue les moyens d'effectuer le rappel du marquis de Barbantane (1), et si mes mesures ne sont point trop croisées par la maison d'Orléans, j'espère que dans peu le ministre susdit recevra l'avis de revenir d'abord sous la forme d'un congé.

Quant à ce qu'il y aura à observer relativement à la correspondance quand S. M. l'empereur sera ici, je me conformerai bien exactement à ce que V. M. daigne m'ordonner. Dans ce temps mes très-humbles rapports ne pourront être que très-stériles et très-courts, c'est-à-dire dans la tournure de mes rapports ostensibles. Même, si V. M. n'en ordonne pas autrement, je pourrais par les courriers qui seront expédiés chaque semaine me borner à écrire les choses vagues qui se présenteront, et les adresser au baron de Pichler après les avoir mises sous les yeux de S. M. l'empereur. Ensuite, par le courrier du mois de mars, V. M. sera informée dans le plus grand détail de tout ce qui se sera passé précédemment.

J'aurai toute attention à ne pas paraître informé de la correspondance du baron de Goltz. Il me sera d'ailleurs facile de faire observer à l'empereur les manœuvres de ce ministre prussien, et d'indiquer à S. M. les voies que j'ai ici pour être bien instruit sur le chapitre dudit Goltz.

La reine a donné au roi le vin de Tokay que V. M. lui a envoyé; la reine s'est réservé d'exprimer elle-même tout ce qu'elle doit à

---

(1) Voir plus haut la lettre de Marie-Thérèse à Mercy en date du 31 octobre, pièce L.

cette bonté. La part que j'y ai eue est un effet de cette clémence infinie que V. M. daigne marquer en toute occasion aux moindres de ses sujets. J'en suis pénétré jusqu'au fond de l'âme, et j'ose ici en mettre aux pieds de V. M. mes très-humbles actions de grâce. Il reste encore six antals (1) de ce vin de Tokay à distribuer, et comme le comte de St-Julien (2) m'avait mandé simplement qu'ils étaient destinés aux ministres du roi, j'attends de savoir par le baron de Pichler ceux des ministres susdits auxquels V. M. a daigné destiner le vin en question.

J'ai eu avant-hier ordre de la reine de lui envoyer sur-le-champ tout ce que je pourrais trouver de plus nouveau et de meilleur goût dans les magasins de Paris pour qu'elle choisisse des étrennes à offrir à V. M. J'ignore encore, à l'instant où j'écris, si la reine a trouvé quelque objet qui lui ait plu, ou si, d'après mon avis, elle aura attendu les nouvelles porcelaines que la manufacture de Sèvres produira cette année (3). Cet avis de ma part était fondé sur ce que j'avais été très-peu satisfait de mes recherches chez les marchands de Paris.

---

(1) Nous avons déjà dit que le mot *Antal* ou *Andal* (en hongrois *Antalak*) désigne une mesure de vin usitée en Hongrie et surtout aux environs de Tokay. L'*antal* = 73, 3546 litres.

(2) Joseph, comte de Saint-Julien, occupait à la cour de Vienne la charge de grand-maître de la cuisine, *Oberstküchenmeister*.

(3) Tous les ans, à Noël, la manufacture de Sèvres exposait ses plus beaux produits dans trois salons de Versailles qui faisaient partie des appartements du roi. Toute la cour s'empressait d'aller les admirer, et c'était une occasion d'achats pour les cadeaux du jour de l'an. *Souvenirs d'un page*, par le comte d'Hézecques, page 157.

FIN DU TOME SECOND.

TABLE ANALYTIQUE

DES MATIÈRES CONTENUES DANS LE TOME SECOND.

ANNÉE 1773 (SUITE).

Pages.

XXX. — Marie-Thérèse a Mercy,... *juillet*. — Sa joie du succès de l'entrée de Marie-Antoinette à Paris. Voyage de l'empereur en Pologne. Elle abandonne l'infante de Parme. Conduite scandaleuse de Rohan et de ses gens.................. 1

XXXI. — Mercy a Marie-Thérèse, 17 *juillet*. — Visites du dauphin et de la dauphine aux trois spectacles, à Paris. Intrigue pour réconcilier Mme du Barry avec la famille royale par l'entremise de Mme de Narbonne, dame d'atours de Mme Adélaïde. Présentation de la vicomtesse du Barry. Comédies chez le dauphin. Rapports de la dauphine avec le comte de Provence, avec Mme Clotilde.................. 3

XXXII. — Marie-Antoinette a Marie-Thérèse, 17 *juillet*. — Spectacles à Paris; enthousiasme du peuple. L'infante de Parme et la reine de Naples. Regrets du projet d'entrevue entre Joseph II et Frédéric II. Intrigues et tracasseries......... 8

XXXIII. — Mercy a Marie-Thérèse, 17 *juillet*. — Goût du dauphin pour les travaux manuels. Affaire de Parme. Difficultés au rappel immédiat de Rohan...... 9

XXXIV. Marie-Thérèse a Mercy, *fin juillet*. — Recommandation confidentielle pour le baron de Neny.. 13

XXXV. — Marie-Thérèse a Mercy, 29 *juillet*. — Recommandation ostensible remise au baron de Neny... 14

XXXVI. — Marie-Thérèse a Mercy, 2 *août*. — Le duc d'Aiguillon; elle le préfère à Choiseul. Répugnance du dauphin pour Mme du Barry. Conduite de la dauphine à l'égard de son mari. Affaire de Parme. Nouvelles plaintes sur Rohan.... 15

XXXVII. — Marie-Antoinette a Marie-Thérèse, 13 *août*. — Présentation de la nièce de Mme du Barry. Fêtes chez la marquise de Durfort. Difficultés au rappel de Rohan... 17

XXXVIII. — Mercy a Marie-Thérèse, 14 *août*. — Journal du séjour à Compiègne, jusqu'au 11 août. Suite des intrigues de Mme Adélaïde pour réconcilier la famille royale avec Mme du Barry. Nomination du sieur de Giac comme surintendant des finances de la dauphine par l'entremise de la duchesse de Chaulnes. Demande de la dauphine pour le retour à la cour de la comtesse de Gramont; billet du roi et réponse de la dauphine. Présentation de la vicomtesse du Barry, occupations et divertissements pendant le séjour de Compiègne. Bonté de la dauphine envers un postillon blessé.. 18

XXXIX. — MERCY A MARIE-THÉRÈSE, 14 *août*. — Correspondance entre Joseph II et Marie-Antoinette. Situation de la dauphine à l'égard du roi; facilités qu'elle aurait à prendre de l'influence sur lui. Difficultés à demander en ce moment le rappel de Rohan...................... 30

XL. — MARIE-THÉRÈSE A MARIE-ANTOINETTE, 29 *août*. — Voyage à Esterhazy. Blâme sur la réception faite à la vicomtesse du Barry. Négocier avec prudence le rappel de Rohan. Arrangement de l'affaire de Parme........................ 33

XLI. — MARIE-THÉRÈSE A MERCY, 31 *août*. — Redoute pour le bonheur de sa fille son ingérence dans les affaires politiques. Caractère de Marie-Antoinette. Successeur à choisir pour Rohan. Le duc d'Aiguillon à préférer comme ministre au comte de Broglie. Renvoi d'un billet confidentiel........................ 35

XLII. — MARIE-ANTOINETTE A MARIE-THÉRÈSE, 14 *septembre*. — Négociation pour le rappel de Rohan. Excuses sur sa conduite envers les du Barry. Exposition de tableaux à Paris, portrait de l'impératrice. Réconciliation avec la cour de Parme.: 36

XLIII. — MERCY A MARIE-THÉRÈSE. — 16 *septembre*. — Suite du journal de Compiègne depuis le 11 août. L'abbé de Vermond demande sa retraite; il y renonce sur les instances de Mercy et de la dauphine. Intrigue de la comtesse de Provence pour rapprocher la dauphine de Mme du Barry. Retour à Versailles. Promenades à Paris.................................. 38

XLIV. — MERCY A MARIE-THÉRÈSE, 16 *septembre*. — Négociation pour le rappel de Rohan. Pensions de France et d'Espagne rendues à l'infant de Parme.......... 46

XLV. — MARIE-ANTOINETTE A MARIE-THÉRÈSE, 30 *septembre*. — Remerciments pour un œillet en diamants, cadeau de l'impératrice........................ 49

XLVI. — MERCY A MARIE-THÉRÈSE, 30 *septembre*. — Sur le séjour du baron Neny à Versailles......................... 49

XLVII. — MARIE-THÉRÈSE A MERCY, 3 *octobre*. — Caractère de Marie-Antoinette. Nouvelles incartades de Rohan et de ses gens........................ 50

XLVIII. — MARIE-THÉRÈSE A MERCY, 3 *octobre*. — Satisfaction sur la réconciliation avec Parme. Reproches à la dauphine sur sa conduite envers le roi, sa passion pour monter à cheval........................ 51

XLIX. — MERCY A MARIE-THÉRÈSE, 17 *octobre*. — Visites de la dauphine aux curiosités et spectacles de Paris. Jalousie des membres de la famille royale. Mme du Barry cherche à se rapprocher de la dauphine........................ 53

L. — MERCY A MARIE-THÉRÈSE, 17 *octobre*. — Séjour à Paris du baron Neny. La cour de Parme. D'Aiguillon retarde le rappel de Rohan. Disgrâce apparente du comte de Broglie........................ 57

LI. — MARIE-THÉRÈSE A MERCY, 6 *novembre*. — Fausse interprétation donnée par

Rohan au voyage de Neny à Paris. Communication au prince de Kaunitz d'une partie des rapports de Mercy.. 59

LII. — MARIE-THÉRÈSE A MERCY. — Annonce la naissance d'une fille de l'archiduc Ferdinand; regrets sur la situation de la dauphine. Faveur de Rohan auprès de Joseph II; projet de voyage à Paris de ce dernier......................... 61

LIII. — MERCY A MARIE-THÉRÈSE, 12 *novembre*. — Journal du séjour à Fontainebleau depuis le 16 octobre. Bonté de la dauphine envers un paysan blessé par un cerf. Mariage du sieur de Giac avec la duchesse de Chaulnes et son expulsion du conseil d'État. Dispute entre un garçon de service de la dauphine et un garde du corps. Intrigues de d'Aiguillon dans l'affaire de la correspondance secrète. Conversation de Mercy et de Mme du Barry... 63

LIV. — MERCY A MARIE-THÉRÈSE, 12 *novembre*. — Détails intimes. Voyage du maréchal de Lacy dans le midi de la France... 75

LV. — MARIE-THÉRÈSE A MERCY, 1er *décembre*. — Conseils sur la conduite de la dauphine. Lettres interceptées de la correspondance secrète de Louis XV. Elle redoute pour sa fille la haine de Rohan et de son parti............................. 76

LVI. — MERCY A MARIE-THÉRÈSE, 18 *décembre*. — Arrivée et mariage de la comtesse d'Artois. Influence de la dauphine; son crédit près des ministres. Elle n'a rien à craindre d'un parti piémontais....................................... 78

LVII. — MERCY A MARIE-THÉRÈSE, 18 *décembre*. — Projet de voyage de Joseph II en France. Affaire du comte de Broglie. Détails sur le maréchal de Lacy........ 83

LVIII. — MARIE-THÉRÈSE A MERCY, 20 *décembre*. — Kaunitz demande à se retirer; causes secrètes de cette proposition. On pense à Mercy pour le remplacer; accepterait-il? Envoi d'un billet de Kaunitz.. 86

ANNÉE 1774.

I. — MARIE-THÉRÈSE A MERCY, 3 *janvier*. — Froideur du dauphin pour Marie-Antoinette. Projet de voyage de Joseph II en France............................ 88

II. — MERCY A MARIE-THÉRÈSE, 9 *janvier*. — Raisons pour lesquelles il se croit impropre à remplacer le prince de Kaunitz. Envoi d'une lettre interceptée de Rohan. 89

III. — MERCY A MARIE-THÉRÈSE, 16 *janvier*. — Caractère du comte et de la comtesse d'Artois. Mme du Barry offre de faire faire par le roi un cadeau de diamants à la dauphine. Conseils de Mercy à la dauphine sur la conduite à tenir envers la famille royale, les ministres, le dauphin, les personnes de son service.................. 93

IV. — MERCY A MARIE-THÉRÈSE, 19 *janvier*. — Intrigue pour engager la dauphine à soutenir le ministre de la guerre, Monteynard, contre d'Aiguillon. Réflexions sur le voyage projeté en France par l'empereur..................................... 98

V. — MARIE-THÉRÈSE A MERCY, 3 *février*. — Approuve sa fille pour le cadeau de diamants. Blâme l'impératrice de Russie. Nouvelles impertinences de Rohan: il suppose des lettres de l'impératrice. Préventions de Joseph II contre la France; avis pour son voyage en France.. 103

TABLE ANALYTIQUE DES MATIÈRES

Pages.

VI. — MERCY A MARIE-THÉRÈSE, 19 *février*. — Tracasserie d'étiquette avec la duchesse de Chartres. Grâces accordées à la princesse Christine de Saxe, à la duchesse de Bouillon. Bals de l'Opéra. Les comtesses de Provence et d'Artois............ 106

VII. — MERCY A MARIE-THÉRÈSE, 19 *février*. — Changement dans le caractère de Louis XV; ses appréhensions de la mort. Intrigue pour éloigner son confesseur l'abbé Maudoux. Le prince de Condé demande la charge de grand-maître de l'artillerie. Annonce du rappel de Rohan... 110

VIII. — MARIE-THÉRÈSE A MERCY, 8 *mars*. — Approbation de la conduite de sa fille. Choix d'un nouvel ambassadeur de France en Autriche : Noailles ou Breteuil. Voyage de Joseph II... 114

IX. — MERCY A MARIE-THÉRÈSE, 22 *Mars*. — Visite de la dauphine à la comtesse de Mailly; billet de Louis XV. Le duc d'Aiguillon accorde toutes les grâces que demande la dauphine... 116

X. — MERCY A MARIE-THÉRÈSE, 22 *mars*. — Mauvaise volonté des comtesses de Provence et d'Artois envers la dauphine. Intimité du dauphin et de la dauphine. Fâcheuse affaire du comte d'Esterhazy. Nouveaux retards au rappel de Rohan. Mesures pour conserver l'abbé Maudoux, confesseur du roi et de la dauphine....... 118

XI. — MARIE-THÉRÈSE A MARIE-ANTOINETTE, 3 *avril*. — Recommandation pour le maréchal de Lacy. Blâme sévère de la conduite d'Esterhazy. Approbation de la bonté de Marie-Antoinette envers Mme de Mailly. Avoir de bons procédés envers d'Aiguillon, envers les personnes de la société du roi....................... 124

XII. — MARIE-THÉRÈSE A MERCY, 5 *avril*. — Inquiétudes au sujet des comtesses de Provence et d'Artois. Modérer les recommandations. Correspondance de Joseph II avec le comte de Lacy... 124*

XIII. — MARIE-THÉRÈSE A MERCY, 5 *avril*. — Joseph II renonce au voyage en France... 125

XIV. — MERCY A MARIE-THÉRÈSE, 19 *avril*. — Caractères du comte de Provence, du comte d'Artois et du dauphin. La dauphine abuse des recommandations. Présentation du maréchal de Lacy... 126

XV. — MERCY A MARIE-THÉRÈSE, 19 *avril*. — Séjour du maréchal de Lacy. Cadeau du dauphin à la dauphine. Intrigue pour le déplacement de l'abbé Maudoux. Retard dans le voyage de l'empereur... 130

XVI. — MERCY A MARIE-THÉRÈSE, 1er *mai*. — Maladie du roi. Conduite de la dauphine en cette circonstance... 134

XVII. — MARIE-THÉRÈSE A MERCY, 2 *mai*. — Facilité de la dauphine pour les recommandations. Rohan retarde son départ. Démission de Lacy de tous ses emplois. 135

XVIII. — MERCY A MARIE-THÉRÈSE, 8 *mai*. — Maladie du roi. Départ de Mme du Barry. Conduite de la dauphine; nécessité qu'elle écoute les bons conseils et s'empare de la confiance de son époux... 136

XIX. — MERCY A MARIE-THÉRÈSE, 10 *mai*. — Mort de Louis XV. Départ pour Choisy. Conseils à la reine... 138

XX. — MARIE-ANTOINETTE A MARIE-THÉRÈSE, 14 *mai*. — Mort de Louis XV. Premiers actes de Louis XVI. Renvoi de la du Barry. Recommandation pour Esterhazy. Maladie de Mme Adélaïde. Nomination d'un premier aumônier. Réflexions sur le rang qu'elle occupe, remerciements à sa mère. Billet du roi.................... 140

XXI. — Mercy a Marie-Thérèse, 17 *mai*. — Fin du journal concernant la dauphine, nouveaux détails sur sa conduite pendant la maladie de Louis XV........ 141

XXII. — Mercy a Marie-Thérèse, 17 *mai*. — Situation de la reine. Quels conseils lui seraient utiles. Circonspection de Mercy à ne point trop paraître............ 145

XXIII. — Marie-Thérèse a Mercy, 18 *mai*. — Regrets de la mort de Louis XV. Inquiétude sur l'avenir de sa fille. Recommande la pitié pour la du Barry....... 149

XXIV. — Marie-Thérèse a Marie-Antoinette, 18 *mai*. — Regrets de la mort du roi, avis pour le commencement du nouveau règne. Espoir de l'union des deux États. Recommande la clémence envers la du Barry........................ 149

XXV. — Marie-Thérèse a Mercy, 25 *mai*. — Augmentation du nombre des courriers. Impression de terreur de Kaunitz au sujet de la mort de Louis XV. Questions au sujet des partis en France, sur les intentions du nouveau monarque, sur les circonstances de la mort du feu roi, sur le trésor laissé par lui. Rohan essaye de rentrer en grâce ; ses calomnies sur le compte de Choiseul........................... 151

XXVI. — Marie-Thérèse a Marie-Antoinette, 30 *mai*. — Amabilités au roi ; sages conseils. Recommandations pour Choiseul et Durfort. Espoir de l'union des deux monarchies. Influence de Mesdames tantes ; on leur attribue le choix de Maurepas. Reproche sur l'indulgence pour Esterhazy et la sévérité pour la du Barry et ses partisans... 154

XXVII. — Marie-Thérèse a Mercy, 1er *juin*. — Approuve les traits de justice et de charité de Louis XVI. Demande de nouveaux détails sur la maladie du feu roi. Remarques sur la lettre de Marie-Antoinette du 14 mai et sur la réponse du 30 mai. Utilité de s'entendre avec l'ambassadeur d'Espagne........................ 157

XXVIII. — Mercy a Marie-Thérèse, 7 *juin*. — Nouvelle forme de sa correspondance. Tentative du prince de Conti pour revenir en grâce à la cour. Visite à Mme Louise la carmélite. Manière de vivre de la reine au château de la Muette. Le petit Trianon donné à la reine. Sévérité envers le duc d'Aiguillon............ 159

XXIX. — Mercy a Marie-Thérèse, 7 *juin*. — Bureau de l'interception des lettres à Paris. Abolition de l'étiquette qui ne permettait pas aux reines et princesses de manger avec des hommes. Éloignement de la reine pour les affaires. Éloge de Vermond. Réponse aux détails demandés sur le feu roi sur les causes de la mort du dauphin... 163

XXX. — Mercy a Marie-Thérèse, 7 *juin*. — Note de l'abbé Vermond sur la nécessité où est la reine de se prêter aux recommandations.................... 167

XXXI. — Mercy a Marie-Thérèse, 15 *juin*. — Intervention de la reine pour le rappel de Choiseul. Hommages que reçoit la reine........................ 172

XXXII. — Mercy a Marie-Thérèse, 15 *juin*. — Réponses aux questions de la lettre du 1er juin (pièce XXVII) sur le feu roi, le maréchal de Lacy, le rappel de Rohan, le comte d'Aranda. Nécessité pour la reine de s'emparer de l'esprit du roi. 173

XXXIII. — Mercy a Marie-Thérèse, 15 *juin*. — Annonce l'inoculation du roi.. 175

XXXIV. — Mercy a Marie-Thérèse, 15 *juin*. — Détails sur l'inoculation du roi.. 175

XXXV. — Marie-Thérèse a Mercy, 16 *juin*. — Raisons pour l'envoi de deux courriers par mois. Réponse à la note de Vermond. La correspondance secrète. Le parti piémontais à la cour. Bruit infamant sur le compte de Mesdames............ 176

XXXVI. — Marie-Thérèse a Marie-Antoinette, 16 *juin*. — Satisfaction des premiers actes du règne; conseils....................................... 179

XXXVII. — Marie-Thérèse a Mercy, 20 *juin*. — Recommandation pour le comte Valentin d'Esterhazy.. 181

XXXVIII. — Marie-Antoinette a Marie-Thérèse, 27 *juin*. — Inoculation du roi et de ses frères. Cassette de Louis XV............................. 182

XXXIX. — Mercy a Marie-Thérèse, 28 *juin*. — Inoculation du roi........... 183

XL. — Mercy a Marie-Thérèse, 28 *juin*. — Caractère du comte de Provence. Influence de la reine. Nouveaux retards au retour de Rohan. Fin de l'exil du comte de Broglie. Bruits calomnieux sur la conduite de Mesdames, filles de Louis XV.... 186

XLI. — Marie-Thérèse a Mercy, 30 *juin*. — Questions sur le caractère du roi. Caractère de Vergennes et sa conduite comme ambassadeur. Départ de Rohan. Inquiétudes sur l'inoculation. Testament de Louis XV. Démission de Lacy........ 187

XLII. — Marie-Thérèse a Mercy, 30 *juin*. — Communication de lettres de Catherine II et de Panin au sujet des limites des nouvelles possessions autrichiennes en Pologne... 189

XLIII. — Marie-Thérèse a Marie-Antoinette, 1er *juillet*. — Inquiétudes pour la santé du roi. Satisfaction du retour en grâce de Choiseul. Recommandation pour Durfort... 190

XLIV. — Marie-Antoinette a Marie-Thérèse, 1er *juillet*. — Rétablissement du roi. Esterhazy. Espoir de voir son frère Maximilien. Quelques lignes de la main du roi. 191

XLV. — Mercy a Marie-Thérèse, 2 *juillet*. — Annonce le rétablissement du roi. 192

XLVI. — Mercy a Marie-Thérèse, 2 *juillet*. — Jardin de Trianon. Négligence de la reine à s'occuper d'affaires...................................... 193

XLVII. — Mercy a Marie-Thérèse, 15 *juillet*. — Conseils à la reine sur sa conduite à l'égard du roi. Conduite de la famille royale. Amitié de la reine pour la princesse de Lamballe.. 194

XLVIII. — Mercy a Marie-Thérèse, 15 *juillet*. — Caractère de la reine. Disgrâce de d'Aiguillon. Rappel de Choiseul. Caractère de Louis XVI. Déclin de la faveur de Mme de Marsan. Testament de Louis XV.............................. 196

XLIX. — Marie-Thérèse a Mercy, 16 *juillet*. — *Te Deum* pour le rétablissement du roi. Départ de Rohan de Vienne. Projet de voyage du roi de Naples en Espagne.. 202

L. — Marie-Thérèse a Marie-Antoinette, 16 *juillet*. — Compliments sur le commencement du règne et conseils : craindre la familiarité et la dissipation..... 204

LI. — Marie-Antoinette a Marie-Thérèse, 30 *juillet*. — Enthousiasme populaire. Difficultés de contenter tout le monde. Réponse aux conseils de sa mère et excuses. Renvoi de M. de Boynes. Disgrâce des princes.................................. 206

LII. — MERCY A MARIE-THÉRÈSE, 31 *juillet*. — Promenades en *cabriolet*. Jardin anglais de Trianon. Visite au jardin du comte de Caraman. Attachement du peuple à l'ancien parlement.. 208

LIII. — MERCY A MARIE-THÉRÈSE, 31 *juillet*. — Demande d'augmentation de la cassette de la reine. Compliments aux nouveaux ministres Turgot et Vergennes. Rivalité entre le baron de Breteuil et le marquis de Noailles pour l'ambassade de Vienne. Influence de la reine... 210

LIV. — MARIE-THÉRÈSE A MERCY, 31 *juillet*. — Caractère de sa fille. Vergennes et Rohan. Opposition formelle au retour de Rohan à Vienne. Voyage en France de l'archiduc Maximilien. Compliments à Choiseul et du Tillot.................. 215

LV. — MERCY A MARIE-THÉRÈSE, 15 *août*. — Familiarité des comtes de Provence et d'Artois avec le roi; refus de se soumettre à l'étiquette. Emploi des journées de la reine; son caractère.. 216

LVI. — MERCY A MARIE-THÉRÈSE, 15 *août*. — Difficultés dans la famille royale. Influence heureuse de la reine. Procès du comte de Guines. Confiance de la reine envers l'abbé de Vermond. Retour et embarras d'argent de Rohan. Santé et occupations du roi... 219

LVII. — MARIE-THÉRÈSE A MERCY, 28 *août*. — Affaire Beaumarchais; indignation de l'impératrice. Qu'on ne lui renvoie pas Rohan. Elle souhaiterait de préférence le comte de Breteuil à sa place.. 224

LVIII. — MARIE-THÉRÈSE A MERCY, 31 *août*. — Conseils de conduite pour Marie-Antoinette. Rohan et Breteuil... 227

LIX. — MARIE-ANTOINETTE A MARIE-THÉRÈSE, 7 *septembre*. — Renvoi de Maupeou et de Terray. Turgot, Sartine et Miromesnil arrivent au ministère. Opinion de la reine sur ces derniers.. 228

LX. — MERCY A MARIE-THÉRÈSE, 11 *septembre*. — Affaire Beaumarchais; examen du pamphlet. Immoralité du dernier règne source des désordres qui durent encore. Nomination de Breteuil... 230

LXI. — MARIE-THÉRÈSE A MERCY, 20 *septembre*. — Reproches à Sartine. Départ de Beaumarchais; cadeau.. 235

LXII. — MERCY A MARIE-THÉRÈSE, 28 *septembre*. — Occupations et divertissements à Compiègne. Remarque de la reine sur la nomination de Sartine à la marine. Jalousie de Mesdames. Conduite des princes et princesses de la famille royale....... 235

LXIII. — MERCY A MARIE-THÉRÈSE, 28 *septembre*. — Aversion de la reine contre d'Aiguillon. Confidence faite par le roi à la reine de l'affaire du pamphlet; impression de la reine; opinion du roi. Éloge de Turgot. Tentatives du prince de Conti pour se concilier la faveur de la reine. Difficultés à la présentation de la comtesse de Vergennes... 239

LXIV. — MERCY A MARIE-THÉRÈSE, 28 *septembre*. — Indisposition de la reine.... 243

LXV. — Mercy a Marie-Thérèse, 7 *octobre*. — Fin de l'affaire de Beaumarchais. Position et crédit de la reine. Insolence du comte d'Artois.................... 244

LXVI. — Marie-Thérèse a Mercy, 13 *octobre*. — Plaintes sur le caractère de la reine. Breteuil et sa fille Mme de Matignon. Détails intimes.................. 241

LXVII. — Marie-Antoinette a Marie-Thérèse. — Séjour à Choisy, puis à Fontainebleau. Amabilité du roi. Mme du Muy. Inhabileté des peintres à saisir la ressemblance de la reine... 247

LXVIII. — Mercy a Marie-Thérèse, 20 *octobre*. — Augmentation de la cassette de la reine; bons procédés du contrôleur général Turgot. Bonne tenue de la cour à Choisy. 248

LXIX. — Marie-Thérèse a Mercy, 1er *novembre*. — Réponse aux articles du dernier rapport... 251

LXX. — Marie-Thérèse a Mercy, 1er *novembre*. — Demande si la dernière lettre de sa fille n'est point de la main de Vermond........................... 251

LXXI. — Marie-Thérèse a Mercy, 1er *novembre*. — Recommandation en faveur de Gluck. Rohan annonce une visite à Vienne. Jugement sur le rétablissement de l'ancien parlement.. 151

LXXII. — Marie-Thérèse a Mercy, 15 *novembre*. — Recommandation pour le comte de Fossières. Projet de faire représenter à Vienne l'opéra d'*Iphigénie* de Gluck... 252

LXXIII. — Marie-Antoinette a Marie-Thérèse, 16 *novembre*. — Présentation de Mme de Vergennes. Confiance du roi envers la reine dans l'affaire du rétablissement du parlement. Témoignages de sa bonté, au sujet des soupers de la cour, pour l'augmentation de la cassette de la reine, et à propos de l'affaire Beaumarchais. Turbulence du comte d'Artois. Retard pour les portraits..................... 253

LXXIV. — Mercy a Marie-Thérèse, 17 *novembre*. — Établissement des soupers où les hommes sont admis à la table de la reine. Bonne tenue de la cour à Fontainebleau. Goût de la reine pour la musique. Conversation sur la situation politique. Échange de cheveux et de portraits entre la reine et l'impératrice............. 255

LXXV. — Mercy a Marie-Thérèse, 17 *novembre*. — Importance de l'établissement des soupers du roi et de la reine. Changement dans l'écriture de la reine........ 259

LXXVI. — Mercy a Marie-Thérèse, 17 *novembre*. — Envoi d'un portrait de la reine... 264

LXXVII. — Mercy a Marie-Thérèse, 17 *novembre*. — Demande à l'impératrice de renvoyer à la reine un écrit de la main du roi se rapportant au lit de justice... 265

LXXVIII. — Marie-Thérèse a Marie-Antoinette, 30 *novembre*. — Portraits de la reine. Approbation de la discrétion et de la prudence de la reine dans l'affaire du parlement. Remerciements pour des bontés envers Mmes de Vergennes et du Muy. Recommandation pour Durfort. Ne pas faire de dettes, être généreuse. Affaires de Pologne et de Moldavie.. 266

LXXIX. — Marie-Thérèse a Mercy, 1er *décembre*. — Remerciements à Mercy. Nombreux partisans et amis de Rohan à Vienne, et difficultés que rencontrera Breteuil... 267

CONTENUES DANS LE TOME SECOND. 553

Pages.

LXXX. — Marie-Antoinette a Marie-Thérèse, 17 *décembre*. — Grossesse de la comtesse d'Artois. Mort de du Tillot. Opposition du parlement. Grâces à Durfort et Coigny... 268

LXXXI. — Mercy a Marie-Thérèse, 18 *décembre*. — Accident arrivé à la reine dans une course en traîneau. Fin du deuil; plaisirs à la cour. Reconnaissance de Vergennes pour la présentation de sa femme. Amabilité du roi en société. Bonté de la reine envers la comtesse d'Artois à l'occasion de sa grossesse................ 269

LXXXII. — Mercy a Marie-Thérèse, 18 *décembre*. — Vues de Mercy pour attacher le parlement à la reine. Tristesse de la reine. Empêchements qui seront mis au voyage de Rohan à Vienne. La princesse de Lamballe et la duchesse de Cossé.... 273

ANNÉE 1775.

I. — Marie-Thérèse a Mercy, 3 *janvier*. — Approbation de la conduite de la reine. Rohan et Breteuil. Voyage projeté de l'archiduc Maximilien en France.......... 277

II. — Marie-Thérèse a Mercy, 3 *janvier*. — Correspondance de Joseph II et Marie-Antoinette. Mauvais propos de Rohan. Mauvaises dispositions de l'empereur à l'égard de la reine. Rapports de Rohan avec la société de Vienne. Se défier du prince de Conti... 278

III. — Mercy a Marie-Thérèse, 15 *janvier*. — Bals de la cour, quadrilles costumés. Grâces faites au prince de Carignan. Représentation d'*Iphigénie en Aulide*; applaudissements excités par la présence de la reine..............................

IV. — Marie-Thérèse a Mercy, 16 *janvier*. — Recommandation pour le comte de Marschall...

V. — Mercy a Marie-Thérèse, 19 *janvier*. — Sur les difficultés de faire représenter l'opéra d'*Iphigénie* à Vienne. Constitution de l'Opéra de Paris............. 285

VI. — Mercy a Marie-Thérèse, 19 *janvier*. — Anecdote du vicomte d'Houdetot. Comment les gazettes peuvent annoncer les nouvelles publiques avant l'arrivée des courriers. Préparatifs pour l'arrivée de l'archiduc Maximilien. Lettre allemande de l'empereur. Traduction faite par Mercy pour la reine; réponse avec deux caractères d'écriture différents. Conduite de la reine envers Rohan et ses parents. Caractère du prince de Conti... 287

VII. — Marie-Thérèse a Mercy, 4 *février*. — Approuve les plaisirs de la reine pourvu que le roi les partage. Opposition entre elle et Joseph II sur les affaires de Moldavie. Coiffures de la reine... 290

VIII. — Marie-Thérèse a Mercy, 4 *février*. — Approbation d'une lettre de la reine à l'empereur... 293

IX. — Marie-Thérèse a Mercy, 4 *février*. — Renonce à faire représenter *Iphigénie en Aulide*... 293

X. — Marie-Thérèse a Mercy. — Avis pour empêcher un voyage du roi et de la reine de Naples en Espagne... 294

XI. — MERCY A MARIE-THÉRÈSE, 20 *février*. — Plaisirs de la cour : quadrilles de caractères. Arrivée de l'archiduc Maximilien. Coiffures à la mode............ 295

XII. — MERCY A MARIE-THÉRÈSE, 20 *février*. — Dissipations de la reine. Séjour de l'archiduc Maximilien. Mme de Brionne et le duc d'Aiguillon............ 298

XIII. — MARIE-THÉRÈSE A MERCY, 4 *mars*. — Blâme les parures de la reine. Remerciements pour la réception faite à l'archiduc............ 302

XIV. — MARIE-THÉRÈSE A MERCY, 4 *mars*. — Mauvais accueil fait à Breteuil par l'empereur et les partisans de Rohan. Amitié de Kaunitz pour l'abbé Georgel.... 303

XV. — MARIE-THÉRÈSE A MERCY, 4 *mars*. — Renonce à faire jouer l'*Iphigénie* à Vienne. Lettre de l'empereur à la reine sur son projet de voyage en France.... 305

XVI. — MARIE-THÉRÈSE A MARIE-ANTOINETTE, 5 *mars*. — Remerciements pour la bonne réception faite à Maximilien. Observation sur les parures de la reine. Remerciements pour des cadeaux............ 305

XVII. — MARIE-ANTOINETTE A MARIE-THÉRÈSE. — Départ de son frère. Dispute d'étiquette entre l'archiduc et les princes du sang. Excuse sur les coiffures. Mariage de Mlle de Brionne............ 307

XVIII. — MERCY A MARIE-THÉRÈSE, 18 *mars*. — Vivacité de la reine dans la dispute des princes du sang et de l'archiduc. Conseils à la reine sur ses rapports avec le roi. Coiffures............ 308

XIX. — MERCY A MARIE-THÉRÈSE, 9 *mars*. — Société de la reine. Courses de chevaux. Ouvrage d'un prêtre de l'Oratoire sur le sacre des reines. Procès du comte de Guines. Inimitié entre les Rohan et Breteuil. Portraits du roi et de la reine.... 312

XX. — MARIE-THÉRÈSE A MERCY, 1er *avril*. — Ne point poursuivre la tentative de faire sacrer la reine en même temps que le roi. Désir de l'empereur de faire le voyage de France. Intrigues des Rohan. Bagues-portraits envoyées par Rohan à ses amis de Vienne. Laisser tomber l'affaire des princes du sang............ 315

XXI. — MERCY A MARIE-THÉRÈSE, 20 *avril*. — Protection accordée par la reine au duc de Guines et au duc de Fitz-James. Nomination de sept maréchaux de France. Intention de la duchesse de Cossé de se retirer. Propos calomnieux dans Paris sur la cour et la reine............ 317

XXII. — MERCY A MARIE-THÉRÈSE, 20 *avril*. — Le duc d'Aiguillon cabale contre la reine. Son rôle dans le procès de Guines. Établissement d'une communication entre l'appartement du roi et celui de la reine. Indulgence de la reine pour le comte d'Artois. Explication sur la dispute de l'archiduc et des princes. Mort de l'abbé Soldini, confesseur du roi. Indifférence de la reine sur le projet de la faire sacrer avec le roi............ 321

XXIII. — MARIE-THÉRÈSE A MERCY, 4 *mai*. — Indifférence sur la faveur populaire, mais désir de voir sa fille plus sérieuse. Rohan continue ses intrigues à Vienne par l'entremise de l'attaché d'ambassade de Naillac. Faiblesse de l'empereur pour les intrigants qui l'amusent. Confidence sur ses chagrins intimes : émeutes en Bohême ; conduite fâcheuse de l'empereur. Corruption de la noblesse de cour............ 327

XXIV. — MERCY A MARIE-THÉRÈSE, 18 *mai*. — Abus que l'on fait de la bonté de la reine. Émeutes pour le pain. Chasses du comte d'Artois au bois de Boulogne....

CONTENUES DANS LE TOME SECOND.

XXV. — Mercy a Marie-Thérèse, 18 *mai*. — Inconvénients pour la reine de vivre sans intimité avec le roi. Étourderie du comte d'Artois. Conduite habile de Monsieur et Madame. Voyage de Rohan à Venise; ses prétentions à l'évêché de Bâle. Liaison entre Vermond et Turgot. Conseils à donner à la reine suggérés à l'impératrice. Réponse à la lettre confidentielle du 4 mai............. 334

XXVI. — Marie-Thérèse a Mercy, 2 *juin*. — Elle donnera à sa fille les conseils suggérés par Mercy. Démarche de la reine en faveur de Choiseul. Elle redoute un voyage de Rohan à Vienne................................ 339

XXVII. — Marie-Thérèse a Marie-Antoinette, 2 *juin*. — Émeutes en France et en Bohême. Reproches sur ses courses au bois de Boulogne avec le comte d'Artois; sur sa conduite envers le roi.................. 341

XXVIII. — Marie-Antoinette a Marie-Thérèse, 22 *juin*. — Compliments pour ses frères. Récit du sacre, émotion des témoignages de l'affection populaire. Excuses au sujet des reproches de la lettre précédente. Retraite de la duchesse de Cossé. Retraite de Mme de Marsan. Renvoi du duc d'Aiguillon dans ses terres. Maison de Mme Sophie. Portrait de l'impératrice................... 342

XXIX. — Mercy a Marie-Thérèse, 23 *juin*. — Journal du 8 au 19 juin. Arrivée de la reine à Reims pour le sacre du roi. Entrée du roi. Cérémonie du sacre. Simple promenade du roi et de la reine en public. Mauvaise conduite du comte d'Artois. Cérémonie de l'Ordre du Saint-Esprit. Cavalcade de Saint-Remy............ 345

XXX. — Mercy a Marie-Thérèse, 23 *juin*. — Goût de dissipation et d'amusement chez la reine. Elle est livrée aux amis de Choiseul. Audience qu'elle a donnée à ce dernier à Reims. Mauvaises dispositions du roi pour Choiseul. Le prince de Rohan n'a pas paru au sacre............................... 349

XXXI. — Marie-Antoinette a Marie-Thérèse, 14 *juillet*. — Rapports corrects avec Monsieur et Madame. Chasses du roi à Saint-Hubert : la reine l'y accompagne. Mort du comte d'Eu. Sensibilité de Mme Élisabeth sur le départ de Mme Clotilde. Envoi d'une montre avec des cheveux du roi et de la reine............ 351

XXXII. — Mercy a Marie-Thérèse, 17 *juillet*. — Délicatesse de Breteuil au sujet d'un portrait de l'impératrice. Démission de Mme de Cossé, dame d'atours. *Testament* de sa fidélité. Bon accueil fait par la reine à Maurepas dans une audience. Déplacement du duc de la Vrillière. Légèreté du comte d'Artois. Attitude de Monsieur, de Madame et de Mesdames de France............. 353

XXXIII. — Mercy a Marie-Thérèse, 17 *juillet*. — Récit de l'audience accordée par la reine à Choiseul pendant le voyage à Reims. Intrigues de Mme de Brionne. Retraite de la comtesse de Noailles, maréchale de Mouchy. La reine veut la princesse de Lamballe comme surintendante.................... 356

XXXIV. — Marie-Thérèse a Mercy, 31 *juillet*. — Regrets de la conduite de la reine. L'empereur est indisposé contre elle, et très-choqué de l'expression de « pauvre homme » à propos du roi dans une lettre à Rosenberg. Rohan visite incognito Milan ; sa mauvaise conduite. Sur la lettre de la reine à Rosenberg. Si Choiseul revient au ministère, la reine est perdue. Confiance de l'impératrice dans Vermond.. 359

Marie-Antoinette au comte de Rosenberg, 17 *avril*............ 361

	Pages.
MARIE-ANTOINETTE AU MÊME, 13 *juillet*..	362
PROJET DE LETTRE DE JOSEPH II A MARIE-ANTOINETTE.....................	363

XXXV. — MARIE-ANTOINETTE A MARIE-THÉRÈSE, 12 *août*. — Accouchement de la comtesse d'Artois. Tristes pensées de la reine.. 366

XXXVI. — MERCY A MARIE-THÉRÈSE, 16 *août*. — Intervention de la reine dans les affaires intérieures. Promesse de la surintendance à la princesse de Lamballe. Faveur de la comtesse de Dillon. Toutes deux sont effacées par la jeune comtesse de Polignac. Chasses du roi à Saint-Hubert. Ambition et dissimulation de Monsieur. Quelque diminution de faveur au comte d'Artois. La reine fort applaudie du public aux spectacles. Sa grâce naturelle. Sa bonté envers la comtesse d'Artois lors des couches de cette princesse... 366

XXXVII. — MERCY A MARIE-THÉRÈSE, 16 *août*. — Abus de favoritisme. Excuses et remarques sur la lettre au comte de Rosenberg ; légèreté de la reine, imprudence dans les apparences, mais honnêteté et droiture dans les principes. Lettre de l'empereur ; réponses sèches de la reine à sa mère et à son frère.............................. 370

XXXVIII. — MARIE-THÉRÈSE A MERCY, 31 *août*. — Nouvelle remarque sur la lettre à Rosenberg. Utilité de s'attacher les ministres. Détails intimes sur le roi........ 373

XXXIX. — MARIE-THÉRÈSE A MARIE-ANTOINETTE, 31 *août*. — Réflexions sur l'accouchement de la comtesse d'Artois ; approbation de la bonté de la reine. Remerciements pour des cadeaux à l'archiduc Maximilien.. 373

XL. — MARIE-ANTOINETTE A MARIE-THÉRÈSE, 15 *septembre*. — Détails sur la comtesse d'Artois. Mariage de Mme Clotilde. Sensibilité charmante de Mme Élisabeth. Cadeau de l'ambassadeur d'Espagne. Nomination de la princesse de Lamballe ; changements dans la maison de la reine.. 374

XLI. — MERCY A MARIE-THÉRÈSE, 18 *septembre*. — Fêtes pour le mariage de la princesse de Piémont. Nominations dans la maison de la reine : Mme de Lamballe, Mme de Chimay. Abus que la comtesse de Polignac et le baron de Besenval font de la confiance de la reine. Visites de la reine en divers lieux publics à Paris ; bonté envers Mme Geoffrin.. 375

XLII. — MERCY A MARIE-THÉRÈSE, 18 *septembre*. — Inquiétudes de la reine sur ses dernières lettres à sa mère et à son frère ; soumission envers l'impératrice, mais ressentiment envers l'empereur ; conseils de Mercy.................................... 380

XLIII. — MARIE-THÉRÈSE A MERCY, 5 *octobre*. — Confidence fâcheuse de la reine au baron de Besenval. Éloges de Mmes de Lamballe, de Chimay, de Mailly....... 382

XLIV. — MARIE-ANTOINETTE A MARIE-THÉRÈSE, 17 *octobre*. — Excuses d'avoir tardé à écrire pour la fête de l'impératrice. Mort du maréchal du Muy ; désespoir de sa veuve. M. de Saint-Germain proposé par M. de Maurepas comme ministre de la guerre. Retour de Monsieur et de Madame... 383

XLV. — MERCY A MARIE-THÉRÈSE, 19 *octobre*. — Sur les changements survenus dans la maison de la reine. Refus de la princesse de Lamballe d'accepter le retranchement de certaines prérogatives de la surintendance. Prétentions de la princesse de Chimay, dame d'honneur, et de la comtesse de Mailly, dame d'atours. Difficultés sur le traitement de Mme de Lamballe. Maurepas et Malesherbes rentrent en grâce auprès de la reine. Visites de la reine à Paris. Séjour à Choisy, promenade sur la Seine : incident. Froid accueil du roi et de la reine à Monsieur et Madame. Intrigues de Besenval. Retraite de Mme de Marsan à surveiller................. 385

XLVI. — Mercy a Marie-Thérèse, 19 *octobre*. — Faveur de Mme de Guéménée. Caractères de Mmes de Lamballe, de Chimay, et de Mailly. Mme de Polignac et sa tante, la comtesse d'Andlau... 390

XLVII. — Marie-Thérèse a Mercy, 2 *novembre*. — Inconvénients autour de la reine; nécessité de ne la point perdre de vue. La princesse de Lamballe. Que devient l'abbé de Vermond? Conduite à l'égard de Monsieur et Madame. Surveiller le parti de Choiseul. Quels motifs ont pu faire choisir Saint-Germain pour le ministère de la guerre?... 392

XLVIII. — Marie-Antoinette a Marie-Thérèse, 12 *novembre*. — Caractère du comte de Provence. Conduite du roi envers elle......................... 393

XLIX. — Mercy a Marie-Thérèse, 15 *novembre*. — Séjour à Fontainebleau : tableau de la vie de la reine. Secret gardé par la reine sur la nomination du ministre de la guerre. Faveur de Besenval. Jalousie entre Mmes de Lamballe et de Polignac. Salons de la princesse de Lamballe et de Mme de Guéménée. Traitement assigné à la surintendante. Grâce accordée au comte d'Esterhazy. Crédit de la reine......... 394

L. — Mercy a Marie-Thérèse, 19 *novembre*. — Moyens qu'il emploie pour se trouver le plus possible à portée de la reine. Grâce demandée pour Breteuil. Caractère du comte de Saint-Germain. Loménie de Brienne protégé par la reine, désiré au ministère par Turgot et Malesherbes................................. 400

LI. — Marie-Thérèse a Mercy, 30 *novembre*. — Réponse aux divers points du rapport du 19 novembre. Remerciements pour les attentions des ministres français envers l'archiduc Maximilien pendant son voyage en Italie. Voyages de l'archiduchesse Marie en Italie et de l'impératrice à Goritz......................... 402

LII. — Marie-Antoinette a Marie-Thérèse, 15 *décembre*. — Grippe générale. Réformes du comte de Saint-Germain. Intrigues de Monsieur. Chansons satiriques. Voyage de Goritz. Souhaits de santé pour l'impératrice. Difficulté de faire donner le cordon bleu à Breteuil. Douleur de la maréchale du Muy. Présent à l'impératrice. 403

LIII. — Mercy a Marie-Thérèse, 17 *décembre*. — Ennui de la fin du voyage de Fontainebleau. Indisposition de la reine. Déclin de la faveur de Besenval. Pension de la comtesse de la Marche.. 405

LIV. — Mercy a Marie-Thérèse, 17 *décembre*. — Nouvelle grossesse de la comtesse d'Artois. Chansons contre le roi et la reine. Amélioration des rapports entre Monsieur et la reine. Caractère de Loménie de Brienne, archevêque de Toulouse. Ses aptitudes pour le ministère. Prétention des Rohan relativement au cordon bleu. 409

ANNÉE 1776.

I. — Marie-Thérèse a Mercy, 4 *janvier*. — Détails intimes. Les amitiés de la reine.. 413

Pages.

II. — Marie-Antoinette a Marie-Thérèse, 14 *janvier*. — Sa joie d'une perspective qui s'offre de revoir l'impératrice. Bonnes parties du caractère français : incendie de l'Hôtel-Dieu. Courses en traîneaux sur la neige. Elle a peu ou point contribué à ce qui concerne M. de Luxembourg et la comtesse de la Marche........ 414

III. — Mercy a Marie-Thérèse, 19 *janvier*. — Peu d'importance des chansons répandues dans le public. Demande des Rohan d'obtenir l'ordre du Saint-Esprit à l'âge de 25 ans : leur espoir dans l'influence de Mme de Guéménée sur la reine. Mécontentements suscités par les réformes des nouveaux ministres. Achat de diamants malgré Mercy. Bals de la reine; bals de la princesse de Guéménée; bonnes résolutions de la reine.. 416

IV. — Mercy a Marie-Thérèse, 19 *janvier*. — Malesherbes soupçonne Beaumarchais de coopérer aux chansons et pamphlets répandus. Chanson sanglante contre Besenval; sa faveur décroît. Mauvaise conduite du comte d'Artois.............. 420

V. — Marie-Thérèse a Mercy, 12 *février*. — Beaumarchais pourrait bien être de quelque chose dans les pamphlets qui circulent. Que la reine tienne ferme contre la demande de Rohan. Vif mécontentement de l'achat de diamants par la reine. Satisfaction du cordon bleu accordé à Breteuil. Des dames de la cour de Vienne demandent que Mercy envoie de la poudre à enlever les poils follets..................... 422

VI. — Marie-Antoinette a Marie-Thérèse, 27 *février*. — Bonnes nominations de cordons bleus. Arrivée du duc de Wurtemberg à Versailles. Nouveaux édits qui mécontentent le parlement. Espoir que l'impératrice effectuera son projet de voyage à Goritz.. 424

VII. — Mercy a Marie-Thérèse, 28 *février*. — Courses en traîneaux sur la neige. Par humanité, la reine n'a pas voulu sa suite : on en murmure. Dîner de la reine à Bagatelle, chez le comte d'Artois. Bal paré au Palais-Royal. Conduite peu prudente et faveur incertaine de la princesse de Lamballe. Affaire du comte de Guines..... 426

VIII. — Mercy a Marie-Thérèse, 28 *février*. — Retraite de l'abbé Maudoux; difficultés sur le choix du successeur; intervention de Vermond. Faveur de Thierry, valet de chambre du roi; pareilles fonctions de sa femme auprès de la reine. Bal chez le duc d'Orléans; courses de chevaux. La reine au bal de l'Opéra le lundi gras. 428

IX. — Marie-Thérèse a Mercy, 31 *mars*. — Sur les imprudences de la reine. Que Mercy envoie toutes les feuilles de nouvelles............................... 432

X. — Marie-Antoinette a Marie-Thérèse, 10 *avril*. — Les bals; les coiffures. Affaire de l'abbaye de Messines... 433

XI — Mercy a Marie-Thérèse, 13 *avril*. — Courses de chevaux. Attitude quelquefois difficile de Mercy et de Vermond auprès de la reine. Union du roi et de la reine. Déclin de la faveur de Mme de Lamballe, et de celle de Besenval. Crédit de Mme de Polignac, et du comte d'Esterhazy. La reine cesse d'aller aux soirées de la princesse de Guéménée.. 434

XII. — Mercy a Marie-Thérèse, 13 *avril*. — Mme de Polignac est dirigée par Maurepas. Esterhazy recommande à la reine le comte du Châtelet comme successeur éventuel de Vergennes. Aventure à un bal de l'Opéra. Gazetins des cafés. Le successeur de l'abbé Maudoux n'est pas encore choisi. Crise dans le ministère. Courte absence de Vermond.. 437

XIII. — Marie-Thérèse a Mercy, 30 *avril*. — Regrets de la conduite de sa fille. Mauvais choix de ses favoris. Le comte Esterhazy.................... 444

XIV. — Marie-Thérèse a Mercy, 6 *mai*. — Recommandation pour le général comte de Pellegrini... 441

XV. — Marie-Antoinette a Marie-Thérèse, 15 *mai*. — Changements dans le ministère. La reine affirme peu exactement qu'elle ne s'en est pas mêlée........ 441

XVI. — Mercy a Marie-Thérèse, 16 *mai*. — La reine aux divers spectacles. Chasses au bois de Boulogne. La reine s'ennuie à Versailles. Despotisme de Mme de Lamballe, surintendante. — Dépêche sur le renvoi de Turgot (en note)........ 442

XVII. — Mercy a Marie-Thérèse, 16 *mai*. — Vivacité de la reine dans sa protection au duc de Guines. Animosité contre Turgot et Vergennes. Ascendant des favoris de la reine, enivrement de plaisirs, indulgence du roi. Impossibilité de faire accepter des conseils raisonnables. Arrangement pour faire parvenir à l'impératrice les nouvelles des gazettes... 446

XVIII. — Marie-Thérèse a Marie-Antoinette, 30 *mai*. — Questions sur les modes. Changement dans le ministère français. Menées attribuées à la reine. Regrets de lui voir abandonner toute occupation sérieuse. Nouvelles de famille.... 449

XIX. — Marie-Thérèse a Mercy, 31 *mai*. — Se tenir sur la réserve avec la reine; l'abandonner aux inconvénients qui pourront lui servir de leçons. Excursion en France du prince de Starhemberg. Grossesse de la comtesse d'Artois. Mariage du duc de Fronsac. Recommandation pour des religieuses de l'abbaye de Château-Châlons... 450

XX. — Marie-Antoinette a Marie-Thérèse, 13 *juin*. — Rougeole du comte d'Artois. La reine prend à Trianon son petit neveu. Réponse sur les coiffures. Se défend d'aucune menée et intrigue dans le changement du ministère. Son goût pour la musique. Se compare à ses belles sœurs. S'excuse de la vivacité de son apologie..... 452

XXI. — Mercy a Marie-Thérèse, 15 *juin*. — Devoirs pieux pour le jubilé. Conseils sur la conduite à l'égard des ministres, particulièrement du comte de Maurepas. Correspondance avec la comtesse de Polignac et le comte d'Esterhazy...... 454

XXII. — Mercy a Marie-Thérèse, 15 *juin*. — Voyage à Marly. Faveur de Mme de Polignac et du duc de Guines. Efforts de Rohan pour se rapprocher de la reine. Peu d'intérêt du public pour la comtesse d'Artois. La comtesse de Tessé. Indifférence de la reine pour la maladie du comte d'Artois............................. 457

XXIII. Marie-Thérèse a Mercy, 17 *juin*. — Recommandation pour Noverre.... 459

XXIV. — Marie-Thérèse a Mercy, 30 *juin*. — Elle comptera toujours sur le bon cœur de sa fille, mais elle redoute son éloignement des objets sérieux. Elle craint les intrigues de Rohan. Elle ne souhaite point Choiseul au ministère ni le comte du Châtelet; Breteuil pourrait convenir. Elle trouve la correspondance avec Esterhazy « humiliante »... 460

XXV. — Marie-Thérèse a Marie-Antoinette, 30 *juin*. — Précautions à prendre contre la contagion de la rougeole. Admet sa vive apologie, loue la bonté de son cœur. Voyage du grand-duc et de sa femme à Vienne. Remerciements pour l'affaire de l'abbaye de Messines... 461

XXVI. — Marie-Antoinette a Marie-Thérèse, 14 *juillet*. — Convalescence de ses deux beaux-frères. Grâce faite au duc d'Aiguillon. Regrets de n'avoir pas vu le comte de Starhemberg. Elle se dispensera de causer avec l'abbé Thermes. Souhaits affectueux... 462

XXVII. — Marie-Thérèse a Mercy, 16 *juillet*. — Annonce l'arrivée à Vienne du grand-duc de Toscane et de sa femme, du prince Albert et de l'archiduchesse Marie. Fin de l'affaire des frontières de Moldavie............................... 464

XXVIII. — Mercy a Marie-Thérèse, 16 *juillet*. — Séjour à Marly. Mercy réside à sa campagne de Chenevières pour se rapprocher de la cour. Arrivée du prince de Starhemberg ; il ne veut aller ni à Paris, ni à la cour. Fin de l'exil de d'Aiguillon ; par quel calcul la reine y a contribué. Diminution du crédit de Mme de Lamballe. Indifférence de la reine au sujet du comte d'Artois et de Monsieur.............. 464

XXIX. — Mercy a Marie-Thérèse, 16 *juillet*. — Ses entretiens avec Starhemberg sur tout ce qui concerne la reine. Achat de bracelets de diamants ; la reine forcée de demander au roi deux mille louis. Plan présenté par Vermond pour rétablir l'ordre dans la dépense de la reine. La reine élude une demande d'audience de Rohan. Elle ne désire sans doute pas Choiseul au ministère................................ 468

XXX. — Marie-Antoinette a Marie-Thérèse, 26 *juillet*. — Audience à Mme de de Matignon. Supplique du prince de Ligne. Espoir du voyage de l'empereur.... 471

XXXI. — Marie-Thérèse a Mercy, 31 *juillet*. — Rapport de Starhemberg sur la reine. Elle cessera désormais ses représentations à sa fille. Inquiétudes sur les insinuations de Rohan et sur les dispositions de la reine au sujet de Choiseul. Breteuil souhaité comme successeur éventuel à Vergennes.................................. 472

XXXII. — Marie-Antoinette a Marie-Thérèse, 16 *août*. — Mort du prince de Conti. Audience au comte Dominique de Kaunitz. Regrets pour la mort du médecin Störck. Elle envie le bonheur de ses frères et sœurs en voyage à Vienne...... 474

XXXIII. — Mercy a Marie-Thérèse, 17 *août*. — Fête à Trianon pour le rétablissement de Monsieur et du comte d'Artois. Bonté de la reine au moment des couches de la comtesse d'Artois. Survivance de la charge de grand écuyer donnée au comte de Polignac ; mécontentement de la famille de Noailles. Gouvernement de Poitou donné au duc de Chartres sur les sollicitations de la princesse de Lamballe. Crédit du duc de Coigny, grâce obtenue par lui pour le médecin Richard. La reine adopte un petit paysan. Pension accordée au prince de Hesse-Rheinfels-Rothenbourg.. 475

XXXIV. — Mercy a Marie-Thérèse, 17 *août*. — Caractère de la reine ; son habileté à éluder les observations force de les faire très-précises. Exemple de cette habileté : rappel de la faveur du marquis de Conflans auprès du roi, grâce à la reine : comment elle s'en défendrait. Excès de dépense : les bracelets de diamants. Que l'impératrice veuille en parler dans ses lettres. Espoir que la reine est éclairée sur Rohan et Mme de Guéménée. Crédit de Breteuil. Communications de Mercy au comte de Kaunitz, se rendant à son poste en Espagne............................ 479

XXXV. — Mercy a Marie-Thérèse, 21 *août*. — Fièvre de la reine............ 482

XXXVI. — Marie-Thérèse a Mercy, 31 *août*. — Bonté mais imprudences de la

	Pages.

reine. Voyage projeté de Breteuil à Paris. Le voyage de l'empereur non encore décidé.. 483

XXXVII. — MARIE-THÉRÈSE A MARIE-ANTOINETTE, 2 *septembre*. — Conditions d'une grâce demandée par le prince de Ligne ; sa légèreté. Reproches à la reine sur l'achat de bracelets. Présence du grand-duc Léopold et de sa femme à Vienne. Nouvelles de famille... 484

XXXVIII. — MARIE-ANTOINETTE A MARIE-THÉRÈSE, 14 *septembre*. — M. de Polignac premier-écuyer en survivance de M. de Tessé. Accueil à Mme de Sinzendorff. L'achat des bracelets de diamants est une bagatelle. Remerciements d'un cadeau de l'impératrice... 486

XXXIX. — MERCY A MARIE-THÉRÈSE, 17 *septembre*. — Faveur exclusive témoignée à Mme de Polignac. Mécontentements à la cour. Nouvelle faveur du comte d'Artois. 487

XL. — MERCY A MARIE-THÉRÈSE, 17 *septembre*. — Portrait sévère de Mme de Polignac. Déboires de Vermond et de Mercy. L'affaire des bracelets. Dépense excessive de la reine. Grâces obtenues par Mme de Lamballe. Pension fort imméritée à Mme d'Andlau.. 490

XLI — MARIE-THÉRÈSE A MERCY, 1er *octobre*. — Jugement sévère sur le caractère de sa fille. Consulte sur le projet de parler sincèrement à Breteuil de la reine. Billet pour retenir Vermond dans sa charge. Coiffure de la reine.................. 497

XLII. — MARIE-THÉRÈSE A MARIE-ANTOINETTE, 1er *octobre*. — Nouvelles de famille. Approbation du bon accueil fait à la comtesse de Sinzendorff. Reproches sur la légèreté et l'amour des parures.. 499

XLIII. — MERCY A MARIE-THÉRÈSE, 18 *octobre*. — Correspondance trop étendue de la reine ; ses favoris abusent de ses promesses faciles. Sa grâce dans les cérémonies de cour. Amusements ; incident au théâtre. Fête à Trianon et à Brunoy...... 500

XLIV. — MERCY A MARIE-THÉRÈSE, 18 *octobre*. — Assurance inexacte de Mercy qu'il ne garde nulle copie de ses rapports secrets. Inquiétudes sur les impressions que retirera l'empereur de son voyage de France. Coiffure de la reine. Réserves à apporter dans les confidences à Breteuil au sujet de la reine................. 503

XLV. — MERCY A MARIE-THÉRÈSE, 18 *octobre*. — Confiance de la reine en Mercy et Vermond, mais indifférence pour leurs conseils. Projet de retraite de l'abbé Vermond. La reine a omis le jour de nom de l'impératrice..................... 505

XLVI. — MARIE-ANTOINETTE A MARIE-THÉRÈSE, *octobre*. — Excuses pour l'oubli du jour de fête. Aucun changement dans son état, mais elle conserve l'espérance. Mme de Sinzendorff. Souvenirs pour ses frères et sœurs.................. 507

XLVII. — MARIE-THÉRÈSE A MERCY, 31 *octobre*. — Conduite adroite et peu franche de sa fille envers Mercy et Vermond ; lettre de Vermond à l'impératrice. Opinion du roi de Prusse sur l'influence de la reine et le crédit de l'Autriche. Inutilités de ses remontrances à sa fille. Incertitude du voyage de l'empereur ; manque de confiance de celui-ci. Que s'est-il passé entre la reine et l'ambassadeur de Venise ? 508

XLVIII. — MARIE-THÉRÈSE A MARIE-ANTOINETTE, 31 *octobre*. — Reproches sévères pour la dissipation et la négligence envers le roi ; elle s'adresse à son cœur et à son affection pour obtenir un changement..................................... 511

	Pages.

XLIX. — MARIE-THÉRÈSE A MERCY, 31 *octobre*. — Conversation avec Breteuil sur la reine, sur divers points politiques. Première mention des vues de l'Autriche sur la Bavière. Jugements de Breteuil sur diverses personnes de la cour. Son départ pour la France, où il va faire un séjour... 511

L. — MARIE-THÉRÈSE A MERCY, 31 *octobre*. — Le grand-duc Léopold demande le rappel du marquis de Barbantane, ministre de France en Toscane, dont il est mécontent au sujet de ses liaisons avec le prétendant Charles-Édouard........... 514

LI. — MARIE-ANTOINETTE A MARIE-THÉRÈSE, 12 *novembre*. — Courte et froide réponse à la lettre du 31 octobre. Voyage de Fontainebleau. Accueil à Mme de Sinzendorff et au général Pellegrini. Arrivée du baron de Breteuil............... 515

LII. — MERCY A MARIE-THÉRÈSE, 15 *novembre*. — Séjour à Fontainebleau : occupations et plaisirs; choix fâcheux des pièces de théâtre. Chasses de la reine. Excentricités et folies du jeune lord Fitz-Gerald. Courses de chevaux; dispute entre le comte d'Artois et le duc de Chartres. Jeu de paume. Salons de la princesse de Guéménée avec la cabale des Polignac, de la princesse de Lamballe avec la cabale du Palais-Royal. Liberté de tenue et de propos en ces deux endroits; cependant grâce et dignité de la reine au milieu du tourbillon. Jeu. Jalousie entre les deux favorites... 516

LIII. — MERCY A MARIE-THÉRÈSE, 15 *novembre*. — Nouveaux détails plus intimes sur le séjour à Fontainebleau. Demi-retraite de l'abbé de Vermond. Séance de jeu de trente-six heures. Inconvenance du costume et de la tenue des jeunes seigneurs aux courses de chevaux; animation du comte d'Artois. Séparation que cette dissipation établit entre le roi et la reine. Remplacement de la première femme de chambre Thierry par Mme Thibaut. Excès de complaisance du roi............ 523

LIV. — MERCY A MARIE-THÉRÈSE, 15 *novembre*. — Voyage de l'empereur; fragment d'une lettre par lui écrite à sa sœur. Faveur du prince de Ligne. Rohan n'ose se présenter devant la reine. Conversation avec Breteuil..................... 528

LV. — MARIE-THÉRÈSE A MERCY, 30 *novembre*. — Mécontentement de la conduite de sa fille. Elle est bien aise que Vermond renonce à se retirer. Dispositions de l'empereur pour son voyage en France. Avis pour la correspondance pendant le séjour de l'empereur.. 531

LVI. — MARIE-THÉRÈSE A MARIE-ANTOINETTE, 30 *novembre*. — Reproches. Les gazettes qui parlent de la reine ne lui causent plus que chagrins. Annonce du voyage de l'empereur.. 533

LVII. — MARIE-ANTOINETTE A MARIE-THÉRÈSE, 16 *décembre*. — Excuses. Compliment à la reine de Naples sur le départ de Tanucci. Espoir de voir son frère.... 534

LVIII. — MARIE-THÉRÈSE A MERCY, 17 *décembre*. — Recommandation pour le marquis de Favras... 535

LIX. — MERCY A MARIE-THÉRÈSE, 18 *décembre*. — Course de chevaux et paris. Duel entre deux Anglais. Fêtes à Versailles : la cour est déserte par suite du favoritisme exclusif de la reine. Jalousie et intrigues entre Mmes de Lamballe et de Polignac et le duc de Lauzun.. 535

LX. — Mercy a Marie-Thérèse, 18 *décembre*. — Le duc de Lauzun; ses projets en Pologne et en Russie. Situation du baron de Breteuil auprès de la reine...... 539

LXI. — Mercy a Marie-Thérèse, 18 *décembre*. — Plan de l'empereur pour son voyage. Vermond de retour à Versailles. Réponse aux avis de la dernière lettre pour la correspondance.................................... 541

FIN DE LA TABLE ANALYTIQUE.

www.ingramcontent.com/pod-product-compliance
Lightning Source LLC
Chambersburg PA
CBHW060755230426
43667CB00010B/1585